小学数学
高效教学的实践研究丛书

因材施教策略

徐天中 总主编　本书编委会 编

MATHS

Teaching Strategies for Primary School Maths
According to Students' Aptitude

浙江工商大学出版社
ZHEJIANG GONGSHANG UNIVERSITY PRESS
·杭州·

图书在版编目（CIP）数据

小学数学高效教学的实践研究丛书. 2，小学数学因材施教策略 / 徐天中总主编；本书编委会编. -- 杭州：浙江工商大学出版社，2024. 10. -- ISBN 978-7-5178-6119-5

Ⅰ. G623.503

中国国家版本馆 CIP 数据核字第 20240LG191 号

小学数学高效教学的实践研究丛书
小学数学因材施教策略
XIAOXUE SHUXUE YINCAI SHIJIAO CELÜE

徐天中 总主编 本书编委会 编

策划编辑	周敏燕
责任编辑	周敏燕
责任校对	都青青
封面设计	胡 晨
责任印制	祝希茜
出版发行	浙江工商大学出版社
	（杭州市教工路 198 号 邮政编码 310012）
	（E-mail：zjgsupress@163.com）
	（网址：http://www.zjgsupress.com）
	电话：0571－88904980，88831806（传真）
排 版	杭州朝曦图文设计有限公司
印 刷	杭州高腾印务有限公司
开 本	880 mm×1230 mm 1/32
总 印 张	25.25
总 字 数	720 千
版 印 次	2024 年 10 月第 1 版 2024 年 10 月第 1 次印刷
书 号	ISBN 978-7-5178-6119-5
总 定 价	168.00 元(共五册)

"小学数学高效教学的实践研究丛书"编委会

总　主　编：徐天中

副总主编：王　静　孟丽群

编　　委：（按姓氏笔画排序）

　　　　　过　坚　朱月龙　陈志林　钱春玲

　　　　　徐　清　奚雪慧　戴　军

本卷编委会

顾　　问：朱月龙

主　　编：奚雪慧

编　　委：（按姓氏笔画排序）

　　　　　张小琴　陈志林　范雅文

前　言

　　追求高效教学是教学的本质所在,也是当前课程改革的重要目标,更是教育事业实现内涵发展的必然要求。在全面推进素质教育和开展新一轮基础教育课程改革的今天,探索和总结小学数学高效教学的有效方法与策略,让教师拥有高效教学理念,掌握高效教学策略或技术,已成为小学数学教学亟待解决的重要课题。

　　"高效教学"这一理念的提出是基于教学是科学化的定论。既然教学是一门科学,那它就可以规范、可以进行效果的测量。高效教学一般是指教师遵循教学活动的客观规律,以尽可能少的时间、人力和物力投入,实现教学目标,取得尽可能多的教学效益,促进学生全面发展。教学的高效性包含以下三重意蕴:一是有效果,是指教学活动结果与预期教学目标的吻合程度高;二是有效率,是指以少量的投入换得较多的回报;三是有效益,是指教学活动的收益、教学活动价值的实现,具体是指教学目标与特定社会和个人的教育需求是否吻合及吻合的程度。数学课堂教学的高效性,是指在数学课堂教学中,教师通过多媒体或自制的教具等多种教学手段,采取有效的教学方法,让学生通过自主学习、小组合作学习、探究性学习等多种方式掌握数学知识,促进学生知识与技能,过程与方法,情感态度与价值观三维目标的协调发展,不断提高课堂效率和课堂效益。

　　正是在此背景下,苏州相城实验小学校的教师在校长徐天中的带领下,自 2013 年起,以"高效教学"为研究主题开展小学数学高效教学的校本实践研究。2015 年,该课题正式立项为江苏省教育科学"十二五"规划重点课题。课题开题时,相关论证专家一致认为这项研究极具现实研究意义,是一个具有前瞻性、科学性、操作性的好

课题。

课题组在研究前期,对学校数学骨干教师高效教学的个案研究进行了分析总结,创造性地提出从"教材把握""有效技能""错题对策""因材施教""家校共育"五方面着手研究小学数学高效教学。"教材把握"的实践研究,主要介绍教材整体把握对于高效教学的重要性,分析每个单元的起点能力、教学目标、重难点、数学思想方法等;课堂教学"有效技能"的实践研究,精选每册教学案例,从课堂导入、课堂提问、课堂组织、习题设计、课堂板书进行案例分析,以此来提高小学数学课堂教学效率;"错题对策"的实践研究,从常见的错因分析归类以及对策和典型错题解析两方面,分析小学数学错题的有效教学对策;"因材施教"的实践研究,对课堂和课后实施因材施教跟踪研究,开发、总结提优补差的实践方法与策略;"家校共育"的实践研究,对日常教育教学中与各类学生家长在沟通方式、沟通内容等方面进行实践研究,探究小学数学教师通过家校沟通,促进合作育人,有效提高数学教学质量的方法。

在课题研究的近十年中,我们运用高效教学的方法,通过对苏州相城实验小学校骨干教师的数学教学方法的科学性及高效性的访谈、跟踪研究,开发出小学数学高效教学指导方案及教学资源,形成相应的操作方法、操作步骤,全面实现了数学教师课堂教学的高效性,从而也提升了学生在学习概念、理解原理及发现数学问题、分析数学问题、掌握数学学习方法、解决数学问题等方面的能力。教师的数学教学和研究能力、水平得到不断优化提升。针对研究中出现的各种情况,结合教材实际与有效教学的关系,学校设计出高效教学的基本模式,从而服务于课堂教学,提升课堂教学的效益。

苏州相城实验小学校学生的数学素养得到了极大的提升,思维能力、解题能力和语言能力也得到了全面发展。在苏州市历年数学讲题大赛和小学生数学报答题竞赛中,苏州相城实验小学校的学生取得了优异的成绩,屡屡荣获最高奖项。同时苏州相城实验小学校毕业的学生进入初中后,在苏州市各项抽测调研中,整体成绩水平靠前,尤其在数学学科上有明显的优势。

这项课题成果具有极大的实操性和可推广性,我们在总结课题

研究的过程和取得的成果的基础上，编撰了《小学数学高效教学的实践研究丛书》。全书总结了科学有效的教学方法，从追踪研究学校数学骨干教师"高效教学"的案例出发，发掘、预设并生成高效学习的操作点，引领教师积极构建应用以"高效教学"为主导的教学体系。研究案例积累与教师成长、学生学习之间的内在关系，探索以专业教研人员和教研骨干为主干的新型教研组织结构形式。通过对兴趣、问题、方式、评价、体验、合作、情境、探究等一些课堂教学策略的研究，筛选高效数学教学的教学案例，并进行深度的分析与总结。

在"双减"政策背景下如何构建小学数学高效课堂，已经成为小学数学教学和教师不断思考的问题。我们相信本丛书一定会在促进数学教师专业发展的探索和实践中，找到适应新课改的小学数学课堂高效教学的有效途径和方法。希望这项课题研究能不断深入进行下去，它的探索和实践研究必将对小学数学课堂教学体系改革产生重大意义！

徐天中

2023 年 8 月

目 录

第一章　概　论

一、因材施教的重要性

（一）因材施教的背景

目前,教育主张的主要形式是班级教学体系。在这个体系下,课程内容并未充分考虑到每个学生的特定需求,普遍存在着"统一内容、统一进度、统一目标、同样的评估"这种"一刀切"的教学方式,没有充分考虑每个学生的独特性。这极度妨碍了学生的个性发展,使得优秀的学生感到学习不充分,仿佛咀嚼无味的蜡,同时也让学习困难的学生面临吸收不足的问题,引发他们对学习的负面感受,进而对课堂和学习产生厌恶情绪,甚至无任何学习进步的决心,最后出现教学效果下降、教学效率低下的严重后果。另外,教师在执行课堂教学时,常常只注重知识的灌输、技能的提高,疏忽对学生情感和态度的培育,忘掉了意志的锻炼,忽视了对价值观的塑造。即使表现出色的"优秀学生",也只是因为"父母吩咐我要好好学习""教师催我要好好学习"。毫无疑问,这对于学生的自觉学习、自主学习和终身学习极为不利。

分层递进式教学法的研究是在20世纪90年代初,素质教育替代了应试教育之后开始兴起的。上海市飞虹中学编写的《尝试分层递进教学》是比较优秀的研究成果,该校花了大约10年时间进行了"分层递进"教学的实验,并且将他们的经验总结为一种能在班级教学的环境中,针对学生的不同能力提供优质教学的策略。这种教学方法取得了良好的效果,并且已经在上海及全国范围内多次推广。

对于教授数学的分层策略,上海复兴中学的王吉林老师每周会用 4 节课在原班级进行数学教学,满足教学大纲的基础要求,然后再用 1 节课的时间,将学生的成绩分为 3 个档次,进行个别教学,引导他们有计划、系统地学习,从而使得学生各有所获。另外一种方式是根据学生对知识掌握的程度进行分层,并根据学生的能力进行分班,类似于同质化的分组方式。这种"分层分班"的教学策略,能在满足学生各种程度和内容需求的同时,解决学生能力差异所带来的教学问题,更能满足学生的个性化学习需求。

作为一所私立学校,相城实验小学校的学生背景各异,家庭教育状况也大相径庭,因而学生知识水平参差不齐。此外,学生流动性问题相较公立学校更为明显,这对教学工作造成了一定的压力。尤其在课堂教学上,若采用同步教学法,"未能充分吸收"及"难以消化"等问题就更容易暴露出来。然而,若在班级教学中采用"全面关注,因材施教"的原则,融合班级教学、小组教学及特定的一对一教学,挖掘优势、规避弊端,就能有效改进现有的班级教学模式问题,使每个学生的特长和优势得到充分发挥,实现"每人都能掌握自己所需的知识"。

(二)因材施教的意义

1. 素质教育需要因材施教

全面素质教育的目标是对所有学生进行教导,为他们的成长道路设置稳固的基础。然而,就如同手指的长度会有不同,每个学生作为独立的个体,他们的发展和能力也必然存在不同。因此,对学生的教育必须实行因材施教。课堂教学是实施全面素质教育的核心地带,如果课堂教学无法做到因材施教,那么"面向全体学生"就只能是一个空洞的口号。

2. 教育对象需要因材施教

一线教师的教育对象是学生,因为他们的先天禀赋、教育影响和主观努力程度的不同,所以他们的学业基础、学习能力和各种心理素质也就各不相同。由此可见,教育的对象需要因材施教。

3.教学改革需要因材施教

多样化的数学课程在课程目标、课程内容、教学过程、教学策略以及教学评估方面,所采取的均为"标准化"的方法,这是一种适用于所有人的固定规定。但在这种"一刀切"式的课堂里,不是优等生"吃不饱",就是学困生"吃不了"。学生学习的个体差异被淹没了,学习的主动性、积极性和潜能也就不能得到应有发挥。要想彻底改变这一状况,让课堂焕发出活力,必须因材施教。

二、因材施教的必要性

教育的核心应当落在学生身上,激发他们的独特性,并构建一个自在与安宁的学习环境。教师需要依据学生的实际情况制订相应的教学计划,永远站在引领的位置。教师要深入了解每个学生,提早挖掘其潜在的才华,根据他们独特的性格进行巧妙地教育,使得他们的个性可以在各类途径、环境与方式下呈现出全方位、协调和健康的发展。但是,现有的大部分教育模式仍然采用一视同仁的方法,低估了学生的独特性,使得优秀学生的能力无法得以完全发挥,学习有困难的学生感到措手不及,从而导致整体习得的质量难以提高。无论是学术上的佼佼者还是基础薄弱者,每个学生都有自己的长处和短处,他们在很多方面都有明显的差异。比如,一些学业成绩不理想的学生,他们在其他方面却有着显著的才华,如唱歌、跳舞、体育、绘画、实践能力、组织能力等,然而由于缺乏发掘和培养,他们的这些优势并没有得到充分发挥,甚至在班级中被认为是学习困难者。因此,如何充分挖掘和培育每个学生的优势,如何处理好个体成长与群体教育、个性发展与群体教育的关系,是教师需要深入探讨的问题。

1.激发兴趣,发展个性

我们的性格特质里有一个重要的部分,那就是兴趣,它表现出我们主观上想要理解某一领域或参与某一活动的趋势,同时它也是激发我们思维和行动的核心动力。在学习的过程中,兴趣常常成为触发学习动机的重要心理因素,它直接决定了学习效果的好坏。例如,在开始教学的时候,我们可以构建一个以"问题"为主题的情境,将学生引入其中,激发他们对未知事物的强烈求知欲,从而诱发他们的探索性思考。在这种环境下,借助有效的教学指引,优秀的学生将会慢慢被启发,而成绩一般或稍微低一些的学生会产生"明白想说什么,但是不知道怎么表达出来"的迷惑,这都会使得全体学生充满想要尝试的冲动,引导他们走向主动探索知识的道路,从而进一步刺激和培养他们的学习兴趣。还有一个例子是,根据教材的特点,可以创建一个"操作"的环境,通过实践操作和探究规则,学生将会从感性的直观认识逐渐提升到理性的认识,他们会觉得自己就像个发现者、研究者和探索者一样,因此能够亲身感受到学习带来的乐趣。

2.培养能力,发展个性

人们是否有能力完成某种任务,在很大程度上受其个人心理特性的影响。我们需要重视刺激学生的普适技能,同时,鉴于他们各具特色,教师应以普适技能教育为基础,同时进一步推进他们独特技能的提升。这样做的目的是培育出杰出的人才,并体现全面发展和因材施教的教学理念。例如,在执行尝试性教学方法时,我们需要根据学生的常规技能水平,进行准确地评价和解读,确保教学有针对性和差异性,避免教学过程中的人为主观和盲目跟随,从而提高教学质量。换句话说,要让学生有足够的讨论空间,激励各个能力等级的学生热衷于参与讨论,充分利用群策群力的优势,推动探究式学习方法,从传统的"教师中心"模式转变为"集体讨论"模式,给予学生更大的发言权,鼓励他们独立思考和表达观点,通过语言表达训练等途径缩小能力差异,让学生的独特性充分展现,同时提升学生的逻辑思维能力。另外,除了注重提升学生的基本技能,教师还应该足够重视他们的专门技能的培养,以便让他们在独立思考、构想和创新等领域取得更大的提升。具备创新精神是新时代人才的重要品质,如果一个国家能够孕育出有创新思维的专业人士,那么该国在未来科技战场上将会有雄厚的生存基础。因此,在教学过程中,我们应该针对每个学生的特殊能力进行个别化教学,引导他们培养创新性思维和个性化发展。

3.扬长避短,发展个性

人的品格和性情各不相同,因此,教师须深入理解和掌握学生个性与气质的特性和差异。借由性格的易形性,应强化其经常展现的优点,并抑制其不良的一面。对学习遇到困难的学生,教师要迅速找出他们的亮点,即使他们的表达不准确甚至错误,也必须赞赏他们敢于表达个人看法的勇气,让他们感受到教师的关注与关心,进而激起他们积极的学习情绪,增强他们解决困难的决心。在教学过程中,教师应根据学生各自的性情和性格实行因材施教,发扬优点,克服弱点,同时实施能够推进其个性成长的教学方法。

近代著名教育家蔡元培说过:"没有教不好的学生,只有不会教的老师。"对于正常发展,没有大脑疾病的学生,只要我们擅长启导,采取正确的教学手段,他们是完全可以被教导,并且能取得学习上的成就的。个别教学法对于一个人全方位的个性发展的重要性是无须赘述的。

教育的真谛在于因材施教,其指的是由先进的教育思维引导,再根据学生学习成绩和才能差异,施行符合他们所在的发展阶层的教学活动,为满足各级学生的需求提供相应的学习辅导,最终实现所有学生全面发展的教育目标。由于遗传、环境和教育等影响,每个人都拥有各自的个性,在科学、技能、情绪、意愿、性格上也有特别的展现和发展趋势,因而他们对某一学科的兴趣和接受能力也存在显著的差距。因此,在教学过程中,如果只按照单一的标准和进度来执行,就不可能让每一位学生得到充分发展。这就向教师提出了一个要求,即要在统一的教学标准基础上,结合学生个人生理、心理特点和发展趋势实行因材施教。

孔子是我国古代教育实践中首次理解并灵活运用"因材施教"教学理念的人,他的观点是:"中人以上,可以语上也;中人以下,不可以语上也。"这种理念强调根据学生的具体情况进行教学。宋代的朱熹对孔子的教育思想和经验进行了精细的提炼,总结出"孔子教人,因材施教"。这种教育原则经过不断传承和发展,已成为中国教育的优秀传统,被认定为是一种重要的教学理论,同时也被广泛认为是教学过程中应当遵守的基本原则,成为教学创新的基本特质。

苏联教育家苏霍姆林斯基在《给教师的建议》中提出:"每一个儿童的思维发展都有独特的道路,每一个儿童的聪明和才智都各有各的特点。""没有也不可能有抽象的学生,每个孩子都是一个世界——完全特殊的、独一无二的世界。"他主张教师需要深入理解并掌握他们的学生在知识和思考能力方面的水平。如果教师对自己的学生了解不多,对听课者的了解不透彻,那教师将很难做好充实的备课工作。如果无法理解学生的实际情况,那备课只能是对抽象原理的琢磨。这也突出了一个问题,学生的个性、生理及心理状况各有差异,教育者需要根据学生的实际条件进行教学。如果无法达到这一目标,那他们将无法承担教育任务,甚至可能会误导学生。

在美国,加德纳教授表达了自己关于智力多元性的观点。该理论主张每人都具有唯一性,包含七个与特殊的知识或认知能力有关、相对独立的智力元素。这七个元素涵盖了语言智能、数理逻辑智能、音乐智能、空间智能、身体运动智能、人际交往智能、自我认识智能等方面。多元智力理论阐释了学生间的原生差异性——无论是精神层面还是智力层面,每个人都具有自身的学习风格和智力强项。因此,如果教学过程中能尊重这些差异,并全力培养学生的个人优点,避免否定或忽略,那教育效果将达到最佳。该理论告知我们,不可能所有人都能在单项智力测验中表现优秀,实践也告诉我们,一成不变的教学方式只能适应小部分学生。因此,教师应该根据学生的个性差异,运用不同的教育策略,以确保每个学生都有机会掌握教学内容,接受到最适合他们的教育,尽可能发挥出他们的最大潜能。

在传统的教育体系中,所有学生受到一样的对待,被要求用相同的方式去学习相同的课程,并经历一样的评价,进而鉴别学生的优劣。这种教育策略看起来平等,但却是基于一个假设:每个人的能力和智力是一致的。然而,多元智力理论却反驳了这个观点,其指出没有任何两个人的智力是完全一样的,每个人都是具有多种能力组合的个体。因此,经典的教学方式无法保证每个学生的全方位发展。教师应根据各式各样的教学内容和各种不同的学生,建构出有助于学生全面发展的教育模式、手段和策略,为每一位学生提供最大的成长空间。多元智力理论为因材施教的教育模式的执行提供了理论依据。

所谓"掌握学习",是在"让每一位学生都有所得"的理念引领下,基于集体教学(即班级教课)的方式,通过常规、实时的反馈以及提供给学生必要的个人支持和额外的学习时段,以此确保大部分学生都能达到为课程设定的掌握水平。

在布卢姆看来,只需要给予学生充足的时间和适度的教育,就几乎可以使他们熟练掌握所有学习内容(通常是完成80%~90%的评估课题)。学生的学习能力差异并不决定他是否能学习到所需内容和学习的效果,它只影响着他需要多久的时间才能完全掌握这些知识。也就是说,学习能力强的学生能更快地掌握这些内容,而学习能力较弱的学生则需花费更长的时间才能掌握相同的水平。

在教学环节里,讲授的任务被分解为数个细小的学习目标,同时教学内容又被分割为一系列的微小学习单元,每个单元的学习内容都是在上一个单元的基础上建立的,且每个学习单元都包含一小批课程。紧接着,教师会设计一些精简的评估性测试,这些测试能让学生清晰地了解自己对于单元中目标的理解程度。如果学生达到了预设的掌握程度,他们便可以进入下一个学习单元,而如果成绩未达到预期掌握程度的话,学生就需要重复某部分或者全部内容的学习,然后再接受测试,直到完全理解。

尽管如此,但在目前的因材施教中仍普遍出现了一些误区,这导致教师在教学过程中无法主动、积极地认识到因材施教对于人个性全面发展的指导性、主导性以及潜在的影响,从而影响因材施教效果的有效展现。

误区一:把因材施教和班级授课对立起来。

(1)归因分析。

错误地将班级教学中教授的内容视作基础和主导,将教学个性化与班级教学模式隔离开来,过度关注普遍性而忽视学生的差异性。一些教师认为,在短短40分钟的课程中,要考虑到每一个学生的学习状况是不可行的。因此,他们经常忽视学生是否理解知识,而急于完成教学内容,迅速进入下一个教学阶段,导致部分学生过度摄取课程内容而未能消化,时间长了,学生会对学习失去兴趣和信心。

(2)对策探寻。

因材施教与班级授课其实并不对立。在班级授课的形式下面向全体是必然的,但还要兼顾个体差异,实施因材施教。可以从课堂组织形式、提问、课堂练习、课堂指导、课后辅导几方面来实施因材施教。

在教授数学的过程中,现场提问是一种常见的教学方法,所以教师在发问的时候,必须根据教授的内容和学生的真实能力来设置问题,而不能只关注提问题的方式。只有这样才能引导各种水平的学生去积极思考,让他们都有回答问题的可能。

课堂练习与作业设计要有层次性。在教学中,如果教师通过分级的方法对学生的学习活动实施灵活管理,并提供更广泛的选择,可以极大地激发学生的学习热情和提高学习效率。因此,在实践教学时,教师应根据教学大纲的指导,结合教学内容和学生的实际情况,尽力为每个学生提供与其能力相匹配的训练。这可能会涉及对同样的练习提出不同的要求,或者为不同的训练内容设定不同的要求。

课堂指导、课后辅导要有针对性。鉴于学生之间的个体差异性,仅靠集群式的指导方式是远远不够的。因此,在实际的教学过程中,需要根据教材内容和学生实际状况,进行针对性地个别教导。

误区二:把因材施教定位于少数学生身上,和大多数学生对立起来。

(1)归因分析。

在认知理解的维度上,许多教师并不认为需要对大量学生进行课外一对一辅导。假如给予每个学生个性化的教学方法,是否等同于否定了教学活动的全面价值和终极意义?从感情和心理层面来看,教师面对每个学生,对应会持有不同的情绪,难以公平公正地对待每一个学生,也难以与每一个学生公正公平地沟通。在具体的行为中,过度将自己的精力和时间倾注在少部分"优秀的学生"上,对这些"优秀的学生"宠爱有加,而对"学习有困难的学生"却敬而远之,无疑会造成教师和学生间难以逾越的感情障碍。

（2）对策探寻。

因材施教是基于学生个体差异基础上提出的。教师只有有了这样的认知,才能从心里接受学生学习速度的快慢,公平地对待每个学生。

坚持公平性原则的实施,在统一中适当偏移。在平常的教学活动中,教师应该让学习有困难的学生在四个方面得到优待——优先发言、优先提问、优先获得辅导和优先接受训练,给他们提供更多展示自己的机会。与此同时,优等生的机会会相对变少,所以教师可以给他们提供服务岗位,如管理班级、帮助同学、成为老师的助手、代理老师等。此外,教师还可以在面批作业时,适当地对他们的课堂表现予以肯定。虽然他们没有回答问题,但是他们的表现老师都看在眼里,应当定期给予积分奖励。

对待后进生,老师有时候难免会产生急躁情绪。为了避免这样的情况,老师应要求自己更偏爱这些暂时落后的学生。

误区三:认为因材施教难度大,难以实施。

（1）归因分析。

一些教育工作者会持有这样的观点:个性化教学不仅需要投入大量的时间和精力,而且在许多方面存在难度。学生的学情不一样,教学内容广度极大,教学手段和方式各种各样。而这些原因最终导致的情况是,大部分教师只将重心放在集体授课上,专注于不断提升课堂教学质量,而忽视了个性化教学的重要性。

（2）对策探寻。

除了在课堂中实施因材施教之外,教师还要关注课后的辅导,包括教师辅导和学生间的相互辅导,除了一对一形式,还可以一对多形式,辅导的内容可以是就某道练习而展开,也可以是分享自己觉得好的做法,或者是分析、反思自己的错题,等等。

有一位教师认识到作业分层的优势和必要性,经过短暂的实施后,他体会到了很多的困难,写了以下感想:

尽管级别划分的作业分配方式有许多好处,但在实施过程中依然会遇到一些问题。通过按照不同的等级设定作业,学生可以依照自己的能力选择适合的作业,虽然这种方式的初衷是良好的,但可能会带来一些负面影响,比如能力较弱的学生会有被歧视和自我贬值的感觉。而且,级别划分的作业分配方式也会增加教师的工作压力,有时候教师需要耗费半天时间来设计适合的作业,批改作业的数量也明显增加。同时,为学生提供合适的作业并不仅仅是从教材和学习资料中挑选问题,如何向学生展示问题也是一个大的挑战。现阶段,我选择使用小纸条,但学生很有可能会丢失。此外,由于部分学生的学习态度问题,不论分配什么样的作业,他们都敷衍了事或者抄袭,这便无法达到预期效果,让教师感到非常困扰。以上这些问题就是级别划分的作业分配方式在推广过程中所面临的难题。

误区四:忽视学生的需要,脱离学生的实际情况。

(1)归因分析。

如若在教学过程中,教师未重视或认可每个学生的独特性格,就等同于强迫一个只能承受 50 公斤重量的人去搬运 100 公斤的东西,这无疑会引发问题。在做任何事之前,我们都需要先明确自身的能力再采取行动。在教学过程中,教师总是期望学生能尽量获取更多知识,然而教师却总是在无形的焦虑中忧虑着学生因练习题量不足而导致学业成绩下滑。因此,教师更倾向于用统一的衡量标准来评价每一个学生。但是,实际结果常常相反。这种做法会导致学生在学习中无法感受成功的快乐,还会不断受到失败的打击,这样学生会对学习失去信心,也就没有了挑战困难的勇气。因此,这种"一刀切"的教学方法终究只会让学生在学业上陷入恶性循环。

(2)对策探寻。

助力学生突破学习瓶颈,他们自信心的建立是先决条件。在教育实践中,教师不仅要关注他们在课堂上的表现,还要注意他们对知识运用和熟练程度的掌握,也就是他们完成作业的状况。作为教育工作者,教师在布置作业的过程中,应充分尊重每个学生的个性差异,尽力减轻他们的学习负担,给他们输出成功的可能性,以此增强他们的自信心,让他们在学习的旅途中感受到乐趣,这样我们的教学才能取得理想效果。要让作业设计贴近每一个学生的实际需求,使作业评审发挥出应有的价值,分层次的学生作业设计能最大程度地激发学生的学习积极性,可以帮助他们通过作业稳固课程知识,磨炼技巧,提高智商。

第二章　数学核心素养的因材施教成因分析

在基础学习阶段,数学学科的核心目标是提高学生的数学认知和学习策略。在进行数学教学的过程中,教师不仅要向学生灌输基本的数学知识,还要注意对学生的数学核心素养进行培育,比如数感、空间观念、数据分析观念、符号意识、推理能力、运算能力、应用意识等多个层面。学生的生活经历、本身素养、受教育经历、所学知识千差万别,所以学生的核心素养水平也各不相同。

一、数与代数的因材施教成因分析

"数与代数"是义务教育阶段学生学习非常重要的一部分,所占的篇幅很长,基本上属于打基础的部分。一些学生的数学成绩提高不上来,较多的原因就是数的认识、运算及数量关系基础不扎实。数学优异的学生,"数与代数"板块往往得心应手。一般而言,拥有良好的数感、符号意识、运算能力有益于学生数学综合能力的迅速提升。然而由于所学知识内容的差异、学生个体差异、教师教学能力差异等,学生在"数与代数"方面能力参差不齐,需要因材施教。

(一)数感层面

我们所讨论的数感,实际上是学生对于数字的理解和洞察。"数感"这个词汇对于某些人来说可能陌生,但其实它并不难以理解,它与英语中的"语感"概念相似。比如,密集的英语阅读能让我们不经意地对英语产生深入了解,这种理解能让我们在回答英语问题时无须思考,能直接以流畅的语言表述出来。同样,这种现象在数学中也是适用的。例如在看到一大群人后能立即估计出人数,这种估计往往与真正的人数非常接近,有时甚至能完全准确,这就是数感的一种展现。数感的存在反映了一个学生的数学基础能力和思考能力。在实际中,一些学生对于日常事物的认知会有一些错误,这就是所谓的数感障碍。比如,有学生误以为黑板的高度是 2 分米、一桶食用油为 5 毫升等,这样荒诞的错误不断出现。因此,培养学生的数感,能帮助他们更深入地理解和认识数字,同时也能提高他们的数学问题解决能力。

1. 成因分析

《义务教育数学课程标准(2022 年版)》提出,教育者应引导学生观察、操作身边具体的事物,感受具体事物中蕴含的数学意义,体会用数学知识量化具体事物的乐趣,从而建立良好的数感。然而,很可惜的是,在现实生活中,很多学生却无法形成这样的数学意识,他们往往难以有能力把这些具体事物通过数学理论进行描述和分析。此类学生无法形成数学意识,存在如下一些关键因素。

(1)数学学科特点导致。

如众人所知,数学是一种抽象的学问。正由于这一本质,学生往往难以在头脑里构建清楚的概念或适当的象征。特别是在面对如代数、空间这样抽象的数学观念,学生的认知层次还没有达到,同时又难以在实际生活中寻找适合的物件去比较、剖析,因此使得理论知识缺失了实例的呈现,学生无法培育出敏锐的数学感觉。

(2)学生生活经验不足。

新的教学大纲一直在强调"生活化的数学"这一教育观点,这进一步阐释了数学与日常生活间的紧密关联。从古至今,生活经验总是重要的学习资源,它与所获得的知识互动,能协助学生建立数感。然而,一部分学生的生活经验严重缺乏,很多家庭以为孩子的主要任务仅是学习,阻止他们参与其他的任何生活活动,这使得许多学生只能学习课本上的知识,无法把知识与生活经验联系起来。另外,知识与生活的分离,也使他们难以形成健康的数学感觉。

（3）学生学习方法不当。

部分学生不论是在行动上还是在学习上都缺少积极性,总习惯于依赖父母或老师的援助。这些学生无法独立地规划学习计划,不愿意投入时间去预备学习、审阅或查询资料,碰到错误问题也仅仅在教师讲解后修改,不深入追究问题的本质,更不愿意花时间进行自我评估和反思等。如果没有良好的学习习惯,就难以实现有效的学习效果。如果这样持续下去,理解知识将会变得困难,更不用说培养高级的数学感觉了。

2.应对措施

（1）在兴趣中激发数感。

有了兴趣,便能战胜所有的学习挑战。尽管数学知识是抽象的,但是只要你对它产生了足够的兴趣,无论从知识的理解,还是对数字感觉和学习能力的提升,都将变得轻而易举。有许多策略可以激发学生对数学的热爱,例如设计各种场景、游戏活动和实验探索等,这些都能有效地激发学生的学习激情,从而提高他们的学习欲望。在这种教与乐相结合的教学活动中,学生能够逐步培养出良好的数学观念。

【案例1】"方程"的教学

考虑到4年级学生的分析理解能力,这项知识内容相对比较深奥。为了让学生更好地理解和领悟方程的精髓并有能力去应用它,我们需要把教学焦点放在引领学生思考的步骤上。我们必须让他们完全了解到用字母替代数值的优点和乐趣。因此,我们需要设计一些能够激发学生兴趣的问题场景,通过这种方式激发他们的学习热情,从而培养他们的数学敏锐度。

例:某中学组织65名志愿者为偏远山区学生捐赠图书,甲班每人捐赠6本,乙班每人捐赠8本,一共捐赠了400本书,请问甲班有多少名志愿者参与了捐赠活动?

这个问题涉及大量的条件和数量关系,列式解题可能会有一些困难。但是,如果我们能引导学生通过合作和交流来理解题目的意思,理解题目里面的各种数量关系和等量关系,问题将会变得更为简洁。为了提升学生的学习兴趣,教师可以提供以下表格(表 2-1 所示)供学生填写,这样可以让学生在填写表格的过程中对数量关系有更加直接的理解。

表 2-1　图书捐赠汇总表

	甲班	乙班	总数
参加人数(人)			
每人捐赠数(本)	6	8	
共捐赠数(本)			400

从表 2-1 中,我们能够引出方程的定义及其应用。通过这段教学内容,学生真实地经历了"场景设定、深入剖析、模型建立、实际运用"的全过程,体验了求知及探究的乐趣,在激发学习热情的同时,也有效地培养了他们的数学直觉,为他们思维能力的锻炼打下了坚实的基石。

(2)在体验中训练数感。

教学如果失去与现实生活的连接,只侧重于依照教科书教授,那样就会变得单调而又固守成规。新的教学大纲明确了这样的教育理念:"数学学习必须和学生的实际生活经历相融合。"将充满热情的生活情景反映在教室内,然后把在教室里掌握的知识运用到实际生活之中,这样我们才能做到课堂与生活的真正结合,实行"在课堂上学,用在生活中"的教学理念。这种教学方法能够有效地激发学生的思维能力,帮助他们在生活和数学的交互中培育出健康的数学观念。

【案例 2】"利息和利率"的教学

利息与利率的数学理论相对抽象,仅靠教师的讲授,学生很难从深层次上掌握其真正含义。因此,我们安排学生以小组为单位进行一次实地调查,其中包含存款、利率规则等方面的内容。我们也鼓励条件允许的学生直接去银行进行一次存取款的体验,从而实际感受到本金、利率和利息之间的关联。

当学生进行实践性探究时,以下问题可以作为思考的引导:

问题①:什么是利率?

问题②：每个银行的利率一样吗？为什么？

问题③：当我们在银行存一些钱，取出来的时候为什么会比存的时候多呢？多多少？

课后，学生对疑难问题进行实践探寻和研究，并将各个小组成员的发现进行编排、统计。学生经历了知识的塑造与演进，有了实际生活经验的衬托，他们在课堂上的学习积极性格外强烈。

实践体验生活的方式，不仅可让学生的学习热情持续高涨，而且也有助于他们在日常生活中形成有效的数学认知。这类教育方式有利于鼓励更多的学生养成从数学角度解读生活的习惯，同时也利于把所学知识运用于复杂的真实生活中，让知识更好地满足生活的需求。

（3）在探究中强化数感。

著名的教育心理学家皮亚杰说过："儿童的思维是从动作开始的，切断动作与思维的联系，思维就得不到发展，智慧的鲜花是开在手上的。"低年级学生的年龄决定了他们形象思维占主导地位，因此教师安排些简单的动手实践活动远比空洞、乏味的说教高效得多。在数学教学过程中，教师要利用课堂这一平台，创设各种形式的探索机会，让学生在自主探究的过程中建立良好的数感，并强化数感。

【案例3】"千克的初步认识"的教学

设计以下活动，使得学生对数值有更深刻的理解。首先，让学生以团队合作的方式，分别称出1千克的苹果、香蕉、梨和盐。接着，他们要用手去感知这些物品的重量，以达到对1千克重量的切身理解，然后小组成员之间分享各自的感触，以此认识到尽管物品有所不同，但1千克的重量感是一致的，即感知到了"所有1千克的物品重量是相等的"。最后让他们用数数的方式加强理解，通过"称""权衡""计数"的方式，使他们接触数学知识，并能感受"1千克"的实质重量，并尝试使用此种直观体验去衡量其他物品的重量，来强化他们的数字敏感度，使课堂教学更富吸引力和效果。

数感，作为数学能力的关键部分，扮演着理解和应用数学概念的基础性角色。这种数学感觉的认知构造模型，是源自学生长期的数学研究，有助于将学生对数字符号的情感理解提升为理性的理解。

在学生的学习过程中,每一步都要重视数感的强化,尤其是在基础阶段。通过这种途径,学生在学习数学的过程中,可以逐渐形成并拓展出强大的数感。这不仅能够增强教育的效果,并且能为未来的数学学术领域建立坚固的根基。

换言之,数学感觉的培养并不是短期内就能达成的目标,它需要经历一个长时间的过程,需要教师、学生以及家长共同面对并战胜各种挑战,鼓舞学生更多地参与实际生活,采用科学且有益的教学方式来激起学生对数学的兴趣。通过在知识的构建和进步中产生乐观的情感体验,学生可以深度体验并感受到数学的神奇,进而建立起优秀的数感。

(二)符号意识层面

字符、图示和记号构成了数学的基础表达方式,特别是符号记号最能显示出数学的特异之处,它是我们运算、推断和处理问题的利器。数学符号的精炼、抽象、准确和清晰特性让我们能简化思考,提高效率以及便于交流。相当一部分学生学习数学时,存在看不懂数学符号表达含义的障碍,这是什么原因造成的呢?下面谈一下我们的看法。

数学是数、形、抽象、符号之间关于变化、运动和关系的表达。学生感觉数学难的核心原因是其抽象性。不过,拥有数学思维能解决这个难题,因为它能引导学生从实物世界进入抽象世界。数学通过符号来表达,既有演绎性(逻辑层面),又有归纳性(形象和直觉层面的创造),数学教育则又为数学学习创造了思维发展助力。

数学的标志性元素就是其交流方式,整个数学领域被看作是充斥着各种符号的界域。符号在数学中,不仅是用来展现、计算、推理以及解答问题的实操工具,更是在整个数学领域中有着举足轻重的地位。数学符号的存在,使数学变得简洁、高阶、清晰及精确,并推动了数学的广泛传播和发展。数学已经转变成一门全球性的语言。而符号实则代表着数学的抽象化,数学符号就是这种抽象化的产物。在学习数学的过程里,学生使用符号表达、演绎和计算等,这是数学思考的关键方式,也使得结论具有普适性。

1. 成因分析

(1)众多实证研究揭示,对于多数学生来讲,解读代数表达式中的字母并非易事。这些研究从各种视角和焦点进行分析,发现大部分学生甚至在 15 岁时,仍然无法将代数里的字母诠释为普遍的数值或者特定的未定数。

(2)大面积的调查显示,有相当数量的学生对这些字母视而不见,将其替换为数字,或将其视为名称或计量标记。

(3)学生解析代数符号的能力会受若干因素的影响,这些因素包括他们的认知能力、之前的算术学习经验、思考问题的方式、多元化表示,以及如何使用括号等。例如,对于学生来说,他们通常会将数学公式中的字母视为一种"标签",但在代数学习中,他们需要将字母视为未知数和变量进行理解,这种观念的转变对于他们来说,难度颇高。

(4)在用来强调"字母是一般化的数"的教学实验中,发现学生要顺应这个思想有强烈的障碍。在对年纪较大的学生的研究中发现,只有很少的人可以清楚而完全地描述未知数以及变量之间的差异。近来的研究还发现了其他影响学生代数观念的因素,例如个人所能观察到的东西、教学活动的性质。

(5)学生对算数符号的理解和解析将影响他们解决问题的手段。在采用代数方式处理问题时,学生往往偏向于算术式的解题方法。另一份关于方程建立的研究指出,6 年级(大约 12 岁)的学生推理技巧和符号使用技巧似乎并不关联,即他们能够编写出问题的方程表示,但并不以这些方程来寻找问题的答案,反而更倾向于用那些稍显"非正规"的算术方式。

符号化活动在教学上具有较大的弹性。从一方面看,对于 7~11 岁的学生,他们在学习过程中不仅可以获取代数的相关知识,课堂观察也表明,数学符号的使用不仅是他们理解事物的记录,也有助于他们进一步构建思维,使他能在其他情境中进行前所未有的推导;从另一方面来说,即使那些已经能成功利用象征性思维的学生,他们往往也只能将该符号视为揭示结构的手段、连接想法的方式和阐述数学观点的途径,并未将其作为理解、表述和交流普遍化的工具来对待。

2.应对措施

(1)联系生活,渗透符号意识。

生活环境中的日常空间里充满了各种展示标记,商店标识、医疗机构的红十字标识,还有公路上的交通指示牌等,都是我们日常生活中经常见到的符号。语言学大师皮埃尔·吉罗曾经说过:"我们是生活在符号之间。"在这个符号无处不在的世界里,学生通过生活体验,已经开始了解并把握符号所蕴含的真实意义。举个例子,当他们看到门边那个独特的"M"标志,他们可以立即联想到麦当劳。因此,我们可以毫不夸张地说,学生已经开始在日常生活中对符号的意识进行了培育,他们能感受到符号所传递的精简、精确和科学的特质。这种符号认识的培养,对于他们数学符号意识的发展和形成产生了积极向前的推动力。

要构建学生对符号的认知,其首要的基础是培养他们的符号感。在数学课程的教授过程中,教师需要积极地利用学生的生活经验,引领他们感受到引用符号的重要性。同时也要鼓励学生采用他们独特的方式去表达特定情境下的数量关系和变换规律,逐渐引导他们进入一个由符号化的数学构建的世界,这对于培养学生的符号感至关重要。当学生在学习数字"0~9"时,他们在生活常识上的"计数""识数"和"记录数值"的能力已经达到一定的程度,但这并不意味着他们已经真正理解并掌握了数字标记"0~9"。教师可以在教学过程中,将数学学习与日常生活场景相结合,从具体的事物或事件出发,充实学生对于数字标记的背景知识,使得学生能从感性的认知逐渐转向理性的理解,从具体的理解逐渐转向抽象的理解,最后形成形式化的抽象数字表示。例如,在讲解如下问题时:"王老师有 12 个红五角星,给学生分发一些后,最后还剩 5 个,王老师分发给了学生多少个?"教师可以引领学生进行公式计算:"12 - □ = 5",在解决这个数学问题的过程中,就包含了用符号表示数字的理念。

(2)操作实践,感受符号化。

标记的创建在本质上是对一种事物公共特点的抽象概括,它表现出的是对事物相似属性的思维方式。数学标记的高度抽象化可能造成学生因为其深奥和难以理解而产生心理困扰,这可能会对学习成果产生负面影响。因此,在教学过程中,学习数学标记不应仅仅局限于高度抽象的标记。老师应努力引导学生实际操作数学,通过观察、实践、分析和概括,让学生亲身经历符号化的过程。例如,在进行几何形状这类图像标记的教学时,可以引导学生观察真实的物体,让他们通过触觉、模仿画,抽象出几何形状,并使学生充分感受几何形状与现实物体之间的区别,通过各种形状的变化,使他们更好地理解其核心特征。例如,教学《角的认识》时,可以遵循以下步骤:

①摸(自主实践感知)。组队进行积木游戏活动,亲自触摸和感知所使用的材料。

②说(引入角的概念)。说游戏过程,特别是摸材料时的感觉和发现。

③做(初步抽象图形)。各自想办法把感受到的角呈现出来。

④符号化。了解角的所有部分的名称;通过将角的形状与实际物体进行比较,理解并掌握它。

在最近一段时间内,符号教学的一个转变在于:以前,符号和模型一般被视作赋予了确定定义的工具,由教师呈现给学生,旨在让抽象的数学更为易懂;如今,我们更鼓励将符号和模型视为学生自我数学实践的结果。

(三)运算能力层面

计算能力是数学能力中至关重要的一环,这里的含义是运用与计算相关的知识来进行算术运算和推理,从而得出答案,同时也需要根据一定的规则和计算法则进行准确的运算。在小学教育阶段,这种能力要求学生能够清晰地理解运算的对象及其含义,理解计算方法和计算原理之间的联系;能够理解与计算有关的问题,选择简练且有效的策略来解决问题,并能通过计算来促进数学推理能力的进一步提升。理解好运算的算理、建立算术思维,对于学生未来深入地学习数学具有重要作用。

1.成因分析

《义务教育数学课程标准(2022 年版)》指出,精准计算、理解计算原理以及方法的适当运用是数学运算能力的三大核心要素。运算能力基于大量实证数据,它主要是指有效准确的运算技能,其作用在于促使理解与实际应用的对接。提升运算能力,主要依靠公式和计算规则提升准确性,利用对计算原理的理解和灵活应用处理问题,从而提高能力。学生在运算能力上的差异,主要源于以下几个方面:

(1)计算的不同心理。

在处理数学计算问题时,必须拥有足够的耐心和自信心。但当前许多学生存在不健康的心态。他们轻视心理因素,将数学题目视为无须深思熟虑的简单任务,忽略了针对数学问题的深入解释和完整的自我评估。此外,他们总是带有恐惧和反感的情绪,认为做数学题是乏味和烦琐的,特别是在处理一些计算步骤繁复或数字量较大的题目时。同时,他们还缺乏耐心和信心,这在处理复杂的计算问题时特别明显,最终导致计算出现错误。

(2)概念知识技能掌握程度不同。

运算概念知识技能主要包括口算等基本功以及计算规则的明确理解、对数学概念的熟练掌握。知识技能的不同掌握程度,会影响运算能力的水平。缺乏对计算规则的明确理解会使学生未能掌握基本的计算技术,这是计算错误的关键原因之一。同样,如果学生对基本数学概念的掌握是混乱的,那么他在计算时就不能运用正确的计算技能技巧,计算的错误就会大幅增加。譬如,当处理 82.36－(52.36－18.58)这个算术问题时,学生没有成功地把减号转化为加号,主要原因在于他们未能透彻理解"当从一个数中减去两数之差时,实际上是先从这个数中减去第一个数,接着加上第二个数"这一计算原理。

(3)不良的计算习惯。

计算题的内容一般比较枯燥,题型复杂,一步算错,最终结果也就错了。加之部分学生本身不重视计算,也就造成了学生态度不端正,习惯不良,计算的正确率也就难以保证。小学生一些不良的计算习惯包括3个方面:一是审题不认真,学生读题不是少看一个数字就是少看了一题,粗心马虎造成计算错误;二是书写不规范,比如小学生比较懒惰,随意性比较大,不写草稿,即使写了草稿,也是字迹潦草;三是不喜欢验算,没有养成检查作业的好习惯。

2.应对措施

(1)加强口算训练,加强基本概念技能。

口算是一切计算的基础,而基本的概念是运算能力提升的基石,夯实基本知识和技能,才能使学生过好计算关,形成良好的计算能力。

【案例4】

当你计算"两位数乘以十一"的算式时,你会注意到:假设另一乘数十位和个位的数值和不大于10,那么结果的百位就会是该乘数的十位,十位为二者的数值和,个位则与原乘数的个位相同。然而,如果该乘数的十位和个位的数值和超过10,此时,结果的百位会变成原乘数十位加一,十位为原乘数两位数和的末位,个位仍为原乘数的个位。学生如果掌握了这样的规律,再口算"两位数乘以十一"的时候就可以既快速又正确。

自然,对于各种类别的口算问题,所使用的口算策略也各不相同,这要求教师及时对这些策略进行梳理和整理,并将其传授给学生,以帮助学生掌握这类计算的规律。只有在口算时使用正确的策略,才能提高计算的效率,进一步激发学生对口算的热情,鼓励他们主动去探索、发现、总结,为他们未来独立处理实际问题打下坚实的基础。

(2)设计多种形式的练习,提高学生学习计算的兴趣。

为了提升学生的计算能力,我们需要创造多样性的实践活动,既要具有针对性和知识性,又要融入趣味性。比如设定一定的选择题和填空题,不仅可以帮助学生复习知识,同时也能够激发他们的学习热情,让每个学生都积极参与,这样,就会产生事半功倍的效果。

【案例5】

观察下列算式：

$2＋4＝6＝2×3$

$2＋4＋6＝12＝3×4$

$2＋4＋6＋8＝20＝4×5$

然后计算：$2＋4＋6＋\cdots＋100$

分析与解：观察规律 $50×51＝2550$，或者用偶数列求和公式：个数×（个数＋1）。

学生从运算题中也能找到规律，从而能够解决更复杂的计算问题，提升运算能力。

（3）培养学生良好的计算习惯。

①培养认真审题的习惯。通盘考虑题目对于准确解答题目至关重要，审题的过程需要做到：一看（观察题目中的数据和符号是否明确）、二画（在试题上标注各步骤的处理顺序）、三想（何时应口算，何时应写算，是否有简算的可能性）、四算（用心进行计算）。培养学生精心书写的习惯，坚持让每个学生的书写都做到整洁、格式标准、推理有依据。

②培养认真演算的习惯。在日常的教学活动中，教师需要重视引导学生解题时保持平和的心态，不焦躁，仔细思索，哪怕是简单的算术题也需谨慎对待。在计算过程中，需保持书写整洁、布局合理，即便在草稿纸上做计算也要写清晰，以便于查阅。

③培养及时检验的习惯。在核查过程中，我们必须表现出耐心和细致，一一进行复核，首先核查数字和符号，其次是计算过程的检查。简单来说，就是需要形成"步步为营，缜密再三"的计算习惯，在进行计算的同时，每前进一步都需回头复核一步。另外，需要学生遵循各种相关的计算规则，耐心且仔细地进行计算，以避免鲁莽和粗心的问题。

④培养巧妙估算的习惯。一方面，可以在启动系统计算之前做预估，从而确定结果的可能范围；另一方面，在系统计算结束之后进行估算，从而判断结果是否合理准确。

二、图形与几何的因材施教成因分析

在小学数学教学里,关于图形和几何的知识及计算,因较为深奥,被认为是较难的重要教学内容。许多学生在初次接触这两方面的学习时,由于缺乏抽象分析的能力及日常生活中的直观感受,常感到压抑和疲倦。大部分教师能够运用新课标倡导的"自主、合作、探究"的教学方法,使学生得到生机勃勃的学习体验,并更好地培养他们的空间感觉。但也有教师仅使用传统讲授方法,乏善可陈,因而学生在这个板块会更弱些。

(一)空间观念层面

在学习几何课程的过程中,学生的空间概念开始显现并不断加强,这对于提高学生解决几何问题的技能及锻炼他们的空间思考深度具有关键的推动力。比如,当别人描述一个物体时,我们能否在不看到物体的情况下,快速地对物体的形状、结构进行立体的想象,明确理解别人所要表达的信息。这就显示出了空间概念的重要性。然而,培养空间概念并非易事,还不仅是因为几何空间知识本身的难度,更在于每个学生的空间构图能力各不相同。因此,教师可以利用多媒体工具,从简单的线条构图开始,一步一步地引导学生进行立体空间的构建,从而逐步提升他们的空间概念理解能力。同时,教师也可以从日常生活层面出发,鼓励学生多观察和思考周围物体的空间形状,以此落实和提升他们的空间构建能力。这种稳扎稳打、持久深入的方法,能够让学生的空间动态思考习惯得到有效的锻炼和提升。

1.成因分析

《义务教育数学课程标准(2022 年版)》指出,在数学课程中,应当注重发展学生的空间观念,将"空间观念"作为培养学生创新精神和实践能力的重要学习内容。鉴于小学生年龄及生活体验的局限性,他们在对空间理念的抽象理解和建立上,会受到感知、注意力、推导能力、空间想象以及逻辑推断等个性发展阶段的心理因素影响,以致在理解概念和空间认识构建上遇到困难。

（1）小学生在空间感、知觉方面的狭隘性，影响了空间概念的形成。

空间概念的形成需要以儿童的感知为基础。虽然小学生在入学之前已经开始形成对空间"形"和"体"的基本理解，这对于构建准确的空间观念和相关概念是非常有利的，但是需要注意的是，这些智力活动通常都是碎片化的、不完全的，混杂着很多非核心甚至错误的理解。例如，对"角"的初步理解，小学生会误以为"角"是一个点，或将桌角误认为角，从而导致认知困难。小学生对直观的依赖过强，尤其是当需要使用抽象的空间概念进行描述、识别、想象或再创新时，他们可能会感到更为困扰。又如，教授"线"的概念，小学生过分依赖直观，只关注直线的直，他们在脑海中只了解线的长短，而无法全面地理解直线其实是无穷长的。因此，对"直线""射线"和"线段"这三个概念以及它们之间关系的理解，对小学生来说是一项挑战。所有这些都可能在学生理解"形"的概念过程中造成干扰。

（2）小学生的观察与类比能力，影响了空间概念的认知与空间观念的形成。

学生的观察力因他们的年龄和生活经历所限，往往呈现出混乱、不全面且不能洞悉事物真相的特点。这在学生审察空间形状时特别突出。如在《长、正方体的认识》一课的教学中，当老师要学生观察长方体的顶点与棱的关系时，大部分学生只能从表面上列举出"面、线、点"的数量，却无法从"面、线、点"的相互关系（比如平行、垂直、相交）的角度进行观察、思考、抽象和总结。他们通常无法识别出立方体的顶点就是短边、长边和高边交会的位置，也无法理解立方体只有八个顶点，由十二条棱相交而形成。同样，在讲授《三角形的特征》这课时，学生在琢磨"直角三角形有几条高"的问题时，由于教师过去使用固定形式的图形教学，学生通常只会认为位于下方的一条边（即斜边）是底，而侧面的一条边就是高，并不会意识到在直角三角形中任何一条边都可以作为底，应有三条高线，其中两条直角边即底与高。在学习平行四边形的特性时，也可能出现类似的误解。这表现出学生观察力受到直观依赖的制约，他们在观察过程中难以把握概念的核心，无法准确地观察、推理和判断，从而犯下错误。

另外，由于小学生的类比、抽象和推断能力尚未完全成熟，他们通常在理解关键特点并进行综合对比时面临困难。因此,当他们试图理解几何形状的相似性差异时,经常会混淆概念。比如,当他们尝试理解并应用等腰三角形和平行四边形的面积关系时,他们常常会遇到认知的困难,这通常体现为他们只会机械性地记住等腰三角形的条件,但当三角形的底和高分别是平行四边形的底和高的不同倍数时,就无法进行正确的推断使用。

(3)学生的生活用语与数学用语的矛盾,影响小学生空间概念的正确形成。

数学的表达方式十分严谨,与人们日常生活中所理解的空间观念在很多方面有着明显差异,有的地方甚至存在着相互矛盾的观念,这些都会对小学生正确认知空间观念产生困扰。比如,在理解"圆"的概念以及其对应的空间属性之前,学生往往会错误地把球体视为圆形。又如,"桌角"和墙体的"角",在学生的日常生活观念里都被认为是几何学中的"角",实则并非如此。再比如,学生常常会认为课本是长方形的,这是因为他们日常习惯以理解面来理解实体。同样,学生习惯于认为"垂"就是朝下的方向,而几何学中的"垂直"和"垂线"却没有方向限制。再者,学生因为常常把"顶"理解为上面,"底"理解为下面,所以经常在理解"平行四边形有两组对应的底和高"的时候出错,也常对等腰三角形的顶角和底角进行误判。这些都会对学生正确认识空间观念产生干扰。

(4)小学生空间想象能力的贫乏,影响了形体概念的建立。

空间观念的形成必须建立在对形体概念的正确理解与掌握基础之上,同时还必须以丰富的空间想象力作为基础。由于受到年龄和生活经验的限制,小学生的想象力相对较弱。从对各种形态特点的了解和理解到形成抽象概念,再到从这些抽象概念中想象出空间的实体,小学生往往因为想象力的限制,出现知识"断线",进而出现了几何部分的"断面"现象。

2.应对措施

所谓空间概念,是指人类大脑对物体的规模、形态、局部之间的定位以及数量联系等特征的把握。换句话说,这些把握其实是一种初级的感知。说到某一特定的几何形状,学生应该能在脑海里重构这一形状,并理解其基本属性。在小学数学教学过程中,只有让学生理解了形状的含义、空间方向以及相互关系等,才能有效地培养他们的空间概念。我们坚信,下述教学策略可以帮助学生正确构建空间图形的数学模型,并充分发展他们的空间概念。

(1)加强观察、操作、比较活动,促进学生建立空间图形的数学模型。

建立空间观念必须依赖于正确的空间概念构建。因小学生的认知特点以图像为主,需重视通过观察、操作和比较的活动,辅助他们建构相对应的空间图形的数学模型。举例来说,在一年级《认识图形》的教学中,要让学生经历对长方体、正方体、圆柱与球形状的物体的观察、操作、比较等活动,让学生"看一看""分一分""摸一摸""滚一滚""推一推",然后再通过"比一比",让学生将观察和操控的体验作为自我发现的"描述",进一步总结出长方体、正方体、圆柱与球等各种体的形状特征,初次构建数学模型。夸美纽斯说过:"在可能的范围内,一切知识应尽量地放在感官跟前,一切看得见的东西应尽量地放在视官面前。"因此,在空间几何知识的教学中,必须采用"动态"的教学策略。也就是要强调让学生体验"动眼"观察、"动手"操作、"动脑"比较分析想象、"动口"表述等数学活动,充分利用学生所熟知的具体事物,让他们充分地感知、体验、经历新知的数学化过程,以此形成相对应的空间呈现及数学模型。为了增强学生的认知感受,教育者在授课期间要提供大量的观察材料。例如,在教学环节中,不仅要利用课本上的资源,也需备好空心金属管、墩体、鼓等不同形状的实体,让学生自我观察和比较,这可以扩充学生的信息,有利于培养他们的建模能力。教育者需指导学生加强空间概念的比较和连接,这将有利于学生构建明确、系统的几何图像认知结构。如在《多边形的面积》单元的整理和复习课中,需要引领学生复习平面图形面积的计算公式和计算方案,同时也要教会学生理解"梯形→平行四边形→三角形→长方形→正方形"的图形变动关系。借助图形框架展示各基本图形的转变,以此让学生观察基本图像之间的转变关联。学生从变动与不变动的视角观察这些图形的知识,有利于建立认知构造,进一步推动空间概念的生成。

另外,教育者也需要着重实施"变式"方法,这有助于学生形成对空间概念的理解,并促进他们空间观念的提升。

(2)加强想象活动,发展学生的空间观念。

对学生的想象力进行培养,是辅助他们建立空间认知并发展空间想象技巧的有力途径。例如在形成射线和直线的概念阶段,教师需要指导学生去设想线段一端或两端的永无止境的扩展,并把它和其他线做比较。经过这一系列的练习,学生能够理解这两种线和线段之间的区别,并能最终构建正确的数学模型。又如在《平行线与垂线》的教学中,教师先要引导学生设想"两支铅笔同时落下时,它们可能的相对位置会是什么样的",然后引导学生将这两支铅笔视为两条线段,进行无限的扩展想象,并进行分类,最终形成平行线和垂线的数学模型。

有意识地引导学生进行联想,帮助他们建立空间观念,能让他们理解数学与生活的关联。在几何学知识的初始化阶段,教师必须组织学生做联想练习。如在《认识图形》的教学中,当学生认识了四种"体"之后,应当引导他们做联想练习,让他们提出生活中与所学的"体"有关的例子。尽管学生可能会在图形分类上犯错,但这仍然是教学过程中的有效素材。

(3)注重数学语言的培养,促进空间概念的内化。

研究表明,学习者在认知过程中,使用数学语言来表达自己的想法和感受,是获取数学知识的关键一环,而且这种方式也能够帮助学生更好地理解和掌握空间概念与它们的组成。因此,学习者的学习效果不仅取决于他们是否掌握了新的知识,还取决于他们如何理解和运用这些知识。因此,在构建空间图形的过程中,教师应该重视培养学生的思维能力,让他们能够运用数学语言准确而严谨地描述概念的核心特征,从而更好地进行建模。如在《圆的认识》的教学中,我们不仅要让学生参与"折、画、量、比"等实践活动,更重要的是,要让他们用抽象的数学语言来描述发现的圆的特征,从而培养他们的空间概念。同样在《多边形的面积》单元的整理和复习课中,我们不仅要求学生观察各种基本图形的变化,还要求他们运用数学语言来描述它们之间的关联,以此来培养他们的认知结构,并最终建立起空间概念。

（4）注重在应用中培养学生的想象能力,发展学生的空间观念。

在解决实际问题的过程中,应注重对学生几何直观能力的培养,促进他们空间观念的建立。《义务教育数学课程标准（2022 年版）》指出,几何直观主要是指利用图形描述和分析数学问题。借助几何直观可以把复杂的数学问题变得简明、形象。几何直观在图像和几何学习中起着至关重要的作用,同时也穿插在整个数学学习过程中。因此,我们在解决问题时,需要引导学生通过想象过程,将现有的数学信息转换成相应的空间图形,从而思考解决问题的策略和方法。例如,4 年级学生计算粉刷长方体形状的围墙的面积时,需要让学生先画出长方体的立体图像,思考实际需要涂刷的部分,然后结合长、宽、高的数学信息进行解决。学生的几何直观能力依赖于空间概念的建立,他们在使用几何直观解决问题的过程中能够加深对空间图形特性的理解,从而进一步提升他们的空间感。

（5）采用鼓励与延缓评价相结合的策略,激发学生的认知积极性,培养学生数学学习的情感。

由于学生在理解能力和知识背景上存在个体差异,一部分学生在理解和应用空间概念时可能会遇到疑惑或误区。这时,教师需要用到一种鼓励并支持的态度或者先暂缓评价的方式,让学生再次深入思考或者跟其他同学进行互动交流后再给出答案。这样做不仅可以帮助学生克服自我设限,激起他们的求知欲,提高他们主动参与的积极性,同时也保护了学生的思维活跃度和想象力,有助于培养学生对学习数学的热爱。

换句话说,在空间几何知识的教学过程中,教师必须把培养和提高学生的空间认知当作教学目标,强调直观教学的成效,关注学生的有序观察能力和总结归纳能力的训练,激发学生积极参与,把培养学生的空间想象能力作为教学活动的核心,这样可以有效地促进学生空间观念的形成。

(二)几何直观层面

几何的直观理解主要包括对问题进行图像化解读和解析的认知和习惯,能够识别不同的几何形状和它们的构成因素,并根据形状的特点进行分类。这还包含根据文字解释绘制相关图像,并分析它的特性,建立起形状和数值之间的关联,构建出数学问题的直观模型,通过图像解析实际情境和数学问题,寻找问题解决的方法。对于理解问题的本质,清楚思维的逻辑过程,几何的直观认识提供了帮助。

《义务教育数学课程标准(2022 年版)》对几何视觉内涵描述有了更深更明晰的提升,其包含两方面的看法:其一,该课程标准提出几何视觉在几何教育中具有独特的直观性,借助这种直观性,学生有能力领悟并理解各类几何图形以及其构成要素,并在图形特征的基础上进行分类;其二,该课程标准将其视为数与形结合思考的具体表现,肯定了构筑形状与数字关联以及构建数学问题的直观模型的重要性。几何视觉有助于揭示问题的本质,清晰思维的路径。

几何直观的主要表现有四个方面:

对图形本身的感性认识。能够感知各种几何图形及其组成元素,依据图形的特征进行分类。

将抽象的语言转化成形象的图形。根据语言描述画出相应的图形,分析图形的性质。

连接数与形,感知问题。建立数与形的联系,构建数学问题的直观模型。

借助图表,感知问题。利用图表分析实际情境与数学问题,探索解决问题的思路。

1. 成因分析

(1)认识深度不足。

教师在对几何直观的理解上有所偏差,一些老师并未能正确领悟几何直观的概念,因此教学效果并不理想。主要表现在以下几个方面:认为基础数学知识内容简易,漠视了新课程要求和新课程改革的标准;把数学知识视为基础,把几何直观教学简化为在解析过程中增加图形的运用;过分依靠过去的教学经验,仅仅单纯地传授理论知识,忽略了对学生实践技能的提高。比如,教师对于学生在理解几何直观方面也存在误解,学生理解图形的方式并没有达到准确的程度,更多的是对表面属性的过度关注,可能过分关注了"平行四边形的四个角不都是直角",而漠视了长方形也是平行四边形的一种形态。

(2)教学技巧缺乏。

由于老师的教导技巧不够娴熟,教授学生几何直观知识的能力不足。学生接收和理解这些知识的水平也不高,尤其是几何这种比较抽象的学科,需要学生有足够的空间感。如果教师在教学过程中无法采用有效的方法,就会削弱知识展示的效果,使学生无法顺利理解和深入掌握知识的真正含义。

(3)学生几何直观能力不高。

小学生的思考倾向于图像化,在观察物体的过程中,他们更加关注物体的特征,而对于几何直观的理解并不充分,因此无法通过此建立联想。他们对数字的敏感性较低,缺乏空间感知,因此难以在自己的思维中构建出物体的几何模型,这一般会在他们识别图形,特别是识别被变化过的图形时显现出来。由于他们对几何直观基本概念的理解不深,使他们在与教师交流时会有困难,影响了他们更好地理解教师的教学内容,进而降低课堂教学的效果。

2.应对措施

(1)借助情境教学模式。

在小学的几何直观教育中,采用情境教学法可以发挥出极大的作用。教师可以根据课程内容,精心挑选出具有深刻教育意义的几何直观情境,让学生不再局限于传统的思维模式,而是能够更加自由地探索和发挥自己的创造力。教师可以利用先进的教学工具,如直尺、三角板、圆规等,来帮助学生更好地理解长度单位的概念。此外,还可以利用多媒体设备,创造出一个有趣的教学环境,让学生更加深入地了解如何使用现代化或传统的数学工具来测量长度。采用这种教学方法,学生可以更深入地思考,更好地理解长度单位,并熟练掌握各种工具的使用技巧,进而提升他们的几何直观感知能力。

（2）细化教材资源。

在小学数学课堂上,几何感知是一个重要的概念,它不仅是一个抽象的概念,还是一个实际的概念,它能够帮助学生更好地理解数学概念,并且能够更加深入地体会到几何的直观性,从而更好地掌握几何感知的教学方法。比如,通过使用多媒体工具,教师可以更好地讲解"一张长方形纸剪掉一个角后还剩多少个角"中的图形和角的概念;通过展示角被剪去的过程,并使用不同的颜色来表现剩余的部分,从而帮助学生更好地理解角的数量和剪角方式之间的联系。除了传统的教学方法,教师还可以采用多种多样的方法,如创新地剪裁长方形纸张,探索不同的裁剪方式,以及角的剩余数量,并通过直观的方式,让学生更加深入地理解几何感知的解题过程,从而提高学生的几何感知和实践操作能力。

（3）借助现代化教学方式。

在现行的基础教育数学导向下,教育人员需要融合传统的直观几何教学方法与当代的教育理念,从而增强学生对几何图形的切身感受,进而提高他们的几何直观能力,以此提升学生的数学修养。比如,在讲解图形相关的课程时,由于图形千变万化,教师可以利用生活中各种各样的几何模型进行展示,例如,长方形可以用书本来呈现,圆形可以用足球来呈现,椭圆形可以用鸡蛋来呈现,等等。教师还可以运用投影设备将这些真实物件展现给学生,引导他们认识对应的二维图形,同时通过展示图形模型,让他们切身感受到几何形状的存在。此外,教师还可以引导学生通过陈述图形的特点,尤其是那些可能容易混淆的图形,以鼓励学生对图形的特性进行归纳和总结,以此增加他们对图形的全面理解。

（4）将图形进行分割。

由于各种图形之间存在密切的关联,可以进行互相转换,并且它们之间还存有显著的差异性,因此,教师可以引导学生将各种图形划分为无限多个部分,探索各个图形之间的关系。比如,在学习长方形和三角形时,让学生画出长方形的对角线,分别形成两个、四个、八个三角形;或者将同样的三角形拼成一个长方形;或者将三角形沿中线拆开,形成另外两个大小一致的三角形,再拼接成长方形或正方形等。学生通过此过程,可以获取并掌握各个图形之间的关联性。

(5)拓展几何直观的时空。

①适当拓展几何直观的应用范围。

例如:计算 $\frac{1}{2}+\frac{1}{4}+\frac{1}{8}+\frac{1}{16}$,可以用画图演示的方式,如图 2-1 所示。

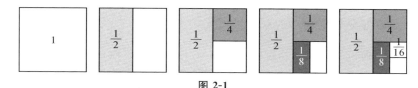

图 2-1

绝大多数学生都能受到启发,"看出"简便算法:

$$\frac{1}{2}+\frac{1}{4}+\frac{1}{8}+\frac{1}{16}=1-\frac{1}{16}=\frac{15}{16}$$

进而没有图示也能以此类推:

$$\frac{1}{2}+\frac{1}{4}+\frac{1}{8}+\frac{1}{16}+\frac{1}{32}+\frac{1}{64}+\frac{1}{128}=1-\frac{1}{128}=\frac{1}{128}$$

显然这就是几何直观促成的类推。

②逐步形成构造直观的系列。

教师从 1 年级起就可以引导学生"把题目画出来",由示意图到线段图,再到长方形图等(图 2-2)。

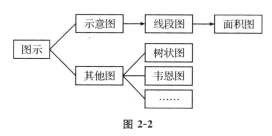

图 2-2

三、统计与概率的因材施教成因分析

随着数学课程改革的推进,统计和概率受到了越来越多的重视,并成为新的课程标准的核心内容。这是因为它们在现代社会中对学生的数学能力有着极其重要的影响。然而,由于统计和概率的知识面较窄,一些教师缺乏相应的教学经验,使得他们在实现教学目标时面临着一些挑战。尽管有些教师在统计和概率方面的知识储备有限,但他们仍然努力提升自身的能力,并且深入研究教材,以期提高教学质量。

数据分析层面

理解和掌握数据分析的原理为学生解析数学题目提供了重大支持,这实际上是一项关键的数学技能。这是因为,数据分析就是依据所掌握的数据进行理解和解析,进而发现数学问题里的隐含条件,并据此进行对应的解答和运算。不夸张地说,数据分析构成了有价值的数学知识学习的要点。在培育学生的数据分析理解能力时,教师必须保证学生的数学知识基础扎实,这样学生才能灵活运用数学知识。接下来,教师在解释题目时需引导学生独立思考,主动找出题目中的给定条件,然后基于这些条件进行数据分析,搭建潜在的等价关系式。需要强调的是,教师应尽可能让学生自我思考以挖掘条件,这才能真正提高学生的数据分析能力。

1. 成因分析

(1) 生活经验干扰。

例如,在学生解答"小红抛硬币玩,第一次正面朝上,第二次正面朝上,第三次正面朝上,猜一猜,第四次正面朝上的可能性大还是反面朝上的可能性大?"这类型的问题时,一般的回答是:"反面朝上的概率更大,因为连续出现正面的概率本质上就已经很低了。"在此情况下,学生在利用生活经验解决概率题目时会产生一些误区。

(2) 概念混淆不清。

学习概率时,学生常常误解"较不可能"为"不可能"、"较可能"为"必然"或将"可能发生"和"必然发生"混为一谈。例如,在一道选择题中要求学生选出一个与"明天下雨的概率是80%"最接近的说法:(A)明天肯定会下雨;(B)明天肯定不会下雨;(C)假如一年中有10天预报"明天下雨的机会是80%",那在这10天中,有8天左右第二天会下雨;(D)假如一年中有 10 天预报"明天下雨的机会是 80%",那在这 10 天中,恰有 8 天第二天会下雨。选择(A)的学生认为 80% 非常接近 100%,一般来说超过 50% 就意味着一定会发生,或者觉得下雨的概率是 80%,意味着会下雨的概率占 80%,不会下雨的概率只占 20%,因为 80% 比 20% 大,所以认为明天必定会下雨。但是实际上,"明天下雨的机会是 80%"这个天气预报并不能确保明天一定会下雨,它只是为你明天是否需要带伞提供一个有效的参考。

（3）确定性思维影响。

由于年龄和认知水平的限制,小学生对随机事件的不确定性缺乏足够的理解,他们总认为所有的事情都有明确的答案和预设的结果,从而倾向于用确定性的方式来思考问题。例如,在解答判断题"在商场的摸奖活动中,中奖率是 1%,也就是说 100 名顾客中一定有 1 人会摸到"时,受到确定性思维方式的影响,他们大多误以为这个判断是正确的。

鉴于上述学习误区,我们的教师团队需要在教学过程中寻找错误实例,通过互动讨论,在"寻错""析错""改错""防错"的过程中形成新的思考,构建新的理念,从而解决新出现的问题,增强学生的学习技能,最后让学生掌握学习方法,全方位提升他们的素质。

2. 应对措施

（1）组织数据资源。

"统计与概率"模块教学内容有其知识特殊性,需要教师针对性地进行教学资源整合及教学活动组织。教师要深研教材,发掘思考教材编排的数据信息和概念知识,探寻其中培养学生数据分析观念的知识切点,优化数据资源的投放方式,推动数据资源与学生学习认知的多点对接,尽量实现教材编排数据素材的最优化处理。教师还可以围绕阶段性教学的主要目标,整合关联性较强的生活教学资源和社会教学资源,从而强化学生数据分析学习意识,让学生真正产生整理、分析数据的学习需求。

（2）注重过程推演。

一个系统完善的数据分析活动涵盖了数据收集整理、归类分析、结论归纳等多个环节,每个活动环节的完成品质都直接影响学生数据分析观念的塑造和发展。为此,教师应按照新课标教学要求,注重数据分析活动的过程推演,搭建系统、全面的数据分析学习平台,让学生"投入统计活动的全过程",并完善学生数据分析认知体系。此外,教师还应密切关注学生数据分析推演学习过程,结合学生分析活动动态学习情况,同时灵活穿插教师评价指导或自评互评环节,及时为学生查漏补缺和纠正错误,提升学生数据分析活动动态学习效果。

(3)设计实验方案。

概率相关知识教学,大多需要教师组织学生开展多种类型的动手操作实验活动,引导学生结合实验学习的直观感知,分析提炼其中的数学知识要点,建立数学概念认知体系。针对不同概念知识的教学特点,苏教版小学数学教材编排了很多实验学习项目。教师以教材为抓手,整合数学实验教学素材,设计数学操作实验方案,为学生提供了更多实践操作的学习机会,丰富了学生的概率知识学习和感性认知体验,进而引导学生构建了感性认知与理性认识的联系桥梁,顺利归结,生成数学新知。

(4)渗透对比分析。

教师通过渗透对比分析教学内容,设置多层次对比分析学习任务,能够触发学生对数据分析学习的深度思考,延展学生数据分析的思维深度。"统计与概率"模块教学涉及的概念性知识较多,这些数学概念彼此独立又存在很强的内在逻辑联系,教师可组织学生围绕这些概念内容展开对比分析,用思维导图等形式,探索归结概念间的联系和区别,建立完整的数学概念知识网络。数据分析案例也是教师渗透对比分析的有效切点,教师可依托典型性较强的数学案例、数学例题,引导学生构建相应数学模型,并通过对比分析找到最佳的数据分析方法,丰富学生数据分析的应用手段。

四、实践与综合运用的因材施教成因分析

通过执行和多元应用的学习方式,学生可以更加深入地探究、实践和应用,从而获得更多的知识和技能。这种学习方式鼓励学生自

主地探究、整合和运用已经掌握的数学知识和技能,从而更好地解决问题。通过多种形式的活动,如小型操作、调研、小课题研究等,让学生进入一个充满活力且有趣的环境,激发他们去探索、思考、分析,从而培养他们的数学技能,让他们能够从数学的角度去理解和解决日常生活中的问题。"在生活中学习数学,在数学中体验生活"的教学理念得到了充分的体现。

(一)逻辑推理层面

推理是一种基本的思维技能,它可以帮助我们从已有的信息中提取出新的见解,并将其转化为可行的解决方案。通过对数学的深入研究,可以发现,优秀的学生往往具备良好的逻辑思维能力,他们在学习数学时,不仅能够获得有效的知识,还能够培养出良好的推理能力。学习数学时,学生可以利用多种不同的推理技巧,比如统计推断、推断、分析等,这些技巧在解决数学问题时具有极强的灵活性,可以帮助他们迅速解决难题。因此,教师应当鼓励学生积极探索,不断拓展自己的知识面,以提高他们的推理能力,从而达到提升答题质量的目的。教师应该鼓励学生进行深入的思考,以便他们能够独立地探索问题,从而有效地提高他们的推理能力。在课堂上,应该给予学生充足的思考时间,而不是急于给出答案或者提供解决方案,这样才能真正培养学生的逻辑思维和推理能力,教师应该牢记这一点。

1. 成因分析

(1)学生没有养成认真思考的习惯。

推理逻辑能力的欠缺,一方面是天生的原因;另一方面是尚未培养起一种积极的思考习惯。在这一过程中,小学生会利用已有的知识框架,挑选出有用的旧知识以便吸纳新知识,换句话说,就是在新知识和旧知识间找到"沟通桥梁"。这样,小学生在学习过程中便可以使新知识与旧知识产生积极的连接和互动,从而实现对旧知识的进一步理解和对新知识的获取。这一"链接"的步骤并非一蹴而就,如果老师在教学时忽视学生的实际条件,或不能察觉学生在学习时的思考困难,仅简单地按照教学大纲或教学计划进行"一方向"的填鸭式教学,就会非常容易引发学生的思维障碍,使得学生在解题时会觉得力有未逮。如果新学的知识与已有的知识之间缺乏必要的"沟通桥梁",小学生便会有抵触、厌烦等负面情绪,以此排斥新知识,或者需要经过较长时间的"调整"才能接纳新知识。

我们注重提升学生的推理技能,特别是逻辑思考的训练。只有学生的逻辑思维足够清晰,他们在遇到难题时才能快速找到问题的关键所在,进而推理出解决的方案,或是从表面现象中找出问题的根源,然后使用恰当的方式进行解决。

(2)教师没有掌握培育逻辑推理素养的时机。

教师在教授数学课程时,教科书中的绝大部分信息都可以作为引导学生培养推理技巧的工具。然而,许多数学定理和公式的推导是通过数学家们精确的推理过程得到的,但老师往往会忽视这一点。学生只能按照老师的思维途径学习和思考,很少能主动参与其中。教师也没有利用教科书的知识来合理地进行推理指导。而在数学教学过程中,大量的课堂活动都能够助力学生提高推理技巧,但是许多老师常常忽视课堂活动对于培养学生推理技巧的作用,对学生推理技巧的指导并不重视。因此,教师失去了许多帮助学生积累推理技巧的机会。

2.应对措施

(1)将数学思考还原。

数学是一门深奥的学科,它的概念、定理、法则和定义都是数学专家们经过多次实践和逻辑推理而形成的。因此,学生应当学习数学家们的求索精神。在教学过程中,教师应当引导学生去探究数学思维的过程,鼓励学生提出疑问、质疑,共同探究数学原则的本质,从而培养学生的数学思维能力。例如,在学习《圆的认识》的时候,通过引导学生探究圆的各种性质、特征等,可以有效地培养他们的推理思维技能,而不是仅仅将其特征简单地告诉他们。此外,教师还可以通过实践活动,让学生更加深入地理解圆的性质和特点。在教学过程中,教师应该鼓励学生思考,并通过实际案例来帮助他们更好地理解图形的概念。例如,教师可以通过分析正方形、长方形和三角形的结构,帮助学生更好地理解圆形的特征。采用比较推理的方式,不仅能够让学生掌握形状思维的技能,还能够为他们接下来学习更加复杂的知识打下坚实的基础,从而促进他们的推理能力的发展。

(2)在问题情境中,促进推理猜想。

在开展数学教学活动的时候,小学数学教师可以根据教学内容为学生创设不同教学情境,在帮助学生理解数学知识的基础上,发散学生的思维,引导学生大胆提问和质疑,用猜想的方法来进一步培养学生的逻辑思维能力。学生在提出问题后,教师可以适当点拨,帮助学生理清思路的同时,引导学生通过自主思考和探究解决问题,锻炼学生的分析能力。当然,在教学过程中,教师还要不断挖掘学生的数学潜能,鼓励学生积极探索,提升学生的数学综合素养。

以教学"长方体和正方体"相关内容为例,老师让学生用纸笔画出一个长方体并且随便标注长、宽、高,而后交上来由老师计算长方体的体积和面积。如此一来,师生之间的互动就形成了,而且在老师计算不同学生所画的长方体的过程中,有个学生提出了疑问:"老师,为什么你可以这么快得出长方体的体积和面积呢?是不是有什么秘诀啊?"有个学生接着说道:"长方体前后、左右以及上下的面积都是相等的,也就是说只要算出三个面的面积,就可以得到长方体的体积了。"从学生的推理和提问中可以知道,学生的逻辑推理能力得到了锻炼。

(3)在已有知识中,增强推理深度。

小学阶段的数学学习要注重学生基础知识的积累,并在此基础上引导学生进行数学知识的迁移和拓展,以此培养学生的逻辑推理能力。也就是说,在每次讲解新课内容的时候,教师要帮助学生进行相关旧知识的复习和巩固,使得学生能够构建科学的数学知识体系,保证数学体系的完整性和逻辑性。随着学生的不断学习和深入探究,其逻辑推理能力就会得以提升,从而为更高阶的数学学习提供基础保障。

例如在开始学习"分数四则运算"这部分知识前,每个学生都已经熟练掌握了分数的加法、减法、乘法和除法四种基本运算方法,分数四则运算正是在这四种基本运算的基础上进行的。教师在开始上课之前可以先引导学生对分数加、减、乘、除法进行练习,复习和巩固已有知识,而后再结合基本四则运算的规则去推理分数的四则运算规则。在此过程中,学生需要将已有知识跟新知识建立联系,这既锻炼了学生的知识迁移能力,又在一定程度上提升了学生的逻辑推理能力。

(4)关注学生的语言表达。

本质上,学习数学的真谛在于找出问题并解决问题。就是说,小学数学教师必须重视学生问题意识的培养。学生具备一定的问题意识,在实际生活中会更加愿意去发现问题和探索问题,从而形成自主学习的意识。问题意识能够有效推动学生逻辑推理能力的发展,使得学生能够更加准确地解答数学问题。毫无疑问,小学数学教师在实际教学过程中需要根据学生的实际需求和教学材料来进行恰当的指导和提问,这样才能让学生利用小组讨论和其他多样化的学习方式来扩展他们的逻辑思考能力,从而提高他们的数学推理技巧。小学数学教师在讲解数学教材中相关概念、运算法则的时候也可以适当引导学生进行推理和分析,使得学生能够通过自我探究感知数学学习的魅力和乐趣。以"圆形和角"相关教学内容为例,教师可以事先准备好教学要用到的圆形、长方形等,而后在具体教学过程中要求学生对相关图形进行观察,并联系自己生活中常见的物品形状进行联想和推理,以此培养学生的逻辑推理能力。

总而言之,在新课改和素质教育提出后,小学数学教学就不能够只重视基础知识教学和学生的成绩,而是要注重学生综合能力的培养。在现阶段小学数学教学中,一开始便需明确学生的主要角色,然后根据各异的教学课题设立教学环境,帮助学生加深数学理解的同时,拓展他们的思考范围,提升他们的逻辑推理技巧,从而提高学生的数学全面素质。

(二)应用意识层面

"实践与综合运用"旨在通过全面的教育来促进学生的发展。它包括三个方面:首先,它强调了学生在学习过程中应该掌握的知识和技能,并且能够将课堂所学的知识应用到实际生活中;其次,通过交流与实践,我们可以大幅提高学生的计算、绘图、测量等基本技能,同时也可以培养他们的数学思维能力,让他们能够从日常生活中发现问题,并将所学知识运用到实际生活中,以有效、系统的方式解决问题;最后,通过实际操作、互动交流等方式,让学生体验到学习数学的乐趣,并将其与日常生活联系起来,这样可以激发他们对数学的兴趣,并唤醒他们更深入学习的渴望。

《义务教育数学课程标准(2022 年版)》提出,有效的数学学习活动不能单纯地依赖模仿与记忆,动手实践、自主探索与合作交流是学生学习数学的重要方式。因此,教师应该给予学生充分的机会,让他们在自主探究、团队协作的过程中,不断深入地学习,从而获得更多的数学知识和技能。"实践与综合运用"是一门旨在培养学生数学思维能力的课程,它为教师和学生提供了一个互动交流的平台。在老师的指导下,学生可以通过实践活动不断深入地探索数学的奥秘,并且能够更好地理解它在日常生活中的实际应用,从而培养出主动合作、乐于交流的精神,增强自信心,更加清楚地认识到自身在团队中的重要性,进而激发出积极的学习热情。"实践与综合运用"课程不仅可以帮助学生建立"三大知识体系"之间的联系,提高他们的问题解决能力,同时对培养他们的学科情感也具有极其重要的意义。

1. 成因分析

(1)注重"实践与综合运用"是我国小学数学课程改造的其中一个特征,它旨在让学生理解数学的功能,探究数学主题的内部联系,整体运用已习得的知识和技巧解决问题。然而,在教学过程中,教师常常会忽视该领域的重要性。

(2)教学目标有偏差。教学过程必然要有清晰的目标指导,这是实现教学任务和提高教学效率的基础。

(3)教学内容书本化。教材中所提供的内容仅是教师在教学时的一种指导和参考。因此,教师需要结合本地的实际情况和本班学生的状况,变通地调整或安排教学内容,选择学生所喜欢的方式进行教学。

(4)缺乏实用的教学方法。在课堂上,一些教师往往按照原有课程的教学方法,方法固化,你问我答,没有充分发挥学生的动手动脑能力。

(5)评价方式滞后。在现行的数学教学中,评估教学成效的方式一直是基于学员的知识掌握程度,例如他们能否记住数学概念、公式和原则,能否采用特定的解法解决问题,能否依据规则进行计算、推论和证明,这些都是衡量标准的基本要素。

2. 应对措施

明确教学目标、优化教学内容、创新教学方式、完善评价方式以及加强教师训练,能够更好地促进学生的发展。

(1)明确学段教学目标,让教学有的放矢。

综观《义务教育数学课程标准(2022年版)》对"实践与综合运用"板块的目标定位,其主要体现了三个特性:首先,它强调了数学的重要性,既要全面提高学生的数学能力,促进学生的发展,又不仅仅局限于传授知识;其次,除了具有综合性,数学还具有多样性,它不仅能够将课堂教学与课外实践有机结合,还能与科学、艺术、思维品质以及生活经验有机结合,更能够将实践、探究、合作、体验等多种学习方式有机结合,从而提升学习效果;最后,"实践与综合运用"课是一种极具实用价值的教学方式,它不仅能够帮助学生掌握数学实践技能,而且还能够让他们更好地理解和应用所学知识,从而拓宽视野和思维空间,拓宽他们的知识面和思维深度。

《义务教育数学课程标准(2022年版)》对每个学段的"实践与综合运用"课的教学都提出了具体的目标要求。具体如下:

①第一学段(1—3年级)实践活动的目标及教学要求。在本学段中,通过参加实践活动,学生应该慢慢积累数学活动的初步经验,了解数学在日常生活中的基础性应用,学会如何有效地与人交流合作,同时培养对数学学习的积极态度。这些目标主要由三个方面组成:首先,学生应在观察、操作、实验、调查和推理等活动中,在团队协作中产生积极的情感体验;其次,积累基础的数学实践活动经验,能运用所学的知识和技能来解决基础问题;最后,了解数学对日常生活的重要影响。

②第二学段(4—6年级)综合应用的目标及教学要求。在本学段中,学生通过数学游戏和活动,深入了解到数学的广泛运用和功能,其中包括如何融汇应用掌握的知识和技巧处理实际问题。通过这种方式,学生能对所学知识有更深的认识,也能学会利用数学思考问题的方法,而且能积极参与到和他人的合作与交流之中。我们可以将这一阶段的目标分为三部分:第一,借助于解决实际问题的经验,学生能够开始建立使用数学解决问题的自信,这些问题常涉及数与运算、图形与几何、统计与概率等知识;第二,通过活动学习方法,学生能掌握如何将所学知识综合用于解决问题;第三,学生能开始觉察到数学知识之间的相互关联,进而更深入地理解数学的实用性。

(2)重视过程评价,上足、上好每册教材中的"实践与综合运用"课。

当前的数学教育以学习成果为衡量标准,重点关注学生掌握的数学概念、公式、规则、解决问题的方法,以及如何运用这些知识来进行计算、推理和证明,这些都将成为衡量数学教育质量的重要指标。数学"实践与综合运用"课程可能缺乏数学概念、公式和规则,甚至缺乏定量评分,但是,数学教师应该充分认识到,课程应该更加关注学生的内心世界,并且通过丰富的数学活动,让学生更好地理解数学,并培养他们对数学的情感。因此,我们应该尊重学生在"实践与综合运用"课程中所经历的数学活动,并将其作为一个重要的评价标准,而不仅仅局限于分数和结果,这是每一位小学数学教师应尽的义务。总之,我们应该采取正确的方式,将"宽广"数学纳入课程,而不是将重点放在"狭隘",以及功利主义的数学研究上。

(3)因地制宜。

适当增加活动的形式和内容。教材中所提供的信息在我们的教学中仅仅标示了一种思考方式和方向。因此,我们应依据本地的实际情况与本班学生的独特性,灵活地调整或创新内容,并选用学生喜爱的方法开展活动。举例来说,关于1年级下册的"小小商店"课程,我们可以做出如下调整和设计:课程开始时,让学生自带各种物品,包括玩具、学习用品以及日常生活用品等。接着,经过"购买—付款—退还零钱"等一系列步骤,增强学生对"人民币"知识的了解,并理解如何使用人民币以及人民币的作用。此外,还可以提升学生100以内加减法的口算及书写能力。再如,3年级上学期,学生在学完了"时、分、秒"的知识后,教师可以安排一项名为"我日常生活中的时间"的实践活动。学生可以通过回顾与分析自己一日的生活时间,然后与全班同学的时间分配进行比较,将抽象的时间概念与自己的实际生活结合起来,从而对"时、分、秒"有更深的理解,并进一步意识到时间的重要性。又如4年级下学期,学生在学习完《位置与方向》单元后,老师可以让他们绘制上学路线图;学习了长方形、正方形的面积计算后,可以开展"我的房间有多大"的活动;等等。虽然有些活动未被教材单独列出,但教师可以根据教学内容的需要进行适当的创造和实施,这将会为学生理解和掌握知识、练习运用提供一个优秀的平台,也有利于提升学生的数学全面能力。

另外,对于有能力的学生,教师还可以多布置一些小型的实践性活动,让他们有机会进行信息收集、处理和分析,以便得出结论。具体的活动内容可以包括研究资料的搜集、查找信息以及做实验研究等。比如,结合6年级下学期的《节约用水》教学内容,教师可以让他们记录家庭两周的用水情况,探讨如何计算水费,并讨论节水的策略等。除此之外,教师还可以延伸出以下一连串的活动:①调查水对人类的益处;②记录家庭两周的用水情况,统计日、月、年的平均用水量;③以家庭年用水量作为标准,统计班级、全校同学家庭的年用水量;④设计一句节约用水的宣传标语;⑤基于之前的研究和数据统计,写一篇数学日记。

第三章　因材施教典型案例分析

为体现义务教育数学课程的整体性与发展性,根据学生数学学习的心理特征和认知规律,将六年的学习时间划分为三个学段,其中1—2年级为第一学段,3—4年级为第二学段,5—6年级为第三学段。

一、第一学段(1—2年级)典型案例分析

第一学段要紧密联系学生的生活实际,从学生的生活经验和已有知识出发,创设生动有趣的情景,引导学生开展观察、操作、猜想、推理、交流等活动,使学生通过数学活动,掌握基本的数学知识和技能,初步学会从数学的角度去观察事物、思考问题,激发对数学的兴趣,以及学好数学的欲望。教师要根据学生的具体情况,对教材进行再加工,有创造地设计教学过程。要正确认识学生个体差异,因材施教,使每个学生都在原有的基础上得到发展,让学生获得成功的体验,树立学好数学的自信心。

(一)数与代数

【案例1】北京景山教材第一册第三单元第三课时"5以内数的减法"

5以内数的减法是学生学习减法意义的起始课,也是今后进一步学习20以内数的加减法的基础,因此它起着承前启后的作用。数学算法具有多样性的特点,所以教师要引导学生选择自己容易理解和掌握的方法,尊重学生在计算方法上体现的个体差异性。学生从

不同的思考角度和生活经验出发,运用不同的方法解决问题,这是创新意识的萌芽。

1.教学片段

师:大家还记得"小猫钓鱼"里贪玩偷懒的小猫吗? 自从它上次一条鱼也没钓着后,决定痛改前非,重新做猫! 于是第二天它又去钓鱼了,大家猜猜看,这回它钓到鱼了吗?

(环环相扣的故事情节深深吸引学生的注意,激发他们参与学习活动的热情)

(激发情趣,体验新知)

师:正如你们所料,它真的钓到了鱼,你们看它钓到了多少条鱼呀! 猜猜看,小猫是怎样吃它辛辛苦苦钓来的鱼的?

(板书课题:小猫吃鱼。随机出示不同的吃法。板书:3－1或3－2、3－3、3－0)

师:同学们一定和我一样为小猫的进步而感到高兴,因此我特意从马戏团里请来了小羊,看,它带着圈来了!(教师出示四个圈与一个羊头模型)

师:谁知道我们将进行什么游戏?

(找学生说出他曾经玩过的套圈方法,一名学生到前面做套圈示范。万一学生没套上,老师可帮他套上一个)

师:哪位同学能说说他是怎样套的,用算式怎样表示?

(教师尽量引导学生叙述套上几个,几个没套上)

师:还有谁想玩? 由于时间的关系,我们就不一一来玩了,下课以后我们到操场上去玩。现在四人小组讨论,预测自己可能套上几个,有几个没套上,并把算式记录下来,最后进行小组汇报。

2.案例评述

在分层教学中,教师应该给学生独立探索的机会,进行小组合作学习。既要注意学生的共性,也要注意学生的个性,做到共性与个性相结合。对学困生要严爱结合,课堂多提问,多让他们练习,多辅导,多启发他们,多让他们做一些基础性题目,发现他们的闪光点,及时恰当地表扬,以增强他们的自信心,并激发他们学习数学的兴趣,从而调动他们学习的积极主动性。对待学习有余力、思维灵活的学生，可以让他们多做一些综合运用和富有思考性的题目，完成难度较大的题目，以满足他们的求知欲。

这一教学活动联系学生的生活实际，通过学生喜闻乐见的游戏，丰富学生的感性积累，发展学生的数感。教师组织小组合作学习，讨论5以内数的减法，可以起到优生带动学困生的作用，提高了优生的探索能力，给了他们很大的发挥空间。

3.对因材施教的建议

这样的设计体现了面对全体的因材施教策略中的分层教学。把集体教学、分组讨论与个别指导有机结合起来，最大限度地调动每个学生的学习积极主动性，逐步使他们达到教学要求，使每个学生的知识、能力都不断提高，使每个学生的聪明才智都得到发展，充分体现了学生在学习中的主体性，从而大幅度地提高教育教学质量。

计算是数学学习的基础。教师在新授课结束后，通常会安排每天的计算练习。由于学生的能力有所差异，对于一些日常计算错误较多的学生，老师需要及时辅导，还要分析这部分学生的错误原因，例如有些学生是乘法口诀不熟练，还有一些可能是方法没有掌握好。

【案例2】北京景山教材第一册第四单元第四课时"相差数"

本节课通过具体操作和合情推理，探索用减法计算一个数比另一个数多（或少）多少的过程。要求能解决生活中简单的实际问题，并在解决问题的过程中培养学生的学习兴趣和数学应用意识。本节课的教学重难点在于学生通过小组合作，主动观察比较，掌握适合自己的比较两数多少的方法。

1.教学片段

(1)情境导入：课件出示小猪、小兔盖房的情境图。

师：仔细观察，你们看到了什么？能和同桌说一说吗？

学生互相说，教师注意观察语言组织较好的学生，请他说一说图意。

师：你能在这幅图中发现数学问题吗？

学生可能会说：有4只兔子、3只小猪、3个苹果、4根木头等。

（2）探究比较方法。

教师选出学生所说的数量：3只小猪、4根木头。要求学生摆出学具（课件同时出示卡片）。

师：看到摆出的学具，小朋友有什么发现？

引导学生说出小猪少，木头多。

师：你是怎么知道的？

要求学生同桌互说，再指名汇报。

学生可能会说：

①数一数，小猪3只，木头4根，所以木头多。

②把木头分给每只小猪，还多了一根木头。

教师要求有第②种想法的学生在投影仪上用学具摆一摆是怎样分的。

学生可能会出现：①把木头放在每只小猪旁边。

②也可能把木头对齐小猪放在下面。

教师对以上方法进行表扬，用课件演示强调第②种方法（课件闪烁多余的1根木头）。

师小结：1只小猪扛1根木头，还多了1根木头，我们就可以说木头——（生：木头多），也可以说小猪——（生：小猪少）。

2.案例评述

在分层教学中，教师应该给学生独立探索的机会，进行小组合作学习。既要注重学生的共性，也要注意学生的个性，做到共性与个性相结合。课堂多提问，多启发他们，发现他们的闪光点，及时恰当地表扬，以增强他们的自信心，并提高他们学习数学的兴趣，从而调动他们学习的积极主动性。对待学习有余力、思维灵活的学生，可以让他们多做一些综合运用和富有思考性的题目，完成难度较大的题目，以满足他们的求知欲。

对于班级中的优等生来说，教师应该多给予他们尝试的机会。同时，教师还应当引导学生通过各种实践活动，让部分优等生对数的"比多少"进行归纳和总结。

让学生通过动手操作，初步知道"同样多""多""少"的含义，让学

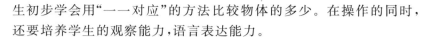

生初步学会用"一一对应"的方法比较物体的多少。在操作的同时，还要培养学生的观察能力,语言表达能力。

3.对因材施教的建议

教师在教学的时候不能因为施教难度大,难以实施,就将教学方法简化,抛弃数学的严谨性,这样做会因小失大。如果教学过程的设计能够让整节课更加完整、科学,也不妨先让部分优等生行动起来,在提优的同时,也让数学课活起来,科学起来。

【案例3】北京景山教材第一册第七单元第四课时"加法表"

本节课学生通过整理加法表,初步了解各算式之间的联系,提高10以内数的加法计算的正确率。在尝试观察、交流探究等学习活动中,培养学生有序思考的能力。让学生积极参与数学活动,体会数学的特点,养成认真勤奋、合作交流、反思质疑等学习习惯,建立自信心。教学重点是能熟练计算10以内数的加法。教学难点为通过动手操作、观察思考等,在加法表中找出10以内数的运算规律。

1.教学片段

(1)复习。

①学生进行口算练习,一组一组开火车。

师:刚才我们练习的口算都是(　　　),加号前面的数叫(　　　),加号后面的数叫(　　　),得数叫(　　　)。

②按规律填数。

(2)整理加法表。

师:小朋友手里都有口算卡片,我们一起来分分类,你想怎么分?(按和的大小来分)

分别请口算卡片的和是9、8、7、6、5、4、3、2、1的小朋友将卡片贴在黑板上。

师:黑板上的口算卡片比较乱,我们可以(　　　)。(按照顺序来放)

出示加法表。

①看表做加法。

a.找出得数是7的算式。

b.找出加号前面是1的算式,算出它们的和。

c.找出加号后面是 2 的算式,算出它们的和。

②加法表横着看、竖着看、斜着看,能够发现什么?

竖着看,第一加数一个比一个小 1,第二加数一个比一个大 1,和不变。(课件出示两排)

横着看,是几加 1,几加 2……第一加数一个比一个少 1,第二加数不变,和也一个比一个少 1。(课件出示两排)

斜着看,是 1、2……加几的加法,第一加数不变,第二加数一个比一个大 1,和也一个比一个大 1。(课件出示两排)

③还可以使用加法交换律,只要记住加法表的一部分算式,就可以掌握 10 以内的加法。(课件出示)

④填一填:根据老师出示的不完整的加法表,让学生根据规律去填写完整。

⑤算一算,说一说。

3+2=	4+2=	6+3=
3+3=	5+2=	5+4=
3+4=	6+2=	4+5=
3+5=	7+2=	3+6=
3+6=	8+2=	2+7=

规律:

第一组:第一加数都是 3,第二加数一个比一个大 1,和也是一个比一个大 1。

第二组:第一加数一个比一个大 1,第二加数都是 2,和也是一个比一个大 1。

第三组:第一加数一个比一个小 1,第二加数一个比一个大 1,和不变。

⑥不计算,比一比。

5+4	2+6	7+2
5+3	3+6	2+7

规律:

第一组:相同加数是 5,4 比 3 大,上边比下边大。

第二组:相同加数是 6,2 比 3 小,上边比下边小。

第三组:加法交换律,两边相等。

⑦说一说。

按顺序说出和是 10 的算式。

第一个从 $9+1=10$ 或 $1+9=10$ 开始说。

⑧想一想。

a. A 说:"我比徐婧菲多跳 3 个。"

B 说:"我比徐婧菲多跳 4 个。"

两个小朋友谁跳得多?

b. A 说:"我比汪浩然少跳 2 个。"

B 说:"我比汪浩然少跳 3 个。"

两个小朋友谁跳得多?

2. 案例评述

对于班级中一些优等生来说,教师应该多给予他们尝试的机会。同时教师也应当引导优等生通过各种实践活动,对所学知识进行归纳和总结。

整理加法表,让学生充分讨论,亲身实践加法算式并发现其排列规律的过程,能够让学生感受加法算式排列的有序性和不同加法算式之间的联系。本课按和的大小整理算式,通过对 10 以内数的加法的整理,观察发现算式中数的变化引起结果变化的规律,能够让学生进一步理解加法的含义。

3. 对因材施教的建议

教师在教学的时候不能因为施教难度大,难以实施,就将教学方法简化。在教学过程的设计中,不妨让部分优等生先行动起来,通过整理加法表和多种形式的练习,使之能准确熟练地计算 10 以内数的加法。在提优的同时,也让数学课活起来,科学起来。

4. 家校共育的建议

在课堂上,教师可以通过口答的形式抽查个别学生方法的掌握情况,利用课堂、自习课的时间让学生进行限时计算练习。在家里,家长可以开展限时练习,巩固学生对计算方法的掌握情况,提高学生答题的正确率和速度。

【案例4】北京景山教材第二册第一单元第一课时"百以内数的认识"

本节课要让学生经历从日常生活中抽象出 100 以内各数的过程,感受 100 以内各数的大小,感受 100 以内各数就在身边,使学生能独立地数 100 个物体,知道 10 个一是 10,10 个十是 100,对计数单位"一"("个")、"十"、"百"有一个感性认识。使学生初步了解 100 以内数的顺序,掌握 100 以内的数是由几个十和几个一组成的,培养学生数数的兴趣和估数的意识。

教学重点:建立 100 以内数的概念,正确数出 100 以内的数。

教学难点:数数时接近整十数的数到整十数的过渡。

师:全班共 33 个同学,如果用○表示,你会画几个○?

让学生试着画一画,怎样才能让老师一眼看出是 33 个?

生 1:1 个 1 个画,很乱,容易数错。

生 2:5 个 5 个画,数起来快多了。

生 3:10 个 10 个画,更好了,每行画 10 个,画了 3 行多 3 个,一眼就看出来了。

1.案例评述

在教学时,老师时常会忽视学困生的思维形成过程。有时候,学困生通过实际物体的操作,也能够掌握一个新的知识点。

在上述案例中,老师注重培养学生的探索能力,让学生动手操作。最终学生发现,10 个 10 个地画最容易数,所以数的组成是由几个十和几个一组成的。

2.对因材施教的建议

教学不能因为进度而放弃让学生探索的时间,探索可以帮助学生尤其是学困生有一个知识点生成的过程,而且学困生本来就缺乏理解能力,所以此环节不可缺少。

3.家校共育的建议

可以建议数感薄弱的学生家长购买一个计数器,让学生在家中多多练习数数,并且要经常变换着方式数。也可以安排一次综合实践作业,让学生和父母一起了解一些生活中事物的数据,用学过的

100 以内的数来描述生活中的事物。在活动过程中收集图片，准备描述语言，最后拍摄成视频或制作成小报。

【案例 5】北京景山教材第三册第二单元第三课时"7 的乘法口诀"

本节课的内容是在 2～6 乘法口诀的基础上开展的。乘法口诀是数学最为基础的知识之一，对今后的计算具有重要的作用，务必熟练掌握。

A. 必做题。

(1) 星星餐：写出每道题的积及相应的口诀。

$4 \times 7 = ($　　　$)$　　　　　　$7 \times 6 = ($　　　$)$

口诀：(　　　　　　)　　　　　　口诀：(　　　　　　)

$5 \times 7 = ($　　　$)$　　　　　　$7 \times 3 = ($　　　$)$

口诀：(　　　　　　)　　　　　　口诀：(　　　　　　)

(2) 月亮餐：填上合适的数。

$($　　　$) \times 7 = 42$　　　　　　$7 \times ($　　　$) = 35$

$($　　　$) \times 4 = 28$　　　　　　$7 \times ($　　　$) = 49$

B. 选做题。

太阳餐：想一想，能填几？

$7 \times 5 + 7 = 7 \times ($　　　$)$　　　　　　$7 \times 7 - 7 = 7 \times ($　　　$)$

1. 案例评述

作业设计要按照"下要保底，上不封顶"的原则，分为必做、选做和开放性作业三个层次。必做作业是最基本的、每个学生都要掌握的题目；选做作业是综合性强、覆盖面广、有一定难度的题目，可让学生"跳一跳才能摘到果子"；开放性作业具有一定挑战性，是集综合性与灵活性于一体的高智力题。不同的学生可以根据自己的情况挑选做不等量的题目。

让学生在解决问题的过程中体验数学来源于生活，生活中蕴含着数学，获得用数学知识解决生活问题的方法和经验，以此满足不同层次学生的需求。

以上练习，不同层次的学生按不同的要求完成。基础差的学生和基础中等的学生要求完成 A 类的两道题目，学有余力的学生则选择 A 类中的两道题目和 B 类的一道题目。作业分层布置既能调动学有余力那部分学生的学习积极性,也能兼顾到中下生,体现了新课标的教学理念。

2.对因材施教的建议

把作业设计成一个"自助餐",改变了以往的命令式、强制式的作业形式,让学生有一个较为宽松的作业氛围,使不同发展水平的学生都能较好地参与作业练习,培养数学能力。

【案例6】北京景山教材第三册第二单元第三课时"7 的乘法口诀"

这是一节关于 7 的乘法口诀的新授课。

A. 必做题。

(1)看谁能全算对。

$4×7+23$ $54÷9×7$ $3×7÷2$

(2)春游时,同学们排队射气球,7 人一排,站 3 排,共击破 42 个气球,平均每人射中几个气球?

(3)宣传牌上左边有 4 棵树,右边也有 4 棵树,每棵树上有 7 个△,宣传牌上一共有多少个△?

(4)动物园里有 11 只黑鸽子,24 只白鸽子,每个窝里住 5 只,一共需要多少个窝?

B.选做题。

智慧宫里的魔术师把一根长 28 米的彩带对折以后再对折,轻轻一吹,彩带都断开了,每折长几米? 你能想出不同的计算方法吗?

1.案例评述

在分层教学中,教师应该设计从模仿性的基础练习到提高性的变式练习,再到拓展性的思考练习,降低习题的坡度,同时不拘泥于书本,对具有创新思想见解的学生予以鼓励。照顾不同层次的学生,让不同层次的学生都有体会成功的机会,使学生始终保持高昂的学习热情。

以上练习,不同层次的学生按不同的要求完成。基础差的学生和基础中等的学生要求完成 A 类的四道题目,学有余力的学生则选择 A 类中的三道题目和 B 类的一道题目。这样,基础差的学生和基础中等的学生只要根据课堂上学到的知识就能直接完成，知识的应用较为直接，重点是让其巩固课堂上所涉的知识点。对于学优生，则以提高拓展为主，充分发挥其敏捷的思维能力和综合运用知识的能力，以便提高其综合、灵活运用及解决生活实际问题的能力。

2. 对因材施教的建议

这样的设计体现了面对全体的因材施教策略中的分层教学。各层次的学生都能在作业过程中梳理、完善自己的思路，发展、开拓自己的思维。这样既保证"面向全体"，又兼顾"提优"和"辅差"，有利于全面提高作业质量。

乘法口诀是数学计算学习的基础。教师在新授课结束后，通常会安排每天的计算练习。由于学生的能力有所差异，对于一些日常计算错误较多的学生，老师需要及时辅导，还要分析这部分学生的错误原因，例如有些学生是乘法口诀不熟练，还有一些可能是方法没有掌握好。

【案例7】北京景山教材第三册第四单元第五课时"倍的认识"

1. 教学片段

蝴蝶有 6 只，蜻蜓有 30 只，求蜻蜓是蝴蝶的几倍。在教授用除法解决求倍数的问题时，老师试图让学生理解这道题为什么要用除法，把 6 只蝴蝶看作是一份，然后思考 30 只蜻蜓里面有几份 6。在练习中先让学生填空，把（　　　）看作一份，想（　　　　　），然后再列式。

2. 案例评述

教师在教学时没有关注学困生的思维形成过程，对于学困生来说，教师在讲授一个知识点的时候自己能够很容易接受，但很多知识点放在一起就会容易混淆，所以真正理解才是最重要的。

在练习中，做到每道题都能注重培养学生的思维能力，这样学困生才能在理解的基础上真正掌握实际问题的解决方法，而不是单纯记住用除法。

有一些老师在练习中，省去了"把（　　　）看作一份，想（　　　　　）"

这个环节,直接就要求学生列式。这样,学生尤其是学困生就不能对算法有很深的理解。思维方法的巩固不是通过解答例题就能掌握的,算法的理解才是最重要的。

3.对因材施教的建议

这样的设计体现了面对全体的因材施教策略中的分层教学。教学不能为了巩固方法而练习,学困生本来就缺乏理解能力,所以对于解决问题来说,理解的过程必不可少。

【案例8】北京景山教材第三册第四单元第七课时"求几份数"

在新授求几份数的过程中,老师先出示条件"红花是黄花的8倍",让学生结合示意图在这句话中分析:把( )看作一份,( )有这样的( )份,通过两题这样的训练再引入"小汽车是大汽车的5倍"这个条件,指导学生如何通过线段图表示题目的含义,最后出示另一个条件和问题,直接在线段图上表示,理解要求的小汽车就是有5个3辆,用乘法。

1.案例评述

教学时关注学困生的思维形成过程,对于学困生来说需要形象的东西来辅助,才能理解题目的含义,所以教师出示了红花和黄花的示意图。

学困生缺乏抽象思维,从示意图到线段图,学生能更形象地理解题目的含义,并且通过只给条件的形式,让学生明确一道实际问题中的关键句该如何进行分析,这样为后面学生求一份数奠定了分析题目含义的基础。

2.对因材施教的建议

教学要有层次性,同一个知识点也可以从学生的实际情况出发,考虑不同层次学生的学习能力,不断突破和提高。

【案例9】北京景山教材第三册第六单元第四课时"经过时间"

如何求经过时间,数格子的方法虽然看似简单,学生也比较容易掌握,但是有的学生总是会数错,主要是他们总是数数字(数点),而非数格子(数段)。实际上,求经过的时间还可以用算术的方法。

(1)同时间段的求经过时间,如5:15—5:45,用算术方法计算比

较简单,直接 45－15＝30(分);

(2)不同时间段的求经过时间,如 5:45—6:15,也可以用算术方法,不过要先问 6 时借 1 当 60 分,变成 75 分,再用 75－45＝30(分)。对于能力弱一点的学生,可以建议他们还是用数格子的方法。

1.案例评述

教师不应该以学生的能力有限为理由去限制学生的学习机会,教师应该将所有的知识点、方法都呈现给学生,由学生自行吸收,然后做出选择。这样呈现的一节课的内容才是完整的。将所有的方法都教给学生,至于学生在解题的时候究竟选择哪种方法,教师并不应该做出干涉。如果学生在解题时一直出现错误,教师要分析原因,再决定是否帮助学生尝试使用其他方法。

2.对因材施教的建议

小学经常会出现一题多解,特别是在中高年级,因此我们提倡解题方法的多样性。如果教师顾及学习能力差的学生消化不了多种方法,而选择单一方法教学,这对于班级里其他学生是不公平的。事实上,老师自认为对学生来说简单的方法,学生掌握起来也许反而困难。因此在教学过程中,还是要把课堂还给学生,让学生成为课堂的主人,学生愿意用哪种方法,让学生自己做主。

【案例 10】北京景山教材第三册第七单元第一课时"四则混合运算"

学习了加、减、乘、除的四则混合运算以后,分层布置回家作业:

(1)课堂上没有掌握的学生完成 10 道混合计算题;

(2)其他学生课后一起玩"算 24 点"的扑克游戏。

1.案例评述

课外作业是课堂教学的延伸,它的活动化设计可以最大限度地拓展学生的思维空间,让学生能够自主选择喜欢的作业,丰富生活,展示个性,使学生在学习的舞台上尽情发挥。

以往的教学过程,学生的数学作业形式单一,书面作业占大部分,动手实践、自主探究类作业所占比例微乎其微。单一的形式应试训练色彩浓厚,没有发挥作业创造性、探究性的作用,也谈不上人文精神与实践能力的培养。这些作业抑制了学生的学习兴趣,极大地限制了学生学习活动的空间,制约了学生的个性化发展。《义务教育数学课程标准(2022年版)》指出:"儿童的数学学习内容应当是现实的、有意义的、富有挑战性的。""要关注学生的个性差异和不同的学习需求。"

个性化作业一改以往单一、枯燥的作业形式,赋予了一定的情境,或融合在综合实践中,给人耳目一新的感觉,多感官刺激学习,能够提高学习效率。

2.对因材施教的建议

对于低年级的学生,教师可以合理地设计一些趣味性作业,使学生乐学乐做。"兴趣是最好的老师",《义务教育数学课程标准(2022年版)》也指出:"从学生熟悉的生活情境与童话世界出发,选择学生身边的、感兴趣的事物,以激发学生学习的兴趣与动机……"中高年级学生可以设计综合实践性作业和跨学科作业,让学生在新鲜、有趣、轻松、贴近生活的活动中,积极思维,不断探索、创新,使之成为一个热情的学习者和主动者。

【案例11】北京景山教材第四册第一单元第一课时"认识1000以内的数"

第一层:

(1)在数位顺序表上,右边第一位是什么位? 第二位,第三位呢?

(2)在个位上放上1个小圆片表示几? 在百位上放上2个小圆片表示几?

(3)523这个数是由几个百,几个十,几个一组成的?

(4)你能用小圆片在数位表上摆出这个数吗?

第二层:

(1)还是523,小敏想在数位表上加上一个小圆片可以怎样放?

(2)放在个位上这个数是几? 比523多了多少? 为什么呢?

(3)放在十位上呢? 比523多了多少? 为什么呢?

(4)放在百位上呢? 比523多了多少? 为什么呢?

第三层:

(1)还是523,移动一个小圆片,可以得到哪些数?

（2）有没有规律，一个也不漏？

（3）观察所得到的 6 个数，它们之间有什么关系？

1.案例评述

对于不同年级的学生要使用不同的教学语言，低年级的教学语言要生动具体，中年级的可以逐步抽象，至高年级时可以尝试用抽象的词语来进行总结，帮助学生概括。

从初步数位表上各个数位的认识到最后熟悉各部分的意义，以及对于各个数位上数字的表示，逐步帮助学生理解数位表。

2.对因材施教的建议

不同水平的学生，要采用不同的方法提出不同的问题，启发学生思维活动，帮助他们循序渐进地掌握新知识，并逐步增加问题的难度，满足不同能力的学生的学习愿望，使学生的兴趣更浓，掌握更多新知。

3.对家校共育的建议

（1）课后让学生感受 1000、10 000 有多大。比如从 1 数到 10 000 需要多少时间，可以先算数到 100 要多少时间，然后 10 个 100 也就是数到 1000 要多少时间，再算 10 个 1000 也就是数到 10 000 要多少时间。

（2）课后让学生数数，十个十个地数，一百一百地数，一千一千地数（要用学具竖式计数器辅助数数）。

【案例 12】北京景山教材第四册第四单元第二课时"两位数乘一位数"

1.教学片段

创设情境，提出"12×4＝?"这一问题后，课件呈现如下要求：

自学课本，思考讨论：

（1）如图 3-1 中①，用竖式计算加法的时候，加数 4 只要和 2 相加就够了，为什么乘法竖式中 4 既要和 2 相乘（图 3-1 中②），还要和 1 相乘呢？

（2）12×4 的乘法竖式能否写成如图 3-1 中③的形式？

	1 2	1 2	1 2
	+ 4	× 4	× 4
	1 6	4 8	4 8
	①	②	③

图 3-1

2.案例评述

在新授课的教学过程中,老师应带领学生心存探索之心,让学生试着用已有的知识解决新的问题。

这两个话题别具一格,每一个话题所涉及的内容广泛而深刻。学生只有深刻洞察了教材上提供的各种算法的内在联系,才能解释这两个问题。这样的教学问题,把学生扎扎实实地引入了两位数乘一位数算理的探索之中。

3.对因材施教的建议

精心设置疑问,让学生在思考的过程中理解算理。

(二)图形与几何

【案例 13】北京景山教材第三册第二单元第二课时"地图上的方向"对错误率较高的几名学生进行分组辅导。

第一组,主要是四个方向分不清,尤其是东西。首先给学生几张地图,让他们在地图上标注四个方向。紧接着给出"当你面向南时,后面是( ),左面是( ),右面是( )"这类练习,加深学生对四个方向的掌握。

第二组,主要是不会找观察点。给学生几张地图,并给出几道题练习,但是不要求解答,只要求找出观察点。

解决这些基本错误之后,再进行练习。如仍出现错误再分析,然后针对原因,分组练习。

1.案例评述

在日常教学中,老师采用的是比较普遍的补习方法:再教学—再练习—再订正。但是这种方法收效并不大,学生不会做的练习,反复讲解了很多遍,学生还是会经常出错。关键是教师没有帮助学生找到错误的根本。

因此教师在对学困生进行辅导时应针对学生的实际情况,比如对于《地图上的方向》这节内容,有的学生的错误原因是"左西右东"一直混淆,那么给他做再多的练习,他都是错的,有的学生是不会找观察点……所以针对学困生的辅导还是应该有针对性,分析学生的错误情况,从源头出发,而不是一概而论。

在上述案例中,教师对学生采取了分组式的辅导。在辅导之前,根据学生练习的错误原因进行了分组。针对学生不同的错误原因,从源头上解决,更有效地帮助了学困生,更好地起到了课后辅导的作用。

2.对因材施教的建议

在辅导学困生方面,教师应该注意到的是学困生为何会有困难,他们在哪方面存在问题,应该针对这方面进行辅导,不能依旧像课堂教学一般,笼统教授,然后大众面地练习。

3.对家校共育的建议

教师在教学的时候,要让学生根据教室内的方位感受现实中的东南西北。为了强化学生按标准认清东南西北,可以建议家长让学生在家贴出房间中的方位,训练学生认识方向的能力。

【案例14】北京景山教材第三册第三单元第三课时"毫米和分米的认识　练习八"

练习八第9题,一条红丝带长95厘米,一条黄丝带长78厘米,分别用去50厘米,剩下的哪条长?长多少厘米?

可以先让学生自己画图、思考,计算出剩下的部分并比较,然后引导学生对丝带分段比较进行讨论。学生不易理解的是分段比较,可以借助彩笔。

1.案例评述

有的学困生成绩落后,可能是学习习惯的原因。虽然课后辅导多是为了帮助他们解决在课堂中难以消化的知识点,但教师不能因为学生暂时的落后而忽略对其思维的训练。

这是一道提高题。有的老师为了让学生更易掌握,在课后辅导过程中,一律要求学生先计算出剩下的,再做比较、计算。

而在上述案例中,老师是让学生先独立计算出剩下的部分再做比较,这里练习到了基础知识。然后再借助线段图,分段比较,逐步引导学生观察,让其初步感知变与不变的思想,如此一来,对学生的数学思维也进行了训练。

2. 对因材施教的建议

教师在辅导学困生的时候,不能限制学生的发展,或强制要求他们使用哪种解题方法,而应注重他们的思维训练,让他们感受数学的乐趣,激发他们的兴趣,这对提高他们的学习成绩也有帮助。

3. 对家校共育的建议

在学校,老师往往会就近采用手边的东西帮助学生强化分米和毫米两个长度单位的概念。在家中,家长除了可以沿用学校老师的方式,还可以结合生活情境,让学生测量步长,通过步长测量一些实际长度等。此外,教师还可以安排一次综合实践作业:

(1)认识"身体尺"。了解身体的尺,主要有一个人的一拃、一步、一庹、一脚(穿鞋后)的长度,并进行实际测量。

(2)与1米比较。你大约几拃是1米、几步是1米、几个脚长是1米,并进行实际测量。

(3)用"身体尺"量。选择生活中的物品,用合适的身体尺进行测量,并做记录。

第1、2个活动可以在教室里以小组为单位一起完成,学生轮流进行测量,然后将测量结果记录在自己的记录卡上。第3个活动为独立完成,可以和家庭成员一起测量,然后比较结果,看看有什么发现。

(三)统计与概率

【案例15】北京景山教材第三册第八单元第一课时"统计"

对于低年段的学生来说,很多知识点都是第一次接触,教师无论怎样引导学生,都难以得到答案,因此在教学的时候,教师为了不浪费时间,往往会采用直接告诉学生的教学手段,这样就抑制了学生思考的积极性,长此以往,课堂会变得很沉闷。

在以往的教学过程中,老师在整理数据的时候会直接告诉学生使用"正字法"。但学生之前没有接触过统计,所以他们对于统计是没有概念的,这样的教学设计,会让学生在学习时感到枯燥,似懂非懂。

可以进行这样的设计:

给出例题图,几排不同种类的车,让学生同桌合作,统计出不同种类的车有多少辆。同时提出要求,由于数数可能会存在遗漏或者重复的情况,可鼓励他们尝试思考用其他方法进行统计,或者提示他们借助符号。学生在小组活动中,可能会出现各种答案,如用数字代替、用图形代替等。这个时候再向学生介绍"正字法"。

1.案例评述

虽然还是由教师介绍"正字法",但由于有了小组活动的切入,学生的接受程度会提高不少。在介绍的过程中,教师可以将"正字法"与图形、数字做比较,让学生发现"正字法"的优点,从而更利于学生掌握。

2.对因材施教的建议

在日常教学中,教师往往不愿意安排小组活动,因为这样做不容易把控课堂。但是对于低年级的学生来说,很多内容如果采用直接告诉他们的方法,他们往往不能理解。适当地安排课堂活动,反而对他们掌握知识有帮助。

(四)实践与综合运用

【案例16】北京景山教材第三册第四单元第十二课时"倍数解决问题　练习十一"

学习了倍数问题,要求学生利用线段图帮助解题。线段图是一种很有效的解题工具,但是这种方法对于部分学习能力弱的学生来说却未必奏效,因为他们可能找不到一份数和几份数,他们绘制的线段图自然也不会正确,所以线段图并不能帮助他们正确解题。

在课前复习的环节中,先给出几道"×××是×××的×倍"的练习题,让学习能力弱的学生找一找谁是一份数,谁是几份数。

1. 案例评述

教师应给学生介绍有效的解题工具,让学生运用到解题过程中。但是对于一些学习能力弱的学生来说,他们错误率高有时不是因为缺少有效的解题工具,而是没有掌握基础知识。

这部分练习是针对学习能力弱的学生而设计的,能够帮助他们巩固基础知识。当学生基础巩固了,再介绍运用线段图的方法,学生就能更有效地掌握。

2. 对因材施教的建议

对于学习能力弱的学生来说,他们的练习错误率高,除了是因为缺乏高效的解题工具,更主要的原因是他们的基础知识掌握得不够扎实。因此,除了向他们介绍有效的解题工具,还要重视对他们基础知识的训练与辅导。

【案例17】北京景山教材第三册第七单元第四课时"两步计算应用题"

有些教师在新授课时,因为生怕不能完成教学内容会过多地扶持学生,引导学生说一说先算什么,再算什么,这种做法难以对学生的思维进行有效的训练。还有的老师会经常让优等生回答问题,虽然优等生尽情地展示了自己,但其余学生却学得索然无味,云里雾里。

教师可以进行分层指导:A 写出解题思路,即先算什么,再算什么,然后列式解答;B 能正确列式解答。"B"可提问中下层学生,因为中下层学生能过关,基本等同于全体学生都能过关,如果不过关,教师就要及时补救,否则日后可能会出现更多遗漏的问题。此外,"A"也可提问中层以上的学生,让中层以上的学生练习,可带动中下层学生。

1. 案例评述

对学困生要严爱结合,课堂多提问、多练习、多辅导、多启发,巩固基础,发现闪光点,通过及时表扬,增强其自信心,提高他们学习数学的兴趣。对待学习有余力、思维灵活的学生,可以让他们多做一些综合运用和富有思考性的题目,完成难度较大的题目,以满足他们的求知欲。要把集体教学、分组讨论与个别指导有机结合起来,最大限度地调动每个学生的学习积极性,逐步使他们达到教学要求,使每个学生的知识、能力都不断提高,使每个学生的聪明才智都得到发挥,充分体现学生在学习中的主体性,从而大幅度地提高教育教学质量。

A、B两类学生在课堂中都有发挥的机会,而且B类学生在A类学生的带动下,也能慢慢理出解题思路。

2.对因材施教的建议

在同一节课中,虽然全班学生学习的内容一样,但领会程度却有所不同,而教师的主观要求也不是所有学生都能达到的,只有适合学生学情的教学才有好效果。

【案例18】北京景山教材第三册第九单元第一课时"找规律"

由于这节新授课内容较多、较杂,一些教师生怕在课上不能完成教学内容,因此不顾及学生是否已掌握了知识,通常在讲完一个例题后,就教学下一个例题。

像这样的课程内容,教师可以在备课时就对例题、练习进行重组编排。在例题呈现后,让学生找规律,然后抛出问题:"老师这里还有一道类似的,看同学们能不能找出来。"

1.案例评述

找规律本质上是思维训练课。备课时,教师要根据教学内容、目的,采用不同的教学形式和教学方法;同一教学目的、教学内容,要根据不同学生的接受能力,提出不同的教学要求,选择不同的教学方法和提问方式,并精心设计问题,注意突出教学重点,从而突破难点。注重启发、诱导、循序渐进,逐步提高,做到既要备教材,又要备学生。

对于学习能力差的学生来说,由于他们可能还没有很好地理解例题,因此可以在此时给出一道练习,让他们巩固学习。

2.对因材施教的建议

每个学生的学习态度、学习习惯、品格、性格、意志力、情感、兴趣爱好、能力等方面都有差异,因此教师在指导学生时,应着眼于学生的实际情况和教材内容,对于不同层次的学生施以不同的指导方法。

【案例 19】北京景山教材第四册第六单元第十三课时"移多补少"

1.教学片段

(1)师:今天我们来举行一场相小拔河比赛。

(2)情境:左边 3 人,右边 1 人。

师:你认为这样开始比赛公平吗? 为什么?(不公平。左边的人比右边多)

师:怎样做可以使比赛公平?

(方法一:右边加入 2 人)

(方法二:左边减去 2 人)

(方法三:左边给右边 1 人)

比较并归纳:方法一和方法二的总人数都发生了变化。方法三总人数没有变,只是从多的一边移 1 个人到少的那边,最终使两边人数同样多。

(3)进行比赛。

(4)师:为什么要从左边移 1 个人到右边呢? 最后两边人数怎样了呢?(因为左边的人多,右边的人少。最后两边的人数相等了)

(5)揭示课题:从多的数量中移一些给少的数量,在数学上这种方法叫"移多补少"(板书"移多补少")。今天我们就来研究用"移多补少"的方法使每份数量都相等的问题。

2.案例评述

教师在教学时比较笼统,没有关注到学困生在学习时需要循序渐进,而且没有解释原因,学困生难以自行理解。

在此案例中,教师通过活动激发学生的兴趣,由于教师给出的要求明确,学生能根据要求找出合适的方法。又由于方法不是唯一的,这也培养了学生的灵活性思维。最后,教师给定学生总数不变的要求,与新课相联系,学生会知道"移多补少"是在总数不变的前提下进行的,从而让学生对这一概念的把握更为印象深刻。

3.对因材施教的建议

对于学困生来说,激发兴趣很重要,有了学习的兴趣,才会乐于去学,而且通过小游戏的方式,学困生能更直观地看到人数的增减变化,从而更容易理解。

二、第二学段(3—4年级)典型案例分析

第二阶段要紧密联系学生的生活环境,从学生的经验和已有知识出发,创设有助于学生自主学习、合作交流的情景,使学生通过观察、操作、归纳、类比、猜测进一步发展思维能力,激发学生的学习兴趣,增强学生学好数学的信心。教师要积极利用各种教学资源,创造性地使用教材,设计适合学生发展的教学过程。教师要关注学生的个体差异,使每一个学生都有成功的学习体验,得到相应的发展。此外,还要因地制宜、合理有效地使用现代化教学手段,提高教学效益。

小学第二学段的学生,他们虽然有了一定的自制力和专注力,但在传统的数学课堂中,仍然不能长时间集中注意力,不能自主提升学习数学的兴趣。基于这个情况,小学数学教师在教学过程中要注重将教学与实际生活相联系,让数字与图形变成灵动而富有趣味的生活问题,以激起学生的学习兴趣和运用知识解决实际问题的动力,让学生顺利解决生活问题。同时,又要让学生融会贯通,举一反三,灵活地运用数学知识,从而促进学生数学能力的发展,提升数学教学效果。

(一)数与代数

【案例20】北京景山教材第五册第一单元第一课时"两位数乘两位数"

这是一节关于计算的新授课,本课时的重点是计算法则,难点是对于算理的理解。本课时要求学生都应掌握计算法则,但具体对各类学生又有区别要求:能力弱的学生可以模仿例题计算,逐步掌握法则;中等生则尝试按法则的三个步骤进行计算,并理解算理;能力强的学生除了前面的要求外,还要能概括法则,说明算理。

1.案例评述

在分层教学中,教师既要注重学生的共性,也要注意学生的个性,做到共性与个性相结合。

在课堂练习环节中,学生完成相同的练习,教师在提问的过程中可以针对学生的情况提出不同的问题。可以安排小组讨论的环节,让小组成员在讨论时说一说算理。之后,指名能力强的学生说算理,再让全班一起说一说。能力弱的学生在带领下,也能够逐渐熟悉算理。

2.对因材施教的建议

这样的设计体现了面对全体的因材施教策略中的分层教学。教师应把集体教学、分组讨论与个别指导有机结合起来,最大限度地调动每个学生的学习积极主动性,逐步使他们达到教学要求,使每个学生的知识、能力都不断提高,使每个学生的聪明都得到发挥,充分体现学生在学习中的主体性,从而大幅度地提高教育教学质量。

计算是数学学习的基础。教师在新授课结束后,通常会安排每天的计算练习。但是学生的能力存在差异,对于一些日常计算错误较多的学生,教师需要及时辅导,还要分析这部分学生的错误原因,例如有些学生是乘法口诀不熟练,还有一些可能是方法没有掌握好。

3.对家校共育的建议

教师在辅导之余,还可以建议家长增加一些相关的计算练习,提高学生的计算能力。

【案例21】北京景山教材第五册第一单元第二课时"两位数乘两位数"

本节课巩固复习算理。过程:出示 12×18。

师:你能算出这个算式的结果吗?

让学生探索,教师展示学生探索出来的方法。

方法一:把 12 拆成 10 和 2,先计算 $10 \times 18 = 180$,$2 \times 18 = 36$,最后计算 $180 + 36 = 216$。

方法二:把 18 拆成 10 和 8,先计算 $10 \times 12 = 120$,$8 \times 12 = 96$,最后计算 $120 + 96 = 216$。

方法三:把 18 拆成 $6×3,12×6×3=72×3=216$。

此时,教师提出两位数乘两位数也可以用竖式来计算的方法,指导学生采用竖式计算的方法,先计算个位上 $8×12$,得到的结果从个位写起,表示 96 个 1,再计算十位上的 $1×12$,表示 12 个 10,得到的结果从十位写起,最后把两个结果加起来。

1. 案例评述

从新授到复习课,学生经历了"情境引入—算法探究—笔算算理—专项练习"的教学环节,这一教学过程是在学生比较熟练地口算整十、整百数相乘,估算和笔算两位数乘一位数的基础上进行的。教师在教学中应注意:

(1)注重笔算与算理结合,体验计算,让学生研讨计算方法,理解竖式计算的算理,增强自主学习的能力。

(2)注重学生间主动探索,加强竞争意识,在活动中提高他们的积极性,增强学习兴趣,加强思想交流。

(3)在判断与交流中逐步完善知识结构。强化提升已有的知识经验,最终灵活掌握竖式计算算理。

教师在教学时要关注学困生的思维形成过程。没有知识点矛盾的冲突,学困生不太容易掌握一个全新的知识点,而且很难理解规则运用过程中每一步表示的意义。

2. 对因材施教的建议

这样的设计体现了面对全体的因材施教策略中的分层教学。依然要把集体教学、分组讨论与个别指导有机结合起来,最大限度地调动每个学生的学习积极主动性,逐步使他们达到教学要求,使之无论在知识、技能、情感价值观等方面都能得到有效的提升,从而实现数学学习的过程与结果的兼顾。

有了前面探索计算的方法,学生会比较容易理解两位数乘两位数竖式计算中每层的含义,也能更容易理解为什么是这样算的。

3. 对家校共育的建议

教师不能因为教学进度而放弃让学生探索的机会,探索可以帮助学生尤其是学困生有一个知识生成的过程,所以此环节不可缺少。

【案例22】北京景山教材第五册第三单元第一课时"吨的认识"

本节课的学习重点是让学生认识"吨"。

(1)1吨到底有多重呢?

(2)请几位体重大约为25千克的学生上来,让同学背一背,感受一下。

(3)4个25千克重的学生加起来一共重多少千克?〔$25 \times 4 = 100$(千克)〕

(4)如果把他们分成一组,那么10组一共重多少千克?〔$100 \times 10 = 1000$(千克)〕

(5)小结:1000千克就是1吨,也就是说,40个某某的总重量就是1吨。

1.案例评述

在一些概念课的教学中,如长度单位(厘米、米、分米和毫米)、质量单位(千克、克和吨)等,教师在教学时要注重学生的亲身感受。由于学困生仅通过想象难以很好地建立概念,因此需要结合具体的生活情境,感受并认识这些单位的实际重量,从而初步建立起关于千克、克和吨的质量概念。

在学习该单元之前,学生已经学习了时间和长度单位,也会比较不同物体的轻重。可对于质量知识,学生平时虽然有听过,但由于普遍缺乏亲身体验,大多仅停留于物体间轻重的比较层面上,对具体质量没有感知,因此对于质量单位也是不清楚的。本节课为学生创设重量"背一背"的体验,让学生在这一过程中感知逐渐递增的重量,从而使学生在学习中获得快乐的体验,充分激发学生的学习主动性,以帮助学生达成本节课的学习目标。

2.对因材施教的建议

这样的设计体现了面对全体的因材施教策略中的分层教学,教师在教学时要让学生充分地体验和感受。体验能够帮助学生加深对知识的理解和感受,尤其是学困生,他们量感薄弱,体验环节不可缺少。

3.对家校共育的建议

家长在"数学生活化"的教学过程中有至关重要的作用,应加强孩子生活知识的体验和积累。

【案例23】北京景山教材第五册第五单元第三课时"年、月、日"

本节课设计了以下三类作业,供学生自选完成。

A. 根据所学知识,完成一组填空题。

（1）一年有（　　）个月,其中有（　　）个大月,（　　）个小月。大月有（　　）天,小月有（　　）天。还有一个月份,它的天数比其他月份都少,这个月份是（　　）月。

（2）2005 年所有的大月共有（　　）天,所有的小月共有（　　）天,二月有（　　）天,全年共有（　　）天。2005 年共有（　　）个星期零（　　）天。

（3）2008 年是（　　）年,全年有（　　）天。2009 年的第一季度有（　　）天。

（4）中华人民共和国是 1949 年 10 月 1 日成立的。到（　　）年（　　）月（　　）日正好是中华人民共和国成立 100 周年。

（5）今年从 1 月 25 日开始放寒假,到 2 月 19 日开学,一共放了（　　）天假。

（6）妹妹在外婆家连续住了两个月,共 62 天。这两个月是（　　）月和（　　）月,也可能是（　　）月和（　　）月。

B. 制作年历:请你选择一个你喜欢的年份,利用学过的年、月、日知识自己动手制作一幅精美的小年历。

C. 查找有关年、月、日的资料,了解年、月、日的来历,完成一张数学知识小报。

1.案例评述

教师需要对教学内容有深刻的理解,才能设计出适合各个层次学生完成的作业,从而增强学生做数学作业的兴趣,提高数学作业的质量,进而提高数学教学的质量。

这样的作业设计,既针对了学生的实际,又体现了明显的发展性,有利于发挥学生的主体精神。

2.对因材施教的建议

浅层次的记忆性练习可供单纯的机械模仿,较深层次的练习可用于掌握和巩固新知识,高层次的练习可供引导学生进行知识的迁移和应用。题目安排可从易到难,形成梯度,虽然起点低,但最后要求较高,符合学生的认知规律,能力一般的学生也能正确解答大部分习题,能力优秀的学生能解答难度较高的探索性习题,最终全体学生都能得到不同程度的提高。让学生自主选择难易程度不同的练习,能够使每个层次的学生都得到成功的喜悦。

分层作业就是把过去同样内容、同样标准、同样模式、同样分量的作业改为类似"☆级、☆☆级、☆☆☆级"或"A、B、C"这样体现多种难度的作业,从而引导学生根据自己的实际水平选择不同层次的作业,进而增强学生做数学作业的兴趣,提高数学教学的质量。

3.对家校共育的建议

(1)做日历:家长可以协助学生在家一起制作日历。通过日历的制作,学生可以了解到每月的天数,如 7 天为一周期,一年有 12 个月……另外,日历上还有很多知识,比如上下日期相差 7。

(2)本课内容比较琐碎,家长可以通过让孩子讲述知识点的方式,让他们在这一过程中整理年、月、日的知识。比如可以让孩子举例说明如何判断平年和闰年。这些知识都很贴合实际,因此可以联系生活来说一说。

【案例 24】北京景山教材第五册第五单元第四课时"24 时计时法"

"24 时计时法"属于数与代数领域中常见的关于量的内容,对于这部分内容的学习,课标中强调要借助学生的生活经验,让学生体会、理解这些常见量的实际含义,能结合生活实际解决与这些常见的量有关的实际问题。在此前,学生已有一些与 24 时计时法相关的生活经验和知识,在本课的教学中,教师应该鼓励学生有效利用其自身已有生活经验,给学生以发现问题、提出问题的空间,并设计有教育价值的数学活动以促进学生对 24 时计时法本质的理解。基于这样的认识,这节课的主旨思想定位是基于学生提出的问题,给学生思考、交流、动手操作的空间,使之初步掌握解决问题的常用方法,通过不同表达方式之间内在联系的沟通,引导他们从原有认知出发,在主动建构的过程中,把感性的经验上升为理性的认识,在沟通、接纳中发现规律并掌握两种计时法互化的方法,从而把握知识的本质,体会两种计时法的区别与联系,并充分感受时间的流动性、周期性以及 24 时计时法的唯一性,不断培养他们的数学思维品质。

1. 教学片段

教师出示一条线段,只有普通计时法。

师:24 时计时法在线段上如何表示呢?

教师在钟面上逐步出示 0—12 时,先让学生讨论 0—12 时段两种计时法有什么联系?

接着让学生填一填,13 时到 24 时,感受 13 时对应下午 1 时,14 时对应下午 2 时,以此类推,总结 13 时到 24 时两种计时法有什么联系和区别?

第一点区别:24 时计时法没有时间词。

师:没有了时间词还会不会重复呢?

第二点区别:24 时计时法,时针在转第二圈的时候,计时数字比普通计时法计时数字多了 12。(如果学生说不出来,可以用提问引导:表示时刻的数字都一样吗?)

让学生说说原因:24 时计时法没有重复的时刻,所以不需要时间词,而且 24 时计时法在走第二圈时意味着前面已经过了 12 个小时,所以计时数字会比普通计时法多 12。

2. 案例评述

本节课中,教师应该给学生独立探索的机会,开展小组合作学习。

本堂课的讨论部分可以让优等生带动学困生去理解,通过填一填让学生逐步体会,印象会更加深刻,最后解释原因能够进一步加深学生的理解。

3. 对因材施教的建议

讨论和探索可以帮助学生逐步深入思考,而且学困生需要经历一个循序渐进的过程。

【案例25】北京景山教材第五册第七单元第十课时"用计算器计算"

学习"用计算器计算"时,只要把数和运算符号按顺序输入就能得到正确结果。小明在用计算器计算"49×6"时,发现计算器的按键"4"坏了。聪明的他灵机一动,很快就用这个计算器把正确结果算了出来。他是这样算的:50×6-6。

师:你还有其他算法吗? 请你用算式把你的想法表示出来。试试看,你能写出几种不同的方法。

1.案例评述

在这类习题中,让学生设计一两种方法并不难,设计第三、第四种则稍有难度。设计出具有创新性、合理的方法,使中上等学生的数学能力和综合素质都得到展示,从而使每一个层面的学生都能获得与之相应的成功体验。同时,还要认清每个学生的优势,开发其潜能,使不同学生的数学能力都能得到提升。

2.对因材施教的建议

作业布置要分层。学生的层次各不相同,如果要求所有的学生在同样的时间内,运用同样的学习条件,以同样的速度掌握同样的学习内容,并要求达到同样的学习水平和质量,就必然造成有的学生"吃不饱",有的学生"吃不了"。因此,教师在设计和布置作业时要有梯度,比如,可设有必做题(基础题)和选做题(提高题),有的学生要全做,有的学生可以只做基础题,少做或不做提高题。按照"因材施教"的原则,让不同程度的学生都得到提高。

作业设计要典型,量要适中。只有质量高的、有代表性的题目才能达到事半功倍的效果。同时,作业题型也需要创新,应贴近学生的实际生活。

老师有效的提问和引导学生向正确的方向思考,既能激发学生的学习兴趣,又能让不同层次的学生有不同的收获。课堂提问要注意控制难度,让学生从生活经验出发,比较容易获得问题的答案,又能从中发现多种不同的获得答案的途径,能收到事半功倍的效果。

3.对家校共育的建议

信息时代,工具更迭速度很快,家长应顺应时代变化与学校共同引领孩子接触一些实用的工具和技能。

【案例26】北京景山教材第五册第八单元第一课时"三位数乘两位数"

1.教学片段

(1)尝试练习:144×15。学生尝试练习,板演,说笔算的过程。

(2)导入新课,板书课题。

(3)引导归纳笔算的一般方法。

(4)学习例1:李叔叔从某城市乘火车去北京用了12小时,火车1小时行145千米。该城市到北京有多少千米?

①明确解答模式。

学生尝试列式,师板书:145×12　　　　　　　　12×145

②经历计算过程。

估算:请你估一估145×12的积大概是多少,并说说你是怎样估算的。

笔算:学生笔算,订正时说说笔算方法。

③用计算器验算。

(5)即时练习。(题目见练习纸)

学生独立练习,板演笔算题,订正时让学生说说计算过程。

2.案例评述

数学教学要让学生充分联系自己的旧知,大胆地发表自己的意见,并且充分感受到数学与生活的紧密联系。小学生具有好奇心,所以教学中要以疑引思。尝试教学法首先出示尝试题,以此吸引住学生,使其产生"试一试"的迫切愿望。尝试题完成后,学生又产生"自己做得对不对"的疑问,迫切需要听听教师的评价。因此,尝试教学法是一种从学生的内在需要出发的教学方法,即从一个阶段自然发展到另一个阶段,它按照学生的心理特点安排教学上的逻辑顺序,学生的整个学习过程是在教师不断地指导下以及自身不断地尝试过程中逐步完成的:提出问题—学生尝试—教师指导—学生再尝试—解决问题。

3.对因材施教的建议

尝试教学法根据学生的认识规律,把学生尝试的过程放在课堂内完成。这样做能够促进教师及时发现学生的错误,并及时在课堂上订正错误,随时消除学生在知识上的漏洞,从而提高教学质量。一节课下来优生可以吃饱,中等生和后进生也能得到训练,达到高效教学的目的。

4.对家校共育的建议

建议家长可增加一些相关的计算练习,让孩子说一说计算过程,提高孩子计算能力。

【案例 27】北京景山教材第五册第九单元第一课时"乘法交换律和乘法结合律"

在课堂教学中,对于班级中的优等生来说,教师应该给予他们尝试不同验证方法的机会。即使学生没有想到,教师也应当引导学生进行完全归纳,让部分优等生对数学运算律有新的认识,对定律的论证过程有更科学、更严谨的态度。

1.教学片段

师:我们能用什么方法证明乘法也有结合律呢?

生 1:可以用计算的方法。

生 2:可以用画图的方法。

生 3:可以用解决问题的方法来证明道理。

教师让学生用自己想到的方法证明乘法结合律是否存在。

交流各种例证:

生 1:$2 \times 3 \times 4 = 2 \times (3 \times 4)$

……

生 2:一瓶水 3 元,一个箱子里有 10 瓶水,小张买了 6 箱,一共花了多少钱?可以计算 $3 \times 10 \times 6$,先算出一箱多少钱,再算 6 箱的总价。也可以计算 $3 \times (10 \times 6)$,先算出一共买了多少瓶,再算这些水的总价。不用计算,从意义来看,这两个算式是相等的。

生 3:可以画一张长方体的图形,计算里面一共有几个小正方体。

教师通过 PPT 展示,帮助学生理解。

师:通过各种类型的例证,可以证明乘法结合律是存在的。

2.案例评述

有些教师会采用知识同化的方法,先让学生猜想是否存在乘法结合律,再用通常的方法来进行计算的验证。这样的验证方法比较片面,不能对乘法结合律进行完整的归纳。

而在高效案例中,学生都能理解计算的验证方法,但后两种方法需要教师对优等生进行引导才能得出,不是所有学生都能想到或者理解。但是,不可否认这是对数学运算律趋向完全验证的一种途径,也能让更多的学生体会到其中的数学严谨性。

3.对因材施教的建议

教师在教学的时候不能因为施教难度大,难以实施,就将教学方法简化。抛弃了数学的严谨性,会因小失大。如果教学过程的设计能够让整节课更加完整、科学,不妨让部分优等生先行动起来,在提优的同时,也让数学课活起来,科学起来。

【案例28】北京景山教材第六册第五单元第一课时"用字母表示数"

这节课的内容由具体的数过渡到用字母表示数,是认识上的一次飞跃。在出示情境后,教师可以先列举几个结果,再让学生来说一说。学生在列举出一些结果之后,教师可以让学生写一写。学生写不完时,教师可以再问学生,是否可以用一个简单的方式把这些情况统统包括进去。这时,学生自然会想到可以用字母来表示这些数。

1.案例评述

本节课在很大程度上让学生通过数学活动进行自主探究、合作交流。比如教师提出:选一个你自己喜欢的字母来表示自己的年龄,并用这个字母来表示你爸爸、妈妈等身边熟悉的人的年龄。学生先合作讨论,然后自主完成,最后进行集体交流。这种学习方法,使学生变被动为主动,充分发挥了学生的学习主动性。

利用小组讨论、自主完成的形式,提高了学生的自主探究能力和学习积极性,这种学习方法,学生会觉得这个规律是自己发现的,不是老师告诉他的。

2.对因材施教的建议

教师在出示了案例后,可以让学生自己去感受其中的多种可能性。这时,学生会自主思考:是否可以用一个简单的方式去概括它们。这样就提高了学生自主学习的积极性,而且更容易让学生理解,字母其实可以表示很多数。

3.对家校共育的建议

教师在辅导之余,可以建议家长帮助学生一起复习字母表示数的简写规则。

【案例29】北京景山教材第六册第五单元第二课时"用字母表示数"

关于用字母表示数的许多知识和规则与小学生原来的认识和习惯不同,而这些知识和规则恰是学习简易方程以及将来学习代数的主要基础。

课堂小练习:

(1)一只小鸡两只眼睛,a 只小鸡有_____只眼睛。

(2)一只兔子四条腿,m 只兔子有_____条腿。

(3)体育组买了 x 个毽子,每个 3 元,买这些毽子一共花了_____元。

小组间交流:先请 b 组同学(中下游)给 a 组同学(中上游)讲一讲,你是怎么想的。a 组同学进行评价、鼓励或指导。

全班交流。

1.案例评述

学生先合作讨论,然后自主完成,最后进行集体交流。这种学习方法,能够使学生变被动为主动,充分发挥学生的学习主动性。

教师有意识地安排学生座位,以优辅差,既可以及时地反馈,帮助中下游学生巩固新知,突破难点,提高学习效率,同时也能帮助中上游的学生,多角度地了解知识,提高口头表达能力,形成同学互助的良好氛围。

2.对因材施教的建议

在课堂上,对每个学生都施以及时并且有针对性的反馈具有一定的难度。而推行学生之间的分组帮教、争创全优组,则可以很好地弥补这一不足。分组帮教,其以固定分组为主,按学生的学习能力和个性品质进行合理搭配,混编组,突出以优辅差、取长补短。这种做法,既有利于学困生学习、优等生提高,也有利于培养学生乐于助人的品质。此外,还有利于教师及时得到组内反馈,调整教学和辅导的重点。

3.对家校共育的建议

教师在辅导之余,也可以建议家长帮助学生一起复习字母表示数的简写规则。

【案例30】北京景山教材第六册第六单元第一课时"认识分数"

学生第一次接触分数的知识,是在认识整数的基础上进行的,是数的概念的一次扩展。对学生来说,理解分数的意义有一定的困难。通过情境的引入,更加直观地进行教学,可以更好地帮助学生掌握概念,理解概念。

1.教学片段

花果山上住着许多猴子,其中有这样的三家:第一家有 2 只小猴;第二家有 3 只小猴;第三家有 4 只小猴。中秋节快到了,3 只猴妈妈一起下山,都买了一块同样大的月饼,准备分给她们的孩子吃。想一想,第一家的猴妈妈该怎样分这块月饼才合适?

生:平均分成 2 份,每只小猴拿一半。

师:第二块饼要怎样分才公平呢? 第三块呢?

师:每家的每只小猴都只能吃到这个饼中的一份。同样是一份,它们吃得一样多吗?

生:不一样多。

师:为什么会不一样多呢?

师:小猴们都是吃了这个饼的其中一份。你能用我们以前学过的整数 1、2、3……来表示这一份吗? 你能想办法创造一个新的数吗?

生 1:2,1。

生 2：$\frac{2}{1}$。

生 3：$\frac{1}{2}$。

师：这些写法有什么相同点？

生 3：都有一个 1 和一个 2。

师：它们各表示什么意思？

师：课本中怎样规定的呢？我们一起来看一下。

2.案例评述

教师通过一个童话情境，将本课所学知识点巧妙地串在一起。学生饶有兴趣地用自己的生活经验尝试分每一个饼，然后对三小题进行对比：同样是一份，为什么小猴子吃得不一样多？从而突出另一个量：平均分的份数。在此基础上，发挥学生自身的聪明才智，创造新数。学生的创作各不相同，但都紧紧围绕每份数和份数这两个量。本质上的相同让学生获得了成就感，愿意更加积极地思考。

3.对因材施教的建议

在教学时，教师应适当增加与数学有关的知识与常识，让学生将理论与现实生活联系起来，加深对理论的理解，进而创造性地运用理论知识解决现实问题，促进学生在数学学习活动中，更加积极主动，勤于实践，勇于探索。

4.对家校共育的建议

教师在辅导之余，也可以建议家长帮助学生一起在课余时间说一说生活中的分数。

【案例31】北京景山教材第六册第六单元第五课时"分数的加减法"

在这节课中，教者站在比较高的角度，钻研教材，发现同分母分数加减法的教学必须建立在学生对分数和分数单位的认识的基础上，所以在导入部分进行了分数及分数单位的相关知识点的复习。

教师出示分蛋糕的情景，让学生通过情景来理解 $\frac{2}{8}+\frac{3}{8}=\frac{5}{8}$，让学生观察这个式子有什么特点。（分母没变，将分子相加）说完特点之后,由老师解释原因:$\frac{2}{8}$表示 2 个 $\frac{1}{8}$,$\frac{3}{8}$表示 3 个 $\frac{1}{8}$,2 个 $\frac{1}{8}$ 加 3 个

$\frac{1}{8}$ 就是 5 个 $\frac{1}{8}$,5 个 $\frac{1}{8}$ 就是 $\frac{5}{8}$。

接着教师出示练习题,让学生说一说原因,再让他们在同桌之间复述一遍原因。这样,学生可以为以后不同分母分数的加法学习打下基础,也能让学生更加理解分数的意义,还能帮助学生记忆同分母分数的加法规则。

1.案例评述

这节课的重点在于让学生把握同分母分数的加法的运算规则,以此来类推同分母分数减法的计算方法。这样的过程可以充分培养学生的观察、比较、分析和推理的能力,有利于学生数学思维的形成。

学生理解了原因后,做起题来会更加自信,而且提高了其探究知识的能力,培养了其养成探究知识的习惯。

2.对因材施教的建议

可以暂时不出示同分母分数相加的规则,学生每做完一道口算题后,教师可先让学生用分数的意义来说一说原因,接着还可以让同桌之间说一说原因。通过了解分数的意义来掌握同分母分数的加法后,学生能够更加明白分数相加的规则。如果不通过理解分数意义来学习,学困生很快就会将运算规则忘记。

3.对家校共育的建议

教师在辅导之余,也可以建议家长帮助学生在课余时间说一说分数加减法的意义。

【案例 32】北京景山教材第七册整理与复习单元第三课时"复习小数加减法和乘法"

1.教学片段

(1)不计算,判断积是几位数。

0.48×0.17	56×1.08	1.9×4.6
6.4×2.3	0.46×1.8	0.02×0.25
1.5×0.31	0.15×0.03	

(2)选择题。

①如果 1.2×a>1.2,那么 a(   )。

A. 大于 1   B. 小于 1   C. 等于 1

②如果 1.2×a<1.2,那么 a(   )。

A. 大于 1   B. 小于 1   C. 等于 1

③两个数的积保留两位小数是 9.84,积的准确值可能是(   )。

A. 9.832   B. 9.845   C. 9.837   D. 9.482

④在下面的算式中,积相等的是(   )和(   )。

A. 42.3×0.75   B. 42.3×7.5

C. 4.23×0.75   D. 4.23×7.5

⑤一个两位小数,取近似值后是 8,这个小数最大是(   ),最小是(   )。

A. 8.49   B. 8.00   C. 7.51   D. 7.99

(3)判断题。

①3.25×0.4 的积是三位小数。   (   )

②50.027×3.6 的积是四位小数。   (   )

③6.52×9+6.52 的得数是 65.2。   (   )

④4.8×2.5×0.4=4.8×(2.5×0.4)。   (   )

⑤a 乘上一个小数,所得的积一定比 a 大。   (   )

课堂作业:

①竖式计算。

63.28+7.72   100-33.542   3.76×90

5.05×0.074(结果保留一位小数)

②脱式计算,能简便的要简便。

4.52+30.6+0.4+5.48   101×3.74-3.74

100-6.4×2.03   3.6×0.25

③复习简便计算。

易错题解析:

3.62+9.76-1.62   10.32-5.6+4.4

这两道题能不能简便,怎么简便?

2.5×(4+0.4)   1.25×3.2   3.01×101-3.01

这三道题如何简便?尝试完成。

2.案例评述

本节课是一节在复习阶段完成的讲练结合的复习课，通过练习的形式对学生已有的知识点进行概括和总结。本节课的练习较多，在设计上具有多样性和针对性。

3.对因材施教的建议

在复习课中，对学生的易错部分应重点突出，并且加以练习。而不是按照书上内容，一题题做下来。

4.对家校共育的建议

对于下游层和中下层的学生，教师可以提供易错题的微课视频，建议家长督促学生回家观看微课，再次学习。

【案例33】北京景山教材第八册第二单元"公因数和公倍数练习"
基础题：
(1)Y＝3×5×7，写出数 Y 的所有因数。
(2)A＝2×2×3×5，B＝2×3×5×3，求 A、B 最大公因数、最小公倍数。

提高题：$\dfrac{B}{A\times A\times A}=\dfrac{1}{360}$，求数 A、B 原来最小应是多少。

1.案例评述

创新题的布置，对于基础较好的学生来说，能马上激发他们探索研究的兴趣。但是创新题往往超越了书本知识的范畴，是对大家的思维的一种挑战。有些学生乐于挑战，有的学生在教师带领下能够进行探索，尝到挑战的乐趣。但也有学生因能力问题而无法接受挑战。因此，教师在设计和布置作业时要有梯度，比如，在设计和布置作业时，可设有必做题(基础题)和选做题(提高题)，根据学生的不同水平，布置适合他们的作业。

这时教师要适当引导，引导学生根据最近学过的知识点来解决问题。按照"因材施教"的原则，让不同层次的学生都能得到提高。此外，教师在讲解时也可适当添加一些有梯度的准备题，降低难度，这样既能训练学生的思维，又能让学生真正感受到数学的精彩和奇妙。

因数的个数是有限的,所以有最大和最小。通过运用对比与整理法,能使学困生的感性认识得以清晰,帮助他们真正理解公有与独有因数的含义。

2.对因材施教的建议

基础题帮助学生理解因数的含义和范围,明确最大公因数与最小公倍数的本质含义,以及公有的因数与各自独有的因数。

提高题旨在进一步帮助学生理解和巩固约分的意义,能够运用最简分数、互质相关的知识来解决问题,拓展学生思维的灵活性,有效发散学生的思维,提高学生综合运用的能力。本单元的练习设计中注重不同层次学生的需要,真正做到了因材施教。

【案例34】北京景山教材第八册第五单元第一课时"分数的加法和减法"

1.教学片段

小组合作,进行对比,完善知识体系。

课件出示:$\dfrac{3}{4}+\dfrac{1}{6}$ $\dfrac{4}{5}-\dfrac{2}{3}$ $\dfrac{7}{12}+\dfrac{1}{4}$ $1-\dfrac{3}{7}$

师:先做一做,然后小组内比较后讨论:可以从以上情况发现什么?(教师巡视,收集学生成果,投影展示学生做题的情况,然后引导学生讨论)

展示1:$\dfrac{3}{4}+\dfrac{1}{6}=\dfrac{18}{24}+\dfrac{4}{24}=\dfrac{22}{24}=\dfrac{11}{12}$

生:异分母通分后,公分母最好是12(12是4与6的最小公倍数),而不是24。

$\left(正解:\dfrac{3}{4}+\dfrac{1}{6}=\dfrac{9}{12}+\dfrac{2}{12}=\dfrac{11}{12}\right)$

展示2:$\dfrac{4}{5}-\dfrac{2}{3}=\dfrac{12}{15}-\dfrac{10}{15}=\dfrac{2}{15}$

生:正确,5和3是互质数,最小公倍数是15,所以公分母是15。

展示3:$\dfrac{7}{12}+\dfrac{1}{4}=\dfrac{7}{12}+\dfrac{3}{12}=\dfrac{10}{12}=\dfrac{5}{6}$

生:正确,12是4的倍数,所以公分母是12。

展示 $4:1-\dfrac{3}{7}=\dfrac{7}{7}-\dfrac{3}{7}=\dfrac{4}{7}$

生:正确,1可以化成任何分子分母相同的分数。

2.案例评述

在日常教学中,很多教师会让学生先独立完成练习题,然后让做得较快的学生板书,接着指名让学生进行评价。虽然在这一过程中,大多数的学生都练习到了题目,但是展示的范围较小,回答问题的总是几名较为活跃的学生,很多学生并没有充分表达自己想法的空间。而教师选中进行上台板书的是完成较快、学习成绩较好的学生,其作业不具有代表性,学生的易错点没有展现出来,问题不能得到有效解决。

可以先让学生讨论自己的方法,让每一个学生在小范围内都有表达自己意见的机会。呈现作业时,教师可以进行巡视,选择有代表性的错误,让学生进行评价,从而改正错误之处。

上述练习中出现了四种情况:①异分母均含有相同的因数;②异分母为互质数;③异分母为倍数关系;④整数加减分数。针对此类练习,教师可以将自主权交给学生,让学生在小组中通过讨论进行有选择性地商议,从而引导学生探究结论,帮助学生发现问题,探索规律,习得方法。

3.对因材施教的建议

班级里的每个学生都不相同,有的学生积极主动,敢于发表自己的意见,但有的学生却不爱发言。对于这类学生,可以在小范围内给予他们表现的空间,比如可以让他们跟自己的同桌讲讲,让大家充分地参与讨论,这样不仅有利于思考问题,更有利于完善知识的建构。

(二)图形与几何

【案例35】北京景山教材第六册第七单元第一课时"三角形的认识"

教师让学生自学课本,并尝试画一个三角形。教师依次引导学生思考、讨论三个问题:

(1)你画的三角形和别人画的三角形一样吗? 如果不一样,哪些地方不一样? 如果一样,什么地方一样?

（2）每一个角都只有一个顶点,除了强调三角形有三个角,为什么还要单独强调三角形有三个顶点? 三角形的特征能不能不包括三个顶点?

（3）"三角形"这个名称强调的是角,为什么定义三角形时,是用它的边长来定义的呢?

1.案例评述

应结合学生的特点,选取学生感兴趣的话题,从学生出发,适当设疑,激发兴趣。

从这三个问题的设置中,能感受到别具一格的教学特点和魅力——用精、少、实、活的提问来激活课堂,创新教学,真正让学生成为课堂有序学习活动的主体。

2.对因材施教的建议

让学生成为学习的主体,探索认识三角形。

【案例36】北京景山教材第八册第四单元第三课时"长方体的表面积"

模仿性练习:一个长方体的形状大小为长 0.7 米、宽 0.5 分米、高 0.4 米,它上、下两个面的面积分别是多少平方分米? 它左、右两个面的面积分别是多少平方分米? 它前、后两个面的面积分别是多少平方分米? 这个长方体的表面积是多少平方分米?

发展性练习:一个长方体木箱,长 1.2 米、宽 0.8 米、高 0.6 米。做这个木箱最少要用多少平方米木板? 如果这个木箱不做上盖呢?

综合性练习:把长 0.7 米、宽 0.5 分米、高 0.4 米的长方体木块平均分成三块后,木块的表面积增加多少平方厘米?

1.案例评述

分层练习既能让基础差的学生循序渐进地思考,又能照顾到优等生的学习,激发学生的学习兴趣。

通过分层次练习,学生的学习积极性能够得到提高,学得扎实而牢固。此外,教师还可以以差异学生搭配合作、辅导分层、作业分层次、分层评价、开展数学课外兴趣小组等方式来实施分层教学,更好地进行因材施教。

2.对因材施教的建议

练习是强化知识和技能的有效方式,是数学学习的必要环节。因学生存在着差异性,教师在练习时应根据学生的实际情况来进行。

3.对家校共育的建议

在认识圆柱和圆锥时,家长可以和学生一起从日常生活中的物品入手,比如漏斗、水杯、牙膏盒、收纳箱等,通过抚摸其表面,实际感知顶点、棱和面。

在学习展开图后,家长可以引导学生把牙膏盒沿着棱线剪开,看看不同的剪法分别能得到哪些展开图。同时,引导学生发现牙膏盒的粘贴处,其实际上所需要的纸板比表面积要大一些。

在实际的生产和生活中,有很多需要求长方体和正方体的表面积或跟表面积有关的问题,如包装盒、建筑时粉刷墙壁、游泳池贴瓷砖等。因此,学生应具备一定的生活常识。

表面积问题中的涂色问题,可以给学生准备魔方,让他们观察一下三面涂色、两面涂色、一面涂色的小正方体所处的位置,再数一数各有几个。

【案例 37】北京景山教材第八册第六单元第四课时"长方体和正方体的体积"

在数学学习中,学生应心存探索之心,知其然,更要知其所以然。

1.教学片段

师:今天我们要来具体研究长方体和正方体的体积。猜一猜,长方体的体积会和长方体的哪些量有关?(长、宽、高)

(1)呈现精心组织的新信息,阐明新旧知识的关系,促进理解。

复习:数一数正方体个数,并填一填长方体体积。

板书:共(　　)个＝沿长(　　)个×沿宽(　　)行×沿高(　　)层。

活动一:

①用棱长 1 厘米的小正方体拼搭长方体,四人一组,搭一个长方体。记录它们的长、宽、高,并完成如表 3-1。

表 3-1

长（厘米）	宽（厘米）	高（厘米）	小正方体个数	体积（立方厘米）

完成两行。

②分析交流体会。

投影展示两组学生答案。

师：观察表格，大家有没有什么发现？

生：长方体的体积等于长×宽×高。

师：为什么呢？一定是这样的吗？我们继续来研究。

师：你是如何数出小正方体个数的？

生：长里几个，每行就有几个；宽里几个，一层就有几行；高里几个，就有几层。

将每行几个×一层几行×几层，就是小正方体个数，对应就有几立方厘米。

活动二：

再次理解，长方体体积＝长×宽×高。

看长方体，已知长方体的长、宽、高，摆出这几个长方体。

第一步：长是 4 厘米，一行就摆 4 个。

长是几，沿着长就摆几个。

第二步：宽是 2 厘米，就摆 2 行。

宽是几，沿着宽就摆几行。

第三步：高是 2 厘米，就摆 2 层。

高是几，沿着高就摆几层。

再次得出结论：

长、宽、高相乘，沿着长个数×沿着宽行数×沿着高层数，就是小正方体个数，就是长方体体积。

长方体体积＝长×宽×高。

字母公式 $V = abh$。

③提供变式练习。

一个长方体,长 5 厘米,宽 2 厘米,高 4 厘米,它的体积是多少?

$V = abh$

$\quad = 5 \times 2 \times 4$

$\quad = 10 \times 4$

$\quad = 40(立方厘米)$

答:它的体积是 40 立方厘米。

④引起学生反应,提供反馈与纠正。

(2)出示练习。

学生在草稿本上独立列式,只列式,不计算。

教师投影计算器,共同计算。指名回答"精确到 1 立方米"的意义。

(3)试一试。

学生在草稿本上独立列式,只列式,不计算。

教师投影计算器,共同计算。

(4)比较例 1 和试一试,它们有什么联系和区别?

2.案例评述

对于数学学习,要让学生知其然更要知其所以然。学生通过实际动手操作,探究长方体体积和长方体的长、宽、高的关系,能更好地理解和掌握体积的计算方法。

3.对因材施教的建议

引导学生通过自己的探索、实践,独立地发现问题、思考问题、解决问题,让学生在操作中体验数学之理,进而内化为己有,使教学得到事半功倍的效果。

(三)统计与概率

【案例38】北京景山教材第六册第九单元第一课时"平均数"

平均数的教学是要帮助学生理解平均数的意义,不仅要引导学生关注平均数的概念意义、算法意义,更要关注统计意义。

1.教学片段

创设情境,激发兴趣

师:前两天,我们班的学生为参加学校的"六一"体育节活动,进行了一次踢毽儿比赛,我们一起来看一看。今天我想请同学们做小裁判,帮我评一评他们哪队能获胜。大家愿意吗?

生:愿意。(学生大声地喊。观看录像后,学生被比赛的热烈场景所感染,显得有些激动,情绪高涨地回答)

师:谢谢大家的热情帮助,我们一起来看他们的踢毽儿情况统计图。(教师分别出示男生队、女生队踢毽儿情况统计图。然后引导学生仔细观察,收集信息)

生1:男生队五人的成绩分别是 4、7、5、4、5。

生2:女生队四人的成绩分别是 7、3、5、9。

师:请同学们认真地看一看,想一想,他们哪队能获胜。

(片刻思考之后,许多学生兴奋地举起手,迫不及待地想要说出自己的想法)

生1:男生队获胜。

生2:女生队获胜。

(显然,学生的意见并不统一,许多学生不服气地举起手,七嘴八舌地说着,男生队获胜,女生队获胜……为了让学生充分体会学习平均数的必要性,教师特意制造认知冲突,这种自然诱发学生寻找解决问题方法的做法,能够调动起学生学习研究的热情)

师:看来大家的意见并不统一,你是怎么知道哪队能获胜的? 说出理由来。

生1:我认为男生队获胜,4+7+5+4+5=25(个),男生队一共踢了 25 个;7+3+5+9=24(个),女生队一共踢了 24 个,男生队踢的个数比女生队的多,所以男生队获胜。

生2:我不同意你的想法,男生队有 5 人,女生队有 4 人,人数不同。

生3:25 比 24 就是多 1 个。

生4:踢毽的总数是多 1 个,可是男生还多 1 个人呢!

（组织学生交流，使学生初步体验到参赛人数不同，比总数是不公平的，诱发学生寻找解决问题方法的愿望）

师：在人数不相等的情况下，比总数的方法不太公平，现在，我们有没有比较公平的办法呢？

生1：平均。

生2：算算平均每人踢几个？

生3：不对，应该是算一算男生队平均每人踢几个，女生队平均每人踢几个。

师：是啊，在人数不等的情况下，要想公平地比较哪队获胜，我们就要比每个队平均每人踢几个，这个方法能公平地比较出哪队获胜。大家有信心自己试一试吗？

学生齐声回答：有。

2.案例评述

本堂课教师注重制造矛盾，激起学生学习的兴趣，让学生主动学习和探索知识，这对于一些较难理解的知识点的教学是很有必要的，而不是教师一味地在那里讲解，学生被动地接受。

该教师首先创设了情境，激发学生兴趣。为了让学生充分体会学习平均数的必要性，特意制造认知冲突，再用这种自然诱发学生寻找解决问题方法的做法，调动起学生学习研究的热情。

3.对因材施教的建议

教师可以创设书中的情境，直接把问题抛给学生，让学生自己探索方法。这种将大量时间花在思维活动上的情境，才是有效的情境。

（四）实践与综合运用

【案例39】北京景山教材第五册第六单元第十课时"画图法解决问题"

根据审题的内容画图，把条件、问题在图上标明，借助线段图或实物图把抽象的数学问题具体化，还原本来的面目，从而找到解决问题的方法。通过画图，学生可以很快从图中找到答案，而且通过画图也能很快找到自己的错误。

1. 教学片段

新课伊始，老师让学生回顾长方形的面积计算方法，带领学生一起画长方形。动手的同时，巧妙地提问：要使一个长方形的面积增加，你有什么办法？

接着，教师出示书上例题 1：梅山小学有一块长方形花圃，长 8 米。在修建校园时，花圃的长增加了 3 米，这样花圃的面积就增加了 18 平方米。原来花圃的面积是多少平方米？

学生默读题目后，教师大胆放手，让学生尝试把文字叙述用图画的形式表示出来。在独立练习的基础上，教师指名让一生上台板演。

学生开始只把其中的一条长边增加了 3 米，教师问："现在面积增加了吗？"

生说："没有增加。"教师问："那么，题目里说长增加了 3 米，面积就增加了 18 平方米，哪里是面积增加的部分？"

生迟疑片刻，再增加了另外的一条长边。教师又问："现在面积增加了吗？"学生感觉好像缺了什么，补上长方形的宽。

图画好后，教师让学生在图上注明题目中的信息，并追问："刚才我们为什么画图？光看题目里的数字知道怎么画吗？为什么一开始没找到增加的 18 平方米面积？"

经过观察思考，学生得出结论：题目中的长增加了，宽没有变化，面积发生了变化，这是解决问题的关键所在。原来通过画图，可以轻松解决问题。

2. 案例评述

画图，是孩子打开解决问题大门的一把"金钥匙"，通过画图，很多问题都可以很快速地解决，比如几何问题、路程问题，如果光靠想很难想出答案，那么画图就能够一目了然。

新课导入，直奔主题，不难发现教者的用心所在。如何将静态的语言文字转化为学生动态的数学思考？如何在动态的思考中感受画图策略的重要性？在本案例中，教者非常关注学生已有的生活经验。让学生尝试画图，目的是让学生更好地理解"长增加 3 米，从而面积增加 18 平方米"的含义。这一细腻处理,点亮了教学细节,激发了学生对画图策略的心理需求。

3.对因材施教的建议

放手让学生自己思考的教学方法,一方面源于教师对于学生已有能力的精确把握,另一方面也是教师对优等生解决问题能力的培养。

教师尊重学生的画图经验,从提出实际问题→解决实际问题→反思解题活动,利用问题的挑战性,调动学生的学习主动性,在问题解决中,关注学生的思维过程,适时渗透"数形结合""变与不变""化归"等数学思想方法,让学生不断体验画图策略的重要价值,提升了思维能力。

三、第三学段(5—6 年级)典型案例分析

第三学段要从学生实际出发,创设有助于学生自主学习的问题情境,引导学生通过实践、思考、探索、交流,获得知识、形成技能、发展思维、学会学习,促使学生在教师指导下生动活泼地、主动地、富有个性地学习。在教学活动中,教师应发扬教学民主,善于激发学生的学习潜能,鼓励学生大胆创新与实践。教师要创造性地使用教材,积极开发与利用各种教学资源,为学生提供丰富多彩的学习素材。要关注学生的个人差异,有效地实施有差异的教学,使每个学生都得到充分的发展,并且要重视现代教育技术在教学中的应用,有条件的地区,要尽可能合理、有效地使用计算机和有关软件,提高教学效益。

(一)数与代数

【案例 40】北京景山教材第九册第一单元第一课时"百分数的认识"

"百分数的认识"一课是在学生学过整数、小数,特别是分数概念和用分数解决实际问题的基础上进行的,认识百分数是学生对数的概念认识的又一次深化。教材首先呈现了三种不同的现实素材让学生认识各种各样的百分数,并引导学生说说生活中见过的百分数,在

此基础上,教材直接给出百分数的意义,让学生根据意义描述实例中每一个百分数的实际含义,最后说明百分数的读写法。

1. 教学片段

(1)提示学生回忆原有知识。

①书架上有故事书120本,科技书60本。科技书的数量是故事书的( )。(这里的分数表示一个数是另一个数的几分之几)

②一条2米长的绳子,用去$1\frac{1}{6}$米,还剩( )米。(这里的分数表示具体数量)

(2)呈现精心组织的材料。

学校篮球队组织投篮练习,王老师对其中三名队员的投篮情况进行了统计分析。

表 3-2　投篮情况汇总表

姓　名	投篮次数	投中次数	投中次数占几分之几(投中的概率)
李　明	25	16	$\frac{16}{25}$
张　华	20	13	$\frac{13}{20}$
吴　军	30	18	$\frac{3}{5}$

小组讨论:这次练习中,谁投中的概率高一些?

要把分数通分成分母是100的分数,再进行比较。

$\frac{16}{25}=\frac{64}{100}$表示李明投中次数占投篮次数的$\frac{64}{100}$。

$\frac{13}{20}=\frac{65}{100}$表示张华投中次数占投篮次数的$\frac{65}{100}$。

$\frac{3}{5}=\frac{60}{100}$表示吴军投中次数占投篮次数的$\frac{60}{100}$。

$\frac{65}{100}>\frac{64}{100}>\frac{60}{100}$。

由此可知,张华投中率最高。

$\dfrac{64}{100}$、$\dfrac{65}{100}$、$\dfrac{60}{100}$ 三个分数有没有什么共同之处呢？

都表示一个数是另一个数的百分之几。

表示一个数是另一个数的百分之几的数,叫作百分数。

百分数也叫百分比或百分率。

这就是我们新学习的知识——百分数。（板书）

百分数通常不写成分数形式,而是在原来的分子后面加上百分号"％"来表示。如:$\dfrac{64}{100}$就写成 64％。

板书:64％,读作百分之六十四。

你能将另外两个分数写成百分数的形式吗？并读一读。

板书:65％,60％。

2.案例评述

本堂课结合了第三学段学生的年龄特点,选取学生感兴趣的话题,从学生出发,适当设疑,激发兴趣。选择适合学生、能够促进学生思考的素材进行教学。

选择学生熟悉的场景,设置疑问,能够激发学生的学习兴趣,让学生产生比较分数大小的意愿,充分发挥学生的主体作用。

3.对因材施教的建议

教数学,不仅仅是让学生理解知识,更是要通过巧妙设疑,让学生在探索的过程中主动思考,发展数学思维。

4.对家校共育的建议

家长可以协助学生收集生活中的百分数,比如衣服的商标、饮料的营养含量等,并向学生解释其实际意义。可以让学生结合生活中某个实际问题,应用百分数来说一说。家长还可以引导学生比较百分数、分数的联系与区别,并列出表格,等上完课后提醒学生完善表格以弥补自己课前预习的不足,激发学生的兴趣,发散学生的思维,提升学生的能力。

【案例 41】北京景山教材第九册第二单元第四课时"利率"

本课要让学生了解有关利息的初步知识,探究本金、利息、利率的关系。会利用利息的计算公式进行简单的计算,并能解决生活中的实际问题,感受到数学与生活实际的紧密联系,体现数学的应用性。

1.教学片段

师:刚刚我们学会了解决存款 1 年、2 年、3 年等的利息问题,那么如果我只存半年,利息应该怎么算?

生沉默。

师:先自己想想,再同桌互相讨论,解决两个问题:存期半年的年利率是多少? 存期半年的时间是多少?

生 1 汇报:年利率是 2.80%,时间是 6。

生 2:不对,时间是 0.5 年,单位是年,6 的单位是月。

师:对,年利率对应的时间,应该以年为单位。〔在利息公式上进行补充:利息＝本金×年利率×时间(年)〕

师:利息是多少呢? 自己算一算。

2.案例评述

教师不能放过学生在课堂中产生的每个疑问,有些疑问会成为良好的学习素材,帮助学生学习和拓展。对于难以让其他学生产生共鸣的疑问,教师应该以简洁有效的方式给有疑问的学生解答。否则会影响有疑问的学生的听课效率和探究精神。

在本案例中,教师充分利用教学素材,提出学生"跳一跳就能摘到桃子"的问题,诱发了全体学生的探究欲望,既解决了个别优等生心中的疑问,又发展了其他学生的思维,面向全体学生实行了因材施教。

3.对因材施教的建议

课堂上会产生教师备课时没有预想到的因材施教的时机,因此教师要懂得把握。有些是科学简洁的,有些则可以一石激起千层浪,引发全体学生的热议。教师处理时应根据实际情况,将教师和个别学生的因材施教,传递为师生、生生之间的因材施教。

【案例 42】北京景山教材第九册第四单元第一课时"倒数的认识"

本节课是在学生掌握了整数乘法、分数加法和减法计算、分数乘法的意义和计算法则、分数乘法解决问题等知识的基础上进行的。"倒数的认识"这一课的核心内容是"倒数的意义和求法"。

1.教学片段

教师设计一组数,每个学生拿着一个数字卡。

课件出示"找朋友"游戏:如果两个同学所拿的数字卡乘积是1,他们就互为好朋友。

音乐声起,学生开始寻找。

学生交流。

生:我和××是好朋友,因为 $2 \times \frac{1}{2} = 1$,2 的倒数是 $\frac{1}{2}$,$\frac{1}{2}$ 的倒数是 2。

……

师:谁没有好朋友?

生:拿着数字卡 0 的学生起立。

2.案例评述

在日常教学中,一些教师对数学文化"你知道吗?"的重视程度不够,没有预估学生的起点能力,还有一些教师直接布置学生课后自行阅读。让学生朗读是低效的教学行为。因材施教对教师的教育教学素质提出了要求,教师要不断地提高把握教材、把握学生知识和思维的能力,才可能做到因材施教。

在教师设计的这个环节里,学生全面参与,在玩乐中巩固了倒数的含义、互为倒数的表述和 0 没有倒数等知识。大家在轻松愉快的氛围中巩固所学,练习效率高。

3.对因材施教的建议

很多学生缺乏对生活的理解,教师可以考虑创设虚拟情境来进行教学。科学合理的游戏情境引学生入境,能够让学生在游戏中快乐学数学,主动学数学。

【案例43】北京景山教材第九册第四单元第二课时"一个数除以分数"

教学不该强求,要顺应学生自身的发展和感觉。"老师,我有不同意见!"学生提出这样的问题,说明这个学生具有可贵的问题意识,而教师不要怕"节外生枝"而匆忙进入下一教学环节。这种处理方式,忽视了学生的个性,不利于学生问题意识的培养,也影响学生对学习的兴趣和积极性。

同样,在解题过程中,也不能硬性规定学生使用一种解题方法。教师可以创设一题多解的机会,让学生在几次对比后发现并寻找适合自己的方法。

1.教学片段

师:(出示一张长 15 厘米的纸条)同学们,有办法知道这张纸条的长度吗?

生:可以用尺子量出纸条的长度。

师:(出示一张超过学生手中尺子长度的纸条)现在要用你们手中的尺子,一次量出这张纸条的长度,你们有办法吗?

学生讨论。

教师展示将纸对折 2 次。

生:可以把这张纸条对折 2 次,先量出折后的长度,再乘 4,就可以求出纸条全长。

2.案例评述

这节课的例题是:小轿车 $\frac{4}{5}$ 小时行了 60 千米,平均每小时行驶多少千米? 这也是这节课的难点之一。为突破这一难点,教师巧妙设问,符合学生的认知规律,为学生接受新知做了铺垫,减缓了思维的难度。

3.对因材施教的建议

提问是课堂上师生交流的主要方式,有效的提问才可以引导学生向正确的方向思考。课堂提问要注意控制难度、巧设坡度、创意新颖、增加跨度,从学生生活经验出发,符合他们的思维特点,由易到难,由简到繁,层层递进,才能收到事半功倍的效果。

(二)图形与几何

【案例 44】北京景山教材第十册第四单元第二课时"圆柱体侧面积"

在高年级的课堂教学中,教师应该给学生独立探索的机会,可以开展小组合作学习。

1. 教学观察

(1)场景观察。

一个能容纳四五十人的小学教室,正前方是三尺讲台,讲台上放着一个圆柱体模型。学生每两个人一张课桌,分成四组,每组有六到七张课桌,学生都面朝黑板坐。每人桌上有一个自制的圆柱体、一把剪刀、一本数学书和若干支笔等学习用品。学生的座位间基本上没有多余的空间,教室后大概有七把椅子,供听课老师坐。

教学行为:

(第一次前后四人小组讨论)在导入部分,教师复习了圆柱的相关知识。在新授部分,教师拿出了圆柱体模型,让学生观察并提出:要给这个圆柱体的侧面包上包装纸,需要多大的纸? 提出问题后,前面两个学生与后面两个学生组成四人小组,学生认真地说着自己的想法,随后,教师让学生停止,开始组织学生交流和汇报。

师生对话:

师:怎么办? 生:剪曲面。

师:怎么剪? 生:剪高,垂直剪……

师:为什么沿高展开就是包装纸的面积?

生:因为底面周长乘高。

师追问:底面周长乘高是求的什么呢?

生:是曲面的面积。

师继续追问:你是怎么知道底面周长乘高就是曲面的面积的?

生:剪开是长方形。

(2)场景观察。

在刚才讨论的基础上,学生开始动手剪开曲面,并展示剪开后的作品。教师问学生是怎么剪的,有的学生讲沿高剪,有的学生说用尺子找。教师追问怎么找。学生回答垂直,沿着高剪,教师用模型边剪边示范。

教学行为:

(第二次四人小组讨论)教师拿着刚剪好的圆柱体侧面和与之相同未剪的圆柱体,先让学生观察剪开的圆柱体侧面图与未剪开的图,然后在黑板上出示了以下三个问题：

①长方形的长等于圆柱的什么？

②长方形的宽等于圆柱的什么？

③展开后长方形纸的面积就是圆柱体的什么面积？

四人小组很热烈地讨论着，大概 5 分钟后，教师让学生进行全班交流。

对话：

师：第一个问题答案是什么？

生：长方形的长等于圆柱的周长。

师：你能演示给大家看吗？（师指名让一生演示）

师：谁再来一边演示一边说呢？（一生先指了指长方形的长，再指着圆柱的底面绕了一圈）（师再次演示）

师：第二个问题答案是什么？

生：长方形的宽等于圆柱的高。

师：为什么是高呢？

生：因为是沿着高剪的。

师：要知道长方形的面积就要知道什么？

生：长和宽，长方形的面积＝长×宽。（师板书）

师：我们知道长是圆柱的周长，宽是高，长方形的面积就是圆柱的侧面面积，那公式可以怎么写呢？

生：圆柱侧面积＝底面周长×高。（师板书）

师：是不是每次都要把侧面积展开？

生：不用，只要知道底面周长和高就行。

师：这就是我们今天所要学习的内容：圆柱体的侧面积。（板书）

教学行为：

（第三次小组合作）教师在教完圆柱侧面积的基础上，提出：同桌之间说说求圆柱侧面积的推导过程。

2.案例评述

教师组织小组合作学习，讨论圆柱体侧面积的求法，可以起到优等生带学困生的作用，提高了优生的探索能力，给了他们很大的发挥空间。

3.对因材施教的建议

小组合作学习很多时候是可以起到提优补差作用的,发展了各个学生的各项能力,优等生在帮助学困生一起学习的同时,也发展了自己的能力。

4.对家校共育的建议

家长可以协助学生完成以下实践性作业:

(1)观察生活中圆柱和圆锥的表面积和体积的大小。

(2)量一量圆锥的高。

(3)观察茶叶罐、薯片罐等物体的表面积,商标纸与圆柱数据之间的关系。

(4)记录圆柱、圆锥相关趣味问题的研究手账,写一写自己的思考过程。

(5)制作圆柱、圆锥单元相关的思维导图。

(三)统计与概率

【案例45】北京景山教材第九册第七单元第一课时"扇形统计图"

在教学时,很多教师喜欢通过提问引出矛盾冲突,从而切入新课。这样的教学模式,没有给予学生任何探索的过程,不能激发学生的兴趣。而对于学困生来说,则不太容易掌握一个全新的知识点。

1.教学片段

表 3-3　实验小学四(1)班学生体重情况统计表

体重类型	偏瘦	正常	偏重	肥胖
人数(人)	2	27	8	3

表 3-4　外国语学校四(1)班学生体重情况统计表

体重类型	偏瘦	正常	偏重	肥胖
人数(人)	2	34	10	4

师:能否看出哪个班级学生的发育状况比较好?

引发矛盾。由于条形统计图和折线统计图已经无法解决这样的问题了,要求出各项数据占总人数的百分比,需要创造一种新的统计图来表示上述情况。此时,教师可以引导学生自行设计,并进行组内讨论,最后引出科学家和学生共同的方法——扇形统计图。

2.案例评述

在上述案例中,教师注重培养学生的探究能力,通过自己发现矛盾,自己产生新的需求,从而掌握新的知识。

3.对因材施教的建议

在教学中,教师要尽可能营造适合学生发展的探索机会,探索可以帮助学生尤其是学困生进行知识生成的过程,弥补理解能力不足的薄弱点,所以此环节不可缺少。

4.对家校共育的建议

家长可以协助学生完成以下实践性作业,提升学生的统计能力:

(1)了解扇形统计图在生活中的广泛应用,体会统计是解决问题的策略与方法,发展数据分析观念。

(2)了解什么情况下会用百分数,进一步体验统计与生活的联系,感受统计的实用价值。

【案例46】北京景山教材第九册第七单元第一课时"扇形统计图"

1.教学片段

师:条形统计图可以表示各种体重的具体人数,你们能不能创造一种新的统计图来表示各种体重的人数占总人数的百分比呢? 把你的想法在小组内交流一下。

学生尝试画出"新"图,教师巡视指导。

(1)有的学生用已经学过的统计图,加百分数来表示。

(2)有的学生通过预习,直接画出扇形统计图。

(3)有的学生用长方形、三角形表示一个整体,进行分割,在每一个板块上标上相应的百分数,涂上颜色。

全班交流:展示各类创作,重点突出百分数在图形上的解读,以及部分与整体关系的直观性,突出数学的简洁美。

教师出示扇形统计图,解读各要素,归纳百分比的四重身份,体验使用 $360°$ 来作为整体的特殊性。

师:用长方形、三角形、圆都能很好地表示整体,描述部分与整体之间的关系。那么用圆表示整体有什么优势呢? 可以用 $360°$ 这个不变量作为整体。

生 1:长方形和三角形也有这种不变量,长方形内角和为 $360°$,三角形内角和为 $180°$。

生 2:它们是分散在各个角上的,不算整体,$360°$ 是圆周角,是一个整体。

师:以圆心为顶点的圆周角,是一个角,一个整体。

2.案例评述

学生对于"创造新图"的活动很感兴趣,非常投入,画出的图形也反映了各自不同的起点水平和思维水平。特别是第三种,用长方形、三角形、圆表示一个整体,用其中的某一部分表示相应的百分比,体现了部分与整体之间的关系,而这就是扇形统计图的雏形。最后,教师提问"圆作为整体的优势",激起了学生的激烈讨论,拓展了其思维发展。

3.对因材施教的建议

兴趣是最好的老师,教师要善于根据学情,结合教学内容,努力创造带有趣味性、操作性和探究性的情境,使不同层次的学生积极主动参与到学习中去。教师还要不失时机地创设与知识背景密切相关、富于挑战性的问题,激发学生的好胜心,面对挑战勇往直前,品尝成功的喜悦和获得知识的充实。

4.对家校共育的建议

(1)家长可以和学生一起收集春节期间的支出账单,为制作统计图准备数据支撑。

(2)家长可以和学生一起对支出账单数据进行分类,梳理出各种类别,如:服装类、零食类、酒水饮料类、压岁红包、餐饮类、医疗健康类、生活服务类、家居家装类等。学生不能确定的,家长给予指导帮助。

（3）学生制作好表格，并计算出所占百分比，最后绘制扇形统计图，从中得出心得体会，感受日常开销，了解家庭经济情况，体会父母工作的艰辛。

（四）实践与综合运用

【案例 47】"流水问题"

1. 教学片段

回忆和差问题：

甲＋乙＝10，甲－乙＝2，甲＝（　　　　），乙＝（　　　　）

（和＋差）÷2＝较大数　　　　　（和－差）÷2＝较小数

教师呈现精心组织的材料，学生在具体情境中，学习几个概念。

水速为 2 千米/时，一艘船船速为 8 千米/时，这艘船的顺流速度和逆流速度各是多少？

引出：顺流速度＝船速＋水速　　　逆流速度＝船速－水速

在数轴上理解（图 3-2）：

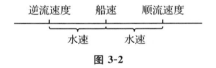

图 3-2

从图 3-2 可以看出：

船速＝顺流速度－水速＝逆流速度＋水速

水速＝顺流速度－船速＝船速－逆流速度

顺流速度－逆流速度＝水速×2

由于：顺流速度＝船速＋水速　　顺流速度是船速与水速的和

　　　　逆流速度＝船速－水速　　逆流速度是船速与水速的差

根据和差的关系可以知道：

船速＝（顺流速度＋逆流速度）÷2

水速＝（顺流速度－逆流速度）÷2

将原理转化为规则，设计变式练习，形成技能。

例1：一艘轮船行于 120 千米长的江河中，船速不变，上行用 10

小时,下行用 6 小时,求水速和船速。

练习 1:某船在静水中的速度是每小时 18 千米,水流速度是每小时 2 千米,船从甲地逆水航行到乙地需 15 小时。问船从乙地回到甲地需多少小时?

练习 2:一艘轮船从甲港开往乙港顺水而行,每小时行 28 千米,到乙港后,逆水而行回到甲港,逆水返回的时间比顺水时间多用 2 小时。已知水速每小时 4 千米,求甲乙两港间的距离。

2. 案例评述

流水问题,对于学生来说是较难掌握的问题,要让成绩薄弱的学生也能够有所收获,解决一些基本的问题。

在让学生理解船速、水速、逆流速度、顺流速度之间的关系上,教师应该多下功夫。首先,学生的基础是什么? 其次,能不能借助于数学工具帮助学生理解? 学生已经学习过了盈亏问题与和差问题,这就可以较好地帮助学生理解:顺流速度－逆流速度＝水速×2、船速＝(顺流速度＋逆流速度)÷2、水速＝(顺流速度－逆流速度)÷2。另外借助于数轴,学生很容易就可以看出:船速＝顺流速度－水速＝逆流速度＋水速,水速＝顺流速度－船速＝船速－逆流速度。

3. 对因材施教的建议

(1)充分了解学生已有的数学能力和基础。

(2)借助数学工具,帮助学生理解。

后　记

　　苏州相城实验小学校的数学教师在徐天中校长的带领下,自2013年起,以"高效教学"为研究点开展小学数学高效教学的校本实践研究。徐天中校长是教育部首届骨干校长高级研修班成员,全国29位校长带头人之一,中国教育学会全国实验学校教育科学研究专业委员会副理事长,中国教育学会小学教育专业委员会副会长,全国骨干校长工作研究会副理事长,苏州市专家咨询团成员,教育部小学校长培训中心(北京师范大学校长培训学院)兼职教授,苏州大学兼职教授、硕士生导师,苏州市实验小学校教育集团原总校长。

　　徐天中校长前期对学校数学骨干教师高效教学的个案研究进行了分析总结,创造性地提出从"教材把握""有效技能""错题对策""因材施教""家校共育"五个方面着手研究小学数学高效教学,并将这些高效的方法运用于学校数学教学实践中。在课题的引领下,教师及时更新自身理念,创新教学方法,构建开放、灵活、高效的数学课堂,一切围绕学生的需求,让学生真正获得发展,大大提高了苏州相城实验小学校数学教师的教学能力,学校的综合实力也迅速提升,成为区域内一所高质高效、声誉斐然的名校。

　　本丛书由徐天中校长担任编委会总主编,他对本丛书的指导思想、框架结构、内容审定、文字撰写等方面做出了具体指导和详细安排。徐清、陈忆雯、陈志林、张小琴、奚雪慧、范雅文、朱珏、徐红玲、陈星星等老师参与了本丛书的编写和修订,金雷、沈小芬、姚莉、张翀颢等老师参与了校对和排版,马丹丹、洪香、张留霞、赵鹏飞等老师参与了课题的实验研究,宗序连老师在课题研究前期作了较大的贡献。在本丛书的编写和修订过程中,我们得到了课题组全体教师的帮助,

每一篇案例都凝聚着他们对于课题研究的思考。

在此特别感谢彭刚、蔡守龙研究员对课题研究的悉心指导和帮助。感谢朱月龙教授对本书整个撰写过程及最后定稿的审阅给予的专业指导。我们在此表示衷心的感谢！

本丛书在编写的过程中得到了很多专家、学者、教师的支持和帮助，在此向各位表示诚挚的谢意！

在汇编的过程中，由于水平和时间的限制，内容还不够充实，不足之处敬请专家和读者不吝赐教！

本书编委会

2023 年 8 月

小学数学高效教学的实践研究丛书

小学数学
知识结构系统分析

徐天中 总主编　本书编委会 编

MATHS

Analysis of the Knowledge Structure System
of Primary School Maths

浙江工商大学出版社
ZHEJIANG GONGSHANG UNIVERSITY PRESS

·杭州·

图书在版编目（CIP）数据

小学数学高效教学的实践研究丛书. 1，小学数学知识结构系统分析 / 徐天中总主编；本书编委会编.
杭州：浙江工商大学出版社，2024. 10. -- ISBN 978-7-5178-6119-5

Ⅰ. G623.503

中国国家版本馆 CIP 数据核字第 20244W243T 号

小学数学高效教学的实践研究丛书
小学数学知识结构系统分析
XIAOXUE SHUXUE ZHISHI JIEGOU XITONG FENXI

徐天中 总主编　本书编委会 编

策划编辑	周敏燕
责任编辑	周敏燕
责任校对	都青青
封面设计	胡　晨
责任印制	祝希茜
出版发行	浙江工商大学出版社
	（杭州市教工路 198 号　邮政编码 310012）
	（E-mail：zjgsupress@163.com）
	（网址：http://www.zjgsupress.com）
	电话：0571 - 88904980，88831806（传真）
排　　版	杭州朝曦图文设计有限公司
印　　刷	杭州高腾印务有限公司
开　　本	880 mm×1230 mm　1/32
总 印 张	25.25
总 字 数	720 千
版 印 次	2024 年 10 月第 1 版　2024 年 10 月第 1 次印刷
书　　号	ISBN 978-7-5178-6119-5
总 定 价	168.00 元（共五册）

"小学数学高效教学的实践研究丛书"编委会

总　主　编：徐天中

副总主编：王　静　孟丽群

编　　委：(按姓氏笔画排序)

　　　　　过　坚　朱月龙　陈志林　钱春玲

　　　　　徐　清　奚雪慧　戴　军

本卷编委会

顾　　问：朱月龙

主　　编：徐　清

编　　委：(按姓氏笔画排序)

　　　　　金　雷　徐红玲　奚雪慧

前　言

　　追求高效教学是教学的本质所在，也是当前课程改革的重要目标，更是教育事业实现内涵发展的必然要求。在全面推进素质教育和开展新一轮基础教育课程改革的今天，探索和总结小学数学高效教学的有效方法与策略，让教师拥有高效教学理念，掌握高效教学策略或技术，已成为小学数学教学亟待解决的重要课题。

　　"高效教学"这一理念的提出是基于教学是科学化的定论。既然教学是一门科学，那它就可以规范、可以进行效果的测量。高效教学一般是指教师遵循教学活动的客观规律，以尽可能少的时间、人力和物力投入，实现教学目标，取得尽可能多的教学效益，促进学生全面发展。教学的高效性包含以下三重意蕴：一是有效果，是指教学活动结果与预期教学目标的吻合程度高；二是有效率，是指以少量的投入换得较多的回报；三是有效益，是指教学活动的收益、教学活动价值的实现，具体是指教学目标与特定社会和个人的教育需求是否吻合及吻合的程度。数学课堂教学的高效性，是指在数学课堂教学中，教师通过多媒体或自制的教具等多种教学手段，采取有效的教学方法，让学生通过自主学习、小组合作学习、探究性学习等多种方式掌握数学知识，促进学生知识与技能，过程与方法，情感态度与价值观三维目标的协调发展，不断提高课堂效率和课堂效益。

　　正是在此背景下，苏州相城实验小学校的教师在校长徐天中的带领下，自 2013 年起，以"高效教学"为研究主题开展小学数学高效教学的校本实践研究。2015 年，该课题正式立项为江苏省教育科学"十二五"规划重点课题。课题开题时，相关论证专家一致认为这项研究极具现实研究意义，是一个具有前瞻性、科学性、操作性的好课题。

　　课题组在研究前期,对学校数学骨干教师高效教学的个案研究进行了分析总结,创造性地提出从"教材把握""有效技能""错题对策""因材施教""家校共育"五方面着手研究小学数学高效教学。"教材把握"的实践研究,主要介绍教材整体把握对于高效教学的重要性,分析每个单元的起点能力、教学目标、重难点、数学思想方法等;课堂教学"有效技能"的实践研究,精选每册教学案例,从课堂导入、课堂提问、课堂组织、习题设计、课堂板书进行案例分析,以此来提高小学数学课堂教学效率;"错题对策"的实践研究,从常见的错因分析归类以及对策和典型错题解析两方面,分析小学数学错题的有效教学对策;"因材施教"的实践研究,对课堂和课后实施因材施教跟踪研究,开发、总结提优补差的实践方法与策略;"家校共育"的实践研究,对日常教育教学中与各类学生家长在沟通方式、沟通内容等方面进行实践研究,探究小学数学教师通过家校沟通,促进合作育人,有效提高数学教学质量的方法。

　　在课题研究的近十年中,我们运用高效教学的方法,通过对苏州相城实验小学校骨干教师的数学教学方法的科学性及高效性的访谈、跟踪研究,开发出小学数学高效教学指导方案及教学资源,形成相应的操作方法、操作步骤,全面实现了数学教师课堂教学的高效性,从而也提升了学生在学习概念、理解原理及发现数学问题、分析数学问题、掌握数学学习方法、解决数学问题等方面的能力。教师的数学教学和研究能力、水平得到不断优化提升。针对研究中出现的各种情况,结合教材实际与有效教学的关系,学校设计出高效教学的基本模式,从而服务于课堂教学,提升课堂教学的效益。

　　苏州相城实验小学校学生的数学素养得到了极大的提升,思维能力、解题能力和语言能力也得到了全面发展。在苏州市历年数学讲题大赛和小学生数学报答题竞赛中,苏州相城实验小学校的学生取得了优异的成绩,屡屡荣获最高奖项。同时苏州相城实验小学校毕业的学生进入初中后,在苏州市各项抽测调研中,整体成绩水平靠前,尤其在数学学科上有明显的优势。

　　这项课题成果具有极大的实操性和可推广性,我们在总结课题

研究的过程和取得的成果的基础上,编撰了《小学数学高效教学的实践研究丛书》。全书总结了科学有效的教学方法,从追踪研究学校数学骨干教师"高效教学"的案例出发,发掘、预设并生成高效学习的操作点,引领教师积极构建应用以"高效教学"为主导的教学体系。研究案例积累与教师成长、学生学习之间的内在关系,探索以专业教研人员和教研骨干为主干的新型教研组织结构形式。通过对兴趣、问题、方式、评价、体验、合作、情境、探究等一些课堂教学策略的研究,筛选高效数学教学的教学案例,并进行深度的分析与总结。

在"双减"政策背景下如何构建小学数学高效课堂,已经成为小学数学教学和教师不断思考的问题。我们相信本丛书一定会在促进数学教师专业发展的探索和实践中,找到适应新课改的小学数学课堂高效教学的有效途径和方法。希望这项课题研究能不断深入进行下去,它的探索和实践研究必将对小学数学课堂教学体系改革产生重大意义!

徐天中

2023 年 8 月

目　录

第一章 总 论

一、整体把握小学数学教材的重要性

在小学数学教学中,整体把握教材就是要让教师把握教材中各知识点之间的本质联系,研究教材编写的逻辑性和系统性,运用科学的思维方法,把教材中的各知识点有机结合起来,做到系统连贯、知识成串,同时站在一个较高的层次上去审视和处理教材,做到知识讲述通俗严密、思路清晰,注重数学思维方法的渗透,从而帮助学生构建一个完整的数学认知结构。

认知结构迁移理论是根据美国认知教育心理学家奥苏伯尔的"有意义言语学习理论(即同化论)"发展而来的。从广义上讲,认知结构是学生已有的观念的全部内容及其组织;从狭义上讲,它是学生在某一学科的特殊知识领域内的观念的全部内容及其组织。

知识结构,是指学生头脑中的认知结构。知识网络结构,是指把所学内容进行整理并形成一种完整而有联系的图式,也指认知中知识体系的构成情况和结合方式。

首先,小学数学知识是一个整体的系统。数学知识是"数与形以及演绎"的知识整体,具有结构性、系统性,各知识点之间是相互联系的。而这些点之间是依靠其思想、思维、方法来联系的,建立的联系越多,掌握也就越牢固。因此,建立联系是关键,而不是机械记忆。换句话说,数学的学习对象不仅仅是概念、定理等知识,还包括数学思想和方法。另外,数学的学习还具有顺序性、连续性,往往需要借助以前掌握的概念、定理去理解新的对象。

其次,小学数学学习是整体的认知过程。既然数学知识是一个整体的系统,那么数学教学应强调整体联系,以培养学生对数学联系的理解。法国数学家笛卡尔创立了解析几何学,使得几何和代数形成了一个整体,也使得几何学习和代数学习结合在一起,产生了数形结合的思想。同时,小学数学学习不是单纯的对知识的接受,而是以学生为主体的教学活动,是一个不断打破原有认知结构的平衡,发生同化或顺应,组建新的认知结构,从而达到新平衡的过程。学生的数学学习也可以看成是数学知识结构转化成学生认知结构的过程。

最后,小学数学教学应该是融会贯通的过程。小学数学教材是数学知识体系的阶段反映,也是教师进行教学、学生开展学习的依据。教材中的每一个例题就像一个神经细胞,当神经细胞串联起来就发挥出强大的功能。数学教材中的各个例题之间存在着相辅相成的关系,它们的互相融合成就了一种数学思想。教师要把握教材中例题之间本质的联系,站在一个较高的层次上用现代数学的观念去审视和处理教材,向学生传递一个完整的数学思想,帮助学生建立一个融会贯通的数学认知结构。

综合以上内容,通过构建知识结构,可以促进教师对小学数学教材的整体把握。教师的教和学生的学都离不开知识的完整架构,通过构建知识体系,不仅可以促进教师个人的发展,也可以助力学生的成长。

(一)构建知识体系,引领教师发展

1.梳理知识脉络,提升教学水平

新课程改革和信息化社会的到来,对当前教师提出了更高的要求。新课程环境下,教师的教学决定了数学课堂是否高效。梳理知识脉络,建构知识体系,是促进专业教师发展的基础。完善的知识体系,是教师教学水平的体现,与教师把握教学的重点和难点,抓住核心问题,提升课堂的驾驭能力紧密联系。

如图 1-1 所示,教师在教学《面积单位的认识》这一新课时,需要

研究这一内容的知识架构。"面积单位"属于小学数学数与代数体系中常见的量的内容之一,在学习面积单位之前,学生的起点能力是对长度单位的认识,包括毫米、厘米、分米、米和千米。学习长度单位的教学方法中,都体现了测量的数学思想。因此,在学习面积单位时,也要渗透测量的思想方法。面积的本质是单位面积的构成,而面积单位涉及的进率以及单位转换的方法,和长度单位的学习是一脉相承的。小学数学阶段,在学习完面积之后,常见的量还包括体积单位、容积单位、质量单位等。在整个常见的量的教学中,都需要通过测量、感受,培养学生的"量感"。

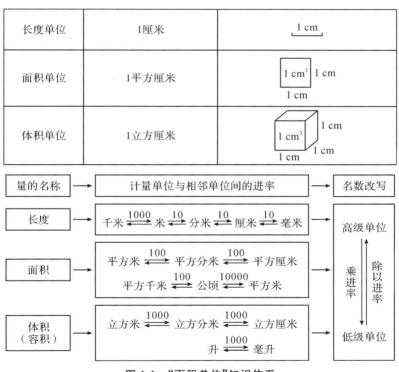

图 1-1　"面积单位"知识体系

《教育学》中提到,教师的专业知识包括本体性知识、条件性知识、实践性知识、操作性知识。数学教师的本体性知识,是指数学学科知识。整体把握本体性知识,需要构建层次清晰、内容完整、结构完善的知识网络结构,将知识之间进行横向、纵向和交叉沟通,充分挖掘各知识点之间的联系,从而提高教师的教学水平,提升教师个人教学素养,实现高效教学。

2.拓宽知识体系,促进内涵发展

小学数学教师的基本内涵素养包含数学基础知识、数学思维能力、科学的认知方法等。构建数学专业的知识体系,是教师将数学基础知识从认知角度更科学、更系统地进行整合,拓宽认知的广度和深度,提升教师的思维品质,促进教师内涵的发展。

例如:某修路队抢修一段公路,原计划 36 天可以完成任务,为了赶工程进度,开工时又调来了一个修路队,结果实际每天比计划多修 200 米,只用了 20 天就完成了任务。这段公路长多少米?

本题除了常规解题方法,如果能借助数形结合的思想,运用画图的策略,将数的问题转化成图形的问题,跨越体系的界限,就可以更高效地解决问题。

解析:如图 1-2 所示,采用长方形图解法来解答。因为原计划与实际的总任务相同,所以可以用两个面积相同的长方形来表示实际与原计划的总任务。长方形 ABCD 的面积表示实际的工作总量,AD 表示实际的工作时间,AB 表示实际的工作效率。长方形 AGFE 的面积表示计划的工作总量,AE 表示计划的工作时间,AG 表示计划的工作效率。

$200 \times 20 = 4000$(米)——长方形 HCBG

$36 - 20 = 16$(天)——ED

$4000 \div 16 = 250$(米)——EF(计划每天修的米数)

$250 \times 36 = 9000$(米)——总路长

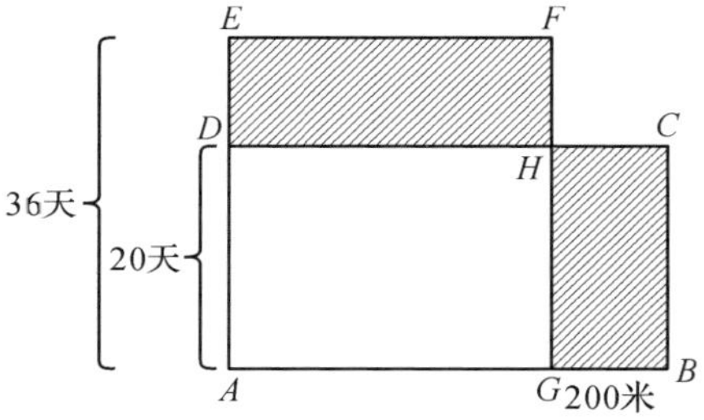

图 1-2 图解法解工程问题

知识体系是学科基础知识和能力的综合,是教师必须具备的专业知识。课程知识体系是对国家制定的学科课程标准的全方位解读,数学知识体系是数学教师为发展学生核心素养而建构的教与学的平台。教师在工作中要立足于数学知识体系,完善课程知识体系,拓宽知识内涵,不断提升专业素养,提高教师的专业水平。

(二)以知识体系为抓手,助力学生成长

1.完善学生认知体系,挖掘学习深度

瑞士近代儿童心理学家让·皮亚杰的认知发展阶段理论认为,当学生将一个新事物纳入已有的认知图式之中时,"同化"就发生了;当学生无法将新信息同化到已有的图式之中时,学生只能创建一个新的图式以存入这些新的知识,这就是"顺应"。奥苏贝尔的有意义学习理论中提到,有意义的学习,是指符号所代表的新知识与学习者认知结构中已有的适当概念建立非人为的、实质性联系的过程。通过帮助学生建立和完善知识体系,就如生物体吸收外界成分并转化成为自身成分,知识得到了同化,从而使得学习没有停留在浅层的记忆层面,而是进行了深度加工,促进深度学习。

例如,在学习小数时,学生往往认为小数就是十进分数,但是教学实践表明,如果仅仅用十进分数作为固定观念,学习只是处于知识浅层。小数其实是人们把十进分数仿照整数的另一种形式。我们再进一步思考,十进分数和整数有什么共同之处呢?我们不难发现,整数和小数都遵循十进制计数法。从本质上讲,"满十进一"是形成数系知识体系的关键,这对理解小数的产生,同化小数概念及其运算,都具有极大的作用。

可见,小学数学学习本质上是数学知识建构的过程,而将知识纳入个人的知识结构,需要经过严谨的逻辑思维去组织、加工,这也是一个内化的过程。因此,在数学知识的学习过程中,只有归纳数学思想方法,完善知识体系,才能进一步挖掘学习的深度。

2.培养学生数学思维,提升核心素养

小学数学是一门重理解、重逻辑、重思维的基础学科。随着素质教育改革的深入,小学数学教学中培养学生的思维能力变得越来越重要。小学数学知识的特点是层层递进,环环相扣。作为小学数学

教师,要深入剖析数学教材,找到数学知识之间的关联,通过小学数学知识结构化,促进学生思维的结构化,培养学生的核心素养。教师可以通过以点带面的方法进行融会贯通,将知识与方法进行联系,教会学生学习方法,从而培养学生自主学习和自主复习的意识和能力,更好地提高学生的学习效率。

例如,图形的测量主要是确定图形的大小,让学生感受统一度量单位的意义。以平面图形为例,如图 1-3 所示。

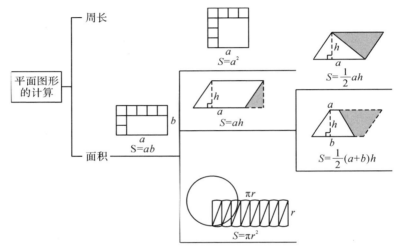

图 1-3　平面图形的计算

从知识体系整体角度来分析,平面图形面积公式的推导,运用了转化的策略,渗透了空间观念。学生能够由实物的形状抽象出几何图形,进行几何体与其三视图、展开图之间的转化,并且通过图形之间的转化,测量出图形的大小。这是一个包括观察、想象、比较、抽象、综合、分析,不断由低到高发展的认识客观事物的过程,是建立在对周围环境直观感知基础上的,对空间与平面相互关系的理解和把握。

小学的"图形面积"贯穿于整个小学阶段的教学,在两个学段中(1—3 年级和 4—6 年级),主要以图形的认识和图形的测量为基础。通过认识并观察图形的形状,来感知物体表面的大小,并用数方格的方法来比较图形面积的大小;通过测量线段的长度,准确计算长方形的周长和面积,并以长方形的面积公式为基础,通过剪、拼、数方格等方法,推导出三角形、平行四边形、梯形等规则图形的面积公式。在平面图形面积公式的推导中,都是以转化的思想方法为核心,通过多次孕育,化隐为显,让学生在获得结论的同时,感悟到数学思想方法的意义与作用。

二、整体把握小学数学教材的必要性

《义务教育数学课程标准(2022 年版)》中指出:"数学知识的教学,要注重知识的'生长点'与'延伸点',把每堂课教学的知识置于整体知识的体系中,处理好局部知识和整体知识的关系,引导学生感受数学的整体性,体会对于某些数学知识可以从不同的角度加以分析,从不同的层次进行理解。"

如果上一节数学课,教师没有提前对教材进行透彻的分析,不熟悉教材的编写意图、基本内容,不明白某个内容在整个章节、学科中的地位和作用,不了解这节课的教学重点、教学难点,那么这节课十有八九就是一节无效的课。所以教材分析在教学过程中是十分必要的。

教材是教与学的主要依据,是教师与学生相互作用的媒介,更是学生获取知识、开发智力和发展能力的源泉。备课是上课的前提,备好课是上好课的必要条件。作为一名小学数学教师,在备课过程中要认真钻研教材、了解学情、书写教案。在这个过程中,钻研教材是重要的环节。很多老师在钻研教材的过程中重视备知识点,一节课如何去上,先教什么,再教什么,课后练习如何出示,更具有层次性,更加符合学生的认知规律,但是却往往忽视了这部分教材内容在整个小学数学教材中处于怎样的一个地位,缺乏认识教材的高度。综观我们的数学课堂教学,可以发现许多教师并未仔细地解读教材,随心施教,以致教学效果不佳,并且严重制约了教学质量的提升。

以下是当前一线教师对教材在理解与实施过程中存在的一些误区。

1.好高骛远,忽视教材知识体系

例如:三年级第一次教授统计的知识时,教师出示某县 1999—2003 年家庭电脑拥有量的统计图。

问题 1:该县家庭电脑拥有量达到 1600 台是在哪一年?(图中能直接找出问题的答案)

问题 2:估计一下,到 2005 年这个县的家庭电脑拥有量是多少?(培养学生的估算意识,进行知识的拓展)

问题 3:从这个图中还可以找到哪些信息,你有什么感想?

评述:教师后两个问题的难度过高,学生难以回答。小学统计教学主要分为两大块:第一学段中,学生要对数据统计过程有所体验,学会一些简单的收集、整理和描述的方法,能根据统计结果回答一些简单的问题;第二学段中,要求学生对数据分析的结果做出简单的判断与预测,在教学中避免单纯的统计量计算。而在上述案例中,该教师并未彻底地解读与理解有关统计的知识结构体系,错误地要求第一学段的学生对数据进行分析、判断和预测,这样的教学就忽视了教材的知识体系。

对教材整体把握的建议:上例中教师可以这样提问:该县每年家庭电脑拥有量各增加了多少? 呈现怎样的趋势? 这些问题可以让学生观察相邻两个数据之间的关系,为今后学生对数据进行预测打下基础,而这些问题都是学生可以通过自己简单的计算进行解决的,一举两得。

2.浅尝辄止,忽视教材习题价值

例如:开发区要修建一条长 5000 米的公路,前 3 天修了计划的 20%。照这样的速度,修完这条公路,还需要多少天?

(题目出示后,学生进入积极的思索状态,但教师并未给予充足的时间,便马上展开讲解)

生 1:工作总量÷工作效率-3,算式是 5000÷[(5000×20%)÷3]-3=12(天)。

师:非常好。我们来看下一题……

生 2:老师,我还有解法,是用剩下的工作总量÷工作效率,

算式是 $5000 \times (1-20\%) \div (5000 \times 20\% \div 3) = 12$（天）。

师：好。来看下一道。（很多想发言的学生只能无趣地放下了手）

评述：教师只要求学生完成此题，其实仔细分析，这道题至少有 7 种解决方法。除上述两种外，还有：$(5000 - 5000 \times 20\%) \div (5000 \times 20\% \div 3) = 12$（天）；$3 \div 20\% - 3 = 12$（天）；$1 \div (20\% \div 3) - 3 = 12$（天）；$3 \times [(1-20\%) \div 20\%] = 12$（天）；$3 \times (1 \div 20\%) - 3 = 12$（天）。然而，该教师丝毫没有认识到该题的练习价值，仅仅是为了完成预定的练习量，而忽略了其他学生精彩的解题方法。教师对这种练习题的处理方式，不利于培养学生思维的广阔性与独创性。

对教材整体把握的建议：一道包含如此丰富信息的练习题绝不应该是道单调的数学题，而应该是学生赖以发展的"探索材料"，教师应进一步挖掘习题的价值，遵循"留足空间，自主发言"的原则，鼓励学生一题多解，这样可以极大地促进学生发散性思维的发展。

3. 不求甚解，忽视教材内容深度

《分数的再认识》这节课在学生对分数有了初步的认识后，为了进一步理解分数中单位"1"所表示的意义，教师进行了拓展练习。

例如：共有 12 根小棒，请根据要求，拿出相应的小棒。

第一次，多媒体显示：$\dfrac{1}{(\quad)}$。

（有的学生充满自信地拿出了 1 根小棒，有的则不知所措）

教师提问：你是怎么想到拿出 1 根小棒的？

生 1：分子是表示取的份数，分子是 1，就是取出 1 份。

生 2：我反对。因为这里的分母并没有告诉我们是多少，所以无法确定小棒数量。

师：如果刚才取出 1 根小棒的学生是正确的，那么分母应该是多少？

生 2：12。

第二次，多媒体显示：$\dfrac{(\quad)}{6}$。

（绝大多数学生都坐着不动）

教师提问：你们怎么不拿呀？

生 3：因为不知道分子是多少。

师：如果分子是 2 呢？

生 3：拿 4 根。

评述：众所周知，这里的分数表示的是一种关系，是拿出的小棒数量与总数量的一种关系，分母表示的是平均分的份数，分子表示的是拿出了这样的几份。正如生 1 所说，分子是表示取的份数，分子是 1，就是取出 1 份，但 1 份与 1 根是两个不同的概念，而理解这一点正是学生学习过程中需要突破的教学难点。生 1 的理解（认为 1 份是 1 根）明显是错误的，而且该理解具有普遍性，对这一错误理解的辨析可以帮助学生深刻理解分数意义。但是非常的可惜，因为教师本身缺乏对教材文本的钻研与把握，对分数意义的理解并不深刻，所以整个课堂陷入了"糊涂"状态。

对教材整体把握的建议：教师如果能够抓住生 2 的反对意见，引导学生思考这些问题："1 根可以表示 1 份，但 1 份难道只能用 1 根来表示吗？""这里分母并没有具体告诉我们是多少，难道就真的不好分了吗？如果分母是 2，是 3……你能把 12 根小棒分一分吗？"学生围绕这些问题进行思考并操作后，一定可以抓住分数意义的本质。

要改变上述现象，除了教师要正确发挥教育的引导作用，最重要的是教师要树立正确的数学观、教学观和教材观，掌握钻研教材的一般策略，做到真正地整体把握教材。提倡在备课上，教师应将 80% 的精力用于钻研教材、了解学情，20% 的精力用来落实教案，明确知识脉络，确定教学目标、核心概念、教学重难点、数学思想方法等，使得备课真正为上课服务，为课堂教学服务，把数学知识联系成一个整体。

第二章　数与代数

　　"数与代数"部分是小学数学课程的重要内容,有着不可动摇的地位。它在小学数学学习中占比最大,更重要的是,这部分学习内容是整个数学学习及学习其他学科的基础,它既关注知识的学习,还注重学生的数感、符号感、运算能力、推理能力、模型思想、应用意识、创新意识的培养。这部分内容主要包括四部分:数的认识、数的运算、常见的量、式与方程。数的概念是学生认识和理解数的开始,数的运算伴随着数的形成与发展而不断丰富。新课标下的数学教学更加重视学生的自主性,数与代数的教学内容和之前相比也作出了很大的调整。对数与代数内容的分析,可使教师了解小学阶段"数与代数"内容的本质与发展,从整体上把握相关概念和数的发展脉络,促进"数与代数"内容的教学设计和教学目标的实现。

一、数的认识

　　数的认识,一直是小学数学中的重要内容之一。小学阶段,数的认识内容主要包括整数、小数、分数、百分数和负数的认识,因数和倍数的认识,以及与数的理解和数的特征有关的数的整除性方面的内容。对这部分内容的理解和把握,教学重点在于数的概念的形成过程和数感的建立,以及各学段相关内容的递进与衔接,这些概念是学生今后构建"概念网络图",学习数的运算,研究数量关系的重要基础,是小学数学中的核心内容。数的概念是数学教学中最基本的概念之一,但数的概念较多,因此教师在教学数的概念时,要寻找出知识点之间的内在联系,帮助学生把零散的知识串联成知识网络图,这样的教学方法尤为重要。如图 2-1 所示。

(一)知识网络结构

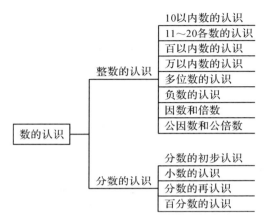

图2-1　数的认识知识结构图

(二)单元教材分析

知识点:10以内数的认识

1.起点能力

生活中数数经验的积累。

2.数学思想方法

(1)概括:能概括出几个和第几个的区别。

(2)归纳:能归纳出数数时正着数和倒着数的规律。

3.教学目标

(1)知识目标。

①能正确数出10以内物体的个数,并能选择合适的数表示物体的个数。

②能按不同的要求正确数出10以内的数。如:1个1个地数,2个2个地数等。

③知道10以内各数所表示的意义。如:比2多1的数是3,3里面有3个1等。

④会正确规范地书写 1～10 各数。

⑤会区分几个和第几个。

(2)能力目标:培养学生的数感。

4.教学重点和难点

(1)教学重点。

①初步感知 10 以内的数。

②结合具体实例,使学生正确掌握数数的方法。

③会正确、工整地书写 1～10 各数。

(2)教学难点。

①能工整美观地书写阿拉伯数字。

②会区分几个和第几个。

知识点:11～20 各数的认识

1.起点能力

(1)会正确数出 10 以内物体的个数。

(2)认识 10 以内的数。

(3)会计算 10 以内的加减法。

(4)能根据图意列式计算"求比一个数多(或少)几的数"的实际问题。

2.数学思想方法

(1)概括:能概括出 11～20 各数的组成。

(2)归纳:归纳出 20 以内的不进位加法和不退位减法口算的算理。

3.教学目标

(1)知识目标。

①能正确数出数量在 11～20 物体的个数。

②能正确读写 11～20 各数。

③能说出 11～20 各数的组成和分解。

④能正确说明个位、十位的数位顺序及其意义。

⑤会比较 20 以内数的大小,并用符号">、<、＝"来表示。

⑥能正确口算 20 以内的不进位加法和不退位减法。

⑦能正确解决"求比一个数多(或少)几的数"的简单实际问题。

(2)能力目标:培养学生的数感。

4.教学重点和难点

(1)教学重点。

①能够正确地数出数量在 11~20 物体的个数。

②能说出数的组成。

③掌握 20 以内数的顺序和大小。

④会正确地计算 20 以内数的不进位加法和不退位减法。

(2)教学难点:对十进制和十位、个位的初步认识。

知识点:百以内数的认识

1.起点能力

(1)认识 20 以内的数。

(2)初步理解数的组成。

(3)会比较 20 以内数的大小。

2.数学思想方法

(1)概括:能概括出百以内数的组成。

(2)归纳:能归纳百以内数口算的算理。

3.教学目标

(1)知识目标。

①能按要求数出 100 以内的数。如:1 个 1 个数,10 个 10 个数。

②能说明个位、十位、百位上的数所表示的意义。

③能说出百以内数的组成。

④能正确读写百以内的数。

⑤能用">、<、="来表示百以内数的大小。

⑥用"多些、少些、多得多、少得多、差不多"等数学用语来说明两个百以内数量之间的大小关系。

⑦能根据百以内数的组成正确口算整十数加减整十数。

⑧能根据百以内数的组成正确口算整十数加一位数及其相应的减法。

（2）能力目标：培养学生的数感。

4.教学重点和难点

（1）教学重点。

①学生能够正确地数出100以内物体的个数，能说出这些数是由几个十和几个一组成的，掌握百以内数的顺序。

②学生认识计数单位"一""十""百"，初步理解个位和十位的意义，能正确熟练地读写百以内的数。

③初步理解十进制计数法。

④结合数的认识，学生能够正确地口算整十数加减整十数，整十数加一位数及相应的减法。

（2）教学难点：理解"个位"和"十位"这两个数位的意义。

知识点：万以内数的认识

1.起点能力

（1）能在具体情境中举例说明一百表示的大小。

（2）能说出百以内数的数位顺序表和计数单位。

（3）能举例说明百以内数的组成。

（4）会按数的顺序数出一百以内的数，能够读出百以内的数，会比较百以内数的大小。

2.数学思想方法

（1）归纳：能归纳出万以内数比较大小的方法。

（2）概括：能概括说明万以内数的组成。

3.教学目标

（1）知识目标。

①能在具体情境中解释一千、一万的意义。

②能说出万以内数的数位：个位、十位、百位、千位、万位，及其对应的计数单位：一、十、百、千、万。

③能数出万以内的数。

④能正确读写万以内的数。

⑤能比较万以内数的大小。

⑥会用"大一些""小一些""大得多""小得多"等词语来描述万以内数之间的大小关系。

(2)能力目标:培养学生的数感。

4.教学重点和难点

(1)教学重点。

①从现实生活的情境中引出万以内的数,学会数万以内的数,认识万以内数的计数单位,知道相邻两个计数单位的十进制关系。

②利用计数器来帮助学生读写万以内的数。

③会比较万以内数的大小。

④让学生在现实生活中感受万以内数的大小,体验数学与日常生活的密切关系。

(2)教学难点。

①帮助学生理解计数单位,知道相邻的计数单位间是十进关系。

②掌握数的顺序及拐弯数和带0的数的读写。

知识点:多位数的认识

1.**起点能力**

认识万以内的数。

2.**数学思想方法**

(1)归纳:能归纳出多位数读数和写数的方法。

(2)概括:能概括说明多位数的组成。

(3)类比教学:类比万以内数的读法、写法。

3.**教学目标**

(1)知识目标。

①根据数位顺序表,结合具体的数,解释多位数各数位上的数表示的意义。

②能按要求数出含有万级、亿级的多位数。如:1万1万地数,10万10万地数,100万100万地数。

③能用分级(个级、万级、亿级)的方法来正确地读写多位数。

④能正确比较多位数的大小。

⑤能区分实际生活中的准确数和近似数。

⑥能按要求把整万数或整亿数改写成以"万"或"亿"作单位的数。

⑦能用"四舍五入"的方法求一个多位数的近似数。

⑧借助计算器进行一些大数目的计算。

(2)能力目标:培养学生的数感。

4.教学重点和难点

(1)教学重点。

①建立多位数的概念。

②掌握数位顺序表和多位数的读写。

(2)教学难点。

①掌握多位数的读写方法。

②掌握改写的方法和"四舍五入"求近似数的方法。

知识点:负数的认识

1.起点能力

对正数的认识。

2.数学思想方法

(1)概括:能概括出在数轴上,负数在 0 的左边。

(2)比较:会比较负数和正数的区别。

(3)对应:能在数轴上找到正负数一一对应的点。

3.教学目标

(1)知识目标。

①在具体情境中能正确说出正负数的意义。

②根据具体实际情况,能用正负数表示相反意义的量,如温度、收支、增减等。

③会在数轴上表示正负数,并比较正负数的大小。

(2)能力目标:培养学生的数感。

4.教学重点和难点

(1)教学重点。

①理解正负数的意义。

②掌握正负数的表示方法。

③会比较正负数的大小。

(2)教学难点:在数轴上表示正负数,比较正负数的大小。

知识点:因数和倍数

1.起点能力

(1)理解除法的意义。

(2)知道自然数的概念。

(3)理解整除的概念。

2.数学思想方法

归纳:能通过个例,找到共性,归纳出2、3、5的倍数特征。

3.教学目标

(1)知识目标。

①能辨别两个数是否有因数和倍数关系。

②能正确找出一个数的因数和倍数。

③能根据2、3、5的倍数特征,判断一个数是不是2、3、5的倍数。

④能根据2、3、5的倍数特征,写出2、3、5的倍数。

⑤能根据奇数、偶数的特征,判断一个数是奇数还是偶数。

⑥能根据质数、合数的定义,判断一个数是质数还是合数。

⑦能用短除法分解质因数。

(2)能力目标:培养学生的数感。

4.教学重点和难点

(1)教学重点。

①理解因数和倍数的概念。

②理解质数和合数的概念。

③会用短除法分解质因数。

（2）教学难点：能根据质数、合数的定义，判断一个数是质数还是合数。

知识点：公因数和公倍数

1. 起点能力

（1）对因数和倍数的认识。

（2）用短除法分解质因数。

2. 数学思想方法

概括：能在具体实例中概括出两个数的公因数和最大公因数，公倍数和最小公倍数的求法。

3. 教学目标

（1）知识目标。

①能在具体实例中解释两个数的公因数和最大公因数，公倍数和最小公倍数。

②能用列举法找出两个数的公因数和最大公因数，以及公倍数和最小公倍数。

③能用分解质因数法找出两个数的最大公因数和最小公倍数。

④能利用互质数的定义判断两个数是不是互质数。

⑤能根据两个数的互质关系或倍数关系，直接找出它们的最大公因数和最小公倍数。

⑥能解决蕴含公因数和公倍数知识的实际问题。

（2）能力目标：培养学生的数感。

4. 教学重点和难点

（1）教学重点。

①能用短除法找出两个数的最大公因数和最小公倍数。

②能运用公因数和公倍数的知识解决实际问题。

（2）教学难点：对最大公因数和最小公倍数的理解和运用。

知识点：分数的初步认识

1. 起点能力

理解平均分的意义。

2.数学思想方法

(1)对应:平均分的过程中,能选用正确的分数来对应平均分的份数。

(2)模型:能构建模型,解决"求一个数的几分之几是多少"的实际问题。

(3)归纳:研究个例,找到共性,归纳出同分母分数和同分子分数比大小的方法。

(4)数形结合:把抽象的分数转化成具体的实物或形状,让学生更直观地理解分数。

3.教学目标

(1)知识目标。

①能正确读写分数,说出分数各部分名称。

②能正确理解"几分之几"的意义,具体表现是:能在具体情境中解释几分之几的意思(如:$\frac{3}{8}$ 表示把一个长方形平均分成 8 份,表示其中的 3 份);能用几分之几表示一个物体、一个图形、一个计量单位平均分后其中的一份或几份。

③掌握同分母或同分子分数比较大小的方法(分母相同看分子,分子越大,分数越大;分子相同看分母,分母越小,分数越大),正确比较同分母或同分子的分数大小。

④能把 1 写成分子与分母相同的分数。

⑤能正确求出一个数的几分之几是多少。

⑥能运用同分母分数加减法的法则(同分母分数相加减,分母不变,分子相加减),正确计算同分母分数的加减法。

⑦能正确解答同分母分数的加减法实际问题。

(2)能力目标:培养学生的数感、模型思想、应用意识。

4.教学重点和难点

(1)教学重点。

①在认识几分之一的分数的基础上认识几分之几的分数。

②通过实践活动,初步认识分数,能够正确地读写简单的分数,

知道分数各部分的名称。

③会比较同分母或同分子分数的大小。

④解决日常生活中"求一个数的几分之一是多少"的问题。

(2)教学难点。

①理解分数的意义。

②会比较同分子分数的大小。

知识点:小数的认识

1.起点能力

(1)理解整数和分数的意义。

(2)认识整数部分的数位顺序和计量单位。

(3)会比较整数、同分母、同分子分数的大小。

(4)会用四舍五入法求近似数。

(5)会改写成用"万"或"亿"作单位的数。

2.数学思想方法

(1)概括:能概括出小数的意义,及小数和分数之间的关联。

(2)归纳:归纳出比较小数大小的方法。

3.教学目标

(1)知识目标。

①能正确读写小数。

②能说出小数数位顺序及相邻两个数位间的关系。

③能把十进分数改写成小数。

④能正确比较两个或三个小数的大小。

⑤能运用小数的基本性质,在不改变小数大小的前提下,将小数化简或者改写成规定数位的小数。

⑥运用小数点位置移动引起小数大小变化的规律,进行因数或除数是 10、100、1000……的计算。

⑦能把一个较大的数改写成用"万"或"亿"作单位的数。

(2)能力目标:培养学生的数感。

4.教学重点和难点

（1）教学重点。

①让学生在现实生活中认识小数,理解小数的意义。

②建立分数与小数意义上的联系。

③掌握小数的数位顺序表和每个数位的计数单位。

④掌握比较小数大小的方法。

⑤能根据小数的意义进行单位换算。

（2）教学难点。

①理解小数的意义。

②掌握小数大小比较的方法。

③理解并掌握小数点位置的移动引起小数大小变化的规律。

知识点:分数的再认识

1.**起点能力**

（1）对分数的初步认识。

（2）理解除法的意义。

（3）掌握商不变的性质。

（4）认识公因数和公倍数。

（5）认识质数。

（6）掌握分母为 10、100、1000 的分数转化成小数的方法。

2.**数学思想方法**

（1）数形结合:通过图形、实物等,概括出单位"1"的概念。

（2）归纳:研究个例,找到共性,归纳出分数的基本性质。

（3）转化:分数与小数的互化,可以根据分数与除法的关系以及小数的意义来解决。

（4）模型:通过模型建构,初步感受分数与除法的关系。

（5）对应:在数轴上找到分数对应的点。

3.**教学目标**

（1）知识目标。

①会正确读写带分数。

②能举例说明分数的基本性质。

③能举例说明分数与除法的关系。

④能举例说明真分数和假分数的特征。

⑤能够进行假分数与带分数、整数之间的互化。

⑥能运用分数的基本性质,将分数化成与其相等的分数。

⑦能将一个分数进行约分,并化成最简分数。

⑧能将几个分母不同的分数进行通分。

⑨能进行分数与小数的互化。

(2)能力目标:培养学生的数感。

4.教学重点和难点

(1)教学重点。

①掌握分数的基本性质。

②区分真分数和假分数。

③会进行约分、通分。

④掌握分数与小数互化的方法。

⑤掌握假分数、带分数的互化方法。

(2)教学难点。

①掌握分数与除法的关系。

②比较分数作为"量"和"率"的区别。

知识点:百分数的认识

1.起点能力

(1)认识分数。

(2)理解分数的意义。

2.数学思想方法

(1)比较:比较百分数与分数的区别。

(2)模型:通过模型建构,会解决如"比一个数多(或少)百分之几"的实际问题。

3.教学目标

(1)知识目标。

①能正确读写百分数。

②能结合具体实例说明百分数的意义。

③能进行分数、小数和百分数的互化。

④能应用百分数的有关知识，解决简单的百分数实际问题，如出勤率、合格率以及利息问题。

⑤会解决如"比一个数多（或少）百分之几"的实际问题。

（2）能力目标：培养学生的数感、模型思想和应用意识。

4.教学重点和难点

（1）教学重点。

①认识百分数，理解百分数的意义，能正确读写百分数。

②应用百分数的有关知识解决日常生活中有关百分数的一些问题。

（2）教学难点。

①理解百分数的意义，明确百分数与分数的区别。

②分析百分数实际问题的数量关系，理解"比一个数多（或少）百分之几"的含义。

二、数的运算

数的运算，贯穿于整个小学阶段，是数学学习中分量比较重的内容。对于数的运算，学生应理解为什么要运算，选择什么运算方式，要达到什么目标。因此，教师首先要让学生在面对具体问题的情形时，思考是否需要计算，然后再确定需要什么样的计算方法。当然，教师要重视学生对算理的理解和掌握，《义务教育数学课程标准（2022年版）》中规定"要使学生具有进行整数、小数、分数四则计算的能力"。在教学要求中也强调"使学生能够正确地进行整数、小数、分数四则计算，对于其中一些基本的计算，要达到一定的熟练程度，并逐步做到计算方法合理灵活"。另外从量上看，在小学数学教材中，数的运算占有较大的比重，所以教师在教学时需对小学数学数的运算这块知识进行整体把握，前后知识间建立联系，使学生学习循序渐进，水到渠成。

（一）知识网络结构

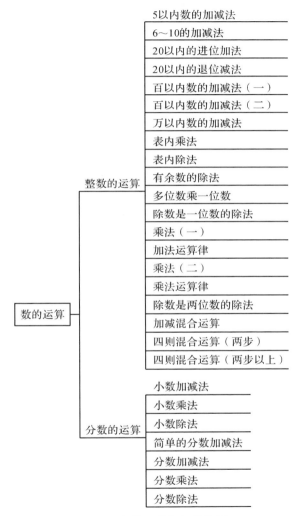

图 2-2　数的运算知识结构图

(二)单元教材分析

知识点:5 以内数的加减法

1.起点能力

(1)认识 5 以内的数。

(2)有分东西的经验。

2.数学思想方法

(1)对应:数字与实物的数量一一对应。

(2)归纳:研究个例,找到组合用加法和分解用减法的共性。

(3)模型:建立"求总数""求大数"用加法,"求相差数"用减法的数学模型。

3.教学目标

(1)知识目标。

①能正确说出 5 以内数的组成与分解。

②能正确读、写"＋""－"号。

③能根据图意写出加减法算式。

④会用 5 以内数的组成与分解正确口算相应的加减法。

⑤能结合具体实例说明 0 的意义。

⑥会正确书写 0。

⑦能正确口算有关 0 的加减法。

(2)能力目标:培养学生的运算能力、模型思想、应用意识。

4.教学重点和难点

(1)教学重点。

①通过数的组成,进一步认识 5 以内的数。

②能正确口算 5 以内的加减法。

③认识 0,能正确书写 0,并能正确计算有关 0 的加减法。

(2)教学难点。

①理解 0 的意义。

②能正确书写 0。

知识点：6～10 的加减法

1.起点能力

(1)认识 10 以内的数。

(2)掌握 5 以内数的组成和分解。

(3)能说出加减法的意义。

(4)会比较数与数的大小。

2.数学思想方法

(1)概括：能概括出图片所给的意思,解决看图列式问题。

(2)归纳：研究个例,找到共性,归纳出一图四式的方法。

(3)模型：建立"求总数""求大数"用加法,"求相差数"用减法的数学模型。

3.教学目标

(1)知识目标。

①能正确说出 6～10 数的组成与分解。

②能用 6～10 数的组成与分解正确口算相应的加减法。

③会正确比较数与式的大小。

④能举例说出加减法算式中各部分的名称。

⑤能正确解答"求相差数"的实际问题。

⑥能借助图形解答"求比一个数多几(或少几)的数"的实际问题。

(2)能力目标：培养学生的运算能力、模型思想、应用意识。

4.教学重点和难点

(1)教学重点：通过动手操作、练习,学生应掌握 6～10 各数的分解与组成,学会根据 6～10 各数的分解与组成正确计算相应的加减法。

(2)教学难点。

①正确应用"=、>、<"这些符号表示两个数、数与式、式与式的大小。

②求比一个数多几(或少几)的数是多少。

知识点:加减混合运算

1.起点能力

(1)会正确计算10以内的加减法。

(2)能根据图片或文字的意义,解决一步实际问题。

2.数学思想方法

归纳:归纳加减混合运算都是从左往右算的运算顺序。

3.教学目标

(1)知识目标。

①能根据题意正确列出连加、连减、加减混合算式。

②能正确口算10以内数的连加、连减、加减混合算式。

③能正确运用加减混合计算解决简单的实际问题。

(2)能力目标:培养学生的运算能力。

4.教学重点和难点

(1)教学重点。

①掌握只有加减法的混合运算顺序和脱式计算的格式。

②能正确计算连加、连减、加减混合算式。

③理解连加、连减、加减混合算式的意义,正确解决有关连加、连减、加减混合的实际问题。

(2)教学难点。

①能正确计算连加、连减、加减混合运算的算式题。

②解决有关连加、连减、加减混合的实际问题。

知识点:20以内的进位加法

1.起点能力

(1)认识20以内的数。

(2)掌握10以内数的加减法。

(3)能正确计算加减混合算式。

2.数学思想方法

概括:概括凑十法的算理。

3.教学目标

(1)知识目标:能正确运用凑十法口算 20 以内的进位加法。

(2)能力目标:培养学生的运算能力。

4.教学重点和难点

(1)教学重点:探究算法,正确口算。

(2)教学难点:理解算理,熟练口算。

知识点:20 以内的退位减法

1.起点能力

(1)掌握 20 以内的进位加法。

(2)掌握 10 以内数的加减法。

(3)能正确计算加减混合算式。

(4)对顺序的感知。

2.数学思想方法

(1)概括:概括 20 以内退位减法的算法。

(2)归纳:归纳出十几减几的退位减法中的连减法、破十法、想加算减等方法。

3.教学目标

(1)知识目标:能正确口算 20 以内的退位减法(运用连减法、破十法、想加算减等方法的一种或多种)。

(2)能力目标:培养学生的运算能力。

4.教学重点和难点

(1)教学重点:探究算法,正确口算。

(2)教学难点:理解算理,熟练口算。

知识点:百以内数的加减法(一)

1.起点能力

(1)认识百以内的数。

(2)熟练进行 20 以内数的加减法的计算。

2.数学思想方法

(1)数形结合:用摆小棒的方法明确算理。

(2)概括:概括出两位数加一位数和两位数加整十数的计算方法。

3.教学目标

(1)知识目标。

①能正确口算百以内的两位数加整十数、两位数加一位数的不进位加法。

②能正确口算百以内的两位数减整十数、两位数减一位数的不退位减法。

③能正确口算百以内的两位数加一位数的进位加法。

④能正确口算百以内的两位数减一位数的退位减法。

⑤能用脱式计算的格式正确口算百以内的两步运算(连加、连减和加减混合)。

⑥能正确解决生活中的"求原有""求用去"的实际问题。

(2)能力目标:培养学生的运算能力。

4.教学重点和难点

(1)教学重点:掌握两位数加减整十数、两位数加减一位数的口算方法,并能正确计算。

(2)教学难点。

①能正确熟练地口算两位数加一位数的进位加法。

②能正确熟练地口算两位数减一位数的退位减法。

知识点:百以内数的加减法(二)

1.起点能力

(1)能口算百以内数的加减法。

(2)掌握百以内数的组成。

(3)理解百以内数的进位加法、不进位加法、退位减法和不退位减法的算理。

2.数学思想方法

(1)类比:类比20以内数的加减法运算方法。

(2)概括:概括出加减法计算的算法。

（3）归纳：归纳两位数加减两位数（进位、不进位、退位、不退位）的算理。

（4）模型：用"一个数减去两个数的和"的方法解决"还剩多少"的实际问题，建立数学模型。

3.教学目标

（1）知识目标。

①能用竖式正确计算两位数加两位数。

②能用竖式正确计算两位数减两位数。

③能利用加、减法算式中各数量间的关系来验算加减法的结果是否正确。

④能借助竖式进行百以内数的两步脱式计算。如：连加、连减、加减混合和带小括号的运算。

⑤能用"一个数减去两个数的和"的方法解决"还剩多少"的实际问题。

（2）能力目标：培养学生的运算能力、模型思想、应用意识。

4.教学重点和难点

（1）教学重点。

①掌握两位数加减两位数的竖式计算。

②掌握百以内数两步脱式计算的方法。

（2）教学难点。

①熟练进行百以内数的两步脱式计算。如：连加、连减、加减混合和带小括号的运算。

②理解"一个数减去两个数的和"和"一个数连续减去两个数"的意思是一样的。

知识点：表内乘法

1.起点能力

（1）认识加法的意义。

（2）掌握百以内数的连加。

（3）会用加减法竖式的书写方法正确计算加减法。

（4）会用脱式计算的格式正确进行加减混合两步运算。

2.数学思想方法

(1)数形结合:通过画图理解乘法的意义。

(2)类比:找到乘法和加法之间的联系。

(3)概括:能概括乘法的意义。

3.教学目标

(1)知识目标。

①举例说明乘法的意义:求几个相同加数的和用乘法计算。

②能说出乘法算式中各部分的名称,会正确读写乘法算式。

③能根据乘法算式编写乘法口诀,并熟记乘法口诀。

④能用乘法口诀口算表内乘法。

⑤掌握乘法竖式的格式。

⑥能正确进行乘加、乘减和连乘的两步运算。

⑦能根据乘法的意义解决一些简单的乘法实际问题。

(2)能力目标:培养学生的运算能力。

4.教学重点和难点

(1)教学重点。

①初步理解乘法的意义。

②掌握乘法口诀,并能熟练计算表内乘法。

③能根据乘法的意义,解决日常生活中的一些实际问题。

(2)教学难点。

①建立乘法的初步概念,理解乘法的意义。

②熟记乘法口诀,熟练口算表内乘法。

知识点:表内除法

1.起点能力

(1)理解平均分的意义,知道份数、每份数、总数的概念。

(2)理解乘法的意义,熟记乘法口诀。

2.数学思想方法

(1)数形结合:通过画线段图理解"倍"的概念。

(2)类比:能找到除法与减法的联系。

（3）概括：能概括出除法表示的是平均分问题。

（4）模型：能构建模型,解决和"倍"有关的实际问题。

3.教学目标

（1）知识目标。

①能说出除法的意义。

②会读、写除法算式,说出除法算式各部分的名称。

③会用乘法口诀求商。

④掌握除法竖式的格式。

⑤理解"倍"的含义。如:A 是 B 的 3 倍,则 A 里面有 3 个 B。

⑥能结合具体情境,运用除法的意义和"倍"的三个基本数量关系来解决一些相关的实际问题。

（2）能力目标:培养学生的运算能力、模型思想、应用意识。

4.教学重点和难点

（1）教学重点。

①初步认识除法,会用乘法口诀求商,比较熟练地口算表内除法。

②理解"倍"的含义,能结合具体情境,运用除法的意义和"倍"的三个基本数量关系来解决一些相关的实际问题。

（2）教学难点。

①建构除法的意义。

②会用线段图来解决一些关于倍数的实际问题。

知识点:有余数的除法

1.起点能力

（1）理解除法的意义。

（2）掌握除法竖式计算的格式。

2.数学思想方法

（1）概括：能概括出余数的意义,从而理解余数要比除数小。

（2）模型：能构建模型,解决"进一""去尾"问题。

3.教学目标

(1)知识目标。

①通过"分一分"的实践活动,能说出有余数除法的意义,知道余数一定比除数小。

②能说出有余数的除法算式中各部分的名称,会正确读写有余数的除法算式。

③会用竖式计算有余数的除法,并会用"商×除数＋余数＝被除数"来进行验算。

④能解决有余数除法的实际问题,并对结果进行合理性判断(进一法和去尾法)。

(2)能力目标:培养学生的运算能力、模型思想、应用意识。

4.教学重点和难点

(1)教学重点。

①让学生经历有余数的除法的产生过程,会正确计算有余数的除法。

②能解决有余数除法的实际问题,并对结果进行合理性判断(进一法和去尾法)。

(2)教学难点。

①理解在有余数的除法中"余数要比除数小"的原因。

②能解决有余数除法的实际问题,并对结果进行合理性判断(进一法和去尾法)。

知识点:四则混合运算

1.起点能力

(1)掌握加减、乘加、乘减混合运算的顺序。

(2)掌握脱式计算的方法,会正确计算两步混合运算。

(3)掌握解决连加、连减、加减、乘加、乘减两步实际问题的方法。

2.数学思想方法

概括:能概括出四则混合运算的计算规则。

3.教学目标

(1)知识目标。

①能说出四则混合运算的顺序(包括带有小括号的)。

②能正确计算四则混合运算题(包括带有小括号的)。

③能正确运用基本的数量关系,列出综合算式来解决一些简单的加除、减除、乘除的两步实际问题。

(2)能力目标:培养学生的运算能力。

4.教学重点和难点

(1)教学重点:掌握先乘除后加减的运算顺序,熟练计算四则混合运算的算式题。

(2)教学难点。

①掌握四则混合运算的计算顺序,并能正确计算。

②列综合算式解决实际问题。

知识点:万以内数的加减法

1.起点能力

(1)熟练掌握百以内口算和笔算的方法。

(2)熟练掌握四则混合运算的方法。

(3)会百以内数加减法的简便运算。

(4)会万以内数的口算、估算。

2.数学思想方法

(1)概括:能概括出万以内数加减法的算法和算理。

(2)类比:把万以内数的加减法和百以内数的加减法的算理、算法进行比较。

3.教学目标

(1)知识目标。

①会正确口算两位数加减两位数。

②会正确口算整百、整千数和几百几十、几千几百数的加减法。

③会将万以内的数估算成整百、整千数。

④会用竖式正确计算万以内数的加减法,并进行验算。

⑤会计算万以内数的连加、连减、加减混合,以及带小括号的运算。

⑥会用凑整法、减法的性质进行简便计算。

⑦能结合具体情境,解决万以内数的连加、连减、加减混合等实际问题。

(2)能力目标:培养学生的运算能力。

4.教学重点和难点

(1)教学重点。

①重视口算,学会用竖式计算万以内数的加减法。

②加强估算,提倡算法的多样性,学习用简便方法进行计算。

③在解决实际问题的过程中,灵活运用不同的方法解决一些实际问题,培养学生思维的灵活性。

(2)教学难点。

①熟练计算连续进位的加法和连续退位的减法。

②掌握加减法简便运算的方法。

知识点:多位数乘一位数

1.起点能力

(1)能正确口算表内乘法,整十数乘一位数。

(2)掌握表内乘法的竖式计算的格式。

(3)能把一个整十数看成几个十,整百数看成几个百。

2.数学思想方法

(1)概括:能概括出乘法运算过程中的计算规则和算理。

(2)数形结合:借助小棒图帮助学生理解算理。

(3)模型:能建构模型,在理解算理时,初步感知乘法分配律。

3.教学目标

(1)知识目标。

①能熟练口算整十、整百数乘一位数,两位数乘一位数。

②会正确列竖式计算多位数乘一位数。

③会估算多位数乘一位数积的范围或积是几位数。

④会计算含有多位数乘一位数的乘加、乘减以及带小括号的两步运算。

⑤会用乘法结合律、乘法交换律进行乘法的简便计算。

⑥能结合具体情境,解决多位数乘一位数的乘加、乘减、连乘等实际问题。

(2)能力目标:培养学生的运算能力。

4. 教学重点和难点

(1)教学重点:掌握多位数乘一位数的笔算方法。

(2)教学难点。

①能说出积末尾零的个数与因数末尾零的个数之间的关系。

②正确计算多位数乘一位数的笔算中连续进位的算式题。

知识点:除数是一位数的除法

1. 起点能力

(1)理解除法的意义。

(2)会表内除法的计算。

(3)会进行有余数除法的计算。

(4)掌握百以内数的四则混合运算方法。

2. 数学思想方法

(1)概括:能概括出商是几位数的判断方法。

(2)模型:建构"移多补少"实际问题的模型。

3. 教学目标

(1)知识目标。

①能正确口算一位数除整十、整百、整千数。

②会用竖式计算多位数(以三位数为主)除以一位数,并会用乘法验算。

③会估算一位数除多位数商的范围,会根据被除数最高位与除数的大小关系来判断商是几位数。

④会计算含有加、减、乘、除以及带小括号的两步运算。

⑤能正确解决平均分、移多补少、连除的实际问题。

(2)能力目标:培养学生的运算能力、模型思想、应用意识。

4.教学重点和难点

(1)教学重点。

①会用竖式计算多位数(以三位数为主)除以一位数,并会用乘法验算。

②能解决"移多补少"的实际问题。

(2)教学难点。

①能判断商是几位数。

②能正确计算商中间或末尾有 0 的除法。

③会用"列表法"解决移多补少问题,同时理解"搬一差二"的策略。

知识点:乘法(一)

1.起点能力

(1)会用竖式计算两位数乘一位数。

(2)会进行估算。

2.数学思想方法

(1)概括:能概括出两位数乘两位数的算理。

(2)模型:借助于列表整理出题目中的条件与问题,通过建立模型,解决归一问题和倍比问题。

3.教学目标

(1)知识目标。

①掌握整十数与整十数相乘的口算方法,并能正确熟练地口算。

②会用竖式计算两位数乘两位数,提倡算法的多样性。

③能结合具体情境进行估算,并能解释估算的过程,判断结果的对错,培养学生的估算意识。

④会解决归一问题和倍比问题,具备一题多解的思维。

(2)能力目标:培养学生的运算能力、模型思想、应用意识。

4.教学重点和难点

(1)教学重点。

①掌握两位数乘两位数的算理和算法。

②会进行估算,初步检验结果的正确性。

③会通过列表,解决倍比问题。

(2)教学难点。

①掌握两位数乘两位数的算理。

②会用列表法解决实际问题,掌握一题多解的方法。

知识点:加法运算律

1.起点能力

会进行加法计算(两个数相加、三个数连加),掌握小括号的运用方法。

2.数学思想方法

(1)代数思想:会用字母表示数。

(2)归纳:从具体实例中归纳出抽象的加法运算律。

3.教学目标

(1)知识目标。

①通过尝试多种方法解决实际问题,观察比较并概括出加法交换律、加法结合律。

②能运用加法交换律、加法结合律进行加法简便计算。

(2)能力目标:培养学生的运算能力。

4.教学重点和难点

(1)教学重点:能运用加法交换律、加法结合律进行加法简便计算。

(2)教学难点:能运用加法交换律、加法结合律进行加法简便计算。

知识点:乘法(二)

1.起点能力

掌握两位数乘两位数的竖式计算方法。

2. 数学思想方法

归纳:从具体实例中归纳出积的变化规律。

3. 教学目标

(1)知识目标。
①能根据具体情境进行三位数乘两位数的估算。
②能列竖式计算三位数乘两位数。
③能列竖式计算末尾有0的三位数乘两位数。
④运用积的变化规律快速写出得数,比较式与式的大小。
⑤能运用乘法计算解决一些实际问题。
(2)能力目标:培养学生的运算能力。

4. 教学重点和难点

(1)教学重点:掌握三位数乘两位数的笔算方法,并正确进行计算。
(2)教学难点:掌握积的变化规律,运用规律解决实际问题。

知识点:乘法运算律

1. 起点能力

(1)掌握加法运算律。
(2)掌握乘法的计算方法(两个数相乘、三个数连乘)。
(3)掌握四则混合运算的方法。

2. 数学思想方法

(1)类比:加法交换律、加法结合律类比得出乘法交换律、乘法结合律,并进行简便计算。
(2)归纳:从具体实例中归纳出乘法运算律的特征。

3. 教学目标

(1)知识目标。
①能在具体情境中解释乘法交换律、乘法结合律、乘法分配律。
②能运用乘法交换律、乘法结合律、乘法分配律进行简便计算。
(2)能力目标:培养学生的运算能力。

4.教学重点和难点

(1)教学重点:能运用乘法交换律、乘法结合律、乘法分配律进行简便计算。

(2)教学难点:对乘法分配律的理解和运用。

知识点:除数是两位数的除法

1.起点能力

(1)掌握除数是一位数的除法计算方法。

(2)会进行估算。

(3)理解积的变化规律和积不变的性质。

2.数学思想方法

(1)概括:能通过举例,概括出商不变的性质。

(2)归纳:能根据具体情境归纳出用凑整的方法进行除法估算。

3.教学目标

(1)知识目标。

①能用竖式正确计算除数是两位数的除法,并进行验算。

②能举例说明商不变的性质,并掌握相应的除法简便运算。

③能在具体情境中进行估算。

④能运用除法解决一些实际问题。

(2)能力目标:培养学生的运算能力。

4.教学重点和难点

(1)教学重点。

①能正确计算除数是两位数的除法,并进行验算。

②能根据商不变的性质,进行除法的简便运算。

(2)教学难点。

①能正确计算商中间、末尾有 0 的除法。

②掌握商不变的性质。

知识点:四则混合运算(三步)

1.起点能力:能正确计算两步混合运算。

2.数学思想方法

(1)概括:能概括出四则混合运算的运算顺序。
(2)模型:建立解决归总、差值和值问题的模型。

3.教学目标

(1)知识目标。
①会正确计算含有小括号和中括号的混合运算式题。
②能在实际情境中列式解决归总问题(以两步、三步应用题为主)。
③能在实际情境中用对应的思想列式解决差值、和值问题(以两步、三步应用题为主)。
(2)能力目标:培养学生的运算能力。

4.教学重点和难点

(1)教学重点:会正确计算含有小括号和中括号的混合运算式题。
(2)教学难点:能在实际情境中,列式解决归总、差值、和值问题。

知识点:小数加减法

1.起点能力

(1)掌握整数加减法的计算方法。
(2)会进行整数的简便计算。

2.数学思想方法

类比:能根据整数的加减法简便运算类比得出小数加减法简便运算的方法。

3.教学目标

(1)知识目标。
①能正确计算小数加减法。
②运用加法运算律、减法性质进行小数加减法的简便计算。
(2)能力目标:培养学生的运算能力。

4.教学重点和难点

(1)教学重点:掌握竖式计算的方法,并能正确熟练地进行小数加减法的计算。

(2)教学难点。

①培养学生的估算意识。

②掌握被减数小数部分的位数比减数小数部分少的小数减法计算方法。

③掌握小数加减法的简便运算。

知识点:小数乘法

1.起点能力

(1)会正确计算多位数的乘法。

(2)会运用乘法结合律和乘法分配律进行简便计算。

2.数学思想方法

转化:能把小数乘法转化成整数乘法进行计算。

3.教学目标

(1)知识目标。

①能正确计算小数乘整数。

②能正确计算小数乘小数。

③能用乘法运算律进行小数乘法的简便计算。

④能进行小数加、减、乘混合运算。

(2)能力目标:培养学生的运算能力。

4.教学重点和难点

(1)教学重点。

①掌握小数乘法的计算法则,正确熟练地计算小数乘法。

②通过解决实际问题,学生增进对乘法运算意义的理解。

(2)教学难点。

①研究积与因数的大小关系,培养学生的数感。

②掌握四舍五入求积的近似数的方法。

③运用乘法运算律和积不变的性质进行小数乘法的简便运算。

知识点:小数除法

1.起点能力

会进行多位数除以两位数的竖式计算。

2.数学思想方法

(1)转化:将小数除法转化为整数除法,探索出小数除法的计算方法。

(2)类比:按照整数除法的简便运算方法类比得出小数除法简便运算的计算方法。

3.教学目标

(1)知识目标。

①能正确计算小数除以整数。

②能正确计算小数除以小数。

③能运用商不变的性质进行小数除法的简便计算。

④能进行小数四则混合运算。

⑤能根据具体要求,求商的近似数。

⑥能根据循环小数的定义,判断是否是循环小数,并能指出循环节。

⑦能用两种方法表示循环小数。

(2)能力目标:培养学生的运算能力。

4.教学重点和难点

(1)教学重点。

①探索小数除法的计算方法,能正确熟练地进行小数除法计算。

②能进行小数四则混合运算。

(2)教学难点。

①除数是小数的除法,商的小数点位置的确定方法。

②认识循环小数,并能用简便写法表示。

③能运用商不变的性质进行小数除法的简便计算。

知识点:**分数加减法**

1.起点能力

(1)会计算同分母分数加减法。

(2)掌握通分的方法。

(3)掌握小数与分数互化的方法。

(4)掌握整数混合运算(包括简便运算)的方法。

2.数学思想方法

类比:能将分数的简便运算类比于整数和小数的简便运算进行计算。

3.教学目标

(1)知识目标。

①能正确计算同分母分数加减法。

②能正确计算异分母分数加减法。

③能正确计算分数与小数的加减法。

④能进行分数加减混合运算(以两步为主,不超过三步)。

⑤运用加法运算律和减法性质进行分数加减法的简便运算。

⑥能正确计算带分数的加减法。

(2)能力目标:培养学生的运算能力。

4.教学重点和难点

(1)教学重点。

①能正确计算异分母分数的加减法。

②掌握分数加减法简便运算的方法。

(2)教学难点:掌握分数加减法简便运算的方法。

知识点:**分数乘法**

1.起点能力

(1)掌握分数的意义。

(2)掌握分数的基本性质。

2.数学思想方法

(1)数形结合:通过画图分析分数的意义,从而理解分数乘法的算理。

(2)模型:对"求比一个数多(少)几分之几(百分之几)是多少"建立数学模型,解决分数实际问题。

3.教学目标

(1)知识目标。

①能举例说明分数乘法的两种意义。

②能正确计算含有分数、小数和百分数的乘法。

③能正确计算含有分数,小数,百分数加、减、乘法的混合运算,并能运用运算律进行简便运算。

④能运用分数乘法的意义解决简单的实际问题。如:求一个数的几分之几(百分之几)是多少。

⑤能运用分数乘法的意义解决较复杂的实际问题。如:求比一个数多(少)几分之几(百分之几)是多少。

⑥能根据利率的含义解决简单的求利息的实际问题。

(2)能力目标:培养学生的运算能力、模型思想、应用意识。

4.教学重点和难点

(1)教学重点。

①探索分数乘法的计算方法。

②理解分数乘法的意义。

③能运用分数乘法的意义解决实际问题。

(2)教学难点。

①理解分数乘法的意义。

②能运用分数乘法的意义解决较复杂的实际问题。如:求比一个数多(少)几分之几(百分之几)是多少。

知识点:分数除法

1.**起点能力**

(1)认识倒数。

(2)理解分数的意义。

(3)能正确计算分数乘法。

2.**数学思想方法**

(1)数形结合:通过画图明确分数的意义,从而理解分数除法的算理。

（2）转化:把分数除法转化为分数乘法进行计算。

（3）模型:对工程问题建立模型,理解工作效率、工作时间和工作总量之间的关系。

3.教学目标

（1）知识目标。

①能够根据倒数的意义正确求一个数的倒数。

②能够正确计算分数除法。

③能够正确解答有关分数除法的实际问题。如:已知一个数的几分之几（百分之几）是多少,求这个数;已知比一个数多（少）几分之几（百分之几）是多少,求这个数。

④能在具体情境中进行分数除法的估算。

⑤能正确计算分数的四则混合运算,并能运用运算律进行简便计算。

⑥能正确解答工程问题。

（2）能力目标:培养学生的运算能力、模型思想、应用意识。

4.教学重点和难点

（1）教学重点。

①掌握分数除法的计算方法。

②理解分数除法的意义。

③能正确解答分数除法的实际问题,重点理解工程问题。

（2）教学难点。

①理解分数除法的意义。

②能正确解答分数除法的实际问题。

三、常见的量

常见的量,在小学也是一个重要内容,贯穿于各个年级,和学生的生活实际密切相关。其内容包括:认识和了解元、角、分、年、月、日等结果性量词,也包括时、分、秒、克、千克、吨等经历体验和感受的过程目标量词。在教学时,教师要注意提供充足的时间,开展大量的体验活动,从而丰富学生的感性认识,建立表象,促进学生更好地理解这些量。此外,由于常见的量涉及范围较广,教师要帮助学生找到知识间的联系,构建知识网络,这样学生才能灵活运用这些知识点解决问题。

(一)知识网络结构

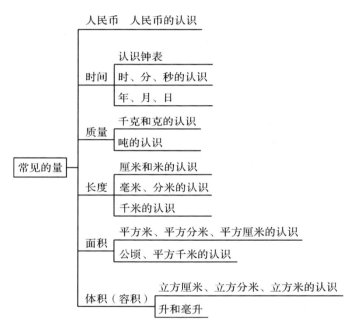

图 2-3　常见的量网络结构图

(二)单元教材分析

知识点:人民币的认识

1.起点能力

(1)对十进制的初步理解。

(2)生活中对人民币的认识和运用。

2.数学思想方法

模型:通过建模,解决实际生活中的购物问题。

3.教学目标

（1）知识目标。

①能识别现在流通的人民币：1 分、2 分、5 分、1 角、2 角、5 角、1 元、2 元、5 元、10 元、20 元、50 元、100 元。

②能说出人民币的单位：元、角、分。

③能说出：1 元＝10 角，1 角＝10 分，1 元＝100 分。

④能进行不同面值的人民币之间的等值兑换。如：10 元可换 2 张 5 元或 10 张 1 元等。

⑤能根据所给人民币面值，算出商品的价格。

⑥能进行简单的人民币单位换算。

⑦能比较人民币的大小。

⑧能进行人民币的加减法计算，根据具体情境解决实际生活中的购物问题。

⑨能根据商品的标价牌（小数形式），读出商品的价格是几元几角几分。

（2）能力目标：培养学生的应用意识。

4.教学重点和难点

（1）教学重点。

①认识现在流通的人民币。

②掌握人民币的单位：元、角、分，并知道单位间的进率。

③能正确解决实际生活中的购物问题。

（2）教学难点。

①掌握人民币兑换的方法。

②能正确计算人民币的加减法，并解决实际生活中的购物问题。

知识点：认识钟表

1.起点能力

（1）生活中对钟面和时间的初步认识。

（2）认识 20 及以内的数。

2.数学思想方法

概括：能概括出整时时刻分针、时针的特点。

3.教学目标

（1）知识目标。

①能说出钟面的基本组成,并正确指认出秒针、分针、时针。

②能正确读出整时时刻,并表示出整时时刻。

③能正确读出接近整时的时刻。

④能用"几时在干什么"的句式初步建立时间概念。

（2）能力目标:培养学生的应用意识。

4.教学重点和难点

（1）教学重点。

①初步认识钟面。

②能认识整时时刻和接近整时的时刻。

（2）教学难点。

①建立初步的时间概念。

②能清楚辨认接近整时的时刻。

知识点:时、分、秒的认识

1.起点能力

（1）知道指针运动的方向,认识钟面。

（2）掌握读写整时时刻和接近整时时刻的方法。

（3）生活中对时、分、秒的各类知识感受。

2.数学思想方法

（1）类比:类比常见量的单位转化,掌握时间单位的进率为60。

（2）对应:会看钟表,能将钟面上时针、分针所指的位置与某一时刻一一对应。

（3）模型:能结合具体情境,建立求经过时间的模型。

3.教学目标

（1）知识目标。

①能说出时间单位是时、分、秒。

②能运用时间单位的关系:1时＝60分,1分＝60秒,进行简单的时间单位换算。

③会看钟表,能够正确说出和写出几时几分的时刻。

④能选择合适的时间单位表示时间的长短。

⑤能结合钟面,算出从某一时刻到某一时刻经过的时间。

⑥能结合具体情境,运用时、分、秒的相关知识解决实际问题。

(2)能力目标:培养学生的应用意识。

4.教学重点和难点

(1)教学重点。

①结合儿童的生活实际使学生认识钟面,学会看钟表。

②认识时间单位:时、分、秒,并知道这些单位间的进率。

③能结合钟面求经过时间、起始时刻和结束时刻。

(2)教学难点。

①能正确说出钟面上接近整点及刚超过整点的时刻。

②能正确计算经过时间、起始时刻和结束时刻。

知识点:年、月、日

1.起点能力

(1)认识时钟,会用电子表和文字两种方式记录钟面上的时刻。

(2)掌握时、分、秒之间的关系。

(3)会计算一个小时内的经过时间、起始时刻和结束时刻。

2.数学思想方法

(1)归纳:通过个例,找到共性,归纳出 24 时计时法与普通计时法的改写方法。

(2)概括:能概括出平年、闰年的判断方法。

3.教学目标

(1)知识目标。

①能结合年历,说出年、月、日之间的关系。如:1 年有 12 个月,大月有 31 天。

②能够应用年、月、日的相关知识,解决日常生活中简单的关于年、月、日的问题。如:判断大小月。

③会用计算和推理的方法来判断所给的年份是平年还是闰年。

④会计算各个季度和各个旬的天数。

⑤能将 24 时计时法和普通计时法进行改写。

⑥根据日常生活中的起始时刻和结束时刻,解答简单的求经过时间的实际问题。

(2)能力目标:培养学生的应用意识。

4.教学重点和难点

(1)教学重点。

①能将 24 时计时法和普通计时法进行改写。

②会求经过时间、起始时刻和结束时刻。

(2)教学难点。

①理解年、月、日的相关概念。

②会解决求经过时间、起始时刻和结束时刻的实际问题。

知识点:千克和克的认识

1.起点能力

(1)根据生活经验初步感知物体的轻重。

(2)能正确读出指针所指出的读数。

(3)能根据指针所显示的位置说出所称物品有多重。

2.数学思想方法

(1)符号化:会用字母表示重量单位。

(2)概括:能概括出较轻的物体用克作单位,较重的物体用千克作单位。

3.教学目标

(1)知识目标。

①能说出质量单位千克和克,会用符号"kg""g"正确表示千克和克。

②能举例说出 1 克和 1 千克重的物品。

③能根据指针所显示的位置,说出所称物品有多少千克或多少克。

④能运用千克和克的关系(1 千克=1000 克),进行单位换算及大小的比较。

⑤能给具体事物选择恰当的质量单位:千克或克。

⑥能结合具体情境,运用千克和克的关系解决实际问题。

(2)能力目标:培养学生的量感。

4.教学重点和难点

(1)教学重点。

①学生通过具体实践活动感受 1 千克、1 克的重量,正确填写重量单位。

②掌握千克和克的关系,进行单位换算,大小比较。

(2)教学难点。

①建立对 1 千克、1 克物体重量的感受。

②能正确填写重量单位。

知识点:吨的认识

1.起点能力

对千克、克的认识。

2.数学思想方法

(1)类比:把"千克"和"克"的关系类比"千米"和"米"的关系。

(2)归纳:归纳出"吨"常常用于很重的物体。

(3)符号化:会用字母表示吨。

3.教学目标

(1)知识目标。

①能说出较重物体的质量常用吨作单位,并能用字母"t"表示。

②能用具体实例描述 1 吨的大小。

③能正确使用质量单位描述物体的质量大小。

④能根据 1t＝1000kg,进行质量单位换算。

(2)能力目标:培养学生的量感。

4.教学重点和难点

(1)教学重点:感受质量单位"1 吨"的大小。

(2)教学难点:能熟练填写合适的质量单位。

知识点:厘米和米的认识

1.起点能力

(1)生活中对长度的感受。

(2)对十进制的初步感受。

(3)会数数。

2.数学思想方法

符号化:会用字母表示米和厘米。

3.教学目标

(1)知识目标。

①能举例说明 1 厘米、1 米有多长,并说出 1 米=100 厘米。能用符号"cm""m"正确表示厘米和米。

②会用尺测量物体的长度。

③在实际情境中估测某个物体的长度是几厘米或是几米。

④能在具体情境中选择适当的长度单位米和厘米。

⑤能根据线段的特点,会用尺测量给定图形中线段的长度。

⑥能正确比较长度。

⑦会正确测量物体或线段的长度。

⑧会正确使用尺画出规定长度的线段。

(2)能力目标:培养学生的量感。

4.教学重点和难点

(1)教学重点。

①正确认识 1 厘米、1 米有多长,并说出 1 米=100 厘米。

②会用尺测量物体或线段的长度。

③会正确使用尺画出规定长度的线段。

(2)教学难点。

①掌握用刻度尺测量物体长度的方法。

②建立 1 厘米、1 米的长度观念。

知识点:毫米、分米的认识

1.起点能力

(1)认识厘米和米。

(2)会用直尺测量整厘米长的线段,画整厘米长的线段。

2.数学思想方法

(1)类比:把毫米、分米的学习类比厘米和米的学习。

(2)符号化:会用字母表示毫米和分米。

3.教学目标

(1)知识目标。

①能说出长度单位毫米和分米,会用符号"mm""dm"正确表示毫米和分米。

②能举例说出 1 毫米和 1 分米的长度。

③能运用长度单位之间的关系(1m＝10dm,1dm＝10cm,1cm＝10mm),进行单位换算及大小的比较。

④会用直尺量线段,画线段。

(2)能力目标:培养学生的量感。

4.教学重点和难点

(1)教学重点。

①通过实践活动,学生能够认识长度单位毫米和分米,初步建立 1 毫米、1 分米的长度观念。

②会进行米、分米、厘米、毫米之间的单位换算。

③结合生活实际,学生能够合理地选择长度单位,并进行简单的估测。

(2)教学难点。

①建立 1 毫米、1 分米的长度概念。

②会选择恰当的单位表示物体的长度和估计物体的长度。

知识点:千米的认识

1.起点能力

(1)认识米、分米、厘米、毫米。

(2)会选择恰当的单位表示物体的长度。

2.数学思想方法

(1)符号化:会用字母表示千米。

(2)类比:把千米和米的关系类比千克和克的关系。

3.教学目标

(1)知识目标。

①能说出长度单位千米,会用符号"km"正确表示千米。

②能举例说出 1 千米的长度,并说出 1 千米＝1000 米。

(2)能力目标:培养学生的量感。

4.教学重点和难点

(1)教学重点。

①学生通过具体实践活动感受 1 千米的长度。

②重视学生的亲身感受,通过走一走、跑一跑等实践活动,体会数学生活化。

(2)教学难点。

①建立对 1 千米的长度观念。

②能正确填写长度单位。

知识点:平方米、平方分米、平方厘米的认识

1.起点能力

(1)认识长度单位米、分米、厘米、毫米。

(2)生活中对物体大小的感受。

2.数学思想方法

(1)符号化:会用字母表示面积单位。

(2)数形结合:通过求正方形面积,理解面积单位之间的转换。

3.教学目标

(1)知识目标。

①能结合具体情境来指出平面图形或物体表面的面积。

②会用观察、重叠和数方格的方法比较面积的大小。

③认识常用的面积单位:平方厘米、平方分米、平方米。

④初步建立 1 平方厘米、1 平方分米、1 平方米的实际概念。

⑤能进行简单的面积单位的换算。

(2)能力目标:培养学生的量感。

4.教学重点和难点

(1)教学重点。

①对面积意义的理解,会比较面积的大小。

②认识常用的面积单位:平方厘米、平方分米、平方米。

③能进行简单的面积单位的换算。

(2)教学难点。

①理解面积的概念。

②面积单位的建立及面积单位的换算。

知识点:公顷、平方千米的认识

1.起点能力

(1)认识 1 平方厘米、1 平方分米、1 平方米的面积单位的大小。

(2)能进行平方厘米、平方分米、平方米单位间的换算。

2.数学思想方法

(1)类比:把公顷、平方千米的认识类比平方米、平方分米、平方厘米的认识。

(2)符号化:会用字母表示较大的面积单位。

(2)数形结合:通过求正方形面积,理解平方千米和平方米单位之间的转换。

3.教学目标

(1)知识目标。

①能描述 1 公顷和 1 平方千米的大小。

②能正确使用面积单位,描述所给事物面积的大小。

③能根据 1 公顷＝10 000 平方米、1 平方千米＝100 公顷,进行平方米、公顷、平方千米之间的换算。

(2)能力目标:培养学生的量感。

4.教学重点和难点

(1)教学重点:对公顷、平方千米的感知。

(2)教学难点:能进行平方米、公顷、平方千米之间的单位换算。

知识点:立方厘米、立方分米、立方米的认识

1.起点能力

(1)已有的基本空间观念。

(2)对长度、面积单位的认识。

2.数学思想方法

(1)类比:把体积单位的认识类比面积单位的认识。

(2)符号化:会用字母表示体积单位。

3.教学目标

(1)知识目标。

①能举例说明什么是物体的体积。

②能描述1立方米、1立方分米、1立方厘米的大小。

③能举例说出什么是物体的容积。

④能正确沟通体积单位和容积单位。

⑤能利用体积、容积单位之间的进率正确地进行单位换算。

(2)能力目标:培养学生的量感。

4.教学重点和难点

(1)教学重点。

①感知物体的体积和容积,初步建立1立方米、1立方分米、1立方厘米、1升、1毫升的概念。

②能正确应用体积、容积单位估算常见物体的体积和容积。

(2)教学难点:对体积和容积概念的认识和区分。

知识点:升和毫升

1.起点能力

生活中对容量的初步认识。

2.数学思想方法

(1)符号化:会用字母表示容积单位。

(2)概括:计量液体体积多少时,概括较大的用升,较小的用毫升。

3.教学目标

(1)知识目标。

①能说出物体容量的大小常用升与毫升作单位,并能用字母"L" "mL"表示。

②能用具体实例描述 1 毫升、1 升的大小。

③能正确使用升和毫升描述容量的大小。

④能根据升与毫升的关系(1 升＝1000 毫升),进行容量单位换算。

(2)能力目标:培养学生的量感。

4.教学重点和难点

(1)教学重点:能用具体实例描述 1 毫升、1 升的大小。

(2)教学难点:能正确使用升和毫升描述容量的大小,解决实际问题。

四、式与方程

简易方程引入的价值在于为学生提供用代数方法解决问题的途径。它是学生在代数领域的第一次接触、学习和应用,其不仅是小学数学由算数到代数的过渡点,更是数学知识在思想方法和思维模式上的飞跃。因此,教师应该在教学中注意提前培养学生的符号意识,并通过设计丰富的情境,帮助学生体会方程建模过程,渗透方程思想,从而提高学生的数学思维能力。

(一)知识网络结构

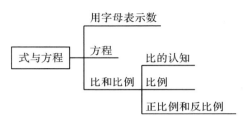

图 2-4 式与方程知识结构图

(二)单元教材分析

知识点:用字母表示数

1.起点能力:能说出具体情境中的数量关系。

2.数学思想方法

(1)对应:能用字母或含有字母的式子表示某个量或某种数量关系。

(2)代数:能根据字母所取的值,求含有字母的式子的值。

3.教学目标

(1)知识目标。

①在具体情境中,会用含有字母的式子来表示一个数量关系。

②会用字母来表示已经学过的运算律和计算公式。如:加法交换律、乘法结合律、周长公式。

③会根据字母所取的值,求含有字母的式子的值。

(2)能力目标:培养学生的符号意识。

4.教学重点和难点

(1)教学重点。

①会用含有字母的式子来表示一个数量关系。

②会根据字母所取的值,求含有字母的式子的值。

(2)教学难点:会用字母来表示已经学过的运算律和计算公式。

知识点:方程

1.起点能力

(1)会用字母表示数。

(2)掌握具体情境中的数量关系。

2.数学思想方法

(1)代数:能用方程表示简单情境中的等量关系。

(2)归纳:通过个例,找到共性,归纳出等式的基本性质。

(3)模型:在具体的问题情境中,建构模型,找出等量关系,列出方程,解决实际问题。

3.教学目标

(1)知识目标。

①能根据方程的定义,判断所给式子是不是方程。

②能用方程表示简单情境中的等量关系。

③能结合具体情境,解释等式的基本性质。

④能利用等式的基本性质解方程。

⑤能利用加减算式和乘除算式中各部分的关系解方程。

⑥在具体的问题情境中,找出等量关系,列出方程,解决实际问题。

(2)能力目标:培养学生的模型思想。

4.教学重点和难点

(1)教学重点。

①能根据已有信息列方程表示简单情境中的等量关系。

②会解方程。

(2)教学难点:在具体的问题情境中,找出等量关系,列出方程,解决实际问题。

知识点:比的认识

1.起点能力

(1)理解分数与除法的关系。

(2)会进行分数除法的计算。

2.数学思想方法

类比:把比的前项、后项类比分数的分子、分母,除法的被除数、除数。

3.教学目标

(1)知识目标。

①能举例说明什么是比。

②能结合具体的比指出比的各部分名称(前项、后项、比值)。

(2)能力目标:培养学生的应用意识。

4.教学重点和难点

(1)教学重点:理解比的意义。

(2)教学难点:理解比的意义,能解决按比分配的实际问题。

知识点:比例

1.起点能力:认识比。

2.数学思想方法

(1)概括:能概括说明什么是比例。

(2)归纳:通过个例,找到共性,归纳出比例的基本性质。

3.教学目标

(1)知识目标。

①能举例说明什么是比例,并能根据比值大小是否相等,判断两个比能否组成比例。

②能说出比例的各部分名称。

③能举例说明"比例的基本性质",并以此判断两个比能否组成比例。

④能运用"比例的基本性质"解比例。

(2)能力目标:培养学生的应用意识。

4.教学重点和难点

(1)教学重点:理解比例的意义及基本性质,会解比例。

(2)教学难点:运用"比例的基本性质"解比例。

知识点：正比例和反比例

1. 起点能力

(1) 理解比值的意义。

(2) 对比例的认识。

2. 数学思想方法

(1) 归纳：通过个例，找到共性，归纳出正比例关系和反比例关系的特征。

(2) 模型：能建构模型，正确解答正、反比例应用题。

3. 教学目标

(1) 知识目标。

① 能举例说明正比例关系。

② 能举例说明反比例关系。

③ 能根据正反比例的意义判断两种量是否成比例，如果成比例，判断成什么比例，并说明理由。

④ 能正确解答正反比例应用题。

(2) 能力目标：培养学生的应用意识。

4. 教学重点和难点

(1) 教学重点。

① 在生活实例中经历、理解并逐步建立起正比例、反比例的概念。

② 掌握相关联的两个量的变化规律。

③ 能在实际生活中发现与描述正比例、反比例量的实例。

④ 能解决正、反比例实际问题。

(2) 教学难点。

① 正确建立正比例、反比例的概念。

② 掌握相关联的两个量的变化规律。

③ 能在实际生活中发现与描述正比例、反比例量的实例。

第三章　图形与几何

　　图形是人类通过对客观物体的长期观察逐渐抽象出来的,抽象的核心是把物体的外部形象用线条描绘在二维平面上。"图形与几何"是义务教育阶段学生数学学习的重要领域。在小学阶段包括"图形的认识与测量"和"图形的位置与运动"两个主题内容。学段之间的内容相互关联,螺旋上升,逐段递进。在"图形与几何"的教学中,教师要注重学生已有的生活经验,将视野从课堂拓展到生活中去,从现实世界中发现有关图形与几何的问题。

一、图形的认识

　　图形的认识主要是对图形的抽象。学生经历从实际物体抽象出几何图形的过程,认识图形的特征,感悟点、线、面、体的关系;积累观察和思考的经验,逐步形成空间观念。图形的认识与图形的测量有密切关系,为图形的测量奠定感性认识基础,同时发展了学生的形象思维。在教学过程中,图形的认识是循序构建、逐渐抽象的过程,点动成线,线动成面,面动成体。认识、定义概念和分类的教学过程,构建出图形认识的知识网络。

(一)知识网络结构

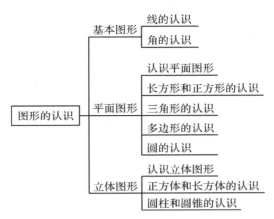

图 3-1   图形的认识知识结构图

(二)单元教材分析

知识点:线和角

1.起点能力

(1)能说出线段的特点。

(2)初步认识角,说出角的构成。

2.数学思想方法

(1)比较:通过比较,找出线段、射线和直线的区别和联系。

(2)分类:通过观察与发现给线和角进行分类。

3.教学目标

(1)知识目标。

①能根据线段、射线和直线的性质来区分所给定的图形哪些是线段,哪些是射线,哪些是直线,并加以说明。

②能用字母表示线段、射线和直线的名称。如:线段 AB、射线 CD。

③能说出所给定的角的各部分的名称。

④能用符号正确表示所给定的角。如:$\angle AOB$,$\angle 1$,$\angle M$。

⑤能从简单的组合图形中找出角,并能正确数出角的个数。

⑥能在具体情境中解释角的大小与角的两边的长短无关,与角的两边的张口有关。

⑦能根据锐角、直角、钝角、平角和周角的度数的大小特点,将角进行分类。

⑧能根据锐角、直角、钝角、平角和周角的度数特点,进行一些简单的角的度数的计算。

(2)能力目标:培养学生的空间观念。

4.教学重点和难点

(1)教学重点。

①理解线段、射线、直线和角的概念。

②认识角并能比较角的大小。

③能将角按角的度数进行分类。

(2)教学难点。

①概括出线段、射线、直线的区别和联系。

②能根据锐角、直角、钝角、平角和周角的度数特点,进行一些简单的角的度数的计算。

知识点:认识图形

1.起点能力

生活中已有的认识图形的经验。

2.数学思想方法

(1)分类:通过观察实物外表发现物体的不同形状,给图形进行分类。

(2)概括:通过实践活动,从体到面,初步感知体与面的关系,概括出平面图形和立体图形的特点。

3.教学目标

(1)知识目标。

①能正确指认出立体图形:长方体、正方体、圆柱和球。

②能正确指认出平面图形:长方形、正方形、三角形和圆。

(2)能力目标:培养学生的空间观念。

4.教学重点和难点

(1)教学重点:通过实践活动,从体到面,初步感知体与面的关系,知道它们的名称,并能识别。

(2)教学难点:分清立体图形与平面图形。

知识点:长方形和正方形的认识

1.起点能力

(1)对长方形和正方形形状形成初步的表象。

(2)生活中对于角的感受。

2.数学思想方法

(1)猜想验证:首先猜想长方形对边相等,通过测量、对折等方法验证出长方形的这个特点。

(2)对比:正方形的认识是建立在认识长方形的基础上进行对比,从而知道正方形的特点。

(3)概括:通过一系列的观察、讨论、动手操作,概括出长方形和正方形的各个特点。

3.教学目标

(1)知识目标。

①能根据角的组成,从给定的图形中找出哪些是角,哪些不是角。

②能根据直角的特征,借助三角尺从给定图形中找出直角。

③能用三角尺画直角。

④根据长方形和正方形的边、角的特征,从给定图形中找出长方形和正方形,并说明理由。

⑤能指出长方形的长和宽,以及正方形的边长。

⑥能根据长方形和正方形的边、角特征,在方格纸上画出长方形和正方形。

(2)能力目标:培养学生的空间观念。

4.教学重点和难点

(1)教学重点。

①认识角和直角。

②掌握长方形和正方形的特征。

(2)教学难点。

①会用三角尺判断和画直角。

②掌握长方形和正方形的特征。

知识点:三角形的认识

1.起点能力

认识平面图形(三角形)。

2.数学思想方法

(1)猜想验证:通过猜想验证,得到"三角形两边之和大于第三边"的结论。

(2)分类:根据三角形外部特征,分别可以按角或按边将三角形进行分类。

(3)概括:能概括出各类三角形的特征。

3.教学目标

(1)知识目标。

①能用三角形的定义判断在给定图形中哪些是三角形,哪些不是三角形。

②能用符号正确表示三角形。

③能在具体生活情境中说出三角形稳定性的使用。

④能运用三角形两边之和大于第三边的特征,判断给定三条线段能否围成三角形,并说明理由。

⑤能根据给定三角形的角的度数或者边的长度,判断属于哪类三角形。

(2)能力目标:培养学生的空间观念。

4.教学重点和难点

(1)教学重点。

①掌握三角形三边关系,解决实际问题。

②能根据给定三角形的角的度数或者边的长度,对三角形进行分类。

（2）教学难点。

①准确进行三角形的分类。

②根据三角形三边关系，解决实际问题。

知识点：多边形的认识

1.起点能力

认识平面图形（长方形、正方形、三角形）。

2.数学思想方法

对比：能对比找出平行四边形和三角形的高和底的特征。

3.教学目标

（1）知识目标。

①能用定义判断平面上两条直线的关系：平行或相交（包括垂直）。

②会用直尺和三角尺过一点画出已知直线的垂线和平行线。

③能在具体情境中解释直线外一点到这条直线的垂线段最短。

④能描述平行四边形、梯形的特征。

⑤能指出平行四边形、三角形相对应的底和高，能指出梯形的上底、下底和高。

⑥能正确画出平行四边形、三角形指定底上的高，能正确画出梯形的高。

（2）能力目标：培养学生的空间观念。

4.教学重点和难点

（1）教学重点。

①认识平行四边形、梯形和三角形的底和高。

②能正确画出平行四边形、三角形指定底上的高，能正确画出梯形的高。

（2）教学难点。

①能找出平行四边形对应的底和高。

②会画钝角三角形三条边上的三条高。

知识点:圆的认识

1.起点能力

生活中对圆的认识。

2.数学思想方法

比较:将圆与长方形和正方形及三角形等图形进行比较,去发现圆的特征。

3.教学目标

(1)知识目标。

①能从给出的圆中指出圆的圆心、半径、直径、弧。

②能用符号表示圆各部分名称。

③能用圆规按要求画圆。

④能正确找出圆的对称轴。

⑤能结合具体的图说明在同一个圆中所有半径都相等,所有直径都相等,直径是半径的 2 倍。

(2)能力目标:培养学生的空间观念。

4.教学重点和难点

(1)教学重点:了解圆的特征,会用圆规画圆。

(2)教学难点:掌握圆的特征,熟练运用圆规画圆。

知识点:正方体和长方体的认识

1.起点能力

认识长方形和正方形。

2.数学思想方法

(1)分类:通过讨论和观察把一些立体图形进行分类。

(2)比较:把正方体和长方体实物放在一起比较,从而发现正方体跟长方体的不同之处。

(3)概括:通过观察、动手操作概括出长方体和正方体的各个外部特征及它们的构成。

3.教学目标

(1)知识目标。

①能从实例中辨别出柱体和锥体,并能进一步区分出棱柱、圆柱、棱锥、圆锥。

②能指出长方体和正方体的面、棱、顶点。

③能说出长方体、正方体的特征。

④能指出长方体的长、宽、高。

⑤能辨认所给图形是否是长方体和正方体的展开图。

(2)能力目标:培养学生的空间观念。

4.教学重点和难点

(1)教学重点。

①能区分出棱柱、圆柱、棱锥、圆锥。

②能说出长方体和正方体的特征。

③能辨认长方体和正方体的展开图。

(2)教学难点:能辨认长方体和正方体的展开图。

知识点:圆柱和圆锥的认识

1.起点能力

对圆柱、圆锥初步特征的认识。

2.数学思想方法

(1)转化:圆锥是由圆柱经过切割后转化而成的。

(2)概括:根据圆柱和圆锥的外部特征概括出它们的组成。

3.教学目标

(1)知识目标。

①能说出圆柱和圆锥各部分的名称。

②能说出圆柱和圆锥的特征。

(2)能力目标:培养学生的空间观念。

4.教学重点和难点

(1)教学重点。

①掌握圆柱和圆锥的特征。

②知道圆柱和圆锥各部分的名称。

（2）教学难点。

①掌握圆柱和圆锥底面、侧面、高的特征。

②认识圆柱的侧面展开图，构建立体图形与平面图形的联系。

二、图形的测量

图形的测量教学重点是确定图形的大小。学生经历统一度量单位的过程，感受统一度量单位的意义，基于度量单位理解图形长度、角度、周长、面积、体积。在推导一些常见图形周长、面积、体积计算方法的过程中，感悟数学度量方法，逐步形成量感和推理意识。学生在结合实际学习测量技能的过程中，进一步形成对位置、长短、宽窄、厚薄的表征，深化对抽象图形的理解。这种技能的掌握，抽象的深入是网络式的渐进过程，学生在这个过程中舍去了物体的颜色、构成材料等物体的实际要素，将图形的数学特征刻画出来，并能够渐渐深入探究图形的位置、长短、宽窄、厚薄对图形大小和体积的影响。

（一）知识网络结构

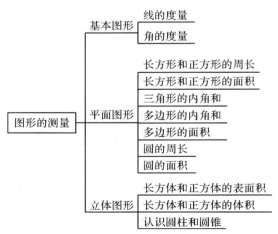

图 3-2　图形的测量知识结构图

(二)单元教材分析

知识点:角的度量

1.起点能力

(1)认识了角的特征。

(2)会比较角的大小。

2.数学思想方法

概括:能概括出画角及量角的步骤。

3.教学目标

(1)知识目标。

①能用量角器量出指定角的度数或画出指定度数的角。

②能根据三角尺上三个角的度数,用度数相加减的方法,拼出一些特殊度数的角。 如:15°、75°、105°、120°、135°、150°、165°。

(2)能力目标:培养学生的空间观念。

4.教学重点和难点

(1)教学重点:会测量角的度数,并会用量角器画角。

(2)教学难点:能用三角尺画一些特殊的角。

知识点:长方形和正方形的周长

1.起点能力

认识长方形和正方形。

2.数学思想方法

比较:能将长方形和正方形周长计算方法进行比较,找到共同和不同之处。

3.教学目标

(1)知识目标。

①能在平面图形上或具体的实物面上指出图形的周长。

②会用边的累加计算一般多边形的周长。

③会运用公式计算长方形和正方形的周长。

④能应用正方形和长方形周长计算方法解决简单的生活实际问题。

(2)能力目标:培养学生的空间观念、应用意识。

4.教学重点和难点

(1)教学重点。

①建立周长的感性认识,正确理解周长的概念。

②通过动手操作掌握周长的测量和计算方法。

③理解和掌握长方形、正方形周长的计算方法。

(2)教学难点。

①对周长概念的正确理解,掌握正确的测量方法和计算方法。

②掌握长方形和正方形周长计算公式。

③会计算几个图形拼合后的周长,能说出与原来几个图形周长和的区别。

④解决实际生活中的周长问题。

知识点:长方形和正方形的面积

1.起点能力

(1)认识长方形和正方形。

(2)认识面积单位。

2.数学思想方法

比较:能将长方形和正方形面积的计算方法进行比较,找到共同之处。

3.教学目标

(1)知识目标:会用公式求长方形和正方形的面积。

(2)能力目标:培养学生的空间观念、应用意识。

4.教学重点和难点

(1)教学重点:会解决求长方形和正方形面积的实际问题。

(2)教学难点:会解决求长方形和正方形面积与周长的实际问题。

知识点：三角形的内角和

1.起点能力

(1)会测量角的度数。

(2)知道平角的度数。

2.数学思想方法

猜想验证：通过计算直角三角尺三个内角和是180°,猜测"任意三角形内角和都是180°",然后对不同类型三角形的内角和进行验证,得出结论。

3.教学目标

(1)知识目标。

①通过实验、猜想、验证,学生应掌握三角形内角和是180°。

②能运用三角形内角和是180°,解决已知三角形两个内角度数(或一个内角及一个外角),求第三个内角度数的问题。

(2)能力目标：培养学生的空间观念、应用意识。

4.教学重点和难点

(1)教学重点：推导出"三角形的内角和是180°"。

(2)教学难点：利用"三角形的内角和是180°"解决实际问题。

知识点：多边形的内角和

1.起点能力

知道三角形内角和是180°。

2.数学思想方法

转化：能运用转化的思想方法,将多边形分割成若干个三角形后,求出多边形的内角和。

归纳：通过求四边形、五边形、六边形内角和,归纳总结出多边形内角和与边数的关系。

3.教学目标

(1)知识目标。

①运用先数基本图形,再数由基本图形组成的组合图形的方法,

数出图形的个数。

②能正确运用 n 边形内角和 $=180°×(n-2)$ 的公式计算多边形的内角和。

(2)能力目标:培养学生的空间观念、应用意识。

4.教学重点和难点

(1)教学重点:通过分割,把多边形转化成多个三角形组成的图形,从而求出多边形的内角和。

(2)教学难点:找到多边形内角和与边数之间的关系。

知识点:多边形的面积

1.起点能力

掌握正方形和长方形的面积公式。

2.数学思想方法

(1)转化:把平行四边形、三角形、梯形的面积转化成已经学过的图形的面积进行计算。

(2)模型:求多边形面积的时候,建构模型,通过割、补、移动等方法来解决。

3.教学目标

(1)知识目标。

①能正确利用平行四边形、三角形、梯形的面积公式求出它们的面积。

②能把组合图形分解成若干个常见多边形的和或差,计算出组合图形的面积。

(2)能力目标:培养学生的空间观念、应用意识。

4.教学重点和难点

(1)教学重点。

①能正确利用平行四边形、三角形、梯形的面积公式求出它们的面积。

②会计算组合图形的面积。

（2）教学难点

①探索平行四边形、三角形、梯形的面积计算公式。

②会计算组合图形的面积。

知识点：长方体和正方体的表面积

1.起点能力

（1）掌握长方体和正方体的特征。

（2）会计算长方形和正方形的周长和面积。

2.数学思想方法

比较：比较长方体和正方体棱长和、表面积的异同点。

3.教学目标

（1）知识目标。

①能正确计算长方体和正方体的棱长总和。

②能说出长方体和正方体六个面的总面积就是它们的表面积。

③能正确计算出长方体和正方体的表面积。

（2）能力目标：培养学生的空间观念、应用意识。

4.教学重点和难点

（1）教学重点：掌握长方体和正方体表面积的计算方法。

（2）教学难点：解决有关长方体和正方体的实际生活问题。

知识点：长方体和正方体的体积

1.起点能力

（1）掌握长方体和正方体的特征。

（2）掌握柱体的特征。

（3）会求长方体和正方体的表面积。

（4）认识体积单位，并掌握转化的方法。

2.数学思想方法

比较：计算长方体和正方体体积方法的异同点。

3.教学目标

（1）知识目标。

①能利用长方体和正方体的体积公式，正确计算长方体和正方

体的体积或容积。

②能利用"柱体的体积＝底面积×高"计算长方体和正方体的体积或容积。

(2)能力目标:培养学生的空间观念、应用意识。

4.教学重点和难点

(1)教学重点:掌握长方体、正方体体积的计算方法,并能解决实际问题。

(2)教学难点:找出长方体和正方体体积与表面积的区别,并解决实际问题。

知识点:圆的周长

1.起点能力

对圆的初步认识。

2.数学思想方法

猜想验证:通过测量,找到圆的周长和直径之间的关系,从而通过猜想、验证,推导出圆的周长公式。

3.教学目标

(1)知识目标:能运用公式 $C＝\pi d$ 或 $C＝2\pi r$ 在具体情境中求圆的周长,或根据圆的周长求圆的直径和半径。

(2)能力目标:培养学生的空间观念、应用意识。

4.教学重点和难点

(1)教学重点:掌握圆的周长公式,会求圆的周长。

(2)教学难点:探索周长与直径的关系,解决实际问题。

知识点:圆的面积

1.起点能力

(1)对圆的认识,会求圆的周长。

(2)会求长方形的面积。

2.数学思想方法

转化:把求圆的面积转化成求长方形的面积,渗透化曲为直的思想。

3．教学目标

（1）知识目标。

①能在具体情境中运用 $S＝\pi r^2$ 求出圆的面积。

②能运用扇形的特征正确判断所给图形是否是扇形，并说明理由。

③能根据圆心角的度数求出扇形的面积是它所在圆面积的几（百）分之几。

④能正确找出扇形的对称轴。

⑤能求出有关圆、半圆、四分之一圆的组合图形的面积。

（2）能力目标：培养学生的空间观念、应用意识。

4．教学重点和难点

（1）教学重点。

①探索并掌握圆的面积公式，会求圆的面积。

②掌握扇形面积与圆面积的关系，会求扇形面积。

（2）教学难点。

①推导圆的面积公式。

②会求有关圆的组合图形的面积。

知识点：认识圆柱和圆锥

1．起点能力

（1）掌握圆柱和圆锥的特征。

（2）会求长方体的表面积和体积。

2．数学思想方法

转化：把圆柱的体积转化成长方体的体积，通过圆柱的体积转化推导圆锥的体积。

3．教学目标

（1）知识目标。

①能正确计算圆柱的侧面积、表面积，并运用其解决实际问题。

②能正确计算圆柱的体积，并运用其解决实际问题。

③能正确计算圆锥的体积，并运用其解决实际问题。

（2）能力目标：培养学生的空间观念、应用意识。

4.教学重点和难点

(1)教学重点。

①掌握圆柱侧面积、表面积的计算方法。

②掌握圆柱和圆锥的体积公式。

(2)教学难点。

①理解圆柱的体积公式的推导过程。

②能解决有关求圆柱表面积、体积,圆锥体积的实际问题。

三、图形的位置与运动

图形的位置与运动包括确定点的位置,认识图形的平移、旋转、轴对称。学生结合实际情境判断物体的位置,探索用数对表示平面上点的位置,增强空间观念和应用意识。学生经历对现实生活中图形运动的抽象过程,认识平移、旋转、轴对称的特征,体会运动前后图形的变与不变,感受数学美,逐步形成空间观念和几何直观。

(一)知识网络结构

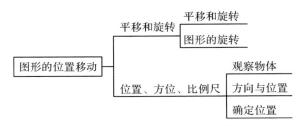

图 3-3   图形的位置移动知识结构图

(二)单元教材分析

知识点:平移和旋转

1.起点能力

(1)理解生活中的平移与旋转运动。

(2)初步感知生活中的对称。

(3)会在方格纸上数格子。

(4)能辨别上、下、左、右四个方向。

2.数学思想方法

概括:能概括出轴对称图形的特征。

3.教学目标

(1)知识目标。

①能从物体的运动状态中找出平移或旋转现象。

②能在方格纸上按水平或垂直方向将简单图形平移两次。

③能指出一组平面图形中的轴对称图形及其对称轴。

④能画出轴对称图形的对称轴。

⑤能在方格纸上补全一个简单的轴对称图形。

(2)能力目标:培养学生的空间观念。

4.教学重点和难点

(1)教学重点。

①会在方格纸上按要求平移图形。

②能画出轴对称图形的对称轴。

③能在方格纸上补全一个简单的轴对称图形。

(2)教学难点:掌握在方格纸上平移图形的方法。

知识点:图形的旋转

1.起点能力

生活中对逆时针、顺时针的感知。

2.数学思想方法

概括:能概括出顺时针旋转和逆时针旋转时图形变化的规律。

3.教学目标

(1)知识目标。

①能正确判断图形旋转的方向(顺时针或逆时针)和度数。

②能画出某图形按方向(顺时针或逆时针)和度数旋转后的图形。

(2)能力目标:培养学生的空间观念。

4.教学重点和难点

(1)教学重点。

①会判断旋转方向和角度。

②会画旋转后的图形。

(2)教学难点:会画出平行四边形和三角形旋转后的图形。

知识点:观察物体(一)

1.起点能力

会从各个方向观察物体。

2.数学思想方法

比较:通过动手摆一摆,从不同方位观察物体,比较各个方位看到的形状的不同之处。

3.教学目标

(1)知识目标。

①能正确从正面、上面、侧面、后面辨认一个物体的图像。

②能正确从正面、上面、侧面辨认观察到的由两至三个相同正方体搭成的立体图形的形状。

(2)能力目标:培养学生的空间观念。

4.教学重点和难点

(1)教学重点。

①通过观察实物,学生应能正确辨认一个物体各个方向观察到的图像。

②通过观察,学生应能正确辨认从正面、左面、上面所观察到的两至三个相同正方体搭成的立体图形的形状,并把从不同方向观察到的形状画在方格纸上。

(2)教学难点。

①能正确区分从立体图形左面和右面观察到的形状的不同之处。

②能根据不同方向观察到的形状,用正方体拼搭立体图形。

③能把从不同方向观察到的形状画在方格纸上。

知识点：观察物体（二）

1.起点能力

（1）通过观察实物,学生应能正确辨认站在不同位置的四个人观察到的一个物体各个方向的图像。

（2）能正确辨认从正面、上面、侧面观察到由两至三个相同正方体搭成的立体图形各个方向的形状。

2.数学思想方法

比较:通过动手摆一摆,从不同方位观察物体,比较各个方位看到的形状的不同之处。

3.教学目标

（1）知识目标。

①能正确辨认从各个方向看到的两个组合物体的形状和相对位置的不同之处。

②观察四至五个相同正方体搭成的立方体,画出从正面、侧面、上面看到的平面图形的形状。

③能根据所给的若干个面的形状搭出相应的立体图形。

（2）能力目标:培养学生的空间观念。

4.教学重点和难点

（1）教学重点。

①学生通过观察实物,能正确辨认两个组合物体各个方向观察到的图像。

②学生通过观察,能正确辨认从正面、左面、上面所观察到的四至五个相同正方体搭成的立体图形各个方向的形状,并把从不同方向观察到的形状画在方格纸上。

（2）教学难点。

①能正确区分从立体图形左面和右面观察到的形状的不同之处。

②能根据不同方向观察到的形状,用正方体拼搭立体图形。

③能把从不同方向观察到的形状画在方格纸上。

知识点:方向与位置(一)

1.起点能力

生活中对东、南、西、北四个方向的初步认识。

2.数学思想方法

对应:能在实际生活中通过一个方向对应找出其余三个方向的位置。

3.教学目标

(1)知识目标。

①能在实际生活和地图上辨认出东、南、西、北四个方向。

②在实践活动中,说出东、南、西、北四个方向是固定不变的,而位置关系是相对的。

③能根据给出的一个方向辨认出其他三个方向,并能用语言表述位置。

④会描述简单的路线图。

(2)能力目标:培养学生的空间观念。

4.教学重点和难点

(1)教学重点。

①结合生活实际,初步认识东、南、西、北四个方向。

②认识地图上的方向,会描述两个物体相对的位置关系和简单的路线图。

(2)教学难点。

①实际生活中,能根据一个方向指认其他三个方向。

②正确运用"东、南、西、北"这四个方位词描述两个物体在地图上的位置关系,理解位置关系的相对性。

知识点:方向与位置(二)

1.起点能力

(1)会辨认东、南、西、北四个方向。

(2)会用东、南、西、北四个方位词来描述位置和路线。

2.数学思想方法

对应:以某物为观测点,根据方向和距离对应找到另一物体所在的方向和位置。

3.教学目标

(1)知识目标。

①能在具体情境中用东、南、西、北、东北、西北、东南、西南这八个方位词描述物体所在的方向。

②能在方位图中以某物为观测点,根据方向和距离正确判断出另一些物体所在的方向与位置。

③能根据简单的线路图用自己的语言描述行走的方向和路线。

(2)能力目标:培养学生的空间观念。

4.教学重点和难点

(1)教学重点。

①用准确的语言表述平面图中的方向和路线。

②确定观察中心,判断两个物体的相对位置。

(2)教学难点。

①能通过确定方向、角度、距离,用准确的语言表述某一地点的位置。

②会根据语言描述的方向、角度、距离,在图上画出某一地点的准确位置。

知识点:确定位置

1.起点能力

(1)对行和列的认识。

(2)认识平面图的方向。

2.数学思想方法

对应:将数对与位置一一对应,确定物体位置。

3.教学目标

(1)知识目标。

①能说出数对的第一个数表示第几列,第二个数表示第几行。

②能用数对表示物体在图上的位置。

③能根据所给的数对在图上标出位置。

(2)能力目标:培养学生的空间观念。

4.教学重点和难点

(1)教学重点:能用数对表示物体在图上的位置。

(2)教学难点:利用数对的知识研究路线问题。

第四章 统计与概率

　　"统计与概率"的主要内容有:收集、整理和描述数据,包括简单整理调查数据、绘制统计图表等;处理数据,计算平均数;从数据中提取信息并进行简单推断;简单随机事件及其发生的概率。

　　《义务教育数学课程标准(2022年版)》对于"统计与概率"这部分内容的要求主要是学生经历收集、整理、描述和分析数据的活动,了解数据处理的过程;能用计算器处理较为复杂的数据;会制作扇形统计图,能用统计图直观、有效地描述数据;理解平均数的意义;能解释统计结果,根据结果做出简单的判断和预测,并能进行交流;能通过列表、画树状图等方法列出简单随机事件所有可能的结果,以及指定事件发生的所有可能结果,了解事件的概率。由以上要求不难发现,《义务教育数学课程标准(2022年版)》更注重学生对统计过程的体验、经历,对数据表征的多样化和合理化。

　　虽然在教材内容安排上统计和概率知识是分开编排的,但实际上两者并非全无关系,二者之间是有必然联系的,这条联系的主线就是收集数据、呈现数据和分析数据的能力以及统计意识的建立。尤其是通过掷硬币实验来研究可能性的大小时,更是给学生一种收集数据的方法——做实验,同时使学生学会建立用数据说话的统计意识。

一、统计

　　统计需要经历收集、整理、描述和分析数据的过程。在统计知识方面,学生经历了一个提出问题、收集数据、分类整理数据和描述数据以及选择适当的统计方法分析数据的过程。知识主线是数据的呈现和描述方式的变化:从低年级的数据收集、分类整理以及简单多样的非正式统计图表,到中年级的单式、复式条形统计图,折线统计图,最后到高年级的扇形统计图。能力主线是在收集数据方法的多样化,描述数据形式的多样化中能够根据目的选用有效的方法收集数据,根据所要获得的信息选择恰当的形式去描述数据。

(一)知识网络结构

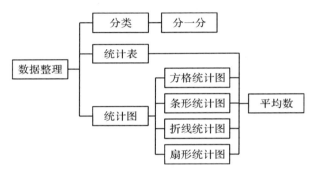

图 4-1 数据整理知识结构图

(二)单元教材分析

知识点:分一分

1.**起点能力**

对事物属性有一定的认识。

2.**数学思想方法**

分类:根据物体本质属性的相同点和不同点,将研究对象分为不同的种类。

3.**教学目标**

(1)知识目标:能按一定的标准对物体进行分类。如:颜色、大小、形状等标准。

(2)能力目标:培养学生的数据意识。

4.教学重点和难点

(1)教学重点:通过实践活动,学生应学会按一定的标准对物品进行分类。

(2)教学难点。

①能按不同的标准对同样的物品进行不同的分类。

②养成有条理地整理物品的好习惯。

知识点:方格统计图

1.起点能力

(1)会将物体按一定的标准进行分类。

(2)具有一定的统计意识。

2.数学思想方法

(1)比较:比较各种统计方法,从中选择更方便的方格统计图进行统计。

(2)对应:方格的个数与数量一一对应。

3.教学目标

(1)知识目标。

①会用打"√"、画"正"字等简单方法收集和整理数据。

②能初步认识统计表和方格统计图(一格表示一个单位),能填写完整简单的统计表,绘制方格统计图。

③能根据统计表或统计图中给出的数据进行简单分析,提出简单的问题,并回答。

(2)能力目标:培养学生的数据意识。

4.教学重点和难点

(1)教学重点:能够引导学生从众多的统计方法中提炼出方格统计图,并且根据统计图提出或回答一些简单的问题。

(2)教学难点:能根据统计图提出或回答一些简单的问题。

知识点:条形统计图

1.起点能力

(1)会进行分类。

（2）能看懂统计表。

（3）会用方格统计图进行统计。

2. 数学思想方法

（1）比较：比较统计图和统计表的优劣。

（2）对应：纵轴、横轴坐标之间数据的一一对应。

（3）图表：根据条形统计图分析出数量关系。

3. 教学目标

（1）知识目标。

①能根据单式和复式条形统计图正确描述数据，比较数量之间的多少。

②能根据统计表中提供的数据在方格纸上正确绘制单式和复式条形统计图。

③能正确运用"总数量÷总份数＝平均数"这一数量关系，求一组简单数据的平均数。

（2）能力目标：培养学生的数据意识。

4. 教学重点和难点

（1）教学重点。

①能绘制条形统计图，从中得到需要的信息。

②会求平均数，理解平均数的意义。

（2）教学难点。

①能绘制复式条形统计图。

②理解平均数的意义，会求平均数。

知识点：折线统计图

1. 起点能力

（1）会进行分类。

（2）能看懂统计表。

（3）会用条形统计图进行统计。

2. 数学思想方法

（1）比较：比较折线统计图和条形统计图的异同。

(2)图表:根据折线统计图分析出数量关系。

(3)对应:横轴与纵轴之间数据要一一对应。

3.教学目标

(1)知识目标。

①能从折线统计图中看出数量的多少和增减变化,并能将数据进行比较,推测出变化趋势。

②能根据所给数据描点、连线,绘制折线统计图。

(2)能力目标:培养学生的数据意识。

4.教学重点和难点

(1)教学重点。

①会绘制折线统计图。

②能根据数量的增减,推测变化趋势。

(2)教学难点。

①能绘制复式折线统计图。

②会根据折线统计图进行数据的分析及合理地推测。

知识点:扇形统计图

1.起点能力

(1)会进行分类。

(2)能看懂统计表。

(3)会用条形统计图进行统计

(4)会用折线统计图进行统计。

2.数学思想方法

(1)图表:根据给出的数据绘制一些简单的扇形统计图。

(2)比较:比较扇形统计图和折线统计图、条形统计图的优劣。

(3)对应:能找到部分与整体关系的一一对应。

3.教学目标

(1)知识目标。

①能结合具体实例正确分析扇形统计图(包括找出部分量、总量,部分量与总量的关系),并解决一些实际问题。

②能根据给出的数据绘制一些简单的扇形统计图。

(2)能力目标:培养学生的数据意识。

4.教学重点和难点

(1)教学重点:在合作讨论的过程中,体会收集数据在现实生活中的作用,分析扇形统计图的特点,并能从中发现问题,解决问题。

(2)教学难点:能从扇形统计图中获取有用信息,做出合理推断。

二、概率

小学阶段,学生对可能性概念的学习经历一个非正式到正式的过程。学生对可能性概念的相关词汇也是随着年级的升高而逐渐明晰,从而对可能性相关概念的认识从不明确到明确。首先,学生对于可能性的大小是根据已有的经验去描述的。如:"今天可能下雨。"其次,通过对具体事物的操作、实验,学生开始初步理解机会和随机性等概念,进一步发现和认识不确定现象,而且不确定现象的可能性有大有小。如:从盒子里摸不同颜色的球。最后,通过实验真正研究可能性的大小。如:投硬币、掷骰子、转转盘等游戏。

(一)知识网络结构

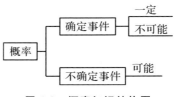

图 4-2　概率知识结构图

(二)单元教材分析

知识点:可能性

1.起点能力

已有的关于事件可能性的生活经验。

2.数学思想方法

(1)猜想验证:猜测事件发生的可能性是大或小,并进行验证。

(2)对应:利用可能性大小之间的对应关系来思考数学问题。

3.教学目标

(1)知识目标:能用"一定""不可能""可能性大""可能性小"等词语描述事件发生的可能性。

(2)能力目标:培养学生的数据意识。

4.教学重点和难点

(1)教学重点:会描述事件发生的可能性。

(2)教学难点:能计算可能性大小的概率。

第五章　综合与实践

　　综合与实践是小学数学学习的重要领域。学生将在实际情境中,运用数学和其他学科的知识与方法,经历发现问题、提出问题、分析问题、解决问题的过程,感悟数学知识之间、数学与其他学科知识之间、数学与科学技术和社会生活之间的联系,积累活动经验,感悟模型思想,培养创新意识,提升解决实际问题的能力,形成核心素养。同时加深对"数与代数""图形与几何""统计与概率"等内容的理解,体会各领域之间的联系。综合与实践不是在数学知识之外增加新的知识,而是更加强调数学知识的整体性、现实性和应用性,注重数学的现实背景以及与其他学科之间的联系。

一、主题式学习

　　在主题活动中,学生将面对现实的背景,从数学的角度发现并提出问题,综合运用数学和其他学科的知识与方法,分析并解决问题。主题活动分为两类:一类是融入数学知识学习的主题活动,在这类活动中,学生将学习和理解数学,感悟知识的意义;另一类是运用数学知识及其他学科知识的主题活动,在这类活动中,学生将综合运用数学知识解决问题,体会数学知识的价值,以及数学与其他学科的关联。主题式活动可以让学生不带任何思想负担地去玩,让学生在玩中产生对学习的兴趣,让学生不仅仅是体验,更要在体验中思考,这样才能促进学生更好地学习。

（一）知识网络结构

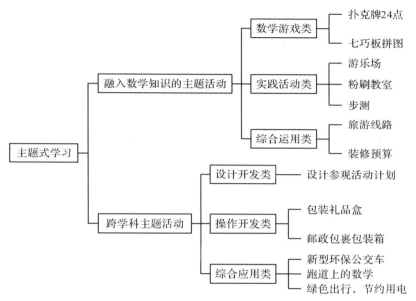

图 5-1　主题式学习知识结构图

（二）单元教材分析

知识点：数学游戏——扑克牌游戏 24 点

1.起点能力

（1）会计算百以内数的加减法。

（2）会计算表内乘除法。

（3）掌握四则混合运算规则。

2.数学思想方法

（1）模型：通过 $4 \times 6, 3 \times 8$ 等常见的运算方法来算 24 点。

（2）归纳：通过多次运算 24 点，归纳出算 24 点的方法。

3.教学目标

(1)知识目标。

①进一步提高学生的口算能力。

②学生能掌握算 24 点的基本方法与技能。

③学生能知道不是所有的牌面都可以算出 24 点的,但是相同的几张牌可能会有多种不同的算法。

(2)能力目标:培养学生的运算能力、推理意识、模型思想。

4.教学重点和难点

(1)教学重点:掌握算 24 点的方法和规则,能较快地算 24 点。

(2)教学难点:相同的牌用不同的方法算 24 点。

知识点:综合与实践——游乐场

1.起点能力

(1)会计算表内乘除法。

(2)会计算有余数的除法。

(3)掌握四则混合运算规则。

2.数学思想方法

分析:能根据问题筛选条件,排除多余条件,解决实际问题。

3.教学目标

(1)知识目标。

①进一步提高学生四则运算的能力。

②提高学生解决有关乘除法的实际问题的能力。

③提高学生分析、选择条件的能力(条件对应清楚)。

(2)能力目标:培养学生的应用意识。

4.教学重点和难点

(1)教学重点:掌握每份数、份数和总数之间的关系,并能够熟练运用于问题的解决。

(2)教学难点:从纷繁复杂的信息中筛选出对应的有效条件,并用之解决问题。

知识点:数学游戏——七巧板拼图

1.起点能力

认识平面图形。

2.数学思想方法

(1)数学美:用七巧板拼出美丽的图形,体验美,感受美。
(2)分类:七巧板中图形的分类。

3.教学目标

(1)知识目标:学生应进一步了解平面几何图形的特征。
(2)能力目标:培养学生的空间观念。

4.教学重点和难点

(1)教学重点:学生会用七巧板拼出有拼接线的图案。
(2)教学难点:学生会用七巧板拼出没有拼接线的简单图案。

知识点:实践与综合运用——旅游线路

1.起点能力

(1)会计算万以内数的加减法。
(2)认识千米。
(3)会计算多位数乘一位数。
(4)会计算除数是一位数的除法。

2.数学思想方法

模型:运用速度、时间和路程的数量关系解决实际问题。

3.教学目标

(1)知识目标:会解决关于路线的行程问题。
(2)能力目标:培养学生的应用意识、模型思想。

4.教学重点和难点

(1)教学重点:会解决关于路线的行程问题。
(2)教学难点:能正确读取里程表。

知识点:综合应用——装修房屋预算

1.起点能力

(1)会计算两位数、三位数乘法。

(2)会计算长方形和正方形的面积。

(3)知道单价、数量和总价的数量关系。

2.数学思想方法

模型:会解决如何买地板砖和涂料最省钱的实际问题,建立最优化模型思想。

3.教学目标

(1)知识目标:学生进一步掌握求长方形面积的计算公式,巩固对单价、数量和总价的数量关系的认识。

(2)能力目标:培养学生的应用意识。

4.教学重点和难点

(1)教学重点:在具体情境中能运用面积的相关知识解决问题。

(2)教学难点:在具体情境中能设计多种方案并选择其中最优方案。

知识点:综合运用——步测问题

1.起点能力

(1)知道长度单位及换算方法。

(2)理解每份数、份数和总数之间的数量关系。

2.数学思想方法

数形结合:将步测过程用线段图的形式表示出来,并解决步测问题。

3.教学目标

(1)知识目标:学生经历测量的过程,学会用步测的方法测量两点之间的距离。

(2)能力目标:培养学生的应用意识。

4.教学重点和难点

(1)教学重点:掌握用步测的方法解决实际问题。

(2)教学难点:能在实际生活中用步测的方法来估测距离。

知识点:综合与实践应用——粉刷教室

1.起点能力

(1)认识立体图形。

(2)掌握表面积的概念及求表面积的方法。

2.数学思想方法

(1)数形结合:能根据条件画出平面示意图,来帮助解决问题。

(2)模型:会解决如何买涂料最省钱的实际问题,建立最优化模型思想。

3.教学目标

(1)知识目标:在具体情境中,学生经历估计与测量的过程,再次巩固立体图形的表面积概念及求表面积的方法。

(2)能力目标:培养学生的应用意识。

4.教学重点和难点

(1)教学重点:在具体情境中能运用表面积的相关知识解决问题。

(2)教学难点:在具体情境中能设计多种方案并选择其中最优方案。

知识点:设计一个参观活动计划

1.起点能力

(1)会进行数据的统计和数据分析。

(2)会计算经过时间。

(3)能用方位、角度简单描述行动路线。

(4)会计算总价。

(5)有一定的估算能力。

2.数学思想方法

(1)分类:能对调查的数据进行收集、分类并整理。

(2)比较:能比较不同方案之间的优缺点。

3.教学目标

(1)知识目标。

①会对数据进行收集和整理。

②能运用数学知识解决最优化问题。

③初步形成设计和制作表格的能力。

④能对数据做出合理的判断和分析。

⑤能从多种路线、多种方案中选择最合适的,初步形成统筹决策的能力。

⑥初步形成调查整合的能力。

⑦会运用多种渠道查阅数据。

(2)能力目标:培养学生的数据意识、应用意识。

4.教学重点和难点

教学重点:会对数据进行收集和整理。

教学难点:能从多种路线、多种方案中选择最合适的,培养统筹决策的能力。

知识点:包装礼品盒

1.起点能力

(1)知道长方体表面积的概念。

(2)会根据要求计算长方体表面积。

(3)会分析长方体展开图。

2.数学思想方法

(1)比较:比较将两个相同的礼品盒包在一起的不同方法,形成最省包装纸的最优方案。

(2)模型:形成包装问题的解题模型。

3.教学目标

(1)知识目标。

①理解长方体的底面周长、高与包装纸长宽之间的关系。

②能掌握几个立体图形组合包装,重合面面积越大越节约包装

纸的策略。

(2)能力目标:培养学生的应用意识、模型思想。

4.教学重点和难点

教学重点:能解决把几个立体图形组合包装,求包装纸面积的实际问题。

教学难点:能掌握几个立体图形组合包装,重合面面积越大越节约包装纸的策略。

知识点:邮政包裹包装箱

1.起点能力

(1)认识长方体的展开图。

(2)认识长方体的表面积。

(3)会求长方体的表面积。

(4)会计算长方体包装带的长度。

2.数学思想方法

(1)分类:捆扎线的长度按长、宽、高分类。

(2)比较:比较空间密铺的多种方法,得出最优方案。

(3)模型:形成捆扎线问题和空间密铺问题的解题模型。

3.教学目标

(1)知识目标。

①能说出长方体展开图的特点,并快速找到长方体展开图上的长、宽、高。

②能熟练利用长方体展开图求长方体的表面积。

③知道包装带的长与长方体长、宽、高之间的联系。

④能解决立体的空间密铺问题。

(2)能力目标:培养学生的应用意识、模型思想。

4.教学重点和难点

(1)教学重点。

①能说出长方体展开图的特点,并快速找到长方体展开图上的长、宽、高。

②能熟练利用长方体展开图求长方体的表面积。

(2)教学难点:能解决立体的空间密铺问题。

知识点:新型环保公交车

1.**起点能力**

(1)认识倍。

(2)认识百分数。

(3)会解决分数乘法实际问题。

2.**数学思想方法**

模型:形成分数、百分数问题的解题模型。

3.**教学目标**

(1)知识目标。

①会求一个数占另一个数的百分之几。

②会求一个数比另一个数多(或少)百分之几。

③能解决分数除法实际问题。

(2)能力目标:培养学生的应用意识、模型思想。

4.**教学重点和难点**

(1)教学重点:会求一个数占另一个数的百分之几。

(2)教学难点:能解决分数除法实际问题。

知识点:跑道上的数学

1.**起点能力**

(1)会求圆的周长。

(2)会求圆的面积。

2.**数学思想方法**

(1)数形结合:根据跑道图形求出跑道的周长和面积。

(2)比较:比较内圈和外圈跑道的周长和面积。

(3)分析:通过跑道内圈、外圈距离的不等,分析设置起跑线的位置。

3.**教学目标**

(1)知识目标。

①能求出跑道一圈的长度。

②能求出跑道的占地面积。

③能求出相邻两名学生在跑道上的前后距离差。

(2)能力目标:培养学生的应用意识、模型思想。

4.教学重点和难点

(1)教学重点:能求出相邻两名学生在跑道上的前后距离差。

(2)教学难点:能解决设置相邻两名学生起跑线位置的问题。

知识点:绿色出行

1.起点能力

(1)理解速度、时间和路程的数量关系。

(2)会解决相关的行程问题。

(3)会进行数据的收集、整理和描述。

(4)会制作扇形统计图。

2.数学思想方法

(1)数形结合:观察统计图,能得出相关信息。

(2)分析:通过统计图,分析预测发展趋势。

3.教学目标

(1)知识目标。

①能解决生活中相关的行程问题。

②根据收集的数据制作相关的扇形统计图,并进行分析,提出合理建议。

(2)能力目标:培养学生的数据意识、应用意识。

4.教学重点和难点

(1)教学重点:能解决生活中相关的实际行程问题。

(2)教学难点:通过收集、整理、描述数据,制作扇形统计图,进行分析,提出合理方案。

知识点:节约用电

1.起点能力

(1)会制作条形统计图。

(2)能解决简单的实际问题。

2.数学思想方法

(1)数形结合:观察条形统计图,能得出相关信息。

(2)分析:观察统计图,能够分析、预测数据发展趋势。

3.教学目标

(1)知识目标。

①能通过收集、整理数据,制作条形统计图。

②能根据制作的条形统计图,进行数据的分析和预测,给出合理建议。

③能根据收集的数据,解决生活中的实际问题。

(2)能力目标:培养学生的数据意识、应用意识。

4.教学重点和难点

(1)教学重点:能通过收集、整理数据,制作条形统计图。

(2)教学难点:能根据收集的数据,解决生活中的实际问题。

二、项目式学习

主题式学习能够让学生积极参与活动,在活动中能独立思考问题,主动与他人交流,加深对数学以及与数学相关联知识的理解,培养学习数学的兴趣。学生有了这方面经验基础后,到了高年级就可以实施更高阶的"项目式学习"。

项目式学习是一种动态的学习方法。通过问题驱动,学生主动探索现实世界的问题,综合应用数学和其他学科知识解决问题,体会数学知识的价值,以及数学与其他学科的关联。项目式学习的设计以解决现实问题为教学重点,学生通过参与活动,经历实地测量、收集素材、调查研究、解决问题的过程,培养思考问题的能力,积累根据问题的需要,合理选择策略和方法的经验,初步形成模型思想、应用意识和创新意识。

（一）知识网络结构

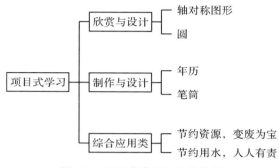

图 5-2 项目式学习知识结构图

（二）单元教材分析

知识点：欣赏与设计——设计一个漂亮的轴对称图形

1．起点能力

（1）对已有的平面图形的认识。

（2）学生在日常生活中见过许多对称的事物和现象。

（3）学生已经知道轴对称图形的特征，并能正确判断某图是否是轴对称图形。

（4）简单的动手操作能力。

2．数学思想方法

（1）猜想验证：学生在设计轴对称图形时，先设计，再验证，体验"猜想—验证"的过程。

（2）数学美：感受轴对称图形的美观。

3．教学目标

（1）知识目标：能设计出漂亮的轴对称图案。

（2）能力目标：培养学生的应用意识。

4.教学重点和难点

(1)教学重点:掌握轴对称图形的特征。

(2)教学难点:掌握设计轴对称图形的方法。

知识点:小制作——制作年历

1.起点能力

(1)在生活中对日历等知识有初步的认识。

(2)对年、月、日的知识有初步认识。

2.数学思想方法

分析:提取年、月、日相关知识点信息,进行分析整理。

3.教学目标

(1)知识目标:制作年历的实践活动,使学生进一步巩固对年、月、日的认识,加深对所学知识的理解。

(2)能力目标:培养学生的应用意识、创新意识。

4.教学重点和难点

(1)教学重点:掌握年历的制作方法。

(2)教学难点:会用简单推算的方法制作年历。

知识点:综合与实践——节约资源　变废为宝

1.起点能力

(1)有一定统计知识的基础,会对数据进行收集、整理和分析。

(2)掌握整数和小数的四则运算方法。

2.数学思想方法

分析:学生经历收集数据的活动,通过对数据进行整理、分析,得出结论。

3.教学目标

(1)知识目标:在活动中,加深对所学的有关计算、统计等知识的理解和应用,了解可以再利用的垃圾的用途和价值,认识到变废为宝的重要性。

(2)能力目标:培养学生的数据意识、应用意识、创新意识。

4.教学重点和难点

(1)教学重点:加深对所学的有关计算、统计等知识的理解和应用,了解可以再利用垃圾的用途和价值,认识到变废为宝的重要性。

(2)教学难点:加深对所学的有关计算、统计等知识的理解和应用。

知识点:综合应用——节约用水　人人有责

1.**起点能力**

(1)会计算分数加法、减法和乘法的混合运算。

(2)能应用分数或百分数乘法解决生活中简单的实际问题。

2.**数学思想方法**

模型:学生利用数学眼光观察生活中的问题,使用数学语言进行描述,体现了模型思想。

3.**教学目标**

(1)知识目标:能灵活应用分数或百分数知识解决实际问题。

(2)能力目标:培养学生的应用意识。

4.**教学重点和难点**

(1)教学重点:运用分数、百分数知识解决生活中的实际问题。

(2)教学难点:让学生亲身经历将实际问题抽象成数学模型并解决。

知识点:欣赏与设计——圆

1.**起点能力**

(1)认识圆、圆心、半径、直径。

(2)会用圆规画圆。

(3)认识轴对称图形。

2.**数学思想方法**

数学美:在欣赏与设计中,感受轴对称、中心对称、镜面对称的美。

3.教学目标

(1)知识目标。

①了解圆形在生活中的广泛应用,感受数学与生活的密切联系。

②了解组合图形的构成,会模仿绘制。

③能运用平面图形的知识,创造美丽的图案。

(2)能力目标:培养学生的应用意识。

4.教学重点和难点

(1)教学重点:利用图形的对称在方格纸上设计美丽的图案。

(2)教学难点:利用图形的对称在方格纸上设计美丽的图案。

知识点:实践活动——做笔筒

1.起点能力

(1)认识圆柱及其特征。

(2)会计算圆柱的表面积。

2.数学思想方法

模型:做笔筒时,设计互相匹配的侧面和底面,建立化曲为直的模型思想。

3.教学目标

(1)知识目标:通过做笔筒,学生加深对圆柱表面展开图的认识。

(2)能力目标:培养学生的应用意识、模型思想。

4.教学重点和难点

(1)教学重点:掌握笔筒底面与侧面的关系,按照规定尺寸制作笔筒。

(2)教学难点:能运用圆柱的知识,设计、制作笔筒。

后　记

　　苏州相城实验小学校的数学教师在徐天中校长的带领下,自2013年起,以"高效教学"为研究点开展小学数学高效教学的校本实践研究。徐天中校长是教育部首届骨干校长高级研修班成员,全国29位校长带头人之一,中国教育学会全国实验学校教育科学研究专业委员会副理事长,中国教育学会小学教育专业委员会副会长,全国骨干校长工作研究会副理事长,苏州市专家咨询团成员,教育部小学校长培训中心(北京师范大学校长培训学院)兼职教授,苏州大学兼职教授、硕士生导师,苏州市实验小学校教育集团原总校长。

　　徐天中校长前期对学校数学骨干教师高效教学的个案研究进行了分析总结,创造性地提出从"教材把握""有效技能""错题对策""因材施教""家校共育"五个方面着手研究小学数学高效教学,并将这些高效的方法运用于学校数学教学实践中。在课题的引领下,教师及时更新自身理念,创新教学方法,构建开放、灵活、高效的数学课堂,一切围绕学生的需求,让学生真正获得发展,大大提高了苏州相城实验小学校数学教师的教学能力,学校的综合实力也迅速提升,成为区域内一所高质高效、声誉斐然的名校。

　　本丛书由徐天中校长担任编委会总主编,他对本丛书的指导思想、框架结构、内容审定、文字撰写等方面做出了具体指导和详细安排。徐清、陈忆雯、陈志林、张小琴、奚雪慧、范雅文、朱珏、徐红玲、陈星星等老师参与了本丛书的编写和修订,金雷、沈小芬、姚莉、张翀颖等老师参与了校对和排版,马丹丹、洪香、张留霞、赵鹏飞等老师参与了课题的实验研究,宗序连老师在课题研究前期作了较大的贡献。在本丛书的编写和修订过程中,我们得到了课题组全体教师的帮助,每一篇案例都凝聚着他们对于课题研究的思考。

在此特别感谢彭刚、蔡守龙研究员对课题研究的悉心指导和帮助。感谢朱月龙教授对本书整个撰写过程及最后定稿的审阅给予的专业指导。我们在此表示衷心的感谢!

本丛书在编写的过程中得到了很多专家、学者、教师的支持和帮助,在此向各位表示诚挚的谢意!

在汇编的过程中,由于水平和时间的限制,内容还不够充实,不足之处敬请专家和读者不吝赐教!

本书编委会

2023 年 8 月

小学数学高效教学的实践研究丛书

小学数学
高效教学实践应用

徐天中 总主编　本书编委会 编

MATHS

Practical Application of Efficient Teaching
in Primary School Maths

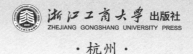

浙江工商大学出版社
ZHEJIANG GONGSHANG UNIVERSITY PRESS
·杭州·

图书在版编目（CIP）数据

小学数学高效教学的实践研究丛书. 4，小学数学高效教学实践应用 / 徐天中总主编；本书编委会编.

杭州：浙江工商大学出版社，2024. 10. -- ISBN 978-7-5178-6119-5

Ⅰ. G623.503

中国国家版本馆 CIP 数据核字第 202451T5A4 号

小学数学高效教学的实践研究丛书
小学数学高效教学实践应用
XIAOXUE SHUXUE GAOXIAO JIAOXUE SHIJIAN YINGYONG

徐天中　总主编　本书编委会　编

策划编辑	周敏燕
责任编辑	周敏燕
责任校对	都青青
封面设计	胡　晨
责任印制	祝希茜
出版发行	浙江工商大学出版社
	（杭州市教工路 198 号　邮政编码 310012）
	（E-mail:zjgsupress@163.com）
	（网址:http://www.zjgsupress.com）
	电话:0571 - 88904980,88831806(传真)
排　　版	杭州朝曦图文设计有限公司
印　　刷	杭州高腾印务有限公司
开　　本	880 mm×1230 mm　1/32
总 印 张	25.25
总 字 数	720 千
版 印 次	2024 年 10 月第 1 版　2024 年 10 月第 1 次印刷
书　　号	ISBN 978-7-5178-6119-5
总 定 价	168.00 元(共五册)

前　言

　　追求高效教学是教学的本质所在，也是当前课程改革的重要目标，更是教育事业实现内涵发展的必然要求。在全面推进素质教育和开展新一轮基础教育课程改革的今天，探索和总结小学数学高效教学的有效方法与策略，让教师拥有高效教学理念，掌握高效教学策略或技术，已成为小学数学教学亟待解决的重要课题。

　　"高效教学"这一理念的提出是基于教学是科学化的定论。既然教学是一门科学，那它就可以规范、可以进行效果的测量。高效教学一般是指教师遵循教学活动的客观规律，以尽可能少的时间、人力和物力投入，实现教学目标，取得尽可能多的教学效益，促进学生全面发展。教学的高效性包含以下三重意蕴：一是有效果，是指教学活动结果与预期教学目标的吻合程度高；二是有效率，是指以少量的投入换得较多的回报；三是有效益，是指教学活动的收益、教学活动价值的实现，具体是指教学目标与特定社会和个人的教育需求是否吻合及吻合的程度。数学课堂教学的高效性，是指在数学课堂教学中，教师通过多媒体或自制的教具等多种教学手段，采取有效的教学方法，让学生通过自主学习、小组合作学习、探究性学习等多种方式掌握数学知识，促进学生知识与技能，过程与方法，情感态度与价值观三维目标的协调发展，不断提高课堂效率和课堂效益。

　　正是在此背景下，苏州相城实验小学校的教师在校长徐天中的带领下，自 2013 年起，以"高效教学"为研究主题开展小学数学高效教学的校本实践研究。2015 年，该课题正式立项为江苏省教育科学"十二五"规划重点课题。课题开题时，相关论证专家一致认为这项研究极具现实研究意义，是一个具有前瞻性、科学性、操作性的好课题。

　　课题组在研究前期,对学校数学骨干教师高效教学的个案研究进行了分析总结,创造性地提出从"教材把握""有效技能""错题对策""因材施教""家校共育"五方面着手研究小学数学高效教学。"教材把握"的实践研究,主要介绍教材整体把握对于高效教学的重要性,分析每个单元的起点能力、教学目标、重难点、数学思想方法等;课堂教学"有效技能"的实践研究,精选每册教学案例,从课堂导入、课堂提问、课堂组织、习题设计、课堂板书进行案例分析,以此来提高小学数学课堂教学效率;"错题对策"的实践研究,从常见的错因分析归类以及对策和典型错题解析两方面,分析小学数学错题的有效教学对策;"因材施教"的实践研究,对课堂和课后实施因材施教跟踪研究,开发、总结提优补差的实践方法与策略;"家校共育"的实践研究,对日常教育教学中与各类学生家长在沟通方式、沟通内容等方面进行实践研究,探究小学数学教师通过家校沟通,促进合作育人,有效提高数学教学质量的方法。

　　在课题研究的近十年中,我们运用高效教学的方法,通过对苏州相城实验小学校骨干教师的数学教学方法的科学性及高效性的访谈、跟踪研究,开发出小学数学高效教学指导方案及教学资源,形成相应的操作方法、操作步骤,全面实现了数学教师课堂教学的高效性,从而也提升了学生在学习概念、理解原理及发现数学问题、分析数学问题、掌握数学学习方法、解决数学问题等方面的能力。教师的数学教学和研究能力、水平得到不断优化提升。针对研究中出现的各种情况,结合教材实际与有效教学的关系,学校设计出高效教学的基本模式,从而服务于课堂教学,提升课堂教学的效益。

　　苏州相城实验小学校学生的数学素养得到了极大的提升,思维能力、解题能力和语言能力也得到了全面发展。在苏州市历年数学讲题大赛和小学生数学报答题竞赛中,苏州相城实验小学校的学生取得了优异的成绩,屡屡荣获最高奖项。同时苏州相城实验小学校毕业的学生进入初中后,在苏州市各项抽测调研中,整体成绩水平靠前,尤其在数学学科上有明显的优势。

　　这项课题成果具有极大的实操性和可推广性,我们在总结课题

研究的过程和取得的成果的基础上,编撰了《小学数学高效教学的实践研究丛书》。全书总结了科学有效的教学方法,从追踪研究学校数学骨干教师"高效教学"的案例出发,发掘、预设并生成高效学习的操作点,引领教师积极构建应用以"高效教学"为主导的教学体系。研究案例积累与教师成长、学生学习之间的内在关系,探索以专业教研人员和教研骨干为主干的新型教研组织结构形式。通过对兴趣、问题、方式、评价、体验、合作、情境、探究等一些课堂教学策略的研究,筛选高效数学教学的教学案例,并进行深度的分析与总结。

　　在"双减"政策背景下如何构建小学数学高效课堂,已经成为小学数学教学和教师不断思考的问题。我们相信本丛书一定会在促进数学教师专业发展的探索和实践中,找到适应新课改的小学数学课堂高效教学的有效途径和方法。希望这项课题研究能不断深入进行下去,它的探索和实践研究必将对小学数学课堂教学体系改革产生重大意义!

徐天中

2023 年 8 月

目　录

第一章　总　论

一、小学数学课堂教学有效技能的研究背景

（一）基于新课标的课程要求

随着新一轮国家基础教育课程改革的深入开展，课堂教学方法、手段也随之发生了变化：以往的教师"满堂灌"变成了学生的"自主探索"，新的课堂教学更关注学生的自主探索、合作交流，更好地培养了学生创新精神和实践能力。然而，反思之后，我们不难发现：在热闹与自主的背后，也涌现出放任与浮躁，我们的课堂教学多了些新颖的形式和茫然的教学行为，却丢失了宝贵的东西——"有效"；也折射出一个令人深思的问题——如何提高数学课堂教学的有效性？如何帮助学生在如今"热闹"的课堂学习过程中真正理解和掌握基本的知识与技能、思想和方法，获得广泛的活动经验，让数学课堂焕发出真正的生命活力？

（二）小学数学的学科特点

数学是一门具有高度的抽象性、广阔的概括性和严密的逻辑性等特点的学科。它需要学习者具备较强的学习能力、逻辑思维能力。小学数学教学就是要向这种严谨的逻辑推理过渡。这是一个逐步积累、演化的过程，在此过程中，通过教师有效的教和学生有效的学，才能树立学生学习数学的信心，激发他们学习数学的兴趣，进而达到新课改的培养目标：使学生获得知识，发展思维，学会学习，实现人人学有价值的数学；不同的人在数学上得到不同的发展。反之，如果学生

不能得到有效学习,只是被动地接受,甚至是被强制式地灌输数学知识,那么他们会逐渐丧失学习兴趣,只是机械地"生吞活剥"知识,稍好者"高分低能",学困者会厌恶或恐惧学习数学。

(三)改变课堂教学现状的迫切性

常态教学中,"教师苦教、学生苦学"的现状在小学数学课堂中依然普遍存在着。其典型表现为:教学内容的泛化、教学活动的外化、教学层次的低下、预设与生成的冲突等。以上这些造成学生学习状态低迷,学习兴趣渐失,学习能力低下,主动精神与创造力缺乏。课堂上没有了生命活力的焕发与学生主体个性精神的张扬,课堂上感觉不到生命的挑战与学习者的内在愉悦。师生实际的精力付出与实际收效之比不协调、不对等。因此在现实教学中,我们经常会为这样一些问题所困扰,如:教学时间、教学密度、教学梯度、落实情况等。上述问题的解决办法之一就是提高小学数学课堂教学的有效性。在课堂教学改革实践中,教师是最核心的因素,课堂教学改革是否有成效,教师是关键。因此,作为教师应迫切需要建立有效教学理念,切实消除课堂教学中的无效劳动,努力提高教学效率,让学生在课堂学习中得到最有效的发展。在科学观的指导下,通过引领教师围绕课题学习、思考、探索与实践,寻求有效教学的方式和方法,让师生在教学改革中都获得最大的"实惠",又能不断铸造一支科研型的教师团队。

二、小学数学课堂教学有效技能研究的理论支撑

(一)小学数学课堂教学有效技能研究的重要性

《义务教育数学课程标准(2022年版)》在教学建议中指出:要创设与学生生活环境、知识背景相关的,又是学生感兴趣的学习情境,让学生在观察、操作、猜测、交流、反思等活动中逐渐体会数学知识的产生、形成与发展的过程,获得积极的情感体验,感受数学的力量,同时掌握必要的基础知识与基本技能。那么,怎样才能在有限的时间里提高课堂教学的"有效性",让学生得到充分的发展呢?

讲究导入技能:著名的特级教师于漪曾说过:"课的第一锤要敲在学生的心灵上,激发起他们思维的火花,或像磁石一样把学生牢牢地吸引住。"一堂课有好的开头,如同一台戏演好序幕,一部好乐章奏好序曲。

讲究提问技能:"问题"是课堂的灵魂,但是充斥我们课堂的"钓鱼式提问"却严重影响了学生发展自主探究新知的能力。学生的认知水平有一个"最近发展区",这决定着教师的教学要有坡度。这个"坡度"指的是教师在教学中要从学生的认知基础、认知特点和学习需要出发,搭建合适的"脚手架",使学生跳一跳就能够得着。因此,教师的"提问"技能显得尤为重要。我们该坚决地将"钓鱼式提问"赶出我们的课堂,有效地进行每个"问题"的设计,让课堂成为所有学生"出错又出彩"的地方。

讲究组织技能:教学过程中,教师是主导,要通过合理组织教学,来建立有利于学生学习的教学环境,提高学生的学习效率。教师组织教学的能力是一种艺术,是课堂教学的体现,它贯穿在课堂教学的自始至终。教师组织教学艺术的优秀,直接关系到课堂教学效果,是一节课顺利进行的保证。

讲究板书技能:课堂板书素有"微型教案"之称,是教师根据教学的需要,运用黑板以凝练的文字、字母、符号和图表等传递教学信息的教学行为方式。小学生具有区别于初高中学生的显著特点,其数学基础薄弱、思维意识发展不完善,对于一些数学知识难以形成形象的认识。科学研究表明:在进入人脑的各种信息中视觉信息约占75%,而板书的特点在于对学生的视觉进行冲击,因此虽然当今教育界中不断呼吁将高新教学手段运用于小学数学教学中,但板书设计依然在小学数学中占据着至关重要的地位。

讲究现代信息技术技能:教师在课堂教学中利用多媒体技术,可以制成情景交融、形象逼真的课件,它通过动画模拟过程演示等手段,有力地调动了学生的学习兴趣和分析、解决问题的能力。它使学生接受知识更便捷,获得知识更迅速。那么在具体的课堂教学中,应该怎样运用好多媒体呢?这是提高课堂教学"有效性"必须思考和探究的问题。

讲究作业技能:课堂练习是小学数学教学中非常重要的教学内容,只有进行有效的课堂练习,才能激发学生的练习兴趣,提升技能熟练程度,促进智力增长。在现今的新课程教学理念指导下,需要切实降低学生的课内外作业的重负,也就使得教师需要对怎样在降低练习数量和减少练习时间的前提下来提升教学质量进行认真思考,应注重课堂练习当中的方式方法,把握整体的教材内容。同时对于练习设计的内容和形式也进行考虑,行之有效地提升课堂教学的效率和质量。

(二)小学数学课堂教学有效技能研究的必要性

当前,在数学课程改革实验的大背景下,以更加理性的态度反思课堂教学,我们可以发现,当前小学数学课堂教学中教学技能的运用出现了一些误区,导致课堂教学的低效,有必要进行纠正。

1.课堂教学导入技能常存在的问题。

(1)一味强调教学导入,使课堂本末倒置。这是课堂改革中课堂导入的另一个极端,教师一味强调课堂导入,课堂上花大量时间来导入,致使淡化了探索新知的课堂主体,学生不能很快从"导入"进入本课的重心。作为课堂导入,虽然很让学生感兴趣,可是会占用很多课堂时间,致使课堂时间不够,而不能完成本节课的教学任务。

(2)导入方法传统,伤害学生自信。虽然知识是有连贯性的,但是课堂导入常用"复习"提问等传统的方式是不妥的。教师有时会遇到这样的情况,再简单不过的问题,还是有少数学生由于某种原因不知道答案,如果教师一上课便点他们回答问题,他们答不出来,即使老师不会责罚他们,他们自己也会感到没有面子,无形地伤害了他的自尊心,这些学生这节课也就没有信心学好了。这样的导入方式显然是不符合新课程教学理念的,教师应有意识地避免检查学生的旧知识,以免削弱了学生的自信和对新知识的渴求心理。

(3)导入过于花哨,缺乏数学性。数学就是数学,对大部分学生而言,对数学学习热情的维持,主要在于老师所提供的数学问题的难度,对他们是恰到好处的,这些问题应有明显的数学学科特点,围绕这些问题,他们能够展开一系列的数学思维活动,并有所收获。学生并不在乎热闹和花架子,有时候我们过分地追求使用图像等,会使导入离学生的数学思维比较远。

2.课堂教学提问技能常存在的问题。

(1)教师提问重表面轻实质。教师为了表示自己是在运用启发式教学,也为了使课堂气氛热烈起来,一节课提问了几十次,也不考虑问题的难易程度和提问的效果,对于根据什么需要设置问题是模糊的、随意的。

(2)教师提问重主导轻主体。我们发现,在不少课堂上,尤其是公开课,回答问题的往往是相对固定的几个学生,由于赶时间完成预设教学流程,教师往往围绕着教学思路,让思维活跃且积极举手的学生回答,忽视那些缺乏自信而不愿发言、一知半解或者学力低下的学生,久而久之,数学成绩的两极分化现象更加严重。

(3)教师提问重表象轻深度。为了使课堂气氛热闹,设计的问题缺乏层次性和思维容量。简单地提问,表面上看似课堂气氛热闹,反而会使学生养成浅尝辄止的不良学习习惯。

(4)教师提问重结果轻过程。教师在编写教案时,或许会有些注重思维过程的提问设计,但实际在课堂上,由于学生的思维常常不能与教学思路对接,教师往往急于求成,于是只偏重结论,如问"对不对""答案是什么""哪一个错了",掩盖了学生的思考过程,不能有效地引导学生从错误中突围,自然降低了提问的效率。其实更多的时候,教师应该多追问"为什么这个是对的""你为什么这样答""这个问题你是怎么想的"等问题,如此可以了解学生思考问题的方法,达到相互交流的目的,还能点燃学生创新思维的火花。

3.课堂教学组织管理技能常存在的问题。

有效、科学、合理的课堂管理,不仅有助于维持良好的课堂教学秩序,而且有利于激发学生的潜能,引导学生从事积极的学习活动,提高学习效率,增强教学效果,促进教学质量的提高。课堂教学组织管理技能常存在以下问题:

(1)无所适从,放任自流;

（2）学生参与度不高；

（3）学习要求不明确，教学监控不够；

（4）教学组织不到位，时间利用不充分；

（5）学生参与课堂的时间少，教师是课堂的主体；

（6）缺乏良好的教学情境的学习氛围。

这些问题都是广泛存在于实际课堂中的，比如：在某位老师的课堂上，老师在讲台上滔滔不绝地讲，有些学生根本没有听课，有的趴桌上睡觉，有的看闲书，有的玩各种小玩意儿，有的互相传送暗号，等等。这位教师采取了"睁一只眼，闭一只眼"的态度，把自己要教授的内容讲完就下课了。

首先，这是教师在课堂管理上无所适从、放任自流的体现。部分教师（特别是年轻教师）面对课堂变化，一时束手无策，不知该怎样去管理。他们不敢再用规矩去约束学生的不良行为，生怕被扣上不尊重学生的帽子，担心违背了新课程理念。而在新课程理念下，课堂一旦缺乏了有效的管理，势必会出现这样的情形：在课堂上学生想说就说，胡乱插嘴，旁若无人；或者人声鼎沸，高谈阔论，游离主题；或者想动就动，东张西望，自由离开座位……

其次，这位教师也没有让学生真正参与课堂，做课堂的主人。信息主要是单向交流，教师更多地扮演着知识传授者的角色，而忽视了自己同时也应是一个管理者。教师只顾传授知识，对学生接受知识的水平、注意力和行为变化不予关心，从而造成课堂管理方式呆板、不灵活，教学气氛压抑，学生学习积极性不高。教师与学生之间存在距离感，自然也容易导致学生把注意力转向其他与课堂无关的事情。

4. 课堂教学中板书设计技能常存在的问题。

（1）过分依赖课件，忽视板书的运用；

（2）结构不合理，书写不美观；

（3）缺乏计划性和概括性，不能体现教学重难点，缺乏生动性。

例如观摩某校一位教师示范《乘法的认识》教学时，教师一堂课都在使用课件，没有使用黑板。教师把课本主题图下载到课件里，旁边出示问题：坐小火车的一共多少人？学生回答后，教师没有使用黑板去书写,也没有指着式子去讲解,而是直接用课件显示 3＋3＋3＋3＝12,也可以写作 3×4 或 4×3,结果学生听了一节课也没能掌握本节课要学的内容。

这些知识点都应该是一步步写在黑板上的,留给学生发现学习到的知识,却都在课件中一闪而过。一方面没给学生静心思索的时间和机会,破坏了正常的教学节奏;另一方面,没有板书能够长期将内容停留下来的功能,学生在需要及时记起知识点时没能够得到及时的帮助。

5.课堂教学信息技术常存在的问题。

(1)拿来主义。

"过犹不及",数学是一门艺术,而备课是其中重要一环,它直接影响着教学效果。要上好一堂课,必须吃透教材,反复推敲教案。然而对于大部分教师来说,制作多媒体课件需投入大量的精力,从而相对减少了钻研教材的时间。再则,一篇优秀的教案需不断加工。然而修改多媒体课件可不是一件易事,有时甚至为一个细节而修改整个课件,故而造成了诸多教师烦于修改课件,便放弃了对原有教案的修改,这对于课堂教学来说,无疑是一大损失。

更有部分老师苦于精力、技术能力的不足,从网络上下载教学课件,直接运用于课堂教学,教学效果大打折扣,减弱了使用多媒体课件的针对性。

(2)僵化主义。

小学生的思维特征表现为由形象思维向抽象思维过渡。在这一过程中,教育起着至关重要的作用。"最近发展区"理论认为:儿童思维的发展有着很大的潜力,正确的教育可极大地促进儿童抽象思维的发展。因此,教师要尽可能地让学生以全方位的思想从不同角度来进行思考。然而现在的多媒体课件,瞄准了计算机出图迅速,图像富有色彩及其动态的功能,颇有"泛滥成灾"之势。多媒体课件画面切换太快,没有充分考虑学生的思维水平和思维速度,像电视或电影画面那样一闪而过,不容学生细看和思考,极大地削减了教学效果。同时教师在课件中把所有抽象思维、文字语言的理解都用多媒体形象展现出来,实际上扼杀了学生逻辑思维能力和创造能力的培养,也无疑会助长学生对图像的依赖,培养出一批思想上的懒汉,技术机械覆盖了思维的活化。

（3）抑制生成。

多媒体课件是教师根据大纲、教材、学生的实际（指教师在课前掌握的）和教师本人的经验在授课前设计而成的,带有一定的主观性、程序性和被动性。授课时,唯有按照"程序"引导学生亦步亦趋地走,与教师的设计一致,多媒体课件才能大显身手。然而,学生是活生生的个体,学生的思维是多元的,有许多是瞬间闪出的火花。尽管课件制作者也设计多种可能性答案,太绝对地做周全考虑,但人机隔离、人机的不吻合在教学中屡见不鲜,学生的意外学习受到了严重抑制。

（4）机控无情。

情感教育是美的教育,在人的发展过程中,情感因素是关键因素。我们以发展的眼光看问题,没有情感的交流,教育也就失去意义,课堂教学是教师和学生共同活动的过程,师生之间的情感交流是这种过程得以顺利进行的润滑剂。然而在多媒体教学中,师生之间缺少了必要的交流沟通。教师在鼠标、讲台、学生之间不停忙乎,而更多的学生则是被计算机中的精美图像所吸引。虽说是激发了学生的兴趣,但就算是那种由计算机发出的"你真聪明!""你真棒!"诸如此类没有人味的语言,对于激发学生的情感来说也是机械的、脆弱的、有限的。确切地说,那种兴趣是"非人本主义"思想的引导下所引发的,对于真正的内驱力仅是表面现象,是不完全的。

6.课堂作业设计技能常存在的问题。

课堂作业设计技能是很重要的课堂教学技能。常见的课堂作业设计技能存在下列问题:

（1）仿做的题目多,综合创新的题目少;

（2）题目意图不清,指向不明,造成混淆;

（3）要求单独完成的题目多,关注合作互动的题目少;

（4）巩固知识的题目多,应用能力的题目少。

因此在课堂作业设计方面应该具有针对性、层次性、丰富性、思考性、应用性。例如,在教学"认识东南西北"后,针对学生将生活中的东南西北与地图上的东南西北容易相混,设计了这样的练习:

看一看,让学生任选一处,观察它的东南西北各有什么;

说一说,你观察到了什么;

画一画,将你所观察到的画在作业本上。

这样的练习,既复习了生活中的东南西北方向,又巩固了地图上的东南西北方向。更重要的是,将两者同时进行,使学生更清楚生活中的东南西北方向是不会变的,而地图上的东南西北方向是人为制定的,只不过人们习惯于将上方定为北方。

所以,有目的、有针对性、巧妙而恰到好处的课堂练习,可以使教学过程优化,从而在教学中起到事半功倍的效果。

总之,课堂教学有着很深的综合性艺术,我们需要用不懈的努力去掌握、探索、创造教学艺术,使课堂教学朝着有效教学的目标迈进。课堂不应是教师表演的平台,不应是新旧知识的"剪切板",现在的课堂应是师生共同成长的平台,应是"文本"走向"生活"的"对接舱"。它应当是生命的课堂、生活的课堂、有效教学的课堂。

第二章 第一学段(1—2年级)小学数学 高效教学实践应用

为体现义务教育数学课程的整体性与发展性,根据学生数学学习的心理特征和认知规律,将小学六年的学习时间划分为 3 个学段,其中 1—2 年级为第一学段,3—4 年级为第二学段,5—6 年级为第三学段。

小学第一学段学生思维特点是以形象思维为主的,他们容易接受和理解直观形象的感性知识,不容易接受和理解抽象的理性知识,所以教师在教学中要十分注意形象直观,多举具体例子,让学生通过"直观形象"这座桥梁到达抽象理性的彼岸,理解数学概念。

一、小学数学高效教学案例解析

(一)数与代数

知识点:有余数的除法

1.对本知识点教材的整体把握的建议。

1)对本知识点的教材分析。

有余数的除法是二年级数学上册第五单元的内容。有余数的除法教学安排在学习完成表内除法之后,并且以表内除法为基础,通过对比加以编排。教材通过"将一些星星,每几个一份,可以怎么分"引入,例1通过平均分月饼过程,帮助学生感受平均分物的过程。在具体情境中拓展学生对除数的认识,并更好地理解余数的含义、有余数的除法的含义。教材中的摆一摆,结合操作过程,使学生在对比中理解有余数的除法的横式中各部分的名称及每个数的含义。教材专门编排这一组题目,教学余数和除数之间的大小关系,让学生从具体到抽象,从感性到理性,理解余数比除数小的道理。

2)在教材整体把握上对本知识点的教学建议。

针对二年级学生年龄小的特征,本节课主要采用的是引导、探究、讨论、发现的教学方法,借助实物分一分,摆一摆,让学生用小棒摆正方形。教师放手让学生在有限的时间和空间里,根据自己的学习体验,用合作的方式,通过观察操作、探究讨论、发现比较等方法进行自主学习,力求让学生在轻松愉快的气氛中理解所学的知识,从而达到发展智力、培养能力的目的。

本节课的教学是有余数的除法,是在学生已经学过表内乘除法的基础上学习的,内容包括认识有余数的除法算式,理解有余数的除法算式的含义,知道余数比除数小的道理。学生在前一阶段刚刚学会表内除法,已经接触过许多正好全部分完的事例,但二年级学生的思维还是以具体形象思维为主,想较好地完成由形象思维向抽象逻辑思维的转变,就要借助动手操作,学生可以亲自去实践,去体验知识的形成过程。本节课将安排学生大量的摆、圈、分的动手活动,通过动手操作,让学生直观感受余数的产生及意义。根据学生喜欢动手的特点,安排了动手摆小棒的活动,让学生在操作的过程中体会有余数的除法,初步感受余数一定要比除数小的道理。利用学生练习做题的环节,深化理解余数小于除数,从而更好地发展学生的抽象思维。

本节课是表内除法的延伸,是学生学习有余数除法的基础,通过让学生经历分东西的活动,先形成有"剩余"的表象,在此基础上逐步建立余数、有余数除法的概念。本节课将安排学生进行大量的摆、圈、分的动手活动,通过直观形象的教具展示,学生能直观感受余数的产生及意义,从而能积极主动参与学习。通过自己的努力发现问题、解决问题来构建新的知识体系,获得成就感,恰如其分地体现新课改的教学理念。同时教师在课堂中培养学生各方面的能力,为后面进一步学习余数打下良好的基础。整个教学过程秉承着以人为本,以学定教的理念。学生成了学习的主人,教师成了一个引导者和组织者。

2.课堂教学组织。

环节一:复习。

背2~9的乘法口诀。

环节二:新课引入,告知目标。

1)圈一圈。

每个同学都有一张纸,纸上有6组五角星,每组有18个五角星,请按照老师的要求动手圈一圈。

(1)18个五角星,按每2个一组圈。

    正好圈完。可以圈9份。

(2)18个五角星,按每3个一组圈。

    正好圈完。可以圈6份。

(3)18个五角星,按每4个一组圈。

    圈不完,圈4份,还剩余2个。

(4)18个五角星,按每5个一组圈。

    圈不完,圈3份,还剩余3个。

(5)18个五角星,按每6个一组圈。

    正好圈完。可以圈3份。

(6)18个五角星,按每7个一组圈。

    圈不完,圈2份,还剩余4个。

根据圈的结果,你发现了什么?(有的五角星圈完后还有剩余,有的正好圈完)

2)告知目标。

以上圈五角星有两种不同的结果:一种正好圈完,一种是圈后还有剩余。这个剩余的数,不能再分了,在除法算式中我们把它叫作"余数"。今天这节课,我们就来学习"有余数的除法"。(板书课题:有余数的除法)

环节三:呈现精心组织的材料。

例题:有25个月饼,每6个装一盒,能装几盒?还剩几个?

提问:题目中怎么分这25个月饼?(每6个装1盒)那么能装几

盒?请你用圈一圈的方法试试。纸上有 25 个○,请你按 6 个一组圈。看看能不能正好圈完,还是圈后还有剩余。

动手操作,交流:圈了 4 盒后,还剩 1 个月饼。

这个圈的过程,我们可以用什么方法来表示呢?(除法算式)

我们一起来表示一下:25 个月饼,每 6 个分一份。

板书:25÷6=

可以分 4 盒,还多 1 个。

板书:25÷6=4(盒)……1(个)

一起说:把 25 个月饼,每 6 个装一盒,可以装 4 盒,还多 1 个。

请学生来说说这个算式的意思。

板书:25÷6=4(盒)……1(个)

⋮

余数

剩下来的 1 个,我们就称它为余数。余数前面有一个什么符号?(省略号)

思考:

(1)这道题为什么用除法计算?(因为是平均分)

(2)这道题跟以前学过的除法有什么不同?(有剩余,以前是正好分完)

(3)这道题里的余数为什么是 1?(还有一个月饼没有分掉)

环节四:变式练习。

(1)用 9 根、10 根、11 根、12 根小棒分别能摆出几个正方形,还剩几根?

同桌之间互相合作,用铅笔代替小棒,摆一摆,填一填。

9÷4=□(个)……□(根)

10÷4=□(个)……□(根)

11÷4=□(个)……□(根)

12÷4=□(个)

观察每道题里的余数和除数,比比看有什么发现?

学生讨论。

教师总结:计算有余数的除法时,余数一定要比除数小。因为如果余数等于或大于除数,说明还够分1份,商小了。只有余数比除数小,商才正确。

(2)判断对错,对的打"√",错的打"×"。

$49 \div 6 = 8 \cdots\cdots 1$

$38 \div 5 = 6 \cdots\cdots 8$

$36 \div 9 = 3 \cdots\cdots 9$

学生判断后,让学生说一说错误的原因。

环节五:总结。

这节课我们学习了什么? 余数一定比谁小?

3.对本知识点学生出现错题的建议。

1)对本知识点学生出现错题的分析。

对本知识点,学生容易出现的错题主要有下列几种情况。

例1:( )÷4=6……( ),余数最大是( ),这时被除数是( )。

例1错误的原因在于学生不理解"余数一定要比除数小"这个概念。有的没有填最大的余数,只填了符合算式的余数。

例2:□÷□=6……4,除数最小是( ),这时被除数是( )。

例2错误的原因在于学生不理解"余数一定要比除数小"这个概念。有的学生知道了"余数一定要比除数小",但是这道题先求除数,不会把这句话转化为"除数一定要比余数大";有的没有填最小的除数,只填了符合算式的除数。

2)在教学中可采取的对策。

结合具体情境,让学生在操作的过程中体会有余数的除法,感受余数一定要比除数小的道理。增加一些变式练习环节,深化理解余数小于除数这个概念,使学生能灵活运用这个知识点解决有关题目。

4.课堂中的因材施教。

教学活动要面向全体学生,要对每一个学生的发展负责。从我校班级现状来看,每个学生都会有发表自己观点的机会。在本课教学中,将稍简单一点的问题尽量让学困生回答,答对了,进行鼓励,通过鼓励、表扬,激励他们的求知欲望,帮助他们树立学习数学的信心,增强主动学习的动力;把稍难一点的问题留给中等生回答,使他们既感到不是很容易,又不会被难倒,有一种想要攀登高峰的感觉;将稍开放些的题目让学习基础好的学生完成。这样就做到了关注每一层次学生的发展,使不同的学生在数学上得到不同程度的发展。

通过直观形象的教具展示,以及大量的摆、圈、分的动手活动,学生可以直观感受余数的产生及意义。同时学生积极主动参与学习,经过自己的努力发现问题、解决问题,构建新的知识体系,获得成就感,恰如其分地体现了新课改的教学理念。

正确对待学生接受知识程度的差异,对学生的要求不应搞"一刀切",不做横向比较,只要学生个体在原来水平上有所提高,就要给予表扬。当学生对某一问题弄不懂或含糊不清时,一定要鼓励、引导学生弄清楚、弄明白。

5.家校沟通。

(1)与家长沟通时,老师注意力要集中,要认真倾听家长的反馈意见。如果学生在本节课的知识学习上存在问题,老师可结合具体情境,让学生在操作的过程中体会有余数的除法,感受余数一定要比除数小的道理。

(2)要用电话经常和家长保持沟通,必要时要进行面谈,在沟通时要有耐心,要多给方法上的指导和帮助,指出本课需要掌握的知识点,并提出如何对孩子的薄弱环节进行辅导。老师要善于发现学生的闪光点并给予肯定,以增强家长的信心。

知识点:百以内数的加减法(一)

1.对本知识点教材的整体把握的建议。

1)对本知识点的教材分析。

两位数减一位数的退位减法是百以内数加减法这个单元中的一个教学难点。它是在学生已经系统地掌握了 20 以内加减法、整十数加减整十数、两位数加减整十数、两位数加一位数和两位数减一位数不退位减法的基础上进行的教学内容。它既是对前面已经学过的加减法知识的进一步发展,同时又是今后进一步学习多位数退位减法的最直接的基础。因此,在学习过程中让学生经历由直观操作、依靠实物思考到脱离实物思考的过程,遵循由具体到抽象的原则,有利于培养学生的抽象思维,也能进一步提高学生的计算速度、培养其计算能力,解决实际问题打基础。

2)在教材整体把握上对本知识点的教学建议。

(1)突出教材内容的前后联系。

本知识既是 20 以内退位减法和整十数加一位数的进一步发展,同时又是后面学习两位数减两位数退位减法的基础,它在整个 100 以内减法中起着承上启下的作用。教学安排时,一方面充分利用了原有知识;另一方面也为后面学习两位数减两位数做好了准备,如在"36－8"的教学中既要注意 20 以内退位减法计算方法的迁移,又要为两位数减两位数退位减法计算中的"退位"做好准备。

突出教材内容的前后联系:一是教师要有整体把握和处理教材内容的意识,从备课到组织教学过程都注意突出所教内容的前后联系;二是引导学生充分利用过去所掌握的计算方法解决本节计算问题,让学生感受本节内容在原有知识基础上的发生、发展过程,并为后面的学习做好准备。

(2)引导学生采用自主学习和合作学习等学习方式掌握计算方法。

根据本节教材内容特点,教师在教学时应避免讲解过多,尽量让学生采用自主学习和合作学习等学习方式去掌握两位数减一位数和两位数减整十数的计算方法。具体来讲,由于两位数减一位数的不退位减法和两位数减整十数可直接利用过去已掌握的方法进行计算,对学生来说比较简单,因此让学生自主探索即可掌握其计算方法。

而两位数减一位数的退位减法要相对难一些,可让学生采用小组合作学习的方式,通过合作探讨、互相启发等途径去发现和总结其计算方法。

(3)重视学具拼摆,体会动手操作。

为了帮助学生更好地理解两位数减一位数,特别是其中退位减法的计算方法,探索比多、比少数学问题的解决办法,教师在教学时要重视学具拼摆,让学生在摆小棒的过程中去发现两位数减一位数当个位上不够减时,怎样去用十位上的"1"当 10 并和个位上的数合并在一起再减,以此让学生根据摆小棒的动作表象去获得两位数减一位数退位减法的计算方法。

在引导学生解决求两数相差多少的数学问题教学中,让学生通过摆小棒的过程,一方面让学生发现解决求两数相差多少的问题的具体方法;另一方面又让学生从中发现一个数比另一个数少几,也就是另一个数比这个数多几的规律,从而加深学生对比多、比少问题中数量关系的理解,培养他们解决这类问题的能力。

(4)让学生切实经历学习计算方法的过程。

教师在教学中要特别注意引导学生联系生活实际,通过实物观察、学具拼摆等活动经历探索、发现两位数减一位数和两位数减整十数减法计算方法的过程。特别是在退位减法教学中充分利用"6 减 8 不够减怎么办"的认知冲突,引导学生在摆小棒的过程中获得启示,并据此找到解决两位数减一位数退位减法问题的办法。

这样,一方面让学生加深对两位数减一位数退位减法计算方法的理解;另一方面又增强他们对这一计算方法学习和掌握的实际感受。

(5)培养学生的数学应用意识和解决问题的能力。

首先,在教学中注意引导学生联系买玩具的实际生活经验引出两位数减一位数和两位数减整十数的减法计算,让他们感受数学与生活的密切联系。其次,在解决求两数相差多少问题的过程中让学生切实感受到生活中的实际问题需要用减法去解决,从而体会到所学习的数学知识在实际生活中都是有用的。另外,在教学中要特别注意让学生获得在生活中怎样去比较两种物体数量上多少的方法,培养他们用比多、比少的方法解决实际生活中问题的能力。

2.课堂教学组织。

环节一:回忆旧知,激活原有知识。

口算:

学生通过开小火车形式进行口算练习,主要是练习整十数减一位数的退位减法,以及 20 以内的退位减法。

环节二：激发动机，告知目标。

师：一起读一下题目。这个题目的问题是什么？（还剩多少节）为什么会剩下来呢？肯定有拿走一些东西对不对，所以我们一起来比画这个过程。（师生一起边说边比画）所以我请一个小朋友说说式子怎么列。（46 减 5）

师：我们再看一题，一起读一下题目。这道题就只有数字变了，但问题还是……？（还剩多少节）所以式子还是一样列，请一个同学来说说。（45 减 6）观察这两个式子有什么区别？（上面的 6 减 5 够减，这个 5 减 6 不够减）等一下，这一题，为什么用 5 来减 6？（因为 6 是个位上的，45 的个位是 5）

师：哦，所以用 5 来减 6，但是不够减怎么办呢？今天我们一起来研究一下。

环节三：在观察例证、验证例证中理解规律。

1）理解算理。

师：那么个位的 5 不够减怎么办？（跟十位借）那借多少呢？整个 40 都借给个位吗？（只借 10 就可以了）所以十位还剩下多少？（30）

师：好，我们用小棒来比画一下这个过程。个位 5 不够减 6，所以和十位借一个十，十位就剩下 30，个位呢，原来是 5，现在借来一个十，所以现在个位就是（15），那么 15 减 6 会了吗？（会）那等于多少？（9）十位上还有 30，所以就是 39。

师：你们说得可真好，我要把它在黑板上写下来。5 不够减 6，所以我们跟十位的 40 借了一个十，和原来的 5 合起来就是 15，十位上还剩下 30，所以是把 45 分成了 15 和 30，然后用 15 来减 6，等于 9，还剩一个 30，所以 30 加 9 等于 39。

师：老师有一个疑问，为什么十位上原来有 4 个十，减了一下，怎么就剩 3 个十呢？（个位不够减，所以从十位上借给个位一个十了）还有谁知道？（学生说）教师总结。

师：好，现在跟着老师来把这个过程说一下，5 减 6 不够减，所以 15 减 6 等于 9，还剩一个 30，所以 30 加 9 等于 39。齐说一遍。谁会说了？（2～3 个学生说）

2)练习。

师:老师这儿有几道题目,看你们能不能解决,第一题谁来试试?(生1:2减8不够减,所以12减8等于4,还剩一个40,所以40加4等于44)他说得可真好,我们一起来说一遍,还有谁会说?(2~3生说说)

师:我们来仔细观察一下十位的变化,从4变成了3,3变成2,8变成7,为什么都少了一个?(因为借给个位了)还有谁知道?哦,因为个位不够减,所以借给个位一个10来减。

3)方法二。

师:老师这儿还有一种方法。拿45减6这题看下,5减6够减么?(不够减)不够减,那我把5减了,45就变成了40,要减6呢,我们刚减了5,还要减几?(还要减1)所以40再减1,等于多少?(39)真棒。

师:跟老师一起把过程说说,先减5再减1,45减5等于40,40再减1等于39。齐说一遍,谁会说了?(2~3生说说)

师:老师有一个疑问,为什么要先减5呢?(因为45的个位是5,5减6不够减,那就先把这个5减掉)还有谁知道?(2个生说说)教师总结。

环节四:巩固练习。

1)计算。

书本练一练第一题。

师:现在自己来算一算,赶紧,我看看谁掌握得最棒。(生自己完成,来小火车对答案)

2)十位是什么。

书本练一练第二题。

师:看看这题,说说十位是几?(请4个生说说)为什么都少了一个?(因为个位不够减,十位借给个位了)

3)说说看。

书本练一练第三题。

师:请以小组开小火车来判断一下。我们怎么看是不是退位减?(要看个位够不够减)

环节五:课堂总结。

学生说,老师总结。

3.对本知识点学生出现错题的建议。

1)对本知识点学生出现错题的分析。

对本知识点,学生容易出现的错题主要有下列几种情况。

例1:40－3＝47。

例1错误的原因在于学生个位不够减,向十位借1,但是在做十位上的减法时,忘记4已经借掉了1变成3,直接4－0＝4,最后得到的答案是47。

例2:30－7＝27。

例2错误的原因在于学生习惯性地用大数减去小数,做惯了不退位的题目,思维定式,个位上的减法就做成了7－0＝7。

例3:45－7＝42。

例3错误的原因在于学生在计算个位时,被减数的个位上5减7不够减,而做惯了较为简单的不退位减法,思维定式,个位上做成了7－5＝2,十位上4－0＝4,导致计算结果是42。

例4:45－7＝33。

例4错误的原因在于在算个位时,被减数的个位上5减7不够减,向十位借1当10,而没有将这个10与原来个位上的5加在一起,直接做成了10－7＝3,在计算十位时,4已经借掉了1变成了3,3－0＝3,导致计算结果是33。

2)在教学中可采取的对策。

(1)由易到难,循序渐进,从新旧知识的联系入手,先安排被减数够减的减法,再安排被减数不够减的减法。

(2)借助学具的直观操作,突出退位减法的难点。让学生操作小棒解决"5减6不够减,怎么办"的问题,借助直观的学具来理解算理,从中发现解决退位减法计算问题的突破口,并总结出计算方法,加深对算理的理解,再初步脱离形象,形成抽象的算法,这样的学习更扎实有效。

(3)重视引导学生有条理地思考,有序地表述计算过程。通过直观图示帮助学生形成表象,再结合对应板书、语言叙述和动画演示,形象揭示"退一作十"的原理和过程,这样学生就能很好地理解并表述两位数减一位数的退位算理。

(4)采用小组合作学习的方式,体验算法的多样化。教学时,在学生充分体验的基础上分组讨论、交流,在教师的引导下,学生提出的算法比较多样化,教师在这里加以鼓励,这样做有助于拓宽学生的解题思路,开阔学生的眼界。

(5)采用多种形式的练习,培养学生的计算能力。在练习的设计中,既安排基础性练习,又有拓展性练习,体现了层次性、应用性和开放性,在促进学生灵活掌握知识的同时,帮助学生形成一定的计算技能。

4.课堂中的因材施教。

对于退位减法,如竖式 $45-6$,及时地复习减法 $15-6$ 等方法帮助学生掌握,在辅导时让学生体会 45、30、15 三者的关系,以预习的方法为主,对于不同的学生采取的辅导方法也是不同的。比如有的学生运算能力比较强,就以口算的方法指导他们学习竖式;有的学生自学能力比较强,只需稍稍点拨一下就可以;有的学生理解能力比较差,就可以复印好新知识点的材料,让他们先预习一下新知识,从而使他们做新作业时能充满信心。根据学生的不同能力,复习遍数也有所不同,真正做到因材施教、因人而异,同时也及时地鼓励学生敢于用不同的方法进行解答。

5.家校沟通。

在现实生活中,我们常常会遇到两位数减一位数的退位减法问题,比如买东西,学生在家里可以通过和家长互动,深刻感受两位数减一位数退位减法的算理,对于这方面的计算很有帮助。把生活搬入课堂,搬入学习,让学生体会到生活中的数学气息,感受数学的无处不在,产生学习和探求数学的动机。采用具有现实背景的数学问题,看学生能否从问题中"看到"数学,能否主动地运用数学知识去思考和解决问题。

作为一堂计算课,并不是所有的学生都能够熟练掌握,而且小学低年级的计算直接影响到学生未来的数学学习。那么,要提升学生的计算正确率,这就需要学生课后的巩固和复习,也就需要取得家长的配合和协助。

那么,如何取得家长的配合和帮助呢?

第一步:取得家长的信任和理解。通过家长会或者校信通、QQ、微信等手段,向家长阐述自己的教学理念,阐述培养学生家庭学习的重要性,以及计算能力的培养对学生未来数学学习的关键性,获得家长的理解。

第二步:提供内容和方法。

(1)培养学生打草稿的习惯。学生在计算时不喜欢打草稿,这是一个普遍存在的现象。教师布置了计算题,有的同学直接口算,有的在书上、桌子上或者其他地方,写上一两个竖式,算是打草稿,这些都是不良的计算习惯。大多数的计算题,除了少数学生确实能够直接口算出结果以外,大多数学生恐怕没有这个能力。针对这一情况,教师要求学生准备专门的草稿本,认认真真地打草稿,学生回到家,就需要家长督促孩子,利用好草稿本,养成良好的打草稿的习惯。

(2)学生做计算题的速度及正确率与每个学生自身的口算能力有着密不可分的联系。因此,教师在数学课堂教学中,常常会利用课堂时间训练学生的口算能力。但是不同的学生有着不同的接受能力和发展水平,针对口算能力薄弱的学生,就需要家长配合,在家进行额外的练习,除了购买口算题卡进行练习之外,家长还可以采用游戏的方式与学生进行口算练习。

(3)让学生活学活用,在生活中运用到数学,提升学生学习的兴趣。如家长带学生去购物时,就可以让学生进行简单的计算,如“妈妈买的商品26元,给了收银员40元,收银员应找回妈妈多少钱?”家庭生活中也有很多生活问题,如“爸爸看一本杂志,一共35页,已经看了9页,还有多少页没看?”也可以让学生做个生活中的有心人,给爸爸、妈妈出数学问题做。这样既提升了学生的数学能力,又增进了亲子间的关系。

第三步:及时反馈,对学生和家长公开鼓励和表扬。

教师应该及时反馈学生的进步,了解背后家长做出的努力和给予的帮助,及时在班级里、班级 qq 或者微信群里,做出表扬和鼓励,让家长和学生看到努力的成效,提升家长和学生的积极性。

知识点:表内乘法

1.对本知识点教材的整体把握的建议。

1)对本知识点的教材分析。

"乘法的初步认识"一节的编排,与传统教材的编排有所不同,从一开始认识乘法时就不分乘数与被乘数,而把它们统称为因数。从加法运算到乘法运算,对学生来说是数的运算上的一个大飞跃,学生势必会遇到较大的困难。教材通过从几个相同加数连加引出乘法,然后再把连加算式与乘法算式进行对照,使学生感到"求几个相同加数连加的和,还是用乘法计算简便"。再让学生知道乘法算式中各部分名称(这里把相同加数与相同加数的个数,都叫作因数),会正确地读写乘法算式。

2)在教材整体把握上对本知识点的教学建议。

(1)突出教材内容的前后联系。

为学习每部分的乘法口诀引入的实际情境加深理解做铺垫,也为学习除法计算打下基础。

(2)引导学生采用自主学习和合作学习等学习方式掌握计算方法。

根据本节教材内容特点,教学时应避免教师过多讲解,尽量让学生采用自主学习和合作学习等学习方式去领会学习乘法的必要性,体会学习乘法的重要性,使学生经历探索、思考、交流的过程,切实感受乘法的意义,有效地促进学生积极主动地参与教学活动。

(3)重视学具拼摆,体会动手操作。

为了帮助学生更好地理解乘法的意义,教材从学生的生活经验出发,创设丰富有趣的情境,通过富有时代感且鲜活的事例,引导学生进行数一数、摆一摆、圈一圈等实践活动。教学时,关键是从学生已有的加法知识出发,充分利用实物图,通过直观演示以及学生动手操作,使学生理解乘法的意义,沟通乘法与加法的关系,弄清"相同加数"和"相同加数的个数"这两个概念。

在引导学生解决乘法概念问题的教学中,让学生用不同的方法数一数、算一算,求出奥运会中共有多少个运动项目。横着数每行 7 个运动项目,有 5 行,可以用加法计算:7+7+7+7+7=35(个),是 5 个 7 相加。也可以竖着数,每列有 5 个运动项目,共有 7 列,可以用加法计算:5+5+5+5+5+5+5=35(个),7 个 5 相加,由此发现 7 个 5 相加和 5 个 7 相加的和相同。体会虽然意义不同,但和相同。每列一个加法算式,教师就应启发学生说一说算式中相同加数是几,有几个相同加数,从而概括是几个几相加。使学生积累相同加数相加的感性认识,便于学生理解和体会学习乘法的必要性和重要性。

(4)让学生切实经历由加法到乘法的学习过程。

在教学中教师要特别注意引导学生联系生活实际,用自己的话进行描述、交流解决问题的方法,以加深学生对几个相同加数相加的印象,先写出加法算式,再写出乘法算式,以沟通加法和乘法的关系。

2.课堂教学组织。

环节一:创设情境。

(1)今天老师给同学们带来了一个魔术,想不想看?(迫不及待了)说得真好,这里有 2 瓶花,第一瓶里有 3 朵花,第二瓶里也有 3 朵花,每瓶都有 3 朵花,我们可以 3 个 3 个地数,跟着老师一起数一数,1 个 3,2 个 3。总共有 6 朵花。[板书 3+3=6(朵)]

(2)这次变出了什么呀?谁能提出一个关于数学的问题呢?算式怎么列?你是怎么数的?上来指一指。这里有 3 个鸟笼,第一个鸟笼里有 4 只鸟,第二个鸟笼里有 4 只鸟,第三个鸟笼里还是 4 只鸟,每个鸟笼里都有 4 只鸟,我们可以 4 个 4 个地数,跟着老师数一数。1 个 4,2 个 4,3 个 4,总共有 12 只鸟。[板书 4+4+4=12(只)]同样的,这里有 4 盒福娃,每盒 5 个,1 个 5,2 个 5,3 个 5,4 个 5,总共 20 个。[板书 5+5+5+5=20(个)]

环节二:探索新知。

1)展现多个相同加数的加法。

(1)刚刚我们小朋友列出了 3 个算式。我们一起先观察这个算式(指着 3+3=6)的加数,你发现了什么?这个算式(指着 4+4+4=12),你发现了什么?这个算式(指着 5+5+5+5=20),你发现了

什么？(每个算式的加数是相同的)

①我们发现这个算式(指着 3＋3＝6)都有相同的加数 3，这里有几个 3 相加啊？我们数一数，1 个 3，2 个 3，我们可以表示成 2 个 3 相加。(板书)

②这个算式(指着 4＋4＋4＝12)的相同加数是几呢？有几个 4 相加？谁来数一数。1 个 4，2 个 4，3 个 4，可以表示成 3 个 4 相加。(板书)

③这个算式(指着 5＋5＋5＋5＝20)可以表示成几个几相加呢？同桌两人讨论。这个算式相同的加数是 5，有 4 个 5 相加，我们可以表示成 4 个 5 相加。(板书)

(2)观察得真仔细，魔术师又变出了 1 盒福娃来奖励小朋友，现在算式还是 4 个 5 相加吗？那应该是几个 5 相加？(5 个 5 相加)

(3)又变出了一盒，现在变成几个 5 相加啦？(6 个 5 相加)

(4)魔术师一直变下去，总共变出了 100 盒福娃，现在算式变成多少个 5 相加啦？(100 个 5 相加)

(5)100 个 5 相加，老师都写不下了，只能用省略号来代替了。

(6)观察这个算式，你觉得怎么样？(太长)

2)引入乘法、学习乘法。

更简便地表示这些加数相同的算式可以用乘法。怎么用乘法表示呢？今天我们就一起来认识乘法。

3＋3 这个算式表示 2 个 3 相加。2 个 3 相加，我们可以写成乘法算式 2×3 或 3×2。你们猜得数是多少？得数是 6，单位名称不能忘记哦！

这个符号(手指着"×")称为乘号，你们觉得乘号像什么呀？伸出你们的手指，跟着老师一起比画一下乘号，会写了吗？会写的小朋友坐端正。一起读：乘号，在乘法算式中它读一个字音：乘。

这个算式读作：2 乘 3 等于 6，跟着老师读一遍。

老师这里有个关于乘法的小知识要告诉大家，小耳朵听仔细了。在我们乘法算式中，交换乘号前后两数位置，得数不变。所以 2 个 3 相加可以写成两种乘法算式。

这个算式(指着 3×2)你们会读吗？谁来试一试。读得真棒。齐读。

(教学算式4＋4＋4＝12)

这个算式可以写成乘法算式吗?因为它具有相同的加数4,表示3个4相加。

这里有3个4相加。你会变成乘法算式吗?谁来试一试。齐读。

(教学算式5＋5＋5＋5＝20)

这个算式能不能写成乘法算式?为什么可以写成乘法算式?怎么写?同桌讨论。(加数都是5,有4个5相加)

(教学算式5＋5＋5＋5＋5＋5＋…＋5＝)

写成乘法算式是100×5或5×100。

将乘法算式和这些连加的算式比较下,你感觉怎么样啊?用乘法算式表示真简便。

小结:2个3相加,3个4相加,4个5相加,甚至100个5相加,都可以写成乘法算式,也就是说加数相同的算式都可以写成乘法算式。

环节三:巩固练习。

1)试一试(图2-1)。

谁能快速地列出加法算式?表示什么?请女生来数一数,我们一起跟着老师数一数。乘法算式怎么列呢?

图 2-1

2)练一练(图2-2)。

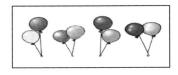

图 2-2

独立完成。

这个乘法算式表示什么?女生数一数,我们一起再跟着老师数一数。

环节四:课堂小结。

今天我们一起认识了乘法,还学会了写乘法算式,但是只有加数相同的算式才可以用乘法。你们会了吗?

3.对本知识点学生出现错题的建议。

1)对本知识点学生出现错题的分析。

对本知识点,学生容易出现的错题主要有下列几种情况。

例1:3个7相加中的相同加数是3。

例1错在学生没有搞清楚相同加数和几个相同加数的概念。

2)在教学中可采取的对策。

在出示加法算式时,让学生看着加法算式说一说是几个几相加,每个几各自表示的含义。

4.课堂中的因材施教。

沟通加法与乘法的关系时,让学生自己先列出加法算式,可以用自己的方法数出总个数,再讨论算式的各部分意义,从而让不同的学生都有不同程度的理解。

5.家校沟通。

课后练习请家长帮忙督促,并留意学生本节课所学知识的掌握情况,并及时与老师沟通交流,及时解决学生的困惑。

(二)图形与几何

知识点:长方形和正方形的周长

1.对本知识点教材的整体把握的建议。

1)对本知识点的教材分析。

长方形和正方形周长的计算方法是本单元中的教学重点和教学难点。它是在学生初步认识并且能够测量图形的周长,掌握长方形和正方形边的特点的基础上展开的。学生在对长方形和正方形的周长计算方法的自主探索过程中,培养了空间上的抽象思维能力,训练了思维的发散性。这一内容为"图形与几何"中进一步学习其他图形的周长、长方形和正方形的面积等内容奠定了基础。

2)在教材整体把握上对本知识点的教学建议。

(1)突出教材内容的前后联系。

本知识既是对之前图形周长的进一步学习,也是之后进一步运用周长计算方法解决稍复杂实际问题的基础。这部分的内容既是对学生原有知识的复习与巩固,又为后面进一步解决实际问题做准备。

突出教材内容的前后联系:一是教师要有整体把握和处理教材内容的意识,从备课到组织教学过程都注意突出所教内容的前后联系;二是引导学生充分利用对周长的认识来进一步掌握长方形和正方形的周长,让学生感受本节内容在原有知识基础上的发生、发展过程,并为之后的学习做好准备。

(2)让学生经历探索长方形周长的不同计算方法的过程。

不同的计算方法其实对应着不同的思维角度。学生通过小组合作学习的方式去探索长方形周长的不同计算方法,其实是在发散思维。一般来说,有三种角度去思考这个问题:一是常规思维的角度,按照长方形边的顺序,用"长+宽+长+宽"计算;二是从简单分类的角度,将两个长分为一组,两个宽分为一组,表述为"长+长+宽+宽"或"长×2+宽×2";三是从整体上分组的角度,从图形上看就是对角线的两边,将一条长边和一条宽边的和作为一组,有这样的两组,就是最后的周长公式"(长+宽)×2"。

教学过程中让学生在小组交流中不断完善周长的计算方法,进行思维上的拓展,而不是局限于用一种方法去解决问题。对于"(长+宽)×2"这一计算方法,要让学生真正理解含义。要在学生自主探索出的前提下进行引导归纳,通过将一个长方形画上对角线的直观演示让学生理解"(长+宽)"是指一条长和一条宽加起来作为一组,"×2"是因为有这样的两组,而不是简单地把这个公式直接给出。

(3)在比较中发展优化策略与概括的能力。

在多种方式比较中确定用"(长+宽)×2"来计算长方形的周长更好,可以让学生选择最佳策略,获得策略优化的意识。在比较三种方法过程中,可以通过让学生用自己喜欢的方法去计算同一个题目,在经历不同计算方法后,学生能够比较概括出不同方法的优缺点。比如用"长+宽+长+宽"和"长×2+宽×2"便于理解,但计算烦琐。

最后概括出用"(长＋宽)×2"计算起来最为简便,因此用这一方法去计算长方形的周长更好。教学过程中不能直接要求学生必须用"(长＋宽)×2"去计算周长,而是在比较中让学生意识到这一方法是最佳策略。既避免了学生一味地接受老师知识点的灌输,又发展了学生优化策略和概括归纳的能力。

(4)引导学生采用自主学习和合作学习等学习方式掌握周长计算方法。

本知识以自主学习和合作学习的方式为主。学生可以用合作学习的方式讨论出长方形的周长计算方法,而不是教师讲解为主,教师需注意的是要不断鼓励学生讨论出不同的计算方法。在这基础上,自主探究正方形的周长计算方法就没有那么困难了。这一过程中教师要注意提醒学生,在探究长方形周长的计算方法时,是根据长方形边的特征进行的,引导学生进行知识的正向迁移,也根据正方形的边的特点来探究方法。学生给出"四条边长相加"和"边长×4"两种方法,教师接着引导通过比较选择最佳方法,就能比较容易探究出用"边长×4"的方法更便捷。

(5)突出本知识点在实际生活中的应用。

生活中长方形和正方形的周长的应用还是比较广泛的,教学中在探究长方形的周长时,是以长方形广告牌的四周安装霓虹灯为例的。在这个例子中,教师首先要注意强调要求霓虹灯的长度就是要求长方形的周长,进行数量关系的转化。然后求霓虹灯的长度,就要引导学生产生求长方形周长的认知需要。在确定了长方形和正方形周长的计算方法后,让学生寻找身边的长方形和正方形物体,并且进行测量计算周长。最后的变式与巩固拓展练习,要有实际生活中的问题,比如求长方形操场走一圈有多长,正方形画框框架的长度是多少等。培养学生对于数学的实际应用意识,增强数学与生活的联系。

(6)培养学生对问题的一题多解意识和解决问题的能力。

在探究周长公式的过程中,重点培养学生对同一个问题用不同方法进行解决的意识。在之后正方形计算方法的探究过程中,将这种意识进行进一步地加强。在用周长计算方法进行解决问题的练习时,教师要帮助学生进行问题的分析,明确题目中要求的量和周长之间的关系,培养他们解决问题的能力。

2.课堂教学组织。

环节一:复习导入。

复习长方形和正方形的特征,让学生说说长方形长与宽的特点,正方形边的特点。复习图形周长的概念。

环节二:设置情境,引入新知。

根据所学知识的特点和学生的认知特点,在教学长方形的周长计算时,先提供了一个实际生活问题,激发学生的学习兴趣。

环节三:探究合作,呈现新知。

让学生用合作学习的方式,在交流沟通中探究出不同的计算方法,最后进行比较,选出最佳方法。引导学生寻找生活中的长方形和正方形的周长,如课桌表面的周长,铅笔盒表面的周长,先进行测量,最后进行计算。在正方形周长计算方法的教学时,以学生独立自主探究为主,教师进行指导与鼓励。

环节四:变式巩固练习。

本环节给出三个层次的题目来进行巩固练习:一是基础题,包括直接计算周长和关于周长概念的判断题,用来进行知识点的巩固;二是简单地解决问题,需要学生灵活运用知识点;三是拓展题,这类题目对知识点的掌握要求较高。

环节五:课堂小结。

3.对本知识点学生出现错题的建议。

1)对本知识点学生出现错题的分析。

对本知识点,学生容易出现的错题主要有下列几种情况。

例1:求长为6厘米、宽为4厘米的长方形的周长。

$4+6\times2$

$=4+12$

$=16$（厘米）

例 1 错误的原因在于学生对于"(长＋宽)×2"中为什么先求长加宽的和,再乘 2 的步骤不熟练与不理解。

例 2:求绕着长为 10 米、宽为 5 米的长方形操场走一圈的路程。

5＋10＝15(米)

例 2 错误的原因:一是不会将问题转化为求长方形的周长;二是学生对长方形的对边相等、(长＋宽)×2 的理解不透彻,只是单纯地背了计算方法但背得不熟练。

例 3:一个正方形周长是 36 厘米,边长是(144 厘米)。

例 3 错误的原因在于学生一是没有认真审题,二是混淆"边长"和"周长"的概念。看到正方形,就以为周长的思维定式,学生直接用 36×4 去做了。

例 4:一个长方形,长为 20 米,比宽长 7 米,这个长方形的周长为(94)米。

例 4 错误的原因在于没理解"比宽长 7 米",以为"长"就是用加法,宽为 20＋7＝27(米),可见对于长肯定比宽要长没有概念,然后用(20＋27)×2＝94(米),算出了周长。

2)在教学中可采取的对策。

(1)加强基本概念教学。教师要说清楚用(长＋宽)×2 计算长方形周长的原因,帮助学生进行记忆,给予一点时间进行知识点的消化。并且在读这一计算法时,不是读成"长加宽乘 2",而是"长加宽的和乘 2"。对于"边长"和"周长"的概念,可以通过正方形图形的指示来明确概念。

(2)帮助学生进行直观化的理解。在求周长时,教师可以画出对应的长方形或正方形来帮助学生理解,将抽象的内容直观化。在实际问题的解决过程中,比如求长方形操场一圈的长,教师可以通过动态演示走完一圈操场,就是计算这个长方形的周长来帮助学生将问题转化。

4.课堂中的因材施教。

1)在练习题目时,对学困生注重基础教育。

计算下面正方形和长方形的周长(图 2-3)。

图 2-3

学困生对于这种基础题容易上手,也是对于长方形和正方形周长计算方法进行了区分和巩固。

要在长方形学习园地(图 2-4)的四周贴上花边,花边长多少厘米?

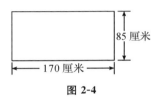

图 2-4

本题让学生进行实际问题的解决,在基础题后,多了一步问题的转化过程。帮助学生画出一个长方形,就转化成基础题一样的题目类型了。

2)对于学习能力较强的学生可以给出拓展题。

一个足球场长 105 米,宽 72 米,小林沿着足球场的边线跑 5 圈,他跑了多少米?

本题作为拓展题,可以让学习速度快的学生尝试着去做。教师可以只给出题目与提示,不公布答案,作为课后思考。也可以将此题先改为"如果是跑 1 圈",让学生思考如何做。再提示学生题目中的"跑 5 圈"与之前"跑 1 圈"的不同,"跑 1 圈"代表 1 个周长,那么跑 5 圈就是 5 个这样的周长了。

5.家校沟通。

在认识周长的第一课时,让家长帮助学生剪一个图形,作为图形周长的学具。而在本知识点教学前,家长也可以帮助学生再剪出长方形和正方形,为学习周长做好准备。学完本知识后,学生在家里可以与家长进行沟通他喜欢的周长计算方法。在解决问题时,家长可以帮助孩子去理解题意。而在平时空闲时,家长可以带孩子去亲身感受一些生活中的长方形、正方形的周长计算。

(三)统计与概率

知识点：统计(一)

1. 对本知识点教材的整体把握的建议。

1) 对本知识点的教材分析。

本课的内容是在学生已有的知识和经验(分类)的基础上,让学生初步体验数据收集、整理、描述、分析的过程,初步认识条形统计图(1格表示1个单位)和统计表。通过这些内容的教学,帮助学生了解统计的意义和作用。

2) 在教材整体把握上对本知识点的教学建议。

(1) 在具体情境中收集信息。

例题创设的情境是调查班上同学最喜欢吃哪一种蔬菜,有胡萝卜、西红柿、青菜、茄子4种。为了知道喜欢这些蔬菜的同学各有多少人,课前由学生在班级里进行调查并记录。

本单元都是统计已经发生的事件里的信息。如停车场里有多少辆车,某地6月份的天气情况。在这些事件里,统计的对象——"信息"已经呈现,只是数据尚未知道。只要采用"分类——计数"的方法(即分一分、数一数)就能得到数据,帮助小朋友初步了解统计的过程。

(2) 引导学生采用自主学习和合作学习等学习方式掌握统计方法。

根据本节教材内容特点,教学时应避免教师过多讲解,尽量让学生采用自主学习和合作学习等学习方式去掌握数据的统计方法。具体来讲,由于学生已有了一定的分类基础,可以引导学生用自己的方式(文字、图画、表格等)呈现收集、整理的数据,激发学生的学习兴趣。

每个学生都有自己的方法,如何用最简便、最准确的方法来整理数据,需要学生在不同的方法间进行比较、交流、讨论。

(3) 比较统计表与条形统计图的不同,掌握需要不同信息就查看不同图表的能力。

学生在得到条形统计图和统计表的基础上,对于图表所呈现的信息进行分析。如喜欢吃哪种蔬菜的人最少,比较汽车和小轿车的数量,这些都是需要从条形统计图中获得。如喜欢吃西红柿的有几人,参加调查的有几人,这些可以从统计表中更直观地得到数据。

(4)鼓励学生在现实生活里获得数据,开展统计活动。

最后可以鼓励学生去了解同学最喜欢的体育活动,或统计自己班同学的家庭人口数,都要先进行调查,收集需要的信息,再经过整理加工,获得数据才能绘制条形统计图和统计表。调查中收集和记录信息是学生学习统计的重点,体验和初步学会用符号记录信息是练习的主要任务。要让学生独立进行调查、记录等活动。

2.课堂教学组织。

环节一:引入新课,告知目标。

对 PPT 上杂乱的平面图形进行整理分类。

帮助学生明白杂乱的图形会使数量的读取比较困难,整理分类过后,会更加清楚,而这样的过程就是统计。

出示课题:统计。

环节二:呈现精心组织的材料。

1)制作条形统计图。

课前让学生调查班上同学最喜欢吃哪一种蔬菜(胡萝卜、西红柿、青菜、茄子)。教师选取某个学生的调查情况,进行全班分析。

学生用自己的方法统计数量并展示。

2)预设展示情况。

(1)展示学生直接画出立体图形的图(画得比较复杂、麻烦);

(2)展示用图形的特点代替立体图形(有进步,但是不清楚、不标准);

(3)展示用简单标记代替的图(很好,但是不能看出每种符号代表的是什么);

(4)展示对图形有解释说明的图(更好)。

比较不同的统计方法,可以用符号来简单记录,并在下方对符号进行说明。但是这样的方法还是不够规范统一,教师介绍条形统计图的记录方法(1格表示1人,从下往上开始画)。

小结:我们用1格表示1个图形的方法画出了这么清楚、漂亮的统计图,它是我们以后所要学习的统计图中的一种。

3)制作统计表。

根据刚刚得出的条形统计图制作统计表。

4)比较两张图表。

根据两张图表分析数据。如喜欢吃哪种蔬菜的人最少,这些都是需要从条形统计图中获得的。如喜欢吃西红柿的有几人,参加调查的有几人,这些可以从统计表中更直观地得到数据。

小结:条形统计图可以清楚地看出谁多谁少,统计表可以直接读出各项的数量。

环节三:变式练习。

(1)大家都知道,要想增强体质,就必须多运动。老师特地调查了这3项运动在同学中的人气,请看屏幕,有踢毽子、跳绳和跑步。请大家在作业纸上先完成表格里面的内容,再完成统计图。

说一说喜欢哪种运动的人数最多?喜欢哪种运动的人数最少?参加调查的同学一共多少人?你还能提出哪些数学问题?(根据具体情况可提出比多、比少、同样多等数学问题)

(2)统计游戏。

现在老师想要选取一名数学课代表,但是要在两位同学中选出一个,大家想选谁,每个人只能投一票。这次投票的方式跟以前不一样,我们不通过举手投票,而是通过同学到前面来写"正"字的方法进行投票。

师:为什么要用"正"字,而不用其他的字呢?

"正"字好写又好算,横平竖直,一个"正"字为5笔,数的时候5画5画地数,所以"正"字比较合适。有几个"正"字就有几个5,再加上不完整的"正"字笔画,算出总笔画,以此表示他的票数。每写一笔就代表你投了他一票。

公平起见,我们请第二小组和第四小组的同学上来投票,其他同学帮忙看,好吗?

师:正字统计法你会了吗?

环节四:全课小结。

学生总结本节课学习的要点。

生活中还有很多事情可以用统计知识来解决,希望同学们学习了这方面的知识后,去解决生活中更多的问题。

3.对本知识点学生出现错题的建议。

1)对本知识点学生出现错题的分析。

对本知识点,学生容易出现的错题主要有下列几种情况。

例1:给出某地6月份的天气情况,需要学生统计晴天、阴天、雨天的天数。

学生容易漏数,或者多数,得到的数据不正确。

例题错误的原因在于学生没有进行按序数数,或者对于数过的没有做标记,导致重复数,或者漏数。

例2:图2-5是小明记录的一个月的天气情况。

☀	正 正 正
⛅	正 正 丁
❄	正

图 2-5

(1)把记录的结果填在下表中。

天气	晴天	阴天	雪天
天数			

(2)这个月是(夏天 冬天)。(圈出正确答案)

(3)这个月共(   )天。阴天比雪天多(   )天。

学生对这个月是夏天还是冬天存在疑惑,容易填错。

例题错误的主要原因在于学生对于数据的观察比较片面,看到晴天的天数比较多,就以为是夏天,但是出现了雪天,就肯定是冬天了,没有对数据有一个整体认识。其实这也跟二年级学生对于事情的理解认知有一定局限性有关,观察到了一点就急于下结论。

2)在教学中可采取的对策。

教师在教学过程中,注意讲解要按照顺序对数据进行统计,特别是对于已经数过的,可以数一个划去一个,在学生初次统计数据时就教给学生这个方法,避免学生因掌握方法不对,出现错误。

统计表和条形统计图制作出来之后,不急着做下一题,对数据进行简单分析,如全班同学喜欢何种蔬菜的图表制作出来以后,可以得出喜欢吃何种蔬菜的人最多,那么班级聚餐时,可以多带些这种蔬菜,引导学生发散思维。

4. 课堂中的因材施教。

引导学生根据已有信息,并用图形、符号、画正字等方法将数据记录下来。教师组织学生交流、展示自己的记录方法,评价他人的方法,借鉴比较好的方法。画符号和画图形都比较方便,都是较好的记录方法,但最后要想得到具体数据,都需要再进行数数;画正字的方法,对于得到最终的具体数据更加方便(只需知道几个 5 就行了)。

5. 家校沟通。

配合学生对家中各类书籍进行统计或者对各家庭成员写字速度进行统计,和孩子们一起经历统计的过程,制作条形统计图和统计表,并对所得图表进行分析,得出相关结论,帮助学生从生活中发现数学问题,学习数学,激发学生的学习兴趣。

(四)综合与实践

综合实践活动:扑克牌游戏——24点

1. 对本知识点教材的整体把握的建议。

1)对本知识点的教材分析。

"算 24 点"是游戏趣味很浓的一个活动。本节课是在学习了1～9 的乘法口诀后所进行的一堂实践活动课,学生以扑克牌游戏的形式进行加、减、乘、除计算,结果为 24,学生颇感兴趣,在玩中学,在学中玩。这节课有利于调动学生学习的积极性,既增强他们对数学的亲近感,培养合作精神和创新意识,又巩固了他们已有的知识技能,学得更扎实。

2)在教材整体把握上对本知识点的教学建议。

这次实践活动是一次玩扑克牌的数学活动,学生要根据3张或4张牌上的数选择运算方法算出24来。这不仅可以加强加、减、乘、除法口算练习,而且可以激发学生主动探索、解决问题的意识和策略,激发学生的学习兴趣。

(1)循序渐进,增加随机性,增加挑战性。

教学时可以安排三部分活动内容。首先通过"学一学",引导学生根据牌上的数计算出24的方法;其次通过"试一试",让学生根据给定的4张牌,探索计算出24的方法;最后安排"比一比",让学生4人一组摸牌、计算,看谁最先算出24。

(2)小组合作,增加参与度。

采取游戏闯关的形式,组织学生自主活动,小组合作。学习内容先易后难,循序渐进,巩固学生已有的知识技能,调动学生学习数学的积极性,增强其对数学的亲近感,使学生在"玩"中增强合作意识,培养创新能力。

(3)把握机会,提高学生对运算的兴趣。

单纯的运算往往枯燥乏味,学生很容易产生厌倦情绪。"算24点"游戏简单易行,不受场地、时间限制,有助于提高学生的运算能力。一个小学生,做20道四则运算会厌烦,但让他们算上"24点",把运算和娱乐结合起来,比单纯的运算更容易接受、更容易做好,能激发学生的学习兴趣。课堂上对于学生兴趣的激发是很重要的。

(4)注重挖掘思维能力。

游戏中,学生要判断一个牌组是否有解,有解时究竟有多少种不同的算法,这些思考过程能提高学生的运算能力,锻炼学生的思维能力。这就要求教师的教学要有方法、有逻辑、有技巧。

2.课堂教学组织。

环节一:创设情境,激发游戏兴趣。

师:(出示扑克牌)这是什么? 你们都用扑克牌玩过哪些游戏?

师:今天老师也想用扑克牌和你们一起玩个游戏。

师:我们今天要进行"算24点"的比赛,有信心参加吗? 好,我们先来看第一关,了解一下第一关的规则。

环节二:熟悉游戏规则,掌握计算方法。

第一关:幸运对对碰。

本关规则:老师出一张牌,你们也出一张牌或说一个数,使这两个数算出的得数是24。

(1)老师出一张牌8,你能从自己手中拿出一张牌,用加、减、乘、除法和我这张牌进行计算,算出24来。

(2)教师依次出牌4、9,让学生从自己手中拿出一张牌,进行对对碰。

提问:9和谁可以算出24?(15加9等于24)

师:对,没有口诀是几九二十四,这时候我们就不能再用乘法,而是改用加或减法。想一想9还可以怎样算出24?(33减9等于24)

(3)小结:2张牌算24点,可以直接用乘法算出。见到3,想8;见到4,想6;见到6,想4。当不能用乘法口诀时,我们也可以用加法或减法来算。

第二关:幸运24。

本关规则:算24点时,将A看作"1",从A~9这9张牌中任意抽出3张,经过加、减、乘、除的计算后得到24。所抽每张牌上的数都要用,而且只能用一次。

(1)说一说你对本关规则的理解。

(2)3人一组,拿出7、6、3,小组合作算出24点。

(3)学生交流、汇报:7-3=4,4×6=24。教师板书。

(4)师:刚才,我们3人一组,算24点。大多数小组有学生算出了24,这就叫:"三人行,必有我师焉。"

(5)师:美羊羊、懒羊羊、沸羊羊它们也想来参加我们的游戏,谁敢上来和它们挑战一下,点一点,看它们的身后都藏了些什么?

A组:2　3　4　　　　B组:9　8　3　　　　C组:3　5　9

(点到哪一组牌,就请点牌的同学算出24。算不出的请其他同学补充。全班进行评价,可以有多种算法)

A组:2　3　4

①2×3＝6,6×4＝24

②3×4＝12,12×2＝24

③2×4＝8,8×3＝24

B组:9　8　3

9÷3＝3,3×8＝24

C组:3　5　9

3×5＝15,15＋9＝24

环节三:变3为4,激发解题策略。

第三关:小组来闯关。

PPT出示规则:以小组为单位,再来玩一轮,看哪组的学生算得快,算法多!

4张和3张是一样的,都是每张扑克牌只能用一次,用"＋""－""×""÷"的方法来计算。出示1、2、5、8。

师:既然大家都知道了规则,那么请和同学们说说这道题应该怎样计算?

生1:8－2＝6　　　5－1＝4　　　4×6＝24

生2:5－2＝3　　　3×1＝3　　　3×8＝24

生3:5＋1＝6　　　8÷2＝4　　　4×6＝24

……

师:团结的力量真大,同学们想了这么多方法,老师真替同学们高兴。想不想自己动手试一试?(想)那我们就进行下一关:各显身手。

第四关:各显身手。

本关规则:从下面几组牌中任选一组牌,自己单独算出24点。

出示:A组:4、5、7、8;B组:3、7、1、9;C组:5、5、6、3。

学生自由算24。进行汇报讲评。表扬算法灵活的学生。

环节四:拓展提高。

第五关:欢乐英雄。

本关规则:同组同学选出4张牌,谁先算出最后结果是24,谁就胜出。如果计算结果得不到24,就换牌再算。

环节五:总结延伸。

师:通过一节课的学习,你有什么收获? 先小声地和同学说说。

师:谁想来说说? 这一节课老师也很开心,和同学们一起闯过了一关又一关,学会了"算24点"的玩法。回家后用这个方法和其他的小朋友一起再进行游戏。

3.对本知识点学生出现错题的建议。

1)对本知识点学生出现错题的分析。

对本知识点,学生容易出现的错题主要有下列几种情况。

例1:学生对于1、1、2、7这样的题,反应比较慢。

例1原因分析:找不到2、8、4、6这样的数就无从下手。

例2:1、2、5、7,反应慢。

例2原因分析:学生不熟悉2和12这一组特定组合。

2)在教学中可采取的对策。

(1)掌握基础技能,进行灵活运用。

学生在进行"算24点"活动的过程中,需要从"算24点"这个目标出发,沿着各种不同的途径去寻找、探求多种答案的方法。这种多种途径解决问题的活动方式,需要充分调动学生所学的知识,再灵活地加以组合。这样的学习活动对学生从整体上把握各部分知识之间的相互联系、对学生的终身发展都是非常有益的。数学思考能力的发展是在与数学知识和技能的学习过程中同步进行的。"算24点"活动是在出示4张扑克牌后,学生从中提取信息,经过头脑加工,运用加、减、乘、除、括号等运算符号运算出24。在这个加工的过程中,学生经历了观察、实验、猜想、证明等数学活动,发展合情推理和初步的演绎推理能力,能有条理地说出运算的过程。

(2)鼓励一题多解,激发思维能力。

一题多解激发学生的发散性思维能力。"算24点"游戏将实际运算中的烦琐性进行了简化,这样就实现了一题多解。如果抽取到的纸牌有两张一样的,而且另外两张乘起来等于24,比如9、8、3、8,就可使用这样的方式进行运算:(9－8)×8×3＝24;也可以这样算:8

$\div(9-8)\times3＝24$。这个题目中可运用多种方式进行解答,结果是相同的,更能拓展学生的思维能力,实现举一反三。

4. 课堂中的因材施教。

(1)最近发展区:在课堂上要循序渐进地增加 24 的计算难度,让学生能够逐级而上。不同层次的学生在难易不同的题目中,都能找到自己的支点,跳一跳能够到答案。

(2)小组合作:小组合作学习是因材施教的有效组织形式。依据学科的综合成绩,每 6 人一组,分成若干组,每组分为 A、B、C 三层,即 A 层(5、6 号),B 层(3、4 号),C 层(1、2 号),学生面对面坐,即 5、6 号学生居中对坐,两边分别是 1 号和 4 号相对,2 号和 3 号相对。这样,在一个小组内,不同层次的学生相互搭配,互查互助,实现共赢。

(3)作业分层:作业能及时反馈不同层次学生知识掌握的情况,能反映一堂课的教学效果,还能达到初步巩固知识的目的。因此作业应精心编排,针对不同层次的学生,设计不同题量、不同难度的作业。A 层的学生以重在对基础知识的记忆和理解为主,模仿学会做一些简单的基本题,使他们尝到成功的喜悦;B 层的学生以掌握一般解题方法为主,对例题进行简单的变式练习,使他们感受学习数学的乐趣;C 层的学生则以深化对概念的理解、灵活熟练地运用为主,从数学思想方法和能力培养方面考虑。总之,作业的量和度要以使每个学生都能"跳一跳摘到苹果"为原则,调动各层次学生的学习积极性。作业不强调统一数量,重在质量,尽量在课内独立完成。

5. 家校沟通。

对于老师来说,如何做好家校沟通工作的确有点困难。一个班级几十个学生,背后是好几十个家长,众口难调,无论老师怎么努力,总会有家长不满意,久而久之,难免产生矛盾,甚至对立,这就会影响班级工作的正常开展和家校关系的和谐。因此,做好家校沟通势在必行。为了上好这节课,与家长沟通时可以在以下几方面多加注意:

(1)让学生回家做做小老师,为父母讲解如何"算 24 点";

(2)用扑克牌随机出题,和父母比比谁算得快;

（3）挑战一题多解，规定时间内和父母比比谁算出 24 的方法更多；

（4）挑战难题，一起动脑。

综合实践活动：七巧板拼图

1. 对本知识点教材的整体把握的建议。

1）对本知识点的教材分析。

本课时是在一年级基本认识了平面几何图形以及二年级学习了长方形和正方形的周长的基础上进行的，具体内容是用七巧板进行拼图，教材的编排体现了教学的层次性和学生学习的探索性。教材中"七巧板拼图"首先呈现的是由一套七巧板拼成的正方形，通过分类辨别七巧板是由哪些平面几何图形组成的。教材安排了 3 个例题，分别是给出具体图形拼一拼、给出图形名称拼一拼和自由拼搭，3 个例题的学习使学生进一步了解平面几何图形的特征，并且通过摆放，培养学生的观察力、记忆力、空间想象能力和创造性思维能力，发展实际操作能力。在教学过程中要重点引导学生利用七巧板拼出不同形状的图案，感受转化和想象的过程，并且培养学生合作精神，激发学生创新意识。

2）在教材整体把握上对本知识点的教学建议。

（1）突出教材内容的前后联系。

本知识点是初步认识平面几何图形的进一步发展，也是后面三角形、平行四边形周长和面积，多边形和组合图形面积学习的基础。教学安排中，一方面充分利用了原有知识——平面几何图形的认识；另一方面也为后面学习各种图形的面积计算做好准备。

突出教材内容的前后联系，一是教师要有整体把握和处理教材内容的意识，从备课到组织教学过程都注意突出所教内容的前后联系；二是引导学生充分利用过去所掌握了解的知识来运用到七巧板拼图的学习上，让学生感受本节内容在原有知识基础上的发生、发展过程，并为后面的学习做好准备。

（2）引导学生采用自主学习和合作学习等学习方式来探索学习拼图。

根据本节教材内容特点,教学时应避免教师过多讲解,尽量采用让学生自主学习和合作学习等方式去探索学习拼图,通过拼搭、分割感受互逆的过程,建立空间观念。具体来讲,由于学生已经认识平面几何图形,看着具体的图形进行拼搭对学生来说比较简单,因此,教师可以让学生自主探索来完成拼图。

相对难一些的题目,比如要求利用七巧板搭出三角形、正方形等,可让学生采用小组合作学习的方式,通过合作探讨、互相启发等途径去探索拼图的过程。

(3)重视学具运用,体会动手操作,让学生切实经历探索拼图的过程。

《义务教育数学课程标准(2022 年版)》指出:动手实践、自主探索与合作交流是学习数学的重要方式。七巧板拼图这节课本身就是一个动手操作的课时,本节课的教学重点在于让学生从操作中去探索发现。因此,在教学时要重视学具的运用,重视学生的拼搭过程,深化学生对平面几何图形的直观理解和掌握,激发学生学习的兴趣,提高学生学习的积极性、主动性。

(4)培养发展学生的数学思维、想象力和创新能力。

首先,在教学中注意引导学生通过观察和分类,了解七巧板的组成,让学生联系之前学习的知识点,培养和发展学生的数学思维。其次,在第 2 个例题中要求用七巧板拼出三角形、正方形和长方形,需要学生联系各种平面几何图形的特征,发挥想象力,通过各种尝试完成拼图。最后,在第 3 个例题中,要求用七巧板拼一个自己喜欢的图形,需要学生联系生活实际,发挥想象力和创新能力,完成自己喜欢的作品。在这 3 个例题中学生通过有层次的实践,数学思维、想象力和创新能力都有不同程度的提升。

2.课堂教学组织。

环节一:创设情境,激趣引入。

同学们,请看大屏幕,看看这是什么?(乐高积木)

那你知道我们数学学习中也有积木吗? 你知道什么是我们数学中的积木吗?(学生讨论商量)

这就是我们的数学积木——七巧板。相信一些同学肯定玩过。

这就是我们今天将要学习的知识——七巧板拼图(板书课题)。

环节二:学习七巧板组成,引出七巧板的来历。

出示课件例1:

这个七巧板拼成的是什么图形?(正方形)

你知道七巧板还可以拼成什么图形吗?(小猫、小鱼……)

关于七巧板的由来,老师有一个小故事,想听吗?(播放七巧板来历的视频)

请同学们仔细观察,在七巧板中,你能找到哪些平面几何图形?

谁能给这些图形分分类?

如果给这些三角形分分类,你还能分吗?(两个大三角形,一个中三角形,两个小三角形)

环节三:想一想,拼一拼。

(1)完成例题1所给图形的拼搭,尽量独立完成。

(2)小组合作完成例题2的拼搭。

(3)发挥想象,用七巧板创作一个美丽的图形。

环节四:总结。

今天我们学习了七巧板拼图,同学们肯定有很多收获,课后也可以和爸爸、妈妈一起玩一玩七巧板,相信大家可以拼出更多美丽的图形。

3.对本知识点学生出现错题的建议。

1)对本知识点学生出现错题的分析。

对本知识点,学生容易出现的错题主要有以下几种情况。

例1:拼搭三角形和长方形,有同学拼搭不出。

例1的错误分析:对平面图形的认识还不够,缺乏一定的想象力,需要很多次的尝试和摸索才能拼搭出来。

例2:给出图案(没有分割线),学生拼搭不出。

例2的错误分析:学生对整体图案不知如何分割成七巧板中的图形,因此拼搭不出,尤其是平行四边形。

2)在教学中可采取的对策。

(1)谈话法:在教学的过程中,问题的抛出和回答,这是老师和学生之间的互动过程,可以采用谈话法。

(2)讨论法:在问题提出以后,学生以小组或同桌讨论的方式进行分析和交流,看看彼此拼搭的过程有什么不同和相同之处。

(3)演示法:在教学时,有时学生可能不明白究竟该如何去拼搭,此时老师可以适当进行个别演示,给学生做示范。

(4)实验法:在学生明白该如何拼搭以后,老师应给学生出个题目,让学生自己去探索、实践、发现。

(5)练习法:练习巩固,检测学生的学习情况,以便查漏补缺。

4.课堂中的因材施教。

科学、合理、有效地运用教学方法,要求教师能够在现代教学理论的指导下,熟练地把握各类教学方法的特性,能够综合地考虑各种教学方法的各种要素,合理地选择适宜的教学方法,并能进行优化组合。

(1)根据教学目标:不同领域或不同层次的教学目标的有效达成,要借助于相应的教学方法和技术。教师可依据具体的可操作性目标来选择和确定具体的教学方法。

(2)根据教学内容:不同学科的知识内容与学习要求不同;不同阶段、不同单元、不同课时的内容与要求也不一致,这些都要求教学方法的选择具有多样性和灵活性的特点。七巧板拼图这节课教学方法多样,动手性强,因此在演示和实验方面就该多一点。

(3)根据学生的实际特点:学生的实际特点直接制约着教师对教学方法的选择,这就要求教师能够科学而准确地研究分析学生的上述特点,有针对性地选择和运用相应的教学方法。在教学中,因学生思维方式的限制,学生的拼搭先后顺序和思维能力都不同。对于那些学习能力低一点的学生,可以先多练习一些有分割线的图形进行拼搭;对于没有分割线的图形,教师可以辅导一下,适当的时候可以引导帮助画出分割线;对于那些学习能力高一点的学生,可以多练习一些没有分割线的图形拼搭。教师在教学中要开发学生的拓展创新型思维,鼓励培养学生勤思考多动脑的习惯。

(4)根据教师自身的素质:任何一种教学方法,只有适应了教师的素养条件,并能为教师充分理解和把握,才有可能在实际教学活动中有效地发挥其功能和作用。因此,教师在选择教学方法时,还应当根据自己的实际优势,扬长避短,选择最适合自己的教学方法。

(5)根据教学环境条件:教师在选择教学方法时,要在时间条件允许的情况下,最大限度地运用和发挥教学环境条件的功能与作用。

5.家校沟通。

为了上好这节课,在与家长沟通时可以在以下几方面多加注意。

(1)让学生在生活中认识有各种平面几何图形的物体。

(2)课前为学生准备上课需要用的物品——七巧板,以便学生在课堂上动手操作。

(3)课后陪孩子拼搭七巧板,这既可以巩固孩子的知识,又可以促进亲子沟通交流,增进感情。

二、评估和分析

第一册素养评估

一、填空。

1.2个十合起来是(　　　)。10个一是(　　　)。

2.18里面有(　　　)个十和(　　　)个一。再加(　　　)个一就是20。

3.用7、13、6写出两个加法算式和两个减法算式。

_____ _____ _____ _____

4.

10		6	4		5		9	11	

5.在4、16、1、18、20、13、15中,最大的数是(　　　),最小的数是(　　　),它们的差是(　　　)。在这些数中,单数有(　　　　　),双数有(　　　　　)。

6.

　　(1)从左往右数第二盆有(　　　)朵花,从右往左数第(　　　)盆有7朵花。

　　(2)从左往右数第(　　)盆和第(　　)盆合起来是 5 朵花;从左往右数第(　　)盆和第(　　)盆合起来是 6 朵花。

7.在 ◯ 里填上">""<"或"="。

11-3 ◯ 11　　　　　6 ◯ 12-4　　　　　5+8 ◯ 8+5

7+0 ◯ 7　　　　　9-3 ◯ 8-3　　　　　12-3 ◯ 12-4

二、认图形,下面物品分别是什么图形?请连一连。

三、认钟表。

| (　　)时 | (　　)时 | ：　　 | ：　　 |

四、画图,列算式。

1.画 ◯,比 △ 多 2 个。
　　△△△△△

_____

| | ◯ | | = | |

2.画 ◯,比 △ 少 2 个。
　　△△△△△△

_____

| | ◯ | | = | |

五、看图,写算式解决问题。

1.
　　　13本

| | ◯ | | = | |(本)

2. 小明吃掉了5个苹果,小丽吃掉了7个苹果,篮里少了几个苹果?
原有20个

| | ◯ | | = | |(个)

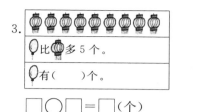

3. $\square\bigcirc\square=\square$（个）

4. $\square\bigcirc\square=\square$（把）

5. 把左边的 5 个苹果圈起来,把从右往左数的第 5 个苹果涂上颜色。

算一算,还剩下几个?

$\square\bigcirc\square=\square$（个）

六、直接写出得数。

$0+4=$	$2+8=$	$14-9=$	$5+2=$
$13+6=$	$12-7=$	$8+5=$	$4+5=$
$7-5=$	$7+7=$	$11-6=$	$15-5=$
$9-8=$	$18-9=$	$5+7=$	$11+9=$
$16-0=$	$13-8=$	$19-8=$	$12-6=$
$11-9=$	$9+5=$	$8+2=$	$15-0=$
$15-4=$	$6+3=$	$6-4=$	$14-6=$
$11-4=$	$3+8=$	$16-10=$	$8-8=$
$7+12=$	$4+6=$	$14-5=$	$15-2=$
$14-3=$	$16-3=$	$18-3=$	$16-8=$
$7+3=$	$12-5=$	$6+8=$	$15-8=$
$13-9=$	$17-5=$	$5+7=$	$7+9=$
$14-4=$	$11+6=$	$12-2=$	$3+9=$

素养评估分析

1.填空 1—5 题主要评估学生对 20 以内数的认识、数的组成、数位的意义、单双数概念的理解是否清晰,属于数学概念的理解,是数与代数的知识。

2.填空第 6 题主要评估学生对数与序数概念的理解是否清晰,

能否进行辨析,属于数学概念的理解,是数与代数的知识。

3.填空第 7 题主要评估学生是否会比较式与数的大小,属于数学规则的运用,是数与代数的知识。

4.连线题主要评估学生对球体、圆柱体、长方体和正方体这几个立体图形的特征的初步感受,属于数学概念的理解,是图形与几何的知识。

5.第三题主要评估学生是否会看钟表,能否正确地说出和写出整时的时刻,属于数学规则的运用,是数与代数的知识。

6.第四题主要评估学生对求比一个数多几或少几的数的数学模型的掌握水平,属于数学规则的运用,是综合与实践的知识。

7.第五题第 1 题主要评估学生对于求总数中的一部分这类问题的掌握情况,是一种数学模型思想,属于数学规则的运用,是综合与实践的知识。

8.第五题第 2 题主要评估学生对于总数和总数中的一部分的概念的理解,并在此基础上能够运用总数和总数中的一部分之间的规则去解决生活实际问题,属于数学规则的分析,是综合与实践的知识。

9.第五题第 3、4 题主要评估学生对求比一个数多几或少几的数的数学模型的掌握水平,属于数学规则的运用,是综合与实践的知识。

10.第五题第 5 题主要评估学生对数与序数概念的理解是否清晰,是否能根据减法的意义解决简单的实际问题,属于数学规则的分析,是综合与实践的知识。

11.第六题主要评估学生对 20 以内加减法的口算是否熟练掌握,属于数学规则的运用,是数与代数的知识。

第二册素养评估

一、计算。

1.口算。

$60+40=$	$100-5=$	$50+3=$	$86-5-9=$
$50+35=$	$76-10=$	$4+30=$	$54-5+10=$
$75+20=$	$83-20=$	$54+7=$	$37+50+2=$

$100-80=$　　$65-9=$　　$7+65=$　　$73-(12+8)=$

$15+8=$　　$78-5=$　　$35+4=$　　$80-(14-6)=$

2. 列竖式计算。（打 * 的要验算）

$29+56=$　　　　$82-29=$　　　　$*100-46=$

3. 脱式计算。

$50-24+40$　　　　$35+42+15$　　　　$96-(23+27)$

$=$　　　　　　　$=$　　　　　　　$=$

$=$　　　　　　　$=$　　　　　　　$=$

二、填空。

1. 下面这些数中的1,用计数器可以怎样表示？请你连一连。

100　　　　　　　18　　　　　　　81

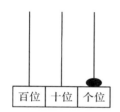 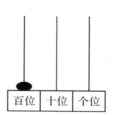 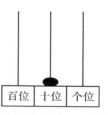

2. 如图,数一数,每数十颗豆圈一圈,有(　　)个十和(　　)个一,一共是(　　)颗豆。

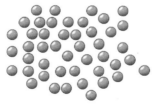

3. 按要求填一填。

（1）在□里填上合适的数。

（2）在上图中圈出和 82 相邻的两个双数。

4. 填上合适的单位名称。

星期一,身高 1(　　)33(　　)的小明去上学。来到教室里,教室的长是 10( )，教室里的课桌高 75( )。小明的好朋友小强也来上学了，他送了小明一个铅笔盒，价格是 20( )。

5.算一算，划一划。

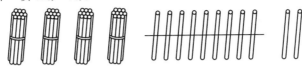

52－8＝□

先算 □○□＝□，并在上图表示出来。

再算 □○□＝□。

6.

8元5角   1元5角   2元   ( )元( )角

( )   ( )

7.在○里填上">""<"或"="。

3 个十○23   20＋42○42＋20   86－20○68－22

30 厘米○1 米   44 分○4 角   10 元－3 元 4 角○7 元

8.3 时整，钟面上时针和分针形成的角是( )角，正方形里有( )个这样的角。

9.玲玲按规律穿了一串手链，但最右边掉了 4 颗珠子，掉的是( )颗●,( )颗○。

三、操作题。

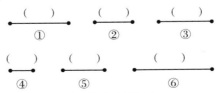

( )   ( )   ( )
①　　　　②　　　　③

( )   ( )   ( )
④　　　　⑤　　　　⑥

(1)量出上面线段的长度，填在括号里。

(2)如果要用上面的线段围成一个长方形，请你选出合适的 4 条线段,在上图的序号上打"√"。

(3)根据你选的线段,在下面的方格图中画出这个长方形。

(4)选( )条④号线段,可围成一个正方形,请在下面的方格图中画一画。

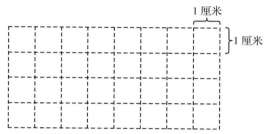

四、解决问题。

1.体育器材室借出 35 个篮球,还剩 56 个篮球,体育器材室原有多少个篮球?

答:体育器材室原有( )个篮球。

2."小雨滴"合唱团原来有 54 人,本学期末离开了 19 人,新加入 25 人,合唱团现在有多少人?

答:合唱团现在有( )人。

3.王老师带了 87 张彩纸给同学们做手工,折飞机用去 46 张,折花朵用去 34 张,还剩多少张彩纸?

答:还剩( )张彩纸。

4.苏州盘门三景是古城的名胜区。周末,读一年级的文文和爸爸、妈妈准备去盘门三景游玩。文文家比较了两种买票方案,觉得在网上买票更划算,请你帮文文家算一算,买票一共要花多少钱?

方案一:现场买票

名称	苏州盘门三景
门票价格	成人 40 元/人,儿童、老人半价

方案二:网上买票

成人票	￥34 元起
可订明日	预订
随时退	
已售 200＋购票须知＞	

答:买票一共要花( )元。

素养评估分析

1. 第一大题计算主要评估学生百以内加减法的口算、竖式计算、脱式计算是否熟练,属于数学规则的运用,是数与代数的知识。

2. 填空第 1—3 题主要评估学生对百以内数的认识、数的组成、数位的意义、单双数概念的理解是否清晰,属于数学概念的理解,是数与代数的知识。

3. 填空第 4 题主要评估学生对长度单位米和厘米的理解和感受,属于数学概念的理解,是图形与几何的知识。

4. 填空第 5 题主要评估学生对两位数减一位数退位减法算理的理解,属于数学规则的运用,是数与代数的知识。

5. 填空第 6 题主要评估学生能否熟练计算人民币的加减法,解决购物付款问题,属于数学规则的运用,是数与代数的知识。

6. 填空第 7 题主要评估学生是否会比较式与数的大小和人民币的大小,属于数学规则的运用,是数与代数的知识。

7. 填空第 8 题主要评估学生是否掌握直角和正方形的特征,属于数学概念的理解,是图形与几何的知识。

8. 填空第 9 题主要评估学生对图形变化规律的掌握,属于数学规则,达到分析的水平,是综合与实践的知识。

9. 操作题主要评估学生是否会测量线段长度,如何画长方形和正方形,以及是否掌握了长方形和正方形的特征,属于数学概念的理解,是图形与几何的知识。

10. 解决问题第 1 题主要评估学生是否理解对于求原有的问题就是求总数,是一种数学模型思想,属于数学规则的运用,是综合与实践的知识。

11. 解决问题第 2、3 题主要评估学生是否掌握两步问题的解决方法,属于数学规则的运用,是综合与实践的知识。

12. 解决问题第 4 题主要培养学生分析问题的能力,从众多条件中找到需要的条件,属于数学规则,达到分析的水平,是综合与实践的知识。

第三册素养评估

一、计算。

1.直接写出得数。

45÷9=	90−53=	54÷9=	76+15=
72÷8÷3=	64−46=	24÷5=	42÷7=
3×7=	30−5×3=	4×6=	35÷7=
80÷9=	56−8=	32÷(2×4)=	

2.脱式计算。

  (57−49)×7   82−18÷6   63÷(70−61)   45+4×7

=   =   =   =

=   =   =   =

二、填空。

1.

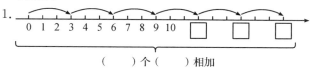

（   ）个（   ）相加

乘法算式写成（   ）×（   ）或（   ）×（   ）。

2.(1)欣欣跑步用了（   ）分钟,欣欣早晨吃早饭用了（   ）分钟。

   (2)早晨 7:32,欣欣在（   ）。

6:30—6:35	起床
6:35—6:40	洗漱
6:40—6:55	跑步
6:55—7:10	吃早饭
7:10—7:35	早读
7:40	上学

3.小丁的编程课分别安排在今天上午9:00—9:40 和明天上午 10:20—11:00。如果今天要把两次编程课都上完,一共要花（   ）小时（   ）分。

4.有 5 种颜色的彩带长度如下:

红色	蓝色	橙色	黄色	绿色
60 厘米	2 分米 4 厘米	8 分米 3 厘米	7 分米 6 厘米	5 分米

  (1)不考虑连接部分,（   ）色和（   ）色的彩带连起来的长度正好是 10 分米。

  (2)做一个中国结需要彩带 8 厘米,红色彩带最多能做（   ）个中国结。

5.如下表,是二(1)班学生想要参加的兴趣小组统计表。

篮球	足球	唱歌	书法
正正正正正下	正正正下	正正	下

(1)篮球兴趣小组共有多少人想参加?列式并计算:_____。

(2)你对学校开设兴趣小组有什么建议? _____。

6.把18支铅笔平均分给小朋友,可以怎样分?在下表中填一填。

每人分到的支数	2			9
分的人数		6	3	

从表中可以看出,每人分到的支数越少,分的人数就越( ),每人分到的支数越多,分的人数就越( )。

三、选择正确答案的序号填在括号里。

1.把12颗糖平均分给4个小朋友,分法正确的是( )。

A.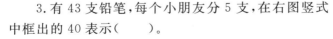

B.

C.

2.下面哪个算式不能计算出邮票的
总张数( )。

A. $2 \times 6 - 1$

B. $5 + 6$

C. 6×5

3.有43支铅笔,每个小朋友分5支,在右图竖式
中框出的40表示( )。

A.还剩下的铅笔支数

B.已经分掉的铅笔支数

$$5\overline{)\begin{array}{r} 8 \\ 4\ 3 \\ \underline{4\ 0} \end{array}}$$

C. 一共要分的铅笔支数

4. 以下哪个钟面坏了？（　　　）

A. 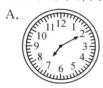　　　B. 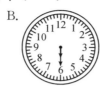　　　C.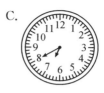

四、操作题。

1. 把左面中的草莓装到右面的盒子里（每个格子装一个），需要（　　　）个这样的盒子才能装完。

　　　　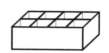

2. 观察下图，填一填。

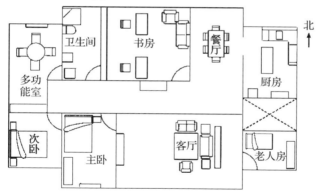

(1)客厅的东面是（　　　），卫生间在书房的（　　　）面。

(2)张兰住在次卧，她走出次卧，向（　　　）面走，再向（　　　）面走到餐厅吃午饭。吃完饭后向（　　　）面走到客厅看电视。

3. 如图，小红和小明合作串了一串图形链。

(1)按规律把空白部分的图形画出来。

(2)看图统计。

形状	圆	正方形	五角星形	三角形
个数				

颜色	白色	深色
个数		

(3)在上面的图形中,三角形的个数是圆的( )倍。

五、解决问题。

1.有 24 块 ,摆成如右图的物体,可以摆多少个?

2.学校有 41 人参加跳绳和溜冰训练,参加溜冰训练的有 25 人,参加跳绳训练的同学平均分成了 4 组,每组有多少人?

3.二(9)班有 2 名老师和 32 名学生,他们准备租下面的客车去参观科技馆,坐得下吗?

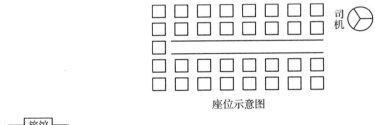

座位示意图

4.

(1)如果都住大房间,至少需要几间?

(2)如果都住小房间,至少需要几间?

(3)如果大房间和小房间可以搭配住,每个房间都住满,那么需要几间大房间和几间小房间?

素养评估分析

1.第一大题计算主要评估学生表内加减乘除的口算和脱式计算是否熟练,属于数学规则的运用,是数与代数的知识。

2.填空第1题主要评估学生对乘法的意义(求几个相同加数的和用乘法计算)的理解是否清晰,属于数学概念的理解,是数与代数的知识。

3.填空第2、3题主要评估学生对时间单位的关系、时间单位换算和运用时、分、秒的相关知识解决实际问题的理解是否清晰,属于数学概念的理解,是数与代数的知识。

4.填空第4题主要评估学生对长度单位分米和厘米的理解和感受,解决有余数除法的实际问题,并对结果进行合理性判断(进一法和去尾法),属于数学概念的理解,是数与代数的知识。

5.填空第5题主要评估学生能否根据统计表或统计图中给出的数据进行简单分析,提出简单的问题,并能回答简单的问题。属于数学规则的分析,是统计与概率的知识。

6.填空第6题主要评估学生能不能运用除法的意义解决实际问题。属于数学规则的分析,是数与代数的知识。

7.选择第1、2、3题主要评估学生是否能根据加、减、乘、除法的意义解决一些简单的实际问题,属于数学规则的运用,是数与代数的知识。

8.选择第4题主要评估学生是否会看钟表,能否正确地说出和写出几时几分的时刻,能否结合钟面算出从某一时刻到某一时刻经过的时间,属于数学规则的运用,是数与代数的知识。

9.操作题第1题主要评估学生能否解决有余数除法的实际问题,并对结果进行合理性判断(进一法和去尾法),属于数学概念的理解,是数与代数的知识。

10.操作题第2题主要评估学生是否能在实际生活和地图上辨认出东、南、西、北四个方向,属于数学规则的运用,是图形与几何的知识。

11.操作题第3题主要评估学生能否根据统计表或统计图中给

出的数据进行简单分析,提出简单的问题,并能回答简单的问题。属于数学规则的分析,是统计与概率的知识。

12.解决问题第1题主要评估学生能否进行简单的立体图形的观察,并根据除法的意义解决一些简单的实际问题,属于数学规则的运用,是综合与实践的知识。

13.解决问题第2、3、4题主要评估学生是否能根据加、减、乘、除法的意义解决一些简单的实际问题,属于数学规则的运用,是综合与实践的知识。

第四册素养评估

一、计算。

1.口算。

$600×4=$	$72÷6=$	$450+40=$	$17×3=$
$8-8÷4=$	$300÷5=$	$420÷7=$	$0÷36=$
$1200-800=$	$2+0×5=$	$18×5=$	$33÷3=$
$700+900=$	$320÷4=$	$16÷8+78=$	

2.列竖式计算。(打*的要验算)

$466+544=$ $*540÷5=$ $1080×6=$

3.脱式计算,能简算的要简算。

$1000-896÷4$ $476-124-76$ $230+78×6$

二、填空。

1.

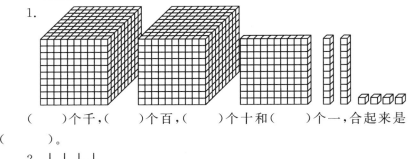

( )个千,( )个百,( )个十和( )个一,合起来是
( )。

2.

千 百 十 个

上图表示的数是( ),在个位上再拨 1 颗珠子,这时的数是
( )。

3.如右图,1 袋奶粉重( )克,4 袋奶粉重
( )千克。

4.3 种物品的价格如下图,但是有的数字被
方框挡住了,林林付了 300 元,他买的两样物品
是( )和( )。

①96元 　　②2□5元 　　③19□元

5.小丽、小明、小红家离少年宫大约有多远?估一估,连一连。

| 小红说:我 3 步大约 1 米,从家到少年宫我走了 900 步。 | 1000 米 |

| 小丽说:我骑车 1 分钟大约行 200 米,从家到少年宫我骑了 5 分钟。 | 300 米 |

| 小明说:我乘公共汽车,乘了 5 站路,每站路约 600 米。 | 3 千米 |

6.爸爸要选择一种交通工具,以及一个目的地,一共有( )种
选择。

爸爸乘坐	飞机	去	北京
			西安
	火车		昆明

三、选择。

1.妈妈买了 2 盒蛋挞,每盒 10 元,买汉堡花了 18 元。根据这些
条件,无法解决的问题是( )。

A.妈妈买蛋挞花了多少钱?

B.妈妈买了几个汉堡?

C. 妈妈一共花了多少钱?

2. 看下图中的除法竖式,小李通过摆小棒也得到了答案,竖式中箭头所指的数,相当于哪个选项中虚线圈出的小棒?(　　　)

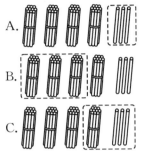

$$\begin{array}{r}
1\ 4 \\
3\overline{\smash)4\ 3} \\
\underline{3} \\
1\ 3 \\
\underline{1\ 2} \\
1
\end{array}$$

3. 世界上最高峰"珠穆朗玛峰"高约 8848 米。在下图中,(　　　)的位置大约是"8848"。

四、解决问题。

1.

四百九十九元　　　二千八百元　　　三千零八十元　　　二千零八元

物品	自行车	洗衣机	空调	电动车
价格(元)	499			

(1)把上面的表格填写完整。

(2)妈妈带了 3000 元,想买一台洗衣机和一辆自行车,够吗?

2. 猴哥哥有 12 个桃子,猴弟弟有 6 个桃子,猴哥哥给猴弟弟多少个桃子,两人就同样多了?(用列表或画图的方法解决,并写上答句)

【列表】

	猴哥哥	猴弟弟
原来		

【画图】(在图中表示出你移动的过程)

猴哥哥：○○○○○○○○○○○○

猴弟弟：○○○○○○

3. 请你根据下面的线段图, 提出一个需要两步计算的问题, 并解答。

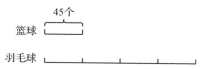

素养评估分析

1. 第一大题计算主要评估学生万以内数的加、减、乘、除口算, 多位数乘除一位数的竖式计算, 以及混合运算是否熟练, 属于数学规则的运用, 是数与代数的知识。

2. 填空第 1、2 题主要评估学生对万以内数的认识、数的组成、数位的意义理解是否清晰, 属于数学概念的理解, 是数与代数的知识。

3. 填空第 3 题主要评估学生是否掌握重要单位千克和克的关系, 属于数学概念的理解, 是数与代数的知识。

4. 填空第 4 题主要评估学生的估算意识, 属于数学规则, 达到分析的水平, 是数与代数的知识。

5. 填空第 5 题主要评估学生是否掌握长度单位千米和米的关系, 属于数学规则的运用, 是图形与几何的知识。

6. 填空第 6 题主要评估学生搭配问题的搭配方法, 属于数学规则的运用, 是综合与实践的知识。

7. 选择第 1 题主要评估学生分析解决问题的综合能力, 从条件出发, 寻找问题, 属于数学规则的运用, 是综合与实践的知识。

8. 选择第 2 题主要评估学生对除数是一位数的除法算理的理

解,属于数学规则的运用,是数与代数的知识。

9.选择第 3 题主要评估学生对数轴的理解,有对应思想,能在数轴上找到对应的数,属于数学规则的运用,是数与代数的知识。

10.解决问题第 1 题主要评估学生会写万以内的数,并进行加减法的计算,属于数学规则的运用,是数与代数的知识。

11.解决问题第 2 题主要评估学生是否掌握移多补少问题的解决方法,有一题多解的思想,属于数学规则的运用,是综合与实践的知识。

12.解决问题第 3 题主要培养学生数形结合的思想,能看懂线段图,找到条件,提出问题,属于数学规则,达到分析的水平,是综合与实践的知识。

第三章　第二学段(3—4年级)小学数学高效教学实践应用

　　小学第二学段学生虽然有了一定的自制力和专注力,但在传统的数学课堂中,仍然不能长时间集中注意力,也不能自主提升学习数学的兴趣。基于此情况,小学数学教师应及时地在小学第二学段的教学过程中注重将教学与实际生活相联系,让枯燥的数字与练习变成灵动而富有趣味的生活问题,以激起学生的学习兴趣和运用知识解决实际问题的动力,让学生能顺利解决一些生活问题;同时,又能让学生学会融会贯通,举一反三,灵活地运用数学知识,从而促进学生数学能力的发展,提升数学教学效果。

一、小学数学高效教学案例解析

(一)数与代数

知识点:乘法(笔算)

1.对本知识点教材的整体把握的建议。

1)对本知识点的教材分析。

　　两位数乘两位数,这部分内容主要研究乘法的竖式计算,是本册教材的重点,从学生掌握方法来看又是难点。为了便于接受,本单元先学习两位数乘两位数,这是在学习了笔算多位数乘一位数的基础上进行的教学。在习题的编排上教材将不进位和进位、不连续进位和连续进位混合编排,这种编排有助于学生的知识迁移,有利于学生探索规律,而不是像以前教材那样,步子过细过碎,限制学生能力的培养和发展。

2)在教材整体把握上对本知识点的教学建议。

两位数乘两位数的笔算乘法是在学生能够比较熟练口算整十、整百数乘一位数,两位数乘一位数(每位乘积不满十),并且掌握了多位数乘一位数的计算方法,还学会了口算两位数乘整十数和估算两位数乘两位数的基础上进行的。在教学时,教师应该根据知识的系统性以及三年级学生的思维特点,在学生经历两位数乘两位数的笔算乘法的计算演练过程中,使其理解两位数乘两位数的笔算方法,掌握算理。通过操作、小组合作,学生感受到数学与生活的密切联系,体会到数学的意义和作用,这有利于激发其学习数学的兴趣。

两位数乘两位数的笔算乘法是在已学过的乘法认识与乘法口诀、多位数乘一位数的乘法以及口算两位数乘整十数和估算两位数乘两位数的基础上进行的,是今后学习两位数乘三位数、多位数乘多位数及小数乘法的基础。

突出教材内容的前后联系:一是教师要有整体把握和处理教材内容的意识,从备课到组织教学过程都注意突出所教内容的前后联系;二是引导学生充分利用过去所掌握的知识来学习这节课内容上的分类,让学生感受本节内容在原有知识基础上的发生、发展过程,并为后面的学习做好准备。

2.课堂教学组织。

环节一:创设情境,生成问题。

1)谈话导入。

师:同学们,你们喜欢读书吗?那好,今天呀,老师想给咱们班添置一些新书,老师想带你们去逛书城,愿意吗?

师:不过,老师有个要求,就是要做对我出的题目才可以去,现在我们一起来看看都有哪些题。(课件出示口算题)

$8×6=$　　　　　　$7×20=$　　　　　　$30×21=$　　　　　　$60×50=$

师:同学们表现真棒,现在让我们一起去书城看看吧!

2)师:老师在上个周末就去了一趟书城,选了一些书目。现在想

请我们班的同学来帮老师来选一选,好吗?(课件出示书名)

《脑筋急转弯》《唐诗宋词》《上下五千年》

师:你们最喜欢哪一本书?

3)学生选出最受欢迎的书。

师:每本书 24 元,买这样的两本书需要多少钱?怎样列式?(24×2＝48)

再引导复习竖式计算:

师:如果买 10 本呢?(24×10＝240)

师:今天我们要买一套,一共 12 本,应付多少元钱?你们会列式吗?

引导学生列式:24×12＝

师:这是一个新问题,这节课,我们一起来研究两位数乘两位数的乘法(板书课题:两位数乘两位数的笔算乘法)

环节二:探索交流,解决问题。

1)自主探索。

师:这个算式能用我们原来学过的知识来解决吗?请同学们开动脑筋想一想,然后试着在练习本上算一算! 12×24 的积是多少?

(学生独立计算,教师巡视指导)

2)互动交流。

(1)小组交流。

师:算完了吗? 请在小组里说说你的算法,或讨论一下你遇到的困难。

(2)学生汇报。

请不同算法的同学上台板演并说明算法,教师讲解 3 种方法。

方法一:先算 24×10＝240(元),24×2＝48(元),
　　　　再算 240＋48＝288(元)。

方法二:先算 20×12＝240(元),4×12＝48(元),
　　　　再算 240＋48＝288(元)。

方法三：
$$
\begin{array}{r}
2\ 4 \\
\times\ 1\ 2 \\
\hline
4\ 8 \\
2\ 4\ \ \\
\hline
2\ 8\ 8
\end{array}
$$

3）师生评价。

请学生说一说,你喜欢哪种算法? 为什么?

4）研究笔算。

(1)请同学们再讲一讲第三种方法的计算过程。

(2)师生共同探讨笔算算理:

$$
\begin{array}{r}
2\ 4 \\
\times\ 1\ 2 \\
\hline
4\ 8 \\
2\ 4\ \ \\
\hline
2\ 8\ 8
\end{array}
$$

……24×2的积,问:48是怎么来的?

……24×10的积,问:这里的24是表示多少?

(3)通过上面的讨论,你觉得应怎样笔算两位数乘两位数?

(4)师生共同小结笔算算理:先用第二个因数的个位去乘第一个因数,得数末位与第一个因数的个位对齐;再用第二个因数的十位去乘第一个因数,得数末位与第一个因数的十位对齐;最后把两次乘得的积加起来。

环节三:巩固练习。

(1)第63页做一做第二行列竖式计算。

(2)第64页练习十五第3题。

(3)第64页练习十五第4题。

(4)游戏。

游戏大闯关:比一比,赛一赛。

环节四:课堂总结,明确学习目标。

通过今天的学习,你有什么收获? 两位数乘两位数的笔算,最关键是什么?你有什么好的建议?

3.对本知识点学生出现错题的建议。

1)对本知识点学生出现错题的分析。

对本知识点,学生容易出现的错题主要有下列几种情况。

例1:

$$
\begin{array}{r}
1\ 8 \\
\times\ 1_1\ 2 \\
\hline
3\ 6 \\
1_2\ 8 \\
\hline
3\ 4\ 6
\end{array}
$$

原因:粗心大意,误把第三步的加法计算也算成了乘法。

策略:

(1)理解算理,让学生说一说第三步表示什么意思,应用什么方法计算。

(2)进行判断练习,培养认真、细致的良好计算习惯。

例2:

$$
\begin{array}{r}
2\ 3 \\
\times\ 2\ 7 \\
\hline
1\ 4\ 1 \\
4_1\ 6 \\
\hline
5\ 0\ 1
\end{array}
$$

原因:漏了加进位。

策略:

(1)理解算法,提醒学生注意乘法的进位,不要忘记加进位。

(2)进行判断练习,培养认真、细致的良好计算习惯。

例3:

$$
\begin{array}{r}
3\ 4 \\
\times\ 3_2\ 6 \\
\hline
2\ 1\ 4 \\
1\ 0\ 2 \\
\hline
1\ 2\ 3\ 4
\end{array}
$$

原因:计算过程中的进位加错了。

策略：

（1）让学生互相交流记忆进位的方法，如用左手手指帮助记忆，或者把进位数写在草稿纸上帮助记忆。

（2）用不同的游戏形式增加练习量，如计算小能人比赛，看谁的五角星多等。

2）在教学中可采取的对策。

（1）计算教学要充分挖掘知识间的"纵向"联系，有效把握知识的前后联系，提高教学设计与实施的效果。

如：整数乘法，就分为4段来学习，一是表内乘法（学习乘法的根基），二是两位数、三位数乘一位数，三是两位数乘两位数（即本节课涉及的内容），四是三位数乘两位数。从知识安排的顺序可以看出，本节课涉及的两位数乘两位数乘法在整个整数乘法中处于一个承上启下的地位，既要在前面知识（两位数、三位数乘一位数）的基础上进行巩固学习，又要为后面的知识（三位数乘两位数，甚至是小数乘法）做好方法的铺垫。

（2）尊重学生已有的知识基础与生活经验，可以提高教学的针对性和有效性。

正因为知识有了纵向的联系，所以在设计教学时，应充分考虑学生已有的知识基础，引导学生对已经学过的知识进行整合，推导出新的知识；或者是将新的知识转化成已经学过的知识。本节课的设计就是充分考虑到学生已经学过两位数乘一位数和两位数乘整十数这个基础，在学习两位数乘两位数这个新知识时，先让学生自己尝试把它转化成已经学过的知识加以解决。这样既提高了学习的效率，又培养了学生遇到新问题就尝试转化成旧知识的意识。

（3）引导学生经历探究算法的过程，培养学生的数感，发展学生的比较、概括及抽象能力。

计算的法则实际不难，如果直接告诉学生法则，然后让学生计算会省去很多时间和麻烦，但是这样不利于培养学生的思维和能力。设计教学时还是要立足于让学生充分经历探究算法的过程，将计算法则的形成过程充分展开，让学生亲自动脑思考、一步一步动手操作，这样学生不仅学会了计算的法则，更重要的是在探索的过程中潜移默化地形成了比较、概括、抽象能力,培养了数感。

在探索 24×12 的口算过程时,用几个横式($24 \times 10 = 240$、$24 \times 2 = 48$、$240 + 48 = 288$)来表达过程,如果把几个横式写为竖式再对其进行合并,就会出现我们一般认为比较简单的竖式计算过程。教学中,就是要引导学生一步一步经历从口算到改为竖式,再到将几个竖式合并、简化的过程。

(4)处理好算理和算法的关系,抓住计算教学的核心。

算法主要解决"怎样计算"的问题,算理主要回答"为什么这样算"的问题。算理是计算的依据,是算法的基础,而算法是依据算理提炼出来的计算方法和规则,它是算理的具体体现。算理和算法是计算教学中相辅相成、缺一不可的两个方面。

本节课的重点是两位数乘两位数的笔算,其算法主要是:先用一个因数每一位上的数分别去乘另一个因数各个数位上的数;用因数哪一位上的数去乘,乘得的数的末位就对齐哪一位;然后再把各次乘得的数加起来。教学中,不仅要让学生知道这些算法,更重要的是要让学生明白为什么用每一位上的数分别去乘另一个因数的各个数位上的数,为什么用哪一位乘就和哪一位对齐(这正是本节课的一个难点),为什么要把每次乘得的数加起来。如果让学生充分经历了算法形成的过程,这些问题就不难理解了。

4.课堂中的因材施教。

本节课中,教师在学习探究两位数乘两位数的计算方法时,通过交流,让学生充分展示学习的思路,让学生充分感受到该知识发生、发展的过程,让学生自己领悟数学知识、掌握数学技能。教师组织学生创新,鼓励学生发表自己的观点、介绍不同的计算方法。

如"谁愿意与同学们分享你的计算方法?""在这些算法中,你比较欣赏哪一种算法?"等,让学生在交流中学会吸收、学会欣赏、学会评价。并在多种算法的比较中使算法得到优化。

(1)根据教学目标:不同领域或不同层次的教学目标的有效达成,要借助于相应的教学方法和技术。教师可依据具体的可操作性目标来选择和确定具体的教学方法。

(2)根据教学内容:不同学科的知识内容与学习要求不同;不同阶段、不同单元、不同课时的内容与要求也不一致,这些都要求教学方法的选择具有多样性和灵活性的特点。

(3)根据学生的实际特点:学生的实际特点直接制约着教师对教学方法的选择,这就要求教师能够科学而准确地研究分析学生的上述特点,有针对性地选择和运用相应的教学方法。

(4)根据教师自身的素质:任何一种教学方法,只有适应了教师的素养条件,并能为教师充分理解和把握,才有可能在实际教学活动中有效地发挥其功能和作用。因此,教师在选择教学方法时,还应当根据自己的实际优势,扬长避短,选择与自己最相适应的教学方法。

(5)根据教学环境条件:教师在选择教学方法时,要在时间条件允许的情况下,最大限度地运用和发挥教学环境条件的功能与作用。

5.家校沟通。

作为一节计算课,并不是所有的学生都能够熟练掌握,而小学低年级的计算直接影响到孩子未来的数学学习。那么要提升学生的计算正确率,就需要学生课后的巩固和复习,也就需要取得家长的配合和协助。

那么,如何取得家长的配合和帮助呢?

第一步:取得家长的信任和理解。通过家长会或者校信通、QQ、微信等手段,向家长阐述自己的教学理念,阐述培养学生家庭学习的重要性,以及计算能力的培养对未来数学学习的关键性,获得家长的理解。

第二步:提供内容和方法。学生做计算题的速度及正确率与每个学生自身的计算能力有着密不可分的联系。因此,教师在数学课堂教学中,常常会利用课堂时间训练学生的口算能力。但是不同的学生有着不同的接受能力和发展水平,针对计算能力薄弱的学生,就需要家长配合,在家进行额外的练习,还可以教给家长购买口算题卡进行练习,采用游戏的方式与孩子进行口算练习等。

第三步:及时反馈,对学生和家长公开鼓励和表扬。教师应该及时反馈学生的进步,了解课后家长做出的努力和给予的帮助,及时在班级里、班级 QQ 群或者微信群里,做出表扬和鼓励,让家长和学生看到努力的成效,提升家长和学生的积极性。

知识点:吨的认识

1.对本知识点教材的整体把握的建议。

1)对本知识点的教材分析。

吨的认识是一节数与代数中常见量的概念教学课,同时又是一个大计量单位的教学课。对于三年级学生来说,正确建立 1 吨有多重的质量观念是有一定难度的,这不仅是因为学生在生活中缺少接触较大长度单位和质量单位的机会,生活经验积累不足,还因为建立上述观念的过程通常要依赖于间接的感知,这就使得过程显得有些抽象,从而就会影响学生对相关概念理解的清晰度。

2)在教材整体把握上对本知识点的教学建议。

(1)突出教材内容的前后联系。

本知识是在学生认识质量单位克和千克的基础上继续学习的质量单位。本节课的重点是在具体情境中认识吨的含义,知道“1 吨 ＝ 1000 千克”;结合生活经验和简单推算感受 1 吨的实际轻重。这是因为只有知道吨的含义,才能产生 1 吨有多重的探索欲,也才能进一步展开观察、测量、推算、调查等诸多学习活动。另外,只有初步建立 1 吨有多重的观念,才能更好地理解与吨有关的实际问题中的数量关系,并正确解答相关的问题。

(2)初步感知质量单位“吨”。

基于教材和学生的了解,《吨的认识》作为概念教学的课型,应该注意从学生原有的经验出发,广泛联系现实生活,引发学生认识吨的学习愿望;精心设计多样化的操作活动,帮助学生初步建立关于 1 吨实际轻重的质量观念;努力沟通吨与其他质量单位的联系,帮助学生初步形成有关质量单位的良好认知结构;积极开展实践应用,不断加深学生对物体质量及其计量方法的理解。

(3)充分感知,积累经验,建立吨的质量感。

1 吨有多重是我们无法通过触觉直接感受到的,只能让学生通过间接体验来获取。所以就地取材,以“学生体重约 25 千克、老师的体重约 50 千克"作为推算的基本素材。这样让课堂更加有趣、有意义。

(4)培养学生的数学应用意识和关注现实生活中的安全问题。

"立德树人"是教育的重点目标,在这节课上,教师将生命教育有机融入学习中,让学生在吨的认识过程中了解限重、承重、载重等含义,在吨的单位质量以及单位数量的累加过程中感受超重带来的危害和灾难,让学生意识到要敬畏生命、远离危险。

2.课堂教学组织。

环节一:课堂导入。

师:1 吨到底有多重? 它和我们以前学过的千克、克有什么关系? 希望通过这节课的学习,你能找到答案。我们先来感受 1 吨(板书)到底有多重。

环节二:感知体验,认识 1 吨。

教师出示 1 位同学体重约 25 千克,向学生介绍。

每组找一位体重约 25 千克的同学,按照组号轮流抱一抱,并说说感受。有的学生说轻,有的说重。

让学生选出一名"大力士"同学来抱一抱我。要求其他学生认真观察"大力士"的表现。抱后请"大力士"说说感受。

想象推算。

师:25 千克体重已经很重了,但是这个重量与 1 吨相比差得远了! 我们来接着往下算,4 个这样的同学重多少? 40 个这样的同学重多少呢?

请你在练习纸上填一填。

生 1:1000 千克。

生 2:1 吨。

师:这两种写法都对,因为 1 吨就等于 1000 千克。(板书:1 吨=1000 千克)吨与千克之间的进率是 1000。

师:同学们,一个同学重 25 千克,40 个这样的同学重 1000 千克,也就是 1 吨。

板书:1000 千克=1 吨

1000 kg=1 t

师:你还想继续来感受1吨有多重吗?

教师出示1袋100千克的大米,向学生介绍。

师:1袋大米重100千克,几袋大米重是1吨?

环节三:巩固练习。

师:你能根据以下信息,用其他的方式来表示1吨的重量吗?

一头犀牛大约重500千克;一个铅球大约重5千克;一箱苹果大约重20千克;一匹马大约重200千克。

(　　　)个(　　　)是1吨。

师:生活中,你在哪里见过"吨"?

环节四:教师总结。

(1)很多物体重量的总和;(如100袋大米,50桶水等)

(2)很重的物体的重量;(如大象的体重,鲸的体重;铜像、石头等的重量)

(3)交通工具的载重量。

3.对本知识点学生出现错题的建议。

1)对本知识点学生出现错题的分析。

对本知识点,学生容易出现的错题主要有下列几种情况。

例1:　4500千克○45吨

例1很多学生填"＝",错误原因在于学生没有将吨和千克的关系搞清楚,误把45吨转换成4500千克。

例2:最接近1吨的是(　　)。

A.9800 kg　　　B.1 t 10 kg　　　C.1 t 1 kg　　　D.9999 kg

例2的错误原因在于学生未将单位名称换算统一,直接看数字判断。

2)在教学中可采取的对策。

(1)由易到难,循序渐进,通过新旧知识的联系入手,先提出1吨到底有多重,明确1吨等于1000千克,再反过来,1000千克有多重,多角度丰富对吨的认识。

(2)规范解题要求,统一单位名称去比较。

4.课堂中的因材施教。

对于1吨有多重的认识还是挺难的,在课堂中不断尝试让学生用自己的方式来表示1吨的重量。从不同角度让学生对1吨有不同的感受和认识。

5.家校沟通。

在现实的生活中,让孩子多体验一下身边物体的重量,尤其是家里买的1袋大米或者桶装水的重量,这样能加深孩子对1吨有多重的感受。

知识点:年、月、日

1.对本知识点教材的整体把握的建议。

1)对本知识点的教材分析。

三年级学生已经学习了时、分、秒的有关知识,对于时间有一定的认识。教师在新授课前向学生提出常识性问题:一年有多少天?大部分学生知道365这个数字,而对366很陌生。可见对于年、月、日的一些内容,学生是有一定的生活经验的,只是不够系统和完整。教材在这节内容的编排上,十分注重教学内容生活化,选用了许多贴近学生生活的素材。例如在本节课的导入阶段,教材给出了4幅有意义的日子的图片,通过中华人民共和国成立、中国第一颗原子弹爆炸成功等这些现实生活中有意义的日子,让学生初步感受年、月、日,激发学生的学习兴趣。同时教材还十分注重学生活动的设计,如让学生观察年历、制作年历等。

时间单位是较为抽象的计量单位,理解一个月或一年有多长需要有一定的想象力。三年级学生思维开始从具体向抽象过渡,因此本知识点也是对学生抽象思维的初步培养。

2)在教材整体把握上对本知识点的教学建议。

(1)突出教材与生活实际的联系。

对于三年级的学生来说,在实际生活中对年、月、日有一定的生活经验,知道一年有12个月。本节课课前,布置学生去了解一些生活中常见的节日,初步感知年、月、日。教材在一开始也出示了常见的重要日期,教材的"你知道吗"介绍了平年、闰年存在的原因。在教学中,教师应该联系学生的生活实际,并结合教材上的课外知识进行教学,让学生感受教材知识与实际生活是有联系的。

(2)让学生经历自主学习和合作学习的过程。

根据本节教材内容特点,教学时应避免教师过多讲解,尽量让学生采用自主学习和合作学习等学习方式去掌握年、月、日等知识点。教材首先展现了 2008 年和 2009 年的年历,让学生通过观察年历,自主研究年历,解决有关年、月、日的基本问题。接着,让学生对比两张年历,再通过小组合作来引出平年和闰年。这不仅给学生提供了独立思考的机会,也促进了同学间的交流沟通。

(3)结合口诀,掌握大小月。

判别大小月是本节课的教学重点,教师可以利用两个口诀促进教学。一个是"拳记法",是通过数拳头关节来记忆:"一月大、二月平、三月大……"另外一个是大月口诀:"一三五七八十腊,三十一天永不差。"两个口诀都可以在课堂上介绍,并让学生背诵。对比而言,"一月大、二月平、三月大……"的口诀便于记忆,因为学生随时可以拿出拳头进行记忆的复苏,并且在判断任意一个月份是大月还是小月时,都可以使用这个方法。而大月口诀,只有在判断是大月时合适,其优点是可以快速判断大月,不用再从一月开始想。

(4)培养学生的数学应用意识和解决问题的能力。

大小月的判断方法和平年闰年的判断方法,在实际生活中也会用到。例如学会判断了大小月,就能知道一个月的总天数;只有判断今年是闰年还是平年,才会知道今年的二月有多少日。这些问题在以后的生活中会常常遇到。

2.课堂教学组织。

环节一:引起注意,告知目标。

(1)出示国庆图片。

你知道中华人民共和国成立于什么时候吗?(1949 年 10 月 1 日)

(2)问:你还知道哪些特殊的日期?

元旦:1 月 1 日

劳动节:5月1日

北京奥运会:2008年8月8日

我的生日:(如何计算自己的年龄?用现在的年份-出生的年份)

(3)出示课题:今天我们就来认识3个时间单位——年、月、日。

环节二:呈现精心组织的材料,促进新知识理解。

1)总结一些基本知识。

对于年、月、日,你已经知道了哪些知识?

将学生的回答进行整理并板书。

(1)一年有12个月;

(2)一年有365天或者366天;

(3)一个月有30天或者31天,2月有28天或者29天,比较特殊。

2)学习"知识宝库1":认识大月、小月。

组织学生观察2009年和2008年的年历,总结每个月的天数。小组进一步讨论对比两张年历,能发现什么。

给出大月、小月的概念:

(1)31天的这个月是大月。

1月、3月、5月、7月、8月、10月、12月是大月。

(2)30天的这个月是小月。

4月、6月、9月、11月是小月。

(3)2月有28天或29天,既不是大月也不是小月。

介绍拳记法。

3)学习"知识宝库2":介绍平年和闰年。

科学家测出一年的时间是365日5时48分46秒。为了方便,人们把一年定为365天,所剩余的时间每4年大约多出一天(实际上多出23小时15分4秒),加在2月里,这一年是闰年,有366天。

规定:一年有365天的叫"平年",一年有366天的叫"闰年"。

提问:关键是根据每年的哪一月来判断?

给出一些年份的年历,让学生判断是平年还是闰年,整理后让学生自己找规律。

引导学生总结规律:每4年中有一年是闰年。让学生分组将一些年份除以 4,探索并总结规律。小结规律:年份数除以 4,没有余数的是闰年,有余数的是平年。

环节三:练习。

1)判断给出的年份是平年还是闰年。

(1)<u>1949 年</u> 10 月 1 日中华人民共和国成立。

(2)<u>1964 年</u> 10 月 16 日我国第一颗原子弹爆炸成功。

(3)<u>1997 年</u> 7 月 1 日香港回归祖国。

(4)<u>2008 年</u> 8 月 8 日第 29 届奥运会在北京开幕。

(5)<u>1900 年</u>义和团运动进入高潮。

2)观察 1900 年 2 月的月历,确定 1900 年是平年。

"四年一闰,百年不闰,四百年又闰"的规定:科学家测出一年所经过的时间是 365 日 5 时 48 分 46 秒。为了方便,人们把一年定为 365 天,剩余的时间则是每 4 年多出 23 小时 15 分 4 秒。因此,"四年一闰"又多算了 44 分 56 秒。那么每 400 年就要多算 3 日 2 时 53 分 20 秒,所以每 400 年应当少增加 3 天。为了便于计算,就有了"四年一闰,百年不闰,四百年又闰"的规定。

总结区分平年和闰年的方法:

非整百年,用年份数除以 4,有余数的是平年,没有余数的是闰年;

整百年,用年份数除以 400,有余数的是平年,没有余数的是闰年。

3)判断下列说法正确与否。

(1)每年都是 365 天。

(2)25 个月就是 2 年多 5 个月。

(3)3000 除以 4 没有余数,所以 3000 年是闰年。

(4)一年有 7 个月份是大月。

(5)2 月是小月。

4)猜一猜:小冬今年 16 岁,他却只过了 4 个生日。他的生日是哪天呢?

环节四:课堂总结。

(1)这节课你有哪些收获?

（2）说说你在这节课做得好的地方。

（3）你还想研究哪些关于时间的知识？

3.**对本知识点学生出现错题的建议。**

1）对本知识点学生出现错题的分析。

例1：平年2月有（   ）天，全年有（   ）天，合（   ）个星期零（   ）天。

学生对于平年、闰年的本质区别掌握不透彻，只是机械地背诵平年2月28天，一年365天，在做练习时容易和闰年混淆。而在将天数转换成星期时，不理解为什么要用除法去做。

例2：明明今年8岁，但是他只过了2个生日，那么他是（   ）月（   ）日出生的。

学生不理解为什么只过2个生日，有的学生会认为可能有几年生日没有过。在老师告知答案是2月29日时，仍然有个别学生不理解。本题需要对闰年2月的知识熟练掌握，才能理解，有一定难度。

2）在教学中可采取的对策。

（1）帮助学生记忆平年、闰年，告诉学生它们的本质区别在于，平年的2月比闰年的2月少一天，因此平年一年的天数也比闰年一年的天数少一天。转换成星期时，说清使用除法的原因：一年里面有多少个7天，就有多少个星期。

（2）对于例题2，教师一开始需要说清楚，题目的前提是"只要有生日就一定会过"，这样就避免了学生会产生可能有几年生日没有过的困惑。然后分析题意，8年只能过两次生日，说明生日不是年年都存在，也就是出生那一天很特殊，不是年年都有的日子，只有闰年2月最后一天2月29日。学生可能还会疑问，那为什么正好8年里过了两次，教师可以分析这样正好是4年过一次，符合"四年一闰"的特点。

（3）学生对于较多信息容易混淆，为了促进教学重点的掌握，可以在巩固知识阶段设计一些判断题，帮助学生进行辨析。

4.**课堂中的因材施教。**

对于优等生，需要培养学生的理解记忆能力。通过对知识点的总结归纳，口诀的教授，使得优等生能在课堂上高效地记住所有知识点。课上最后可以设计一些中高难度的题目,给予他们进一步发展的空间。

例:芳芳在外婆家连续住了两个月,共计 62 天,那么这两个月是(　　)月和(　　)月。

本题需要学生清楚地记忆连续两个大月是 7 月和 8 月。学生需要自主分析,如果其中一个月是 30 天,另一个月是 32 天,是不可能的。所以只可能是两个月都是有 31 天,那就只有 7 月和 8 月。

对于学困生,课上只要求他们记忆知识点。

例:今年 1 月、2 月共(　　)天。

帮助他们回忆 1、2 月的天数。在集体背诵大小月歌谣等基础知识时,对于这些学生要多加提问。

5.家校沟通。

让家长能够带着孩子多参与年、月、日知识的交流,教师和家长一起配合,让学生做到学以致用。比如家长可以问孩子"这个月一共多少天?"类似的问题。

对于知识点的掌握,课后还需要多加巩固。家长在家可以帮助孩子背诵相关概念,并及时和老师沟通学习情况。

为了知识的拓展和应用,可以在课后进行相关的小调查活动。例如家长和老师一起配合,调查父母的生日,并进行出生年月的计算。在家由父母指导制作年历卡,带到学校与同学进行交流。

知识点:分数的初步认识

1.对本知识点教材的整体把握的建议。

1)对本知识点的教材分析。

本课内容是北京景山学校数学教材三年级下册第六单元的内容,认识分数在这个单元里起到了至关重要的作用。

这部分内容是学生在掌握了万以内整数知识的基础上进行教学的。从整数到分数是数的概念的一次扩展,又是学生认识数的概念的一次质的飞跃。无论是意义,还是读写方法、计算方法,分数和整数都有很大的差异。分数的概念比较抽象,学生接受起来比较困难。因此,分数的认识在小学阶段分两个阶段学习,本单元只是"初步认识"。本节课是认识几分之一,这又是认识几分之几的第一阶段,是这个单元的"核心",是整个单元的起始课,对以后分数的学习起着至关重要的作用。

2)在教材整体把握上对本知识点的教学建议。

本知识对于学生来说是一个新内容,分数是很抽象的概念,学生很难理解分数的意思,所以需要联系之前所学习的内容:除法中的平均分。学生已经有了用整数来表示物体个数多少的经验基础,还学习了用除法来求平均分物体数量的计算方法,具有把物体进行平均分的操作能力。在教学过程中,教师应注意引导学生充分利用过去所掌握的平均分理解本节分数的意义,让学生感受本节内容在原有知识基础上的发生、发展过程,并为后面的几分之几,甚至分数的再认识的学习做好准备。

从整数到分数,对学生来说是认知上的突破,为了给学生搭建突破的台阶,教材提供了丰富的贴近学生实际的现实情境,让学生在熟悉的情境中感悟分数的含义。如单元主题图,通过学生喜爱的"游乐园"情境,出示 5 个与分数学习有关的小情境,来展示本单元将要学习的主要内容,并且后面一些例题的情境也是从主题图抽取出来的,使学生在一个比较完整的情境中学习数学,提高学习兴趣。教学时,教师可以充分利用教材提供的素材,或者另外创设一些适合儿童的情境,帮助学生理解分数的含义,掌握有关分数的知识。

在生活中,学生知道"一半",也清楚"一半"是怎么分的,这是学生熟悉的概念,那么教学时就可以从这里引出一个新的数来表示所有事物的"一半"。"分数"对学生来说是陌生的,但"物体的一半"却是熟悉的。教师应充分借助学生已有的经验,通过折一折、涂一涂找出图形的一半活动,让学生从怎样得到图形的一半过程中初步感悟分数的意义。同时这个环节也是让学生经历数学知识形成的过程,这是一个数学化的过程。当教师帮助学生把"一个物体或者一个整体平均分成两份,取其中的一份就是它的一半"这个概念初步建立后,就可以引出分数"二分之一"的含义。

学生学习数学知识,不应该是被动接受,而应该是主动建构。让学生动手操作对学生知识的建构有着积极的促进作用。教材给了学生很多动手实践的机会,让学生在动手、动脑、动口的过程中,感受"分数"的含义。如在认识几分之一时,给出分数的概念后,即刻让学生折出一张正方形纸的1/4,进一步体会"四分之一"的含义。教学时,教师要根据所教知识的特点,组织相应的数学活动,让学生通过操作、比较、推理、交流等活动,主动建构数学知识。

　　2.课堂教学组织。

　　环节一:复习引入。

　　(1)今天老师带来了4个苹果,需要分给4个小组,你觉得怎么分比较公平?(把4个苹果平均分成4份,每个小组分到1个苹果)

　　(2)我们接着再分一分。每个小组里面老师挑出2个小朋友,你觉得可以怎么分?(平均分)那每个小朋友得到多少呢?(一半)

　　平均分不能得到整数时,我们可以用另一个数来表示。

　　(3)出示课题:认识分数。(板书课题:认识分数)

　　环节二:新授分数的意义。

　　1)几分之一的意义。

　　(1)分苹果。

　　有同学说到每个小朋友得到1/2个苹果。说说你是怎么想的。这里2表示什么?1又表示什么呢?把这个1/2完整地说说是什么意思。

　　(2)分长方形。

　　(课件演示:把一个长方形平均分成6份,其中一份涂上颜色)

　　提问:你能用一个分数表示出涂色部分吗?说说你是怎么想的。

　　(课件演示:在其中的一份上显示出1/6)

　　(3)分1米。

　　(课件演示:把1米平均分成5份,标出其中的一份)

　　提问:你能用一个分数表示出标出部分吗?说说你的想法。

　　(课件演示:在其中的一份上显示出1/5)

　　(4)归纳3个例子的共同特征。

　　提问:刚才我们平均分了一个苹果、一个长方形、一米,你觉得还可以平均分哪些东西?(一块蛋糕……)

（调整板书：把"1"平均分成几份，其中的一份是"1"的几分之一）

这里的"1"可以表示一个苹果、一个长方形、一米……

平均分得到的结果是1/2、1/4、1/6、1/5，你觉得这些数有什么共同点？

生：都是表示其中的一份。

师："1"平均分成几份，其中的一份就是几分之一。

这些分数各部分都有名称，你想知道吗？

（板书：分数线、分母、分子）

先读分母再读分子，一起读一读这些分数。

你知道怎么写？（先写分数线，再写分母，最后写分子）

2）几分之几的意义。

（1）分长方形。

（课件演示：原本是把一个长方形平均分成6份，其中一份是这个长方形的1/6）

再取2份，可以用分数几来表示？

如果取4份呢？6份呢？并说一说这个分数表示的意思。

（2）分1米。

出示把1米平均分成8份的图，取几份，让学生自己独立填写，并说一说写的这个分数表示的意思。

（板书：2/8、3/8、5/8）

（3）归纳。

提问：2/8、3/8、5/8这些分数，跟刚才我们学习的几分之一的分数有什么不同呢？

指出并板书：把"1"平均分成几份，其中的几份就是它的几分之几。

环节三：巩固练习。

（1）书P55/1：用分数表示下面图中的涂色部分。

学生独立完成，集体批改（选择一张图说说理由）。

（2）书P55/2：根据分数涂上颜色。

学生独立完成，集体批改（选择一张图说说理由）。

（3）书P55/3：用下面分数表示涂色部分，对吗？为什么？

环节四:课堂小结。

今天我们认识了什么数?你学到了哪些知识?关于分数你还想知道些什么呢?我们在下面的学习中还将继续学习分数。

3.对本知识点学生出现错题的建议。

1)对本知识点学生出现错题的分析。

例1:如图3-1。

图3-1

错误原因在于学生没有理解必须是平均分的前提下,才能用分数表示。

例2:一个西瓜分成2块,其中1块是整块西瓜的二分之一。

错误原因在于学生没有考虑到分西瓜是要平均分才能用分数表示的,分成2块,并没有说明是平均分,也可以是不平均分。

例3:有两个杯子,各装有半杯水,将他们倒在一起刚好是一杯水。

错误原因在于学生没有想到如果这两个杯子的大小不同,倒在一起就不是一杯水了。

2)在教学中可采取的对策。

(1)加强基本概念教学,让每个学生充分理解分数的意义,在课堂上强调平均分,让学生在说一说、动手操作等过程中,充分感受平均分的前提。

(2)加强学生读题理解能力,在课堂中,多让学生说,注重学生的审题能力、理解能力。

4.课堂中的因材施教。

在练习题目中,对学生因材施教,对大部分学生要注重基础教育。

1.看图写分数(图3-2)。

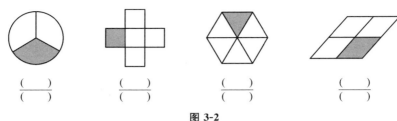

$$\frac{(\quad)}{(\quad)} \qquad \frac{(\quad)}{(\quad)} \qquad \frac{(\quad)}{(\quad)} \qquad \frac{(\quad)}{(\quad)}$$

图 3-2

学生对于这种可以直观地看出分数的题目,很容易上手。以此帮助学生初步体会分数的意义。

(2)根据分数涂色(图 3-3)。

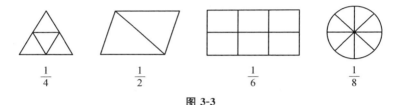

$$\frac{1}{4} \qquad\qquad \frac{1}{2} \qquad\qquad \frac{1}{6} \qquad\qquad \frac{1}{8}$$

图 3-3

让学生根据分数涂颜色,这就对学生有了进一步的要求。学生涂色要建立在理解了这个分数的意义上,才能更好地完成题目。

(3)提问:老师手上有 12 支笔,你能拿出它们的 1/2 吗? 拿对了笔就送给你。谁又能拿走剩下的 1/3 呢?

通过此题,进一步深化几分之一的意义,提高学生的应用能力。对于优等生,也可以培养他们的发散思维。

或者还可以拿出 8 枚奖励贴纸:先把 8 枚贴纸的 1/8 奖给认真听讲的学生,他获得了几枚贴纸? 再把 8 枚贴纸的 1/4 奖给发言积极的学生,他获得了几枚贴纸? 通过获得贴纸数量的不同这样一个小活动,帮助学生认识到分数不但表示一个物体的一部分,而且也可以表示一个整体的一部分,为以后进一步理解分数的意义做好铺垫。

5.家校沟通。

分数的意义建立在平均分上,学生在家里可以和家长互动,一起把物体分一分。通过这样的实际操作,深刻感受平均分,理解分数的意义。

(二)图形与几何

知识点:长方形和正方形的面积

1.对本知识点教材的整体把握的建议。

1)对本知识点的教材分析。

本课内容是北京景山学校数学教材三年级上册第六单元的内容,认识面积在这个单元里起到了至关重要的作用。

这部分内容是学生在掌握了长方形与正方形的基本特征以及图形周长的概念基础上进行的教学。从周长到面积是图形概念的一次扩展,又是学生认识图形概念的一次质的飞跃。无论是实际意义,还是基本特征与计算方法,周长和面积都有很大的差异,同时面积概念比较抽象,学生接受起来比较困难。面积的认识在小学阶段分 3 个阶段学习,本单元只是"初步认识面积"。本节课是面积的认识,这是认识长方形和正方形的面积的第一阶段,是这个单元的"核心",是整个单元的起始课,对以后学习起着至关重要的作用。

因此,使学生在学习过程中经历由直观操作、根据实物思考到摆脱实物思考的过程,遵循从具体到抽象的原则,有利于学生抽象思维的培养,为进一步提高学生的逻辑分析能力打下基础。

2)在教材整体把握上对本知识点的教学建议。

(1)突出教材内容的前后联系。

本知识对于学生来说是一个新内容,面积概念的教学比较抽象,学生很难理解面积的概念。教学安排时,一方面需要联系之前学习的长方形和正方形的基本特征;另一方面也需要为后面学习多边形的面积做好准备。如在"摸一摸西瓜"的教学中既感知到西瓜的表面是面积,又避免学生误认为只有规则的长方形和正方形才有面积。

突出教材内容的前后联系:一是教师要有整体把握和处理教材内容的意识,从备课到组织教学过程都要注意突出所教内容的前后联系;二是引导学生充分利用过去所掌握的计算方法解决本节计算问题,让学生感受本节内容在原有知识基础上的发生、发展过程,并为后面的学习做好准备。

（2）引导学生采用自主学习和合作学习等学习方式掌握计算方法。

根据本单元的知识特点,教学时应尽量避免教师的"一言堂"现象,多引导学生进行自主学习和合作学习,以这样的方式去掌握面积这一概念。因此,为了突破面积这一抽象概念,教材提供了丰富的生活情境,让学生在熟悉的情境中感知面积的概念。例如,让学生摸一摸桌面、西瓜等物体的表面,来感知面积是哪部分,使学生形成较为丰富的表象认识。

而比较面积的大小对学生来说有一定难度,可让学生运用小组合作学习的方式,用合作讨论、互相启发等方式去找到比较面积的方法。

（3）加强数学实践活动,体会动手操作。

为了帮助学生更好地理解面积概念,学生通过重合、剪拼割补的具体操作比较面积大小,同时加深对面积的认识,展现了概念的形成过程。

（4）培养学生的数学应用意识和解决问题的能力。

首先,在教学中注意引导学生联系桌面、西瓜等物体的表面,让他们明白数学与生活是密切相关的。然后,在求北京市 3 个区面积大小问题的过程中,让学生切实感受到数学中的知识在生活中是可以用到的。此外,在教学中要特别注意引导学生获得在生活中怎样去比较面积大小的方法,培养他们解决实际生活问题的能力。

2.课堂教学组织。

环节一:引起注意,告知目标。

师:请同学们仔细观察我们的教室,一起来跟随老师,做几个小游戏。

环节二:呈现精心组织的材料,促进新知识理解。

（1）游戏一——看一看,比一比。

①提出问题:请大家看看黑板的表面和课本的封面,说说哪一个面比较大,哪一个面比较小。

②请一个同学带好课本,到讲台上指一指哪里是黑板的表面,哪里是课本的表面。

③让学生用手势来比一比黑板的表面有多大,课本的表面有多大。

④结论:各个物体的表面,都有它确定的大小。

(2)游戏二——听一听,说一说。

①提出问题:你能比较黑板桌面和课本封面的面积大小吗?

②师:黑板表面的大小是黑板桌面的面积。

③提问:大家来说一说,什么是课本封面的面积?

④提问:你能比较黑板桌面的面积和课本封面的面积吗?

⑤结论:因为黑板表面的大小就是黑板桌面的面积,课本封面的大小就是课本封面的面积,黑板表面有这么大,而课本封面只有这么点大。所以,黑板桌面的面积就比较大了。

(3)游戏三——摸一摸,比一比。

①提出问题:摸摸课桌面和椅子面,哪一个面的面积比较大? 哪一个面的面积比较小?

②先解决:什么是课桌面的面积? 什么是椅子面的面积?

③组织学生摸一摸课桌面和椅子面。

④让学生用手势比一比课桌面和椅子面的大小。

(4)游戏四——找一找,比一比。

①提出问题:你能举例说说一些物体表面的面积,并且比比它们的大小吗?

②教师举例:讲台面的大小,就是讲台面的面积;电脑表面的大小,就是电脑的面积。讲台面的面积比电脑的面积大。

③同桌合作,各自找两个生活中的物体,说一说什么是它们的面积,并比较面积的大小。

④组织几对同桌,全班交流。

(5)总结:物体表面的大小叫作面积。

(6)提问:橘子表面的面积有多大? 牙膏盒表面的面积有多大?

环节三:巩固练习。

(1)练一练第一题,观察法。

①提问:4 个图形中,哪个最大? 哪个最小?

②提问:你是怎么比较的呢?

③小结:比较面积的大小可以直接观察。

④跟进练习:把 4 个省份的面积从大到小排列。

(2)练一练第二题,重叠法。

①提问:你能比较这两个圆形的面积吗? 可以直接观察吗?

②提问:你有什么办法?

③用多媒体演示重叠的过程。

④小结:比较面积还可以用重叠法。

⑤跟进练习:比较两片树叶的大小。

(3)练一练第三题,数格法。

①提问:你能比较这两幅画的面积吗? 直接观察可以吗?

②多媒体演示重叠过程,并提问:重叠可以比较吗?

③引导学生:我们可不可以把它放到方格纸上进行观察呢?

④多媒体演示,把两张图放在方格纸上。

⑤小结:比较面积也可以用数方格法。

⑥跟进练习:数一数,下面各图形分别占几个小方格? 哪个图形的面积最大? 哪个图形的面积最小?

环节四:课堂总结。

今天这节课你都学会了什么?

3.对本知识点学生出现错题的建议。

1)对本知识点学生出现错题的分析。

例 1:比较两个图形面积的大小。(图 3-4)

图 3-4

错误原因在于学生在剪下这两幅图之后无法清楚地数一共有多少方格,学生直观感觉右边的图面积较大,导致结果错误。

例 2:数一数下面各图形分别占几个小方格。哪个图形的面积最大? 哪个最小?(图 3-5)

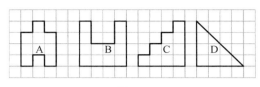

图 3-5

错误原因在于学生数格子时没有仔细观察,把半格当成 1 格数,D 图形就数成了 10 格,从而错误地认为 A 图形是面积最小的。

例 3:下面两个图形,哪个面积大?(图 3-6)

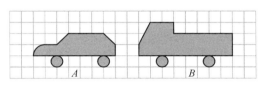

图 3-6

错误原因在于学生在数格子时因为没有格子就无从下手,从而无法比较面积的大小。

2)在教学中可采取的对策。

上课前可让学生准备一些物体,比如橘子、香蕉、纸盒等。在课上剥开橘子皮、香蕉皮,打开盒子的各个面,让学生看一看、摸一摸,充分感受到"物体的表面"。接着出示很多我们学过的平面图形,让学生摸一摸这些"平面图形的大小",把定义补充完整。最后可以让学生摸一摸表面是曲面的杯子,还有表面有几个面的物体的大小,让学生对面积有个完整的认识,不是平面图形也有面积。另外,在数格子时,应该注重策略,如先数一格的,然后数半格的,最后再数不满半格的。

4. 课堂中的因材施。教

在练习题目中,应注意因材施教,要注重大部分学生的基础知识教育。例如,比较课桌的面与书本的面的面积大小,这类题目对学生来说比较容易,可以帮助学生明确面积差异明显的比较方法。

5.家校沟通。

面积的认识建立在周长之上,学生在家里可以和家长互动,一起感知周长与面积的区别。通过实际操作,让学生深刻感受面积,帮助他们更好地学习面积。这样与实际生活的紧密联系,会让学生学习起来更加积极,学习效果自然事半功倍。

知识点:三角形的面积

1.对本知识点教材的整体把握的建议。

1)对本知识点的教材分析。

在第六册教材中,学生已经学过三角形的基本概念以及长方形和正方形面积计算公式,也学习了三角形的底和高,而且在推导平行四边形面积公式的过程中,也积累了一定的学习经验,学生对于"将未知转化为已知"这一数学思想方法也有了初步的感受。本节课能力的增长点在于利用旋转将两个完全相同的三角形拼成一个平行四边形,以及根据一定的条件进行分割与旋转,将两个三角形转化成平行四边形,进一步体验"转化"的思想和方法。

2)在教材整体把握上对本知识点的教学建议。

(1)突出教材内容的前后联系。

教材的编写上,先从实例提出求三角形面积的问题,启发学生用"转化"的思想方法去寻求解决问题的途径;然后组织学生动手操作、积极思考,在合作交流中探索出三角形的面积计算公式;在此基础上,解答开头提出的问题,并通过练习,使学生初步掌握三角形的面积公式。

在这之前,由于学生已经历了推导平行四边形面积公式的过程,并积累了一定的学习经验,因此这部分内容的教学应采用教师引导、学生自主探索的形式。

(2)渗透"转化"的思想方法。

要继续渗透"转化"的思想方法,帮助学生理解"把未知转化为已知,从而使问题得以解决"的思路。通过启发使学生知道:如果能把三角形转化为已知面积公式的图形,这个问题就能得到解决。

（3）重视学具拼摆，体会动手操作。

怎样把三角形转化为已知面积公式的图形？可以用割补法，也可以用拼摆的方法。本教材采用学生容易理解和掌握的拼摆的方法。

用两个相同的三角形，是可以拼出很多不同形状的图形的，但只有拼成平行四边形或长方形这样学过的平面图形，学生才能根据已有知识推导出三角形的面积公式。这是探索过程中的关键，要引导学生通过自己的探究和交流来领悟这个道理。建议每个学生都准备两个相同的锐角三角形和直角三角形学具，让各种情况在推导公式的过程中互相补充、互相验证，使学生对三角形的面积公式有一个比较深刻的理解。

（4）让学生切实经历学习计算方法的过程。

在计算三角形的面积时，学生最常犯的错误是忘了除以 2，教学中要重视这个问题，要加强引导。从拼摆开始，就要让学生明确，用两个相同的三角形拼摆出的图形，无论是什么形状，三角形的面积都是这个图形面积的一半。在推导这个公式时，可以问："三角形的底乘高是哪个图形的面积？为什么？"从对式子的理解来记住"÷2"。还可以让学生叙述公式的推导过程，通过说一说，加深他们对"÷2"的认识。

（5）培养学生的数学应用意识和解决问题的能力。

首先，在教学中注意引导学生联系实际生活引出计算三角形面积的必要性，让学生感受到数学与实际生活是离不开的。然后，在求底和高的过程中让学生切实感受到生活中的实际问题需要用多种办法解决，从而体会到所学习的数学知识在实际生活中都是有用的。运用转化的方法推导三角形面积计算公式，可以有多种途径和方法。教师注意不要把学生的思维限制在一种固定或简单的方法上，要尊重学生的想法，鼓励学生从不同的途径和角度去思考和探索解决问题的方法。利用拼摆法把两个完全相同的三角形拼成学过的正方形、长方形或者平行四边形，通过 3 种学过的图形面积的计算公式都能推导出三角形面积公式；同时引导学生探究利用割补法、折叠法是否同样能寻找到三角形面积的计算方法。从特殊三角形到普通三角形的面积探究，使学生体会到由特例推导到一般的思考过程。

2.课堂教学组织。

环节一:复习回顾。

(1)三角形按边怎么分? 按角怎么分?

(2)三角形有几条底? 几条高? 如何找到对应的底和高?

(3)锐角三角形的 3 条高有什么特点? 直角三角形呢? 钝角三角形呢?

(4)平行四边形的面积如何计算?

环节二:新授。

(1)出示课题:我们已经会求长方形、正方形和平行四边形的面积了,能不能找到计算三角形面积的法宝呢? 今天我们就要来探索"三角形的面积"。

(2)探索。

①用两个完全相同的三角形拼一拼,看看能拼出什么图形。

②在黑板上出示 3 种不同三角形所拼得的平行四边形。

③组织讨论:根据自己拼出的图形,仔细想想,拼出的平行四边形与三角形有什么关系? 三角形的底和高与这个平行四边形的底和高有什么关系?

(3)结论。

①两个完全相同的三角形可以拼成一个平行四边形,三角形的面积是平行四边形面积的一半。

②三角形的底＝平行四边形的底,三角形的高＝平行四边形的高。

(4)平行四边形的面积＝底×高,那么你能找到计算三角形面积的法宝吗?

(5)结论:三角形的面积＝底×高÷2。

(6)一般用 S 表示三角形的面积,a 表示底,h 表示对应的高,所以可以表示成 $S=ah\div2$。

(7)强调底和高是对应的,互相垂直。

结论:三角形的面积是与它等底等高的平行四边形面积的一半。

(8)要求三角形的面积必须要知道些什么?

（9）跟进练习：书 P87 练一练/1(1)。

①学生独立完成。

②交流答案。

环节三：巩固提高。

（1）书 P87 练一练/2。

①量出所给底和高的长度。

②计算面积。

③交流答案。

（2）书 P87 练一练/3：一个三角形的花坛，它的底边长 5.7 米，是高的 3 倍，求这个花坛的面积。

①独立思考。

②求三角形的面积必须知道什么？

③已经有了什么条件？还缺少什么条件？如何求？

④交流答案。

3. 对本知识点学生出现错题的建议。

1）对本知识点学生出现错题的分析。

例 1：求三角形的面积。（图 3-7）

图 3-7

错误原因在于学生不能准确找到对应的底和高。

例 2：（判断）两个三角形可以拼成一个平行四边形。

错误原因在于学生忽略了"两个完全一样的三角形可以拼成一个平行四边形"中的"完全一样"。

例 3：（判断）三角形的面积是平行四边形的面积的一半。

错误原因在于学生忽略了"三角形的面积是与它等底等高的平行四边形的面积的一半"中的"等底等高"。

例 4：已知三角形的面积为 8 平方厘米，底是 4 厘米，求高。

错误原因是,当利用面积反求高时,需将面积先乘2,学生忘记了这一步,说明还是对推导公式不太理解。

2)在教学中可采取的对策。

(1)加强基本概念教学,让每个学生充分理解公式的推导过程。

(2)加强学生对公式的理解和计算,关注学生的发展,创造各种条件让学生参与到知识的产生、形成、发展和运用过程中去。

4.课堂中的因材施教。

在推导公式的过程中,不同的学生会采用不同的方法,老师都要给予肯定,并给予他们一定的帮助和指导。

5.家校沟通。

家长可以在家和孩子一起裁剪,尝试用多种方法推导出三角形的面积公式。

(三)统计与概率

知识点:扇形统计图

1.对本知识点教材的整体把握的建议。

1)对本知识点的教材分析。

本单元知识的学习是在学生已经具备一定的统计知识的基础上进行的。例如,学生经历过简单地收集、整理、描述和分析数据的过程;会根据实际问题设计简单的调查表,能选择适当的方法收集数据;能用条形统计图和折线统计图表示数据;能解释统计结果,根据结果做出简单的判断和预测,并能进行交流。此外,学生还学习了百分数的相关知识,认识了扇形。这两方面的内容为学生学习本单元的知识打下了坚实的基础。

2)在教材整体把握上对本知识点的教学建议。

(1)学情分析。

本单元的教学是在学生已经有统计经验的基础上学习的。学生已经学习了条形统计图和折线统计图,知道它们的特点,并具有一定的概括和分析能力,在此基础上,通过新旧知识对比,自然生成新的知识点。

（2）教学目标设定。

知识与技能目标：通过实际问题认识扇形统计图的特点和作用；能从扇形统计图中获取正确的信息，并能做出合理的解释和推断。

过程与方法目标：在收集数据的过程中，学会合作学习，并了解收集数据的方法和步骤；在从扇形统计图中获取信息的过程中，学会相互交流、相互评价；在决策与形成猜想的过程中，收集和利用数据是非常重要的。

情感与态度目标：在问题解决过程中，收集和利用数据是非常重要的。

（3）设计理念和教法分析。

本堂课力争做到由"关注知识"转向"关注学生"，由"传授知识"转向"引导探索"，由"要我学"转向"我要学"。"学生是学习的主人，教师是组织者、领导者。"将课堂放手给学生，让学生自己收集信息、分析信息，自主探索、合作交流，参与知识的构建。

"让学生学有价值的数学"，从创设情境、探究学习一直到布置作业等环节，处处联系学生日常生活实际，既提高了学生的学习兴趣，也体现了"数学来源于生活，也服务于生活"这一理念。使学生不仅在学数学，也在用数学。

运用探究法，探究的方法属于启发式教学，探究学习的内容以问题的形式出现在教师的引导下，学生自主探究，让学生在课堂上多活动、多思考，自主构建知识体系。引导学生收集资料，获取信息并合作交流。

运用多媒体辅助教学，不仅符合学生的心理特点，知识点的呈现也能更加直观生动，有效提高课堂效率。

2.课堂教学组织。

环节一：情境导入，激发兴趣。

把学生喜爱的运动项目制成条形统计图，从而使数学知识和生活紧密相关，为学生的数学学习提供了生动活泼的材料与情境。

环节二:对比分析,生成新知。

(1)观察条形统计图、折线统计图。

(2)说说两种统计图的特点。

(3)设计新的统计图,探索制作扇形统计图。引导学生观察扇形统计图,说一说能得到哪些有用的数学信息?

(4)根据统计图上所呈现出来的信息,你对同学们有哪些建议?帮助学生将学到的数学知识切实地运用到现实生活中,感受到数学知识的魅力。

(5)归纳扇形统计图的特点和作用。

环节三:知识应用,解决问题。

在教学过程中与解决问题相结合,培养学生的逻辑分析能力和数学应用能力。

环节四:总结概括,拓展应用。

通过本节课的学习,你有什么收获?

环节五:课后作业。

请你来统计:统计自己一个月的购买消费情况(包括家长帮自己购买的),制成扇形统计图。然后对数据进行分析,给出至少2点建议。

3. 对本知识点学生出现错题的建议。

1)对本知识点学生出现错题的分析。

例1:优秀的人数占总人数的80%,优秀的有40人,求总人数有多少人?

错误分析:学生容易用$40×80\%$,关于单位"1"的计算方法有所遗忘。

2)在教学中可采取的对策。

先写出数量关系式,扇形统计图表示的是整体与部分的关系,数量关系式为:部分÷整体=80%或整体×80%=部分,然后代入求解。

4. 课堂中的因材施教。

课上让学生讨论生成新的统计图,可以采用小组合作,扇形统计图要体现整体和部分的关系,加深学生对扇形统计图意义的理解。

5.家校沟通。

学生可以和家长一起统计自家的一周的消费情况,制成扇形统计图,要求达到精确最大化,可以理解圆心角和圆周角的关系。

(四)综合与实践

综合实践活动:粉刷教室

1.对本知识点教材的整体把握的建议。

1)对本知识点的教材分析。

本节课借助现实生活中的实物,引导学生通过观察、操作等活动,进一步认识长方体、正方体的特征,沟通立体图形之间的联系,以及平面图形和立体图形之间的关系,增强空间想象能力。通过操作、转化等活动探索表面积的计算方法。让学生借助测量、搜集数据等活动,培养学生的空间观念和空间想象能力,同时也培养学生的生活应用能力。

2)在教材整体把握上对本知识点的教学建议。

(1)突出教材内容的前后联系。

在学习了长方体和正方体表面积等有关知识的基础上,教材在长方体和正方体这一单元后编排了实践与综合运用《粉刷教室》,这一综合实践活动,比较贴近学生的生活实际。通过这一活动,不仅可以巩固有关表面积等方面的知识,加强数学知识在实际生活中的应用,而且还可以培养学生收集、整理、分析信息的意识和能力。

为了突出教材内容的前后联系,一是教师要有整体把握和处理教材内容的意识,从备课到组织教学过程都注意突出所教内容的前后联系;二是引导学生将过去所了解的知识运用到这节课的问题上,让学生感受本节内容在原有知识基础上的发生、发展过程,并为后面的学习做好准备。

(2)引导学生采用自主学习和合作学习等学习方式掌握计算方法。

根据本节课知识点的特点,教学时教师应尽量少讲解,多让学生通过自主学习、合作学习等方式去搜集数据、选择材料。具体来讲,测量计算是在长方体和正方体表面积学习的基础上进行的,对学生来说相对比较简单,因此让学生自主探索哪些是要粉刷的、哪些是要扣除的,而这里的测量与数据搜集需要分工合作。新课程理念强调"学生是数学学习的主人,教师是数学学习的组织者、引导者与合作者"。因此,为了更好地突出重点、突破难点,在教法上主要体现"鼓励探索,变教为引"的理念,并运用多媒体进行教学,增加教学的新颖性,引导学生运用多种感官参与学习的全过程;在学法上则突出"动手操作,自主探究"的特点。

(3)重视学具运用,体会动手操作。

为了帮助学生更好地测量搜集数据,引导学生比一比自己平时所用的尺子,以及米尺、卷尺哪一个更方便测量、哪一个更准确;用什么长度单位更合适。让学生在实践操作中选择,从中发现工具尺之间的不同和相同之处,从而加深学生对工具尺的认识和理解,体验合理选择最优化的好处,初步养成优化选择的习惯,进一步体会生活中处处有数学,感受数学的魅力,提高学生的创新意识。

(4)让学生切实经历学习计算方法的过程。

在教学中,教师要注意引导学生通过观察墙壁、选择工具尺、计算涂料和人工费等一些数学活动,提高学生估算、准确计算的能力,通过数据对比,找到更合理的方法。

这样,一方面可以加深学生对长方体和正方体表面积的理解,并使得本知识的应用得到升华;另一方面又增强他们对长方体和正方体表面积学习和掌握的实际感受。

(5)培养学生的数学应用意识和解决问题的能力。

每一位学生能够积极参与活动,在活动中能独立思考问题,主动与他人交流,经历实地测量、收集素材、调查研究、解决问题的过程,提升思考问题的能力,积累根据解决问题的需要合理选择策略和方法的经验,形成初步的应用意识和创新意识。

2.课堂教学组织。

环节一:导入。

同学们,我们已经学习了长方体、正方体表面积和体积的有关计算,请你说一下长方体和正方体的表面积是怎么计算的?(课件演示)

今天,我们就来用一用我们所学的知识来解决一下实际生活问题,(出示课题:粉刷教室)请你动脑想一想,如果要粉刷我们的教室,你觉得有哪些事情要考虑?

生可能回答:教室粉刷的面积、人工费用、涂料费用、总费用……

师:这么多的事情,有信心出色完成任务吗? 那先解决哪个问题呢? 为什么?

环节二:展开。

1)教室的面积。

教室的粉刷面积是多少? 应该如何计算? 需要知道哪些条件?

要想知道粉刷面积,我们先要明确哪些面需要粉刷,还要测量教室的长、宽、高,以及黑板和门窗的高、宽。

出示学生测量结果,并进行计算反馈。

请你想一下,我们在求这个粉刷面积的过程中,都运用了哪些数学知识?

小结:我们在生活中遇到问题时,可以用数学的眼光来看待,想一想所学知识,并把它应用到生活中去。

2)人工费用。

据你们了解,人工费用应该怎么计算?

根据市场调查,粉刷墙壁的人工费用一般有以下 2 种:

(1)按面积收费:5 元/平方米。(这种收费方法体现了"多劳多得"原则,更加公平、高效)

(2)按时间收费:100 元/天。(课件:一天时间一个人大约能粉刷墙壁 40 平方米)

学生独立计算人工费用,再汇报。

3)涂料费用。

估算大约需要多少千克涂料。

师:根据调查结果,1 千克涂料大约能刷墙 3.5 平方米,那么大约需要多少涂料?

学生计算后汇报:660÷3.5≈190(千克)。

师:那是就买 190 千克涂料?

应该多买一些,因为在刷的时候肯定会有一些浪费。

4)涂料的市场调查。

老师给大家带来了5种环保型内墙涂料价格,一起看一下,想一想,我们应该选择哪种涂料呢?需要多少钱呢?

师:你看懂了什么信息,谁来给大家介绍一下?

师:了解了这些信息,你能解决哪些问题?

(1)计算涂料的单价。

(2)买涂料共需多少钱?

5)选择合适的涂料。

根据这些信息,我们可以选择涂料了吗?还要考虑什么?

学生自由讨论汇报。

小结:除了单价,还要考虑到涂料的耐用期。例如买 A 种,虽然单价便宜,但耐用期只有两年,之后又要重新粉刷,又要再付一次工人费和材料费,这样明显就比其他几种贵。同样的年限,B 比 C 便宜,所以肯定不选 C。

通过以上分析,你觉得应该选择哪一种涂料?为什么?(学生充分发表意见)

师:经过讨论,我们发现 B 种涂料比较适合。那粉刷教室的方案也快完成了。最后,请大家计算一下总费用。

环节三:总结。

在解决粉刷教室问题的这一过程中,你有什么收获?

没错,我们用到了很多数学知识。数学和生活是离不开的,生活中的数学有的时候要收集数据,有的时候要实际测量,有的时候要调查分析,最后才能得出数据。用数据来解决问题是最有说服力的,这正是数学对于生活的意义所在。

3.对本知识点学生出现错题的建议。

1)对本知识点学生出现错题的分析。

例1:估计与测量时容易相差较大。

错误分析:学生估测能力还有待提高,容易出现错误;或者测量时工具尺使用不合理。

例2:粉刷面积不一样。

错误分析：粉刷四壁和屋顶，但要扣除门窗、黑板的面积，可能忘记扣除门窗、黑板的面积。

2）在教学中可采取的对策。

（1）在教学思想方面。

数形结合思想：数和图形对应，来帮助解决问题。

最优化思想：买涂料花最少的钱。

（2）在教学方法方面。

谈话法：在教学的过程中，问题的抛出和回答，这是老师和学生之间的互动，可以采用谈话法。

讨论法：在问题提出以后，学生分小组或同桌就可以以讨论的方式进行分析和交流，看看需要测量哪些数据、选择什么样的工具尺、选择哪种涂料更划算等。

演示法：在教学时，有些高处学生不方便测量的，老师可以适当演示一下，给学生做个示范。

实验法：在学生不知道如何选择涂料时，老师可以举例计算，然后让学生自己去探索、实践、发现。

练习法：练习巩固，检测学生的学习情况，以便查漏补缺。

4. 课堂中的因材施教。

这就是教学方法的选择，科学、合理地选择和有效地运用教学方法，要求教师能够在现代教学理论的指导下，熟练地把握各类教学方法的特性，能够综合地考虑各种教学方法的各种要素，合理地选择适宜的教学方法并能进行优化组合。

（1）根据教学目标：其一是知识目标，在具体情境中，使学生经历估计与测量的过程，再次巩固立体图形的表面积概念及求表面积的方法；其二是能力目标，结合具体情境，提高学生在具体情境中分析问题、解决问题的能力。不同领域或不同层次的教学目标的有效达成，要借助于相应的教学方法和技术。教师可依据具体的可操作性目标来选择和确定具体的教学方法。

（2）根据知识内容：不同学科的知识内容与学习要求不同；不同阶段、不同单元、不同课时的内容与要求也不一致，这些都要求教学方法的选择具有多样性和灵活性的特点。本节课教学方法多样,动手性强,操作方面就偏多一点,因此,在演示和实验方面就该多一点。

(3)根据学生的实际特点:学生的实际特点直接制约着教师对教学方法的选择,这就要求教师能够科学而准确地研究分析学生的特点,有针对性地选择和运用相应的教学方法。在教学中,因学生思维方式、动手能力的限制,学生测量的数据可能不尽相同,对于那些学习能力高一点的学生,可以多演示、多比较,再按比较结果选一个标准,进行计算。学习能力低一点的学生定好标准、选好工具尺就可以测量了,这就要求老师在教学中要培养学生勤思考多动脑的习惯。

(4)根据教师自身的素质:任何一种教学方法,只有适应了教师的素养条件,并能为教师充分理解和把握,才有可能在实际教学活动中有效地发挥其功能和作用。因此,教师在选择教学方法时,还应当根据自己的实际优势,扬长避短,选择与自己最相适应的教学方法。

(5)根据教学环境条件:教师要根据有限的教学环境条件有选择性地确定教学方法,尽可能发挥教学环境的功能与作用。

5.家校沟通。

本节课需要家校沟通的有以下几点:

(1)准备卷尺;

(2)利用周末陪孩子提前调查一下涂料的价格与功能,并做好记录;

(3)先在家里和家长讨论粉刷墙壁要做好哪些准备。

二、评估和分析

第五册素养评估

一、计算。

1.口算。

$40×70=$	$50×20=$	$320÷8=$	$143+399=$
$49×20=$	$18×50=$	$32×11=$	$600÷4=$
$25×40=$	106 亿－27 亿＝		

2.列竖式计算。(带＊的要验算)

　　＊65×28＝　　　　506×34＝　　　　　350×140＝

3.用你喜欢的方法计算。

385－(147＋85)　　　　　　　125×(80＋8)

85×79＋85×21　　　　　　　58×99

二、填空。

1.全球 238 个国家和地区人口总数为<u>七十八亿九千八百二十三万六千一百四十三人</u>,横线上的数写作(　　　),省略"亿"后面的尾数约是(　　　)亿。

2.元旦期间,苏州拙政园景点单日游客量大约为 30 142 人,这是一个(　　　)位数,它的最高位是(　　　)位,它是由 3 个(　　　)、1 个(　　　)、4 个(　　　)和 2 个(　　　)组成的。

3.在括号里填上合适的单位名称。

(1)课本的封面大约是 240(　　　)。

(2)世界第一峰珠穆朗玛峰的高度大约是 9(　　　)。

(3)一间卧室的面积约是 25(　　　)。

(4)一辆小汽车的质量大约为 1(　　　)。

4.在 ◯ 里填上">""<"或"="。

50 万 ◯ 52000　　　20 cm² ◯ 2 dm²　　　80 dm² ◯ 8000 m²

5001 千克 ◯ 5 吨　　4 吨 ◯ 3999 千克　　25×44 ◯ 25×40＋4

5.学校总务处采购了 26 台饮水机,每台 218 元。

$$
\begin{array}{r}
2\ 1\ 8 \\
\times\quad 2\ 6 \\
\hline
1\ 3\ 0\ 8 \\
4\ 3\ 6\quad \\
\hline
5\ 6\ 6\ 8
\end{array}
$$

1 3 0 8 ……表示买 6 台饮水机花了(　　　)元。

4 3 6 ……表示买(　　　)台饮水机花了(　　　)元。

6.用边长 1 厘米的小正方形在右面的长方形里摆一摆,沿着长可以摆(　　　)个,沿着宽可以摆(　　　)个,这个长方形里一共可以摆(　　　)个小正方形,所以这个长方形的面

4厘米

6厘米

积是（　　）平方厘米。

7.学校举行运动会,准备在 320 米的环形跑道上每隔 8 米插一面彩旗,一共需要插(　　)面。

8.如右图,这个长方形是用 4 个同样的正方形拼成的,每个小正方形的边长为 3 厘米,则长方形的周长是(　　)厘米,面积是(　　)平方厘米。

9.如右图,大正方形中有两个涂色部分,且也是正方形。如果这两个涂色部分的周长和是 100 厘米,那么这个大正方形的面积是(　　)平方厘米。

三、选择。

1.学校要淘汰一批旧课桌椅,总务处卢老师带了 31 000 元准备添置 60 套新课桌椅,买价格为(　　)元的比较合适。

A.450　　　　　　　B.510　　　　　　　C.560

2.下面说法不正确的是(　　)。

A.面积相等的两个正方形,它们的边长一定相等

B.周长相等的两个长方形,它们的面积不一定相等

C.面积相等的两个长方形,它们的周长一定也相等

3.下面的点表示的数可能是(　　)。

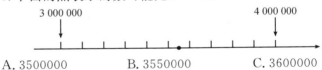

A.3500000　　　　　B.3550000　　　　　C.3600000

4.如图,这 3 幅图中,(　　)表示乘法交换律。

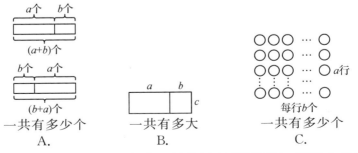

5.在一条长 60 米的小路一侧种树(两端都种),每隔 5 米种一

棵,一共需要种多少棵树苗?可以用哪个选项的图来进行分析解决?
(　　)

A.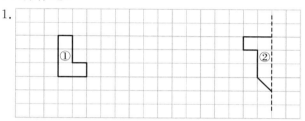

B.

C.

四、操作题。

1.

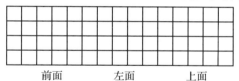

(1)将图①先向右平移 6 格,再向上平移 2 格,画出平移后的图形。

(2)画出图②的另一半。

2.观察下面的物体,分别画出从前面、左面、上面看到的图形。

前面　　　　　　左面　　　　　　上面

五、解决问题。

1.育才小学开展"阳光体育"活动,要评出 12 个优胜班级,每班奖励 1 副羽毛球拍和 1 筒羽毛球。那么学校购买这些奖品一共需要多少元?

125元/副　　　　　75元/筒

2.一本课外书共 341 页,小红 7 天看了 217 页,照这样的速度,看完这本书需要多少天?(先根据条件和问题列表整理,再根据表格解答)

3.一艘轮船往返于两个码头之间,出发时为顺流而行,每小时行驶 50 千米,用了 4 小时。原路返回时为逆流而行,用了 5 小时,请问轮船返回时的速度是多少?

4.莉莉要买一台单价为 3120 元的照相机。下面两种购机方案,哪种方案更省钱?(1 年有 12 个月)

方案一	首付 1000 元,然后每月付 190 元,一年付清
方案二	首付 1500 元,然后每月付 140 元,一年付清

5.光明小学的花坛长 8 米,宽 6 米。随着学校发展,要将花坛的面积增加 24 平方米。请你帮光明小学设计一个扩建方案。(先把你的方案在下面画出来,再利用计算说明)

素养评估分析

1.第一大题计算主要评估多位数的乘法和除法的口算,还有多位数的加减法口算。竖式计算主要是多位数的乘法竖式计算。"用你喜欢的方法计算"主要是减法性质的简便运算和乘法分配律的简便运算。这些都属于数学规则的运用,是数与代数的知识。

2. 填空第 1、2 题和选择题第 3 题主要评估学生对多位数的认识、概念的理解是否清晰,属于数学概念的理解,是数与代数的知识。

3. 填空第 6、8、9 题和选择题第 2 题主要评估学生对长方形、正方形的面积和周长的理解和掌握,属于数学规则的理解和运用,是图形与几何的知识。

4. 填空第 5 题主要评估学生对三位数乘两位数竖式计算算理的理解,属于数学规则的运用,是数与代数的知识。

5. 填空第 7 题和选择题第 5 题主要评估学生对植树问题是否掌握,属于数学规则的分析,是综合与实践的知识。

6. 选择题第 4 题主要评估学生对乘法运算律的理解和掌握,属于数学规则的运用,是数与代数的知识。

7. 操作题主要评估学生是否会按要求平移图形、是否会画轴对称图形,以及是否能画出物体的三视图,属于数学概念的理解,是图形与几何的知识。

8. 解决问题第 1 题主要评估学生能否根据总价、数量、单价的数量关系求出总价,属于数学规则的运用,是综合与实践的知识。

9. 解决问题第 2 题主要评估学生能否运用列表法解决问题,属于数学规则的运用,是综合与实践的知识。

10. 解决问题第 3 题主要评估学生能否根据路程、时间、速度的数量关系求出速度,属于数学规则的运用,是综合与实践的知识。

11. 解决问题第 4、5 题主要培养学生分析问题的能力,从众多条件中找到需要的条件,属于数学规则的分析,是综合与实践的知识。

第六册素养评估

一、计算。

1. 口算。

$5 \times 24 =$ 　　　　$451 \div 47 \approx$ 　　　　$\dfrac{1}{3} + \dfrac{2}{3} =$ 　　　　$\dfrac{5}{6} + \dfrac{1}{6} - 1 =$

$30 \times 40 =$ 　　　　$400 \div 80 =$ 　　　　$\dfrac{5}{6} - \dfrac{4}{6} =$ 　　　　$\dfrac{2}{7} + \dfrac{2}{7} + \dfrac{2}{7} =$

$81 \div 27 =$　　　　$7200 \div 80 =$　　　$\dfrac{4}{8} - \dfrac{4}{8} =$　　　$1 - \dfrac{5}{6} + \dfrac{3}{6} =$

2.列竖式计算。（带 ＊ 的要验算）

$310 \div 62 =$　　　　$487 \div 37 =$　　　　$＊4005 \div 45 =$

3.用你喜欢的方法计算。

$800 \div 25$　　　　　$6300 \div (7 \times 3)$　　　$38 \times [714 \div (76 - 25)]$

二、填空。

1.用分数表示下图中的阴影部分。

（　　　　）　　　　（　　　　）　　　　（　　　　）
（　　　　）　　　　（　　　　）　　　　（　　　　）

2.用画图的方法在下面的方框中表示分数加法的计算过程。

$\dfrac{1}{4} + \dfrac{2}{4} = ($　　　　$)$

3.在 ○ 里填上"＞""＜"或"＝"。

$\dfrac{2}{3} \bigcirc \dfrac{1}{3}$　　　　$1 \bigcirc \dfrac{6}{7}$　　　　40 毫升＋1 升 ○ 1400 毫升

$\dfrac{2}{7} \bigcirc \dfrac{2}{11}$　　　$\dfrac{3}{3} \bigcirc \dfrac{8}{8}$　　　13 升 ○ 1300 毫升

4.写出下面的式子所代表的意义。

(1)一天中午的气温是 28 ℃,下午比中午的气温降低了 x ℃。

$28 - x$ 表示：＿＿＿＿＿＿＿＿＿＿

(2)张师傅每小时加工 x 个零件,朱师傅每小时加工 20 个零件。

$(x - 20) \times 2$ 表示：＿＿＿＿＿＿＿＿＿＿

5.同学们,请用 2、5、8、10 四张数字卡片来算 24 点(每张卡片只能用 1 次,最后的结果是 24),请写出综合算式：＿＿＿＿＿＿＿＿＿。

6.张老师带 600 元去买篮球,每个篮球 52 元,她最多可以买几个篮球? 这题可以用竖式这样计算。

$$
52 \overline{\smash{)}
\begin{array}{r}
1\ 1 \\
6\ 0\ 0 \\
\underline{5\ 2} \\
8\ 0 \\
\underline{5\ 2} \\
2\ 8
\end{array}}
$$

……表示张老师买了( )个篮球的价格。

……表示张老师买了( )个篮球的价格。

……表示( )。

7.如下图,图 1 中有 4 个三角形(只数互不重叠的三角形),图 2 中有 7 个三角形,图 3 中有 10 个三角形……则在第 6 个图形中,有( )个三角形。

图 1　　　　　　　图 2　　　　　　　图 3

8.等腰三角形中的一个底角是 36°,那么顶角是( )度,这个三角形按角分是( )角三角形。

9.如下图,把一个三角形的 3 个内角剪下来,可以拼成一个( )角,所以,三角形的内角和是( )度。

 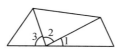

10.在一次单元测试中,三(1)班第一小组 5 人中,前三人的平均成绩是 89 分,后两人的平均成绩是 94 分,这 5 人的平均成绩是( )分。

三、选择。

1.爬山时,当山坡与地面成( )角时,爬山的人会轻松一些。

A.35°　　　　　B.45°　　　　　C.55°　　　　　D.65°

2.小明用 500 元买了 12 个奥特曼,找回一些钱,这些奥特曼大约每个( )元。

A.50　　　　　B.40　　　　　C.45　　　　　D.不确定

3.在用竖式计算三位数除以两位数时,同学们提出了自己的想法。

小丁:"商可能是两位数,也可能是一位数。"

小明:"被除数末尾有0,商的末尾也一定有0。"

小红:"我们在试商时,一般把除数看成最接近的整十数来进行试商。"

小方:"根据商不变的性质,被除数和除数同时乘或除以相同的数(0除外),商不变。"

这些同学中说法错误的是(   )。

A.小丁   B.小明

C.小红   D.小方

4.明明用量角器量角时,把外圈刻度当成内圈刻度,读数为125°,那么这个角正确的读数应该是(   )。

A.25°   B.55°   C.75°   D.125°

5.某校合唱队有20名男生,女生的人数比男生人数的3倍少14名。男生比女生少多少?下面列式正确的是(   )。

A.20×(3+1)−14

B.20×3−14

C.20−(20×3−14)

D.20×3−14−20

四、操作题。

1.画一条线段,把它分割成两个直角三角形。

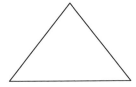

2.用分割的方法求出下面图形的内角和,写出计算过程。

3.量一量,画一画。

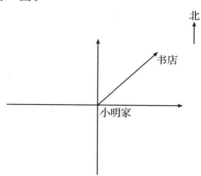

(1)书店在小明家(　　　)偏(　　　)(　　　)°的方向上。

(2)图书馆在书店南偏东 70° 的方向上,请你在上图中画出图书馆的位置。

五、解决问题。

1.如图,体育王老师使用微信支付的方式买了 25 盒乒乓球,每盒有 10 个,每个乒乓球多少元?

2.星期天林阳去爬山,上山用了 45 分钟,速度是 30 米/分;沿原路返回,下山只用了 15 分钟。那么请你计算林阳上、下山的平均速度。

3.小红看一本《童话故事》,上午看了全书的 $\frac{1}{4}$,下午就把《童话故事》都看完了。下午比上午多看了全书的几分之几?

4.自来水公司规定:每户家庭生活用水不超过 6 吨时,按 3 元/吨收费,超过 6 吨时超出的部分按 5 元/吨收费,照这样计算,小明家上月用水 $m(m>6)$ 吨。

(1)用含有字母的式子表示小明家上月应付的水费。

(2)当 $m=11$ 时,小明家应付多少元水费?

5.统计:

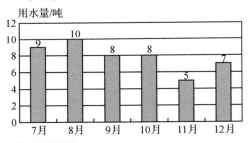

李明家 2020 年下半年用水情况统计图

根据统计图回答问题:

(1)李明家( )月用水量最低,是( )吨。

(2)第三季度平均每月用水量( )吨。

(3)( )月用水量最高,想一想,可能是什么原因?

素养评估分析

1.第一大题计算主要评估学生对除数是两位数的除法的口算和竖式计算,乘除法的脱式计算、简便计算,同分母分数加减法是否熟练,属于数学规则的运用,是数与代数的知识。

2.填空第 1、2 题主要评估学生对分数的认识、分数的意义、同分母分数加减法法则理解是否清晰,属于数学概念的理解,是数与代数的知识。

3.填空第 3 题主要评估学生对同分母或同分子分数比较大小、运用升与毫升的关系(1 升＝1000 毫升)进行容量单位换算是否熟练,属于数学规则的运用,是数与代数的知识。

4.填空第 4 题主要评估学生是否理解在具体情境中含有字母的

式子所表示的含义,属于数学概念的理解,是数与代数的知识。

5.填空第 5 题主要评估学生对四则混合运算,尤其是小括号和中括号的运用掌握是否熟练,属于数学规则的运用,是数与代数的知识。

6.填空第 6 题主要评估学生对除数是两位数的除法的算理是否熟练掌握,属于数学概念的理解,是数与代数的知识。

7.填空第 7 题主要评估学生在具体情境中是否能够用含有字母的式子表示一个数量(或关系),属于数学规则的运用,是数与代数的知识。

8.填空第 8、9 题主要评估学生是否熟练掌握三角形内角和是180°及三角形的分类的相关知识并进行运用,属于数学规则的运用,是图形与几何的知识。

9.填空第 10 题主要评估学生能否正确运用"总数量÷总份数＝平均数"求一组简单数据的平均数,属于数学规则的运用,是统计与概率的知识。

10.选择第 1 题主要评估学生能否结合生活实际,理解角度大小的意义,属于数学概念的理解,是图形与几何的知识。

11.选择第 2 题主要评估学生对除数是两位数的除法估算的理解,属于数学概念的理解,是数与代数的知识。

12.选择第 3 题主要评估学生对除数是两位数的除法的相关知识的理解,属于数学概念的理解,是数与代数的知识。

13.选择第 4 题主要评估学生能否灵活运用量角器测量角的度数,属于数学规则的运用,是图形与几何的知识。

14.选择第 5 题主要评估学生能否熟练运用倍数关系解决问题,属于数学规则的运用,是数与代数的知识。

15.操作题 1 主要评估学生对三角形分类标准以及角度的掌握情况,属于数学概念的理解,是图形与几何的知识。

16.操作题 2 主要评估学生对多边形内角和公式探索过程的理解和掌握,属于数学规则的分析,是图形与几何的知识。

17.操作题 3 主要评估学生能否通过方向、角度和距离来确定位置,属于数学概念的理解和运用,是图形与几何的知识。

18.解决问题第 1 题主要评估学生对"单价＝总价÷数量"的数量关系掌握情况,是一种数学模型的思想,属于数学规则的运用,是综合与实践的知识。

19.解决问题第 2 题主要评估学生对"平均速度＝总路程÷总时间"的数量关系掌握情况,是一种数学模型的思想,属于数学规则的运用,是综合与实践的知识。

20.解决问题第 3 题主要评估学生能否正确解答同分母分数的加减法的实际问题,属于数学规则的运用,是综合与实践的知识。

21.解决问题第 4 题主要评估学生能否在实际问题中用含有字母的式子表示相应的数量关系,并求式子的值,属于数学规则的理解与运用,是综合与实践的知识。

22.解决问题第 5 题主要评估学生能否正确读取条形统计图中的数据,并进行分析,是统计与概率的知识。

第七册素养评估

一、填空。

1.第七次人口普查显示,7～12 岁儿童有 116 897 400 人,改写成"亿"作单位的数,是(　　　)亿人,再保留两位小数约是(　　　)亿人。

2.一个小数,个位上是最小的质数,百分位上是最小的合数,千分位上的数既是 5 的因数又是 5 的倍数,其余各位都是 0,这个小数是(　　　),它最接近的自然数是(　　　)。

3.9.954 精确到个位是(　　　),保留一位小数是(　　　)。

4.用 3、4、5 这三个数字组成一个三位数,(　　　)是 5 的倍数;组成的是 2 的倍数的最大数是(　　　);组成的是 3 的倍数的最小数是(　　　)。

5.育才小学的一次跑步比赛成绩如下:马明 9.40 秒,王军 9.37 秒,林东 9.04 秒,陈强 9.34 秒。(　　　)跑得最快。

6.芳芳在超市看商品的标价,结果不小心看漏了小数点,读成了四千零六元,实际标价小于 50 元,大于 10 元,那么这个商品的实际标价应是(　　　)元。

7. 在括号里填上适当的小数。

8. 填上合适的单位。

教室地面的面积约为 50(　　　　)；

苏州市的面积约为 8488(　　　　)；

我们学校的占地面积大约是 1.5(　　　　)；

一张课桌的桌面约 40(　　　　)。

9. 用 3 根都是 12 厘米长的铁丝分别围成平行四边形、长方形和正方形,围成的面积最大的是(　　　　)。

10. 一个直角三角形的三条边分别长 3 厘米、4 厘米和 5 厘米,那么这个三角形的面积是(　　　　)平方厘米。

11. 如下图,当 a 缩短成一个点,也就是 $a=0$ 时,这个图形就变成了(　　　　)形,公式 $S=(a+b)h \div 2$ 就变成了 $S=($　　　　$)$；当 $a=b$ 时,这个图形就变成了(　　　　)形,公式 $S=(a+b)h \div 2$ 就变成了 $S=($　　　　$)$。

12. 一桶油连桶共重 12.65 千克,用去一半后,连桶还重 6.85 千克,原来的桶里有油(　　　　)千克。

13. 张老师给李明 30 元钱,可以买 10 支铅笔和 5 本练习本,结果李明听错了,买回来 4 支铅笔和 5 本练习本,并还给老师 9 元,1 支铅笔(　　　　)元,1 本练习本(　　　　)元。

二、判断。

1. 两个小数比大小,计数单位大的这个数就大。(　　　)

2. 0.3 与 0.300 的大小相等,但精确度不一样。(　　　)

3. 把 30 分解质因数,是 $30=1 \times 2 \times 3 \times 5$。(　　　)

4. 一个数的因数的个数是有限的,倍数的个数是无限的。(　　　)

5. 两个花园的周长相等,它们的面积也一定相等。(　　　)

三、选择。

1. 在一个减法算式中,差是 10.6,若被减数不变,减数增加 5.5,差是( )。

A. 5.1　　　　B. 10.6　　　　C. 16.1　　　　D. 3.8

2. 10 千克海水中含盐 0.3 千克,100 千克海水中含盐多少千克?正确算式是( )。

A. $0.3 \times 10 \times 100$　　　　　　　B. $0.3 \div 100 \times 10$

C. $0.3 \div 10 \times 100$　　　　　　　D. $0.3 \div 10 \div 100$

3. 有一个立体图形,从上看是 ,从左看是 ,要搭成这样的立体图形,至少要( )个小正方体。

A. 4 个　　　　B. 5 个　　　　C. 6 个　　　　D. 7 个

4. 一个果园占地 2 公顷,其中种了 5000 棵果树,那么平均每棵树占地( )平方米。

A. 4000　　　　B. 400　　　　C. 40　　　　D. 4

5. 用木条钉成一个长方形,小明沿对角线把它拉成一个平行四边形。那么这个平行四边形与原来的长方形相比:平行四边形的周长( ),平行四边形的面积( )。

A. 不变　　　　B. 变大　　　　C. 变小　　　　D. 无法判断

四、计算。

1. 直接写出得数。

$5.6 \div 0.8 =$　　　$5 \times 1.8 =$　　　$10 - 8.9 =$　　　$0.4 \times 0.9 =$

$30 \div 100 =$　　　$6.2 + 6 =$　　　$0 \div 0.2 =$　　　$4.5 + 15 =$

$3 \times 0.4 =$　　　$0.87 \div 0.1 =$　　　$8 \div 5 =$　　　$30 \div 0.6 =$

2. 列竖式计算。

$21.1 - 18.4 =$　　$6.63 \times 2.9 \approx$　　$56.4 \div 1.2 =$　　$7.88 \div 0.45 \approx$

　　　　　　　　(精确到 0.1)　　　　　　　　　　(保留两位小数)

3. 用你喜欢的方法计算。

$2.34 \times 99 + 2.34$　　　　　　　　$98.5 \div 2.5 \div 4$

8.48÷0.8×0.9　　　　　5.4×[(1.3+2.1)÷0.2]

五、求下图中阴影部分的面积。

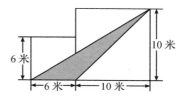

六、解决问题。

1.爷爷把两条长度分别是0.98米、1.47米的绳子接起来捆扎硬板纸。接口处共用去绳子0.35米,接好后的绳子有多长?

2.明明家暑假2个月共交水费96.5元。照这样计算,明明家一年要交多少元水费?

3.某个商场停车场的收费标准如下:1小时内收费3元,超过1小时,5元/小时(不足1小时按1小时算)。李老师停了5小时,要付多少停车费?

4.如下图,求这块铁板的面积。(单位:分米)

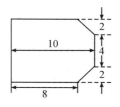

素养评估分析

1.填空第 1、3 题评估学生是否会改写和求近似数,属于数学概念,是数与代数的知识。

2.填空第 2 题评估学生能否正确写数,属于数学概念,是数与代数的知识。

3.填空第 4 题评估学生能否正确写出 2、3、5 的倍数,属于数学概念,是数与代数的知识。

4.填空第 5 题评估学生能否正确比较小数的大小,属于数学规则,是数与代数的知识。

5.填空第 6 题评估学生能否运用小数点位置移动引起小数大小的变化规律来解决实际问题,属于数学规则,是综合与实践的知识。

6.填空第 7 题评估学生能否理解小数的意义,能否正确写小数,属于数学规则,是数与代数的知识。

7.填空第 8 题评估学生能否选择合适的面积单位,属于数学概念,是图形与几何的知识。

8.填空第 9 题评估学生能否正确判断周长相等的三种图形的面积情况,属于数学规则,是图形与几何的知识。

9.填空第 10、11 评估学生能否利用面积的相关知识解决问题,属于数学规则,是综合与实践的知识。

10.填空第 12 题评估学生能否用小数乘法解决实际问题,属于数学规则,是综合与实践的知识。

11.填空第 13 题评估学生能否利用"替换"和"抵消"的方法,把购买两种商品的复杂情况转化为只购买其中一种商品的简单情况,求物品的单价,属于数学方法,是综合与实践的知识。

12.判断第 1~4 题评估学生能否正确理解小数的计数单位、理解近似数的含义、正确分解质因数、正确理解因数倍数问题,属于数学概念,是数与代数的知识。

13.判断第 5 题评估学生能否正确理解周长和面积的关系,属于数学规则,是图形与几何的知识。

14.选择第 1 题评估学生能否正确理解差的变化规律,属于数学规则,是数与代数的知识。

15.选择第2题评估学生能否正确运用小数除法解决实际问题,属于数学规则,是综合与实践的知识。

16.选择第3题评估学生能否正确观察物体,属于数学规则,是图形与几何的知识。

17.选择第4题评估学生能否用公顷和小数除法解决实际问题,属于数学规则,是综合与实践的知识。

18.选择第5题评估学生能否正确理解长方形和平行四边形之间的周长和面积的关系,属于数学规则,是图形与几何的知识。

19.计算第1题评估学生能否正确进行小数加、减、乘、除口算,属于数学规则,是数与代数的知识。

20.计算第2题评估学生能否正确进行小数减法、乘法和除法的竖式计算,属于数学规则,是数与代数的知识。

21.计算第3题评估学生能否正确进行小数加法和乘法的简便计算和混合计算,属于数学规则,是数与代数的知识。

22.求阴影部分面积评估学生能否正确求阴影部分的面积,属于数学规则,是图形与几何的知识。

23.解决问题第1~3题评估学生能否用小数加、减、乘、除法解决实际问题,属于数学规则,是综合与实践的知识。

24.解决问题第4题评估学生是否会求组合图形的面积,属于数学规则,是综合与实践的知识。

第八册素养评估

一、计算。

1.口算。

$$\frac{1}{5}-\frac{1}{6}= \qquad \frac{5}{8}-0.5= \qquad \frac{5}{6}+\frac{5}{6}= \qquad 1-1\div 4=$$

$$\frac{5}{11}+\frac{1}{4}-\frac{1}{4}+\frac{6}{11}= \qquad 2-\frac{3}{4}= \qquad 40\div 60=$$

$$\frac{5}{14}+\frac{3}{14}= \qquad 1-\frac{1}{3}+\frac{2}{3}= \qquad 3-\frac{4}{13}-\frac{9}{13}=$$

2. 用你喜欢的方法计算。

$$\frac{1}{4}+\frac{2}{5}-\frac{3}{10} \qquad \frac{8}{9}-\left(\frac{1}{18}+\frac{5}{9}\right) \qquad \frac{5}{16}+\frac{3}{20}-\frac{3}{16}+\frac{17}{20}$$

3. 解方程。

$$\frac{1}{3}+x=1 \qquad 6(x-3)=4.8 \qquad x-0.4x=36 \qquad 2x \div 16=0.5$$

二、填空。

1. $6 \div 15 = \dfrac{(\quad)}{(\quad)} = \dfrac{30}{(\quad)} = (\quad) \div 30 = (\quad)$（最后一空用小数表示）

2. 在（　　）填上合适的最简分数。

$$24\text{ 分} = \dfrac{(\quad)}{(\quad)}\text{时} \qquad\qquad 35\text{ 厘米} = \dfrac{(\quad)}{(\quad)}\text{米}$$

$$250\text{ cm}^3 = \dfrac{(\quad)}{(\quad)}\text{L} \qquad\qquad 1\text{ 吨 }200\text{ 千克} = \dfrac{(\quad)}{(\quad)}\text{吨}$$

3. $\dfrac{8}{9}$ 和 $\dfrac{7}{8}$ 这两个分数，（　　　）的分数值大，（　　　）的分数单位大。

4. 学校食堂买来大米 $\dfrac{4}{5}$ 吨，吃了这些大米的 $\dfrac{1}{5}$，还剩这些大米的 $\dfrac{(\quad)}{(\quad)}$，还剩（　　）千克。

5. 在运动时，人的心跳速率通常和年龄有关，如果用 a 表示一个人的年龄，用 b 表示正常情况下这个人在运动时所能承受的每分钟心跳的最高次数，则 $b=0.8 \times (220-a)$。正常情况下，一个 10 岁的少年在运动时所能承受的每分钟心跳的最高次数是（　　）次。

6. 课间，四（1）班全体同学一起玩"马兰花开"的游戏，游戏规则是：当裁判员说"马兰花开 a 朵"，学生就 a 人一组抱在一起。当裁判员说"马兰花开 5 朵"或者"马兰花开 8 朵"的时候，都会多出一人。这个班的学生至少有（　　　）人。

7. 为了迎接建党一百周年，学校将开展庆祝活动。因布置舞台需要，总务处买了一根长 24 米的黄绸带和一根长 18 米的红绸带。要把它们截成同样长的小段，且没有剩余。每小段的绸带最长是

（ 　　）米,此时两根绸带一共可以截成（ 　　）段。

8.有一个长方体的纸箱,长、宽、高分别是 a 分米、b 分米和 h 分米。如果高减少 3 分米,那么它的表面积减少（ 　　）平方分米,体积将减少（ 　　）立方分米。

9.右图是由同样大小的小正方体堆积而成的一个立体图形。已知每个小正方体的棱长都是 1 厘米,那么这个立体图形的表面积是（ 　　）平方厘米,体积是（ 　　）立方厘米。

10.把一根长 2 米的长方体木条截成两段,表面积增加 4.8 平方分米。那么原来这根木条的体积是（ 　　）立方分米。

11.一个长方体,它的底面是正方形,侧面展开又是一个边长是 20 厘米的正方形。那么,这个长方体的表面积是（ 　　）平方厘米,体积是（ 　　）立方厘米。

12.芳芳在教室里的位置用数对表示是(4,2),她坐在第（ 　　）列第（ 　　）行。明明坐在芳芳的正后方,那他的位置用数对表示是（ 　， 　）。

13.小红是某校五年级 3 班 3 号女运动员,她的编号是 53032;而 42101 是四年级 2 班 10 号男运动员的编号,小亮是二年级 2 班 2 号的男运动员,他的编号为（ 　　）。编号 31052 表示的是（ 　　　）。

三、选择。

1.大猴有 a 个桃子,小猴有 b 个桃子,如果大猴给小猴 5 个桃子后,他们的桃子数就相等了,下面哪个相等关系是正确的?（ 　　）。

　A. $a-5=b$ 　　　　B. $a=b+5$ 　　　　C. $a-5=b+5$

2.两个合数 x 和 y,$(x,y)=1$,$[x,y]=90$,这两个数是（ 　　）。

　A. 9 和 10 　　　　B. 1 和 90 　　　　C. 9 和 90

3.程程、辉辉、亮亮都是校篮球队的运动员,在一次投篮比赛中,3 人的投篮情况如下表。根据表中的数据,你认为最出色的是（ 　　）。

姓名	程程	辉辉	亮亮
投篮总次数	8	11	10
投中次数	5	8	7

A. 程程　　　　　　B. 辉辉　　　　C. 亮亮

4. 如图,小华在一个长方体玻璃容器中,摆了若干个体积为 1 立方厘米的小正方体。这个玻璃容器的容积是(　　　)立方厘米。

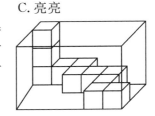

A. 72

B. 84

C. 90

5. 把数字 1～6 分别标在一个小正方体的六个面上,就成为游戏用的骰子,把骰子从相同高度掷到桌面上。正面朝上的数,掷到(　　　)的可能性最大,(　　　)的可能性最小。

A. 质数　　　　　　B. 合数　　　　　　C. 1

四、操作。

下面 4 种形状的硬纸板都各有若干张。请你想一想,选择哪几种,每种选几张,正好可以围成一个长方体或正方体? 填一填。(请写出两种)

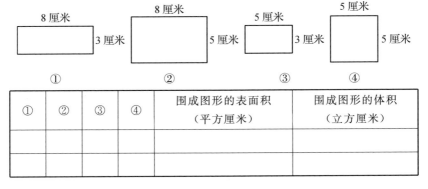

①	②	③	④	围成图形的表面积 (平方厘米)	围成图形的体积 (立方厘米)

五、解决问题。

1. 周末,小华一家 4 口去海洋公园玩。买 4 张门票共用去了 260 元,其中成人票每张 75 元,儿童票每张多少钱? (用方程解)

2.如图,是某小学阳光体育活动场的分布图。

(1)足球活动区域占活动场总面积的$\frac{(\quad)}{(\quad)}$,跳绳活动区域占活动场总面积的$\frac{(\quad)}{(\quad)}$,篮球活动区域占活动场总面积的$\frac{(\quad)}{(\quad)}$。

(2)足球活动区域比跳绳活动区域多占活动场总面积的几分之几?

3.小明家有一个长方体玻璃鱼缸,长6分米,宽3分米,高4分米。

(1)把45升水倒入这个鱼缸,水深多少分米?(玻璃厚度忽略不计)

(2)有一天小明不小心把鱼缸的前面玻璃打碎了。如果玻璃的单价是3.5元/平方分米,那么重新配这块玻璃需要多少钱?

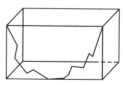

4.某小学的4名小学生仔细观察并测量了一个长方体。

小刘说:"如果高再增加2厘米,它恰好是一个正方体。"

小王说:"长方体的前后左右四个面的面积之和是96平方厘米。"

小李说:"它的底面周长是24厘米。"

小丹说:"这个长方体的棱长总和是64厘米。"

这 4 名小学生得到的数据都完全正确,你能运用其中的一些数据作条件,求出这个长方体的体积吗?

5.同学们一定都知道《龟兔赛跑》的故事吧,下图是龟兔赛跑情况。看图回答问题:

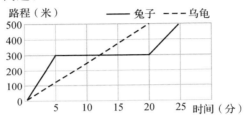

(1)兔子出发后(　　)分钟开始睡觉,睡了(　　)分钟。

(2)乌龟用了(　　)分钟到达目的地,比兔子早了(　　)分钟。

(3)乌龟平均每分钟爬行(　　)米。

(4)如果不算睡觉时间,兔子平均每分钟跑(　　)米。

素养评估分析

1.计算第 1、2 题主要评估学生是否会进行分数加减法的计算以及简便运算,属于数学规则的运用,是数与代数的知识。

2.计算第 3 题主要评估学生是否能运用等式的性质解方程,属于数学规则的运用,是数与代数的知识。

3.填空第 1 题主要评估学生是否能熟练运用分数与除法的关系以及分数的基本性质进行分数、小数的互化,属于数学规则的运用,是数与代数的知识。

4.填空第 2 题主要评估学生是否能分析具体情境并熟练选择合适的单位,而且熟知各种单位之间的进率,能进行单位转换,属于数学规则的运用,是数与代数的知识。

5.填空第 3 题主要评估学生是否能正确区分分数值与分数单位,属于数学概念的理解,是数与代数的知识。

6.填空第 4 题主要评估学生是否能正确理解分数的意义,属于数学概念的运用,是数与代数的知识。

7.填空第 5 题主要评估学生是否会用含有字母的式子来表示数量关系,属于数学规则的理解,是数与代数的知识。

8.填空第 6、7 题主要评估学生是否能用最大公因数和最小公倍数的知识解决实际问题,属于数学规则的运用,是数与代数的知识。

9.填空第 8 题主要评估学生是否能综合运用长方体表面积、体积和字母表示数的相关知识来解决实际问题,属于数学规则的运用,是图形与几何的知识。

10.填空第 9、10、11 题主要评估学生是否能运用长方体的表面积和体积知识解决问题,属于数学规则的运用,是图形与几何的知识。

11.填空第 12 题主要评估学生是否能在具体的情境中,用数对表示出某一物体的位置,属于数学规则的运用,是图形与几何的知识。

12.填空第 13 题主要评估学生是否能根据数字编码获取信息,属于数学原理的分析,是数与代数的知识。

13.选择第 1 题主要评估学生是否能分析实际问题中的数量关系,属于数学概念的理解,是数与代数的知识。

14.选择第 2 题主要评估学生是否能用最大公因数和最小公倍数的知识解决实际问题,属于数学概念的运用,是数与代数的知识。

15.选择第 3 题主要评估学生是否能根据分数的实际意义比较大小,属于数学概念的运用,是数与代数的知识。

16.选择第 4 题主要评估学生是否能利用“长方体的体积＝长×宽×高”计算长方体的体积或容积,属于数学规则的运用,是图形与几何的知识。

17.选择第 5 题主要评估学生是否能结合具体问题的情境,用“可能性大”“可能性小”等语言来描述事件发生的可能性大小,属于数学概念的分析,是数与代数的知识。

18.操作第 1 题主要评估学生是否能运用长方体或正方体的特点解决相关的实际问题,属于数学规则的分析,是图形与几何的知识。

19.解决问题第 1 题主要评估学生是否能运用方程解决实际问题,属于数学规则的运用,是综合与实践的知识。

20.解决问题第 2 题主要评估学生是否能运用分数加减法解决实际问题,属于数学规则的运用,是综合与实践的知识。

21.解决问题第 3 题主要评估学生是否能运用长方体体积的特点解决相关的实际问题,属于数学规则的运用,是综合与实践的知识。

22.解决问题第 4 题主要评估学生是否能运用长方体体积的特点解决相关的实际问题,属于数学规则的运用,是综合与实践的知识。

23.解决问题第 5 题主要评估学生是否会绘制单式折线统计图,并能看出数量的多少和增减变化,并能进行分析以及合理的推测,属于数学规则的分析,是综合与实践的知识。

第四章　第三学段(5—6年级)小学数学高效教学实践应用

　　小学第三学段教学,对学生有更高层次的要求,需要学生主动参与特定的数学活动,通过观察、实验、推理等活动发现对象的某些特征或与其他对象的区别和联系。本学段的各个学习领域都要求学生主动参与观察、实验、猜想、验证、推理、探索、交流等一系列数学活动,从而在这些活动中加深自己对数学知识的理解,形成有效的学习方式,切实地引导学生体验从实际问题抽象出数学问题、建立数学模型、综合应用已有的知识解决问题的过程,从而加深对相关知识的理解,发展自己的思维能力。

一、小学数学高效教学案例解析

(一)数与代数

知识点:分数乘法的意义

1. 对本知识点教材的整体把握的建议。

1)对本知识点的教材分析。

　　本单元教材是在学生掌握了整数乘法、分数意义和性质以及分数加减法的计算等知识的基础上进行编排的。利用分数乘法的计算,不仅可以解决有关的实际问题,也是后面学习分数除法和百分数的重要基础。本单元的内容包括分数乘法以及利用分数乘法解决实际问题。具体地说,主要有以下几方面:分数乘法的意义、分数乘法的计算方法、分数四则混合运算、问题解决。

分数乘法的意义是在整数乘法的意义的基础上扩展而来的,可以分为两种情况。第一种,求几个相同分数相加之和是多少,这和求几个相同整数相加之和的意义是完全相同的,是整数乘法意义的延续。第二种,求一个数的几分之几是多少,可以用乘法计算,这是整数乘法意义的扩展。例 2 教学,作为教学"求一个数的几分之几是多少,用乘法计算"的铺垫。例如,一桶水 12 升,求这桶水的 $\frac{1}{2}$ 是多少升和求半桶 $\left(\frac{1}{2}桶\right)$ 水是多少升。这两问意义是完全相同的,列式都是 $12 \times \frac{1}{2}$。因此,求一个数的几分之几是多少,也就是求几分之几个单位"1"是多少,只是我们一般更习惯于采用前一种表述。把这两种情况综合起来看,分数乘法的意义是整数乘法的意义的扩展,二者在本质上是一致的,都是求几个相同的数之和。这里的"几"既可以是整数,也可以是分数;"相同数"既可以是整数,也可以是分数。

此外,学生以前学过"求一个数是另一个数的几倍""求一个数的几倍是多少"等数量关系,知道"求一个数的几倍是多少"用乘法计算。这里的"几倍"可以是"整数倍",也可以是"小数倍",但一般是指倍数大于 1 的情况。当一个量与另一个量的"倍数"小于 1 时,一般就不说"几倍"而说成"几分之几"。例如,"甲是乙的 3 倍",我们一般都说"乙是甲的 $\frac{1}{3}$",而不说"乙是甲的 $\frac{1}{3}$ 倍",但二者的数量关系在本质上是一致的。所以,"求一个数的几分之几是多少"只是"求一个数的几倍是多少"的一种延伸而已。一个数乘分数与分数的意义是相通的,就是用更小的单位去度量。如 $c \times \frac{b}{a}$ 就是把 c 平均分成 a 份,取其中的 b 份。当 $a=1$ 时,就是整数乘法。

此外,教材没有单独编排"求一个数的几分之几是多少"的实际问题的求解,而是结合分数乘法的意义、计算进行教学;与分数乘法相关的现实问题分为 3 类。第一类问题,数量关系是以前学过的,只是相关数据变成了分数,学生利用已有知识可以直接列式。第二类问题,数量关系是"求一个数的几分之几是多少"。教材把这两类问题编排在理解分数乘法的意义和解决分数乘法计算的过程之中,避免了过多的重复。在此基础上,教材又编排了第三类问题:稍复杂的分数乘法问题,即连续求一个数的几分之几是多少的问题和求比一个数多(或少)几分之几的数是多少的问题。这两类问题都是以"求一个数的几分之几是多少"为基础的,需要学生在解决问题的过程中明确数量关系,虽然问题的复杂度提高了,但基本的数量关系其实没有改变,只是"一个数的几分之几"中的"一个数"和"几分之几"根据情境不同而发生改变。

2)教材例题分析。

例1:分数乘法意义的第一种形式,几个相同分数相加是多少。

本例实际是整数乘法的意义、分数加法计算等已有知识经验在分数乘整数教学中的应用。因此,教学中尤其要充分利用学生已有的认知基础,并在此基础上引导学生自主推导,理解算理。

例2:是例3教学的铺垫,只列式不计算。根据已学数量关系"每桶水的体积×桶数=水的体积",通过类比推理列式,只是桶数可以由整数扩展到分数。教材结合情境,说明求 $\frac{1}{2}$ 桶水、$\frac{1}{4}$ 桶水的体积就是求 12 L 的 $\frac{1}{2}$ 和 12 L 的 $\frac{1}{4}$ 分别是多少。在此基础上,概括出"一个数乘几分之几,可以表示这个数的几分之几是多少"。由整数乘法的意义类推出分数乘法的意义,在情境中理解分数乘法算式在这里表示"一个数的几分之几是多少"。

例3:分数乘法意义的第二种形式,一个数的几分之几是多少。

本例是在学生会利用"求一个数的几分之几是多少,用乘法计算"列式之后,学习分数乘分数的计算方法。教材借助直观动态图及分数的意义,使学生在探索和理解分数乘分数算理的基础上,一步一步总结出分数乘分数的计算方法。在这里,有些分数是带单位的"量",有些分数是不带单位的"率",事实上,"量"与"率"也是可以互相转化的。例如,$\frac{1}{2}$ 公顷,实际上就是 1 公顷的 $\frac{1}{2}$;$\frac{1}{2}$ 公顷的 $\frac{1}{5}$,就是 1 公顷的 $\frac{1}{10}$,即 $\frac{1}{10}$ 公顷。这需要教师充分利用动态图帮助学生理解"量"与"率"之间的转换。

2.课堂教学组织。

环节一:铺垫课题。

1)出示复习题。

(1)整数乘法的意义是什么?

(2)列出算式并说一说算式中的各因数表示的意义。

5个12是多少? 9个11是多少? 8个6是多少?

(3)计算。

$$\frac{1}{6} + \frac{2}{6} + \frac{3}{6} = \qquad\qquad \frac{3}{10} + \frac{3}{10} + \frac{3}{10} =$$

计算 $\frac{3}{10} + \frac{3}{10} + \frac{3}{10}$ 时,提问:这道题有什么特别之处?计算时把什么当作分子?引导学生观察到3个加数都一样,那么计算时就可以把3个3连加的结果作分子,分母依然不变。

2)引出课题。

对于特殊的分数加法是否也有简便算法呢?今天我们来一起学习分数乘法。(板书:分数乘整数)

环节二:探究新知。

1)教学分数乘整数的意义。

出示例1,指名读题。

(1)分析演示。

师:每人吃 $\frac{2}{9}$ 块蛋糕,每人吃的够1块吗?(不够1块)接着出现3个人各吃 $\frac{2}{9}$ 块蛋糕。

师:一个人吃 $\frac{2}{9}$ 块,3个人吃几个 $\frac{2}{9}$ 块?(3个 $\frac{2}{9}$ 块)

师:如何计算呢?(分子相加,分母不变)

板书: $\frac{2}{9} + \frac{2}{9} + \frac{2}{9} = \frac{2+2+2}{9} = \frac{6}{9} = \frac{2}{3}$ (块)。

(2)观察引导。

这题中的3个加数有什么特别之处?引导学生观察这3个加数

的分数都相同。教师提问:求 3 个相同分数的和只能写成连加的算式吗?有没有什么比较简便的列式方法呢?引导列出乘法算式。板书:$\frac{2}{9} \times 3$。最后启发学生理解 $\frac{2}{9} \times 3$ 就表示求 3 个 $\frac{2}{9}$ 相加的和。

(3)比较 $\frac{2}{9} \times 3$ 和 12×5 两种算式异同:

师:可以从算式所表示的意义和算式的特点来进行比较。(学生合作讨论)

通过讨论使学生得出:

相同点:两个算式表示的意义相同。

不同点:$\frac{2}{9} \times 3$ 的算式中有分数,是分数乘整数,12×5 的算式中都是整数,是整数乘整数。

(4)概括总结。

师:谁能说一说这两个算式的意义呢?(都是表示求几个相同加数的和)

2)教学分数乘整数的计算法则。

(1)推导算理。

由分数乘整数的意义导入。

师:$\frac{2}{9} \times 3$ 表示的意义是什么?(表示求 3 个 $\frac{2}{9}$ 的和)

师:这 3 个分数相加是怎么计算的呢?(分子相加,分母不变)

师:3 个 2 连加的简便写法怎么写?(2×3)

师:计算过程中间的加法算式部分可以省略不写。

(2)$\frac{2 \times 3}{9}$ 和 $\frac{2}{9} \times 3$ 这两个算式之间有什么相似之处?(互相讨论)

$\frac{2 \times 3}{9}$ 中的分子 2×3 就是 $\frac{2}{9} \times 3$ 中 $\frac{2}{9}$ 的分子 2 与乘数 3 相乘,分母不变。

(3)概括总结。

请互相讨论,总结出 $\frac{2}{9} \times 3$ 的计算方法。

(多让学生说一说)引导得出 $\frac{2}{9} \times 3$ 就是用分数 $\frac{2}{9}$ 的分子 2 与 3 相乘的积作为分子,分母不变。

根据 $\frac{2}{9} \times 3$ 这一计算过程,发现:计算时分子、分母能约分的要先约分,然后再乘。最后齐读 $\frac{2}{9} \times 3$ 的简便计算方法。

环节三:练习。

(1)教材第 2 页"做一做"第 1 题。

让学生说一说乘法中各个数表示的意义。

(2)教材第 2 页"做一做"第 2 题。

教师提示:乘的时候如果分子分母能约分的要先约分。

(3)教材第 6 页"练习一"第 1、2、3 题。

独立完成,并集体交流。

环节四:全课小结。

这节课你学会了什么?进行回顾总结。

3.对本知识点学生出现错题的建议。

例 1:计算 $18 \times \frac{2}{7} =$

错误分析:18 和 2 成倍数关系,易误导大家将 18 和 2 直接约分,有的同学对分数的意义理解不透,而把 18 当成 $\frac{1}{18}$ 进行约分。

例 2:计算 $\frac{8}{15} \times \frac{4}{9} =$

错误分析:因两个分数的分子与分子,分母与分母恰好都具有倍数关系,故误导部分学生将分子与分子约分,分母与分母约分。

例 3:计算 $\frac{5}{48} \times \frac{8}{15} =$

错误分析:在相互约分时,应该写约分后的得数。如题中 48 与 8 约分,是用 8 约分,8 约分后为 1(即 8÷8=1),48 约分后为 6(即 48÷8=6),部分同学解题时常常就写 8,结果就错了。

4.课堂中的因材施教。

在学习分数乘整数的计算方法过程中,主要是让学生进行自主探索,得出不同的计算方法,对于每种方法给予肯定和提出改进的建议,寻找计算的最优方法。

5.家校沟通。

本节课需要家校沟通的有以下几点:

(1)分数乘法在实际生活中的运用较少,课后可进行一些有关分数乘法问题的设计和练习;

(2)体会分数乘法、整数乘法和小数乘法在实际生活中应用的不同。

(二)图形与几何

知识点:认识圆

1.对本知识点教材的整体把握的建议。

1)对本知识点的教材分析。

"圆的周长"是北京景山版教材五年级上册的教学内容,属于几何领域的知识。本单元的内容是:画圆、圆的各部分认识、同圆内直径和半径的特征与关系、圆是轴对称图形、圆的周长和周长的逆推公式。

本课时内容是在学生学过了长方形、正方形、三角形、平行四边形这些平面图形的基础上进行的教学。学生对于平面图形中点、线、面以及轴对称图形等基本概念已经有了一定的理解。圆的概念是由日常生活中的常见实物或一些图形引出的。由于在小学阶段不介绍圆的定义,只说明一些实物的形状或一些平面图形是圆,因此在教学中教师需要安排大量的观察与操作。

学习本课时内容帮助学生进一步加深对平面图形的认识,从直线图形扩大到曲线图形。本课时内容为进一步学习圆的周长和面积打下基础,也为将来学习立体图形打下十分重要的基础,同时,学生的空间观念也能得到很好的培养。

2)在教材整体把握上对本知识点的教学建议。

(1)单元结构分析。

①认识生活中的圆、画圆。

②认识直径、半径,并且探索同圆内的直径和半径的特征与关系。

③圆是轴对称图形。

④圆的周长。

⑤圆的周长逆推公式。

从上面的结构分析,教材编排是成递进关系的。"认识圆"这一课时作为整个单元的一部分,其重要程度并不是最高的。从教材内容上来看,也很简单:我们可以将其归纳为由现实生活中的事物引出圆的观念,接着讲解如何画圆及其各个组成部分的名字,掌握直径和半径之间的关系,并且明白圆是一个轴对称图形。尽管如此,看起来简洁明了的一节课实际上却非同寻常。有些老师可能会疑惑:为什么能直接从生活物品(例如钟表或汽车轮胎)过渡到在黑板上描绘圆,然后讲述它的每个部分的名称呢?因此,为了更深入地理解圆,我们在教授过程中应该充分发挥电脑的作用来展示圆是如何产生的,以此让学生了解到圆是与平面上的点距离相等的点的轨迹。此外,我们要引导学生注意用词的准确性,比如"这是一个圆"应该改为"这是一张圆形的纸片"更为准确,这样帮助学生更好地领悟圆的含义,并将之与直线段图形做比较。关于画圆、直径与半径的关系等问题,应鼓励学生在老师的指导下自主探索,从而提高他们的实践能力、观察力、思考力和总结概括能力,这是本课时的重难点。学生们无法一次性完全理解所有的知识点,需要经历一个逐渐深化的学习进程。这一点也在课堂教学中得到了体现。

(2)教学目标设定。

①认识圆,掌握其特性以及在同一个圆中直径和半径的关系,明白圆是轴对称图形,能够使用工具来画圆。

②提升学生的空间认知和观察、分析、综合以及总结的能力。

③引导学生运用辩证唯物主义的观念去认识生活中的问题。

(3)适当渗透数学思想和文化。

本节课采取了课堂教学和小组协作学习的教学模式,充分展示了学生在学习过程中的主导地位。

对于可以进行自我探索的学生,我们应该鼓励他们独立解决问题。例如,当学习如何画圆时,是选择由老师示范、讲解并且给出完整的流程,还是让他们亲自操作、自主归纳经验呢? 显然后者的效果更好。通过实际操作,学生能更好地体验画圆的过程,从而得出其具体步骤、技巧及关键点,也能更加深入了解关于圆的特性、直径和半径之间的关系、对称轴等概念。这种做法遵循了以实践为主导的唯物主义辩证法原则。

我们需要重视重点和分解难点。例如,当展示了圆的形成之后,学生们会自动地想去画一画圆,并且在这个过程中他们也会自然而然地了解到圆心的概念及其半径的重要性。当我们讲解关于圆的特性时,可能感觉不到深度或广度,但是等到课堂练习完成以后,我们会发现这堂课的效果是相当好的。尽管在知识点传授的过程中,大体上的流程没有变化,结构清晰可见,但在各个阶段之间的交互影响却让整个教学过程变得更加完美。这样的设计考虑到了学生的认知规律。

教师要尽可能地鼓励并引导学生亲自动手去探索新知识,并自信地发表见解。同时结合个人的独立思考、团队协作及合作交流的方式来提升他们的自学能力和归纳提炼能力。

课后的问题设计应努力提升它的"思考价值",不仅具有趣味元素而且能和日常生活的经验结合起来。

2.课堂教学组织。

环节一:谈话导入。

师:我们在什么节日赏月呢?(中秋节)为什么在这一天赏月?(这一天的月亮最圆)

师:天上月圆,人间团圆。古往今来,人们对一个圆总是情有独钟。今天这节课我们就走进圆的世界,一起来认识圆,好吗?(板书:圆)

环节二:初步感知圆。

师:你心目中的圆是怎样的呢? 闭上眼睛用手在空中画一个圆给大家看看。

师:说说看,圆和我们已经学过的平面图形有什么不同?

师生共同总结:圆是由一条曲线围成的封闭图形。

环节三:画圆,认识圆的各部分名称。

(1)尝试画圆。

师:研究圆要先学会画圆,会画圆吗? 用什么画?

师:会用吗? 咱们一起在纸上画一个圆!

汇报交流,掌握方法。

师:有的同学很快就画好了一个圆,但我还发现有些同学画得不理想,他可能出现了什么问题?

师:刚才谈的都是我们在画圆时要注意的问题,想不想再画一个? 试试看!

(2)再次画圆,理解圆心和半径。

(3)认识圆心、半径。

师:画圆时,大家有没有感觉到好像有些东西始终没有变,是什么?(针尖的那个点一直没有动)这个点在圆的哪里? 数学上我们把圆的这个中心点叫作圆心,用字母 O 表示。

师:还有什么始终没变?(强调是圆规两只脚之间的距离没变)我们把这个距离叫作圆的半径,用字母 r 表示。

师:谁能画出这个圆的一条半径呢?(请一名学生到黑板上来画)

师:请用自己的话说说什么叫半径。打开课本看看书上是怎么说的,你觉得哪些词语很重要?(圆心和圆上)非常好! 能不能画在圆里或者圆外?

师:请同学们在自己画的圆上标出圆心 O 和半径 r。

(4)理解圆心和半径的作用。

师:谁来展示下自己画的圆? 同一把圆规画出的两个圆位置不同,(圆心不同)大小也不同,什么原因?(半径不同)

师:由此可见圆心的作用是什么?(确定圆的位置)

师:那什么决定了圆的大小呢?(半径确定大小)

师:如果我要求全班同学画出的圆都一样大呢? 该怎么办?

生:半径要相同!

师:好,把半径定为 3 厘米,再画一个圆看看! 同桌比比看是不是一样大?

(5)认识直径。

我们把半径向另一个方向延长到圆上,线段 CD 是这个圆的直径。(板书:直径)说说直径有什么特点?

师:如果老师让你再画一条呢,还可以画出吗?

师:他画的直径都有一个共同点,有没有发现是什么? 用自己的话说说什么是直径。(通过圆心而且两端都在圆上的线段叫作直径,用字母 d 表示)(板书)

环节四:圆的有关性质。

动手操作,探索直径和半径的特点。

师:通过刚才的学习我们认识了直径、半径,还会画圆的直径和半径了。现在我们来进行一个比赛:一、二两组画半径,三、四两组画直径,在规定时间内看谁画得多。开始!

师:比赛结束了,我们的思考没结束,比赛让你知道了什么?

生:可以画无数条直径和半径。(板书:无数条)

师:是的,只要时间允许,这是一场没有输赢的比赛。你还发现了什么? 用尺子量一量。(板书:都相等)动手操作,积极思考,我们又有了新发现。

环节五:巩固练习。

书本练一练。

环节六:全课总结。

谈话:通过今天的学习,你又有哪些收获?

3. 对本知识点学生出现错题的建议。

1)对本知识点学生出现错题的分析。

例 1:(判断)直径是半径的两倍。

错误分析:学生忽略了在同一个圆内这一前提,平时表述时,数学语言不完整。

例 2:(判断)圆的直径都相等。

错误分析:学生忽略了在同一个圆内这一前提,平时表述时,数学语言不完整。

2)在教学中可采取的对策。

用一个小圆的直径和一个大圆的半径对比,是否小圆的直径是大圆的半径的两倍,强调同圆内。

4.课堂中的因材施教。

能力较强的学生可以不用实物直接思考,能力较弱的学生一定要用学具帮助其学习。

5.家校沟通。

让家长带着孩子探索生活中的各种圆和扇形。

(三)统计与概率

知识点:统计总复习

1.对本知识点教材的整体把握的建议。

1)对本知识点的教材分析。

统计是通过对数据的收集、整理、分析与描述,从而获得对事物的一些整体性规律的认识,帮助人们从大量纷繁冗杂的信息中做出恰当的选择与判断。统计的核心是数据分析,使学生树立数据分析的观念,最有效的方法是让他们投入到数据分析的全过程中去。数据分析的过程包括收集数据、整理数据、描述数据和分析数据。《义务教育数学课程标准(2022年版)》在第二学段中提出"经历简单的数据收集和整理、描述和分析的过程";在第三学段中提出"经历数据收集、整理和分析的过程"。第二学段提出经历"简单的"过程,而第三阶段去掉了这个限制。这里作为小学阶段的总复习,力求通过系统地整理与复习,使学生具备一些统计的基本思想、方法和知识,具备一定的收集数据、整理数据、描述数据、分析数据并根据数据进行合理推断、交流的能力,培养学生面对不确定情境或大量数据时做出合理决策的能力,促进学生经历由"简单"逐步走向今后的"不简单"。

本知识点的教学目标：

(1)能正确说出 3 种常用统计图的作用；

(2)能根据统计数据正确绘制常用统计图表；

(3)能根据统计图表中的信息解决问题。

学生起点能力分析：

(1)学生已有的记录统计数据的经验；

(2)学生已有的一些解决问题的方法。

2)在教材整体把握上对本知识点的教学建议。

统计的复习分 3 个层面：第一层面，整理、回顾学过的统计相关知识；第二层面，回顾统计图的特点及适用情况；第三层面，在引导学生思考"数据的收集、整理和分析的步骤和方法是什么"后，让学生根据普遍关心的实际问题设计调查图表进行调查统计，把对统计量的认识和可能性的大小有机结合起来。

本节课主要是整理与复习统计知识和统计图表。数据分析观念作为重要的教学核心素养之一旨在培养学生的数据分析意识与处理能力，并让学生在分析数据的过程中体验随机性。随着信息技术的发展，数量庞大、种类众多且具备高速度与准确度的大数据在对日常生活产生深刻影响的同时，也为理解数据分析观念提供了新的视角，培养学生大数据意识、提高数据甄别能力、聚焦相关关系、发展推理能力等都是数据分析观念培养的重要内容。通过整理复习，系统梳理统计与概率知识，促进学生自主学习，让学生爱统计、会统计，在统计中建立数据分析观念，这是本节课最朴素的愿望。

2.课堂教学组织。

环节一：运用思维导图整理知识。

师：看到课题了吗？这节课我们要整理和复习统计的知识。课前同学们把小学阶段学习的统计知识制成思维导图发到班级群，这里展示其中 3 位同学的思维导图。

师：左边这幅是小陈整理的，你看到他把知识分成哪几类？能上来说明一下吗？

师：再看，右边这幅是小余整理的，谁看出它和小陈的有什么相同点和不同点？用思维导图整理知识有什么优点？

生：用思维导图把零散的知识点整理成网络图，就可以把知识看得清清楚楚。

师：我们班的小林同学也把统计知识进行了整理，做成微视频，认真看，你有什么收获？

生：按统计的过程来整理，把知识串起来，能让我们对统计的知识和过程有更清晰的认识。

环节二：利用统计图解决问题。

(1)选择统计图。

师：同学们，通过课前的整理，课上的交流，我们完成了统计知识的整理。接下来继续复习，我们复习的脚步就从互联网开始，听说过淘宝吗？

师：上图中，林阿姨想清楚地看出每种尺码各卖多少套，你会建议她用哪种统计图描述？

生：条形统计图，条形统计图可以直观看出数量的多少。

师：折线统计图也能看出数量的多少啊，为什么不选？

生：折线统计图可以看出数量的多少，但更侧重数量的变化和趋势。另外，折线统计图更适合描述同一个事物不同时间的变化情况。而各个尺码是不同的，而且是同一时间里销售的数量，用折线统计图就不合适了。

师：尺有所短，寸有所长，那么要进 10 000 套衣服，想知道每种尺码各进货多少套，你会选什么统计图？

生：扇形统计图，扇形统计图可以清楚地看出部分与整体的关系，只要把进货的总数乘每种货物所占的百分比就可以了。

小结：即使是相同的数据，由于统计目的不同，我们选用的统计图也不同。

(2)解决实际问题。

师：我要制订暑假旅游计划，你会提醒我关注什么？

生：外出旅游要随时关注天气情况，提前做好准备。

师：对，天气特别重要，所以我就上网（课件出示）查阅了某城市 2022 年每月平均气温情况,绘制成了折线统计图。你猜,这座城市是四季如春的昆明,还是四季分明的苏州,还是常年低温的哈尔滨?

生:是苏州,我是通过折线看出来的,折线起伏波动,变化明显,这反映出四季分明。

师:一起看,猜对没有?(出示纵轴上的数据)

生:错了,是昆明。

师:你怎么知道是昆明?

生:因为老师标出了纵轴上的数据,这座城市最高平均气温才 20℃多些,而我们苏州的夏天最高气温会达到 40℃,所以可以排除掉苏州。再看看最低平均气温有 12℃,哈尔滨冬天下雪,最低气温在零下几十摄氏度,就排除掉了哈尔滨,而且这座城市一年四季平均气温在 12℃到二十几摄氏度之间,这不正是四季如春吗?

师:你真了不起,不仅能读懂图上的数据,还能结合生活实际去分析从而找到了正确的答案。那么,你心目中昆明气温变化折线是这样的吗?(课件出示)这幅图还要做怎样的完善?

生:改变纵轴上的数据,把每个格子代表的数据变大。比如,用一个格子代表 10℃,这样就能表示出来。

师:一个"比如"就表示一种可能,看来,改变纵轴数据,就能改变统计图给人的感觉。那你会利用这个特点,让统计图为我们服务吗?如果你是不同的角色,你会怎么介绍?

师:再回头看一下原来这幅统计图,能不能表示哈尔滨呢?

生:可以,通过改变纵轴上的数据就能做到。最低气温数值就要用负数来表示,最高气温在 30℃左右吧。

师:同学们,同一幅图只要改变纵轴数据,就可以给人不同的感觉,就能表达不同的意思。那今后在看统计图时,你有什么温馨提示要告诉大家?

生:今后看统计图不但要关注图形更要关注纵轴数据。

小结:把图像和数据结合起来看时,数据就会说话了,统计的价值就体现出来了。

(3)理性分析数据。

师：我在上网时还看到了一幅统计上淘宝网买辣椒数量最多的城市统计图。你觉得最爱买辣椒的是哪座城市？

师：说来说去，你们都是凭感觉猜，怎么办？

生：用数据说话。

师：你想让我提供哪些方面的数据？

师：可惜我只带来了"各城市每百人爱吃辣椒的人数排名统计图"和"各省（直辖市）生产辣椒情况统计图"。先给你这么多，如果不够用我们后面继续补充。

师：请同学们先独立思考，看看自己能不能通过思考说出答案，并和组内同学说说，只要你认为有道理都可以。

生1：根据"各城市每百人爱吃辣椒的人数排名统计图"，我猜是长沙，因为长沙爱吃辣椒的人数比例最高，所以买辣椒最多的城市一定是长沙。

生2：我不同意，因为我看了"各省（直辖市）生产辣椒情况统计图"，这些省份的人们爱吃辣，但是这些省份也生产了很多辣椒，比如湖南长沙，在市场、超市、小卖部几乎都能买到辣椒，根本不用上网购买。所以我认为不可能是生产辣椒排名靠前的城市。

师：大家把目光聚焦在几乎不生产辣椒的城市：北京、上海、天津。现在我再给你这三座城市爱吃辣椒人数的比例，你能确定是哪座城市吗？

生：不能，这三座城市爱吃辣椒人数比例差不多，无法比较出来，还要提供这三座城市的人口总数，人口总数越多，可能性就越大。

师：给你人口总数（出示各城市人口总数统计图），现在你能确定了吗？

生：可以，是上海。因为这三座城市不生产辣椒，在市场上很少看到辣椒，那么，所有的辣椒都得从外省买进，这就造成有很大部分人图方便就上网去买，虽然这三座城市爱吃辣椒人数比例差不多，但是上海的人口总数大大超过了其他城市，所以上网买辣椒的人数最多，所以这座最爱买辣椒的城市一定是上海。

师：通过刚才的分析，今后在分析数据时你又有什么温馨提示要告诉大家？

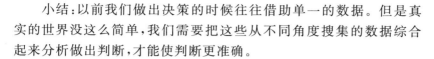

小结:以前我们做出决策的时候往往借助单一的数据。但是真实的世界没这么简单,我们需要把这些从不同角度搜集的数据综合起来分析做出判断,才能使判断更准确。

环节三:回顾总结。

师:同学们,今天我们把统计知识进行了整理和复习,你有什么收获?

3.对本知识点学生出现错题的建议。

1)对本知识点学生出现错题的分析。

例1:为了清楚地看出各年级人数应采用(　　)统计图,需要清楚地看出各年级人数占全校人数的比率应采用(　　)统计图,记录一天气温变化情况应采用(　　)统计图比较合适。

错误分析:学生出错的主要原因是对3种统计图的特点及用途没有理解。

2)在教学中可采取的对策。

复习阶段学生对各类统计图表已经有了较深的认识,但是在选择过程中往往过于简单,忽略关键信息,所以教学中要引导学生圈画关键词,然后分析最需要体现的特征,从而选择最合适的统计图表。

在扇形统计图的运用中设计分数问题的理解与计算,在教学中一定要帮助学生明确扇形统计图的圆表示的是全体样本,在完成相关内容时需要观察统计图名称,明确样本整体是什么,也就找到了相应的单位"1"。

4.课堂中的因材施教。

"大脑语言最重要的特征是图像和联想"。在本知识点的复习课中,需要对小学阶段统计的知识内容进行梳理,将其建构成一个十分系统的知识脉络,使学生能够将自己所学的零散知识点进行归类和总结。但是,小学生的归类和总结能力十分有限,对学过的知识也常出现遗忘,这便需要教师给予相应的引导,指导学生对学习过的知识进行回顾。因此,在复习的过程中,教师应用学科思维导图的形式帮助学生在脑海中产生清晰的知识脉络:首先,课前学生领取到教师布置的复习任务后,通过小组合作交流的形式来回顾小学阶段学习过的统计与概率内容,并将所学知识点进行整理分析,学生将绘制成的思维导图发布在班级微信群里,由制作者讲述思维导图的设计思路、制作想法以及知识梳理见解,同伴评图,逐步修改与完善思维导图,使学生初步理清知识结构与脉络,实现知识的交流与共享。其次,课上通过简单展示学生按知识分类整理的思维导图,认真观看按统计过程整理的思维导图微课视频,学生明白了统计类的知识还可以按统计的过程来整理,开阔了学生的视野、拓展了思维,同时为后续的学习提供了行动指南。

5.家校沟通。

完成一份家庭开支小调查并绘制相关图表进行分析,然后给爸爸妈妈提出家庭消费建议。

(四)综合与实践

综合实践活动:跑道上的数学

1.对本知识点教材的整体把握的建议。

1)对本知识点的教材分析。

《义务教育数学课程标准(2022年版)》指出:学生应当有足够的时间和空间经历观察、实验、猜测、计算、推理、验证等活动过程。教师要引导学生独立思考、主动探索、合作交流,使学生理解和掌握基本的数学知识和技能,体会和运用数学思想与方法,获得基本的数学活动经验。所以在这节课上,可以让学生经历有目的、有设计、有步骤、有合作的实践活动。通过应用和反思了解所学知识之间的联系,获得数学活动经验。

《跑道上的数学》是景山版数学教材第九册的第125页部分,属于综合与实践活动,目的在于发展学生综合运用数学知识方法解决简单实际问题的能力,感受数学在日常生活中的作用。

本节课的教学目标设计如下。

（1）知识目标：

①能求出跑道一圈的长度；

②能求出跑道的占地面积；

③能求出相邻两位同学跑道差。

（2）能力目标：

能通过设置相邻两位选手的起跑线，使学生掌握圆的周长和面积的知识在生活中的实际运用。

（3）教学重点和难点：

本节课的教学重点为能求出相邻两位同学跑道差，难点为能解决设置相邻两位选手的起跑线。

2）在教材整体把握上对本知识点的教学建议。

《跑道上的数学》是在学生掌握了圆的认识、圆的周长、圆的面积等知识的基础上进行学习的。内容涉及组合图形、数据计算、方法推导等知识和技能，对于已经有了一定数学基础的五年级学生来说，引导学生发现问题是关键。因为学生已经具有了一定的分析、推理和计算能力。

这节课主要是考查大家对所学内容的理解和运用，能够算出各个跑道的周长，然后再通过归纳总结的方式，求出各个跑道之间相差的距离。

首先，学习这部分的内容，学生要对田径的环形跑道有基本的了解，环形跑道主要由直线部分和曲线部分组成。它涉及用圆的周长等知识来解决环形跑道的周长计算问题。

其次，在学习这部分内容时，考验学生对所学内容的观察、计算以及推理能力的综合判定。具体来说，就是通过观察学生发现对于直线跑道部分，不管是第几跑道，其长度都是相等的。不同部分是两端的曲线跑道，而且两个半圆形的跑道结合在一起算周长时，用圆周长的计算方式来解决。

最后，学生要能达到清楚地认识起跑线设置问题的所在，在解决实际的问题当中明确自己的重点。即在跑道周长计算的同时，相同的部分可以忽略不计，精力主要集中在曲线的部分，也就是圆的周长的计算上。

2.课堂教学组织。

环节一:对比性的情境导入新课。

(1)播放 2021 年世界田径锦标赛男子 100 米决赛中苏炳添的比赛视频。

师:100 米赛为什么那么吸引人?(因为公平)

(2)播放 2021 年世界田径锦标赛男子 400 米决赛场面。

师:看了两个比赛,你们有什么发现,又有什么想法?(组织学生交流)

(100 米赛跑运动员站在同一条起跑线上,而 400 米赛跑运动员为什么要站在不同的起跑线上? 400 米跑的起跑线位置是怎样安排的? 外面跑道的运动员站在最前,这样公平吗?)

师:今天,我们就带着这些问题走进运动场,用我们学过的知识来研究、解决这些问题,了解比赛的时候各跑道的起跑线是如何确定的。

环节二:猜想验证、探究问题。

1)了解跑道结构、简化问题。

(1)出示完整跑道图(共 4 道,跑道最内圈为 200 米)

(板书:跑道一圈长度＝圆周长＋2 个直道长度)

(2)4 个人沿跑道跑一圈,各跑道之间的差距会在跑道的哪一部分呢?(猜测)

(3)小结:沿跑道跑一圈与直道无关,与左右两个弯道有关。

2)练习。

练习 1:小亮在最里圈的跑道,跑了多少米?

学生独立完成,并进行交流。

练习 2:已知每条跑道宽 1.2 米,共 4 条跑道,跑道占地面积是多少?(得数保留整数)

学生用计算器计算,并进行交流。

小结:注意求圆、长方形的周长和面积的不同计算公式。分清楚求的是周长还是面积。

3)寻求、探究解决方法。

(1)独立思考和探究:弯道之差是多少呢? 请自己观察图形,想想如何计算弯道之差？左右两个半圆形的弯道合起来是一个什么？

（2）小组合作、讨论：你怎样找出相邻弯道的差距？相邻弯道差距其实就是谁的长度之差？

（3）交流小结。

①分别把每条跑道的长度算出来，也就是计算 2 个直道长度与 1 个圆周长的总和，再相减，就可以知道相邻两条跑道的差距；

②因为跑道的长度与直道无关，只要计算出各圆的周长，再算出相邻两圆的周长相差多少米，就知道相邻跑道的差距。

环节三：巩固练习。

练习1：4 个同学参加 200 米赛跑。相邻的两个同学起跑线相差多少米？

方法一：根据题目中的已知条件尝试列式求出各道的周长。（学生使用计算器）

学生：第 1 道的周长＝50×2＋3.14×32＝200.48（米）

学生：第 2 道的周长＝50×2＋3.14×(32＋1.2×2)≈208.02（米）

分析第 2 道跑道与第 1 道跑道中弯道部分直径的区别。

学生：第 3 道的周长＝50×2＋3.14×(32＋1.2×4)≈215.55（米）

学生：第 4 道的周长＝50×2＋3.14×(32＋1.2×6)≈223.09（米）

方法二：据题目中的已知条件尝试列式求出各圆的周长。（学生使用计算器）

学生：第 1 道中圆的周长＝3.14×32≈100.42（米）

学生：第 2 道中圆的周长＝3.14×(32＋1.2×2)≈108.01（米）

学生：第 3 道中圆的周长＝3.14×(32＋1.2×4)≈115.55（米）

学生：第 4 道中圆的周长＝3.14×(32＋1.2×6)＝123.09（米）

环节四：结论总结。

想一想，两条跑道之间相差多少米？

小结：相邻起跑线相差都是 2.4×3.14 米，也就是（道宽×2×3.14）米。说明起跑线的确定与道宽最有关系。计算相邻起跑线相差的具体长度：2.4×3.14＝7.536 米。

环节五:拓展延伸。

全课小结:谈一谈,这节课你有什么收获?

师:同学们今天学到的知识可真不少,其实,在田径运动场上还有黄金跑道之分。让我们一起来看一看有关的资料。

黄金跑道:首先,排在中间道次(4、5、6 道)的运动员可以观察到左右两边选手的位置,对比赛有利,所以中间道次(4、5、6 道)为黄金道次。其次,每一个跑道的弯道,因为半径不同,使在对应旁道的职业运动员所受向心力不同,所以不同的弯道的跑法略有不同。

3.对本知识点学生出现错题的建议。

1)对本知识点学生出现错题的分析。

例 1:如图 4-1 所示,已知每条跑道宽 1.2 米,共 4 条跑道,第 2 道的周长是多少?(得数保留整数)

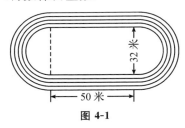

图 4-1

错误分析:学生对于第 2 道中弯道部分圆的直径是多少没有分析到位,学生缺乏根据图片进行分析的意识,直接用"32+1.2"来求直径,所以这里要和学生强调,仔细分析清楚在原有直径 3.2 米的基础上应该加 2 个 1.2 米。

例 2:如图 4-1 所示,已知每条跑道宽 1.2 米,共 4 条跑道,整个操场的占地面积是多少?(得数保留整数)

错误分析:第一,对于整个操场的弯道部分圆的半径分析不到位;第二,对于面积公式和周长公式记忆混淆,到底是用半径还是用直径来进行列式计算,学生不能很好地辨析。

2)在教学中可采取的对策。

《义务教育数学课程标准(2022 年版)》指出:数学学习内容应当有利于学生主动地进行观察、实验、猜测、验证、推理与交流等数学活动,动手实践、自主探索、合作交流是学生学习数学的重要方式,学生是数学学习的主人,教师是数学学习的组织者、引导者与合作者。那么,如何体现新课程标准所提倡的学习方式、教学方式呢?

(1)小学数学问题解决法。新课标指出:"问题情境——建立模型——解决问题——应用拓展"是教学的一种基本模式,结合"猜测——验证"的教学思想,有效地组织学生把独立思考和合作学习相结合,教师适度引导和学生自主探究相结合,让学生经历探究问题的过程,感受学习数学的乐趣。

(2)对比教学法。一是创设对比性情境,如"100米赛跑起终点与400米赛跑起终点"的对比,运用日常生活学生熟悉的情境,为学生提供动手操作和合作交流的情境,激发学生的学习兴趣,更易于学生掌握数学知识与客观规律的联系。让学生在对比中发现问题、提出问题。二是在探究问题时采用列表的方法,让学生有序地进行对比,便于学生对问题进行抽象、升华。

(3)尝试法。新课标指出:"过程让学生经历,结论让学生去概括。"本节课的结论是相邻两道之间的差就是两个圆周长的差,引导学生概括相邻两跑道之间的差距。虽然不一定严密,但学生进行了一定的尝试,有总结有反思就会有进步。

4. 课堂中的因材施教。

通过调查发现学生比较喜欢体育活动,相当一部分学生对起跑时不能站在同一起跑线的现象也有一定的认识,但具体这样做是为什么? 相邻两起跑线该相差多远? 学生很少从数学的角度去认真地思考。所以在开展"相邻跑道相差多远"的问题教学中,帮助学生感受数学与生活之间的密切联系,从而促使学生更加积极主动地学习数学。

在教学过程中,采取多媒体辅助教学,通过多媒体的直观演示,让学生观察、探索,帮助学生对椭圆式跑道有一个形象的感知,并利用多媒体将知识直观动态地展示出来,同时作用于学生的感官,调动学生的学习积极性,给学生充分的时间和机会让他们主动参与获取知识的过程,培养学生自主学习的意识与创新意识。

(1)引导学生用多种感官参与知识的形成过程。

心理学实验证明,思维往往是从动作开始的,切断活动与思维的联系,思维就不能得到发展。要解决数学知识的抽象性与学生思维形象性之间的矛盾,关键是依靠动手操作。基于上述认识,在推导确定起跑线位置的过程中,教师要有目的、有意识地安排让学生动手的实践活动,让学生用眼观察,动脑思考,动口参加讨论,用耳去辨析同学们的答案。教育家乌申斯基说:"接受知识的感官越多,知识就掌握得越牢固,越全面。"

(2)培养学生的兴趣,激发求知欲望。

"好奇"是少年儿童的心理特征之一,他们对新鲜的事物特别感兴趣,在教学方法的构思上用不同的方法设置疑点,让学生在探索知识的思维实践中,使思维能力受到培养和训练,激发学生思维积极性。注重给学生创设思维的空间,注意诱发学生积极体验,自己产生问题意识,自己探究、尝试、修正错误、总结规律,从而主动获取知识。

(3)充分发挥计算机辅助教学的过程。

发挥计算机直观形象、声像结合、动静结合、节省教学时间等多种功能,展现知识发生、发展过程,使学生饶有兴趣地投入学习,从而加深对知识的理解与掌握,优化课堂教学结构。

5.家校沟通。

为了上好这节课,在与家长沟通时可以在以下几方面多加注意。

(1)让学生亲身体验一下,看一看,跑一跑,体验跑内圈和外圈的区别。

(2)家长可以给学生看一看田径比赛中不同赛程、跑步方式、起点与终点的异同之处。

二、评估和分析

第九册素养评估

一、计算。

1.直接写出得数。

$$\frac{3}{5} \div \frac{3}{4} = \qquad 0.65 \times \frac{4}{5} = \qquad \frac{13}{20} \times 60\% = \qquad 3.2 - \frac{7}{8} =$$

$0.25\times(\quad)=1$ $\qquad$ $1\div20\%=$ $\qquad$ $\dfrac{3}{5}\times3=$ $\qquad$ $\dfrac{3}{4}\div4=$

$\dfrac{2}{9}\times\dfrac{2}{9}=$ $\qquad$ $\dfrac{4}{15}\div(\quad)=1$

2.能简便的要用简便方法进行计算。

$32\times\dfrac{15}{31}$ $\qquad\qquad$ $\dfrac{3}{8}\times0.6+\dfrac{5}{8}\times\dfrac{3}{5}$

$\left(\dfrac{5}{9}\times\dfrac{9}{10}-\dfrac{1}{3}\right)\times\dfrac{2}{3}$ $\qquad\qquad$ $\dfrac{3}{5}+\dfrac{3}{5}\times99$

3.解方程。

$1.5+\dfrac{1}{4}x=2.5$ $\qquad$ $\dfrac{2}{3}x-\dfrac{2}{5}=0.4$ $\qquad$ $\dfrac{4}{5}x-50\%x=10$

二、填空。

1.五(2)班今天到校 36 人,有 2 人因病没有到学校,这个班今天的出勤率是(　　　)。(得数的百分号前保留一位小数)

2.观察下图,这个圆的直径大约是(　　　)厘米。

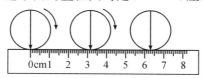

3.在 0.66、$\dfrac{2}{3}$、六成、62.5%、$\dfrac{5}{8}$ 中,最大的数是(　　　),最小的数是(　　　),(　　　)和(　　　)相等。

4.m 与 $\dfrac{5}{6}$ 互为倒数,最简分数 m 的分数单位是(　　　　　)。

5.苹果的单价是梨的单价的 $\dfrac{4}{5}$,梨的单价是橘子的 125%,苹果单价○橘子单价(填写">""="或"<")。

6.利用一根 5 米长的绳子画圆,画出的最大的圆的直径是(　　　)米。用竹制围栏把这个圆围起来,并在围栏上装一扇 1.2 米宽的木门,这个围栏的长度是(　　　)米。

7.一种定期存款的年利率是 2.5%,存款到期,应从银行取回的钱是本金的(　　　)%。

8.一件商品打八五折出售,就是现价按原价的( )%出售,那么现价比原价便宜( )%。如果商品的原价是 200 元,现在打八五折,这时还赚 50 元,这件商品的成本是( )元。

9.在右图长 5 厘米,宽 4 厘米的长方形里画一个最大的半圆(先请在图中画出示意图),这个半圆的周长是( )厘米。

三、选择。

1. 比 5 米多 $\frac{1}{5}$ 米是( )米。

A. $5 \times \frac{1}{5}$ B. $5 \times \left(1 + \frac{1}{5}\right)$ C. $5 + 5 \times \frac{1}{5}$ D. $5 + \frac{1}{5}$

2. 估算 $\frac{1}{3} \times \frac{3}{4} \times \frac{5}{6} \times \frac{7}{8} \cdots$ 的结果,正确的是( )。

A. 大于 $\frac{3}{4}$ B. 大于 0 小于 $\frac{1}{3}$

C. 大于 $\frac{1}{3}$ 小于 1   D. 大于 $\frac{1}{3}$ 小于 $\frac{7}{8}$

3. 如图,一个长方形遮住了甲、乙两条线段的一部分,原来甲和乙两条线段的长度相比,( )。

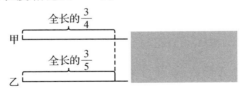

A. 甲长   B. 乙长   C. 一样长   D. 无法比较

4. 机器人社团的两个小组设计了甲、乙两个"机器人"跑车,将他们放在距离为 10 米的直线跑道两端,并同时出发相向而行,3 秒钟后,甲跑了全程的 $\frac{3}{7}$,乙跑了全程的 62.5%。这时( )离中点近一些。

A. 甲   B. 乙
C. 两车离中点的距离相等   D. 无法估计

四、操作与实践。

(1)画一个周长是 12.56 厘米的圆。

(2)将这个圆平均分成 4 份,请画出分割线。

(3)在这个圆里画一个最大的正方形。

(4)这个正方形的面积是(　　)平方厘米。

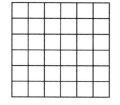

五、解决问题。

1.看图列式计算。

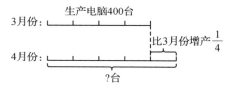

2.乘坐 1 路公交车每人需投币 2 元,如果刷市民卡则每次扣费 1.2 元,刷卡比投币便宜百分之几?

3.小军看一本《孔子的故事》,已经看了全书的 $\frac{5}{6}$,还有 30 页没看。求这本书共有多少页?(先用线段图表示出条件和问题,再列式解答)

4.在商品销售中,利润是指售价比成本高的部分,商家通过利润来盈利。人民商场进了某种衣服 100 件,每件 200 元,商场原计划按 30% 的利润定价,实际销售的时候打了折,请问打八折会亏本吗? 请通过计算来说明。

5.如图,一只蚂蚁要从 A 点沿着大圆或小圆的弧爬到 B 点,有多少种不同的路线? 请比较这些路线的长短,并说明理由(可通过计算或其他方式说明）。

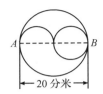

6.爸爸到北京出差,在 10 月 15 日上午 9:00 通过 12306 火车购票平台购买了一张 11 月 5 日上午 10:00 发车的高铁票,票价为 520 元。由于临时有事,他在 11 月 3 日 18:00 到网上退票。按照规定,高铁票退票需要扣除手续费,规定如下表。爸爸退票后可以拿回多少钱?

退票时间	退票手续费占票价的百分比
开车前 15 天以上	无
开车前 48 小时	5%
开车前 24 小时至 48 小时	10%
开车前 24 小时内	20%

素养评估分析

1.第一板块计算,通过直接写出得数、填空、简算、方程的形式,评估学生的计算能力,属于数学规则的运用,是数与代数的知识。

2.填空第 1、3、7、8 是百分率内容,分别对应百分比、百分数互化、利率和折扣,主要评估学生对百分数的掌握情况,属于数学规则的运用,是数与代数的知识。

3.填空第 2、6、9 题是圆这个单元的内容,分别考查圆和直径、半径的关系,以及半圆的相关知识。第 2 题属于对数学概念的理解,第 6 题第一空是概念理解,第二空是规则的运用,第 9 题是综合运用多种规则解决问题,需达到分析水平。

4.填空第 4 题和第 5 题主要评估学生对分数的意义和分数单位、倒数的理解,属于分数问题,是数与代数的知识。

5.选择共 4 题,均是分数板块内容,第 1 题主要评估的是学生对分数和数量的理解,属于概念的理解。第 2 题评估分数乘法的估算,是规则的运用。第 3 题评估分数除法的意义,也是规则的运用。第 4 题评估的是分数加减运算在实际生活中的运用,是规则的使用。这些都是数与代数的知识。

6.操作与实践,评估画圆并探索圆中正方形的面积,前者属于规则的运用,后者也属于规则的运用,需达到分析层面。

7.解决问题第 5 题评估学生对圆周长的掌握情况和枚举思想,是图形与几何的知识。

8.解决问题第 1、2、3、4、6 题评估分数内容,第 1 题是分数乘法,第 2 题是百分率,第 3 题是分数除法,第 4 题和第 6 题是经济问题,主要是利润、折扣和退费问题。第 4 题、第 6 题和生活紧密结合,是运用规则解决生活中的实际问题。这些内容都属于综合与实践范畴。第 4 题更注重评估学生分析问题的能力。

第十册素养评估

一、填空。

1.下面是某区 2022 年末的一个统计数据:

> 我区总人口数达 329 900 人,土地面积为 174 600 000 平方米,生产总值达 9 315 000 000 元,绿化面积约 74 000 000 平方米。

根据上述数据,完成下面填空:

(1)改写成用"万"作单位,总人口数是( )万人;

(2)土地面积为( )平方千米;

(3)省略"亿"后面的尾数,生产总值约是( )亿元;

(4)绿化面积比土地面积少( )万平方米。

2.建筑队计划修建一条道路,在比例尺为 1∶500 的设计图上,这条路全长 30 厘米,这条路实际长( )米,如果要求明年( )年利用 2 月份修建完成,每天至少修建( )米。(得数用进一法保留两位小数)

3.一根 5 米长的绳子平均分成( )段,可得到每段长度是 $\frac{5}{9}$

米,取其中的两段就是这根绳长的 $\dfrac{(\quad)}{(\quad)}$。

4.用一张边长为 1 分米的正方形铁皮,剪下一个最大的圆心角是 90°的扇形,这个扇形的面积是(　　　),周长是(　　　)。

5.一个圆柱形水槽,里面盛了 24 升水,正好盛满。如果把一块与圆柱形水槽内部等底等高的圆锥形铁块全部浸入水槽中,此时水槽中还有(　　　)升水。

6.在省"小小数学家"评选活动中,我县六年级参加评选的人数在 177~190 人之间,参评的男生人数和女生人数的比是 3∶5。参评的男生有(　　　)人。

7.如图,是某班数学期末考试情况的统计图,可惜已经破损了。已知:这个班数学期末考试的及格率为 95%。成绩优秀的人数占全班的 35%。成绩良好的人数比优秀的人数多 $\dfrac{2}{7}$。这个班级成绩达到优秀的一共有(　　　)人,良好的有(　　　)人。

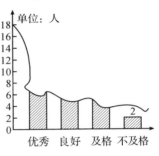

8.王叔叔携带了 30 千克行李在某机场乘飞机,按民航规定,旅客最多可免费携带 20 千克行李,超重部分每千克按飞机票价的 1.5%购买行李票。若王叔叔购买了 120 元的行李票,则他的飞机票价应是(　　　)元。

二、选择(将正确答案的序号填在括号里)。

1.下图中阴影部分占整个图形的(　　　)。

A. $\dfrac{3}{5}$　　　　　　　　　　B. $\dfrac{3}{4}$

C. $\dfrac{3}{8}$　　　　　　　　　　D. $\dfrac{1}{3}$

2.一种精密零件长 5 毫米,把它画在图纸上,图上零件长 8 厘米,这张图纸的比例尺是(　　　)。

A. 8∶5　　　　B. 16∶1　　　　C. 1∶16　　　　D. 5∶8

3.小东看到一瓶墨水的包装盒上印有"净含量:120 mL"字样,

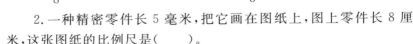

这个"120 mL"指(　　)。

A. 包装盒的体积　　　　　　B. 墨水瓶的容积

C. 瓶内所装墨水的质量　　　D. 瓶内所装墨水的体积

4. 甲、乙两商店以同样的定价出售一种作业本,为了促销,甲店打 7.5 折出售,乙店买四送一。王芳要买 10 本这样的作业本,(　　)。

A. 到甲商店买合算

B. 到乙商店买合算

C. 不能确定到哪家商店买合算

D. 到甲商店买和乙商店买同样合算

三、计算。

1. 直接写出得数。

$736+198=$　　　　　$\dfrac{5}{6}\times\dfrac{8}{15}=$　　　　　$11-1.1=$

$8.9\times11-8.9=$　　　　$\dfrac{3}{4}-\dfrac{2}{5}=$　　　　$10.2+8\%=$

$1\div0.5\%=$　　　　　$0.1\times10\div0.1\times10=$

2. 计算,能简便的要简便算。

$31.9\times18-8\times31.9$　　　$21\div\left(\dfrac{1}{3}+\dfrac{2}{5}\right)\div\dfrac{9}{11}$　　　$\dfrac{2}{5}\times14+0.4$

3. 解方程或比例。

$5\times0.7+0.4x=9.1$　　　　　$\dfrac{4}{5}:x=\dfrac{2}{3}:\dfrac{1}{2}$

四、操作题。

下面每个小正方形的边长表示 1 厘米,请按要求画图。

(1)将圆 A 先向(　　)平移(　　)厘米,再向(　　)平移(　　)厘米就可以和圆 B 重合。

(2)画一个圆 C,圆心 C 的位置是(　　),要求和圆 A 的比是 2:1。

（3）以点 P 为垂足，画一个面积 6 平方厘米的直角三角形，并绕 P 点顺时针旋转 90°。

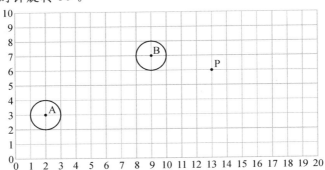

五、解决问题。

1. 刘叔叔花了 1400 元买了一套西装，已知裤子的价钱是上衣的 40%。裤子和上衣各多少元？（用方程解）

2. 工程队计划 20 天挖一条 800 米的水渠，实际 16 天就完成了任务。工程队的实际工作效率比计划提高了百分之几？

3. 一个圆柱形水桶，高 6 分米，水桶底部一圈的铁箍大约长 15.7 分米。
（1）做这个水桶至少要用木板多少平方米？（得数保留两位小数）
（2）这个水桶能盛 120 升水吗？

4. 有一个长方形，如果长增加 6 厘米，或者宽增加 4 厘米，面积都比原来增加 48 平方厘米。求这个长方形原来面积是多少平方厘

米？如果长和宽都增加 6 厘米,面积比原来增加多少平方厘米?(每个问题都先画图再列式解答)

5. 小明、小红、小兰 3 人暑假准备到西山旅游。从 A 站出发,因 A 站没有直通西山的车站,因此沿途要经过 B、C、D、E 4 个中转站,才可到达西山。

中转站	A—C	A—D	A—B	A—E	B—C	E—D	C—西山	D—西山
交通工具	汽车	火车	汽车	船	船	电瓶车	爬山车	缆车
费用(元/人)	12	20	8	6	11	10	12	15
时间(分)	60	45	40	75	50	10	10	4

现在小明想尽可能节省费用;小红想尽可能早一点到西山,可以多玩一会儿;小兰想去和回的路线最好不一样,请你帮 3 个人设计一下他们行走的路线。

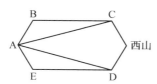

素养评估分析

1.填空第 1 题主要评估学生对数的组成概念的掌握程度,属于数学概念的理解,是数与代数中数的认识的相关知识。

2.填空第 2、6 题主要评估学生对比和比例知识的掌握程度,属于数学规则的运用,是数与代数的知识。

3.填空第 3 题主要评估学生对分数的意义的理解,属于数学概念的理解,是数与代数的知识。

4.填空第 4 题主要评估学生对平面图形面积和周长计算的掌握,属于数学规则的运用,是图形与几何的知识。

5.填空第 5 题主要评估学生对立体图形体积计算的掌握,属于数学规则的运用,是图形与几何的知识。

6.填空第 7 题主要评估学生对统计知识的掌握,属于数学概念的理解,是统计与概率的知识。

7.填空第 8 题主要评估学生对百分数意义的理解,属于数与代数的知识。

8.选择第 1 题主要评估学生对分数意义的理解,属于数与代数的知识。

9.选择第 2 题主要评估学生对比例尺知识的运用,属于数与代数的知识。

10.选择第 3 题主要评估学生对体积意义的理解,属于图形与几何的知识。

11.选择第 4 题主要结合生活问题,评估学生对百分数和分数意义的理解,属于数与代数的知识。

12.计算主要评估学生对整数、分数和小数的运算是否熟练,属于数学规则的运用,是数与代数的知识。

13.操作题主要评估学生是否会进行图形的平移、旋转、放大或缩小的变换,属于数学规则的运用,是图形与几何的知识。

14.解决问题第 1 题主要评估学生是否会用方程解决问题,属于数学知识的运用,是综合与实践的知识。

15.解决问题第 2 题主要评估学生对工程问题的理解,是一种数学模型,属于数学知识的运用,是综合与实践的知识。

16.解决问题第 3 题主要评估学生对体积知识的理解和对条件的分析,属于综合与实践的知识。

17.解决问题第 4、5 题主要评估学生分析问题的能力,从众多条件中找到需要的条件,要达到分析的层次,是综合与实践的知识。

后　记

　　苏州相城实验小学校的数学教师在徐天中校长的带领下,自2013 年起,以"高效教学"为研究点开展小学数学高效教学的校本实践研究。徐天中校长是教育部首届骨干校长高级研修班成员,全国29 位校长带头人之一,中国教育学会全国实验学校教育科学研究专业委员会副理事长,中国教育学会小学教育专业委员会副会长,全国骨干校长工作研究会副理事长,苏州市专家咨询团成员,教育部小学校长培训中心(北京师范大学校长培训学院)兼职教授,苏州大学兼职教授、硕士生导师,苏州市实验小学校教育集团原总校长。

　　徐天中校长前期对学校数学骨干教师高效教学的个案研究进行了分析总结,创造性地提出从"教材把握""有效技能""错题对策""因材施教""家校共育"五个方面着手研究小学数学高效教学,并将这些高效的方法运用于学校数学教学实践中。在课题的引领下,教师及时更新自身理念,创新教学方法,构建开放、灵活、高效的数学课堂,一切围绕学生的需求,让学生真正获得发展,大大提高了苏州相城实验小学校数学教师的教学能力,学校的综合实力也迅速提升,成为区域内一所高质高效、声誉斐然的名校。

　　本丛书由徐天中校长担任编委会总主编,他对本丛书的指导思想、框架结构、内容审定、文字撰写等方面做出了具体指导和详细安排。徐清、陈忆雯、陈志林、张小琴、奚雪慧、范雅文、朱珏、徐红玲、陈星星等老师参与了本丛书的编写和修订,金雷、沈小芬、姚莉、张翀颢等老师参与了校对和排版,马丹丹、洪香、张留霞、赵鹏飞等老师参与了课题的实验研究,宗序连老师在课题研究前期作了较大的贡献。在本丛书的编写和修订过程中,我们得到了课题组全体教师的帮助,

每一篇案例都凝聚着他们对于课题研究的思考。

在此特别感谢彭刚、蔡守龙研究员对课题研究的悉心指导和帮助。感谢朱月龙教授对本书整个撰写过程及最后定稿的审阅给予的专业指导。我们在此表示衷心的感谢！

本丛书在编写的过程中得到了很多专家、学者、教师的支持和帮助,在此向各位表示诚挚的谢意！

在汇编的过程中,由于水平和时间的限制,内容还不够充实,不足之处敬请专家和读者不吝赐教！

本书编委会

2023 年 8 月

小学数学
高效教学研究

徐天中　总主编　本书编委会　编

MATHS

Research on Efficient Teaching
of Primary School Maths

浙江工商大学 出版社
ZHEJIANG GONGSHANG UNIVERSITY PRESS

·杭州·

图书在版编目（CIP）数据

小学数学高效教学的实践研究丛书. 3，小学数学高
效教学研究 / 徐天中总主编；本书编委会编. -- 杭州：
浙江工商大学出版社，2024. 10. -- ISBN 978-7-5178
-6119-5

Ⅰ. G623.503

中国国家版本馆 CIP 数据核字第 20244ND555 号

小学数学高效教学的实践研究丛书
小学数学高效教学研究
XIAOXUE SHUXUE GAOXIAO JIAOXUE YANJIU

徐天中 总主编　本书编委会 编

策划编辑	周敏燕
责任编辑	周敏燕
责任校对	都青青
封面设计	胡　晨
责任印制	祝希茜
出版发行	浙江工商大学出版社
	（杭州市教工路 198 号　邮政编码 310012）
	（E-mail:zjgsupress@163.com）
	（网址:http://www.zjgsupress.com）
	电话:0571－88904980,88831806(传真)
排　　版	杭州朝曦图文设计有限公司
印　　刷	杭州高腾印务有限公司
开　　本	880 mm×1230 mm　1/32
总 印 张	25.25
总 字 数	720 千
版 印 次	2024 年 10 月第 1 版　2024 年 10 月第 1 次印刷
书　　号	ISBN 978-7-5178-6119-5
总 定 价	168.00 元(共五册)

"小学数学高效教学的实践研究丛书"编委会

总 主 编:徐天中

副总主编:王 静 孟丽群

编 委:(按姓氏笔画排序)

过 坚 朱月龙 陈志林 钱春玲

徐 清 奚雪慧 戴 军

本卷编委会

顾 问:朱月龙

主 编:王 静

编 委:(按姓氏笔画排序)

朱 珏 沈小芬 陈忆雯

前　言

　　追求高效教学是教学的本质所在,也是当前课程改革的重要目标,更是教育事业实现内涵发展的必然要求。在全面推进素质教育和开展新一轮基础教育课程改革的今天,探索和总结小学数学高效教学的有效方法与策略,让教师拥有高效教学理念,掌握高效教学策略或技术,已成为小学数学教学亟待解决的重要课题。

　　"高效教学"这一理念的提出是基于教学是科学化的定论。既然教学是一门科学,那它就可以规范、可以进行效果的测量。高效教学一般是指教师遵循教学活动的客观规律,以尽可能少的时间、人力和物力投入,实现教学目标,取得尽可能多的教学效益,促进学生全面发展。教学的高效性包含以下三重意蕴:一是有效果,是指教学活动结果与预期教学目标的吻合程度高;二是有效率,是指以少量的投入换得较多的回报;三是有效益,是指教学活动的收益、教学活动价值的实现,具体是指教学目标与特定社会和个人的教育需求是否吻合及吻合的程度。数学课堂教学的高效性,是指在数学课堂教学中,教师通过多媒体或自制的教具等多种教学手段,采取有效的教学方法,让学生通过自主学习、小组合作学习、探究性学习等多种方式掌握数学知识,促进学生知识与技能,过程与方法,情感态度与价值观三维目标的协调发展,不断提高课堂效率和课堂效益。

　　正是在此背景下,苏州相城实验小学校的教师在校长徐天中的带领下,自 2013 年起,以"高效教学"为研究主题开展小学数学高效教学的校本实践研究。2015 年,该课题正式立项为江苏省教育科学"十二五"规划重点课题。课题开题时,相关论证专家一致认为这项研究极具现实研究意义,是一个具有前瞻性、科学性、操作性的好

课题。

　　课题组在研究前期,对学校数学骨干教师高效教学的个案研究进行了分析总结,创造性地提出从"教材把握""有效技能""错题对策""因材施教""家校共育"五方面着手研究小学数学高效教学。"教材把握"的实践研究,主要介绍教材整体把握对于高效教学的重要性,分析每个单元的起点能力、教学目标、重难点、数学思想方法等;课堂教学"有效技能"的实践研究,精选每册教学案例,从课堂导入、课堂提问、课堂组织、习题设计、课堂板书进行案例分析,以此来提高小学数学课堂教学效率;"错题对策"的实践研究,从常见的错因分析归类以及对策和典型错题解析两方面,分析小学数学错题的有效教学对策;"因材施教"的实践研究,对课堂和课后实施因材施教跟踪研究,开发、总结提优补差的实践方法与策略;"家校共育"的实践研究,对日常教育教学中与各类学生家长在沟通方式、沟通内容等方面进行实践研究,探究小学数学教师通过家校沟通,促进合作育人,有效提高数学教学质量的方法。

　　在课题研究的近十年中,我们运用高效教学的方法,通过对苏州相城实验小学校骨干教师的数学教学方法的科学性及高效性的访谈、跟踪研究,开发出小学数学高效教学指导方案及教学资源,形成相应的操作方法、操作步骤,全面实现了数学教师课堂教学的高效性,从而也提升了学生在学习概念、理解原理及发现数学问题、分析数学问题、掌握数学学习方法、解决数学问题等方面的能力。教师的数学教学和研究能力、水平得到不断优化提升。针对研究中出现的各种情况,结合教材实际与有效教学的关系,学校设计出高效教学的基本模式,从而服务于课堂教学,提升课堂教学的效益。

　　苏州相城实验小学校学生的数学素养得到了极大的提升,思维能力、解题能力和语言能力也得到了全面发展。在苏州市历年数学讲题大赛和小学生数学报答题竞赛中,苏州相城实验小学校的学生取得了优异的成绩,屡屡荣获最高奖项。同时苏州相城实验小学校毕业的学生进入初中后,在苏州市各项抽测调研中,整体成绩水平靠前,尤其在数学学科上有明显的优势。

　　这项课题成果具有极大的实操性和可推广性,我们在总结课题

研究的过程和取得的成果的基础上,编撰了《小学数学高效教学的实践研究丛书》。全书总结了科学有效的教学方法,从追踪研究学校数学骨干教师"高效教学"的案例出发,发掘、预设并生成高效学习的操作点,引领教师积极构建应用以"高效教学"为主导的教学体系。研究案例积累与教师成长、学生学习之间的内在关系,探索以专业教研人员和教研骨干为主干的新型教研组织结构形式。通过对兴趣、问题、方式、评价、体验、合作、情境、探究等一些课堂教学策略的研究,筛选高效数学教学的教学案例,并进行深度的分析与总结。

在"双减"政策背景下如何构建小学数学高效课堂,已经成为小学数学教学和教师不断思考的问题。我们相信本丛书一定会在促进数学教师专业发展的探索和实践中,找到适应新课改的小学数学课堂高效教学的有效途径和方法。希望这项课题研究能不断深入进行下去,它的探索和实践研究必将对小学数学课堂教学体系改革产生重大意义!

徐天中

2023 年 8 月

目　录

第一章　小学数学教学的现状分析

　　提高教学效率是教学的核心目标，也是当前课程改革的重点。在当今这个全面推进素质教育和新一轮基础教育课程改革的时代，研究和总结如何提高小学数学教学的效率，使教师具备高效教学理念，并熟练掌握相关的策略和技巧，已经成为当前小学数学教学中的一个重要课题。

　　然而，我们在教学中仍然存在着一些非常突出的问题，从而造成了低效教学。低效教学主要表现在：

一、低效的课堂教学

（一）课堂教学时间安排不合理

　　为了提高课堂效率，我们应该避免在课堂上不断提出问题，这样会让学生难以集中精力，浪费宝贵的时间。此外，有些教师担心学生会感到困惑，所以在课程中"重复""唠叨""强调"讲解同一个知识点，这样会导致所授课程的时间过长，学生在课堂上只能花费不多的时间来练习和巩固所学的内容，这也是低效课堂教学的一种表现。

（二）课堂教学忽视了学生

　　教师为了更好地传授知识，尽管准备了各种各样的教具，例如图片、课件和测量工具，但是他们却未能充分考虑到学生的个性化需求，从而导致学生的参与度不够高。教师在课堂中虽然提供了一系列的指导性内容，但是缺乏让学生自主探索、实践和应用的机会，从而使得他们无法获取和掌握所需的知识。如此"精心准备"的课堂教学有时是低效的。

(三)课堂教学中学生参与度不高

随着时代的进步,课堂上的小组活动越来越丰富,甚至在一些重要的公开课上也能看到学生们的身影,他们的讨论、探究、实践等等,让整个课堂氛围变得更加热烈。然而,令人遗憾的是,他们在实践过程中的参与度却远远低于预期。通常,只有优秀的几个同学才会参与到小组活动中,而那些不太优秀或不太活跃的同学则只能作为观众。由此可以说,这种情况下,学生们只会浅尝辄止地谈论一个主要话题,而不会进行更加深刻地探索。而这种情况背后,很大程度上可以归结为老师未能给出完善而细致的指导。在组织活动时对于学生启发性的指导不够,有的甚至没有,对于探究活动过于"粗线条""程式化",在时间和空间上未留有余地,这也是低效课堂教学的一种表现。

(四)课堂教学中现代信息技术使用不恰当

随着科技的进步,许多老师开始积极利用电脑进行教学。尽管如此,许多电脑 App 仍未能真正满足教学需求。一些老师会把电脑当成一种教学工具,但这种做法往往会导致他们无法真正让学生深入了解和掌握所学内容。因此,老师应该努力让信息技术能够真正融入传统的数学课程。对课堂教学中如何使用现代信息技术手段缺乏必要的了解和深入的研究,从而导致对之使用不当,也会造成小学数学课堂教学的低效。

当前,由于课堂教学缺乏有效性,导致学生的学习效果较差,使得知识的传播和学习之间的联系变得越来越疏远,从而使理论和实际应用之间的联系变得越来越松散。

二、低效的评价机制

评价课堂教学成绩,旨在帮助教师了解学生的学习情况,并鼓励他们继续努力。然而,当前教师们非常注重测试结论,而不太重视学生探究问题的过程、提出的新想法等。因此,我们需要将评价作为提高课堂效率、提升教师表现力的有效手段。如今,为了更好地培养学生的个性,我们提倡根据每个学生的具体情况进行量身定制的教学,以便更加全面地满足他们学习的需求。为此,教学上的评价将采取多种多样的手段,以便更好地反映出每个学生的真正水平,从而更好地激发他们的潜力,提高他们的综合素质,以实现最佳的教学效果。

教师虽然付出了巨大的努力,但学生却无法获得应有的成长和进步。

针对以上问题,我们所遭遇到的最大挑战就是"高效教学"的问题。通过对小学数学课堂的观察,我们发现即使是相同的学生使用相同的教材,不同的教师和不同的教学流程设计,也会产生鲜明的差异。教学质量的核心是教学的有效性,是有效的教学过程和高效的教学效益。针对当前数学教学中存在的"高耗低效"现状,总结科学高效的教学方法,并将这些方法运用于教学实践中,从而实现小学数学教学的高效性。

第二章　小学数学教学高效教学的理论

一、小学数学教学高效教学的理论

(一)概念界定

1.教学是指在教学目标的规定下,教师的教与学生的学组成的一种活动。

2.高效教学是一种有效的教学方法,它旨在通过有效利用时间、精力和资源,帮助教师达到预期的教学目标,并为学生提供更优质的教育服务。通过教师有效的教学方法和学生的努力,我们能够让师生之间建立良好的互动关系,并促进彼此的成长。

3.高效数学教学。《义务教育数学课程标准(2022年版)》指出,"人人学有价值的数学;人人都能获得必需的数学;不同的人在数学上得到不同的发展"。数学课堂教学的高效性,是指在数学课堂教学中,教师通过多媒体或自制的教具等多种教学手段,采取有效的教学方法,让学生通过自主学习、小组合作学习、探究性学习等多种方式掌握数学知识,促进学生知识与技能,过程与方法,情感、态度与价值观三维目标的协调发展,不断提高课堂效率和课堂效益。

4.小学数学教育旨在培养学生的数学综合能力,让他们学会运用数学的知识和技能,激发他们的学习兴趣,培养他们的数学精神和乐观的心理。把握数学本质和研究学生是高效教学的前提。教学质量的核心是教学的有效性,即有效的教学过程和高效的教学效益,主要表现在以下五个方面:

（1）对小学数学教材的有效把握；

（2）对课堂教学的有效组织；

（3）对学生错题的有效归因；

（4）对特殊学生的有效因材施教；

（5）对学生家长的有效沟通。

（二）理论综述

1.学习的理论。美国教育心理学杰罗姆·布鲁纳（Jerome Seymour Bruner）强调，科学知识的掌握应当是一种自主的学习历程，而不能仅仅是接收信息的学习历程。

2.创新教育理论。我们应该让学生拥有一个充满活力的学习环境，让他们能够在一个充满自信、安全感的氛围中勇于探索、勇于创新，从而激发自身的潜能。

3.美国教育学心理学家约翰-杜威（Jonh Dewey）提出以孩子为本、以孩子为核心、以孩子为终极目标。心理学的研究重点在于培养孩子良好的行为、积极的心态和聪明的思维；而教育则可以帮助孩子们更好地实现这一目标。

4.苏联心理学家维果茨基（Lev Vygotsky）提出了一种关于儿童最近发展区和最佳教学阶段的理论，他将个体的发展划分为两类：一类是已有的发展水平，即通过一定的发展系统已经建立起来的心理能力；另一类是潜在的发展水平，即通过获得他人的指导，可以更好地解决问题，也就是"潜能"。最近发展区提出了一种新的方法，即通过教学和其他方式来消除智力活动中的差异。

5.苏联教育家尤里·康斯坦丁夫·巴班斯基（ЮрийКонстинович Бабанский）的最佳教育原则认为，各种因素之间存在着密不可分的关系，而且它们之间也存在着协调的作用。因此，我们应该从整体来审视每个课堂环节，并以此为基础，探索出更加高效的教育模式。

6.国内有效教学的研究。比较有代表性的有崔允漷教授写的《有效教学》。崔教授对有效教学的内涵、核心思想作了清晰的界定，提出有效教学的理念：（1）"有效教学关注学生的进步或发展"，教师必须确立学生的主体地位,树立"一切为了学生的发展"的思想;(2)"有效教学关注教学效益,要求教师有时间与效益的观念";(3)"有效教学更多地关注可测性或量化",如教学目标尽可能明确与具体;(4)"有效教学需要教师具备一种反思的意识";(5)"有效教学也是一套策略"。

高效教学不仅是一个理论层面的问题,更是一个行动研究的实践问题。新课改的推进离不开教学的主渠道——课堂,而当今的课堂教学中又广泛地存在教学低效的现象,学生学得艰苦,教师教得辛苦。为更好地改变教师的教育方式和学生的学习方式,需要研究高效教学,推进课堂教学改革,进而提高学校数学教学质量。

数学教学具有其独特的思维方式,即抽象思维、概念思维以及严谨的推理能力。小学数学教育应该以学生的学习能力为基础,引领他们学会思维、推理、分析,才能实现教育的最终目的。通过培养创新的思维,每个学生都可以脱离"高分低能"。

"教师苦教、孩子苦学"仍然是一种普遍的教学理念,它的主要特征是:三维目标的分离;教材的过度扩展;教学过程的脱离实际;教师的能力水平不足;以及课堂预设和实际教学之间的矛盾。由于师生的投入和产出存在巨大差距,造成了许多棘手的问题,例如:教学的安排、节奏、难易程度、执行程序的完善。提升小学数学课程的质量,以达到更好的教学效果已经迫在眉睫。因此,教师必须认真思考如何构建一个更加有效的教育体系,以"实惠"为基础,以科学理念为指导,鼓励教师深入挖掘、深入思考、深入探究,积极尝试以及努力创新,更好地帮助学生取长补短,以期达到更好的教学效果。

(三)关于高效学习的条件

1.已有知识经验的价值研究。通过对学生的历史、文化、社会背景等多方面的深入分析,我们可以发现储备的历史、文化、社会背景等信息对学生的发展具有至关重要的作用。为了更好地实现新的学习目标,我们需要充分利用这些资源,对其进行深入的挖掘,从而提升其现实的应用水平。通过不断实践、积累专业技能以及不断反思,才能实现高效的学习。

2.动机和情境。将知识融入现实的环境当中,可以激发学生强烈的学习欲望,产生学习动力。通过模仿、探索、交流,学生能够更加自信、更加深入地理解知识。

3.多样化的学习方式。不同的学习方式,比如尝试、挑战、反馈、交流、协作等,能够让学生更加有效地完成课堂上的任务,从而获得更加丰富的知识,更好地完成学业。

二、影响小学数学有效教学的主要因素

(一)教师的教育素养

教师教育素养的体现,包括教师的教育理念、教育素养、教育管理能力和教育创造性思维能力等方面。教师的教育理念,即一位教师能否全面了解和掌握国家教育政策及先进的教育教学理论,并时刻保持知识更新和学习能力,决定了教育设计的高度;教育素养则是教师在教育过程中所表现出的综合能力;教育管理能力,即教师对课堂教育的驾驭能力和对教育突发事件的处理能力,也是有效教育的保障;教育创造思维能力是指教师能根据学生原有的认知基础,与新的教学内容建立关联,设计适合学生的"最近发展区",促成学生有意义学习。

(二)教师的专业知识和技能

教师足够的专业知识储备对教育的有效性也会起到至关重要的作用。孙亚玲博士将教师必备的专业知识划分为教师的学科专业性知识、相关学科知识、实践性知识(教学经验)和条件性知识(教育学和心理学知识)。此外,为了满足教育的要求,教师还要不断学习及时更新知识,使自己处于学科发展的前沿,根据行业发展形势、就业趋势、岗位需求及时调整自己的教育,才能使教育真正有效。

(三)教师的责任意识与工作投入

教师的责任心来源于他们自身岗位所赋予的义务,以及对这份

工作的热爱。他们会在日常生活中维持心理健康,并且会经常进行自我提升。在教育工作者的心目中,尊重、责任、忠诚都应该成为一个共同的目标。因此,在实施有效的课堂管理时,应该把握好每一个环节,把握好每一个节奏,把握好每一个方向。

(四)学生的学习特点

学生的学习特点和学习心理是指影响学生学习行为的心理和社会特点。不同的学习特点和学习心理使学生对学习内容和方法的选择各不相同,因而造成教学有效性不同。除了一般性的特征之外,学生还具有相对显著的学习特点和学习心理,学习特点包括知识分类精细化、学习意识控制水平、纳新意识和学习时空。学习心理包括由"依赖"向"独立"转变、具有自我完善的动机和自我效能感等。

(五)学生的学习动机

有效学习的最终目的是通过学生的"会学"实现学生的"学会",学生应该具备良好的学习热忱,积极主动地去满足自身学习的需求,以及培养自己对于学习的热爱,这样才能拥有明确的学习目标、积极的学习热情与坚定的学习信念。此外,教师还要给予学生足够的帮助,提升他们的自信心,并给予他们及时的激励,让他们更加热爱学业。

(六)学生的参与度

学生的发展至关重要,他们的积极性、创造性和参与性都将成为影响他们成长的关键因素。因此,我们希望学生的学习过程更加充满乐趣,并且更加注重实践性。

第三章　有效把握小学数学教材的理论与实践研究

一、有效把握小学数学教材的理论

(一)有效把握小学数学教材的重要性

首先,数学知识是一个系统整体。要说明这个问题,首先要考虑什么是数学。就世界范畴而言,有两种说法,即"数学是演绎的科学"(古希腊为代表)与"数学是量的科学"(中国古代、印度古代为代表),前者重视几何,后者重视算术与代数。综合来看,可以简单地表述为:数学知识是"数与形以及演绎"的知识,是"数与形以及演绎"的知识整体。

数学学习是一个复杂的认知过程,它涉及许多不同的概念,但它们之间有着密切的联系。数学学习不仅仅是一个接受知识的过程,更是一种以学生为中心的探索活动,它需要学生不断地改变自己的认知模式,并将其融入自己的思维框架中,也就是将数学知识转换成自己的思维模式,达到一种新的平衡。因此,要想真正掌握这些知识,就必须从整体上去理解它们,只有把它们融会贯通,学生才能在学习的过程中发挥出最大的智慧。

因此,数学课程的内容与方法必须结合在一起。课程的目标、方法、结果都需要在课堂上得到充分的讲解。课程的重点在于帮助学生理解所掌握的基础概念,并培养他们的独立思考、分析问题的能力。数学课程的例题都是为了让我们更好地掌握一种独特的数学方法,这些例子彼此配套,从而形成一个有机的体系。老师应该从一个更宏大的角度来看待这些例题,并以现代的方法来解读它们,以便让我们能够更好地掌握这些方法,并且能够更好地将这些方法应用到实际的教学当中。

根据上述分析,我们可以清楚地明白:教师应该从更高的角度来审视和处理数学教材,即要深入挖掘教材与实际例题(知识点)之间的内在联系,并运用现代数学的思维方式,将数学思想传达给学生,从而帮助他们形成一个完整的数学认知结构。

(二)有效把握小学数学教材的必要性

教师习惯于书写教案,不善于深入钻研教材,对教材的整体把握没有引起足够的重视。为什么会产生这样的现象呢?究其根源,主要有两方面的原因:一是教师本人的数学专业技能较弱,他们的课程理解能力较弱,无法全面掌握课程的各个部分;二是只把课程内容划分为几个大块,忽视了每块教材内容在整个小学数学教材中是怎么样的一个地位,缺乏整体看待教材的能力。

因此,教育管理者需要不断调整自己的管理职能,并且正确地指导教师,同时也需要建立正确的教学观念,包括教材观念和教学策略,以便更好地把握教材的整体内容。建议教师在备课时,将80%的精力投入教材的研究和学习,而20%的精力则用于落实教案,以便更好地服务于课堂教学,并将数学知识有机地结合起来。这样,即使备课总量没有发生变化,也能够达到最佳的教学效果。

当前,一线教师在理解和实施新课程教材时,存在一些误区:一是过分追求完美,忽略了教材的基础知识;二是缺乏深入思考,忽略了教材的深层含义;三是缺乏持续努力,忽略了教材的实际价值;四是在备课时,缺乏对教材的全面研究和深入解读,只有20%的精力投入教材的研究和学生学习状况的总结,80%的精力投入到教案的撰写上。

具体分析如下:

误区一:好高骛远,无视教材知识体系。

【案例1】统计。

"统计"是苏教版小学数学三年级下册第三单元的内容,这里主要学习的是简单的数据分析。

课型:苏教版小学数学三年级下册"统计"练习课。

教师展示了一张 1999—2003 年某县家庭电脑拥有量的统计图,以便更好地了解这一现象。

首先,我们来探究一个可以通过图表直接得出答案的问题:一个县的家庭电脑数量达到 1600 台是什么时候?(让学生集体回答)

接下来,我们要探究一个能够激发学生思考的问题:2005 年,该县的家庭电脑数量将会达到多少?(培养学生的估算意识)

最后,问从这个图中还可以找到哪些信息,你们有什么感想?

[案例评析]经过深入研究,我们发现,老师提的两个问题的难度太大,让很多学生无从下手。因此,我们建议将小学的统计课程划分成两个阶段:第一阶段,让学生亲身经历数据的统计,掌握一些基本的采样、组织、表达等技巧,从而可以更好地应用这些技巧来处理日常的实际情况;第二阶段,让学生实际操作来检查自己的掌握情况,从而更好地运用这些技巧来处理日常的实际应用。第一年的课程应该重点关注如何帮助学生理解和应用所获得的信息,而不仅仅局限于 2003 年的电脑销售情况。如果仅仅依靠统计图,而不考虑实际情况,那么学生应用知识的情况就可能受限,甚至无法得出准确的结论。

教师可以通过提出一些问题,如:该县每年家庭电脑拥有量的变化情况,以及它们之间的关联性,来帮助学生更好地理解数据,并能够运用计算来预测未来的发展趋势。

误区二:不求甚解,忽视教材内容深度。

【案例 2】分数的意义。

"分数的意义"是苏教版小学数学五年级下册第四单元的内容。学生在对分数有一个初步的认识后,需要进一步理解分数中单位 1 所表示的意义,教师进行了拓展练习。

课型:苏教版小学数学五年级下册"分数的意义"新授课。

师:请拿出你们手中的 12 根小棒,按照老师的指示,按顺序使用它们。

教师多媒体显示：$\dfrac{1}{(\qquad)}$

部分学生满怀信心地拿出了 1 根,而有些学生则感到茫然不知所措。

师:你们怎么想到拿出 1 根小棒的?

生 1:分子代表着取出的份量,每一个分子都可以被用来表示一个 1 份。

生 2:我强烈反对,因为在这里,分母没有提供具体的数值,所以无法准确地取出小棒。

师:如果刚才拿出 1 根小棒的同学是正确的,那么它的分母应该是多少呢?

生 2:12!

教师继续用多媒体显示：$\dfrac{(\qquad)}{6}$

(绝大多数学生都坐着不动)

师:你们怎么不拿呀?

生 3:因为不知道分子是多少。

师:如果分子是 2 呢?

生 3:拿 4 根。

[案例评析]众所周知,这里的分数表示的是一种关系,是拿出的小棒与 12 根小棒之间的一种关系,分母表示的是平均分的份数,分子表示的是拿出了这样的几份。正如生 1 所说分子是表示取的份数,分子是 1,就是取出 1 份,但 1 份与 1 根是两个不同的概念,而理解这一点正是学生学习过程中需要突破的思维难点。生 1 的理解(认为 1 份是 1 根)明显是错误的,而且该理解具有普遍性。对这一错误理解的辨析可以帮助学生深刻理解分数意义,但是非常可惜,因为教师本身缺乏对教材文本的钻研与把握,对分数意义的理解并不深刻,所以整个课堂陷入了困境。

为了更好地理解课程内容,我们应该从 1 根开始,让学生去探究它的用法,比:1 根可以表示 1 份,但是只有 1 根才可以表示 1 份吗?分子并不是很明确,但是我们可以尝试用 2 根和 3 根来分别表示,看看它们表示什么意义?通过深入思考和实践,学生将能够更好地理解分数的意义。

误区三:浅尝辄止,忽视教材习题价值。

【案例3】百分数应用题。

苏教版小学数学六年级上册第五单元的课程包含了对于百分比的理解,以及如何将它与其他数字相结合。通过对于它的理解,我们可以使用它来处理各种复杂的情况。

课型:苏教版小学数学六年级上册"百分数应用题"练习课。

教师提供的信息是:在过去的 3 天里,开发区已经完成了一条长 5000 米的公路的 20% 的修建。按照目前的进度,这条公路的建设将会在多久的将来完成?

(在题目出示后,学生积极思考,但教师并没有留下足够的时间来深入讲解)

师:谁做出来了,请你说说解题思路。

生 1:工作总量÷工作效率－3,算式是 5000÷[(5000×20%)÷3]－3＝12(天)。

师:非常好,我们来看下一题目。

生 2:老师,我还有其他解法,是用剩下的工作总量÷工作效率。算式是 5000×(1－20%)÷(5000×20%÷3)＝12(天)。

老师:好的,我们来看下一道题目。(很多想发言的学生只能无奈地放下了手)

[案例评析]老师要求学生完成这道题,但是经过仔细分析,可以发现这个问题至少有七种不同的解决方案。尽管教师努力完成了预定的练习量,但他们仍未能充分发挥出这道题的潜力,而是忽视了其他学生的精彩解题技巧。因此,我们不得不质疑:这种处理方式是否能够帮助学生发展出更加开放的思维和独特的想法?

我们强烈建议在使用"探索材料"作为课程内容时,给学生留足学习的空间,鼓励学生自主发言,并尝试用新的方法来解决问题。通过这种方式,我们希望能够更好地帮助学生培养出发散式的思考能力。

误区四:备课时忽视教材解读。

1.重视教学方法的创新,但不能忽略对知识的核心理解。

【案例4】倒数的认识。

这是苏教版小学数学六年级上册第二单元的内容。本节课是在学生学习了分数乘法的基础上进行教学的,它是分数乘法计算的后续内容,同时又是学习分数除法的先备条件,是承上启下的知识类型。

课型:苏教版小学数学六年级上册"倒数的认识"新授课。

教学片段:教师在课前组织学生进行游戏。

师:在我们的汉字中,有一些字有一种独特的结构,即将上下两个部首的位置颠倒过来,就能够构成一个新的汉字。比如:吞——吴,你们会吗?

生1:士——干。

生2:杏——呆。

师:同学们,你们真会思考!在数学中,倒数的概念也非常有趣,今天我们就一起来探索它的奥秘吧。

[案例评析]通过引入倒数的概念,我们可以看到它给学生带来了极大的探索欲望,但是,我们也发现,教师在把握倒数的教学重点上存在着一定的欠缺,他们过分强调倒数的外观结构,而忽略了它的本质,导致学生对倒数的理解仅仅停留在表面知识上。

2.由于教学重点缺乏明确性,学生无法清楚地认识到学习的必要性。

【案例5】正字统计法。

在北京景山教材小学数学二年级上册第八单元中,我们将深入探讨统计学,它不仅仅是一种数学思想,更是一种深刻理解客观事物、描述客观现象、解决实际问题的有效方法。通过本单元的学习,我们将能够更好地掌握统计学的知识,并为今后的学习奠定坚实的基础。

课型:北京景山教材小学数学二年级上册"正字统计法"新授课。

教师在课堂引入中组织学生讨论。

师：六一儿童节快到了，学校决定给学生看一部动画片，但是放什么影片好呢？

生1：放《宝莲灯》。

生2：我要看《机器猫》。

……

师：大家意见不统一，怎么办呢？

生1：举手表决，看哪部动画片喜欢的人最多。

生2：投票，我们选班干部也是投票的。

生3：还是举手好。举手快，投票太麻烦。

生4：投票好，投票公正。

师：好，我们就投票吧。请大家把喜欢看的动画片名写在纸上，然后我们看哪个最多。

（学生动笔，统计过程略）

生1：老师我觉得这样统计太麻烦了，还是举手好。

［案例评析］在学习过程中，情感因素是非常重要的。除了通过教学指导，我们还应该通过实际的学习体验来帮助学生理解所学的知识。为了培养学生的数学价值观，教师应该通过改变问题的情境和形式来帮助他们。

对教材整体把握的建议：作为教师，一定要分析教学的重点，把握住重点，这样才能在教学中不管哪个环节都能突出重点，使学生充分感知到知识学习的必要性。

3. 教材中的内容被大量削减，导致对数学文化的忽略。

"分数的初步认识"安排在苏教版小学数学三年级上册，"分数的意义和性质"安排在小学数学五年级下册。教科书充分考虑到学生的学习习惯，并将其与日常生活联系起来。然而，五年级下册的内容更加具体，教师会讲述分值的由来，让小学生能够真正体会到数学本身的吸引力，并培养思维能力。学习数学史不仅能让小学生获得历史感，还能让他们从不同的角度去理解和欣赏数学本身，从而提高他们的思维能力和判断力。然而，许多教师却没能充分理解数学的来源，把它只当作一项没有任何实质性意义的任务。过去的小学数学课程往往不够重视培养学生的数学文化素养,导致他们对数学缺乏热爱和兴趣,无法真正掌握和运用所学知识。

4.教师专业知识缺失,不能很好地领会教材意图。

"统计与概率"这门课程被安排在小学数学五年级的课程中,这让许多老师感到困惑。课程中,我们通过抛硬币来帮助学生理解可能性。我们用两个小朋友的对话来展示这个概念:无论是正面还是反面,出现的可能性都是 $\frac{1}{2}$。"引导"的使用让教师可以更加有效地操作,例如:一个学生可以抛 10 次,并记录下正反面出现的次数。为了更好地展示 $\frac{1}{2}$ 的概念,教师还可以要求四个小组的学生将抛的次数相加,以比较正反面出现的次数。如果还没有足够的证据表明,那么就要将全班学生的抛硬币次数加起来,并且要比较正反面出现的次数。总之,要想取得成功,就必须坚持不懈。有一位教师在课后感到沮丧,他说:我一直在努力控制 $\frac{1}{2}$,但最终还是失败了。实际上,$\frac{1}{2}$ 的概率只是一个概念,无法通过实际操作得出完整的结果。教材的目的仅仅是让学生体会 $\frac{1}{2}$ 的概率,但老师应该重点强调,即使没有达到 $\frac{1}{2}$ 的概率,也仍然属于概率范畴。

5.标新立异,忽视教材编写意图。

【案例6】用计算器探索规律。

这是苏教版小学数学四年级下册第十单元的内容。此节课是在学生已经学习了整数乘除法和使用计算器进行计算的基础上,引导学生借助计算器探索积的一些变化规律,掌握这些规律,为学生进一步加深对乘除法运算的理解,以及今后自主探索和理解小数乘除法的计算方法做好准备。

课型:苏教版小学数学四年级下册"用计算器探索规律"新授课。

教学片段:一位教师,在教援这一内容时将书中的表格作了如下改动,如表 3-1,3-2 所示。

表 3-1 原书中的

一个因数	另一个因数	积	积的变化
36	30	1080	
36	30×2		1080×
36	30×10		
36×8	30		
36×100	30		

表 3-2 改动后的

因数	因数	积	积的变化
36	30×2	2160	
36	30×10		1080×10
36×8	30	8640	
36×100	30	108000	1080×100
36÷2	30		
36÷4	30×4	1080	
36×4	30÷2	2160	

该教师在新授课后的巩固练习中的设计是：根据 14×5＝70，不用计算直接填空：

140×5＝（   ）   14×500＝（   ）

14÷2×5＝（   ）   14÷2×5×2＝（   ）

（   ）×50＝7000   （   ）×5＝7000

课后，按该教师此课设定的教学目标对学生进行了约 10 分钟的小测试，一共两道题，不要求学生抄题。一道是书中练习七的第二题，先算出右边各题的积，再填写表格，如表 3-3 所示。

表 3-3　第一道题测试

一个因数	另一个因数	积
不变	×10	
×10	不变	
×10	×10	
×20	×10	

80×4＝

80×40＝

800×4＝

800×40＝

1600×40＝

另一道题目,与老师在黑板上提出的题目相比,只是更改了一个数字:

根据 18×5＝90,不用计算直接填空:180×5＝(　　　)

18×500＝(　　　)　　18÷2×5＝(　　　)　　18÷2×5×2＝(　　　)

(　　　)×50＝9000　　(　　　)×5＝9000

测试结果:黑板上这道题完成得还不错,然而书中的这道例题的迁移题,学生却做得很糟糕。90%的同学连表格的意思都没有弄明白,几乎将"积"这一栏全填成了"3200,32000,320000,6400000",结果及格率还不到 60%。

[案例评析]教师未能充分理解课程的编写目的,也未能充分考虑学生的知识储备,因此随意更改了课程中的表格,使得课程的难度大大增加,学生很难从中发现和总结出其变化规律,教学效果显著降低。因此,对于下一节课来说,研究商不变的规律的结果将会更加糟糕。

"用计算器探索规律"的教学内容虽然看起来简单,但实际上却是一个复杂的过程。表 3-1 中的"36×30＝1080",可以帮助学生更好地理解"一个因数""另一个因数"和"积"的概念,而第二、三行则可以让学生观察并计算,即 36 不变,30 分别乘 2、乘 10 时,积的变化情况。通过第四、五行的观察和猜测,学生可以推断出,当一个因数 30保持不变,而另一个因数 36 发生变化时,积的变化情况会有所不同。最后,通过计算和验证,学生可以得出积的变化规律。

积的变化规律的研究领域相对狭小,而商的变换规律的研究领域则相对广泛。因此我们将首先介绍积的变化规律,然后介绍商的变化规律。通过这种方式,我们希望能够让学生更好地了解和掌握积的变化规律的知识,同时也能够更好地掌握探索和发现的技能,从而更好地应对接下来的商的变化规律的挑战。

对教材整体把握的建议:教师要认真分析教材编写的意图,更要熟悉学生已有的知识基础,这样才能提高教学效果。

【案例7】两位数除以一位数。

这是苏教版小学数学三年级下册第二单元的内容,是在学生熟练掌握表内乘除法的基础上展开教学的。重点是将计算范围从商是一位数扩展到商是两位数。此课是学生首次学习笔算除法,具有一定的挑战性。

课型:苏教版三年级下册"两位数除以一位数"新授课。

教学片段:课件出示 52 块红薯,平均分给 2 个人,每人分到几块?

学生列出算式:52÷2,如何计算是此节课的难点也是重点,学生已学会了 42÷2,对两位数除以一位数的竖式书写格式、计算步骤已经掌握,难点是在十位上除过之后还剩下一个 1 怎样处理。

[案例评析]教师为了追求新意,把课本上的"52 棵树苗"换成"52 块红薯",平均分给 2 个人。红薯一般都按重量来分,如果按块来分的话,你一个,我一个,这样分就是了,不存在剩下一个"十"不好分的问题,不需要把这个"十"换成 10 个"一"。因此,这个知识点就被破坏了,这堂课教学的重难点就没有了,所以这样追求新意实际上是弄巧成拙,它违背了教材的编写意图。本来教材设计的精彩之处在于素材的选择:52 棵树苗捆成 5 捆零 2 棵,每捆 10 棵,把这些树苗平均分给两个班怎么分,每班分多少。学生看到这个题,经验出来了,每班先分成捆的,再把剩下的一捆打开(10 棵),加上剩下的 2 棵,每班分 6 棵,就是 26 棵。这个情境提供了数学思考的直观材料,使学生理解两位数除以一位数,当十位上除过之后有余数时,应将余数与个位上的数合并再除。

对教材整体把握的建议:教师在设计情境时要充分考虑教材的设计意图,从而再选择合适且有新意的素材。

二、有效把握小学数学教材的策略

(一)把握数学教育的发展方向整体解读数学教材

1.以内容目标领域的变化为基础,深入剖析教材。

通过深入探究,教师可以更好地了解教材编写的目的,并运用他们的专业知识来指导教学。这需要教师深入了解学科的基本概念,并且熟悉各个方面的知识,以便更好地满足课程的需求。因此,教师需要更加努力地掌握这些知识,以便更好地指导学生的学习。作者建议,教师应该特别关注"几何"和"空间设计和图形"的更新,因为它们的更新体现出数学课程的新定义和新要求。此外,它们也体现出当代数学教育的新目的和新方法。在这个新的课堂上,我们不仅关注学生如何理解几何概念,还要注意培养他们的空间意识。为此,在课堂上,我们会通过实际操作,如思考、绘制,来帮助学生培养他们的空间概念。在学习"几何"和"空间设计和图形"的过程中,我们应该将重点放在培养学生的概括性和创新性,以及提高学生的数学素养上。同样,"空间观念"也应该被视为一种拓展,以便学生可以全方位掌握"几何教学"的知识,并且以全新的视角来审视"空间设计和图形"和"空间观念",以此来实现学生的全方位提高。

2.凸显数学本质,以思想方法贯穿——让学科名称的发展名副其实。

我们知道以前数学课叫算术课。顾名思义,算术就是算的方法和技巧,数学的内涵比算术要丰富得多,它既包含了原来算术的要求,还把数发展到了代数,同时强调了思想和方法。那么小学教师该如何从数学的角度来钻研教材,如何从数学的角度来钻研小学阶段有关数的知识的教学呢? 比如:低年级就学习了利用加减关系、乘除关系求未知数。到了五年级,教材中出现了类似"$10 + x = 13$"的方程。为什么在认识了方程以后,又要求学生解类似于"$10 + x = 13$"这样的方程呢? 如何使学生在已有的知识经验的基础上利用等式的性质来解方程呢? 事实上,用加减关系求未知数与用等式的性质解方程,在数学上完全是两个领域,是算术和代数的不同知识点,两者有联系,而后者是前者的发展和提高,运用等式性质解方程具有更广泛的应用性。认识提高了,教材的组织、问题的设计,都不再像以往教算术那样先要确定求什么数,然后回忆加减法算式中各个部分之间的关系,确定解答的方法,而是把含有加减法的方程作为同一种类型的问题,去完成把方程变形为方程的解的工作。这样学生自然而然会意识到怎样使方程的一边留下未知数 x ,把数放到方程的另一边去。通过深入探究问题的本质,学生可以更加清晰地理解其中的规律,从而形成一个完整的数学思维模型。

3. 从生活多样化到数学一般化——让学生明白数学是一堆宝石中最闪耀的一颗。

随着人们对数学认识的不断深化和教育改革的推进,教材中很多课题也经常变化。比如:从"长方形和正方形的周长"到"平面图形的周长"到"周长",从"米和厘米的认识"到"长度单位"等。笔者查询了有关长度单位这一教学内容在几个版本的教材中的命名,在以前的教材中,这块内容课题名是"米和厘米的认识",人教版的课标教材中这块内容的课题名是"长度单位"。初看没有什么变化,但仔细研究,我们可以发现在教材编排上有着很大的区别。原来的教材上主要就是建立厘米和米的表象,会用米和厘米进行测量,强调认识千米、米、分米、厘米等长度单位,教学后学生在描述物体的长度时一味追求用尺精确测量物体的长度,对生活中具体问题的解决策略的选择能力较弱。现在我们认为,生活中长度单位是多样的,一拃、一块橡皮、一个手掌的宽等都可以作为长度单位来使用。这些长度单位在生活中的应用也非常广泛,只不过利用这些单位在交流的过程中有些不便,需要统一。我们认为在学生学习活动中,除了要让学生感受到没有统一长度单位而带来的不便,还要让学生结合生活实际体会到各种长度单位在具体情境中的作用。通过这个活动,学生能够更好地理解和掌握不同的物理量。例如,通过测量不同的物品的长短,他们能够更加清楚地了解世界上的不同尺寸,从而更好地掌握国家规定的尺寸。通过使用多种方法,我们可以帮助学生获取更准确的信息,包括使用各种工具进行测量,以获取更多的精确的结果。对这些信息深入研究,可以帮助学生更好地了解和掌握各种形式的长度,并能够运用它们进行实际的计算。在这个过程中,我们逐渐将概念变得更加明确,并且将其与现实生活联系起来,这样我们就能够让学生更好地理解并运用所掌握的数学知识,并且提高他们的数学思维能力。

(二)把握数学教材逻辑体系整体解读数学教材

为了更好地传授数学知识,我们将其整理成一个有条理的系统。我们会根据学生的思维和理解来设计课本内容。我们会注重两个方面:一方面,我们会着重讲解如何建立和巩固已有的知识;另一方面,我们会着重培养和提高学生的数学思维能力和理解能力。

1. 准确深入把握数学知识内涵——保证学生建构意义的科学性。

尽管我们都认为小学数学知识相对简单,但是我们也必须承认,要想真正掌握这些知识,需要从多个角度去理解和探究,而不仅仅局限于书本上的描述性方法。因此,教师需要更加深入地研究和理解,以便更好地掌握这些数学知识,而不仅仅局限于简单的表面理解。

比如:"平行"这个概念,教材中是这样表述的:在同一平面内,永不相交的两条直线叫平行线,或称这两条直线互相平行。因此,我们可以探讨两条直线之间的联系,以及它们可能存在的其他形式的变化,以便更好地理解它们的特性。究竟哪种情况下,垂直与水平的界限会消失?它们又如何相互联系?如何更好地理解水平的概念?这些疑惑需要我们深入探究,以便更好地掌握课本知识。

从上面的分析可以知道,平面内两条直线的关系有三种情形,垂直是相交的一种特殊情况,肯定是在同一平面内的,故不用限制。平行平移后可以形成重合,在重合的两条直线上选取一点旋转后可以形成相交,当夹角为 $90°$ 时就是垂直。反之,以垂足为中心旋转一条垂线可以变成重合,平移重合中的一条直线可以变成两条直线互相平行。这样理解就把平行和垂直这两个概念完全整体把握了。对于平行线的意义,学生在理解"同一平面内,永不相交的两条直线叫平行线,或叫这两条直线互相平行"时有些难度,我们通过对教材的系统分析发现,其实平行线也可以从另外一个角度来描述:方向完全相同的两条直线叫平行线,或者说这两条直线互相平行,因为方向相同,肯定是在同一平面内的。

2.科学把握同一内容体系的阶段定位——让学生在每一阶段的学习都为后续的发展打基础。

小学数学的课程安排应该按照由浅入深的顺序进行,因为每个阶段都需要掌握特定的概念和技巧。例如:在第一阶段,我们可以通过观察和实验来理解基本概念,然后再深入探究和掌握更深层次的概念。因此,教师应该根据每个阶段的特点,采取适当的方法来授课。通过观察和研究,我们发现,统计学的目的是帮助学生掌握如何进行信息的搜索、分析和综述。因此,许多数学教师会利用课堂上的实际场景,探究如何通过观察和分析来获取和使用大量的数据,并将其转化为具体的统计图形,从而帮助学生更好地掌握统计的基本概念。尽管统计学的相关知识需要多次的实践操作才能掌握,但仍有必要采取更加灵活的方式。例如:将折线统计图与扇形统计图的实际操作结合,而非仅仅依靠课堂上的讲授。研究折线统计图与扇形统计图的重要性,远远超出了仅仅依靠收集数据的范畴;更重要的是,它们能够帮助学生更好地掌握如何将各种类型的数据进行图形化的表达,从而更加深入地了解统计图形的各种特征。

例如:当我们学习国家标准时,我们会发现,课本上的内容通常会以尺寸单位—质量单位—时间单位—面积单位—容积单位的顺序进行。为了更好地理解这些标准,我们通常会让我们的课堂上有关于尺寸和面积的部分讲解更深入。我们坚信,教授计量单位应该作为一个综合的部分来进行。长度的认识对于培养学生的概念意识非常重要。因此,在接下来的学习中,应该利用这个概念来进行概括,避免重复这个概念,从而节省了大部分的课堂时间。

3.巧妙把握知识与知识之间的连接点——让学生抓住知识相互转化的切入。

作为一名教师,我们不仅需要掌握这些概念的含义,还需要理解它们如何在不同的情境中运用,这样我们才能培养出真正的能力。当我们探讨分数与小数的相似性,以及它们可以被转换为有限大的规律时,我们需要仔细阅读小学数学课本,以便更好地理解其内容。课本的结构安排,首先介绍十进制的概念,然后介绍十进制的特点,接着介绍小数的概念,最后介绍分数的重要性。为何将分数划分为两个部分? 这可能会影响到每个年级的学生的理解和掌握,但也可能存在其他的解决方案。经过深入研究,我们可以得出结论:十进制的概念对于理解十进制至关重要,而十进制的特点则更加深入地影响着每个年级的学习。十进位制可被视作将大量的元素进行相互转换的桥梁,它可以将大量的元素变换成更简单的形式,从而更好地运用它们来解决复杂的问题。

4.恰当把握教材知识逻辑结构和学生认知结构的连接点——促进学生意义建构的自觉性和主动性。

数学教材具有清晰的逻辑结构。例如,在学习平面图形的面积时,将其分为两部分:长方形、正方形和梯形。学习长方形时,可以使用面积公式来计算,而学习平行四边形时,可以将其转换为长方形,而学习三角形时,则需要将两个完全相同的三角形拼接起来,以计算出其面积。通过运用转换思维,我们鼓励学生主动探索并解决三角形面积的推导问题。

(三)把握课时教材的呈现内容和顺序整体解读数学教材

当我们深入探究教科书的内涵和结构时,我们既需要全面理解它们的全部概念,又需要综合掌控它们的每个部分。对这些资源的挑选和展示,反映出作者的用心。它们既具有科普价值,又具有教育价值和人文价值。在深入探究课本的同时,应当仔细阅读其所包含的信息,仔细分析其表达的思路,以便更好地领会作者的数学思想,达到其所传达的教育目的。

在苏教版小学数学教科书中,"6和7的认识"是一个重要的部分,而在过程中,教师会依据每个学生的理解能力和所学要求,采取不同的方法来讲解和解决问题。例如,教师会使用"6和7的认识"的情境图,以及其他相似的课堂教学用具,以帮助学生理解和掌握知识点。借助数图中的内容、摆图中的内容、说图中的内容和"6与7的知识点",教师可以按照不同的阶段,系统地将6和7的知识点逐步展示出来,帮助学生更加清晰地了解 6 和 7 的概念,并将其转化为实际的应用。按照教材的设计,主题、集合、创新、数学和几何五个方面的内容被结合在一起。这些方面相互联系,相互补充,共同构成完整的知识系统。这个课堂的重点在于将"6"与"7"这对概念融入实际的日常生活,并通过这种方式帮助学生更深入地了解并运用这些概念。这种方式既简洁易懂,又能够有效地激励学习,达到预期的教育目标。

通过深入理解、深入探究和精准掌控数学课程,我们能够帮助老师清晰地厘清数学概念,掌控数学课程的框架,促进学生积极思考,从而将课程内容融入学生的思维模式。通过相互促进的教学设计,老师可以更加轻松地掌握相互促进,学生可以在更多的时间、地点进行自主合作探索,使相互促进的内容、方式、结果以及价值观都更加完善。

三、有效把握小学数学教材的案例示例

策略一:统筹兼顾,关注教材的系统性。

【案例 8】以"加减混合两步计算试题"为例,对其在低年级数学教材编排中的情况作系统分析。

加减混合计算试题第一次出现在小学数学一年级上册,旨在帮助学生掌握如何正确计算混合计算题,以及如何正确使用加减混合计算试题中的知识,以便他们能够更好地理解和掌握这一概念。通过分析课本上的例子,我们发现,在实际应用中,让学生感受数字的变化并非仅仅是通过示例,而是通过实际的数字和数字的变化,帮助他们掌握数字的变化规律。例如,在运算"4+3-2=?"时,我们可以让学生通过实际的数字和数字变化,比如:"湖里原本有 4 只天鹅,先飞来 3 只,又飞走了 2 只",让他们明白,在第一步的运算中,应该首先求"4+3=7",然后将其减去 2,最终求得 5。通过使用实际的场景,如减少量、增大量等,学生可以更好地了解如何正确地进行先减后加的运算。这一步骤不需要一定让学生独立完成,教师可以通过提供相关的场景图片,协助他们完成。

这个内容在小学数学二年级上册出现时，"原来车上有 67 人，上车 28 人，下车 27 人，现在还有几人"，这道题同样是"加减混合计算试题"，但学习材料有着明显的变化。首先，加数的范围由一位扩大至两位，且新增了竖式的运算；其次，它的形象更为直观，情境图失去了动态表示运算顺序过程的意义，这在解题策略上增加了开放性，学生可以列两个算式，即 67＋28－27 或 67－27＋28，能够让学生更进一步地了解和把握知识点。通过让学生观察和分析数据，学生能够了解计算和日常情境的差异。

而再次出现该内容是在小学数学二年级下册的"解决问题"教学中，旨在帮助学生运用加减混合计算的知识来解决实际问题，例如："22 人正在观看戏剧，后来又有 13 人从一边走来，6 人从另一边走来。请问最终有几人观看？"这是一道典型的加减混合题目，学生已经学习了计算顺序和方法，因此不会有任何困难。那么，"解决问题"课程的目标是什么呢？从编者的角度来看，他们有两个主要目标：一是通过观察场景图，给出问题；二是在解决的过程中，掌握各种解题方法所依赖的数量关系，进而建立相应的模型。在解决"现在有几个人"的难度较大的情况下，教师可以通过讲授"加减两步计算问题"的解题方法来帮助学生厘清思路，让他们明白如何通过两步来完成任务，可以将这种方法与实际的数字和符号联系起来，以便更好地了解两步计算解决问题的概念。

［案例评析］经过全面研究，我们发现，课程的安排针对每个年龄阶段都有明确的目标。例如：在小学数学一年级的课程安排中，我们特别强调如何正确安排数字的输入和输出，从而培养学生的数字处理能力。而小学数学二年级上册的教材，我们将更多地关注如何理解和掌握数字的应用，并将其应用到实际的数据分析和处理当中。我们希望通过让学生来解决问题这一过程帮助学生更好地掌握数字的应用和处理方法。

对教材整体把握的建议：为了更好地理解课程的结构、重点和难点，我们应该仔细研究课程的结构、重点和难点，并结合实际情况，深入探究课程的组织结构、内容结构、实践操作等，进而更好地掌握全部要点并发挥其应有的重要性。通过深入理解相关知识，我们就能够更好地掌握需要掌握的内容,并且能够更好地了解背景信息,从而指导我们下一步学习。

策略二:鞭辟入里,把握教材内容的深刻性。

深入研究和理解课程内容,需要进行大量的努力。总结而言,我们应该从如下几个角度入手,掌握各部分教学内容的科学性。

【案例9】面积和面积单位。

这是苏教版小学数学三年级下册第六单元的知识,它帮助学生初步认识面积的概念。

课型:苏教版小学数学三年级下册"面积和面积单位"新授课。

教学片段:(教师演示摸自己的手掌)

讲述:仔细观察老师刚才触摸到的手掌表面,请你们也来摸摸自己手掌的表面。(让学生积极地进行操作,教师板书:表面)

接着提问:下面你们能找到自己附近的一个物体,摸摸它的表面吗? 让我们一起来探索吧!

揭示:像这些物体表面的大小,就叫作"物体表面的面积"。

[案例评析]这是第四届省教改之星金奖获得者郑水忠老师在执教"面积和面积单位"时的导入片段。从表面上看,它的导入过程十分单薄,是在学生感悟的基础上直接将面积概念"告诉"学生的,但实际上,他对面积概念的揭示却十分科学。历来我们所比较推崇的揭示面积概念的过程,都是让学生摸一摸课桌的表面和书本的封面,比较哪个大哪个小,引导学生总结物体表面是有大小的,这就是物体表面的面积。事实上,这种揭示面积概念的方式是不科学的,因为这种推理的基本逻辑是"通过比较物体表面,因而有了面积"。那么试问:单独一张桌子,在没有和其他物体表面比大小时,它的表面积就不存在了吗? 物体表面的面积是一种"客观存在",是物体的本质属性,不是因为和其他物体表面比大小才有面积的。所以说教师先让学生摸物体的表面,感受这些"客观存在"(不比大小),然后直接揭示相关面积概念是十分科学的,而这一切完全归功于教师对教材中面积定义的潜心研究与分析。

对教材整体把握的建议:作为一名优秀的数学老师,我们应该充分利用课程资源,深入理解课程的重难点,并能够运用恰当的语言和技巧来传递课程的信息。应注重课程的阶段性和发展性,并努力使课程更加有趣、实用,从而更好地满足学生对学习的需求。

通过深入探究,发掘出课程内容的思维、智慧和有趣的特点。通过对数学内容的探究,我们能够更好地理解它们真正的含义和价值。同样,我们也能够通过对课堂上各个步骤的探究,更好地培养学生的创新能力和独立思考能力。通过探索和发现数学的独到之处,我们可以更好地理解和掌握它,从而更深刻地感受数学的神秘和迷人之处。

例如:在教学平面上两条直线的位置关系"垂直"这一内容时,我们可以深入探究古代绘图工具"矩"的概念,从而让学生更加深刻地理解古代数学的发展,以及它与当今社会的重要联系,同时也能够激发学生的爱国主义情怀。

"垂直"的条件可以通过一个简单的例子来解释:如果两条直线相交,并且一个角被旋转,那么剩下的两个角将会发生怎样的改变?通过对"垂直"条件的探究,学生可以更好地理解"垂直"的概念,并能培养逻辑推理能力。通过实际观察、思考、运算、数值计算等,教师可以更好地培养学生的思维能力。通过对平面的认知,他们可以更好地进行思维判断。

通过融入人文和科技元素,我们可以创造出更加有趣的活动——数一数,在"垂直"这两个字中各有多少个"垂足",各有多少对互相垂直的线段?通过"交点"和"垂足"的识别,满足儿童的智力发展需求。在最近的课程中,学生发现了许多令人惊讶的现象,例如:即使两条没有连接的线段,如果它们的方向完全平行,那么它们也会保持平行。通过这个例子,我们可以更好地理解古代文化中如何创作出精美的文字。课堂上通过将数学的理论、实践和娱乐相结合,教师展示出数学的独特魅力。

教师要确定课程的重点、难点和关键,以便学生更好地理解和掌握知识。

通过对课程重难点的深入研究,结合学生的实际情况,教师可以更加科学地安排教学内容,在教学中抓住关键,突出重点,突破难点,从而更好地激发学生的学习兴趣,并且能够有效地提升教学质量。

"教学的核心"通常包括课程的主题和关键知识,比如20以内的加减法,这一知识教学的难点要包括课程的关键知识,如课程的核心概念、关键技巧和关键知识,可能会导致学生感到困惑,甚至出现不知道该怎么做的情况。在"平行四边形面积的计算"课程中,重要的部分就是让学生能够有效地运用所学的概念,比如说,利用分析和比较的原则,把不同的图像组合成一个完整的图像,这样就能更好地帮助学生把不同的图像组合到一个完整的图像上,使学生可以计算出图像的面积。在教授除数是小数的除法时,还应该着力培养学生将小数转换成整数的技巧,以便更好地理解除数是小数的计算特点。

策略三:重点关注实际问题,扩展教材中的练习题。

作为一门课程的一个关键环节,习题的设计和完善至关重要。它既包含课程的内容,又为课程的深入探讨提供支持。通过适量的练习,学生将更好地理解和运用课程的内容,还能培养自己的实际操作能力。通过对习题进行深入分析,教师可以更好地理解它们背后隐藏着什么样的问题。比如:学生掌握得如何,教师也可以探讨它们背后隐藏着什么样的数学思维模型,了解他们的特征。

【案例10】20以内进位加法。

这是苏教版小学数学一年级上册第八单元的知识,学生已较熟练地掌握了求总数的实际问题的解决方法,并能较熟练地从图中找出条件,提出合适的问题。

课型:苏教版小学数学一年级上册(20以内进位加法)练习课。

教学片段:出示游泳池图片(有男和女、大人和小孩、岸上和水中几种分类),让学生仔细观察图片,并与同桌交流所观察到的内容。

提问:一共有多少人?

对学生列出的算式进行分析,是运用了哪种分类情况。

[案例评析]此次课堂讨论的重点是:一共有多少人? 老师以一道容易上手的练习题为基础,引导学生从不同的视角探索"一共有多少人"的答案,从而激发出更丰富的思路,培养学生的思维能力。

对教材整体把握的建议:教师仔细阅读教材,并将其中的习题进行深入分析,以便更好地理解和掌握知识点,并将其作为有效的教学资源。

在学生学习"角的大小与边的长短无关"这一内容时,苏教版小学数学二年级下册"角的初步认识"中将两个大小相同、但边的长度有所差异的角作为例题来讲述,但由于"角的大小与边的长短无关"的概念太具体,学生可能会感到困惑。事实上,教师应该把这些实际问题扩充到更多的层面,例如:让学生用活动角摆出比较大或比较小的角,初步感知角的大小和两边岔开的程度有关;出示一个固定角,"谁愿意来摆一下这个角,你能把它变大变小吗",小朋友很快发现老师的角是不能活动的;提出:为何这些角无法变大变小? 同学们马上知道,原来角用订书机订住,无法拉开,这表明角不会变大变小;老师捏住角的顶端,提出了一个新的难题:假如用剪刀把边剪短一点,角会变小吗? 在这时,学生已经知道了他们并不会变大或者变小。这一过程中,教师通过把一道简单的题目变成多样的习题,使得这一抽象的概念变得更加具体和有趣,学生也更加轻松地掌握。

在解读习题的过程中,我们不仅要探讨它们是否能够扩展和深化,还要评估它们的练习方式是否有趣且有效。

第四章　小学数学课堂教学技能有效运用的理论与实践研究

一、小学数学课堂教学技能有效运用的理论

(一)小学数学课堂教学技能有效运用的重要性

《义务教育数学课程标准(2022年版)》中强调,要创造一个与学生生活环境、认知背景密切相关的、能够激发他们积极性的教学情境,让他们通过观察、操作、猜测、交流、反思等活动,深入理解数学知识点的诞生、发展,从而获取积极的情感体验,感受数学的魅力,同时掌握必备的基础知识和专业技能。如何在有限的时间内充分利用"有效性"教学的优势,让学生获取最大化的学习成就,实现发展呢?

1.讲究导入技能。

"人民教育家"获得者于漪先生指出:"课的第一锤要敲在学生的心灵上,激发起他们思维的火花,或像磁石一样把学生牢牢地吸引住。"一堂课要有好的开头,就像一部精彩的剧本要先演好序幕,一曲好的乐章要先奏好序曲。

2.讲究提问技能。

"问题"是课堂的精髓,它的缺失会影响学生的自主探索和创造能力。"最近发展区"则更加凸显出一个人的智慧,它可以帮助教师更好地指导和激发学生的思维,从而使学生更加深入地理解所学内容。"坡度"旨在帮助教师根据学生的不同背景、不同思维模式以及不同的学习需求,构筑"脚手架"的课程内容,以便让学生轻松掌握。

而"提问"技能也非常重要,教师应当果断采取措施,彻底取消"钓鱼式提问",精心制定"问题"的教案,使得课堂变得更加充实、活跃。

3.讲究组织技能。

教学过程中,教师是主导,要合理地组织教学,来建立有利于学生学习的教学环境,提高学生的学习效率。教师组织教学的能力是一种艺术,是课堂教学的体现,它贯穿在课堂教学的自始至终。教师组织教学艺术的优劣,直接关系到课堂教学效果的好坏,是一节课能否顺利进行的保证。

4.讲究板书技能。

课堂板书素有"微型教案"之称,是教师根据教学的需要,运用黑板以凝练的文字、字母、符号和图表等传递教学信息的教学行为方式。小学生具有区别于初高中学生的显著特点,其数学基础薄弱、思维意识发展不完善,以直观形象为主。科学研究表明:在进入人脑的各种信息中视觉信息约占 75%,而板书的特点在于对学生的视觉进行冲击,因此虽然当今教育界不断呼吁将高新教学手段运用于小学数学教学中,但板书设计依然在小学数学中占据着至关重要的地位。

5.讲究现代信息技术技能。

现代科技发展迅速,使得我们需要更好地运用现代化工具来帮助我们指导学生。例如:我们应该使用各种各样的多媒体工具,如动画、游戏、视频、音频、互联网、虚拟现实、数字化、智能化等。通过利用多媒体技术,教师可以大大提高教育效率,学生能够快速、有效地掌握所需的信息。

6.讲究作业技能。

为了更好地培养学生的创造性、动手性、合作性,教师必须把握好课堂练习的节奏,才能激发学生的练习兴趣,提升技能熟练程度,促进智力增长。在现今的新课程教学理念指导下,需要切实减轻学生课内外作业的负担,在教材的基础上,结合实际情况,精心制定出具备实用性的训练方案,以便获得更好的课堂教学效果与质量。

（二）小学数学课堂教学技能有效运用的必要性

随着数学课程的不断变化，从一个全新的角度来看，当前的小学数学课堂上，由于缺乏教师合适的指导，存在一些不当的操作，从而使得课堂的效率受到影响。因此，应当采取措施来提高这种低效课堂的效率。

1. 课堂教学导入技能常常存在以下问题。

（1）强调课堂引入可能会导致课堂内容的混乱，但如果教师能够在课堂上把握好重点，花费足够的时间去探究新的知识，就可以让学生更好地理解，并且学生更容易将注意力集中在课堂上。尽管这种方式能够吸引学生的注意力，但它会消耗大量的课堂时间，导致无法完成此节课的教学目标。

（2）教师应该摒弃传统的复习提问等方式，以更加有效的方式引入新的教学内容，让学生更加自信地接受知识，从而更好地理解和掌握知识。然而在课堂上，少数学生由于各种原因不知道答案，即使老师不会责罚他们，但他们也会感到没面子，从而无形地伤害了他们的自尊心，这节课的内容就不能掌握了。因此，教师应该采取措施来帮助学生增强自信心，并培养他们对新知识的学习兴趣。

（3）引入的数学问题应该具有明确的数学学科特征，以便让学生能够更加深入地理解，而不是仅仅停留在表面的花哨上。为了让学生更加深刻地理解数学知识，我们应该让学生在探索中体验到数学的乐趣，还应该让学生在探索中获得更多的数学思考，以便发散他们的数学思维。

2. 课堂教学提问技能常常存在以下问题。

（1）教师在一节课中，虽然表面上提出了几十个问题，但实际上，他们并没有真正去思考问题的难易程度，也没有真正去探究问题的实质，对于需要设置的问题是模糊的、随意的。

（2）许多课堂，特别是公开课，教师通常会把注意力放到几个比较熟悉的学生身上，回答问题就是请这几个固定学生。这种做法本质上是赶时间完成预设教学流程。教师往往围绕着预设教，让思维活跃且积极举手的学生回答,但仍有许多学生没有足够的机会去表达他们的想法,从而造成了数学水平的差异。

(3)教师应该注重提出有深度的问题,而不是仅仅停留在表面,这样才能让课堂气氛更加活跃,避免学生只是浅尝辄止,而是形成一种有层次的学习习惯。

(4)当老师撰写教案时,他们可能会特别关心学生的思维发展,因此他们可以通过"对不对""答案是什么""哪一个错了"等问题来激发他们的思考,而不仅仅局限于传授知识的结论,这样可以让他们更好地帮助学生解决难题,并且可以更高效地完成作业。事实上,"为什么这个是对的""你为什么这样答""这个问题你是怎么想的"不仅是一个有效的问题,它也是一个有助于探究和激发学生思想和创造力的平台,有助于提高学习效率,也有助于促进教师和学生之间的沟通与交流。

3. 课堂教学组织管理技能常常存在以下问题。

通过实施有效、科学、合理的课堂管理,可以保证课程的顺畅性和完整性,同时也可以唤醒学生的自主性,鼓励他们参与到更加具体的实践问题中去,以此来提升学生学习的兴趣,改善教学水平,最终实现高质量的教学。但课堂教学组织管理技能常常存在以下问题:

(1)无所适从,放任自流。

(2)学生参与度不高。

(3)学习要求不明确,教学监控不够。

(4)教学组织不到位,时间利用不充分。

(5)学生参与课堂的时间少,教师为课堂的主体。

(6)缺乏良好教学情境的学习氛围。

这些问题都是广泛存在于实际课堂中的,比如:

当一名教师在教室里时,他的话语充满了激情,但是却发现有些学生毫无动静,他们趴着打盹,翻阅无关紧要的资料,甚至玩弄一些古怪的游戏,还彼此传送暗号交换信息。这名教师采取了睁一只眼、闭一只眼的态度,把自己要教授的内容讲完就下课了。

首先,这是教师在课堂管理上无所适从、放任自流的体现。尽管许多教师(特别是年轻教师)都感到困惑,但是随着课堂的改革,许多教师都开始采取措施来应对。然而,因为教师害怕自己的做法可能与新的课程理念相悖,所以很多教师都开始寻找更好的方法来控制和管理课堂。如果教师能够采取更加科学的方法,可以避免学生随意发言,并且能够更好地遵守课堂发言的纪律要求,从而营造好整个班级的课堂学习氛围。

其次,这名教师没有让学生真正参与课堂,做课堂的主人。通过双向交流,教师可以发挥出独特的作用,既能够提供有价值的知识,又能够有效地控制课堂。教师可以根据学生的需求,调整课程内容,激发学生的兴趣,提升课程的教学效率。这样,老师就能够有效地控制课堂,提升学生的学习效果。

4. 课堂教学中板书设计技能常常存在以下问题。

(1)过分依赖课件,忽视了板书的运用。

(2)结构不合理,书写不美观。

(3)缺乏计划性和概括性,不能体现教学重难点及生动性。

例如:在学习"乘法的认识"这一课时,教师每一节课都在使用课件,没有使用黑板。教师把课本主题图下载到课件里,旁边出示问题:坐小火车的一共多少人?学生回答后,教师没有使用黑板去板书,也没有指着式子去讲解,而是直接用课件显示"3+3+3+3=12"也可以写作"3×4或4×3",结果学生看了一节课没能掌握该节课要学习的内容。

反观这节课,这些知识点是应该一步步写在黑板上,留给学生发现学习到的东西,却都在课件中一闪而过。一方面,没给学生静心思索的时间和机会,破坏了正常的教学节奏;另一方面,课件没有板书那样能够将内容长期停留下来的功能,学生在需要记知识点时没能得到及时帮助。

5. 课堂教学信息技术技能常常存在以下问题。

(1)拿来主义。

数学的魅力有很多,备课是其中重要的一个环节,这也正是提高"过犹不及"的关键。为此,教师们不仅要深刻理解"过犹不及",还应该认真审视"过犹不及"的内容，并且不断改进和完善，以便有针对性地进行"过犹不及"的授课。虽然一篇出色的教案需要经过精心的编辑和调试，但要想完美地制作出一份完美的多媒体课件却并非一件容易的事情。因此，许多教师都会厌倦重新编写课件，放弃对原有教案的修改，这对于课堂教学来说，毫无疑问是一大损失。

更有部分老师苦于精力、技术能力不足，从网络上下载教学课件，直接运用于课堂教学，教学效果大打折扣，减弱了使用多媒体课件的针对性。

（2）僵化主义。

"最近发展区"指出，小学生的思考能力是从实际的观察转变到更加深刻的想法，而"最近发展区"的观点也提出，良好的教育能够更好地激励学生的抽象思考能力，从而使学生的智慧得到充分的培养。为了提高教学质量，教师应该鼓励学生从各种各样的角度去思考问题。但是，现在的多媒体课件，由于它们的高科技特性，如颜色丰富、操作灵活等，使得课件操作变得非常流畅。但是，如果课件的画面切换得太快，教师也忽略学生的理解力，就会导致学生无法仔细观察并深入思考，这会严重降低教学的效率。通过使用多媒体工具，老师可以将抽象的概念、文本以及其他信息以直观的方式呈现给学生，但这种方式却阻碍了学生的逻辑思考、创新精神的发挥，并且学生更加沉迷于图片，从而导致有些学生变得很不积极，不会主动地去探索。

（3）抑制生成。

信息技术的过度使用，抑制了学生创造力和想象力的培养。通过"程序"的指示，教师能够利用多媒体科技来协助学生更好地了解知识点，但要想让这些课件达到最佳效果，就必须充分考虑到学生的独特需求，让学生的想法更加丰富，并且要求学生的思考更加灵敏，以便让学生的想法更加深刻。

（4）情感教育。

情感教育可被视为一门艺术，它能够帮助学生更好地理解世界。从长远来看，情感对于学生成长至关重要。如果不能与学生建立良好的互信关系，那么教育将无法取得成功。传统课堂上教师与学生一起参与，但在现代化教室里，由于多媒体教学，很难实现真正的互相理解。教师一直在操作电脑,许多学生只关注电脑上的漂亮图片。尽管这能够唤起学生的好奇心,但即使使用"你真聪明!""你真棒!"这样的计算机发出的语句,仍然无法真正唤起学生的热情。"非人本主义"的理念激起了学生的热情,但这并非一个绝对的事实,而只能作为一个暂时的概念。

6.课堂作业设计技能常常存在以下问题。

课堂作业设计技巧对于提高课堂效率至关重要。然而,"无趣""无效"在作业中普遍存在,例如:同类题目占多数,综合性的题目占少数;题目意图不明确,题目内容不够清晰;要求单独完成的题目占多数,题目内容缺乏合作互动。因此在课堂作业设计方面,应该具有针对性、层次性、丰富性、思考性、应用性。在"认识东南西北"课程结束后,为了帮助学生更好地理解生活中的东南西北,以及地图上的东南西北,我们设计了一系列有趣的练习,以帮助他们掌握知识点。

(1)请你们仔细观察,并从东到西,找出你们想要了解的东西。

(2)说一说:你们观察到了什么?

(3)画一画:将你们所观察到的画在作业本上。

通过这种练习,学生不仅能够复习生活中的东南西北方向,还能够牢记地图上的东南西北方向。更重要的是,它能够让学生更加清楚地认识到,这些方向是不可改变的,而且人类也有自己的规则,比如说,图中的上方一般都被定义为"北方"。

因此,通过精心设计、精准定位、精心组织的课堂练习,可以大大提高教学效率,让学生受益匪浅。

在当今的时代,课堂教学具备了极高的复杂度和多样化,因此,我们必须要不懈地努力,以便更好地把握、发掘和实现从"文本"到"对接舱"到"剪切板"的转变,达到更高的教育目标。现在的课堂,更多的是一个让教师和学生一起发展的舞台,它既可以让教师展示自己的技能,也可以让学生获得更多的知识。课堂应该成为一个充满激情、充满乐趣、充满成就感的地方。

二、小学数学课堂教学技能有效运用的策略

在这次的国家基础教育课程改革中,"满堂灌"这门传统的"自主

探索"已经不再适用。相反,我们重点强调让学生进行独立思考、互相合作,以便他们在未来的学习中获得更多的知识。这样的改革旨在促进学生的创造性思维、实际操作技巧的提高。经过深刻反思,可以清晰地看到:在热闹与自主的背后,也透射出放任与浮躁,这引起了一个值得认真探讨的重要话题:怎样才能更好地改善数学课堂的质量?

(一)课堂导入的有效性

"让学生在生动具体的情境中学习数学"是新课标的一个重要理念。数学教学,要紧密联系学生生活环境,从学生的经验和已掌握的知识出发,创设有助于学生自主学习、合作交流的情境,以帮助学生更加深入地掌握数学本身,培养他们的独立性、探索性、实践能力,进一步提高他们的综合数学应用能力,为他们未来的成功打下扎实的基石。

1.存在问题。

常见的课堂教学导入技能存在以下问题:

(1)从思维角度来看,应该强调"人",而不是"导";

(2)应重新审视我们的思维方式,不再把自己放在首位;

(3)在素材层面上选材不当,脱离实际;

(4)在形式层面上形式单一,缺乏变化。

2.解决策略及案例剖析。

策略一:课堂导入能激发学生的求知欲。

随着学生的成长,其对环境的需求也会随之变化,所以,我们应该根据学生的个人背景、经验、认知水平等,为其量身定制出一个适合其需求的、具备挑战性的环境,以满足其探索精神的需求。

【案例1】"长方形和正方形的周长"导入情境创设。

(1)出示图片。

(2)师:小狗和小兔要进行一次跑步比赛,它们沿两条不同的路线同时出发,最后它们几乎同时冲过了终点线。裁判员小猪也说不出谁最先冲过了终点,就判定二者并列第一名。可是小狗和小兔都认为虽然同时到达终点,但自己跑的路程要远些,自己才是第一名,于是它们就争吵了起来。这可让裁判员小猪为难了。请问大家,您是否愿意提供一些办法来帮帮裁判员小猪呢?

【案例 2】"圆的周长"导入情境创设。

师:大家都听过《龟兔赛跑》这个故事吧?

生 1:听过。

生 2:我已经听过很多遍了,但是大家依然会讲这个故事。

师:我们的动物王国即将迎来一次令人兴奋的龟兔赛跑活动,它将以一个完美的环状结构展开,让我们来看看它的周长吧。

尽管教师讲得非常生动有趣,但学生似乎并不太感兴趣,整堂课的效果并不理想。

[案例评析]通过创设一种富有活力的、恰当的环境,可以大幅提升学生的学习热情。【案例 1】就是一个典型的例子,在该课程的教学中,教师创设出一个生机勃勃的情境,让学生更加热爱运动,从而获得了极佳的成绩。此外,在此次课程中,教师还重点关注小狗与小兔之间的争执,并尝试去解决它们之间的矛盾。【案例 2】的"童话情境"显然无法唤起学生的学习热情和探索精神,但学生仍然渴望从童话世界里获得满足感。然而,由于教师未能充分了解学生的年龄和心理状态,"童话情境"的教学未能取得预想的效果。学生通常会偏爱像童话这样的故事,但是在成长过程中,他们会更加注重实际而有趣的体验。

策略二:课堂导入情境创设要以生活体验为出发点。

学习数学旨在帮助学生更好地理解和应用现实世界中的知识,并且通过实践和模拟,让他们更加深入地体会到数学的魅力,从而更加热衷于解决实际问题,激发他们学习的热情。

【案例 3】一次课堂讨论会上,教师带领学生一起学习"元、角、分的认识",接着大家一起前往一家大型商场,体验一把现代化的模拟购物。

分析:通过这个购物的情境模拟,我们可以让学生更加深入地理解数学,并且能够感受到数学与日常生活息息相关,从而激发学生对数学的学习热情。这样一来,学生们就可以更好地掌握所学的知识,并且能够更加深刻地理解数学的重要性。

[案例评析]在许多时候,由于学生的个人背景和实际经验的局限,他们可能会遇到许多挑战。因此,教师需要通过提供真实的实际生活场景来帮助他们更好地理解和掌握知识。将理论与实际相结合,可以更好地帮助学生在实践中运用所学知识。

策略三:课堂导入和情境创设要力求真实。

建构主义学习理论强调,通过创建逼真的、贴近学生日常经历的情境来激发其学习兴趣,以便他们更好地理解和掌握知识。

【案例4】在该校教师讲授平均数的重要性之后,我们创造了一个有趣的情境。

师:大家想去春游吗?

生:想!(大家异口同声地大声回答)

师:鉴于安全的重要性,学校建议我们从江郎山、仙霞关、浮盖山和月亮湖四个地方中挑选一个。经过认真的思考,我们最终确认以江郎山、仙霞关、浮盖山和月亮湖四处中旅行者较多的地方来进行旅行。因此,我邀请大家参与到本次旅行中来,以便更好地体验不同地方的风土人情。这节课上,所有学生都十分投入,并且获得了较好的学习效果。然而,下课后,学生发现教师课堂上说的是假的,所有学生对此行为感到沮丧。

【案例5】"平均数的意义"的教学中,一位教师特别设计了一次以小组为单位的歌唱比赛,旨在检验每一名参赛者的表现情况。教师利用这次的比赛结果,让学生一起来评判,看看哪一组的表现最佳。成绩如表 4-1 所示。

表 4-1 　　　　　　　　　　　　　　　　　　　　　(分)

组别	评委 1	评委 2	评委 3	评委 4
第一组	96	94	97	94
第二组	95	96	96	92
第三组	94	95	97	94
第四组	96	94	96	93

[案例评析]【案例4】提供了一个真实、有效、有挑战性的"假情境",使得学生有机会深入体验"假情境",并且更加热衷于将"假情境"融入自己日常生活之中。【案例5】则通过一个真实、有效、有挑战性的"假情境",使得学生更加热衷于将【案例5】融入自己日常经历之中,更加深入地体验"假情境"所带来的乐趣,学生渴望了解最终的胜负。因此,通过提供有关信息,可以有效地唤醒学生的探索精神,并且有助于培养其独立思考的能力。

通过有效的课堂环节和多种方式,教师可以达成最佳的教学效果。然而,这种方法也会受到许多外部因素的干扰,比如教师、学生和媒介。因此,教师需要全面评估课堂环节的多种可能性,特别是对于那些不利于课堂氛围的事物,教师需要认真思考它们的存在。在创设情境时,应确保它具备足够的逼真度与实际价值,并且应该着眼于促进学生的健康成长。

(二)课堂提问的有效性

课堂提问是小学数学教学中进行启发式教学的一种主要形式,是有效教学的核心,是教师经常运用的教学手段。但是因为很多原因,在数学课堂教学中出现不该问的提问,低效重复性应答式的提问,所以教师要采取更加积极的方法来解决问题,可能会更好地激发学生的思考,并且会带来更好的教学效果。改进教学方法,可以大大提高课堂提问的质量。

1.存在问题。

常见的课堂教学提问技能存在以下问题:

(1)问题被浅薄地解决,缺乏深度思考;

(2)问题随意;

(3)改变问题的形式;

(4)问题设计缺乏梯度;

(5)教师提问的范围缺少普遍性;

(6)提问缺乏互动性;

(7)提问缺乏艺术性。

2.解决策略及案例剖析。

策略一:问题要少而精。

一位教育局局长在一本书中提到了一个令人印象深刻的案例:他在课堂上认真聆听了教师的讲解。经过精确的记录,发现,这个教师在一节课中提出了 120 个以上的数学问题,这个数量甚至可以说是惊人的。据这本书所述,有位老师花费 5 分钟的时间,轻松提出 38 个问题,而学生则迅速做出 38 次正确的反馈!对于此类问题,它的意义显而易见,无须赘言。

【案例6】两位教师设计了一道关于三角形面积计算的题目,他们提出了以下问题。

(1)两个完全相同的三角形可以通过拼接来构成一个新的图形,这种新图形的底部、高度与原三角形的底部、高度之间存在着密切的联系,而且拼接出来的平行四边形的面积也会与原三角形的面积存在着一定的联系,三角形的面积为什么要除以 2?

(2)两个完全一样的三角形可以拼成我们以前学过的长方形、正方形或平行四边形吗?拼成的平行四边形的底、高和原三角形的底、高相等吗?拼成的平行四边形的面积是原三角形面积的几倍?平行四边形的面积怎样计算?三角形面积又怎样计算?三角形面积为什么要除以 2?

[案例评析]通过改变提问方式,我们可以获得截然不同的效果。在某些情况下,采取适当的措施可以帮助我们更好地掌握数学概念,并且可以让我们的思维变得清晰易懂。然而,在其他情况下,采取适当的措施可以避免使用太多的信息和资源,从而促进我们的逻辑思维能力发展。

在课堂上,教师应该着重讲解课程内容,重视并解决重难点,并采取归类整理、综合性分析等多种方式,精心挑选出有挑战性、有深度、有实际意义的"精问""深思",从而激发学生的积极性,培养他们良好的逻辑推理能力。

策略二:问题难度要适中。

教育心理学家发现,在设计课程的过程中,应该注重三个方面:

(1)确保课程的难度符合学生的学习需求;(2)确保课程的教学内容具备一定的学习价值;(3)确保课程的教学方法符合学生的学习习惯。在课堂上,我们应该注重满足每个学生的需求。教师应该确保每个人的解决方法相似,因为"解答距"指的是从提出问题开始,直至解决问题的四种程度:微解答距(无须深入思考,可以直接阅读书籍进行解决)、短解答距(模拟书籍教学内容,但可以简易改变解决)、长解答距(结合使用原来知识点)和新解答距(使用特殊方法解决)。在设计课堂提问时,应该根据学生的能力和兴趣,选择四种不同水平的提问。通常来说,最好选择后两种能提高学生学习兴趣的提问。这些提问应该具有较高的实践价值,并且能够深入人心。

(三)课堂组织的有效性

《义务教育数学课程标准(2022年版)》强调,老师应该激励学生积极参与数学社会活动,让他们在主动探索和合作交流的实践过程中,深入了解和把握基本的数学知识技能、思路和办法,并得到丰富的实践经验。随着时代的发展,小组学习已经成为学生了解数学的重要教学方法,它不但有利于提高学生的学习效率,而且还有利于充分调动学生的学习兴趣,但他们在课堂教学中其实只是形式上的合作。

1.存在问题。

关于课堂教学组织管理技能方面。课堂教学的成功取决于如何进行有效的组织,这需要将科学方法、艺术手法、实践经验等结合起来,并且具备良好的沟通协商、协同合作、反馈评估、激励机制等。然而,目前的课堂教学中仍然存在许多挑战。例如:

(1)教师没有足够地关注学生,导致课堂安排出现偏差;

(2)教师没有足够的精力去解决课程中的难点;

(3)教师没有足够的耐心去指导,导致学生的学习效果受损;

(4)教师没有足够的精力去完成任务,导致学生的成绩受损;

(5)一些教师缺乏良好的管理课堂能力。

2.解决策略及案例剖析。

策略一:合理组建合作小组。

为了更加有效地促进小组协作,应该从多个角度出发,结合学生的背景、特长、兴趣、技术、特点,制订出一套完善的小组规则,以确保小组的整体运转良好。我们建议小组中的所有成员应该清晰地划分自己的职责。例如,我们可以让学生扮演各种不同的角色,比如主持人、摄影师、信息收集者、演讲嘉宾等。我们还建议学生随着团队的变化,交替扮演各自的角色,这样大家可以磨炼自己,从中获益。

策略二:选择恰当的时机、内容。

(1)在教学重难点时进行合作。

【案例7】在教学"长方体体积公式"时,将4名学生组成一队,一起使用1立方厘米的正方体材料,将它们组装起来,构建"积木",并计算每个组的体积,以此来比较"长方体体积公式"和"积木"的差异,并填写在表4-2中。

表4-2　计算长方体体积

	长(cm)	宽(cm)	高(cm)	体积(cm³)
长方体 1				
长方体 2				
长方体 3				

经过一番讨论和探究,学生发现了一种新的方法来计算长方体的体积。他们首先仔细观察表格中的数据,然后根据这些数据推导出一个公式。通过合作,他们很快就完成了这项任务。

[案例评析]通过本次活动,我们成功地将教学的核心内容转化为小组合作的方式,使得学生能够通过协商、讨论和互动来克服挑战,从而提升他们的团队协作能力。

(2)在需要操作时进行合作。

【案例8】"三角形的面积计算"的课堂教学。

师:让我们来看看,如何将原本的三角形变换成我们已经学过的图形,并使用这些变换来获取相应的面积计算公式? 请大家分成几个小团队,用自己的方法来完成这个任务。

没多久,每个小组就可以将其转换成一系列的图案,有的是平行四边形,有的是长方形,有的是正方形,最终通过深入的思考,确定出三角形的面积公式。

瑞士儿童心里学家让·皮亚杰(Jean Piaget)曾经指出:"儿童的思考是从行为开始的,如果把行为与思考断开,那么他们的思考就无法得到发展。"因此,实践活动的重要性无须多言,只要经过系统的训练,并与其他成员保持良好的沟通,就能够让每一个参与者都得到最大的收获。

[案例评析]通过本次活动,我们发现,将三角形转换为已经掌握的图形,并运用相关知识来求得其面积的方法,可谓是本次活动的关键。为此,我们采取了分工协作的方法,鼓励学生共同探索,从而更好地掌握知识,提升能力。

策略三:教师要进行恰当的引导。

教师作为学生学习中不可或缺的指挥官,需要清楚地了解合作学习所需的技能和方法。此外,教师也需要提供有效的指导和帮助,以便学生能够更好地理解合作学习。通过小组协商和交流,教师可以帮助学生更加主动地进行探索,包括讨论、案例分析、推理、实验、评估、总结,这样可以更高效地完成小组的协作学习任务。

在当今时代,推进数学课程的变革是至关重要的。为此,我们需要在保持传统的同时,不断寻找更加先进的方法来实现更大的目标。因此,这就要求所有的教师都能够抛开形式主义的限制,专注于自己的工作,并且不断努力,以便更加出色地完成我们的教学任务。

(四)习题设计的有效性

近年来,随着课程改革的持续发展,数学课堂已经发挥出越来越大的潜力,它的开放性和灵活多样性让学生拥有了更大的自主学习余地。然而也存在一定的问题,比如,某些教师仅仅通过几个简单的例子或者公式,就让学生掌握了几个知识点,学生缺乏对知识的全面掌握,甚至缺乏对知识的全面思考,这样的教师很难真正让学生掌握知识,也很难让学生发掘出最大的潜力,影响了学生的学习效果。尽管我们强调的是实施素养教育,但有时,评价一个学生的"优"或"差",或者评价一位教师的能力,往往会依据他的考试分数来判断。为了达到更好的教育效果,一些教师不惜采用题海战术,但这也给学生带来了巨大的压力。

1.存在问题。

课堂作业设计技能是一项很重要的课堂教学技能。常见的课堂作业设计技能存在着作业中"无趣""无效"的问题多等问题,主要表现在:

(1)同类题目占多数,综合性的题目占少数。

(2)题目意图不明确,题目内容不够清晰。

(3)独立完成的题目较多,而聚焦于协作互动的题目则相对较少。

(4)题目的重点在于巩固知识,没有培养应用能力。

2.解决策略及案例分析。

《义务教育数学课程标准(2022年版)》强调,要想获得高质量的数学知识,就必须利用多种方式,而非仅仅局限于模仿。通过亲身操作、独立思考、协同互助,以及参加课堂活动,教师可以更好地掌握数学知识,而这些活动的有效性取决于教师如何将其转化为有价值的经验,从而激励学生积极思考、积极参与、勇于挑战,提升他们的主观能力、创新意识。因此,教师应该采取什么样的措施来实现高质量的训练?

策略一:结合情境设计习题。

《义务教育数学课程标准(2022年版)》明确规定:数学是人们生活、劳动和进一步学习必不可少的基础和工具,学生的学习应脱离枯燥的纯数学的没有任何情境的学习。应该将学习的内容放到具体生活情境之中去,让学生在具体的、丰富多彩的生活情境中去学习数学,解决问题,体验数学与日常生活的密切联系。只有这样,才可能激起学生创新的激情,才可能让学生向更高目标挑战。例如:小学低年级教材中模拟了超市购物、运动会等许多生活情境。学生在这些生活情境中,能全身心地投入,积极主动地思考。

【案例9】在教授"人民币"知识之后,我们创造了一个令人兴奋的环境:每个学习小组的桌子上分别摆有很多有标价的学习用品。在这个游戏中,每个小组会有两名销售人员,他们会销售许多不同的学习用品。游戏开始,所有参与者都会进行购物模拟实践活动,学生表现出了良好的参与度。

[案例评析]由于这位教师创造了一个逼真的购物场景,学生立刻被吸引,积极参与到购物活动中。他们可以快速、准确地知道卖(买)了什么,价格是多少,又找出(回)多少钱。我们有理由相信,通过这个环节,学生将来也会独立进行购物,解决书本上的题目更是小菜一碟了。这样的教学不仅可以帮助学生掌握知识,还可以让他们在实践中获益,从而培养他们解决实际问题的能力。

策略二:习题的内容要活。

通过精心设计的富有吸引力的习题,教师期望能够提高学生的专注度,锻炼他们的独立思维能力,增强他们的自信。为了达到这个目的,建议教师根据学生的不同需求,选择一些具有吸引力的课程内容,以便学生更好地理解数学。通过改变课堂的方式,教师能够更好地激发学生的创造力,并通过各式各样的训练,如玩游戏、猜谜语、走迷宫、口头、书写、实际演示、绘制图表等,帮助学生更好地让思维飞起来,并培养学生的创新意识。通过这些方式,教师期望能够激发出学生更多的学习热情,他们将会在面对任何挑战时都能够勇敢地迎接,并以最快的速度和最高的效率完成任务,从而获得更优秀的学习成绩。

策略三:习题的形式要多样。

教师的课堂活动应该更加灵活多样,既有直接的讲解,又有实际的练习,甚至有一些小组讨论和交流。在课堂上,学生可以通过比较和交流来提高自己的能力,并且分享自己的想法和经验。在学习了关于银行利息的相关知识之后,我们应该根据每个学生的特点,为他们量身打造多样化的任务,比如:深入了解当前的银行利息,撰写相关的研究论文,为家庭制订实用的储蓄方案,记录存款的账户信息,还要求他们准确地计算出相应的利息税,等等。我们坚定地认为,学生的解答肯定既充满活力又充满想象力。

【案例 10】在课堂教学"千米的认识"时,教师为使学生对长度单位有个更具体、生动的概念,把学生分为若干组,每组带好米尺和卷尺,到操场上,各量出 1 米、10 米、100 米的长度,让他们走一走、看一看,体会不同的距离长短(重点在 100 米),再问学生 1 千米有多长?(学生回答:10 个 100 米那么长)。让学生感受,问学生从校门口到哪里大约是 1 千米,那走完要几分钟?(学生根据走完 100 米的时间推测出走完 1 千米所需时间)。你们还有其他办法知道 1 千米有多长吗?(有学生说通过看摩托车的里程表可以知道 1 千米的长度,等等)。

[案例评析]通过让学生参与实际操作,如量、测、算、估,我们可以培养他们的实践能力,促进学生主动探索知识,并形成自己的学习方法。这种教学方式既有效又扎实。

策略四:习题要少而精。

通过精心设计的课堂练习,我们不仅能确保习题的数量,还能确保练习的质量。根据心理学的研究,第二次的重复练习能够使我们的学习效果增强 18%,第三次的重复练习能够使我们的学习效果增强 7%。因此,我们应该尽量减少练习次数,并选择富有标志性和典型含义的习题进行训练。通过精心设计的练习,学生可以更好地理解所涉及的内容,并运用所学知识进行类比推理,这样可以使学生更好地理解所需要掌握的技巧,并且可以更快地发展自己的思维。同时,要注意控制练习的总体量,避免过度劳累,保持良好的学习兴奋度,并且不能因为过度劳累而敷衍了事,降低练习效果。如果把训练的内容减轻,并且有足够的时间来完成作业,那么学生就可以更加专注、精心、严谨、精准地达到要求。

(五)课堂板书的有效性

板书设计是教师的重要技能,它对学生的学习效果会产生重大影响,直接影响课堂教学的效果。成功的"微型教案"板书设计,不仅能够使学生一看就能明白,而且还能够有效地激发学生的学习热情,唤醒学生的思维,帮助他们更快地掌握课程知识的重点和难点,从而培养他们理解和运用知识的能力。通过实践操作,我们发现优秀的板书设计不仅能够激发学生的智慧,让他们感到舒适美好,而且能够在不知不觉中达成教育的效果。

1. 存在问题。

课堂教学中常见的几种板书设计存在以下问题:

(1)以课件演示代替板书;

(2)以游戏活动代替板书;

(3)板书设计欠缺完善,书写不符合标准,示范不够精准,表现为缺乏统筹安排,内容杂乱无章,结构混乱,呈现方式缺乏灵活性,布局混乱无序。

2. 解决策略及案例剖析。

策略一:书写要规范。

为了让板书更加美观,我们需要严格遵守书写规定,保证书写的正确性。我们应该避免出现笔画混乱的情况,并且在使用汉语拼音或者标点符号时,一定要仔细检查。作为一名教师,我们不仅需要传递信息,更需要指导并培养学生的准确书写技能。正确的书写方式和精细的笔画,是教师在授课时必须遵循的。

策略二:布局要合理。

教师应该能够快速、流畅、合理地将讲解内容呈现在黑板上,让学生能够跟上课堂的节奏,课后也能让学生通过板书轻松理解。

通过清晰的板书,学生可以更好地了解知识的重难点,可以更轻松地理解概念。板书将"提高课堂教学效率,切实减轻学生负担"融入日常学习中。

策略三:层次要分明。

在课堂上,板书和口头讲述是相辅相成的两种方式。板书的优势在于它能够直观地展示知识,生动地表达,并且能够提供清晰的思路。为了充分利用板书的优势,教师需要让它具有层次感,并且能够清晰地表达主题,让学生能够更好地理解所学内容。

策略四:重点要突出。

在教学过程中,恰当地使用板书能够帮助学生更好地理解课程内容,并且能够更加清晰地表达重点。因此,教师在使用板书时应该重点突出,详略得当。

【**案例 11**】在教学"长方体的认识"这节课时,可以采用图 4-1 所示的板书设计。

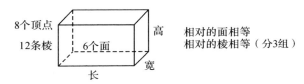

图 4-1　长方体的认识

策略五:文图要准确。

教师的板书语言应该更加精确,尽管它们可能会在课堂上交替出现,但最终都应该形成一个完整的结构,使学生能够理解并且能够深入思考,避免因为疏忽而导致意义混淆或错误。

【**案例 12**】在讲解"多边形的内角和"时,可以采用表 4-3 的形式。

表 4-3　多边形的内角和

图形名称	边数	分成的三角形个数	内角和
三角形	3	1	$180°$
四边形	4	2	$180°×2$
五边形	5	3	$180°×3$
六边形	6	4	$180°×4$
⋮	⋮	⋮	⋮

［案例评析］这样的板书,能使学生更好地找出多边形内角和的规律,从而总结出内角和公式,印象深刻,提升了教学效果。

(六)现代教育技术应用的有效性

通过使用信息技术,教师可以更加高效地进行教学。现代教育技术可以帮助教师更准确地传达教学内容,并通过提供多种多样的学习资源,帮助学生更轻松地掌握知识。同时,这种工具也可以帮助教师更好地控制课堂的气氛,为学生的学习提供更多的乐趣。

1.存在问题。

现代教育技术的应用可以为课堂带来更多的活力,但也不能完全替代传统的教学方式。目前,许多现代教育技术的应用存在一些问题,需要我们加以重视和解决:

(1)过度依赖课件,忽略了学生的学习情况,可能会造成效率低下;

(2)如果没有恰当使用课件,学生就无法获得真正的体验;

(3)不当使用多媒体资源会导致学生注意力分散;

(4)过度追求信息容量,可能会对学生的学业造成不利影响;

(5)使用科技时,往往忽略了传统教学方式的重要性。

2.解决策略及案例剖析。

策略一:创设情境,激发兴趣。

【案例13】"数数"的课程采取了多种多样的方式,包括使用颜色丰富的图片、栩栩如生的动植物来激发学生的视觉兴趣,同时也运用了拟人的技巧,让学生能够真实体验"比较"的情境。课件先出示一片绿油油的草地,上面有鸡妈妈和小鸡们,接着鸭妈妈也带着它的孩子来了。大伙在草地上玩得非常高兴,更让学生感受到了大自然的神奇。于是教师问:"你们见过草原吗? 它的景色有多么迷人!"让人流连忘返的景色和学生的实际生活结合在一起,学生的脸上绽开了欢悦的笑容。此时课件上转入鸡妈妈和鸭妈妈的对话,鸭妈妈对鸡妈妈说:"我的小鸭比你的小鸡多。"而鸡妈妈却对鸭妈妈说:"不对,我的小鸡比你的小鸭多。"同学们,怎样知道是鸭妈妈的孩子多还是鸡妈妈的孩子多呢,你们有什么好办法?

[案例评析] 在小学的数学课程中,通过应用信息技术,能给学生增加疑问与悬念,并激发他们掌握新知识的积极性,从而创造利于

学生开发智力,求知探究的良好心理氛围。这样就产生了比多比少的问题,在他们进行商讨后,就决定让小鸡和小鸭分别排队等候,于是一个对一个,就可以将多少都比出来了。这样一来,学生就饶有兴趣地学习了用一一对应的方式比较两个数量的多少,同时也受到了美的熏陶。

策略二:化抽象为直观,促进学生理解数学知识。

【案例14】如"时、分,24 时计时"教学内容,学生在实际生活中积累有许多的感性生活感受,但学生却常常是"知其然",而难以道其"所以然"。在课堂中,我们就能够运用网络技术和多媒体的声音、图形、图像等功能,表现学生生活的实际状况。例如:掌握了 24 时计时法,就能够帮助学生牢记每一天时间的时针刚好走了两圈这一知识点。我们事先制作好了学生的几组生活图像,然后扫描在电脑上,再给每个图像配钟表,就能够看到时针、分针在不停地转动。在上课时,熟悉的图像、悠扬的音乐,使学生更真切地体会到一天的 24 小时中,时针在钟表上运动了两圈。愉悦的心情使学生思维活跃,兴趣更加浓厚,活动效果可想而知。

[案例评析]在计算机辅助教学条件下,教学信息的内容呈现方法是丰富多彩的,对呈现的丰富多彩的信息内容,学生必然会表现出强烈的好奇心理,而这种心理一旦转变为认知兴趣,也必然会表现出旺盛的求知欲。所以从这里可以发现利用多媒体进行教学,就能够非常成功地创设情境,充分调动学生的学习兴趣;并且由于多媒体形象具体,动静结合,声色兼备,恰当地加以应用,就可以化抽象为具体,进而充分地调动学生的所有感官形成协同效应,从而有效地突出重点,攻克课堂知识重难点。此时的教师已经不需要更多的言语,只需借助多媒体教学设备,就无声地传递了教学信息,将教学内容更加清晰、形象、生动地展示在学生面前。

策略三:化静为动,让学生体验知识的形成过程。

【案例15】"线段、射线、直线"的教学,我们应该先在屏幕上显示一组画面,引导学生辨别直线与线段;接着,由线段向右边像太阳光那样射出匀速拉伸的射线,让学生在看后明白射线是如何产生的。

多媒体教学课件还可以将复杂信息划分为单一的连续信号,便于学生对复杂信号的认识。

【案例 16】"圆的画法"的教学,可先让学生观察一条线段绕一个端点(定点)顺时针方向旋转,直到将另一端点扫出一个圆环,以便让学生更加熟悉圆环的制作流程。接着,将画圆的所有步骤分析并讲述给学生,使学生了解关于"画圆"过程的所有信息。

[案例评析]这样,学生将会牢固记住画圆的每一个步骤与技巧。利用多媒体教学课件还可以把看起来静态的、孤立的事件联结起来,以便让学生找到知识间的联系。由于学生的知识面比较狭窄,数学基础知识也很少,抽象思维知识比较薄弱,但利用信息技术可以很直观形象地将整个过程表现出来,从而能够给学生身临其境的感受,给学生掌握数学知识搭建了一个从形象思维到抽象思维之间的桥梁,从而有助于学生掌握知识点。

【案例 17】圆面积公式的推导。圆的面积计算公式,学生一开始无法理解。因为等分的份数越多,其所拼出来的图形就越接近长方形,所以学生无法理解化圆为方的原理。于是,我们用了多媒体课件演示,学生首先把一个圆 2 等分拼成了近似的长方形,并以闪烁表示;然后把圆分成 8 等份,16 等份,32 等份,并分别展开割补,使学生直观形象地发现等分的份数越多,拼出来的图形就越接近长方形。在此基础上,又让学生进行比较、总结,从而推出圆的面积计算公式也就水到渠成了。学生在了解基本知识点的过程中,也得到了美的熏陶,知识水平得到了增加。

[案例评析]利用多媒体教学课件动态展示,能有效展示实际操作流程,学生在自主参与中,通过观察、比较逐步掌握知识点的实质,并最终正确理解知识点,从而掌握基本知识。

【案例 18】"加法的初步认识"是低年级学生理解加法的重要基础。加法问题用语言表述很难表达得准确、全面,于是教师精心策划演示操作程序,把加法的具体含义渗透到演示的过程当中,并利用示范动作的条理性,说明了知识的形成过程。在实际教学上,将传统教学中的气球图形变为化静为动的活动场景图形,在屏幕上展现了两只气球合在一起的全过程。通过老师的启发,学生自己摆一摆小圆片,以表达加法的含义,也就是把不同概念综合在一起,然后进行加法计算。

[案例评析]利用教育数字化课堂,学生能够根据学校教育的内容和教学要求化静为动,将动静结合,真实而生动地展示出来,这样不仅可以激发学生对探索新知识的好奇心,同时也可以让学生学习到知识。

策略四:利用教育信息化教学,把学科知识还原于学生的生活实践。

【案例19】"千米的认识"课的教学难点是建立1千米的概念。1千米是多长,对于一个三年级的学生来说是相当抽象的。通过利用视频演示能够基本认识"千米",先让学生估算从学校门口到家的这一段路,会有多少米。在估算的基础上,利用视频演示能够让学生初步了解1千米以上的道路是相当遥远的,接着呈现学校的操场结构示意图,(课件演示)从沙坑到操场最前端有100米。思考并想象,几个这样的100米是1000米? 在100米长的路上来回走一次是多少米?(200米)来回走五次是多少米?(1000米)并通过(学校周围熟悉的场景)调查视频演示,学生可以直观地知道从学校门口开始到哪里会是1000多米。

[案例评析]从其中可以看到,利用计算机和多媒体可以提供动静融合的教学图像、生动活泼的课堂教学气氛,也可以把在课堂教学时说不清道不明的,靠挂图或板书而又无法理解清楚的知识,在形象生动的教学图片、声像同步的情境、悠扬悦耳的音乐,以及及时而恰当的课堂反馈中,逐步增强学生对1千米的认知。

三、小学数学课堂教学技能有效运用的案例示例

(一)课堂导入的有效性

1.谈话导入。

【案例20】"认识钟表"的教学。

师:在生活中,人们经常会听到这样的询问:现在几点了? 什么时间上班? 几点下课? 几点放学? 等等,说明在日常生活中掌握时

间概念非常关键。

接着播放录像:一轮红日从东边升起,伴画外音:"红日从东边升起,新的一天开始了。小红在清晨 6:30 起床,8:00 到校,在晚上 9:00 进入甜蜜的梦乡。"

学生甲正拉着大提琴,学生乙边看边说:"姐姐,你学习好,琴也拉得这么棒,有什么秘密吗?"学生甲:"其实很简单,秘密就在这儿!"手指时钟。

教师揭示课题:你们要做时间的主人吗? 让我们一起来了解时钟,并出示课题"认识钟表"。

[案例评析]这样的导入从生活实际出发,贴近生活,容易激发学生兴趣。

2.矛盾导入。

【案例 21】"最小公倍数"的教学。

老师让学生报数,并要求所报数为 2 的倍数或者 3 的倍数的学生分别站着。

师:你们发现了什么?

生:我发现有同学两次都站起来了。

教师请两次都站着的学生出列,并让其说出自己报的数:6,12,18,发现它既是 2 的倍数,又是 3 的倍数。

师:像这样的数还有 24,30,36,…

由此引出课题:公倍数。

让学生给出一些 2 和 3 的公倍数 6,12,18,24,30,…

师:请找一个最大的? 最小的是几?

生:找不出最大的,不可能有一个最大的,最小的是 6。

师:说得真好。2 和 3 的公倍数中 6 最小,我们称它是 2 和 3 的最小公倍数。

(接上面板书前填写"最小")因为 2 和 3 的公倍数很多,而且也不可能有个最大的公倍数,所以研究两个数的最大公倍数,一般都只研究最小公倍数。今天,我们将学习关于两个数的最小公倍数的知识。

[案例评析]通过小小的矛盾,激发学生的求知欲。

3.情境导入。

【案例22】"千克的认识"的教学。

师:请大家认真看图(教师动画播放大象和蚂蚁拉手腕比赛,比赛刚开始,蚂蚁就败下阵来,全班哈哈大笑)。

师:笑过之后应该有思考,这样的比赛公平吗?

生:不公平。

师:为什么?

生:它们的力量差别较大,一个属于重量级,一个属于轻量级。

师:你是怎么知道它们谁轻谁重的?

生:用眼睛看出来的。

师:你很会观察,还有吗?

生:可以用体重计测出它们的实际体重,比一比就知道了。

师:你的方法很特别。见过体重计吗?(教师借助学生已有的经验引出重量单位——千克)

[案例评析]借助视频情境,激发学生的学习兴趣。

4.激活旧知。

【案例23】"比例尺"的对比教学。

A教学:

师:同学们,什么才是比例尺呢?请看下面这张地图。这两座城市间的距离,其实是有500千米,但图上的距离却只有2厘米。

B教学:

师:同学们,看一下我们的课桌桌面是个怎样的形状。你们可以让它画到纸上还不走样吗?咱们来个竞赛吧,看谁画得又快又好,你们愿意吗?

生:愿意。

师:什么才叫不走样呢?

[案例评析]知识是有一定系统的,但它的形式不一定要十分严谨。教师尽可能地对书本内容做些加工处理,把知识和生活相结合,才能使数学教学的过程更有趣味性和挑战性。

5.操作引入。

【案例 24】"圆的认识"的对比教学。

A 教学：

师：请大家取出桌上的圆形纸片，将其对折，再次对折，再连续对折两次后，重新打开。你们看到了什么？

学生发现有很多折痕，并且折痕都经过一点。

师：用笔把这些折痕都画出来。量量看，这些线段的长度都相等吗？

学生发现都相等。

教师介绍这些折痕叫直径，并说出直径的特点。

B 教学：

师：大家都认识了圆。那你们还能想到办法画出个圆吗？

引导学生利用生活中的小东西，如硬币、墨水瓶盖、钢笔套等当作工具画圆，或利用圆规画圆。交流画圆的过程。

师：老师这里有这样两条线，用它可以画圆了吗？

用一根皮筋系上白粉笔，在黑板上画圆，故意让皮筋的线一会儿加长一会儿缩短。

发现问题后，学生提出建议长度要固定。再次尝试。

（换成没有松紧度的细线，长度不变。再画时，故意移动定点让学生发现问题）

教师先总结学生画圆的注意点，并在此基础上，再总结画圆的基本技巧，提出圆心、半径和直径的定义。

［案例评析］有效的学习，总是在实践经验的基础上完成的。教学的过程，也正是持续地激发学生探索的过程。只有在一定的自主空间里，在持续的对话与激活过程中，新知和旧知才能被持续地同化、调整及重构。

（二）课堂提问的有效性

1.情境提问。

【案例 25】"圆的认识"的教学。

教师提供"小狗和小熊推车比赛"图片，让学生猜一猜，谁的车使人感到比较舒服?

生1:当然是小狗的,因为它的手推车轮子是圆形的。

生2:小熊的推车的轮子都是方的,人坐上去就会觉得很颠簸,不舒服。

产生问题:为何所有车轮都是圆形的? 圆形到底具有什么特点?

[案例评析]通过问题,激发学生的探索欲望。

2.探索提问。

【案例26】"小数加法"的教学。

复习:笑笑在书店购买一套《中国儿童百科全书》,付了148元,手里还剩余53元。问笑笑原来带了多少钱?

淘气在图书馆购买了一本《童话故事》,花费了3.2元,他后来又购买了一本《数学世界》,花费了11.5元。淘气共花了多少钱?(教师列出算式:3.2+11.5=? 或 11.5+3.2=?)

试一试小数相加的算法。

(1)学生独立思考,自主探索。

(2)在独立思考的基础上,小组交流。

(3)看一看书本中,三个小朋友是怎么计算的。其中哪种算法和你的相同呢,哪个你没想到呢? 你还有不同的算法吗?

(4)小组讨论:书本中的三种算法,各有什么特征和共同之处? 在小数相加中,为什么智慧的老人特别强调"小数点一定要对齐"?

(5)与全班同学围绕"为什么小数点一定要对齐"交流讨论,经过归纳小结,学生逐渐明确了小数加法的基本算理。

师:当多位数相加,个位数字一定要对齐。这究竟是为什么呢? 因为在同一个数位(单位)上的全部数都可以相加;个位数字对齐后,所有的数位也就都对齐了。小数加法时,小数点一定要对齐也是这个道理。因为只要小数点对齐了,所有的相同数位也就都对齐了。但教材的前两类运算的共同特点都是化去了小数点,将小数加法变成了整数加法,而且"相同单位的数才能相加"的基本思想也并没有变化,那么,只要小数点都对齐了,小数加法的运算与多位数加法的运算就没有差异。

［案例评析］通过提问,学生明确小数加法的算理。

(三)课堂组织的有效性

1. 自主探究。

【案例27】"小数乘法的意义"的教学。

片段一:老师创造购物情境,引发学生提出疑问。

北山超市(出示情境图)。

师:在这个货架上,你们看到了哪些物品? 用数学的眼睛去看,你们能得出什么数学问题?

生1:每根棒棒糖0.20元,3根棒棒糖多少元?

生2:每袋饼干1.20元,买4袋饼干多少钱?

生3:每包方便面0.80元,买2包方便面多少元?

生4:每千克苹果3.00元,买1.5千克苹果多少元?

生5:每千克橘子4.00元,买2.5千克橘子多少元?

师:太棒了! 一点点时间,大家提出了这么多的问题。这些问题在平时的生活中经常会遇到,我们就把它们作为今天研究的问题,好不好?

生:(异口同声)好!

片段二:自主探索、建立数学模型。

生1:我研究的是第一个问题,算式是$0.2×3$,因为每根棒棒糖0.2元钱,3个棒棒糖就是3个0.2,这与整数乘法的意义相同,所以也可以用乘法计算。

师:$0.2×3$等于多少呢? 你们会计算吗?

生1:会,我用3个0.2相加,$0.2+0.2+0.2=0.6$(元)。

生2:我是这样想的,0.2元=2角,2角×3=6角=0.6元。

生3:我用的是画图的方式:一方格代表一元钱,平均分为10份,每份是0.1元,每根棒棒糖0.2元,就涂2份,3根就涂6份,也是0.6元。

生4:从他们的运算中,我发现了一个规律,就是可以直接用整数乘法运算,再看因数中有一位小数,积就有一位小数。

师:真厉害啊!你们居然有了如此多的好办法,真是让老师佩服,尤其是这个学生还找到了数学计算的基本规律,这对今后的计算学习也是非常有帮助的。

生5:我所选择的是买苹果的问题,每千克苹果3.00元钱,这就是单价,1.5千克就是数量,根据单价×数量=总价,列式就是3×1.5。

师:那么怎样算出它的得数呢?

生5:1千克苹果是3元,0.5千克就是1.5元,合起来就是4.5元。

生6:也可以用1.5+1.5+1.5=4.5(元)。

生7:先用3×15=45,然后看因数中有一个一位小数,所以积就有一位小数,为4.5元。

[案例评析]学生独立思考、探索研究并交流这些提出的问题。通过多个例子,总结规律。

2.创设矛盾。

【案例28】"平均数"的教学。

由于受到场地的限制,我们进行了一次拍球比赛。

老师:那我们就以这里为界,一分为二,这边一队,那边一队。1分钟后,一个学生就在黑板上写出了"胜利队",另一个学生写上了"凯旋队"。预备,开始!20秒后,老师喊停,然后统计——"凯旋队":30,"胜利队":29。下面我宣布,本次比赛的胜利者为"凯旋队"。"胜利队"服不服气?"胜利队":不服气!

师:为什么?

学生发现一个人并不能代表全队的水平,应该多派几人。

每队派3人再进行比赛,结果出现。

教师加入快输的那队,帮助他们,发现他们反败为胜。另一队提出反对。

发现问题:如果在数量不等的情况下,人们就用数量作为统计量来比较,显得很不公平。那么,在数量不等的情况下,人们究竟能不能比较出二人总体的拍球水平呢?(学生开始思考,相互交流)

（终于有学生说：人数不等时，用平均数比较）

生：平均数是指平均水平，用手拍球的数量除以拍球的人数。

［案例评析］通过矛盾激发学生的求知欲。

3.分组辩论。

【案例29】"认识二分之一"的教学。

"把一个圆分成两份，每一份一定是它的二分之一吗？"每个学生在通过思考之后都很踊跃地提出了自己的观点，有的支持，有的不支持，无形之中便形成了两大阵营。从正方、反方中分别推选两名代言人站在台前，一场唇枪舌剑即将开始。

辩论开始。正方的学生将圆片在中间对折，老师说："这一半不是二分之一吗？既然你们都承认，为什么不给老师画勾？"

反方的同学则将圆片随意撕了一小块下来，并说："这圆是不是两部分？"

正方："是。"

反方："这两半都是圆的二分之一吗？"

正方："不是。"

反方："既然不是，为什么你们还认定把一个圆分成两份，每一份都一定是二分之一呢？"好一个咄咄逼人的反问。

正方仍然不服气："我们怎么就得到二分之一呢？"

坐着的学生开始按捺不住了，举手发言。一个说："这个圆可以折成二分之一，也可以不折成二分之一。"真是一语中的。

另一个人却说："如果一个圆平均分成两份，每份是二分之一，但这里说分成两份，怎么分都行。"他在"分成两份"前面有意添加了语气。道理越辩越明白了，在经过几个回合后，大家就达成了一个共识：这句话原来错在了"一定"上，如果一定是二分之一的话，前面应该加上"平均"这个词。而这也正是我们对分数实质意义的正确认识。

［案例评析］数学是其他自然学科的皇后，良好的数学素养往往离不开学生深刻、严谨的思维。当然，这种严谨的思维习惯，并不是靠教师的严格逼出来的，而是要让学生在切身的体验中、在实践与解

决问题的行动中,慢慢地养成习惯。而教师最需要做的工作便是指导。

4.分组探究。

【案例30】"圆的周长"的教学。

课堂上,学生四人一组围桌而坐。桌面上摆放着水杯、可乐瓶、圆形纸片、刻度尺、绳子和剪刀。老师说:"公园有一个圆形花坛,为了保护花草,准备沿花坛围一圈篱笆,需要多长的篱笆呢?你们能帮助解决这个问题吗?请用手中的工具,小组合作探索周长的计算方法。"

A组说:"我们小组是利用滚动法,在圆形纸片起点做好标记,立起来放在刻度尺上滚动一圈,测出了它的长度。"

师问:"如果有一个很大的圆形水池,要求它的周长,能用你们小组的方法把水池立起来在刻度尺上滚动一圈吗?"

B组:"我们想出了一个好方法,用绳子在水池周围绕一圈,再量出绳子的长度,不就是水池的周长了吗?"

教师拿出了一根系着小球的细线绳,在空中旋转了一圈后,又继续旋转了一圈,然后教师问道:"小球走过的地方形成了一个圆,要想求这个圆的周长,还能用你们的方法吗?"

C组:"将这张圆形的纸对折三次,这样圆形的周长就被平均分成8段,我们测量出每条线段的长度是2厘米,8段就是16厘米,也就是圆的周长。"

师:你们可以用折纸的办法求出这个圆的周长,很了不起,可是用滚动的办法、绳缠的办法、折叠的办法求某些圆的周长,都有局限性。能不能找出一个求圆周长度的普遍方法啊?

学生提出了这样一个疑问:"是什么决定了圆周长的长短?圆的周长到底与什么有关系?"通过观察、计算、实验,学生终于发现圆的周长是它的直径的3倍多一点。规律出现时,学生都沉浸在胜利的喜悦中。

[案例评析]教师善于营造绚丽的思维场景,并且总是恰当地打破学生的思维平衡,使他们对原有的认知、体验发生影响,从而造成

相应的心态失衡,从而促使他们去探索、去探究,以寻找新的答案。这种循环往复,让学生的思维一步步深化,一步步逼近真理,一次比一次飞溅出更高的浪花。

(四)习题设计的有效性

1.设计趣味性作业,增强学习乐趣。

《义务教育数学课程标准(2022 年版)》提出,"从学生熟悉的生活情境和童话世界出发,选择学生身边感兴趣的事物,以激发学生学习的兴趣与动机……作业题型要做到"活"一点、"新"一点、"趣"一点、"奇"一点,并通过不同方式,把丰富的知识、兴趣和创造性思维结合在趣味之中,从而拓宽学生的视野,让生动有趣的作业任务取代了重复呆板的机械练习,并以此调动学生做作业的积极性,让学生产生自主的想法,从而自觉主动地去完成作业。

比如:当学到"数的整除"的单元时,教师运用这个单元的知识点设计了一个让学生猜猜教师的电话号码是什么的作业,(　)一位数中最大的偶数,(　)既是偶数又是质数,(　)2 和 3 的最小公倍数,(　)既不是质数也不是合数,(　)最大的一位数,(　)8 的最小倍数,(　)6 和 9 的最大公约数,(　)最小的质数和最小的合数的乘积。

猜出后,学生拨个电话给老师。学生就利用了这些条件,将猜出的号码打了上去,而接电话的人果然是自己的老师,学生也觉得十分好玩。将这样的作业寓于猜谜之中,好玩的猜谜游戏也吸引了学生,"引"起了学生学习的欲望,让学生"吃"得津津有味。

【案例 31】"三角形面积"的练习课。

A 练习:如果三角形的底是 3 米,高是 4 米,它的面积是多少?

B 练习:画一个面积为 6 的三角形。你能画出几种?

[案例评析]固定的材料,固定的方式,固化的结果,又何以形成个性化的课堂环境?让空间扩大,让课堂更开放,就需要我们更加重视各种课堂细节。只有当学生实实在在地有了"自主权"的时候,个性化教学才会有可能。

2.设计生活性作业,拓宽学习空间。

数学课程设计需要将触角伸入学生的实际生活,同时数学作业设计又可以与学生的生活紧密联系在一起,构成一个和谐的学习整体,所以教师在备课时要充分地掌握学生的生活实践,要寻找知识的生活原型,以便有助于学生了解生活中的数学。

【案例32】北京市某通信公司提供了这样两种通信业务,第一种使用"全球通"手机卡客户电话费计费标准为每月月租费50元,接听和打出每分钟需另付通话费均为0.46元;第二种使用"神州行"手机卡客户电话费计费标准为不收月租费,接听和打出每分钟通话费均为0.6元。根据这些资料,解决下列各题:(1)张叔叔每月日均通话时间为150分钟。他应该选择哪种手机卡通话收费较少?每天话费多少钱?(2)李叔叔每月平均通话时间是300分钟,他应该选择哪种手机卡电话费比较便宜?每月需电话费多少元?

与生活有关的作业资源还可以根据出租车、水费、电费、燃气费、电话费、购物的发票、银行存折(单)、电视节目时间表等情况进行调整生成。

[案例评析]这样的编写贴近学生生活,让学生体会到日常生活中到处有数学问题,让学生更愿意运用所学的数学知识解决实际问题。

3. 设计层次性作业,发展学习能力。

在作业的选择上,给学生提供了作业套餐,允许学生自由挑选,以降低统一性,并提高学生选择权。针对学生每天的学习情况,把作业按困难程度由浅入深分成A、B、C三个档次,思维能力、理解能力较强的学生可选用C,中等学生可选择B,次者则可选择A。

【案例33】当教学了"长方形、正方形的面积"以后,教师设计了这样的作业。

A组:(1)一个长方形操场的长是100米,宽是30米,它的周长和面积各是多少?(2)一个正方形的边长是4厘米,它的周长和面积各是多少?

B组:(1)一个长方形告示牌,高24米,长仅为高的一半,这告示牌的总面积是多少平方米?合几平方分米?(2)一个正方形花圃周长是80米,它的总面积是多少平方厘米?

C组:(1)如果一个正方形的周长与一个长方形的周长相等,已知长方形的边长是 8 米,宽是 4 米,那么你可以得出正方形的总面积吗? (2)如果从一张长 10 厘米,宽 8 厘米的长方形纸片上,剪下一张面积最大的正方形,所剩纸片的面积是多少平方厘米?

[案例评析]根据不同阶段的学生,设定了模仿练习、变式练习、发展练习等三类,利用这种设计方法能够避免习题的枯燥乏味,从而调动学生做作业的积极性,并充分体现"人人学习有价值的数学,人人都能获得必需的数学,不同的人在数学上有不同的发展"。

4. 设计开放性作业,激发创新意识。

【案例 34】当讲完了"长方形、正方形的面积"后,有教师布置了这样的作业:要给教室里两扇向阳的窗户做窗帘,每扇窗户高 2 米,宽 1 米,至少需要买多少平方米布? 在作业交流时,学生很快解答如下:$2 \times 1 \times 2 = 4$(平方米)。这时一个学生提出疑问:这样买布太少,会遮不住太阳,应多买些。自由议论后,有一部分学生认为:为了便于拉开(透光)和关闭(遮光),还需要把窗帘做成两幅,每两幅中间都需要重叠一定的长度;而另外的学生则认为:如果在市场上卖出的布匹长短与窗户宽度不相等,还需要根据布幅的长短和窗户的高度进行计算,才能确定应买布匹的长度。有的学生还提出:品质好的布应当尽可能精细一些,而品质差一点的就要适度宽松一点,这样也充分考虑了使用者的经济状况。

[案例评析]若教师可以有意识地设计几个学生最感兴趣、与他们的学习、生活相关的练习给学生,让他们从多角度、全方位、多渠道地解题,那无疑就可以调动学生探究成功原因的潜在力量,也发展了他们的数学思维与创造力。

(五)课堂板书的有效性

1. 列表式。

【案例 35】"角的分类"的教学(板书如表 4-4)。

表 4-4

名称	锐角	直角	钝角	平角	周角
特征	小于90°	等于90°	大于90°,小于180°	等于180°	等于360°
图形					
关系	锐角＜直角＜钝角＜平角＜周角				

[案例评析]列表式板书可以对易混概念进行比较,区别异同。

2. 提纲式。

【案例36】"小数乘法"的整理与复习。

方法 { 1:算(按整数计算方法计算出积)
2:数(两个因数一共有几位小数)
3:点(从积右边起数出几位点上小数点)

注意:在最后的零点上小数点时,要将最后的零省略掉。

同级运算 { 无括号:从左到右依次计算
有括号 { 1:先算括号里的
2:再算括号外的

[案例评析]提纲式板书可以提纲挈领地整理学习内容,层次分明。

3. 线索式。

【案例37】"解决问题"的教学。

解决问题

分析:

问题:至少需要多少元? ①超出2千米的路程?
20−2＝18(千米)

起步价＋超出2千米的费用? ②超出2千米的费用?
5元 1.2×18＝21.6(元)

超过2千米的单价×超过2千米的路程? ③至少要多少元?
1.2元 21.6＋5＝26.6(元)

总路程−2千米
20千米 答:至少需要26.6元。

［案例评析］线索式板书使得教学内容一目了然，有比较强的逻辑性。

4.图示式。

【**案例38**】"比多少"的教学。

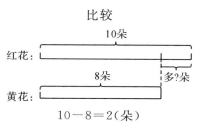

比较

$$10-8=2（朵）$$

答:红花比黄花多 2 朵。

［案例评析］图示式板书更直观地帮助学生理解题意。

5.流程图。

【**案例39**】"秒的认识"的教学。

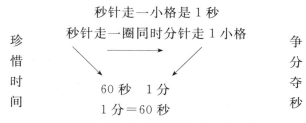

［案例评析］流程图更直观地帮助学生理解题意。

(六)现代教育技术使用的有效性

现代教育技术使用的有效性案例如下有以下几种。

1.形象化。

【**案例40**】"分数的基本性质"的教学。

一上课教师就说:"同学们,今天我给大家讲一个故事。"一边说一边简单地操作鼠标,与计算机连接的电视机显示器上出现了画面,学生一下子被屏幕上的有趣画面吸引了。随着荧屏的演示,教师继续讲故事:猴山上的小猴子最喜欢吃猴王做的那些又香又甜的大饼。一天猴王做的大饼刚出炉,它的三个孩子吵着说:"我要吃饼,我要吃饼。"于是猴王把三块大饼分给三只小猴子吃,它先把第一块饼平均切成四小块分给老大一块,老二嫌少吵着说:"一块太少了,我要两块。"猴王又将第二块大饼平均切割成八块送给老二两块;老三更贪了闹着叫:"两块太少了,我要三块。"于是猴王便把第三块饼平均分成十二块交付给了老三三块。小朋友,你们知道哪只猴子得到的饼多呢?

[案例评析]有趣的故事情节和生动的动态图像,把抽象的教学知识概念形象化,引起了学习者极大的学习兴趣。

【案例 41】"相遇问题"。

通过软件的演示帮助教学,并提供情境,以帮助学习者更加深刻地了解问题中数量之间的关系。教师可以很简单地通过鼠标,在屏幕上先展示出一条铁轨,上边的一列火车便从左向右前进,过一会儿后,另一列火车便从右向左驶过来,两列火车便笔直地在火车铁轨上行驶时所产生的巨大噪声中相对开出,直到最后相会。这时画面上会出现"甲乙两列火车同时在两地相对前进,然后甲车每小时行驶 75 千米,乙车每小时行驶 69 千米。甲车开出后一小时乙车才开出,再过两小时两车相会。两地之间的铁轨长多少千米呢?"的字幕,然后教师再操作键盘,画面上就出现了线段图,并在线段图上分别标出了每小时火车所行的总里程。

[案例评析]学生可以从火车形象运行的动作展示和简单的线段图中理解,因为它比教师的所有讲解方式都富有说服力。

2.动态化。

【案例 42】"圆柱的认识"的教学。

利用软件说明,就能使学生清楚了解圆柱的产生步骤以及侧面积的计算:1. 由教师先使用键盘,在画面上产生出两个圆柱的实物图;再使用鼠标,把圆柱形的实体图背景内容全部去掉,剩下闪烁的柱状立体图,就能够由柱状实体图抽象出柱状的立体图,进而初步认识了圆柱形;2. 学生操作鼠标时,在画面中产生出一个长方形,然后将这个长方形绕着它的一条边旋转了一周,动态演示了圆柱体的形成过程,可以帮助学生认识圆柱的形成过程和圆柱的底和高;3.操作鼠标,圆柱的底面随着闪烁缓缓地从上往下移动,学生知道圆柱不但两个底面的大小一样,而且从上到下的粗细一样,也就是说所有纵向截面的大小都一样;4.当学生初步掌握了圆柱的特征之后,教师引导学生探究:从圆柱的侧面展开,会是什么图形? 教师让学生参与讨论思考,各抒己见,大胆思维;有的学生觉得将圆柱侧面展开是个长方形,有的学生觉得是平行四边形,有的学生则觉得是正方形。但到底哪个答案最准确呢? 教师也没有急于说明,只是使用鼠标,并让学生观察了屏幕上的演示结果:将圆柱的另一边竖着剪开,打开后就得到了一个正方形;5.学生提出了问题:假如从侧面斜着剪,又怎么得到了一个图形? 斜着剪得出了一种什么样的图形啊。6.思考:这个长方形(或平行四边形)的长(底)和宽(高)与圆柱的什么有关呢? 在什么情况下,展开的圆柱体的侧面是个正方形? 这时,就可以计算柱子的侧面积,利用计算机的形象表现、教师所指出的问题,通过学生自身的实际操作过程和所观察的实践过程,就能够有条理地说明圆柱侧面面积怎样推导得到。

[案例评析]通过动态演示,学生认真地动眼、动手、动脑、动嘴,他们不仅理解了知识之间的来龙去脉,而且发散了思维。

【案例 43】"时、分的认识"的教学。

让学生每人准备好一个钟表学具,并通过自己拨时,了解 1 时＝60 分钟、1 分＝60 秒,从而初步形成时间观念。

[案例评析]通过运用学具,学生可以更直观地理解概念的意义。

3.趣味性。

【案例 44】"几加几"的教学。

教师提供了这样的视频:两个拟人化的小方块在欢乐的音乐声中手拉手蹦蹦跳跳地出现在画面上,并在原地跳跃、翻滚,接着音乐停止,响起"嗨哟,嗨哟"的声音,小猴子推来一个小方块,这个小方块跟小猴子说了声"再见",与原来的两个小方块手拉手开始跳跃、滚动,并且在小方块的动态分布上逐步出现算式 2＋1＝(3)。用这个课程时,教师引导他们把动画技术和音乐与计算方法结合起来,比如说到的数量关系,由于色彩鲜艳,用小方块模拟的人类动作跳跃、翻滚等,再配上音乐,他们就仿佛看到了一个动画片,注意力很快被吸引。

〔案例评析〕利用动画效果激发学生的学习积极性,大大提高了课程的教学效果。

【案例 45】"角的认识"的教学。

利用多媒体辅助教学,来展示角的基本构成。首先介绍点,然后引出两条射线,学生很容易掌握"从一点引出两条射线所组成的图形叫作角"的概念。比较角的大小,先出示两个角,接着再用动画方法把角的顶点和一边重合,通过演示比大小的方法,学生能够十分直观地了解哪个角大,哪个角小。而在讲角的大小和两边的长短无关后,计算机就会首先表示中间一点,接着再动态演示两边的无限延长,学生会发现角的大小始终没有改变,角的大小与角的两边的长短无关。

〔案例评析〕通过动画演示,学生可以形象、直观又深刻地理解知识点。

第五章　小学数学教学错题有效对策的理论和实践研究

一、小学数学教学错题有效对策的理论

(一)小学数学教学错题有效对策的重要性

在数学课程上,学生很容易出现错题,这大多是因为问题不符合数学题目的严谨性、合理性和叙述性等基本科学条件,也因为问题含义不明确、条件不充分、解决方法不正确等。产生的原因,主要是由命题者在命题中,百密一疏(或思考不严密或思路单一)所造成的。变"错"为"宝",将其发展作为一种重要的教学资源,并挖掘其潜在的教学意义,从而引起社会关注。

(二)小学数学教学错题有效对策的必要性

学生在练习、作业和考试中的错误是难免的也是经常发生的,但教师对学生错题处理不当是影响当前小学数学教学效益的一个因素。主要体现为对问题没有科学合理的归因研究与对策。对于错题的订正,学生觉得头痛,教师批改作业也是任务繁重。有时,一个学生的作业订正次数可以高达七八次;有时,一叠作业好不容易全部批改结束,学生也好不容易订正完错题,可是一上完课,又一叠作业交上来时,学生又有了全新的问题,错了就再订正。订正、批改错题就成了教师的机械劳动。

同时也发现,在同一学科,由于同班同学不同的错误,历届学生

的问题在下一届学生中仍然再现。很多错题,教师都反复讲解了好几遍,学生也认真订正了好几遍,最后似乎过关了,可是不少学生在复习中出现的错误总会在后面的过程中不断反复,于是这些错题也就变成了教师眼中的"痛苦题"。

此时教师就会把问题归结到学生身上,上课不认真听讲、理解能力差、记忆力不好等。其实,每一个典型错题背后都蕴藏着深层次的问题,可能习题讲解的方法并不准确,或是课本中的一些必要条件并没有详细说明,也可能是学生之前或与之有关的起点能力知识都没有掌握等等原因,但很多时候人们都将题目中出错的原因,归结为自己很粗心。把错因笼统地归结为"粗心",不作具体分析,其结果只会"粗心"照旧,也因此出错问题不断,掩盖了真正的问题。于是,对出错原因进行分析也就显得尤为重要,特别是研究可以分析出学生在发现解题错误时的思想状况。错题的分析,有助于教师了解学生的数学学习情况,了解学生的思维方式等。把学生的错题作为学生智力正常发育的重要教育资源,教师机智、灵活地引导学生,从正反不同角度去修正错误,从而提升学生思维的敏感度和创造性,进一步发展学生思辨思维和逻辑性,也是教师高效课堂教学的有效途径。

小学数学教学错题采取低效处理的典型案例剖析如下:

误区一:重视课后订正,错失纠错良机。

1.归因分析。

"课堂上的错误是教学的巨大财富。"但是,许多教师也都有一种共性,即注重课后错例,而忽略了课堂上产生问题的根源。我们现在所知道的教育问题,基本是课后学生的练习中暴露出来的。虽然亡羊补牢,为时已晚,但也导致我们在课堂上走了一些弯路,耗费了更多的时间和精力。

2.对策探寻。

捕捉课前、课中的错例。对教学中错例的捕捉,常常是因人而异、因时而异、因境而异,不可一概而论;不过,我们可以运用"大处着手,小处着眼"的总体思路,从两个方面出发去预设和捕捉教学案例。

一般有两种方式:一是在自己或他人积累的错题资源中提取出

来,把错误提前,增强新知易错问题的辨析环节;二是重视第二课时教学和练习课教学设计。我们可以将一些课后出现的错题,经过合理设计,设计出以错题为中心的练习课,也可以适当开展把课堂还给学生的方式,将选择出的作业放在课堂上请同学集体批改,如果是错题还可以给出错同学辩解或者是修正自己观念的机会等。

(1)预先打造错误,以"错误"为起点,深挖知识内涵。

教师可以仔细钻研课堂,根据学生出现错误的规律,通过课堂经验,可以预知学生掌握某个知识点会出现什么错误。在课堂当中主动出现错误问题,使他们通过认错、辨误,深入掌握知识点,既解决了可能出现的问题,防患于未然,将问题消除在萌芽阶段,也培养了他们分析与解决问题的能力。

(2)捕捉生成的错误,以错误产生为契机,扩大知识容量。

课堂教学过程是生动的、变化发展的,教师与学生、学生与学生交流互动的过程中,随时随地都可能产生错误的资源。叶澜教授曾指出:"学生在课堂活动中的状态,包括他们的学习兴趣、注意力、合作能力、发表的意见和观点、提出的问题与争论乃至错误回答等,都是教学过程中的生成性资源。"作为教师,他们应该正确把握这些生成性的错误,并珍视这些宝贵的课堂动态资料,以增加知识容量。真正的课堂教学将随着错误、发现、探索、提高进行良性循环,而充满活力。一旦一些关键性的、有普遍意义的错误资源,被教师有效把握并经过练习后,就产生了对全班同学有用的教学材料,再通过对学生进行正确而合理的思想引导,往往会达到始料未及的教学效果。所以,我们更应重视教育教学上的思维问题,要引导学生暴露思维的过程,以找到学生错误的根源,同时在错题的障碍中引导学生进行合理的反省,这样就能避免更多的错误问题产生。

误区二:错题归因浅尝辄止,忽视本质原因。

1.归因分析。

当剖析学生练习错误的成因时,不少教师都会说出一句"学习习惯不好""粗心大意"。这就好像是一个普通问题,每道错题都可以用。但是通过上述"习惯不好"和"粗心大意"的表面,可以深入探讨,错误究竟是由什么习惯所造成的,是写字的习惯,还是审题的习惯?是因为学习兴趣淡漠等非智力因素造成的心理型错误,还是因为认识不深入、记忆不准确、思维能力差、睡眠不良等因素造成的生理特征错误? 在剖析问题产生的根源时,我们却总是浅尝辄止,缺乏调查研究,深入反思,而不能把握问题所产生的根本原因。

2.对策探寻。

对于学生出现的错题深入浅出地应对。美国教育心理学家杰罗姆·布鲁纳(Jerome Seymour Bruner)说:"学生的错误都是有价值的。"作为教师应该宽容学生出错,理性地看待学生的"错误",对于学生出现错题的原因分析,必须要有一定的深度,如果浅尝辄止,只会导致"理解表面跑,感悟走过场"。只有充分发挥自己的教育理念与课堂机制,剖析透彻,把握问题所在,重新建构知识,我们的处理对策才能更有针对性。错题也会因此变"废"为"宝",这也应该是一位教师在教学实践中所需要达到的一种境界。

误区三:错题归因抓不住关键,如隔靴搔痒,错题练习千篇一律。

1.归因分析。

学生反复订正反复错,究其原因,在于"教师讲评——学生订正"的错题订正模式缺乏学生对自己错题的细致总结与反思,缺乏教师自身的反思,没有找到真正的原因,所以才会出现"低水平的反复"。还有一个重要的原因就是缺乏归类分析及系统的试错训练。很多时候我们嫌麻烦,教师想快速完成批改作业的任务,学生草草地应付了事,更谈不上收集错误、分析错因。也有的以"错一做十"来惩罚学生,这些都只是就错题论错题,忽视归类整理。再加上教师不够重视错例的反思、归纳和整理,学生缺乏找错、记错、议错、辩错和改错的主动性和能力,最终导致学生一错再错的现象远远多于不会做而错的现象。

2.对策探寻。

错误是学生学习过程中出现的正常现象,它暴露了学生学习上的盲点,同时,因为学生的认知过程并不是一条平缓延伸、波澜不惊的直线,而是一个不断犯错、不断修正的过程,作为教师要想方设法,整理错题,总结经验。

(1)启用错题归因本,建立错误小档案。

在学习过程中,面对作业中出现的五花八门的错题,这就需要对各类型的错题进行归类,提炼出常错题和易错题,归类出典型错误,并从错误类型的特点出发,提炼出针对某类错误的解题策略。一本好的错题本如同一个探雷器,通过归类分析,学生检查出自己在知识中存在的漏洞,分析出自己学习中的盲点,用最短的时间去扫清问题。在教学中可以开展错题本漂流活动,每个学生建立自己的"错误小档案"后,除了自己复习使用,还可以在小组中互相漂流。活动中,大家学习了别人的错题分析方法和错题出现的原因,吸取了其他同学的经验教训。各显神通的记录,会心的交流无疑提高了学生的学习兴趣。

(2)运用纠错强化策略,旁征博引、循序渐进。

纠错其实是一种再学习的过程,纠错强化活动可以让知识经过这样多次的"反纠"和"回炉",学生通过正误对照,逐步加深了对知识的理解,往往消化得更好,提炼得更精。一方面,要让学生学会自主管理;另一方面,教师也要收集整理同一知识点相关的错例,并对错题提出系列强化方式,如"诱错"训练、"识错"训练、"纠错"训练、"避错"训练等,通过"解一题,带一串,通一类"减少错误现象。

误区四:错题归因主次颠倒。

1.归因分析。

重视学生归因,忽视教师自身反思的现象比比皆是。一旦出现错题就经常责怪学生粗心,上课不认真听,很少去反思自己教学预设、教学展开的不足,这是数学教学中经常出现的现象。让学生自己找错误,订正作业时划出错在哪个地方,并写出错误的原因时,我们常可以看到学生的反思结果:"粗心""理解错了""不认真""我也不知道"……学生反思固然重要,但在此之前,应该先是教师自身的反思。在学生的学习过程中,学生时时会出现这样那样的算错、抄错、遗漏、混淆、思路偏差等差错。但我们不能把所有的过错都归结在学生身上,我们需要反思自己在研读教材、教学设计上的不足,找准学生学习起点上的自身因素,反思自己教学的得与失。

2.对策探寻。

学生的生活和知识经验必须正视,因为经验无论是正确的、错误的,它往往都是根深蒂固的,想强制性地加以取代,必然会影响学生主体性和创造性的发挥,应当允许学生在学习过程中逐步加深认识。这就要求数学教学要充分考虑学生的身心特点,在学生已有的知识和经验的基础上,挖掘学生身边的教学资源,切实发挥教材的作用,将学生已有的生活经验事例融入数学,体现数学的价值,从而产生学习的需要,主动高效地学习。"人无完人",学生反思是为了"学会学习",教师反思是为了"学会教育",我们在教育教学工作中,只有"实践—反思—再实践—再反思",使自己不断地成熟,才能成为一名优秀的教师。

错题能折射出学生在知识、方法、技能等方面的不足,亦能折射出教师在教育中存在的问题,它是一种可利用的教学资源。对待错误的态度,亦能透射出教师教育的理念、智慧。美国教育家杜威指出:"真正思考的人从自己的错误中吸取知识比从自己成就中吸取的知识更多,错误与探索相联姻、相交合,才能孕育出真理。"我们若能够以积极的心态去帮助学生找出错题,分析出错原因,有针对性地解决错题所反映的问题,合理地开发错题资源,对学生改进学习方法和提高做题技能大有裨益,这无疑是打开了高效教学的另一扇窗。

错题是备课的重要资源,错题的类型不同其运用方式也不同,要在备课时加以调整。如果是学生理解题意出错,可以采用辨析的方式出现,也可以作为教师编写课后作业的资源。

设计的补救性练习其实是补救性措施中的一部分,是针对错题进行补救性教学、讲解后的练习。补救性练习一般有三类:首先针对错题理解环节的知识的概念、原理的理解与分析,属于专项练习;其次是对比练习,针对易错题与其相似却不同,或者表达方式不同,核心一致的练习;最后是综合或变式练习,是为促进知识在新情境的运用,知识向技能转化的必要步骤。

二、小学数学教学错题有效处理的策略

(一)计算的策略

1. 一般计算的错题出现。

(1)加强概念理解。

计算知识是建立在数学概念的理解基础之上的,如学生对"数位""进一位""退一位""满十进一""借一当十"等一系列相关概念的理解不清晰,就不能根据计算法则、定律、公式、性质等知识正确地进行计算。

错题 1:$3700 \div 200 = 18 \cdots\cdots 1$。

这题中,学生计算竖式"$3700 \div 200$"时,被除数和除数同时缩小到原来的 $\frac{1}{100}$,余数也跟着缩小到原来的 $\frac{1}{100}$,因为余数"1"是在百位上余下来的,表示 1 个 100。这道题反映出学生的计数单位概念不清晰,当应用商不变性质进行竖式计算时,缺乏对余数的意义的真正理解。

(2)重视算理掌握。

算理是计算的道理,是计算的依据。算理掌握了,也就解决了"为什么这样算"的问题。教学中教师要帮助学生弄清算理,使学生不仅知其然而且知其所以然,否则,出现错误的可能性就大得多。

(3)加强口算练习。

口算,又称心算,是指不借助工具,直接通过大脑思维想出结果的一种计算方法。口算在计算能力培养上具有重要地位。我们认为,口算是笔算的基础,笔算依靠口算,口算在日常生活中有广泛的应用。学生如果对口算不熟,就会直接导致整道题的计算错误。

错题 2:$64 - 49 = 25$。在口算退位减法中,学生很容易把十位直接相减,而未考虑到个位够不够减的情况。

错题 3:$24 \times 5 = 100$。

学生计算这道题时,与常用的口算数据"$25 \times 4 = 100$"混淆,把"24×5"当成"25×4"来口算了。

错题4： $384-298$
　　　　 $=384-300-2$
　　　　 $=84-2$
　　　　 $=82$

错题5： $125×8÷125×8$
　　　　 $=1000÷1000$
　　　　 $=1$

错题4中,学生根据数据特征,想灵活运用运算定律或性质自觉进行简便计算,可对于"多减了要加回去"的口算方法不熟练,又继续"减2",自然会造成计算错误。

(4)重视读题指导。

算式由数据与运算符号组成,因为无情节,外显形式枯燥,所以难以引起学生的兴趣与注意。学生面对算式时往往不够认真、精细,粗略一看,便下手计算。尤其不少学生带着情感色彩看试题,当学习了"凑0"或"凑整"的简便计算后,这些方法会对学生的感知产生强刺激,使学生忽略运算的顺序、计算的法则,导致计算错误。

(5)培养解题耐力和意志力。

学生在遇到试题数据较大、较为陌生或过于繁杂时,缺乏耐心和坚强意志,内心烦躁,想很快完成计算,便不考虑选择合理的算法,导致错误率增高。如"$25.8×0.46+2.58×5.4$",如果学生不细心审题,综合运用相关知识,选择简便的方法,化繁为简,而只是按运算顺序去计算,肯定会因为复杂难算而出现大面积的错误。

错题6： $25.8×0.46+2.58×5.4$
　　　　 $=25.8×0.46+25.8×0.54$
　　　　 $=25.8×(0.46+0.54)$
　　　　 $=25.8×1$
　　　　 $=25.8$

错题6中,学生先运用"积的变化规律",把"$2.58×5.4$"转化为"$25.8×0.54$"或把"$25.8×0.46$"转化为"$2.58×4.6$",再运用乘法分配律。

(6)培养注意力。

有的学生容易对计算这种单调乏味的学习产生疲劳,无法集中注意力,尤其是在同一时间内要把注意力分配到多个对象时,极易造成顾此失彼、丢三落四的现象。

错题 7：$120-14×5+46=120-70=50+46=96$。

如错题 7，学生注意到"$14×5=70$"，却忘了把"46"抄下来，出现了错误。学生的注意力转移能力较迟缓，不能适应新的变化。

(7)培养发散思维。

定势思维既有积极影响又有消极影响，积极影响能促进知识正迁移，消极影响则干扰新知识的学习。学生在计算时，常常会受固有的思维模式、原有的计算法则干扰，从而影响新的计算方法的掌握。如刚学习小数加减法时，会受整数加减法思维定式影响而导致计算失误。

2.简便计算中错题的出现。

数学中，研究数的运算时，在给出运算的定义之后，最主要的基础工作就是研究该运算的性质，一般称为"运算定律"。在各种运算定律中，最基本的是加法交换律、加法结合律、乘法交换律、乘法结合律、乘法分配律五种。将学生在简便运算作业中出现的错误收集起来，主要有以下几方面：

(1)辨析乘法结合律和乘法分配律。

$$36×8×64×8$$
$$=8×(36+64)$$
$$=800$$

由于乘法结合律与乘法分配律在表现形式上十分相近，致使一些学生造成知觉上的错误。学生在进行简便运算过程中看到小括号，要么把乘法结合律做成分配律，要么把分配律做成结合律，完全不理会它们的实质含义。

(2)重视特殊数字的使用。

$$125×109×8 \qquad\qquad 25×4÷25×4=1$$
$$=125×(100+9)×8$$
$$=125×100+125×9×8$$
$$=21\ 500$$

这种错误的发生，主要受乘法分配律的影响，其次是受乘整百、整千数的简便计算方法的影响。学生做题时没有先分析运算结构，只是看到 109 可以拆开来计算比较简便,于是便错误使用乘法分配律。

对于 99×15 这种题型,学生脑海中想着要把 99 化成整百数,可是具体实施起来,对于算式的理解就不清了,算式是 99 个 15 相乘,如果 100 个 15 相乘则应减去 1 个 15。

(二)图形与几何的策略

小学数学教学中,几何图形往往是学生学习的难点。从错题的收集和分析中,我们发现学生的错误主要集中在知识性错误、方法性错误、其他类属等不明错误,其原因与感知、思维、空间想象、记忆诸因素有关,据此提出提高课堂教学效率、重视首因效应等对策,以减少学生几何图形学习的困难。

1. 在概念和特征的教学中丰富学生的体验,构建清晰准确的表象。

在小学,第一学段最容易混淆的概念是面积和周长;第二学段内容更为丰富,图形与几何的学习更为密集,对空间想象力的要求更高,学生学习起来会更加困难。因而,培养学生良好的空间意识对于进一步解决问题是极其重要的,而几何概念和图形特征的教学就是重中之重了,观察、抽象和体验是学生构建清晰表象、形成准确的空间概念必不可少的途径。

(1)观察和抽象。

教学中,要在学生已有的生活经验和认知能力的基础上,为学生提供充足的实物图形,引导学生仔细观察,在观察的过程中发现物体的共性,进行抽象,形成正确的图式。

(2)体验。

心理学研究证实,多种感官的协同活动有利于记忆几何形体的概念和特征的教学。课堂上,教师应该创设更多的综合体验活动,刺激学生的多种感官,让学生通过看一看、摸一摸、转一转、说一说、折一折等方式从不同角度形成清晰的表象,构建空间观念。当然,在实物操作的过程中再辅之以多媒体的三维、动态画面,体验就更丰富了。这些对于立体图形而言更有必要,例如长方体、正方体的特征,圆柱、圆锥的特征等。

（3）比较和变式。

在解决图形与几何问题时,概念、特征相互混淆是常见的错误。例如:长方形周长和面积的混淆、高和斜线的混淆、正方体体积和表面积的混淆。教学中要适时引导学生进行比较,通过比较科学地辨别概念和图形之间的共同点,分析它们之间的不同点。变式是通过变更对象的非本质特征的表现形式,变更人们观察事物的角度或方法,以突出对象的本质特征,突出那些隐蔽的本质要素,让学生在变式中思考,从而掌握事物的本质和规律。最为典型的是三角形高的教学。学生往往误认为直角三角形和钝角三角形的高只有一条。教学中应展示不同三角形的三条高的画法,让学生清楚地认识到"高是角的顶点到对边垂线的距离"这一本质属性,既可以防止学生误认为直角三角形和钝角三角形的高只有一条,又让学生能够准确地判断和找到三种三角形的所有高。

2.在转化的数学思想中培养学生逻辑推理能力。

数学是一门逻辑性强的学科,学生在解决几何形体的问题中出现错误,很大程度的原因在于学生缺乏一定的逻辑推理能力。而这种逻辑推理能力的缺失就在于新课教学的过程中学生对概念公式的来龙去脉不清晰。教师要帮助学生形成一定的逻辑推理能力,重视数学思想的渗透,尤其要让学生对图形面积、体积公式的由来了如指掌,而不是生搬硬套、机械记忆。

把求解的问题转化为在已有知识范围内可以解决的问题是数学解题中基本的思想方法之一,即转化的数学思想方法,也是常用的一种数学思想方法。在几何图形面积或体积的教学过程中,教师要善于渗透转化的思想,引导学生根据图形的共性将未知图形转化成已知图形,把当前的数学问题合理地转化成另一种熟知的数学问题。

例如:圆柱侧面积的计算对于学生来说是一个难点,在解决问题中错误频频。其原因在于学生受空间能力的局限,难以想象侧面展开成长方形以及长方形的长就是圆柱的底面周长,而宽则是圆柱的高。在圆锥的体积计算中,学生总是忘记乘三分之一。这都是因学生对两个图形面积或体积的转化过程印象不深刻所致。

就此,在教学中,教师可以引导学生思考:两个图形面积或体积之间有何联系,其他相关部分又有何变化,让学生在拆、割、拼、剪、倒、旋转等过程中进行观察、思考,厘清逻辑关系,并能够准确地进行语言表述。

3. 在几何图形的联系与比较中构建完善的知识结构。

学生在解决"图形与几何"时出现错误的一个常见原因是记忆模糊,不能准确唤醒头脑中已有的经验。研究发现,这与学生头脑中的知识结构密切相关。这些学生头脑中的知识都是零碎的,没有形成较为完善的知识体系,缺乏联想的机制,导致重现困难或重现错误。数学的系统性意味着知识之间的承前启后和纵横相连。

在图形与几何这个体系中,建立知识网络,将零碎的知识点按照一定的逻辑关系连成线、构成面、形成体,对于学生理解知识之间的前后联系,对于学生现行知识的合理表征,对于学生未来的知识迁移都是极其重要的。

认知建构理论认为,学生能否有效地建构认知结构,在很大程度上取决于学生是否具备相对完整的数学知识结构。也就是说,合理的知识结构可以简化知识,可以产生新知识,有利于知识的迁移,是形成良好的数学认知结构的前提和保证。

因而,在教学过程中,要重视对知识的梳理和整理,让学生对已有知识的联系和差异进行分析,利用图、表等形式连成一个集合或网络图或树状图。

发挥这些图在学生构建知识体系中的作用,便于联系、比较、理解、巩固、记忆、再现,帮助学生形成系统的知识,使问题能够迎刃而解。

4. 在题组的练习中辨析和区分。

练习是课堂教学的重要环节,也是学生掌握知识、巩固知识必不可少的重要手段。系统论研究告诉我们:系统的功能不等于诸元素功能之和。因此,练习不在于"多",而在于"巧"。在图形与几何知识的教学中,将几个具有内在联系或外在影响的题目设计成题组集中练习,不仅有利于学生在原有的认知基础上进行新知建构,而且有利于学生在比较中探究新知、巩固新知、辨析和区分新旧知识对系列问题的解决,更能促进思维的深刻性和灵活性。

(三)统计与概率的策略

1.经历实验的过程。

在学习概率的过程中,让学生体会实验的过程,可以更好地感受到概率的大小。比如,袋子里有 5 个红球和 2 个黄球,摸出什么颜色的球的可能性大? 可能摸出白球吗? 通过摸球实验,统计数据得出结论:摸出红球的可能性大,不可能摸出白球。

2.区分不同形式的统计图。

小学阶段,常见的统计图有条形统计图、折线统计图和扇形统计图。三种统计图的绘制方法不同,意义也不同。条形统计图借助条形的高度来表示数据的多少,折线统计图通过折线的变化来表示数据变化的趋势,扇形统计图用扇形的角度大小来表示部分占整体的比重。

(四)解决问题的策略

1.细心审题。

错例:小英有 21 本小人书,借给小方 8 本,还剩几本? 算式:12－8＝4(本)。

分析:列式错了,错在看错了数字,即把"21"看成了"12"。造成这种错误的原因是学生注意力不集中,容易抄错数字。要改变这种状况,加强视算训练是一个良好的办法。

2.重视语言表达。

错例:树上有 6 只小鸟,又飞来了 5 只,树上一共有(　　　)只鸟? 算式:11＋5＝6(只)。

分析:算式错了。乍看似乎错得没有道理,但细究其错因,是因为先口算出了答案,所以算式就写成了 11＋5＝6(只)。

3.培养良好的做题习惯。

错例:一根绳子长 18 米,另一根长 8 米,两根共多长? 算式:18＋8＝26(长)。

分析:单位名称错了。一是受大量口算题的影响,学生刚开始"解决问题"时,还不习惯写单位名称;二是学生习惯把问题的最后一个字当作单位名称。

4.发散思维。

错例:有苹果 23 个,比梨多 8 个,梨有多少个? 算式:23＋8＝31(个)。

分析:本题只注意了"比……多",而没有去想是谁与谁比,谁多谁少,已知谁要求谁,以致减法题采用了加法计算。

5.提升解题的严谨性。

错例:袋里有 7 千克饼干,又往袋里装了 42 千克饼干,现在袋里的饼干是原来的几倍? 算式:42÷7＝6。

分析:列式错了,错在误将在袋里装的 42 千克饼干当成袋里只有 42 千克饼干。上述错误是思维的随意性所致。

6.细心解题。

错例:小红有 22 张邮票,小丽的邮票张数是小红的 2 倍,小红和小丽一共有多少张邮票? 算式:22×2＝44(张)。

分析:在两步计算应用题的初学阶段,上述错误经常发生,学生往往凭经验粗略地看一下条件后,连问的是什么也没有弄清楚就开始动手做,结果误将两步应用题当作一步计算了。

7.加强计算训练。

错例:服装厂要加工 1750 件儿童服装,已经加工了 9 天,平均每天加工 200 件,超过计划多少件? 算式:200×9－1750＝150(件)。答:超过计划 150 件。

分析:产生错误的原因往往是低年级学生在解决问题时,只注重列式而忽视计算造成的。

三、小学数学教学错题有效处理的案例示例

(一)计算题的有效案例

1. 概念理解不清晰的应对策略:让学生切实掌握与计算相关的概念知识。

(1)数的认识:要引导学生理解个位、十位等数位上的数所表示的数值,知道相同的数字在不同的数位上表示的数值是不同的。

(2)运算定律和运算性质:要帮助学生总结加法、乘法的运算定律及减法、除法的一些运算性质,指导学生利用这些定律和性质来使计算变得简洁、迅速。

(3)计算法则:整数、小数、分数的四则运算都有它们独自的计算法则,每种计算法则都是根据数的意义、性质和运算定律推导出来的。如多位数加法法则"数位对齐,个位加起,满十进一"。计算法则应当在学习过程中熟记于心。

(4)运算顺序:运算顺序是在四则混合运算过程中,对运算先后次序的一种规定。脱式计算的第一步就是判断运算顺序。

2. 算理掌握不到位的应对策略:弄清算理,以理驭法。

如果只是通过反复"演练"来达到计算正确、熟练的话,学生终因算理不清、知识迁移的范围极为有限而无法解决各类计算问题。教学时我们应该通过教具演示说明算理,通过学具操作展示算理,通过联系实际讲清算理,通过展示思路厘清算理。

3. 常用口算不熟练的应对策略:加强口算,学会估算。

(1)基本口算要熟练,如"20以内数的进位加法和退位减法"及乘法口诀表内的乘除法,要让学生达到脱口而出的水平。

(2)常用数据要熟记,如"$25\times4=100$""$24\times5=120$",要训练学生利用数据特征和运算关系进行简便计算。

(3)应用定律和性质自觉简算,如一看到"48×25",便想到用"$(48\div4)\times(25\times4)=12\times100=1200$"来算。

(4)要经常进行口算练习,且应该贯穿教学活动的全过程,要结

合教学内容有针对性、有目的地进行。

(5)要让学生养成估算的习惯。无数事实说明:一个人在一天活动中估算和差积商的次数,远比进行精确计算的次数要多得多,算前估一估,方向更明确;算后估一估,结果更准确。

4.试题感知不明晰的应对策略:加强对比,防止负迁移。

在学生形成新概念、掌握新知识后,我们要将相近、相似、易混、易错的内容组织在一起进行对比练习,以便让学生区别异同,全面感知试题的数据、符号、运算顺序等,进一步提高计算能力。如:"5×9＝45"与"6×9＝54","4×9＝36"与"7×9＝63";又如:"16×5"与"15×6","1÷2.5"与"2.5÷1";再如:"13－0.9＋0.1""2.4－0.4÷2";等等。

5.解题意志不坚强的应对策略:分层练习,形式多样,激发兴趣。

计算题枯燥乏味,尤其当题目涉及数字大、计算复杂时,学生往往会缺乏耐心,产生厌烦情绪。因此,设计练习时要分层,由易到难,而且要变换练习形式,使学生始终保持积极的心态去完成计算。长期训练,学生的解题意志便会坚强。当然,让学生树立责任感、自信心,力争算一题,对一题,不畏困难也是很有必要的。

6.集中注意不稳定的应对策略:变换形式,强化训练。

根据小学生的年龄及心理特点,教师应创设富于乐趣的计算活动,保持学生的注意力。例如:低年级常采用的"对口令""接力赛"就是很好的形式。比如,教师出示数字"10",一个学生说"7"另一个学生说"3",一个学生说"2"另一个学生说"8";或出示数字"100",让学生连续"减8";等等。中高年级可常进行一些两步计算口算题训练,由教师口述前半题,学生口算出得数后记在脑海里,再看卡片上的后半题,算出最后得数。

7.定势思维常干扰的应对策略:强化审题意识,克服思维定式。

一是强化审题意识,可训练学生自问自答,可以问"数字与符号抄对了吗?""是什么运算?""先算什么,再算什么?有简便算法吗?"等。二是在设计练习时,创造克服思维定式的情境。如无规律编排四则运算的口算题,培养学生具体问题具体分析的习惯。三是加强对比练习,对比新旧知识、相似的计算等,促使学生在计算中进一步认识四则运算的意义及相互关系,建构完整的认知结构。

8.探索思考,简便计算错题教学策略:是理解运算意义。

学生在进行简便计算中经常会因数字、符号、运算定律等的混淆,掉入陷阱,如:$200 \times 2 \div 200 \times 2$,$50 + 30 \times 125$ 等,学生看到 200×2,就容易先做除号两边的乘法,再做除法;看到 $50 + 30$,就会先做加法,刚好是 80,然后做乘法,认为这样做很简便。这样的现象表明学生已经有了一定的简便意识,不能一味否定,而造成这种错误的原因,主要是学生对运算意义不理解。依托生活情境,通过将数学知识与生活实际相结合,激发学生对“简算”的自发需求,培养学生根据具体情况,选择算法的意识与能力,发展思维的灵活性。同时在日常教学中,我们还应经常让学生积累一些典型的、容易混淆、易错的计算题,作为资料保存,并加以分析和比较,学生的解题能力就会大大提高,同时学生的自我反思能力也会提高,进而促进学生计算能力的提升。

(二)图形与几何的有效案例

【案例 1】2013 年 6 月嘉兴市小学数学六年级下册期末检测卷中第四题“图形与计算”第 3 小题如图 5-1 所示,“算一算”阴影部分图形的周长。

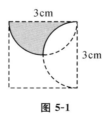

图 5-1

问题一:计算阴影部分图形的周长。两个班级,共计 95 名学生对该题的答题情况为:“计算阴影部分图形的周长”共有 41 人错误,正确率仅为 56.84%。表 5-1 是对此题的错误类型及数据分析情况

（数据精确到小数点后两位）。

表 5-1

错误类型	错误人数（人）	百分比（%）
只计算了圆周长的一半，没有加上直径的长度。 3.14×3÷2＝4.71(cm)	4	4.21
计算了一个圆的周长。 3.14×3＝9.42(cm)	5	5.26
用正方形的周长减圆周长。 3×4－3.14×3＝2.58(cm)	9	9.47
计算正方形的部分图形的周长。 1.5×4＝6(cm)	13	13.68
直径数据错误	7	7.37
其他错误	3	3.16

[案例评析]透过错例现象，经过思辨加工，笔者从中梳理归纳出以下原因：

1. 概念混淆。

在计算阴影部分图形的周长这一问题上，有将近 10% 的学生选择了用"正方形的周长减去圆周长"这一错误的方法。经过分析，其原因在于：学生对图形知识表征采用的方式不恰当，有的学生习惯用机械记忆的方式"死记"解题方法。当学生看到这个图形时，马上与正方形中画内切圆这个图形产生错误的联系，把求面积的方法与求周长的方法混淆了。

在小学"图形与几何"的教学中，涉及了周长、面积和体积等概念。空间概念的形成具有一定的抽象性，对于小学生来说，容易混淆圆的周长和面积的概念，弄不清体积与表面积的区别。学生对图形知识表征的清晰度较差，习惯用经验来思考和描述概念，从而影响对知识的理解和应用，具体表现为学生认为剪拼过后，图形面积与周长都没有变化，认为用正方形的周长减圆的周长就是阴影部分图形的周长。

2.套用公式。

学生在解决有关阴影部分周长与面积时的问题,已形成了一定的思维定式,只会简单地套用公式,用圆面积公式、圆周长公式、半圆面积公式、半圆周长公式等来解答。

在平时的教学中,我们也常会碰到这样的问题:六年级上就有这样一道练习题目:如图 5-2 所示,小正方形的面积为 20 平方厘米,求圆的面积。

图 5-2

学生总是试图先求出半径,再利用圆的面积公式得出圆的面积,多数学生并没有真正理解圆面积公式中的 r^2 到底是指什么。在我们的教学中忽视了结合公式强调"圆的面积是 r^2 的 π 倍"。

其实,圆的面积与 r^2 有着更为直接的倍数关系。面对图形的概念、公式等陈述性知识,我们习以为常地认为应该把它们"教死",学生就应该"学死"。殊不知,这样一来,学生掌握的永远都是机械的知识,解决问题时使用的永远都是单一套用的方法。学生缺少了探索公式时思维的灵活性、深刻度、广度、求异性。因此,图形稍有变化,学生就不知所措了。笔者认为让学生经历思维的探索过程是非常重要的。

3.解法繁琐。

[案例 1]中的计算图形阴影部分的面积这一问题,有近 40％的学生按照已经积累的活动经验和已有的思想方法来进行解答。阴影部分的面积等于半圆的面积减去空白部分的面积,可是空白部分是不规则图形,无法求出其面积,因此有 15％的学生用繁琐的方法去解答,当然不排除还有用更加复杂的解题思路来求出阴影部分面积的。这是一道难度系数并不高的图形问题,为何错误率却这么高?其原

因就在于学生习惯于机械模仿,解题时缺乏"识图"能力、"转化"意识,缺少对几何图形内在本质的深度理解和正确把握。

4.知识脱节。

对于计算阴影部分图形的面积无从下手的学生,笔者与其进行了交谈。出现问题的主要原因是阴影部分并不是圆的,还多了一小部分,而且这一小部分又是一个不规则图形,于是学生就被"困"住了。当笔者把添好辅助线的图形再给学生时,学生马上喊道:"我会做了,太简单了,我怎么没有想到呢?"平面几何中添辅助线,需要具备对图形的切拼构造能力和几何变换能力,而这种能力的形成需要学生在知识的学习过程中逐步积累,无法一蹴而就(如图 5-3)。

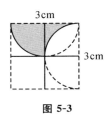

图 5-3

加深对"图形与几何"知识的理解、掌握,需要我们寻求"图形与几何"教学的有效策略。在图形与几何教学中,我们要重视知识表征,关注公式理解,聚焦图形本质,探寻解决策略,从而有效形成"图形与几何"问题的解决策略。

策略一:重视感知,让几何图形的表象"明"起来。

在认识图形和图形特征的探索过程中,学生必然要从事多种活动,这也是小学"图形与几何"学习的一个重要特征。这些活动,既包括学生的观察活动,也包括学生的操作活动,如撕、剪、拼、折、画,还包括学生的想象活动。因此,教师在进行"图形与几何"的教学时,应引导学生进行多种感官活动,从而理解几何图形的特征,明确几何图形的概念。

策略二:经历过程,让几何图形的公式"活"起来。

掌握基本图形的周长、面积和体积的计算公式,仍然是"图形与几何"教学内容的重点内容,但教学不能将主要精力放在简单套用公式进行计算上。学生在日常练习中,经常会碰到已知梯形的"上下底之和"和"高",而不会求梯形的面积;已知 r^2 是多少而不会求圆的面积的情况。套用公式的机械练习,让学生逐渐形成了"一看到题目就先去寻找公式中的各个要素"的思维定式。比如,求梯形的面积,就要分别知道上底、下底和高的大小;求圆的面积,就要知道半径的大小。学生没有经历几何图形公式的探索过程,对计算公式只知其然而不知其所以然。

【案例2】苏教版小学数学六年级上"圆的面积"新授课。

(1)比较,感受"变化本质"。课前让学生准备 5 个大小不一的圆,为学生"主动地进行观察、实验、猜想、验证"提供充分的准备。学生通过观察,引发面积变化的比较,激发学生的思考,在交流中初步发现引起圆面积变化的因素——直径和半径。

(2)猜想,聚焦"核心知识"。笔者在课堂教学中设计了这样一个环节:课件出示一个正方形,再以正方形的一个顶点为圆心,边长为半径画一个圆,请学生观察,正方形的边长与圆有什么关系? 猜想圆的面积大约是正方形面积的几倍? 你是怎样想的?

[案例评析]如图 5-4 所示,从学生熟悉的"数方格"初步验证猜想,借助圆内接正方形面积是 $2r^2$,圆外切正方形面积是 $4r^2$,得出圆的面积是正方形面积的 3 倍多一些,让学生理解圆的面积与 r^2 有着更为直接的倍数关系。

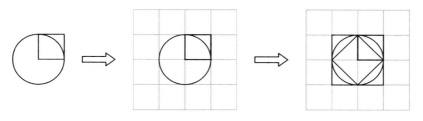

图 5-4

(3)验证,体现"过程理解"环节。以小组为单位,通过转化成已学过的图形来推导圆面积公式。因为有了课堂反馈时多样化的策略,虽然各小组选择的方法不一,但都验证了圆面积结果的一致性,通过比较和分析各种方法之间的内在联系,让学生真正经历圆面积计算公式的推导过程。

策略三:巧妙设计,让几何图形的本质"凸"起来。

有心理学工作者曾对小学三、四、五年级学生识别几何图形的情况做过调查,以直角三角形为例,正确识别标准图形的占被测人数的76.7%,而正确识别其变式图形的只占35%。教学中经常会出现一些基本图形稍作变化,学生就会不认识的情况。因此在"图形与几何"的教学中,教师要有意识地将转化和优化的思想渗透到课堂中,让几何图形的本质凸显起来。

(三)统计与概率的有效案例

【案例3】统计图的选择问题。

描述气温变化用什么统计图最合适? 条形统计图可以看出数量的多少,折线统计图可以看出数量的多少和变化的趋势,扇形统计图能反映部分与整体的关系。描述气温变化选择折线统计图比较合适。

[案例评析]辨别每一种统计图的特征与优势,在制作统计图的时候可以选择合适的统计图。在统计过程中,要尽可能地做到不遗漏、不重复。

(四)解决问题的有效案例

【案例4】长方体的表面积问题。

"长方体的表面积"是小学数学四年级下册的内容,这里选的是学习了长方体表面积后的习题。

题1:做一个长为8分米、宽为6分米、高为4分米的长方体的无盖硬纸箱,至少要用多少平方分米硬纸?

学生做法:$(8 \times 6 + 8 \times 4 + 6 \times 4) \times 2$。

题2:在一个长20米、宽8米、高1.5米的长方体露天蓄水池里面贴瓷砖,瓷砖为边长0.2米的正方形,贴完共需瓷砖多少块?

学生做法:$(20 \times 8 + 8 \times 1.5 + 20 \times 1.5) \times 2 \div (0.2 \times 0.2)$。

教师做法:直接指出这里的表面积是求 5 个面的面积和。第一题会强调"无盖",第二题会强调"蓄水池",都说明本题不是求长方体 6 个面的面积和,然后把正确的思路和过程再详细讲一遍。

[案例评析]这两题看似都是学生将本该求 5 个面积和的问题做成了求 6 个面的面积和,其实并不是学生读题时没有读到"无盖""蓄水池"这样的信息,而是学生没有形成解这一类与长方体表面积相关问题的一般思考方法。在具体问题中,求表面积的问题其实就是求符合要求的几个面的面积和,所以第一步应该重点分析需要求"几个面""哪几个面",而不是在判断求表面积后直接应用公式计算。第二题"边长 0.2 米"这个信息学生在初次读题时也是读到的,只是在运用的时候没有去思考自己需要的是每块瓷砖的面积还是边长,该信息是否可以直接运用。所以教师直接讲解题目,对于做对的学生来讲,没有吸引力;对于做错的学生来讲,他们经过教师的提点"无盖",马上意识到错在什么地方,急于订正。教师并没有引导全体同学思考产生这样错误的原因是什么,如何避免产生这样的错误,还有哪些题目也是容易出现"陷阱"的。

【案例 5】圆锥的体积问题。

"圆锥的体积问题"是苏教版小学数学六年级下册的内容,这里选的是学习了圆锥体积问题后的习题。

建筑工人使用一种圆锥形铜锤,底面半径是 1.5 厘米,高 4 厘米。每立方厘米铜重 8.9 克,这个铜锤重多少克?

学生错误做法:$3.14 \times 1.5 \times 1.5 \times 4 \times 8.9$。

教师做法:教师一般会直接指出圆锥的体积是底面积乘高再除以 3。"每立方厘米铜重 8.9 克"说明不是只求圆锥的体积,然后把正确的思路和过程再详细讲一遍。

[案例评析]"每立方厘米铜重 8.9 克"这个信息学生在初次读题时也是读到的,只是在做题的时候因为要先运用圆锥的体积公式求出体积,然后再求质量,对于学生来说,步骤较多容易混淆,求完体积以后他就以为已经求完质量了。还有一类学生是知道先求体积再求质量,但是在求体积时,体积公式掌握不扎实,忘记要除以 3。

第六章　小学数学教学有效因材施教的理论和实践研究

一、小学数学教学有效因材施教的理论

(一)小学数学因材施教的重要性

因材施教是指面向全体学生,发展学生个性,营造和谐、自由、安全的教学氛围,教师依据学生的实际情况实行相应的教育。在这个过程中,先由教师去认识学生、了解学生,做到及早发现优点,发展个性,进而根据学生的不同特点,施行不同的教育,使学生的个性按照不同的途径,不同的条件和方式,得到充分、和谐、健康的发展。譬如,有一些学生,学习成绩不理想,但在其他方面却有出色的才能,例如唱歌、跳舞、体育、绘画、动手能力、组织能力等,但因为缺少真正的发现、鼓励、培养,他们的这些特长爱好得不到发挥、锻炼,往往遗憾地沦落为班上的学困生。那么,作为教师,怎样做才能充分挖掘和培养每个学生身上的特长,才能处理好个体发展与群体教育的关系呢?

1.激发兴趣,产生动力。

兴趣是个性的一个侧面。它是指一个人力求认识某种事物或进行某种活动的倾向,也就是产生心理活动和行动表现的原动力。例如:上课伊始创设"问题"情境,把学生引入所设计的问题情境中,触发学生产生弄清未知事物的迫切愿望,诱发出探索性的思维活动。例如:根据教材特点创设"操作"情境,通过操作,探索规律,把感性认识逐步上升到理性认识,使学生感到自己是一名发现者、研究者和探

索者,感受到学习的快乐。

2.培养能力,发展特长。

能力是人们顺利完成某种活动所必需的个性心理特征。培养高素质人才,既要注意发展学生的一般能力,也要根据他们各自的差异,在发展一般能力的基础上,培养他们的特殊能力。做到面向全体,因材施教,培养能力,发展特长。例如:在用尝试法教学时,要根据学生一般能力上的差异,正确估计错误率和错误症结,使教学"有的放矢",因材施教。以学生为主体让学生自己想、自己说,通过语言表达和说理等训练,缩小学生在能力上的差异,使学生的个性得到充分的发展,促进学生思维能力的提高。

3.扬长避短,给予肯定。

因为人的性格和气质各不相同,所以,我们要了解掌握学生气质和性格的特性与差异,根据性格的可塑性,做到发挥他们积极的一面,克服消极的一面。对学习有困难的学生,应及时捕捉其闪光点,即使他们的表达不完整或者不正确,对于他们勇于发表自己的见解也要给予赞许和肯定,让他们感受到教师在注意自己、关怀自己和喜爱自己,从而产生良好的学习情绪,增强克服困难的勇气,从而做到在教学过程中根据不同气质、不同个性,因材施教、扬长避短、发展个性。

(二)小学数学因材施教的必要性

然而当前因材施教中普遍明显存在着几个误区,以致在教学中不能有意识、自觉、积极地把握因材施教对人的个性和全面发展的指导性、支配性和潜移默化作用,从而影响了因材施教的有效发挥。

误区一:把因材施教和班级授课对立起来。

错误地认为班级授课所传授的内容是基本的、主要的,一部分学生未能真正掌握好,若再因材施教岂不是加重负担。把因材施教孤立于班级授课形式之外,过分注重共性而忽视了学生的个别差异。

【案例1】移多补少。

小学数学二年级"移多补少"中的问题为:大熊有 41 块糖,小熊有 17 块糖,大熊给小熊几块糖,两只熊的糖才能同样多? 如表 6-1 所示,学生经历了三个环节。

第一环节:列表解答,不断尝试。

第二环节:优化表格解答。

第三环节:符号表征,可以看出解题方法不断抽象的过程。

表 6-1

第一环节		第二环节		第三环节
大熊	小熊	大熊	小熊	大熊: ⬚⬚⬚
41	17	34	24	小熊: ⬚⬚
40	18	33	25	(41-17)÷2=12(颗)
39	19	32	26	答:给 12 颗一样多。
38	20	31	27	
37	21	30	28	
36	22	29	29	
35	23	答:给 12 颗一样多。		
34	24			
33	25			
32	26			
31	27			
30	28			
29	29			
答:给 12 颗一样多。				

[案例评析]从教材看列表是理解算式计算的基础,但每个学生的学习速度是不一样的,因此不用要求学生在掌握列表记录数据得出答案的方法后,就直接学习算式计算法,而是每个学生根据自己的步调,选择自己喜欢的方式,既确保每个学生都能解答该类型的题目,也让学习速度快的学生产生了优化方法的需求。

因材施教与班级授课并不对立。班级授课中,应该充分考虑到每个学生的个性特点,并采取有针对性的教学方法,主要可以从课堂组织形式、提问、课堂练习、课后指导几方面来实施因材施教。

误区二：将因材施教局限在少数学生身上，而忽略了大多数学生的需求。

许多教师认为，除了课堂教学，只有少数学生需要特殊的指导。如果所有学生都被视为同等的，那么这将会完全否定班级教学的价值和意义。在情感和心理方面，我们应该公平地对待所有学生，并且保持民主的态度。因材施教是基于学生个体差异的基础上提出的。教师只有有了这样的认同，才能从内心接受学生学习速度快慢的不同，公平地对待每个学生。

【案例 2】小刘的案例。

最初了解到的小刘是个贪玩、学习懒散、自控能力特别差的学生。该生在课堂上表现出了顽固的性格，喜欢挑衅他人，影响其他学生，上课不专心，经常拖延作业。小刘的爸爸第一次把他送到学校时曾说："这孩子特别多动，上课不会听讲。"然而第一周上课，教师发现他也有一个优点，就是有时上课能认真听一会儿，会举手争取发言，而且有时候的回答也比较准确。教师的观察表明，小刘具有较强的进取心，智力水平也相当出色，但因为学习态度不够积极，导致他的不良习惯无法得到及时的纠正。

教师对小刘细细观察，发现其实他特别愿意为班级做好事，每次打扫卫生总是最积极，事情也做得有条不紊。因此，自习课上的班级管理员，教师总会优先考虑他。随着时间的推移，小刘开始意识到自己受到的信任，因此，他开始更加热情洋溢，每次上数学课，小刘的热情、活泼的态度让教师刮目相看。

转化工作并非一次就可以完成，转化过程具有反复性，教师需要定期跟学生谈心，一旦老问题出现，及时指出，并帮助学生制定完成各项作业的计划，可以安排同桌做作业的时候提醒他。

[案例评析]通过贯彻公正的原则，我们可以合理地调整课堂的重点。例如，我们可以把重点放到发言、质疑、辅导和训练上，这样可以让学生有更多的发挥空间。因此，我们可以让学习优秀的学生担任辅导员、组织者和指导者的角色，来协助我们的工作。对待学习困

难的学生,教师难免产生急躁情绪。为避免这样的情况,就要求教师要关注这些暂时落后的学生,且对他们的一些进步给予及时的肯定。

误区三:认为根据学生的特点进行教学是困难的。

一些教师指出,实行有针对性的教育不仅需要耗费巨额资源,而且也存在许多挑战。因为每个人的特点不尽相同,所以需要采取不同的策略来实现针对性。

此外,实现针对性的教育需要涵盖各种不同类型、不同程度的课程。但大多数教师都过于关注传统的班级授课,而没有考虑到个性化的指导。

[案例评析]因材施教除了在课堂中实施之外,还要关注课后。除了课后的教师辅导,还应有学生间的相互辅导,除了一对一形式,还可以一对多形式,辅导的内容可以就某题而展开,也可以是分享自己觉得好的做法,或者是分析反思自己的错题,等等。

【案例3】作业分层难度大。

一位教师认识到作业分层的优势和必要性,经过短暂的实施后,他体会到存在很多的困难,写下以下感想:

虽然采取分层次的方式来安排课堂任务可以提高效率,但它也存在着许多挑战。首先,它可能导致课堂内部混乱,影响课堂的整体氛围;其次,它可能导致课堂缺乏互动性,影响课堂的教学效果;最后,它可能导致课堂缺乏深度,影响教学质量。

[案例评析]采取分层次的方式安排课堂任务可能存在许多挑战,尤其对于那些没有足够能力完全掌握课堂内容的教师来说,更具挑战性。为了让每个学生的作业更加完整,我们需要根据每个学生的特点,设计出独特的任务。这就需要一个新的方法,如设计分层作业。

误区四:忽略学生的需求,不考虑他们的实际情况。

我们需要通过提供有意义的练习来帮助学生提高学习兴趣,并且鼓励他们勇于挑战,发展自己的独特性。只有通过全面的指导,教师才能真正帮助学生取得进步。为了更好地满足不同学生的需求,并且让作业评估更加有效,我们建议采用分层设计的方式。这样,我们就能够激发每个学生的积极性,帮助他们通过完成作业来巩固所学的知识,培养他们的能力,并促进他们的智力发展。

【**案例 4**】归一、归总问题。

我们在学习小学数学四则混合运算这一章时,教材安排了一些需要两步、三步计算解决的实际问题,而这些问题大多是"归一"或是"归总"的类型。在这一堂习题课上,布置学生做课后的"综合运用"和"拓展探究"题。大半节课后,基础好的学生已经做完了所有的题;而基础差的学生一节课就在一道题上磨蹭,丝毫没有进展。原因是他们不会分析,不能正确找出数量之间的对应关系,所以连算式都不会列,更不能做到解答。就这样,时间一分一秒地过去,可他们却完全没有收获。

[案例评析]这样的练习课是很低效的,很多学生都没有学到东西。由于缺乏基本的知识和技能,许多学生在日常的任务中无法按计划完成。尽管教师希望学生尽可能地掌握更多的知识,但是也应该意识到,个体之间的差异是无法被忽视的,如果要求每个学生都完全掌握,那么很可能会导致学生的负荷过大,无法达到期望的水平。

二、小学数学教学有效因材施教的策略

(一)分层探索

通过采用有针对性的教育方法,我们的目标是帮助所有学生提高学业成绩,并为他们提供更多的机会去尝试和探究未知的领域。

1. 分类要求,自主探究。

在过去,由于没有充分考虑到学生的个性特点,导致传统的课堂模式存在着严重的问题。教师只会按照课程的标准来指导每个学生,而忽略了每个学生的个性特点。这种做法导致所有人都无法获得充分的发展。为了更好地提升课堂效果、关注学生的个体差异,课堂应该采用多种方式,鼓励学生主动探索,激励他们通过实践活动,不断提升他们的技能,从而使课堂变成一种有趣的体验。

2.分层提问,指向明确。

课堂提问可以作为一种沟通的渠道,教师借此能更好地了解并帮助学生掌握知识。教师可以根据他们的不足,为他们设计更多的互相讨论的话题,以便更好地帮助他们了解并掌握知识。

3.协作学习,优势互补。

通过协作学习,学生可以从互相比较的角度出发,发现彼此的优势,并以此来激发彼此的潜能,从而实现共赢。这种模式的优势体现在,它能够激发出各种互相支持的精神,从而提高学习效率,增强团队凝聚力,激发共识,实现共赢。通过团队合作、相互指导的方法,学生能够迅速而有效地理解所学内容,并能够从头到尾保持高度兴奋。

(二)梯度训练

为了满足各种学生的需求,我们必须在课堂上进行有效的指导,并在课下进行深入的探究。为了达到这一目标,我们必须仔细阅读教科书,深入了解其中的内容,并结合各个班级的特点,为每个学生提供有价值的练习,以便他们能够得到有效的指导。

1.因人而异,分层要求。

为了更好地帮助学生,教师应该根据学生的思维水平,为他们提供多样的练习,以便他们更好地理解课程的重点。教师应该灵活地安排练习,并且尽可能多地提供练习,以便帮助学生在课堂上更好地掌握所需的知识。为了更好地满足学生的需求,我们应该给他们提供多样化的练习。我们应该给每个学生提供一份合理的练习,既包括必修的内容,又包括挑战的内容。我们应该遵循量力为先的原则,给每个学生提供最合适的练习。例如,给每个学生提供一道独特的习题,让他们发挥自身的潜能,并且尝试各种方式来完成。

2.遵循规律,层层推进。

数学课堂练习的设置应该从容易到困难,从简单到复杂,逐步深入,既要满足所有学生的需求,也要考虑少数学生的能力水平。例如,在"三角形面积计算"课上,教师可以设计一些练习题来帮助学生更好地理解和掌握知识。

(1)基本训练。

①求出下列三角形的面积(单位:分米)。

②一个三角形的长为 6 厘米,高为 5 厘米,其面积为多少?

(2)变式训练。

直角三角形的一条边为 3 厘米,另一条为 5 厘米,周长为 12 厘米,它的总面积为多少平方厘米?

(3)拓展提升。

根据自己的理解和掌握,设计一个 6 平方厘米的三角形。

对于那些无法独立完成的学生,教师需要提供指导和支持。

(三)分层激励

通过对学生的全面考查,教师可以根据他们的特点和需求,给予合理的评估。同时,教师还应该重点考虑学生的个性特点,实施多元化的评估,以便使所有的学生都可以获得进步,并且持续追求更高的目标。

比如,当我们讨论测量的相关内容时,我们发现许多学生都会使用各自的方法来估算一个房间的面积。教师给予了他们一些赞扬:有的使用直接观察的方式来估算房间的总面积;有的通过计算每块方砖的面积,计算出整个房间的面积;还有的通过协商,通过计算不同的尺寸,并将其相加,使计算更加精准。经过深思熟虑,我们发现这个结论是正确的。通过对比各种方法的优势和局限性,我们可以对不同水平的学生的表现进行分层评估。

三、小学数学教学有效因材施教的案例示例

(一)针对性教学设计

教师采用有针对性的教学设计,根据不同的学生制定不同的课程,以便让所有的学生都能获得最佳的成长和进步。

1.巧设情节,增加趣味性。

【案例 5】"长方形和正方形的周长"的教学。

在景山版小学数学二年级下册的课本中,关于周长的介绍是:把一片树叶沿边线描在纸上,边线的长叫作这片树叶的周长。这样的解释对于低年段的学生,理解起来是有困难的。

教师设置了一个每天沿操场跑一圈锻炼身体的情境,如图 6-1所示。通过研讨"没有沿着边线跑"——"沿着边线却没有回到起点"——"沿着边线跑并且回到起点"这样三个层次,学生能够充分理解什么叫"一周"。

图 6-1

[案例评析]尽管一些例题并非特别困难,但它们可能会因为过度抽象而无法吸引学生的注意力,从而导致课堂教学的质量无法达到预期。为了解决这一问题,我们可以将这些例题与日常生活紧密结合,创造出一个具体的、可操作的、令人感动的故事,从而激发他们的学习热情,激发他们的求知欲。

2.捕捉素材,诱发探究欲。

《义务教育数学课程标准(2022 年版)》提到"学有价值的几何",教师可以利用日常生活的经验和教育资源,将几何理论与现实应用相结合,以培养学生的创新思维和应变能力,使他们能够更好地应对日常的挑战和机遇。

【案例 6】"圆的认识"的教学。

针对"圆的认识"问题,教师可以设计以下两种探究过程。

(1)创设问题情境。

宝藏在距离树桩 1 米的地方,宝藏可能在哪些位置?你能否尝试将自己的想法画出来?并试着说说理由。

（2）探究圆的特征。

①明确问题：宝藏在以树桩为圆心的圆周上，要画出宝藏的所有可能的位置，就是需要以树桩为圆心，绘制一个半径为1米的圆。

②制订学习计划：确认解决问题的策略，可以借助直尺、圆规等学具画圆。

③你的观察与探究记录。

④评价。

［案例评析］结合圆的绘制，引导学生探究圆的特征，激发学生的学习兴趣。通过捕捉一些生活中的素材，学生经历了探究过程，可以更多地认识和理解数学的重要性，从而焕发出更强烈的学习热情。

3. 创设问题，激起好胜心。

希尔博士曾经指出，人与人之间的差异可能很微小，但它们却可能会产生巨大的影响。微小的差异可能是对某件事情的兴趣，而巨大的差异则可能是成功与失败。

【案例7】"奇数和偶数"的教学。

在"奇数和偶数"课程结束后，教师在黑板上出示1,2,3,4四个数字，并且提出了一个字母"X"，让学生根据它的意义来回答问题。学生对此非常感兴趣，经过深入的思考和讨论，他们认为X可能是奇数，也可能是偶数，甚至可能既不是奇数，也不是偶数。

［案例评析］通过这种提问方式，大多数学生可以更容易地判断出奇数和偶数，从而感受到智力竞争的乐趣。精心设计的提问和由浅入深的层次结构，可以满足学生的思维需求，从而达到最佳的教学效果。

（二）分层教学

为了更好地培养所有学生，我们应该根据学生的不同情况采取分层教学。

1. 学生分层。

通过调查，我们发现，A类学生的基础相当牢固，他们的接受能力很好，并且很有意愿去努力，因此他们的表现非常出色。B类学生的基础相当牢固,但他们的思维能力还需提升,在解决较难问题时会比较困难。C类学生的知识基础相当薄弱,他们的接受能力也很弱,因此他们的表现并不理想。为了确保学生的成长,我们决定使用隐性分类方法。让每个学生都清楚地认识到自己所处的层次,并且在安排座位时,我们会根据学生的能力和特长,提供一对一的帮助。

2.备课分层。

备好课是上好课的前提,是提高教学质量的关键。所以备课花的时间比较多,教师通常在认真钻研教材后,需要分析清楚哪些属于共同的目标,哪些属于非共同目标,根据不同层次的学生确定各层次的不同要求,对于 A 类学生要求较高,对于 C 类学生则只要求掌握教学要求中最基础的内容,如:在"解决问题(简单的相遇问题)"的教学时,对 C 类学生只要求看懂线段图,能根据线段图正确列式;而 A 组学生则要求他们初步学会画简单的线段图。

3.授课分层。

在课堂上,我们应该把"放"作为首要任务,同时也要"扶",即协助学生更好地完成各项任务。而针对学习困难的学生,我们应该把"扶"作为首要任务,即协助他们更好地顺利完成各项任务。在每一堂课中,我们都会给出不同的练习安排,以便让学生能够从容应对。我们会将练习划分成三个阶段:第一步是基本练习,所有同学都同一标准,并且会特别注意帮助那些不太熟练的学生。第二阶段是变化型练习,我们会给 B 类和 A 类的学生一些更复杂的练习,并且会给予 C 类学生一些额外的帮助。第三阶段是提升型练习,它既能培养 A 类同学的独立思考能力,又能激发 A 类学生的创新精神。我们强烈建议 B 类学生尝试完成这些练习,以增强自己的能力。

【案例8】两位数乘两位数笔算乘法。

景山版小学数学三年级上册课程"两位数乘两位数笔算乘法",学生首先对这门课程的概念有所认识,然后便立即开始进行实践操作。对于学习能力强的学生,教师要求他们在自己的草稿本上用竖式独立进行演算,而其他学生还需要在教师的帮助下进行演算的尝试,所以在作业纸上给予了"半成品",如图6-2所示。

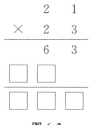

图 6-2

[案例评析]对能够独立演算的学生来说,他们的总体理解能力较强,目标定位在自主理解算理,掌握算法。在此节课中,让所有的学生熟练地运用两位数乘两位数的计算方法,将会成为最具挑战性的任务。为了让所有的学生能够更好地理解,教师将会帮助他们进行实践操作,并且与他们进行充分的讨论。

4.作业分层。

为了满足 A、B、C 三个层次学生的需求,我们提供了三类不同难度的题目,要求他们在规定时间内完成这三个层次的作业。

我们将重点放在基础题和综合题上,并且每天提供一道思考题。我们希望 A 类学生能够尝试这些题目,同时也鼓励 B 类、C 类学生去挑战更高难度的题目。我们会尽力确保作业的质量。A 类学生在做每日一题时,我们也提出不同要求。对于有些学生不仅要求他们会算,而且要求他们会讲,并且能给别人讲明白。这些优秀的学生从不畏惧落后于其他人,他们在接受思考题时,会全力以赴,结合现有知识,深入探究,努力寻求解决问题的可行性,甚至不惜尝试新的思路。

鼓励这些学生讲出自己的解题思路。讲思路、讲方法的时刻,是他们思维最活跃的时刻。因为他要说话,首先要想说什么、怎么说,要在很短的时间内组织自己的语言,借助语言表达自己的思想。讲思路的过程,是学生认真地、深入地、合乎逻辑地想问题的积极思维过程。为了帮助基础较好的学生,我们会提供一些更具挑战性的题目,并且给予他们详细的指导和讲解,以便培养他们深思熟虑的能力。

5.作业订正分层。

为了更好地帮助学生完成数学作业,我们应该重视他们的个性化需求,并根据他们的学习背景和知识水平,制定个性化的纠错计划。其重点是支持和纠错,而不是提醒和指导(如表6-2)。

表6-2

对象	订正内容	订正形式	订正方式
优等生	所有错题	自主订正	自主反思 以放为主
中等生	选做题自主选择订正	同伴互助	自主反思 扶放结合
学困生	基本题中的错题	面批为主	边批边提示 以扶为主 订正优先

6.分层教学中应注意的问题。

不同的教材可能具备不同的特点,因此,我们应该根据不同的教材、课型和班级的特点,来决定采取何种方式授课,而不仅仅局限于一种模式。

(三)个性化辅导

按照学习速度的快慢,采取不同的辅导策略。辅导方式是以教师一对一或一对多进行。

【案例9】对细而不敏优等生的因材施教。

小刘是一个细而不敏的学生,教师让她负责"一日一题"的总结工作,给她提供了一个向他人学习的机会。在这项工作中,她从同学中学到不少好的解题方法和学习方法。"当一次学校举行家庭教育会时,一位家长给1只杯子,发现原本预备的茶杯数量缺了5只,于是又去借来原茶杯数的一半,反而多出13只,这次家庭教育会上到场的人数究竟是多少?"全班学生对于"原来茶杯数的一半"这个条件怎样理解,有好几种思路:一是通过画线段图,弄明白原茶杯数的一半是 13＋5；二是由"总数的一半－少的＝多出的"，得到"总数的一半＝多出的＋少的"；三是通过"多出的 13 只和少的 5 只有什么关系"的设问，把自己问明白了，多出的 13 只加上原来少的 5 只，等于原杯子数的一半。这些解法给刘同学很大的启发。她在这些活动中坚持每天做题，同时认真向全班同学搞好调查、总结，既丰富了知识，又开拓了思路，提升了能力，有利于解决她细而不敏的问题。

【案例 10】贪玩的后进生培养策略。

为了解决学生缺乏学习兴趣的问题，老师应该采取"引导"的策略。

小赵是一名学习困难的学生，但在上新的课程之前，教师总是陪伴着他，帮助他查阅资料，并在遇到困难时及时给他解答。由于无法明白"被除数与除数同时扩大或缩小相同的倍数（零除外），商不变"的概念，导致他在计算小数时无从下手。于是，教师便特意安排他去补充"商不变"的知识。当教师开始教授知识点的时候，他的表现出色，既懂得计数，也善于将知识点传授给其他人。这种方式不仅可以让学生在课堂上专注聆听，积极探索，还可以激发其对于学习的热情与自信。

[案例评析]学有余力的学生，可以获得部分基础作业的免做权利，教师可以提供课外拓展知识的材料，组织学生打擂台，提供他们展示自己能力的平台。

中等的学生，可以有选择性地加入阅读拓展资料的行列，或者教师提供帮助，内容为自己的强项或者教师认为该生擅长的，材料有教师指定、学生编写两种。优等生和中等生课后的因材施教方式是以发挥学生的自主性为主，教师辅导为辅。为了帮助那些学习效率不高的学生，我们应该根据他们的特点来进行指导。这可以通过两种方式来实现：一是根据当天的学习任务来安排课程；二是通过培养良好的学习习惯，比如上课认真听课、认真完成任务、乐于助人。

（四）教育转变

针对学生的不同特点和问题，采用合适的教育转变策略。

【案例 11】小文（男，小学四年级）。

1.原因分析。

(1)由于小文的贪玩懒惰,他的数学学习受到了严重影响。他的家庭作业完成率极低,通常只能达到50%,这显然不足以让他取得理想的成绩。此外,他缺乏及时的复习,导致遗忘率提高。

(2)小文在学习知识的过程中,仅仅停留在机械的模仿层面,有时甚至连模仿都做不到。因此,他的思维方式缺乏创新性,总是倾向于用已有的知识来解决新的问题,这种做法导致了他在解决复杂问题时的困惑,特别是在面对较为棘手的问题时。

(3)如果教师采取了不当的方法来帮助学生,可能导致学生产生负面情绪,降低学业水平。例如,某些科任教师可能会经常指责,导致学生产生抵触情绪。长此以往,学生可能会逃离这些指导。

2.**转变的策略。**

结合小文出现的学习行为特征及形成原因,采取以下策略:

(1)迁移训练。

迁移训练旨在帮助学生提高知识迁移能力,并培养他们分析问题的技巧。通过迁移训练,学生可以更容易地掌握并运用所学知识。例如:探究如何计算长方体的表面积,可以和正方体表面积的计算方法进行类比迁移。将新知和旧知联系起来,产生正迁移,让那些分析能力较弱的学生逐步攀登到更高峰。

(2)小目标训练法。

针对其存在的学习情况,采用小目标训练法。比如,在因数与倍数的部分,我们将会探讨许多重要的理论知识。这些理论知识包括因数、倍率、质数、合数、最大公因数、最小公倍数、互质数,以及2,3,5倍数的特点等。由于他的知识基础较弱,很难将知识与实际情况联系起来。因此,为了更好地帮助他掌握知识,我们根据其自身的学习需求,提出了小目标训练的方案。

①为了减少学习难度,我们应该降低要求,因为概念类知识很多,容易混淆。我们应该首先让学生理解这些概念,然后进行适当的训练。

②通过分层次的教学,学生可以更好地理解概念,并将它们联系起来。比如,当教授2,3,5的倍数特征时,可以先从2开始,逐步深

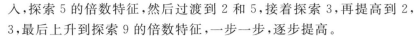

入,探索 5 的倍数特征,然后过渡到 2 和 5,接着探索 3,再提高到 2,3,最后上升到探索 9 的倍数特征,一步一步,逐步提高。

③重视反馈,及时发现并弥补知识漏洞,从而提高学习效率。

④小目标训练,由家长监督,每次检查签字。

采用这种方法,可以迅速帮助他深入理解概念,取得显著的成效。

(3)教师的帮助。

①以爱为桥梁,可以将彼此联系起来。爱不仅仅是一种基本的情感,也是促进学生全面、和谐、快乐成长的必备条件。当我们的爱被充分表达时,师生之间的联系将变得更加紧密,学生也将更加热情,将学习视为一种快乐。所以,教师应当以慈爱的态度来建立和维护学生的热情,即使我们的学生并不优秀,也不能以偏激的态度来歧视或者压制。

②通过恰当的激励,利用学生的心理因素,激发他们朝着我们的目标前进。这是一个调动他们积极性的过程。例如,对于像小文这样的学生,我们可以在适当的时候给予鼓励和表扬,并为他们提供"加油站"的帮助。

③对于数学学习困难者,我们需要帮助他们恢复自信心。我们可以通过挖掘"闪光点"来帮助他们。比如定期给小文提供"关心"的辅导,以激发他的学习热情。

④为了帮助那些反应迟钝的数学学困生,教师会采取措施,比如合理调整要求,定期提供指导和帮助。为了让学生在"学会"中取得成功,我们会为其制定合适的任务,并在完成任务时立即对其进行奖赏和鼓舞。这样,学生就会感受到"学会"的成就感,并且对学习产生浓厚的兴趣。

(4)家长的作用。

在当今社会,家庭对于一个孩子的发展很重要。作为个人,他们的品德、个性、毅力以及学业表现都取决于他们的父母。所以,我们应该努力创造一种良好的家庭氛围。如果父母过于宠爱和纵容,可能会伤害到孩子。因此,教师应该提供支持和建议,让家长们能够更加理性和有效地管理和教育自己的孩子,从而促进双方的和谐健康发展。

第七章 小学数学教学有效家校沟通的 理论和实践研究

一、小学数学教学有效家校沟通的理论

(一)小学数学教学有效家校沟通的重要性

在小学阶段,我们致力于通过各种途径来帮助学生建立健康的行为。我们遵循《小学生守则》和《中小学每日行为》的指导原则,并且认真贯彻落实。但是,建立健康的小学生行为习惯并非易事,因此我们必须持之以恒。家长是影响儿童成长的重要力量,他们需要掌握正确的方法来指导儿童,并且要注意与儿童的沟通方式。所以,家庭与学校的协调与配合是非常重要的,可以帮助儿童形成健康的性格。

1.建立家校联系,帮助家长更好地理解和实施家庭教育。

家庭教育不仅仅需要孩子遵守相同的规定,而且需要每个孩子志同道合,抱着相同的信仰。家庭教育不仅仅是一个社会的组织,更是一个影响儿童发展的基础。在家庭教育方面,家庭可以被看作儿童的第一所学校,而家长则可以被看作儿童的第一位教师。因此,在培育儿童的过程中,家长的一举一动、一言一行,都将起着举足轻重的作用。而且,无论是校园的教育还是社会的教育,它们的结果会很大程度地改变孩子的未来,使他们的性格、道德观念得到塑造。因此,要想让这些改变得到更好的传播,就必须让校园的教育更加完善,同时也需要社会的支持,以便让这些改变得以持久。如果两者相

得益彰则可能形成良性循环。

为了确保孩子的正常发展,我们需要建立起有效的家校沟通渠道,帮助家长理解学校的课堂安排、活动安排、考核标准,一起为孩子们提供支持,从而为孩子们的未来发展创造良好的条件,促进他们的身心发展。

2.建立良好的家庭和学校联系,更好地掌握正确的教育方法。

通过成立家长学校、家长委员会,家长座谈会,教师家访,举办"家长开放日"活动,发放家校联系单、告家长书,举办家庭教育培训班,设立校长信箱,开通家校联系热线,开展家校共建等活动,建立良好的家校关系。学校还要向家长推荐一些有关家庭教育重要性的文章,并针对孩子的特点和实际问题,教给家长一些科学的、有效的家庭教育方法,还要让家长正确了解自己孩子的性格、能力、爱好等,不要"包办代替"或"放任不管"。

3.建立良好的家校关系,让教师深入洞察孩子的个性和成长背景。

每个孩子的个性、能力和兴趣都各不相同,他们在学习和成长的过程中也会表现出各种特点。这些差异很大程度上取决于他们的性格。作为家长,应该向教师详细描述孩子的缺点和优势,并定期与教师沟通,了解孩子在学校的表现,从而采取有针对性的教育措施。

4.通过加强家庭和学校的联系,可以显著提升学生的学习成绩。

学生学习如果存在困难,我们建议家长与我们一起努力。我们建议他们陪伴孩子,并且帮助孩子更加专注地完成每一项任务。

为了提升学生的素质,学校必须与家庭建立良好的关系。如果两者都认识到这个问题,并且愿意采取行动,那么就可以使得教育更有效。因此,为了实现这个目标,学校和家庭应该努力建立良好的关系,携手共进,帮助孩子更好地发展而努力!

(二)小学数学教学有效家校沟通的必要性

家庭与学校之间的交流是教师的必备技能。这种交流能够帮助教师将自己的想法、经验、技能等多种资源结合起来,更好地帮助学生取得优异的成绩。在这种交流模式下,教师应该扮演领头羊的角色,根据每个学生的特点,采取个性化的沟通策略,以确保他们能够得到最佳的发展。

在当今社会,学校家庭教育已经发挥着重要的意义。它的独特性在于:家长与孩子的交流多为直接的、非正式的,他们的利益紧密结合,共同追求着共同的理想。因此,在当今社会,家庭与学校教育的结合已经变得越来越重要。家庭的独特之处和优越性使它远远超越了传统的学校教育。因此,我们必须努力利用家庭的资源,结合传统的学校教育,以期达到更好的教育结果,让孩子能够更好地适应社会的发展,并且能够更好地完成我们的社会责任。

当前,家庭与学校之间的沟通存在一些误区。

误区一:家长和教师各持己见。

尽管有些教师会建议采取和家长交流的方法来解决学习中的困难,但是许多家长并未意识到,他们并不擅长与教师进行沟通,甚至觉得这样做毫无意义。家长的沟通,通常仅关注孩子的学业进展情况,并未关注孩子的心理健康。尤其在农村地区,许多家庭成员都倾向于将教育工作放在教师的身上,并将责任转嫁给教师。由于这两个原因,家庭和学校之间的交流变得浅薄,并且阻碍了学生和教师之间的协作。

误区二:形式上的错误,以象征性的方式参与,而不是单一地灌输。

因为家长的背景、理解能力不同,所以他们和教师交流的态度、手段、目标都不尽相同。他们的交流往往是基础的倾听,而更深入的交流则可以采用多种形式,如家长座谈、社区活动、互访、远程教育或者面对面交流等形式。目前,我们已经采用了多种沟通形式,例如:互相尊重、互相聆听、互相鼓励等,这样我们才能更好地帮助家长了解孩子的成长,并让他们更好地参与到孩子的成长中来。

误区三:家校沟通过于随意和缺乏针对性。

许多学校都会定期举行家长会,但这些沟通往往是教师为了应对学生的突发情况而进行的,而非真正的交流。由于沟通缺乏计划性,家长往往会感到被动,无法全面了解孩子的情况,也难以达到预期的沟通效果。尽管一些学校开设了家教知识讲座,但家长仅仅获得了一些基础的技能和零散的知识,而无法建立一套完善的家庭教育理念和方法体系。目前,家校沟通仍以集体开会的方式为主,无法为特定的学生家长或个体提供有效的指导,从而无法满足家校沟通的更高要求。

随着时代的发展,许多家长都忙于工作,他们将孩子教育的责任完全交给了学校,却不知这些都是家长责任缺失的表现。尽管父母将孩子带入学堂,但在整个成长过程中,父母的指导和支持仍不可或缺。下面是家校沟通的一些典型案例的分析。

【案例1】把学生交给教师就是教师的责任了。

有这样一位农村教师,她在班主任工作当中,发现与家长的沟通特别困难。她所在的学校是一所寄宿制学校,周末的家庭作业也没有得到妥善处理,学生的作业堆积如山,令人头痛。和家长交流,家长也不放在心上。有时来学校一趟,只为了给孩子一点生活费,然后匆匆离开,对学生的在校情况毫不关心。教师主动找家长交流,家长都说自己很忙,希望教师对孩子管理更加严格。这主要是因为家长对孩子的教育意识太差,在他们看来教育学生就是教师的事情,和他们没太大关系。

[案例评析]面对这样的家长,教师应该通过各种渠道,如打电话、发短信、家访等形式,主动与家长沟通。沟通方式除了同一时间、面向全体的家长会以外,还有 QQ、微信等方式。

【案例2】在家长会上,教师严厉地指责和责备了学生。

在工作当中,有许多教师往往表现得很强势。有一个家长曾经跟她孩子的班主任谈到之前的老师,感到非常的不满意。这名老师缺乏与家长的沟通,在家长会上只是简单地指责孩子的缺点。

教师在家长会上,语气应当平易近人。为了更好地促进学生的成长,我们应该向家长展示我们的教育工作,并且制定未来的计划。我们还需要向家长提供具体的要求,并听取他们的意见,共同探讨如何改进我们的工作。通过这些活动,我们可以更好地协调学校和家庭之间的关系。

在与家长交流时,我们会详细描述学生的不良行为,并向他们进行详细的报告。

［案例评析］在与家长沟通的时候，只向家长陈述孩子的不当之处，会让家长有种"挨批评"的感觉。教师应该将负面信息转化为"夹心面包"，首先提供积极的、有益的信息，然后再提供消极的，最后以积极的信息作为结束。在与家长交流时，应该采取实际行动，而不是空谈观点。应该提供有关学生学习和行为的具体案例，而不是简单地使用形容词给学生贴上标签。不要只是简单地指出孩子的数学成绩不佳，而是要通过实际的例子来证明，例如上周我们学习的某个知识可能会让孩子感到困难，但是他们仍然坚持完成了作业。

【案例 3】在家庭和学校之间的沟通中，我们常常忽略了学生的需求和感受。

班主任王老师曾经面临过一个棘手的问题。学生的家长起初是因学生不愿上学来请教她的。在与家长剖析原因时，才得知学生惧怕老师，甚至已经达到浑身颤抖的程度，这让老师感到十分意外。家长告诉老师几件事例：孩子说班主任无故取消她精心准备的领诵、惩罚她独自在教室外抄写生字。而这些均是子虚乌有的。取消学生领诵是因为她迟到了；罚抄生字是因为她生字听写成绩较差，但是从未让她离开过座位。

原来这名学生的父母离异，父母工作繁忙，无心照顾她。她编造这些谎言，只是希望父母对她能有更多的关注和陪伴。

［案例评析］家庭和学校之间的沟通是建立在学生和家长之间联系上的。如果忽视了孩子的情绪和内心想法，往往就会产生误会，给家校沟通工作带来许多麻烦。这则案例中，教师被误会了。面对这种情况，教师首先要做的是，稳定家长的情绪，与家长沟通的时候，时时寻找谈话的共识。当谈及与孩子的关系时，应该保持冷静，并尽量避免与家长发生争吵。在跟家长讨论孩子的困难时，一定要尽量做到公正、坦诚，而不是指责。在讨论中，教师应努力寻求双方都认同的解决方案。比如，你可以对家长说：我理解你们的担心，让我们看看能否一起来为之想办法。通过将教师和家长的观点结合起来，制定出一个切实可行的解决方案。

【案例 4】教师一发现学生的问题，就告知家长，而没有提前了解具体原因。

许多教师以为,只要把所有的细节告诉家长,学生的成绩和表现便可以得到提升,却没有提前了解问题的原因。比如,有个学生的作业总是错很多,孩子的父母来问情况,教师只指出了问题所在。家长回家后,严厉要求孩子必须要跟着教师的节奏。孩子虽然听了父母的话,但却对学习提不起兴趣,其实孩子更需要有针对性地辅导和支持。

[案例评析]家校沟通不是一有事情,就急着找家长。教师在与家长沟通之前,要先调查清楚学生的状态和想法,只有了解清楚学生的真实情况,才能给出有针对性的解决方案,再与家长沟通,提升沟通效率。

【案例 5】教师在与家长沟通过程中,一味地强调家长不尽责,把所有原因归咎在家长身上。

一名教师,希望学生能够得到家长的监管和指导,然而由于各种原因,一部分家长未能及时参与,从而使得孩子无法按照教师的计划去完成任务,于是教师对家长一味地进行谴责。然后,家长将愤怒的情绪传递给孩子,导致孩子产生厌恶的心理,并且拒绝完成任务。因为遭遇了老师的指责,家长们也没办法跟孩子沟通,因此没能一起努力帮助孩子成功。

[案例评析]该教师,在与家长的沟通过程中,采用了居高临下的态度,导致家长和学生产生逆反心理。教师应该邀请家长参与到问题的解决中来。此外,还应该与他们进行一些有益的互动,让他们更好地表达自己,并且积极地向他们发出询问,以便他们更好地理解。

二、小学数学教学有效家校沟通的策略及渠道

作为教师,我们必须密切监督孩子的学业,并且重视他们的日常表现。我们必须和家长随时保持联系,以便于我们能够更好地理解学生的想法。同样,我们必须确保我们能够随时随地地帮助学生提升他们的能力,并且能够更好地指导他们的思想、价值观、人格、社会责任的形成。因此,教师必须认真负责地对待学生的发展,并且能够制定出适合他们的发展规划。因此,需要重视沟通的策略及有效渠

道。沟通方式不仅要有家长会、电话、短信,还要补充如 QQ、微信等方式的沟通,还可以在开学初让家长选择自己最喜欢的方式、最常用的社交工具用来联系。

1."校讯通"为家长和教师之间搭建了一座沟通的纽带。

"校讯通"是一种快捷、实时沟通的教育网络平台,它可以有效解决教师和家长之间的沟通问题。教师可以将学生在学校的表现情况、考勤情况、成绩评语、学校的动态和通知等发送给家长,让家长每天都能及时了解到孩子在学校的情况。教师可以通过"校讯通"给家长发短信,不仅告知每天的家庭作业,还把学校的规章制度、行为习惯和要求告诉家长,很多家长也可以通过"校讯通"把孩子的性格特点、兴趣爱好反馈给老师。

随着科技的发展,传统的家庭和学校的沟通模式已经发生了巨变。比起邀请家长参加学期课程,这种模式更加全面,更加深入,更加有效。因此,为了更加全面地了解学生的学习情况,教师应该采取更加积极的措施,比如定期开展家庭和学校的互动活动,让家长更加主动地参与到教学中来,从而更加全面地了解情况,更加实时地反映学习结果。"校讯通"为学校与家庭搭建了一座便利的交流平台,使得他们能够更加紧密地联系在一起,从而建立一个良性的互动环境,为学生的全面发展提供支持。

2.建立班级家长交流群,互相学习教育经验。

通过使用家长班级家乡交流群,我们能够更好地进行教育教学和班级管理。这种信息技术工具不仅能够帮助教师提高工作效率,还能促进家长与教师之间的沟通。通过班级家乡交流群,我们能够更好地了解彼此的需求,并且能够更好地满足家长的需求。因此,教师创建了班级家长交流群。群聊活动非常活跃,不仅可以探讨孩子的学业问题,也可以探究他们的兴趣爱好,更可以让每一个家长都能够发表自己的看法,并且可以将他们阅读的资源实时共享或把优秀的教育资料发布至群中;此外,许多热情的家长也会对他们孩子的成长和发展给予支持和鼓励。班级群的创建大大改善了教育体制,它不仅使得学生和教师可以更加便捷地沟通,还使得家庭教育更加有效。

3.创建班级博客,创新班级管理。

班级博客可以作为一种有效的信息传递方式,无论在何处都可以进行。这种方式可以帮助教师、学生、家庭成员之间建立良好的关系。建立在互联网上的班级博客为教师与同事之间的交流提供了新的渠道,并增强了整个团队的凝聚力。

我们的博客里"班级活动"内容很丰富,比如运动会的照片,综合实践活动的照片,六一儿童节的视频和照片,还有少先队活动照片等。家长不仅可以通过留言来反映孩子的学习情况,还可以分享自己的家庭教育经验,并且可以就班级建设提出宝贵的意见和建议。班级博客使教师和家长的交流越来越多,越来越深入。

4.通过微信,我们可以实现师生之间的互动式学习。

数学教师通常要面对两个班的学生,课堂时间有限,因此很难快速准确地了解每个学生的学习难点并给予有针对性的指导。为此,微信提供了一系列便捷的服务,包括免费聊天、实时留言、消息推送等,使得教师和学生之间能够一对一地交流,从而解决他们的疑惑。当学生放学回家后,他们可以利用微信来进行个性化的学习,并且可以在班级群里随时随地向老师提出问题。这样,其他同学就可以看到自己的问题,并且可以从中得到反馈。此外,微信群里的交流方式不仅可以是文字的,还可以是语音的,这样教师就可以更加清楚地阐述自己的想法,让学生有更多的思考空间。

三、家校沟通的艺术

(一)沟通原则

1.以礼待人、坦诚相待。

信任是家长与教师之间建立良好关系的基石。双方以真诚、客观的态度,理性的思考来进行沟通,并且及时给出恰当的回应,可以促进学生的学习与发展。

2.礼节周到热情。

无论是前往家庭访问,还是邀请家长到学校来交流观点,我们都应该迅速调整自身的角色,将其视为可以信任的朋友,这样才能更轻松地与家长沟通;而不是一味地以严厉的态度去教导家长,或者指导他们如何做,否则将无法有效地解决问题。当家长来访时,我们应该热情地欢迎,并且端上茶杯,以表达对他们的尊重。当家长离开时,我们也应该站起来,表示祝福。在交谈中,我们应该使用文明的语言,比如"请坐""请喝茶",以便让家长感受到我们是一个有道德修养的教师,并为我们之间的交流打下良好的基础。教师应该时刻保持良好的外表,穿着得体、精神饱满,这样才能给家长留下深刻的印象,并赢得他们的尊重。

3.选择良好时机和家长沟通。

如果家长工作繁忙或者没有足够的时间与孩子沟通,那么这就不是一个合适的沟通机会。有些家长来访,但如果教师没有足够的时间进行沟通,会让家长感到失望。为了解决这个问题,教师应该提前制定计划,安排好双方的时间,并且详细列出谈话的内容,然后逐一和家长进行沟通。

4.面带微笑。

在日常的社会交流中,微笑的魔力令人难以抗拒。作为教师,我们应该尽量避免与家长发生冲突,并且保持冷静。拥有灿烂的笑容,不管遇到什么样的窘境,都可以让人放松,获取家长的信任,展示出你的包容与理性,这样才有可能避免误会与冲突。

(二)不同家长的不同接待方式

1. 对于拥有丰富的家庭教育知识的家长,如果能够用这种知识与同龄人交流,不仅能够提升大家的素养,还能够唤起大家的积极性,从而达成良性循环。

2. 当与一对溺爱的父母进行沟通时,我们首先会认可他们的优点,并对他们的优秀行为给予诚恳的称赞,同时也会及时指出他们的缺点。我们会尽量尊重他们的感受,并且认可他们对孩子的关怀,让他们从内心深深地认可我们的观点。应该以诚挚的态度提醒父母，溺爱会给孩子的健康成长带来极大的威胁，并且以温和的态度劝导父母以合理的方法去引导他们的子女，让他们清楚地了解孩子的行为，而不是去掩盖孩子的错误。

3. 对于"后进生"的家长，我们应该给予他们足够的信心。当家长发现孩子的表现不尽如人意时，教师应该给予有力的支持，以便让他们更好地理解孩子。学习成绩并不是唯一的评价标准，我们应该充分利用孩子的优势，帮助他们发现自己的潜力，并且给予家长更多的支持和鼓励。因此，我们应该先向他们展示孩子的优点，以便他们能够更加放松地接受孩子的问题。当家长听取教师的建议时，他们会更加乐意配合，并且愿意为孩子提供帮助。但是，在谈论孩子的缺点时，一定要谨慎、委婉。在谈论孩子的优点时，应该热情洋溢，语气温和，以此让家长对孩子充满信心。

4. 面对气势汹汹的家长，最佳的应对策略就是保持温和的微笑，不管遇到多么棘手的问题，都要勇敢地去面对，展示出自己的宽容大度，以此来化解误会和矛盾，最重要的是要用理性的方式来说服他们。

（三）沟通技巧和建议

1. 语气委婉不唐突。

首先，教师应该以真诚的态度与家长沟通，让他们感受到被重视和尊重，并乐于与他们分享想法和帮助他们解决问题。在与家长交流时，教师不应该表现出高高在上的姿态，而应该采取温和的方式，比如"您应该"或"您可以"，或者采取"我认为""我觉得""我需要您的协助"等更加友好的方式，比如"您认为怎样？""您觉得如何？""您的想法是？""您的意见是？"来营造良好的沟通氛围。家长会以积极的态度来接受我们的建议。教师要用坚定的语气来表达，让家长相信你的观点是正确的。

2. 观点明确并可行。

应该根据学生的具体特点，比如学习成绩、兴趣爱好、特点、思维方式,采取明确的措施,使得家长在沟通中更加明确,避免因为一味地说空话,无法真正帮助孩子解决实际的困难,导致孩子的沮丧和质疑。为了获得更好的效果,我们必须根据具体情况制订有效的方案,并且能够得到家长的认同。但是,如果方案过时或者缺乏科学性,可能会损害教师的声誉。因此,提高专业知识和技能是非常必要的。

教育不仅仅局限于传授知识,有效的家校沟通也是十分重要的。因此,我们需要建立良好的师生关系,并且要运用各种技巧和策略来促进家庭和学校之间的互动。

四、家校沟通的典型案例剖析

【案例1】在数学教学过程中,需要学生自主阅读一些资料,这些补充阅读的学习资料显然是有益于学生自主学习能力培养的。如果家长不理解,则会认为教师增加学生的负担,增加家长的麻烦。教师可以采用以下三个步骤。

1.利用家长会,阐述自己的教学理念,阐述培养学生学会自学的重要性,以及家长在这个过程中需要提供的物质帮助和一些技术协助,获得家长的理解。如果家长会的时间与自主学习内容的安排不协调、出现滞后现象的话,可以通过短信或者面谈家长,进行简要阐述。

2.内容提供前,对学生和家长公布"三不,三鼓励"原则。一是不允许都"做题",做所有的题,鼓励学生选择自己最需要、最想要的先学习,不是只有解题才算学习,出题、提出疑问、分享自己的学习经历更重要;二是不建议家长一股脑全部下载打印给孩子,鼓励家长与孩子共同选择,提出建议;三是不要求家长做内容指导,鼓励学生有问题请教老师,时间不定,随时欢迎。

3.内容提供后,一是及时公布反馈学生自学情况,对学生公开鼓励表扬为主,二是学生提出的问题、分享的经验及时在课堂中解决、分享,三是在练习中增设附加题,或者是在新授课与自学材料相关时,提供应用自学材料的机会。

当教师面临着家庭支持的压力时,他们应该采取一系列措施来解决问题。第一步就是建立良好的沟通渠道,使双方能够达成一致;第二步骤则应该采取有效的措施,以确保教育工作的顺利开展;第三步是应该给予适当的回报,并给予适当的奖励,以唤醒教师的热情。

一般来说,家长会只关注"教师讲、家长听",而忽略了其中的重点,即教师和家长之间的互动。事实上,教师和家长之间的互动并非完全公平,教师和家长应该共同努力,让孩子成为班集体的核心。在召开家长会之前,教师首先以"我们向家长汇报什么,以什么形式汇报"为主题向学生发出邀请,让他们尽情表达自己的观点。班主任会将所需的信息撰写为文字总结,并不断地进行调整和实践,从而突破传统的家长会模式,营造一种轻松愉悦的气氛。

【案例2】我们期待已久的家长会终于开始了。我们看到,学校已经将整间教室打扫得一尘不染,并且桌椅摆放得整整齐齐。我们还看见了各种展示品、海报和作业,让我们的家长能够更好地了解我们的学生。我也将为大家解释我的工作方式,并请大家多多指导。当孩子们轻松地登上舞台,令观众惊叹的演说激起了热烈的反响。尽管他们的表达可能还不够熟练,但是让大家对他们的潜质给予了认可。当家长看到孩子的表现时,不仅为之欢呼雀跃,还为其增添了一份自豪,激励着他们不断提升,勇敢追求梦想。当其他学生和家长在观察台上演讲时,他们都被鼓舞,并且更有动力去提高,以便在未来能够再一次展示出他们的才华。随后,他们还向大家宣讲了他们如何培养学生。

［案例评析］这位教师不断为学生提供实践机会,让学生有机会发挥自身的潜能,并且让家长参与其中,从而更好地了解如何用科学的方式来指导孩子。

【案例3】晚上九点多钟,小聪的妈妈打来电话,情绪激动,甚至有些愤怒,向老师讲述那天晚上兴趣活动时,小聪被同学欺负,老师也没有管的经过。这一讲就一个小时左右,最后说的话掷地有声——这样的环境不利于孩子的成长,打算转学,费用不成问题。在她讲述的全部内容中,教师只是静静地聆听,并未发表任何言论。当教师听完之后,对家长表示理解,并表示明天会仔细调查情况,然后再进行交流。第二天,该教师了解情况之后,发现没什么大不了的,主要是孩子自己多疑,觉得同学们都不喜欢她。根据这个情况,晨会的时候,老师对学生说:"今天的晨会,主要是夸夸小聪。"晨会后,老师问小聪爱自己的母亲吗?她点点头。老师说你给母亲打个电话,别让母亲担忧,好吗?她点点头!中午,她的母亲打来电话,态度大变,谈得很投机。

[案例评析]被动沟通的时候,平心静气地倾听非常重要。沟通时需要快速找到应对的措施,把教育的意图隐蔽在友好的无拘无束的气氛中,把教育的要求转化为家长自身的要求!

【案例4】班主任李老师正在办公室批改作业的时候,突然,门砰然打开,调皮的男孩小杰蹿了进来,他气喘吁吁地走到老师面前,急切地说:"哎,你快去看看吧,有同学哭了!"开始的时候,老师没有留心,但是随后的接触中,老师发现,这个孩子在与老师交谈时,经常使用"哎"这种称呼,进出办公室也从来不敲门,与同学的交往也总是自由自在,不会考虑别人的感受。当别的同学犯错时,他的第一反应就是讥笑别人,所以很多同学都不喜欢他。这引起了李老师的注意。

针对这些问题,老师找到小杰的母亲了解情况。首先需要肯定小杰的优点,比如头脑敏捷、善于思考、踊跃回答问题等,听到孩子的良好表现,小杰的母亲脸上露出了微笑。然后李老师跟家长谈起了孩子在与人交往方面的情况。小杰的母亲第一反应是非常惊讶,她不觉得孩子存在类似的问题,通过与她的深入交流,她开始相信确有此事,然后答应李老师回家注意孩子的表现。几天后,她告诉老师,孩子在家也存在这一现象,但是妈妈没有加以注意,比如,喝水时,会直接朝妈妈喊:"哎,给我倒杯水!"要求父母做事情时从来不会用礼貌用语。小杰从小就与爷爷奶奶住在一起,当孩子犯错时,他们会立即出来维护,这种情况持续下去,孩子就形成了一种自大自私的性格,完全不关心周围的人。了解到这件事情的前因后果后,老师决定和家长一起联手帮助小杰改掉不尊重他人的坏习惯。在与小杰的接触过程中,老师发现这个孩子特别聪明,而且很热心,但是他对自己的问题并不自知。老师决定先从与他建立良好关系开始,告诉他每个人都有权利和需要获得尊重,期望他对别人都以礼相待,并让他进行换位思考。在此期间,让家长关注小杰的变化,发现小杰有尊重别人的行为,立刻加以称赞,表扬孩子点滴的进步。让他记录下当他考虑他人感受时内心的波动。一段时间后,李老师发现小杰有了很大的改观,见到老师也会主动地行礼,别的老师也纷纷反映小杰懂礼貌了,家长反馈现在孩子在家很少指使别人了,自己的事情自己去做,请别人做事时也会使用文明用语,小杰身边的朋友也渐渐多起来了。

[案例评析]这位班主任在与家长交流时,表现出尊重和友善的态度,他没有一见面就发脾气,也没有抱怨指责家长,而是以诚恳的态度和热情的语气,帮助家长获取有价值的信息,并且让家长感受到教师的师德。通过建立一种和谐、互信、合作的教育伙伴关系,教师和家长可以共同努力,让孩子取得更大的进步。在家长面前,应该先肯定学生的进步和成绩,然后再讨论他们的问题,这样家长就会更容易接受。

第八章　小学数学高效教学的实例

一、小学数学高效教学对比实验课的研究

(一)对比实验课1

1.对比实验课基本情况。

上课时间:2016 年 1 月 6 日

上课地点:多媒体教室

上课内容:简便运算(复习课)

上课班级:对照班　三(2)班

　　　　　实验班　三(6)班

观察形式:全程视频拍摄,课题组教师跟踪听课,做听课记录

后测形式:笔试

2.课堂观察数据统计及分析。

实验班:三(6)班共 35 人,男生 20 人,女生 15 人,平均举手次数约 12.5 次,平均回答问题次数约 1.2 次。学生上课兴奋持续时间平均 34 分钟,最长 35 分钟。

对照班:三(2)班共 35 人,男生 21 人,女生 14 人,平均举手次数约 10 次,平均回答问题次数约 1.3 次。学生上课兴奋持续时间平均 34 分钟,最长 35 分钟。

分析:从教师统计的举手和回答次数来看,实验班学生课堂举手次数略多一些,对照班学生课堂举手次数稍少,实验班学生主动参与课堂积极性稍高一些,两个班平均回答问题次数相当,相差不大。

3.后测结果分析。

本次后测共 4 个模块,第一模块 3 小题:

$125×7×8$　　　　　$40×13×25$　　　　　$125×32×25$

考查学生乘法交换律、结合律的运用情况,进行简便计算,相对较容易。

第二模块 3 小题:

$(125+11)×8$　　　　$9×264+9×36$　　　　$234×7-7×34$

考查学生乘法分配律的运用,有把共同因数分配进去相乘,也有提取共同因数相乘,两种类型均有。

第三模块 2 小题:

$14×99+14$　　　　　$58×101-58$

根据算式特征,构造符合乘法分配律特征的式子,运用乘法分配律进行简便运算。

第四模块 2 小题:

$103×25$　　　　　$99×63$

两数相乘简便运算,主要拆其中一个数,构造符合乘法分配律特征的式子,运用乘法分配律进行简便运算(实验结果如表 8-1)。

表 8-1

类　别	平均分	满分人数	不合格人数	第一模块得分率(%)	第二模块得分率(%)	第三模块得分率(%)	第四模块得分率(%)
实验班	83.43	7	1	96.2	78.1	88.6	67.4
对照班	67.14	0	8	72.2	67.9	78.6	33.9

结果分析:从两个班级完成后测的平均分来看,实验班比对照班整整高出 16.29 分,差距较大。从此节课的课堂观察来看,此节课的教学内容相似,但在教学环节的设计上有较大差异。由于教学设计的不同,学生的学习方式也发生了变化,学生的学习效果必然会受到影响。从后测各题的得分率来看,实验班均高于对照班,对照班失分主要在方法和计算两方面,第一模块题乘法交换律、结合律的运用,由于只有一种运算,相对较简单,得分率较高。第二模块、第三模块

实验班得分率均高出 10 个百分点左右。第四模块有一定难度,需拆一个数,构建成符合乘法分配律的算式,进行简便计算,实验班得分率高出对照班 30 个百分点,可见在灵活运用运算律方面,实验班学生远远高于对照班,这与实验班老师在课堂教学中,注重培养学生抽象思维能力等方面有较大关系。下面结合此节课教学作详细分析。

4. 两堂课的有效点分析。

此节课是一节复习课,运用乘法运算律进行简便计算,之前已学习了乘法交换律、结合律和乘法分配律,此节课对这三个运算律的运用进行汇总复习,复习的知识点较多,不仅要求学生对这三种运算律的形式熟知、理解、掌握,更重要的是运用。学生首先得观察算式特征,符合哪种运算律的形式,根据算式中数的特征,运用相对应的运算律进行简便计算。以前的四则运算学生只要计算正确即可,而简便运算,学生则需具有一定的分析、辨析、灵活运用知识的能力,尤其是当三种运算律全部学完,一起混合运用时,这对学生来说,具有一定的难度。

从教学时间上来看,教师用一节课时间对这些知识点进行复习,类型要全覆盖,时间就稍紧一点,所以两位老师均出现了拖堂现象。

下面从教学设计上进行对比分析。

第一部分,复习旧知,实验班老师分两块进行,第一块在□里填上合适的数,在○里填上运算符号,并让学生说一说运用了什么运算律。

23×56＝□×23 运用了(　　　　)。

7×25×4＝7×(□○4)运用了(　　　　)。

45×□＋45×33＝(67○33)×45 运用了(　　　　)。

此节课是一节复习课,主要复习乘法运算律。妙就妙在实验班老师通过出示题目,三个算式填空,让学生不仅应用运算律做题,而且要说出用了什么运算律,这题需要学生彻底掌握乘法运算律,才能正确回答。这样的思考过程大大提高了课堂的效率,在练习过程中,学生的反馈较好。

第二块,实验班老师通过表格的方式,让学生回忆乘法运算律的形式(如表 8-2)。

表 8-2

名称	字母表示	举　例
乘法交换律	$a \times b = b \times a$	$25 \times 12 = 12 \times 25$
乘法结合律	$a \times b \times c = a \times (b \times c)$	$47 \times 2 \times 5 = 47 \times (2 \times 5)$
乘法分配律	$(a+b) \times c = a \times c + b \times c$ $(a-b) \times c = a \times c - b \times c$	$(25+9) \times 4 = 25 \times 4 + 9 \times 4$ $(25-9) \times 4 = 25 \times 4 - 9 \times 4$

实验班老师先让学生回忆了乘法运算律的字母表示,再用自己的话说一说各乘法运算律式子的特点,分析出每一个乘法运算律适用的范围,之后学生试着写算式。

在讲这些算式时,让学生观察细节,说出整个算式的运算顺序,注重语言表达的培养,并且发现各运算律中符号、数字的特点。

从整个复习旧知的过程来看,呈现形式多样,学生的旧知被充分调动,不只是旧知的简单记忆再现,教师更注重的是对旧知的理解、运用,为下面的复习、运用、提升做了很好的准备。

尤其需要提的一点是,教师通过表格的方式呈现出三种乘法运算律,从观察角度看,一目了然,对比清晰,更重要的是除了复习三种运算律,更加强了知识的对比。

对照班老师的复习旧知,是先呈现一组算式,然后出现运算律的文字叙述,最后出现字母公式,三种运算律均采用了此种复习方式,提问较少,均由课件呈现,程序较清晰,但这样的复习对知识点来说,相对较孤立,未在旧知之间建立联系,学生也未对知识点进行辨析,而是简单地进行了运算律的回忆,效果上较实验班老师稍逊一筹。

第二部分是对这三种运算律的运用,从课堂观察看,两位教师均对简便运算类型进行了分类,然后逐项讲解各类型简便计算,紧接着通过试一试练习加以巩固。但在具体教学设计上来看,有一定的分别,这可能是造成后测结果差距较大的重要原因之一。首先我们来看实验班老师,她在这一部分分四块进行,第一块乘法交换律、结合律的多种形式的运用,此两种运算放在一起,是由于知识点的联系,交换就是为了更好地结合。如：$125 \times 2 \times 8 = 125 \times 8 \times 2$ 和 $16 \times 125 = (8 \times 2) \times 125 = (8 \times 125) \times 2$。

　　这两种运算律的运用相对较容易,但实验班老师设计特别用心,从三个数的连乘 $125 \times 2 \times 8$,拓展到 4 个数连乘 $45 \times 5 \times 12 \times 2$,打开学生的思维,而不是仅仅受字母公式的限制。同时两数相乘,也可拆其中一个数,构建乘法交换律、结合律的运用。实验班老师不但从形式上让学生理解运用了乘法交换律和结合律,而且让学生真正理解此运算律的意义。从实验班老师的课堂提问中就能窥见一斑,怎样的算式可以用乘法交换律、结合律,加强了对学生辨析能力的培养。

　　第二块,乘法分配律的运用和变形。实验班老师深知这是学生理解最困难的部分,变化形式多样。老师在这一块浓墨重彩,毫不吝惜给孩子时间,体现了实验班老师对教材、学生的了解程度之深,所以实验班老师这一块又分两小点进行:分到合,合到分。比如:$77 \times 37 + 23 \times 37 = (77 + 23) \times 37$ 是由分到合,而 $25 \times (40 + 4) = 25 \times 40 + 25 \times 4$ 是由合到分,每种类型都举一反三,深入讲解。

　　而在分到合这一点上,实验班老师出示算式后,并没有急于让学生进行简便计算,而是让学生观察算式,说一说算式的意义。这一提问,恰恰点开了学生对于乘法分配律意义的真正理解。可见实验班老师对于学生知识的教学,是从根本上让学生掌握。正是因为学生对于乘法分配律意义真正的理解,所以学生对于算式的变形,如 $99 \times 37 + 37$,$101 \times 37 - 37$,102×35,98×35 去构建乘法分配律,才能迎刃而解。而后测第三、第四模块题的成绩,证明了这一点,而这恰恰是实验班老师的教学理念在起着很大的作用,非一日之功,非一节课之功。

　　最后实验班老师还不忘辨析,对乘法交换律、结合律与乘法分配律进行了辨析。$25 \times (\square \bigcirc 4)$ 如果是 $25 \times (8 \times 4)$,就等于 $(25 \times 4) \times 8$,用到乘法交换律和结合律;如果是 $25 \times (8 + 4)$,就等于 $25 \times 8 + 25 \times 4$,用到乘法分配律。

　　一道题,一道不完整的题,给了学生思考的空间,充分调动了学生的学习积极性和探索的欲望,完美地对这三种运算律进行了辨析,学生此刻已经将这三种运算律深深刻在了心里,而实验班老师却紧追不舍,课堂结束前,又来一组判断,出示正反例,将辨析运用进行到底。

判断正误。

①63+35×7 的第一步算 65+35,这样很简便。　　　　（　　）

②101×46-46=100×46。　　　　　　　　　　　　（　　）

③134×8=125+9×8。　　　　　　　　　　　　　（　　）

④25×（40×4）=25×40+25×4。　　　　　　　　（　　）

⑤125×7+3×125=125×（7+3）。　　　　　　　　（　　）

从这一部分的教学来看,实验班老师是详略得当,该花时间的毫不吝惜,少花时间的也绝不啰嗦,得益于教师对教材和学生的了解和把握。

从对照班老师这一部分教学来看,则弱了很多,教师先出示了14道算式,让学生根据算式特征进行分类。

对照班教师总共给出了六大类,学生仅仅根据各运算律字母公式简单地模仿,进行分类。对照班老师也注重分类、辨析的思想,但一次抛出了三种运算律的所有算式,从课堂观察来看,学生无从下手,内容太多、太杂乱,效率低下,花费时间较多,而在真正运用运算律进行计算时,则时间显得仓促。从此节课的整个教学设计来看,这可能是导致后测结果相差如此之大的重要原因之一。

另外,从教师课前设计的课堂作业纸上的习题来看,实验班老师所设计的与我所设计的后测题型类似,相似度极高。从课堂上例题的选择,均可看出实验班老师作业设计与教学内容息息相关,并且一题多用,适度拓展,才使得学生能够灵活解决各种问题,而不仅仅局限于书本之上。

从课堂组织形式来看,均采用了合作讨论的形式,实验班老师的讨论着重对三种运算律意义的理解、辨析,对照班老师的讨论着重对14道算式的分类,但内容较多,指向性不明确,学生有可能效率低下。而实验班老师则是分开进行,依次对三种运算律的意义进行理解、辨析,让学生充分讨论,效果较好。

综上所述,由于实验班老师把握课堂教学有效技能策略,造就了实验班老师课堂如此高效,学生也能够学得轻松、学得好。

(二)对比实验课 2

1.对比实验课基本情况。

上课时间:2016 年 5 月 6 日

上课地点:相城实小多媒体教室

上课内容:异分母分数加减法(新授课)

上课班级:对照班　　四(4)班

　　　　　实验班　　四(3)班

观察形式:现场听课,课后观看视频录像

后测形式:笔试

2.对比实验课情况概述。

2016 年 5 月 6 日上午第 3、4 节课,实验班和对照班两位教师上了两堂实验课。为了方便对比,两堂课的教学内容均为"异分母分数加减法",对照班教师是用自己的班级四(4)班进行教学,而实验班教师则是借班上课,用的是四(3)班。为了方便后面的分析,我们对两节课都进行了现场的视频录像。对于此节课的资料也进行了收集,如教案、教学课件、课堂练习纸等。课后我们还马上对学生进行了教学后测,并对后测的成绩也进行了统计和分析。

3.从整个课堂教学设计上进行对比分析。

此节课的教学内容是"异分母分数加减法"第一课时,从教学内容来说是一节新授课。此节课的教学目标是使学生理解并掌握异分母分数加减法的算法并能正确进行计算,属于规则的学习。此节课更像是一节综合运用已有知识解决新问题的数学思想方法的实际运用课。因为异分母分数加减法其实需要学生运用很多已有的数学知识:分数的意义、分数的基本性质以及约分、通分、分数小数互化的方法,还有同分母分数加减法,然后运用转化的数学思想,把异分母分数转化为同分母分数,最后进行计算。这节课对学生已有知识的理解和掌握情况要求比较高。所以此节课的教学重点不是在于异分母分数的计算这一环节,而是重点帮助学生理解和掌握异分母分数加减法的算理,使学生理解为什么要把异分母分数转化为同分母分数、又是如何转化为同分母分数来进行计算的。

我们仔细分析了两位教师课堂教学过程的各个环节,如表 8-3 所示,从以下几个方面进行对比。

表 8-3

课题	异分母分数加减法	
执教	对照班执教教师	实验班执教教师
复习导入部分	执教教师在复习部分安排了两组练习:第一组是 3 道同分母分数加减法的口算,口算后让学生说了算理,及计算时的注意点,如计算结果要约分等。还对 3 道题进行了观察比较,发现这 3 道题都是同分母分数加减法。第二组题目是:① $1402-569$,② $4.7+9.65$,一道整数减法和一道小数加法。通过这 2 个例子,教师想强调相同单位才能相加减,然后导入新课	实验班教师从一条线段引入,取线段的中点,让学生用分数表示从起点到中点的距离。学生用 1/2 来表示。教师继续分线段,平均分成 4 份,还是起点到中点的距离,用 2/4 表示。继续平均分,仍是中点,用 4/8 表示。继续下去,是 8/16。像这样的分数有很多,其实分数就是这样的一个大家庭,像刚才说的这些分数 $\frac{1}{2}$,$\frac{2}{4}$,$\frac{4}{8}$,…它们的大小相等。这时教师进一步提问,不同点和相同点,学生发现分数单位不同,分的份数不同。因为分的份数不同,所以它们的分数单位就不相同。然后教师引导学生复习了分数的基本性质。 　　在引导学生回忆这么多的旧知以后,实验班教师才出示三组准备题,这 3 组题与对照班教师的题目有相似之处,也是第一组整数的加减法,第二组小数加减法,第三组同分母分数加减法。但是我们注意到在这里教师的处理方法是有不同的。相比之下会发现实验班教师在这里处理得更加细致到位。对于整数和小数加减法,实验班教师是牢牢抓住"数位对齐"这 4 个字来展开:如何对齐?为什么要数位对齐?从而引导学生归纳出:相同数位相加或相减。而对于同分母分数加减法,实验班教师不仅要求学生说算理,还引入了图例。同时强调分数必须保证平均分,也就是分得的每一份是相同的

续　表

课题	异分母分数加减法	
执教	对照班执教教师	实验班执教教师
高效点分析	从复习导入的对比分析,我们不难发现实验班教师在导入部分整整花了 10 分钟的时间,明显要比对照班教师花费的时间要多。实验班教师在课的一开始就牢牢抓住了数学知识之间的内在联系,从整数加法、小数加减法、同分母分数加减法计算法则入手,从为什么要"数位对齐"入手,引导学生探索发现:相同计数单位才能相加减。在这里教师充分调动学生已有的知识经验,在交流、沟通的基础上,加深对异分母分数加减法计算算理的理解。为新课学习,为什么要把异分母分数转化为同分母分数做好了理论铺垫,使学生不仅知其然,也能知其所以然。 从这里我们可以看出,实验班教师对教材的把握是十分到位的,不仅是对教材,对学生的已有知识经验、对学生起点能力的理解也是进行过深入分析的。虽然都是对整数、小数和同分母分数加减法进行复习,但无论是从教学时间还是教学深度来说都是不同的	
新授部分	对照班教师在此节课的新授部分采用的是让学生"猜想——验证"的模式,让学生先对异分母分数的计算结果进行猜想,然后用不同的方法对结果进行验证,然后进行纠错,最后得到正确的计算方法。在一开始学生普遍使用的方法是转化成小数进行计算,也有转化成同分母分数进行计算的。后来在计算实践中发现有的分数不能转化成有限小数,于是都转化成同分母分数来进行计算了。整节课对照班教师牢牢抓住"转化"的思想,引导学生猜想——验证,从而得到计算法则。这个教学层次清晰,学生的课堂反馈也很好	第一步,实验班教师让学生通过复习用不同的分数表示不同的部分,引出今天的例题,激发学生主动参与学习的兴趣。正因为例题是由图引出的,学生也会从图入手去思考解决后面的问题。这里实验班教师就在默默地引导学生进行一种有效的数学思想来进行思考(如图 8-1)。 **图 8-1** 第二步,通过合作讨论,从不同角度来探索异分母分数加减法的计算方法。教师首先让学生用不同的方法把自己的想法表示出来,于是学生有的进行操作,有的进行计算。老师则进行巡视、指导,观察学生的探究,参与学生的探究

续　表

课题	异分母分数加减法	
执教	对照班执教教师	实验班执教教师
教授部分		第三步,引导学生交流讨论,沟通比较,明确通分的算理。这一环节实验班教师选择了几个不同想法的学生的作业纸进行了交流讨论,交流中让学生充分描述自己的探索过程,并面向全班,再交流计算的方法,并着重让学生说明为什么要先通分,使学生充分认识到异分母分数的分数单位不同时,不能直接计算,只有通过通分转化成同分母分数后才可以直接计算,然后引导学生归纳总结"你们认为异分母分数加减法可以怎样算呢?"。经历了充分的探索和思考后,学生很快就会总结出:先通分,再按照同分母分数加减法的计算方法进行计算。 　　第四步,通过二次自主探究、一次尝试练习的体验,学生逐步建立异分母分数加减法计算法则的模型。在整个新授部分通过学生的讨论、交流发现了解法的正误,得出异分母分数加减法正确的计算方法。这样学生对于计算方法的理解会更加深刻
高效点分析		实验班教师在引导学生掌握算法和理解算理时,运用的原则是"问题情景——探究方法——沟通比较——建立模型"的教学结构模型。整个探索过程,时间是充裕的,学生是自由的,思想是开放的,在这个过程中我们可以看到学生自主充分地调动了自己原有的认知结构和生活经验,发挥自己的聪明才智,通过探索,得到较多解决新问题的方法。他们有的用画图的方法,有的用算式的方法,有的转化成小数计算,有的转化成同分母分数进行计算……学生对整个算理的探索,包括后面的讨论交流以及二次探究都是很有深度的,有层次的

4.后测分析。

此次后测分为三部分内容。

第一部分,填空,前两题利用填空的方式让学生梳理异分母分数加减法的计算步骤,比较简单,后两题则是分数加减法的运用,有一定难度;

· 133 ·

(1) $\dfrac{1}{3} + \dfrac{1}{8} = \dfrac{(\quad)}{24} + \dfrac{(\quad)}{24} = \dfrac{(\quad)}{(\quad)}$。

(2) $\dfrac{13}{15} - \dfrac{2}{5} = \dfrac{(\quad)}{(\quad)} - \dfrac{(\quad)}{(\quad)} = \dfrac{(\quad)}{(\quad)}$。

(3) 比 $\dfrac{1}{3}$ 米长 $\dfrac{1}{2}$ 米是( )米。

(4) $\dfrac{7}{8}$ 米比( )米长 $\dfrac{1}{4}$ 米。

第二部分,计算,主要考查学生异分母分数计算的熟练情况。

$\dfrac{5}{6} - \dfrac{1}{4}$　　　$\dfrac{1}{5} + \dfrac{3}{4}$　　　$\dfrac{3}{4} - \dfrac{2}{5}$　　　$\dfrac{1}{3} + \dfrac{2}{5}$

第三部分,解决问题,主要考查学生综合运用分数知识解决实际问题的能力。

一根铁丝,第一次用去 $\dfrac{5}{12}$ 米,第二次用去 $\dfrac{7}{8}$ 米。

(1) 两次共用去多少米?

(2) 第二次比第一次多用去多少米?

后测结果:

实验班33名学生参加测试,平均分83.64分,100分有14人,还有2人为不合格;对照班有33名学生参加测试,平均分83.03分,100分有11人,还有5人不合格。从后测平均分来看,两个班没有很大的差距。但是考虑到实验班教师是借班上课,对于学生之前的学习情况不了解。在这样的情况下,实验班教师这节课的效果还是有所显现的。分析整个后测卷我们会发现,大部分学生对于要把异分母分数转化为同分母分数再进行计算这一解题策略还是清晰的,但是在转化的过程中,即通分中出现的问题是最明显的。可见学生在前面分数的基本性质这一块的学习中还是存在问题的。建议任课教师在后面的复习中还要加强练习。

二、小学数学高效教学实录及评述

课例1

课　　题:找规律(植树问题)(三年级)。

执教教师:实验班教师。

教学目标:能根据具体情境,选择正确的策略解决植树问题。

教学重点:能正确判断植树问题的类型。

教学难点:能采用合适的策略解决植树问题。

设计思路:植树问题中的难点是实际情境中点与段的区分。借助学生熟悉的情境理解情境中的点和段,并发现其规律。

教学实录:

(一)导入

师:看这边,在我们正式学习今天内容之前,来做这道题(指黑板右侧的题目),20 米长的彩带,每 5 米是一段,可以有多少段?

生:4 段。

师:几段?

生:4 段。

师:4 是怎么得出来的?

生:$20 \div 5 = 4$。

师:为什么是除法算式呢?

生:因为要算 20 里面有几个 5。

师:明白了吗?

生:明白。

师:20 里面有几个 5,所以是 $20 \div 5 = 4$。

师:这里是不是表示了平均分? 每 5 米一段,就是要求它每一段长度相等。平均分的时候,我们要用除法。

(二)引入新知

师:那么我们再来看这一题:20 米长的路,每隔 5 米种一棵树,种几棵树?

生:(想了几秒)4 棵。

师:说算式。

生:$20 \div 5 = 4$,单位"棵"。

师:(在左侧题目下面边板书算式边口述)$20 \div 5 = 4$(棵),单位

"棵"。

师:(再请一个同学)有没有不同的意见? 你觉得是不是这样?

生:也是。

师:有没有不一样的? 没有不一样的? 我们都在看这里吗? 是一样的吗,4 棵?

师:(拿出树状的磁铁,指着黑板中央的线段)我请人来种一下,一条 20 米长的路,每隔 5 米种一棵。谁来给我种一下?

师:(点生上黑板操作)你来种。

(学生将第一个树状磁铁放在第一小段线段的正中间)

师:(望向下面的学生)是这样种吗? 每隔 5 米种一棵。

(师继续给第二个树状磁铁,生放在第二小段线段的正中央)

师:有谁不一样? 你来种。

(点生上黑板操作,第一个生回座位)

生将黑板上已有的两块树状磁铁,分别移到第一小段线段的两个端点处,接过师手中第三个树状磁铁放在下一个端点处,依次往下,种满 5 棵树。

师:(用手指出第一小段线段)假如这条路是 20 米,每隔 5 米,这是几米?

生:5 米。

师:依次往后累加,10 米,15 米,20 米,是不是? 20 米的路,每隔 5 米种一棵树,种 4 棵。到底是种了几棵?

生:5 棵。

师:怎么种了 5 棵呢?

生:开头就是第一棵了。所以我们只算了 4 棵。

师:你觉得应该是几棵?

生:应该是 4+1。

师:(手指线段图中的每一小段)那 20 里面有几个 5,这个 4 到底是什么? 20 米的路……这个 4 是什么?

生:4 份。

师:或者叫 4 段。

师:(再次一一指出线段中的每一段)1 段,2 段,3 段,4 段。大家发现,这个 4 在这里其实不是表示 4"棵",而是 4"段"。

(将板书 20÷5＝4 的单位"棵"改成"段")

师:那 4 段为什么就不是种 4 棵呢,你把树种在哪儿了? 刚才××种在哪儿了? 种在哪里? 种在什么位置上?

生:点上。

师:(手指线段图上的点,以及段)那这个"点"和"段"一样吗?

生:不一样。

师:"点"和"段"不一样,我们看这个图也看出来了。 所以这里应该是几棵?

生:5 棵。

[师补完板书:4＋1＝5(棵)]

师:(在线段图下方板书:点、段)其实可以发现,这里的"段"和这里的"点"不一样。

评述:教师先抛出问题,学生用已有的知识来解决问题,得到了一个错误的结论。此时教师没有急于否定学生的结论,而是通过实际的操作,一步步地引导学生发现问题,体会"点"和"段"的不同。

(三)探索新知

师:那段和点之间有没有联系呢? 我们一起来看一下。

师:(课件出示一小段线段)这里几段?

生:1 段。

师:几个点?

生:2 个点。

(出示相连的两小段线段)

生:2 段,3 个点。

(增加一段)

生:3 段,4 个点。

师:点和段一样吗?

生:不一样。

(再次增加一段)

生:4 段,5 个点。

师:点和段有联系吗?

生:有。

师:能像这样继续说下去吗?

生:然后是 5 段,6 个点。

生:6 段,7 个点。

师:为什么"点"就非要比"段"多一个呢? 有没有想过这个问题? 来看一下,老师来画一条线段,这条线段很长,中间还用了省略号。

师:(标出第一段及其左边的端点)这是第几个点? 它对应第几段?

生:第 1 个点,对应第 1 段。

师:好的,这个呢?

生:第 2 个点,对应第 2 段。

师:这个呢?

生:第 3 个点,对应第 3 段。

师:这个呢?

生:第 4 个点,对应第 4 段。

评述:通过一系列的数据讨论,学生体会"点"和"段"的关系,并且渗透"一一对应"的数学思想。

师:点和段的个数怎么样?

生:一样。

师:它们一一对应。

师:这样呢?

生:还是一一对应。

师:这个时候它们的点和段的个数是一样的。往后看,问题在哪里?

生:多了一个点。

师:噢,后面还有一个点。这个点没有对应的段。我们发现,点总是比段多 1 个。

师:今天,我们就来研究点与段之间的关系。你们认为点和段之间有什么关系?

生:点每次都比段多 1 个。

师:点＝段＋1。

评述:通过分析具体的问题,得到"点"和"段"之间的关系,整个过程学生是主体,教师起到了引导的作用。

师:上面有一条线段图,老师没有把所有的树都种出来。我先提一个问题,这是什么意思?

生:每隔 5 米。

生:隔 5 米再种一棵树。

师:在线段上体现的是什么?

生:每一个 5 米种一棵。

师:每隔 5 米表示每段 5 米。那这 40 米的路就要每 5 米分一份。路被我们进行了什么?

生:平均分。

师:首先路被我们进行平均分了。平均分以后,这些树栽在哪里?

生:点上。

(小组讨论这道题种了多少棵树)

生:先用 $40 \div 5 ＝ 8$(段)。

师:把 40 米的路,每 5 米分成 1 段,等于 8 段,结果等于 8 棵?

生:不对。

师:几棵?

生继续:9 棵。

师:好,刚才是几米?

生:40 米。

师:那 50 米?

生:11 棵,先用 $50 \div 5 ＝ 10$(段)。

师:$50 \div 5 ＝ 10$(段),算的是什么?

生:有几段。然后再 $10 ＋ 1 ＝ 11$(棵)。

师:好,那 100 米?

生:先用 $100 \div 5 ＝ 20$(段),再用 $20 ＋ 1 ＝ 21$(棵)。

师追问:20 是什么?

生:段。

师:20 是段,把这条路分成了 20 段。20 再加 1,因为树种在哪里?

生:点上。

师:现在能不能明白这个问题了? 种树的人把这个树种在了平均分的点上。那生活中还有哪些问题是把一个东西放在点上的? 举个例子。

生:比如说一个小区,每个房子都要隔几米。

师:那还有吗?

生:红绿灯,每隔 1000 米放一个。

师:那谁放在点上?

生:红绿灯的杆子。

师:还有吗?

生:路灯。

师:路灯,路灯放在平均分的点上。

生:博物馆里,展览的物品要相隔一段距离。

师:还有很多例子。我们早上在操场上排队做操时,有没有点?

生:我们站的地方就是点。

师:人是点。段呢?

生:人与人之间的距离。

师:每一段之间的距离应该是一样的。

评述:从植树问题延伸到生活中的问题,让学生找出"点"和"段",进一步巩固解题方法。

师:好,作业纸上的第一题,讨论一下。

(试一试 1:5 路公共汽车行驶路线全长 12 千米,相邻两站之间的路程都是 1 千米,一共设有多少个车站?)

师:这个是公交车的问题,这里有没有我们刚才说的平均分?

生:有。

师:把谁平均分?

生:是把公共汽车行驶的路线平均分。

师:把谁放在点上?

生:把车站放在点上。

师:(师巡视,指导)把这一题在纸上画一画,写一写。画完了,就算一算。

师:老师也画了一条线,我用这条线来表示什么?

生:公交车行驶的路线。

师:这个点代表什么?

生:车站。

师:(标出线段上第一个点)这个点是?

生:第一站。

师:(标出线段上最后一个点)那这个呢?

生:最后一站。

师:从第一站到最后一站,是 12 千米,也就是全长 12 千米。什么叫作相邻两站之间的距离?

生:每隔 1 千米是一个车站。

师:能不能说得再好一点?

生:1 段是 1 千米。

师:1 段是 1 千米,公交车从第一站开到第二站,这两站之间的距离是 1 千米,代表这里每段有 1 千米。

师:那是不是有几段就有几个车站?

生:不是。

师:为什么?车站在哪里?

生:点上。

师:我们发现点和段不一样,点=段+1。所以这里 12+1=13 (个)。

评述:在练习过程中,让学生先画图。画图其实是数学学习中很重要的一种方法,实验班教师非常重视学生对于画图方法的掌握。

(试一试2:在一条 30 米的走廊两侧摆花盆,走廊两头都摆,每隔 2 米摆一盆,一共要摆多少盆?)

师:这里有我们今天研究的问题吗?

生:有。

师:这里又把什么平均分了呢?

生:30 米。

师:30米的总长。那把什么放在平均分的点上呢?

生:花盆。

师:好,请看,老师这边有一段很宽的长方形,我们用它代替走廊。

师:(标出长方形的一条长边)这是走廊的什么?

生:一侧。

师:(动画标出长方形的另一条长边)这是走廊的什么?

生:另一侧。

师:走廊的两侧长度怎么样?

生:一样。

师:那我知道走廊的一侧,就可以知道走廊的什么?

生:另一侧。

师:走廊的两头都摆,什么意思?头尾两个地方要摆,是不是?那我是不是要把花盆都摆出来?那你们能不能画点来表示一下这个意思?画在你们的作业纸上。

师:有人画好了。有了第一个点,最后一个点,就能标出一个什么数?

生:总数。

师:多少米?

生:30米。

师:好,还有一个条件。

生:每隔2米摆1盆。

师:那你们怎么体现这个每隔2米?要不要再画了?要画几个点?

生:3个。

师:哪3个点,可以把它画出来看看吗?

师:我画的第一个点和最后一个点,就可以体现出什么?

生:30米的总长。

师:(标出左边起的第二个点)我画的这个点可以体现什么?

生:1段。

师追问:谁能告诉我,我画的这一段可以体现什么?

生:每隔2米摆一盆。

师:也就是"什么是 2 米"。

生:1 段是 2 米。

师:就是每段是 2 米。那先算什么? 再算什么? 小组讨论一下,讨论完了写一写。

(师巡视,指导)

师:好,我请人来说一说。(点生回答)

生:先算走廊的一边有 $30 \div 2 = 15$(段),再算 $15 + 1 = 16$(盆)。然后再用 $16 \times 2 = 32$(盆)。

师:第一个步骤算的是什么?

生:这条走廊的一侧一共有多少段。

师:那第二步算的是什么?

生:可以摆几盆。

师:哪里可以摆几盆?

生:一侧。

师:那第三步呢?

生:两侧可以摆几盆。

师:明白吗? 好,有错的可以修改一下。

(试一试 3:园林工人沿一条笔直的公路一侧植树,每隔 6 米种一棵,一共种了 36 棵。从第一棵到最后一棵的距离有多远?)

师:园林工人沿一条笔直的公路一侧植树,和我们刚才一样,也是植树。什么叫作每隔 6 米?

生:每段 6 米。

师:每隔 6 米就是每段 6 米,那一共种了 36 棵,是什么意思?

生:36 个点。

师:36 个点能联想到什么?

生:点＝段＋1。

师追问:由点你想到了什么?

生:段。

师:段是多少?

生:35。

师:段是 35。

师:从第一棵到最后一棵的距离有多远?要知道有多远就是知道这里面有几个什么?

师:有人说是几个段,几个段就是有几个6米。那这道题目应该怎么做?和刚才不太一样,对吧?

生:36×6。

师:36×6?

生:不对。

师:36代表的是什么?

生:36代表的是点。点=段+1。

师:那段要比它怎么样?

生:段比它少1,段=点-1。

师:那算式应该是什么?

生:35×6。

师:35是从哪里来的?是36-1=35(段)。这边画了第一个点,表示第一棵。画了最后一个点代表最后一棵。从第一棵到最后一棵多远?想一想这里面有几段?

生:6。

师:有几个6米,就是代表有几段。每一段是6米。那有几段呢?有35段。明白了吗?35×6=210(米),有时候借助图能够解决问题。

(试一试4:20米长的路一边植树,每隔5米种一棵,一端有一个房子,一共种了多少棵树?)

师:(手指板书中央的线段)这是不是20米?

生:是。

师:一个20米长的路,每隔5米栽一棵。刚才是几棵?

生:5棵。

师:(取出一个房子状磁铁,贴于线段最右侧的点上)那这个问题呢?还是20米,但是画了一个这个。这里有一个房子。你们说栽几棵?

生:4棵。

师:为什么栽4棵?

生：因为房子占了一棵的位置。

师：房子占了一个点，也就是种 4 棵。

师：现在，老师把这个点标出来。

师：这个时候，就是叫作一头不种树。我们刚才那种情况叫作两头都种树。我们可以写清楚，点比段多 1。这个一头种树，一头不种树，点和段又有什么关系？你们可以看上面数一数。

生：点和段一样。

师：几个点？

生：4 个点。

师：几段？

生：4 段。

师：(边指边说)1 个点，1 段；1 个点，1 段；1 个点，1 段；1 个点，1 段。正好一一对应。所以刚才说了，这时候点和段正好一样。

评述：这是一道植树问题的变式。实验班教师之前没有让学生死记硬背植树问题的解题方法，而画图法在解答这道题的时候体现出了优势。学生通过画图，快速地找出"点"和"段"之间的关系。

(试一试 5：园林工人沿一条长 60 米的路一侧植树，每隔 6 米种一棵，两头都不种树，一共种了多少棵树？)

师：两头都种，我们看得懂吧？ 一头不种刚才也看懂了。那两头都不种呢？ 还能借助线段图来找找关系吗？

生：可以。

师：如果老师这里有一条线，你们觉得最左端要不要画一个点？

生：不要。

师：最右边呢？

生：不要。

师：那点画在这里，几个点？

生：1 个。

师：几个段？

生：2 个。

师：那再来难点的。2 个点的，几段？

生：3 段。

师:最后,看点和段是什么关系。还是刚才的关系吗? 60 米长的路,每隔 6 米种一棵树,两头都不种,一共要种几棵呢?

生:先用 $60÷6＝10$(段), $10-1＝9$(棵)。

师:为什么是 $10-1$ 而不是 $10+1$?

生: $+1$ 是两头都要种的。

师:那为什么是 -1?

生:因为一头不种,是点等于段。两头都不种又少一个点。

师:那我们来数数看。用一一对应的方法数数看,段、点,段、点,段、点,……段、点。段和点一样多,但是最后还有一段。

师:这次谁多?

生:段多。

师:段多,说明这次点少。所以是 $10-1＝9$(棵)。

评述: 在练习中,把植树问题的三种情况一一呈现。教师借助画图、小组讨论的方式,让学生找到"点"和"段"之间的关系。

(四)全课小结

师:所以我们今天重点研究的就是找一找点与段之间的关系。那这个圆形,是不是也能找到点与段之间的关系呢? 课后我们可以去思考一下。

课例 2

课　　题:乘法分配律(三年级 第五册)。

执教教师:实验班教师。

教学目标:能运用乘法分配律进行简便运算。

教学重点:能探索和理解乘法分配律,能用自己的语言表述乘法分配律,会用字母表示乘法分配律。

教学难点:能运用乘法结合律进行简便计算,能运用乘法运算律解决实际问题。

设计思路:通过游戏感受分与合的过程,由连加和乘法的意义开始,引导学生说出两个算式各表示几个几,从结构的形象到意义的抽象,分析算式两边的相等关系。

教学过程:

(一)导入

师:(黑板上板书)说说老师写的是什么。

生:这是连加算式。3+3+3+3+3+3。

师:这么长,简单点说。

生:4 个 3 相加,可以用乘法(其余生纠正,6 个 3)。

师:这里是 6 个 3,还可以用乘法来表示,怎么写?

师生齐说:6 乘 3 或者 3 乘 6,都表示 6 个 3 相加。

师:老师再写一个(板书 3+3+3+3+3),这回别看错了。这次可以写成?

生:5 乘 3,或 3 乘 5。

师:如果写的是?(板书 3)

生:1 个 3。

师:也可以写成?

生:1 乘 3,或 3 乘 1。

师:这里有 5 个 3 相加,再加一个 3。我们把 5 个 3 和这个 3 的算式合并在一起,那能把下面的这个式子也合并在一起吗? 怎么做?

生:中间加个加号。

师:谁能把它读一下?

生:5 乘 3 加 3 乘 1。

师:好像缺点什么?

生:5 乘 3 的积加 3 乘 1 的积。

(二)观察等式,总结规律

1. 用等号连接两个式子。

师:这边 3 乘 6 和这边 5 乘 3 的积加 3 乘 1 的积,你们觉得它们之间的关系是什么?

生:它们的算式不同,但是它们的得数一样。

师:为什么得数一样?

生:3 乘 5 的积加 3 乘 1 的积,合起来就是 3 乘 6。

师：你再说一遍，为什么就是 3 乘 6？

生：因为它们相加，1 加 5 就是 6。

师：她找出了这个 6 了。这里是 5 个 3，这里是 1 个 3，加起来就是 6 个 3，所以我们说这两边的得数相同。那我们就可以画一个等号。

师：那么，我们就可以把这个 6 换成 5 和 1 的和。

师：那谁会读读这个式子？齐读，注意要读出里面的关系，是 3 乘 5 加 1 的和等于 3 乘 5 的积加 3 乘 1 的积。

2.观察等号两边式子的相同与不同。

师：我们已经分析过这两边的得数是一样的。那么我们来看，等于号的左边和右边的算式，有什么不同？

（生讨论热烈）

生：这 3 个数都是一样的。

师：左边式子的数字是 3,5,1，右边式子数字是 3,5,1，它们的数字都是一样的。还有什么相同点吗？

生：它们的积不变。

师：你们想说的是得数不变，是吧？那说说不同吧。

生：左边的是用 3 乘 5 加 1 的和，右边的是先算 3 乘 5,3 乘 1，然后把它们加起来。

师：也就是说，这边是先算加法，就是先算和，再算积。另一边是先算积，再算和。

师：还有不同吗？

生：第 1 个算式要算 2 遍，第 2 个算式要算 3 遍。

师：这个是算两步，而这个是算三步。这里是先算了一共有几个 3，而这里是先算了 5 个 3 和 1 个 3，然后把它们合起来。这是把它们分开计算的，而这个是合起来算的。

评述：新授过程从乘法的意义开始，引导学生说两个算式各表示几个几，发现两边意义一致，从而建立相等关系，并引导学生观察两边式子的相同与不同之处。实验班教师在教学中既注重了等式两边的"外形"结构特点，又注重对其内涵的理解。

3.举例子。

师:能不能举些例子,和我这个一样的。你能写出这样的例子吗,写在纸上的第一个方框里。

(师下去巡视,生写得很快)

生:左边的是3乘4加5的和,右边的是3乘4的积加3乘5的积。

师:是不是和我们的例子一样的啊,左边就是3乘9等于27,右边这里三四十二,三五十五,相加也等于27,所以中间加了一个等号。

师:你们也举出这样的例子了吗? 没有写完的人把它写完。

师:刚刚是把式子写出来以后,计算了下两边的得数,发现相等,那能不能不计算,也说明它们相等? 左边表示3个8,这里是3个7和3个1,两边的式子里都有3,那应该看成几个3?

生:这里有8个3;右边是7个3,和1个3,也就是8个3。

师:虽然这里我们也可以看成是3个8,3个7,但是我们应该看成8个3,7个3,更好。

师:你们看,这个例子跟老师的例子差不多,都是几个3,能不能举个不同的,不是3的。

生:4乘6加1的和。

师:那么右边的式子就应该是4乘6的积加4乘1的积。相等吗? 为什么?

生:左边表示7个4,右边是6个4加1个4,也是7个4。

师:哦,所以相等。还有吗?

生:左边是5乘4加2的和,右边是5乘4的积加5乘2的积。

师:那你们说说这是都看作几个几呢。我们来看,括号前面的是几,我们就把它看作是多少个几,比如说:这里是5,就看作几个5,这里是3,就看作几个3;这里是4,就看作几个4。

师:$2 \times (7+2) = 2 \times 7 + 2 \times 1$。

生:不对。

师:这里有9个2,这里有7个2加1个2是8个2,相等吗? 不相等怎么改? 把2乘1改成2乘2,现在这里就是7个2加2个2,是9个2,相等了。

4.给出课题。

师:像这样的例子有很多,而且是有规律的。这就是我们今天学的乘法分配律,从分配这两个字,你们看看,这个算式里,哪里分配了?

生:3乘5加1的和,变成了3乘5的积加3乘1的积。

师:有没有分?原来是5和1在一起,后来把5和1分开来,分成3乘5和3乘1。其他的式子都能看出来分配吗?

师:这里合起来看有6个4;这里分开来,5个4和1个4。

师:这里合起来看有9个2;这里分开来,7个2和2个2。

评述:教师让学生举出了大量的例子并讨论,不仅加深了学生对等式两边结构特点的认识,也加深了学生对等式两边意义的理解。

5.进一步认识乘法分配律。

(1)$37 \times (8 + 10) = 37 \times 8 + 37 \times 10$

师:虽然这是我们今天才学的,其实我们之前就碰到过。看这个式子。

师:这是两位数乘两位数,要用竖式计算,我们是怎么算的(如图8-2)?

$$
\begin{array}{r}
3\ 7 \\
\times\ 1\ 8 \\
\hline
2\ 9\ 6 \quad \cdots\cdots 37 \times 8 \\
3\ 7 \quad\quad\ \cdots\cdots 37 \times 10 \\
\hline
6\ 6\ 6 \quad \cdots\cdots 两个积相加
\end{array}
$$

图 8-2

生:先用37乘个位的8;再用37乘十位的1,其实是37乘10,得370;然后再把它们加起来。

师:有没有今天我们学的乘法分配律?37乘18,其实就是37乘10加8的和,那右边的式子怎么写?互相说下。

生:37乘8加37乘10。

师:我们读出不一样的地方。37乘10加8的和,37乘8的积加37乘10的积,你们再读一遍。

师:本来37乘的18是合起来的,但是在列竖式的时候,我们先

150

算 37 乘 8,再算 37 乘 10,然后把它们合起来,其实就是乘法分配律。这在生活中,我们也用到过。把题目一起读一遍。

(2)一件上衣 22 元,一条裤子 8 元,购买 3 套衣服需要多少元?

师:什么是 3 套? 裤子和衣服合起来是 1 套。会列式子了吗? 22 加 8 的和乘 3,22 加 8 的和,算的是什么?

生:一套衣服的价钱。

师:还可以怎么列式子? 22 乘 3 的积加 8 乘 3 的积,8 乘 3 算的是什么?

生:3 条裤子的钱。

师:22 乘 3 呢?

生:3 件上衣的钱。

师:那你们说这两个式子相等吗?

生:相等。

师:左边是合起来算,右边是分开来算。

(3)王师傅给墙壁贴瓷砖,如图 8-3 所示正面有 3 行,每行 6 个,侧面有 3 行,每行 4 个,他一共贴了几块瓷砖呢?

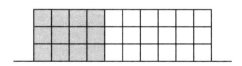

图 8-3

师:一共有多少块瓷砖? 怎么写算式?

生:用 6 乘 3 再加上 4 乘 3。

师:6 乘 3 算的是什么?(正对的那一面)4 乘 3 呢?(侧面)还可以怎么算?

生:6 加 4 的和乘 3。

师:你们能想象出这个图是怎样的吗?

生:6 加 4 就是把底下的一行加起来。

师:就是把下面的这个和这个看成一行。

师:是不是这样? 那也就是先算一行有几个,有 6 加 4 的和,有这样的 3 行,所以这两个式子相等。

评述：从具体的形出发，抽象出数的运算，又回到形来解释运算的含义，渗透了建模的思想。通过对乘法分配律几何意义的理解，数形结合，循环往复，对学生运算算理理解得有广度、深度、贯通度，提升学生的数学素养。

（4）只列算式不计算，如图8-4所示，这个图形的面积是多少？

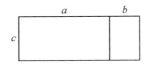

图8-4

师：这个组合图形的面积你们会算吗？这个组合图形是一个长方形，这两个小的也是长方形。你们能不能用2种方法计算它的面积？写在纸上的第2个方框里。

师：你们能不能看懂它写的是什么？a乘c算的是什么？

生：左边的那块地面积。

师：b乘c算的是什么？

生：右边的那块地面积。

师：那么要把它们加起来。先算什么？

生：大长方形的长，就是a加b的和。

师：那这个c就是大长方形的宽。一起读一遍式子，$(a+b)\times c=a\times c+b\times c$。

（5）小结。

师：刚刚我们一起感受了生活中的乘法分配律，你们觉得什么是乘法分配律？

生：把几乘几的和，分配成几乘几的积加几乘几的积。

师：你们都听懂了吗？再来说说。

生：把一个算式分成两个算式。

师：原来是一个算式，分成了两个算式的和。

6.用符号表示。

师：那么第二个问题，你们能不能用符号来表示你们所理解的乘法分配律? 不要再用数字了。可以用符号、图形,写在方框里面。

学生板书:

$(\triangle + \bigcirc) \times \square = \triangle \times \square + \bigcirc \times \square$

$(a+b) \times c = a \times c + b \times c$

师:两个数的和与一个数相乘,可以先把它们与这个数分别相乘,再相加。这就是乘法分配律。老师这里画了一个箭头,原来是 a 加 b 的和乘 c,分成了 a 和 b 分别乘 c,就是原来的一个算式分成了两个算式的和。

师:齐读定义。

评述:实验班教师的教学过程渗透了"由特殊到一般,再由一般到特殊"的认识事物的方法,把乘法分配律的探究过程分解为先仿写式子,再类化模型(符号化),最后抽象出乘法分配律的字母形式等三个阶段。在逐步抽象过程中,学生的数学思维也获得了显著的提升。

(三)巩固练习

1. 根据乘法分配律把式子填写完整。

$3 \times 9 + 3 \times 12 = \square \times (\square + \square)$。

$(25 + 60) \times 4 = \square \times \square + \square \times \square$。

$(\square + \square) \times \square = 3 \times 8 + 7 \times 8$。

师:自己在纸上填。跟老师核对一下。3 乘 9 的积加 3 乘 12 的积,都有 3,说明要看成几个 3,那么括号外面填 3。那括号里面呢?

生:9 加 12 的和。都是表示几个 3 加几个 3。括号外面要填 3。

师:第二个,括号外面是 4,应该表示几个 4,所以右面应该是几个 4 加几个 4。所以是 25 个 4 加 60 个 4,也就是 25 乘 4 加 60 乘 4,用括号里的分别乘 4。

师:最后一个是什么? 3 加 7 的和乘 8,为什么括号外面填 8?

生:因为都能看成几个 8 加几个 8。

2. 火眼金睛,判断对错。

$56 \times (19 + 28) = 56 \times 19 + 28$。 (　　)

$40 \times 50 + 50 \times 90 = 40 \times (50 + 90)$。 (　　)

$32×(3×7)＝32×3＋32×7$。 （ ）

师：这个有点难了，你们看看第一个是对还是错？

生：错的。

师：怎么改？

生：应该是 56 乘 19 的积加 56 乘 28 的积。这里漏了一个乘 56。应该是要用括号里的 19 和 28 分别去乘 56。

师：第二个呢？

生：错的。

师：这里应该是都乘 50，那么括号外面应该是 50，那括号里应该是什么？

生：40 加 90。

师：最后一个呢？

生：错的。应该是 32 乘 3 加 7 的和。

3. 简便运算。

$34×28＋66×28$　$45×(100＋1)$　$39×101$　$75×99＋75$

师：简便运算来了。第一题把 34 和 66 加起来再乘 28，合起来再算。

师：那第二个呢？这题先算小括号，好不好？

生：不好。

师：那这题就分开来算，那就是 45 乘 100 加 45 乘 1，就是先算 100 个 45，再加 1 个 45。

师：第三题是合起来算还是分开来算更方便？

生：分开。

师：分成几个几加几个几？

生：100 个 39 加 1 个 39。

师：那最后一题呢？

生：99 个 75 加上了 1 个 75，也就是 100 个 75。

评述：

(1)教材解读。此节课重难点是能运用乘法分配律进行简便计算，能运用乘法运算律解决实际问题。实验班教师的高效在于充分研究了教材,理解了乘法分配律的意义,将学生已有的知识进行迁移和同化。用"几个3相加就是几乘3",把加法和乘法的意义进行复习、巩固,也揭示了这节课学习的主题。

（2）例题选择。从例题选择上来看,教师对教材的把握非常强。乘法的意义是学习乘法口诀表时要重点学习的知识。用学生已有的知识和经验来学习后面的知识,既建立起旧知识与新知识的衔接,又能激起学生的求知欲,提高整节课的听课效率,整节课的系统性强,具有连贯性。

（3）教学设计。乘法分配律是一个新授的知识,它的起点能力是对乘法意义的理解,所以实验班教师选择了复习知识 $3×5+3×1$,让学生说一说算式的意义,表示5个3加1个3=（5+1）个3,观察算式 $3×5+3×1=3×(5+1)$ 左边和右边的不同,引出乘法分配律,第4分钟的时候就引入课题,能提高学生的兴奋度。接着对乘法分配律的运用,让学生感知此节课知识的灵活迁移。

（4）组织形式。实验班教师课堂练习组织形式多样,新授课时更为突出。利用列竖式计算 $37×18$,让学生比一比发现 $37×18=37×(8+10)=37×8+37×10$,说明今天的新知识在之前的学习中已经接触过,让学生体会到数学知识的应用价值。接着让学生用两种方法解决熟悉的实际问题,一是对新知的巩固,二是抽象出公式。此节课互动形式多样,有生生互动,也有师生交流,学生参与率高。练习多样,有填空、判断、计算、解决实际问题。学生的学习形式多样,有独立思考、有互相交流,也有老师和学生的集体交流,学生学得轻松,效率更高。

课例3

课　　题:简便运算（三年级）。

执教老师:实验班教师。

教学目标:熟练运用乘法运算律进行简便计算。

教学重点:运用乘法运算律进行简便计算。

教学难点:正确运用乘法分配律进行简便计算。

设计思路:此节课先复习乘法三种运算律,然后分类进行例题讲解,重点对乘法分配律的各种变化形式进行复习,在授课中强调三种运算律的对比与辨析。

教学过程实录：

(一)导入

师:刚才老师让大家小组讨论回顾了一下,那么最近我们学习了什么内容?

生:乘法分配律、乘法结合律。

师:还有吗?

生:乘法交换律。

师:最近我们学习了关于乘法的三种运算律,分别是什么?

生:乘法交换律、乘法分配律、乘法结合律。

师:黑板上有三道题,你们来看一下,在方框里填上合适的数,在圆圈里填上运算符号,并说明用的是什么运算律。

生:$23×56＝56×23$,运用了乘法交换律。

师:是不是?（学生点头反应)。好,第二题7乘25乘4。

生:等于7乘25乘4的积。

师:还有呢?

生:运用了乘法结合律。

师:好,往下。

生:$45×67＋45×33＝(67＋33)×45$,运用了乘法分配律。

师:读得很好。

师:乘法交换律用字母怎么表示?

生:$a×b$的积等于$b×a$的积。

师:$a×b$的积等于$b×a$的积,两个数就可以交换它的什么?

生:位置。

师:乘法交换律怎么用文字来表述? 是交换什么,什么不变?

生:是交换两个因数的位置,和不变。

师:嗯?

生:是积。

师:哦,交换两个因数的位置,积不变。

生:积不变。

师:谁来举个例子?

生:$24×16＝16×24$。

师:哦,交换两个因数的位置,积不变。还可以举个例子吗?

评述:让学生举例说明乘法交换律,体现从抽象到具体的过程。

生:$3×7＝7×3$。

师:可以再举一个,你来。

生:$125×8＝8×125$。

师:哦,都是举的两个数相乘可以交换它们的什么?

生:位置。

师:那三个数相乘,可以交换位置吗?

生:可以。

师:可以,老师举了个例子,你看可不可以,读一下。

生:$25×12×4＝25×4×12$。

师:有没有运用乘法交换律?

生:有。

师:交换了什么?

生:交换了 12 和 4 的位置。

师:交换了 12 和 4 这两个因数的位置,同样,它们的什么也没有发生变化?

生:积。

师:积没有发生变化,所以乘法交换律不仅可以运用于两数相乘,还可以什么?

生:三个数相乘。

师:或者更多。

评述:引导学生从两个因数增加到三个因数甚至更多,举一反三,同样可以运用乘法交换律。

生:四个数。

师:谁来举个例子?

生:$25×4×125×8$。

师:好,四个数写出来了,如果这里交换因数的位置,积不变是吧?

生:嗯。

师:交换因数的位置,除了积不变,在这个算式里还有什么不变?

生:因数的个数不变。

师:也就是说,字母表示的 $a×b$,几个因数?

生:两个因数。

师:交换以后呢?

生:还是两个因数。

师:三个因数交换以后,还是几个?

生:三个因数。

师:那这里呢?

生:四个因数。

师:那,交换以后还是几个?

生:四个因数。

师:我们来交换一下。比如,我们交换这两个,那就交换成 $125×4×25×8$。

师:交换以后,这里的积怎样?

生:一样的。

师:而且,我们在运用乘法交换律的时候,因数的个数不变。那乘法结合律呢?用字母怎么表示?

生:$a×b×c＝a×(b×c)$。

师:这个 $a×b×c$ 其实先算的什么?

生:$a×b$。

师:其实先算的是 $a×b$ 的积,再乘 c。而后面那个算式是先算了什么?

生:$b×c$ 的积。

师:一个是先算前两个数的积,一个是先算什么?

生:后两个数的积。

师:而且得数怎样?

生:一样的。

师:这个用文字怎么表述?

生:三个数相乘,先算前两个数或先算后两个数,积不变。

评述：举例说明乘法交换律的又一本质特点,不管有几个因数,交换后,因数个数不变。借助字母,让学生用文字说出乘法结合律的定义。教师重视读法和运算顺序的指导,帮助学生理解乘法结合律的本质特点。

师:乘法结合律的例子,谁能举?

生:$25 \times 8 \times 6$。

师:等于什么?

生:等于 $25 \times 6 \times 8$。

师:我们先不管好算不好算,它等号前面是先算什么?

生:前两个数。

师:等号后面是先算什么?

生:后两个数的积。

师:看一下老师这个例子,$47 \times 2 \times 5 = 47 \times (2 \times 5)$。$47 \times 2 \times 5$ 先算的是什么?

生:47 乘 2 的积。

师:用结合律结合后两个数,是先算什么?

生:2 乘 5 的积。

师:乘法分配律用字母怎么表示?

生:$(a+b) \times c = a \times c + b \times c$。

师:我也举个例子,$(25+9) \times 4 = 25 \times 4 + 9 \times 4$。

师:后来一节课,还学了一种运算?

生:减法。

师:哪里是减法?

生:中间。

师:谁能把这个先改一下? 原来是两个数的和乘 c,现在是什么?

生:差乘 c。

师:谁和谁的差?

生:a 和 b 的差。

师:那就是 a 减 b 的差乘 c,那等于什么呢?

生:等于 $a \times c - b \times c$。

师:那我这个算式怎么改?

生：(25－9)×4＝25×4－9×4。

评述：举例说明乘法分配律的两种情况，一种加，一种减。教师重视读法和运算顺序的指导，加强理解乘法分配律的本质特点。利用乘法的意义，解释说明等式左右两边的意义，帮助学生进一步理解乘法分配律。

师：(25－9)×4 它表示几个 4？

生：16 个 4。

师：这 16 个 4 可以分解成 25 个 4 减 9 个 4。

(二)新授

师：乘法交换律、乘法结合律、乘法分配律能不能进行分类？

生：能。

师：怎么分？

生：可以把乘法交换律和乘法结合律放一类，还有一类是乘法分配律。

师：为什么可以把乘法交换律和乘法结合律放在一类呢？

生：因为乘法交换律和乘法结合律都是连乘。

师：它这里都只有什么符号？

生：乘号。

师：我们观察一下，乘法交换律和乘法结合律里面都只涉及乘，而且它们都用在连乘里面。那乘法分配律，运用几种运算符号？

生：两种。

师：有哪两种？ 可能是什么？

生：加和乘，也可能是减和乘。

师：哦，有可能是加和乘，也可能是减和乘。

评述：通过分类，观察乘法三种定律的符号，学生归纳总结出三种运算律适用于哪种计算，接着通过具体实例让学生分析用什么运算律，使得学生对运用哪种运算律进行简便运算有进一步的认识。

师：我们继续来看一下，请问 125×2×8 这道题可能用到什么运算律？

生：乘法结合律，乘法交换律。

师：不可能用到什么？

生：乘法分配律。

师：为什么不可能用乘法分配律？

生：因为只有乘号。

师：而我们乘法分配律要几种运算？

生：两个。

师：加乘或减乘，这里只有乘，所以最多，只能用另外两种，那是哪一种？ 是只能用一种，还是两种都能用？

生：只能用一种。乘法交换律。

师：交换律，交换因数的什么？

生：位置。

师：原来是几个因数？

生：三个。

师：(交换后两位数字)交换以后，还是几个因数？

生：三个。

师：原来是什么？

生：连乘。

师：谁来读一读？

生：125 乘 8 乘 2。

师：125 乘 8，我们知道它的得数是多少？

生：1000。

师：1000 乘 2 是多少？

生：2000。

师：这样就可以进行口算了，再来看一个 16×125，你们刚才说连乘就可以运用乘法交换律，乘法结合律，这个是连乘吗？

生：不是。可以用乘法分配律。

师：我想要用乘法结合律和乘法交换律，我可以拆，怎么拆？ 拆完以后，应该呈现什么样子？

师：拆完以后要符合连乘，也就是说，要把 16 写成几乘几的积。

师：那要写成几乘几的积呢？

生：8 乘 2 的积。

师：是不是这样？

生：是。

师：如果这样写，表示要先算 8×2 的积再乘 125，达到你们想要的结果了吗？

生：没有。

师：为什么还是没有？

生：因为 2 乘 125 根本不是整数。

师：那你们想要什么？

生：想要 125 乘 8。

师：125 乘 8 等于多少？

生：1000。

师：也就是说，我还要运用什么律？

生：乘法交换律。

师：8 乘 125 再乘 2，那我再提个要求，如果我想要拆完之后，一步到位，只用一个运算律，现在是先交换，再结合。

评述：如何让简便运算的步骤更少，实验班教师这里的引导非常细致到位，使学生对简算又有了新的认识。拆也要有技巧地拆，使用运算律的先后顺序也要仔细斟酌。

师：你们拆的是 8 乘 2，小组讨论一下。

（小组热烈讨论）

师：好了吗？可以拆成几个步骤？

生：把 16 拆成 2 乘 8。

师：把 16 拆成 2 乘 8 的积，同样拆完也是一个连乘，不一样的是刚才是 8 乘 2，现在是 2 乘 8。

师：这个 8 如果放在前面就和 125 不在一起了。那我就要采用乘法交换律。如果我拆成 2 和 8，这个 8 和 125 就怎样？

生：在一起。

师：直接可以运用结合律，现在得数是几？

生：2000。

评述：运用乘法运算律进行简便运算时，在"拆"的时候也要讲究技巧。对于此题而言，运用凑整法，让 8 和 125 靠在一起，就能使得运算更简便。跟进练习 25 乘 24,让学生活学活用,掌握怎样"拆"能更简便。

(三)练习

师:再来一道 25 乘 24,在你们的作业纸上填一填。

(学生开始写)

师:写好的同学交流一下,我们首先复习的是乘法交换律和乘法结合律,都是一类里面的。

师:25 乘 24 现在不是连乘,变成连乘就可以用什么运算律?

生:乘法交换律和乘法结合律。

师:连乘是什么意思?

生:再乘。

师:也就是说,我要把这里的某一个因数写成几乘几的积。好,哪一个因数写成几乘几的积?

生:把 24 写成 4 乘 6 的积。

师:24 就是 4 和 6 的积。这样看上去这道题就是什么?

生:连乘。

师:然后呢? 运用什么?

生:乘法结合律。

师:先算前两个数,而且他考虑了让 4 放在前面,这样就不要使用乘法交换律了,等于几啊?

生:600。

师:有没有做对?

生:做对了。

师:现在请你们思考这道题,看黑板上(出示:原算式),怎样的算式可以用乘法交换律和乘法结合律呢?

生:连乘的算式可以用乘法交换律和乘法结合律。

师:那如果只有一个乘怎么办? 我们说连乘可以用乘法交换律和乘法结合律,那不是连乘怎么办?

生:可以把其中的一个数拆成几乘几的积。

师:就变成了什么?

生:连乘。

师:真厉害,我这是不是连乘?

生:是。

师:一起读一下。

生:45×5×12×2。

师:再读一下,这是几个数?

生:4 个数。

师:连乘,仍然可以用乘法交换律和乘法结合律,有没有地方要提醒同学的? 在交换和结合的时候,因数的个数怎样?

生:不变。

师:符号也怎样?

生:不变。

师:请你们把这题做出来,结果也是不变的。老师刚才在出题目的时候提了一个问题,我们在运用乘法交换律和乘法结合律的时候,什么不变? 什么不变? 什么不变?

生:因数的个数不变,交换前后都是连乘。

师:那就是因数的符号不变,个数不变,数字不变,最后的积当然也不变。

评述:此处总结很好,让学生知道在运用运算律时分清变与不变,从而更好地运用运算律,使学生做题更有条理,减少错误。

师:45×5×2×12 应该怎么做? 可以口算吗?

生:可以。

师:45 乘谁更快?

生:2。

师:45 乘 2,12 乘几?

生:5。

师:这样就是 45 乘 2 等于多少?

生:90。

师:12 乘 5 等于多少?

生:60。

师:再用 90 乘 60 等于 5400。好了,修改一下,写对的同学看下一道题,思考一下。小组交流一下再做。

评述:这道例题,难度再次提高,使练习有层次性,在运用规律简便运算时,有的因数藏在了题目中,需要学生用凑整的方法找出来。

师:$125×32×25$,现在是几个因数的连乘?

生:3 个数。

师:你看到了其中的因数是几?

生:32。

师:其实你应该先看到 125 和 25,看到 125 你就想最好有几?

生:8。

师:看到 25 你就想最好有几?

生:4。

师:8 隐藏在里面了对吗?

生:对。

师:在哪里呢?

生:32。

师:32 要改成什么?

生:8 乘 4 。

师:是 4 乘 8 还是 8 乘 4?

生:8 乘 4 的积。

师:那就是把本来 3 个数连乘改成了什么?

生:4 个数连乘。

师:能做吗?

生:可以。

师:那自己写。

师:得数是多少?

生:10 万。

师:谁能来小结一下? 刚才我们就运用了两个运算律,哪两个?

生:乘法交换律和乘法结合律。

师:你能不能提醒一下其他同学,在运用乘法交换律和乘法结合律时要注意些什么?

评述:通过大量有层次的练习,从量变到质变的过程中,学生能归纳总结出注意点。

生:中间的符号不能变成加。

师:为什么?

生:因为本来是乘号,不能改成加。

师:因为原本是连乘,交换结合以后还是连乘。还有吗?

生:4 和 8 的位置不变。

师:其实就是拆的时候位置要合适,那其实是要把握几个点? 因数个数不变,符号不变,数字不变,才能运用好。这个算式还是我们刚说的算式吗?

(出示:$77 \times 37 + 23 \times 37$)

生:不是。

师:怎么不是了?

生:加号。

师:中间有一个加号,所以我们不能再用我们刚说的乘法交换律和乘法结合律了,那这道题可以用什么?

生:乘法分配律。

师:能不能说说这个问题怎么读。

生:77 乘 37 的积加 23 乘 37 的积。

师:积加积,请问前面的积表示几个什么,说说意义。

评述:实验班教师引导学生结合乘法的意义说明这道题的意义,而不是直接灌输乘法分配律的模式,学生学得清楚,理解得透彻,运用规律时就更加得心应手。

生:77 个 37 加 23 个 37。

师:然后呢? 怎么算?

生:可以先算一共有几个 37。

师:一共有几个?

生:100 个。

师:怎么算的?

生:$77 + 23$。

师:77 加 23 的和乘 37,那这里就是几个 37?

生:100 个。

师:这题还是什么运算律?

生:乘法分配律。

师:只是中间变成了什么?

生:减号。

师:还是先算有几个?

生:37。

(出示:102×55,98×42)

师:32被拆成了8乘4的积,102是被拆成了100加2的和,还有98被拆成了100减2的差,是这样的,在算式里面还放括号呢。那在拆数的时候,有时候拆成了加,有时候拆成了减。那你告诉我,拆成乘是什么情况,拆成加和拆成减又不一样了,对不对?

生:对。

评述:开发性题目激发了学生的学习兴趣,学生接触的题目多了,感悟深了,就能发现这道题三种运算律都可能用到,而且知道如何运用运算律。实验班教师通过循序渐进的引导、层次分明的练习以及学生自主的探索,使学生能灵活运用乘法运算律进行简便计算。

师:再来看25×(□○4)。后面有个4,你猜后面可以用什么运算律?

生:乘法分配律。

师:他说可以用乘法分配律。你觉得呢?

生:乘法结合律。

师:他觉得可以用乘法结合律。你觉得呢?

生:乘法交换律。

三、小学数学高效教学的案例

(一)数与代数

知识点:20以内的进位加法

1. 对此知识点教材把握的建议。

(1)对此知识点的教材分析。

20以内进位加法的口算方法不止一种,但教材主要介绍的是

"凑十法",这是因为它具有规律性强、易于理解掌握和过程简便的特点。掌握好"凑十法"对进一步学习其他计算有好处。"凑十法"本身也包括多种方法,如"拆大数种,凑小数和拆小数,凑大数种"等,其中"拆小数,凑大数"的方法比较简单。至于学生在计算中是"拆小数"还是"拆大数",教师应尊重学生的意见,不作统一要求。

(2)在整体把握教材上对该知识点的教学建议。

①创设情境,感悟方法,体现算法多样性。

教师在教学"20以内的进位加法"时,要注意四个过程:

A.用现实情境去激发学生的计算热情,激活学生的已有经验。教学时,可借助教材设计提供的运动会场景图等信息资源,让学生提出"9加几"等计算问题,体验事物之间的数量关系,逐步养成从数量上观察和思考问题的习惯和意识。

B.给足学生操作学具、独立思考所需要的时间,并帮助学生解决操作和思考中所遇到的问题。根据一年级学生的思维特点和爱说好动的年龄特点,教师应注意让学生通过动手做、动口说、动脑想等学习活动探索计算方法。比如:用"凑十法"算9加几,当学生已想到"放进1盒凑成10"的凑十过程时,再让学生人人动手摆一摆或画一画,边操作边对照算式进行计算,使具体形象的操作过程与抽象的计算过程意义对应,便于学生理解和掌握算法。

C.在组织学生交流算法、呈现算法多样性时,要注重学生之间的相互评价,相互借鉴。客观地说,学生的各种算法之间是有差距的,甚至个别算法不符合数学要求,但它是学生主动思考、个性充分发展的表现。因此,在提倡算法多样化的同时,要引导学生优化算法。

D.及时巩固,内化提高。"凑十法"是20以内进位加法计算的基本方法,是全体学生所必须掌握的知识。教学时,要充分利用书上例题和"做一做"中的习题及时进行巩固,在练习的过程中,应充分提供学生相互交流的机会,放手让学生用学具操作,用语言表达算理,真正理解和掌握"凑十法"。

②揭示规律,加强练习,提高学生的计算技能。

20以内的进位加法是学生应练好的基本功之一,教学时应注意以下几点:第一,按照儿童的认知规律进行教学。在"9加几"这段教学中重点是学生掌握凑十的计算方法,并对 9 加几的 9 道算式进行分析,先计算 9+1,再依次计算 9+2,9+3,…,9+9,学生就会有很多发现,如 9 加几都可以通过 9 加 1 加几的方法计算,加深学生对凑十法的理解。第二,根据学生的实际情况,变换练习形式,让学生在活动中做练习。如把试题做成卡片进行计算游戏,找朋友、开火车、接力赛等。

③注重过程,多角度思考,培养学生应用意识和解决问题的能力。

教学中要充分利用教学资源,让学生经历利用数学知识解决问题的活动过程,促使学生多角度思考问题,探究解决问题的方法。比如,在解决"一共有多少只兔子"的问题时,特别要注意引导学生从不同的角度分析问题,寻找不同的解题方法。在学生思考出"把左边的 8 只小兔和右边的 7 只小兔合在一起,用 8+7 算出兔子的总数"后,再引导学生观察画面想一想"这些小兔还可以怎样分成两部分",从而使学生想到按颜色分,根据白兔和灰兔的只数,也可以算出"一共有多少只兔"。这样,学生能在用不同方法解决问题的活动中产生乐趣,发展思维。

2.课堂教学组织。

(1)复习引入。

①学生以开小火车的形式进行口算练习,主要是练习 10 以内的加减法和 20 以内不进位的加减法。

②让学生说出得数是 10 的加法算式,并在黑板上板书,学生能写多少算多少,直到学生全部写齐为止。

(2)新授。

①小组合作,探究 9+6 的算法。

出示两个盒子,先让学生数一数每个盒子里有几个球。然后在两个盒子里放球,要求学生算出一共有多少个。

列式 9+6＝ 。

生:刚才这个问题也可以列式 6+9＝ 。

师:这道算式结果等于多少呢?

生丙:等于 15。

师:你们是怎么知道的?

生:我是一个一个数出来的。

师:这是一种计算方法,那有没有其他的方法呢?老师先给你们一分钟的思考时间。

让学生独立思考,小组讨论,交流自己的算法。(幻灯片出示具体合作要求)组间交流。

生甲:我用数一数的方法……

生乙:我先把 6 分成 1 和 5,9＋1 得 10,10＋5 得 15。

生丙:我把 9 看成 10,10＋6＝16,16－1＝15。

生丁:我是通过数小棒。拿出 9 根小棒,再拿出 6 根小棒,合起来就是 15 根。

师:刚才这些同学说得都不错,说明同学们都动脑筋了,这值得表扬。请同学们自己想一想,这些方法中哪种方法最简便,你们最喜欢哪一种方法?(学生独立思考一分钟)

师:有些同学在回答过程中,无意中使用了数学上的著名方法"凑十法"——大数不动,去分解小数,即 9 不动分解 6。

师:同学们,刚才我注意了生丁的想法,他用了数小棒的方法得出了准确的答案。同学们想一下,我现在只有 10 根小棒,能不能通过这种方法数出正确答案来? 想一下加法的含义。小组讨论。

生:直接拿出 6 根小棒,然后在 9 的基础上再数 6 根小棒,10,11,12,13,14,15。6＋9＝15。

师:这个同学说得非常好,看来他是动脑筋的好学生。同学们想一下这样算的优点在哪?

评述:在此过程中启发学生加法的含义。

②探索 9＋8 的算法。

师:老师看看哪个同学表现得好,今天老师送出 17 朵小红花,把认真听讲的同学得到的小红花,分别贴在黑板的两旁,左边贴 9 朵,右边贴 8 朵,你们能列出算式算一算一共有多少朵小红花吗?

生:9＋8＝17。

师:谁能用今天学习的凑十法来说说我们如何计算这道题?(对于能够说出计算过程的同学要大加表扬和鼓励,向学生进一步渗透

"凑十法"的优越性,并提高学生探索数学知识的积极性)

(3)练习巩固(知识大闯关)。

师:刚才老师发现大多数同学听得很认真,真会学习啊!学习了的知识我们得会用,敢面对老师的挑战吗?一起来个知识大闯关!

第一关,你们能算出下面每一道算式的结果吗?算完之后仔细观察,你们发现了什么规律?

$9+1+3=$　　　　　$9+1+4=$　　　　　$9+1+7=$

$9+4=$　　　　　　$9+5=$　　　　　　$9+8=$

第二关,找朋友,把得数相同的算式连一连。

$9+4$　　　　$9+6$　　　　$5+9$　　　　$8+9$

$9+8$　　　　$4+9$　　　　$6+9$　　　　$9+5$

(4)小结。

师:今天我们学习了一个新的计算方法,叫"凑十法"。谁来说说这个方法是怎么进行计算的。

3.对该知识点学生出现错题的建议。

(1)对该知识点学生出现错题的分析。

该知识点学生容易出现的错题主要有:

①小数加上大数的错题略多于大数加上小数的错题。

在 20 以内的加法错题中,一般来说,小数加上大数的会比大数加小数更容易出错。据观察,无论是刚开始学习掰指头一个一个地加,还是后来尝试运用"凑十法",学生都比较习惯于看大数累加小数或看大数拆小数进行凑十,而看小数累加大数或拆大数,需要逆向思考并且数字繁琐,容易出错。

②错题高发区"5,6,7"。

"5,6,7"的补数分别是"5,4,3",相对远离 10,这样在计算凑十或破十时,进行数的组成较难,容易出错。而"8,9"自身比较接近 10,补数分别是"2,1",计算简单明了,正确率高。例如:比较 $9+6$ 与 $7+6$,9 本身与 10 只差 1,而 7 与 10 相差 3,将 6 分成 1 和几与将 6 分成 3 和几,显然后者难于前者,因此,$9+7$ 比 $7+6$ 容易做对。由此一来,"5,6,7"进位加和十几减"5,6,7"的退位减,无形中便成了 20 以内加减法错题的高发区。

在教学中可采取以下对策。

①正视"数的分解和组成"教学设计。

数的构成是计算 20 以内加减法的基础,它的熟练程度是决定口算效率的重要因素。进行数的分解与组成教学,首先在数的认识教学时,要借助多种直观手段,让学生了解每个数的组成,然后让学生动手操作所认识数的合与分,再超越直观,抽象到数,进行数的组成训练,并逐渐加大训练量,提高速度要求,从而使学生熟练掌握数的组成,使学生对数的组成能脱口而出,为提高口算能力打下坚实的基础。

②注重口算能力的培养。

第一,基础性训练。以 10 以内加减法为训练主题,进行数的分与合练习,不仅体验并强化了数的构成意识,还是一种记忆训练,为以后的进位及两位数加法奠定了良好的基础。这项练习可以安排在课上前两分钟进行,领读学生任选一个一位数,其他同学按顺序口述拆分算式。如选的是 6,同学们可以依次说出:$1+5=6$,$2+4=6$,$3+3=6$,$4+2=6$,$5+1=6$,再加上特殊的 0 运算($0+6=6$,$6+0=6$)。

第二,规律性训练。在学习进位加法和退位减法时,我们可以在练习课上以专题形式安排"凑十法""破十法""平十法"等运算形式的训练。这样有利于学生发现数字之间的运算规律,同时也鼓励了学生从不同角度进行思考,比较各种不同的思路,最终寻找最适合自己的计算方法。教学时不能忽视算理教学和能力的培养。口算训练是口算方法的学习过程,又是培养计算能力、形成计算技巧的过程。掌握了计算过程的方法及技巧,学生的计算速度和准确率才会有保障。

第三,针对性训练。针对 20 以内加、减法口算错误的分布特点,我们通过定时、定量、对比等手段对学生容易错的题加强练习,尤其是错题"高发区"内的口算题更要重点训练,从而把握重点,突破难点。这项练习最好安排在每天的家庭作业最后一题,要有针对性,突出重点,分散难点,"对症下药"。此外,还要做好反馈工作,随时把学生作业中的错误记录下来,进行分析归类,对于依然容易混淆的口算实行对比练、反复练。另外,也可让学生找出自己容易出错的题目,分析出错的原因,采取补救措施。

第四,综合性训练。综合性训练有利于学生判断能力、反应速度的提高和口算方法的巩固。但同时也要注意,口算训练要有计划、有步骤、常抓不懈。

(2)针对小学生口算能力形成的心理特点,在开始练习时,应注意练习的量不要太大,放慢口算速度,确保口算的准确性和思考过程的清晰性。一段时间后,可适当加大训练量,并提出速度要求,最后达到看算式就能较快地说出和写出得数,使学生建立起算式与得数之间的直接联系,缩短思维过程,达到口算自动化的要求。

(3)根据低年级学生好奇、好动的特点,我们在进行口算练习时,应注意采取多种训练形式,如视算训练、听算训练、抢答口算、口算游戏、"对抗赛""接力赛"等等,这样有利于激发学生的兴趣,调动练习时的积极性。

4. 课堂中的因材施教。

教学求和时,应鼓励运算方法的多样化。教学中应贯彻合与分的思想,尤其在进位加、退位减中,应注意让学生掌握"凑十""破十""平十"等思考方法。例如,列出 $9+5=?$ 的算式后,教材呈现了学生可能出现的方法。

方法 1:一个一个地加。

方法 2:$9+1=10,10+4=14$。

方法 3:$5+5=10,10+4=14$。

方法 4:$10+5=15,9+5=14$。

其中前两种都是凑十法,比较简便。不过在进位加求和时,学生运用看大数拆小数凑十法会更容易。当然这也应该因人而异。教材的意图是鼓励学生自主探索计算方法,并展开交流,讨论各种算法的特点,在交流中促进学生反思,从而自主地调整和选择适合自己的算法。值得注意的是,学生的方法可能不止这些,也不要求每一个学生掌握四种方法。其中第二和第三种都是利用分与合计算的凑十法,不同的是有的学生习惯看大数拆小数,而有的学生是习惯看小数拆大数。第四种方法,$10+5=15$,而 9 比 10 小 1,推出 $9+5=14$,既让学生感受数学规律的应用价值,体会其中蕴涵的数学推理,又开拓了算法多样化的途径。

5.家校沟通。

(1)提醒注重 10 以内加减法的口算练习。

(2)关注学生对于 20 以内进位加法计算过程的清楚表述。

(3)针对 20 以内进位加法的强化练习。

(二)图形与几何

知识点:多边形内角和

1.对此知识点教材把握的建议。

(1)对此知识点的教材分析。

根据教材的编排,此节课作为第十章的第二节,教学内容上从三角形的内角和到四边形的内角和至多边形的内角和,环环相扣。同时,对今后要学习的正多边形和圆等知识点的联系性比较强。因此,本节课具有承上启下的作用,符合学生的认知规律。再从此节课的教学理念看,编者从简单的几何图形入手,蕴涵了把复杂变简单,化未知为已知的转化思想,充分体现了"人人学有价值的数学"这一新课程标准精神。

(2)在教材把握上对此知识点的教学建议。

①突出教材内容的前后联系。

小学数学第六册第七单元的内容是三角形。在这一单元中,学生通过实践活动与自主探索,知道了三角形内角和是 180°。在此基础上,引导学生探索多边形内角和。教学时,可先让学生想一想、画一画,也可以利用已有知识大胆猜想四边形的内角和是多少度,再进行交流。

教师在教学的过程中,要有整体把握和处理教材内容的意识,从备课到组织教学过程都注意突出所教内容的前后联系,让学生感受此节内容在原有知识基础上的发生、发展过程,并为后面的学习做好准备。

②引导学生采用自主学习和合作学习的方式掌握探索方法。

根据此节教材内容特点,教学时教师应避免过多地讲解,尽量让学生采用自主学习和合作学习等方式去探索四边形、五边形、六边形……的内角和。具体来讲，由于多边形内角和的探索方法是类似的，学生掌握了四边形的探索方法，就可以使用相同方法求出其他多边形的内角和。

总结多边形内角和计算方法要相对难一些，可让学生采用小组合作学习的方式，通过合作探讨，互相启发去发现和总结其计算方法。

③重视规律的探索，体会动手操作。

学生根据已有知识可能猜出四边形的内角和是 360°，因为正方形和长方形中，都有四个角，每个角都是 90°，所以说四边形内角和是 360°。正方形和长方形都是特殊的四边形，对任意一个四边形的内角和来说是否也是 360°呢？教学时，教师应引导学生利用已有的知识大胆探索。

有的学生利用在学习三角形内角和是 180°时的研究方法：用测量的办法，量出四边形中每个角的度数，再求和。但这种方法往往有误差，也可以将已有的四边形剪开，将四个角拼在一起，正好是 360°。

教师也可启发学生将四边形分成两个三角形，每个三角形内角和是 180°，两个三角形的内角和就是 360°。这种方法是此节课探索的主要方法。

当然，也可以在四边形内任意找一点 O，与四边形的四个顶点连起来，这样图形就变成了四个三角形。四个三角形的内角和是 720°，而不是 360°，这是怎么回事呢？因为用这种分割办法，除了原来四边形的四个顶角外，增加了以点 O 为顶点的四个角，四个角组成一个周角，周角是 360°，720°—360°＝360°。

在此基础上，教师可以让学生独立探索五边形、六边形的内角和，也可以在小组内进行讨论交流。提倡学生用自己喜欢的方法进行探索，最后得出五边形内角和是 540°，六边形内角和是 720°。在得出五边形和六边形内角和的基础上，教师再将研究结果填入表内，引导学生探索多边形内角和与它的边数的关系。

④让学生充分体会规律的探索总结过程。

探索规律不仅要求出多边形的内角和，还要概括求多边形内角和的算法,并初步用数学模型来表示。学生对规律的认识会更深刻,对知识的学习会更深入。学生虽然能算出多边形的内角和是多少度,但总结求多边形内角和的算法还是有困难的。为此,教材设计了一张表格,分别把四边形、五边形、六边形、七边形、八边形等多边形的"边数""分成三角形的个数""内角和"等数据填进去。其中,四边形、五边形的有关数据在前面的探索活动中已经得出,六边形、七边形、八边形的数据仍然可以通过分图形得到。表格里的数据有序地排列着,能清楚地看到图形的边数越多,分成的三角形个数就越多,内角和的度数也越大。还能看到多边形分成三角形的个数总是比它的边数少 2,多边形的内角和必定是 $180°$ 的倍数。这些发现都是多边形内角和计算方法的初步认识。

这部分内容有一定的难度,所以将此作为选学内容。在有条件的班级,教师引导学生利用已有的知识和积累的经验,进行探索性的研究,有利于培养学生的探索精神和实践能力。

⑤培养学生的数学应用意识和解决问题的能力。

这次探索规律研究多边形内角和的算法,学生的收获不应局限于得出计算多边形内角和的公式,还要在发现规律和表达规律上有所体会。教材要求"回顾探索和发现规律的过程,说说自己的体会。引导他们体验成功的喜悦,积累探索规律的活动经验"。教学应在充分而广泛的交流中,帮助学生总结经验。例如:利用三角形内角和 $180°$ 能计算多边形的内角和,这表明"转化"是一种重要而有效的数学思想,有助于解决新颖的问题或困难的问题。又如,发现的规律不只是自己明白,还要和他人交流,便于别人理解和接收,这就要用数学语言讲述规律或者用数学式子表示规律。再如,数学学习需要由易到难,循序渐进:为了研究多边形的内角和,我们先研究三角形、四边形、五边形、六边形等多边形的内角和,再归纳出内角和的计算公式。

2.课堂教学组织。

(1)提出问题、引入新课。

提出问题:三角形的内角和是多少? 之所以设计这个问题,是因为探索多边形内角和与边数关系的根本方法,是把多边形转化为多个三角形,因此唤醒学生已有知识"三角形内角和等于180°"有助于解决后面的问题。接下来提出问题,正方形、长方形的内角和是多少?学生回答后进入新课内容,根据三角形的内角和是个确定值,引导学生猜想任意四边形的内角和是多少,唤醒学生的已有知识,将有助于本堂课问题的解决。

(2)合作交流、探索新知。

活动1:介绍"分割法"。

①猜一猜:任意小组合作,探究"四边形的内角和等于多少度"这一问题,引导学生从正方形、长方形这两个特殊四边形的内角和入手,很容易猜测出四边形的内角和等于360°。

②议一议:你们是怎样得到的? 你们能找到几种方法? 这个环节学生可能出现"度量""剪拼""作辅助线"等方法。基于此又可以抛出问题:五边形、六边形、七边形的内角和怎么求? 你们发现了什么? 通过这个问题,学生自然过渡到用作辅助线的方法求多边形的内角和。同时也要告诉学生,在测量和剪拼活动中可能会产生误差,由此感受到在解决几何问题中作辅助线的必要性。这一环节要给予学生充分的探究时间,鼓励学生积极参与,合作交流,用自己的语言表达解决问题的方式方法,发展学生的语言表达能力与逻辑推理能力。

③想一想:这些分法有什么异同点? 鼓励学生积极思考,大胆发言,教师给予适当的评价和鼓励。教师在学生回答的基础上小结:借助辅助线把四边形分割成几个三角形,分割的关键在于公共点的选取,并演示公共点在图形内、外、顶点处的情形。利用三角形内角和求得四边形内角和,这是转化的思想方法。

活动2:探索五边形、六边形、七边形等多边形的内角和。

①做一做:选一种你们喜欢的分割方法,类比求四边形的内角和方法。例如求五边形、六边形、七边形等多边形的内角和,让学生再一次经历转化的过程,加深对转化思想的理解,通过增加图形的复杂性,再一次经历转化的过程,加深对转化思想方法的理解,体会由简单到复杂、由特殊到一般的思想方法。

②议一议。

问题 1:对比上面探究四边形内角和的过程,你们能得出五边形的内角和是多少度?六边形的内角和是多少度?

问题 2:n 边形的内角和是多少度?

活动 3:归纳多边形内角和的计算方法。

①想一想:采取表格的形式,首先请学生找出将多边形分割成的三角形个数,再根据三角形个数求出多边形的内角和。学生分组讨论、归纳分析并展示自己发现的规律,要求用已"探究"的不同多边形,来有条理地发现和概括出多边形的边数与内角和之间的关系,水到渠成地推出 n 边形的内角和公式,让学生体会从特殊到一般的思考问题的方法,根据本组探究过程填写表格的第二、三、四列,你们能从中发现什么规律?尝试完成第五列 n 边形的探究。

因为学生不熟悉完全归纳法,采取表格的形式使归纳更富条理性。为了让学生更好地理解多边形内角和公式 $(n-2)\times180°$,要强调 n 的意义。

学生有可能出现其他的解决问题的办法,比如:由四边形内角和求五边形内角和,由五边形内角和再求六边形内角和,依此类推,边数每增加 1 条内角和就增加 180°。用这种方法很难归纳出多边形内角和公式,所以教师要因势利导,给予学生正确的引导。在探索的过程中再一次培养学生的推理能力、表达能力以及解决问题的能力。

②练一练:为了巩固与应用所学知识,可以设计一组(5 个)即时抢答题,通过当堂训练、独立计算,利用学生的竞争意识,采用抢答方式完成。运用所学公式解决问题并巩固、理解、记忆公式。

抢答:

A.过一个多边形的一个顶点有 10 条对角线,则这是(   )边形。

B.过一个多边形的一个顶点的所有对角线将这个多边形分成五个三角形,则这是(   )边形。

C.多边形的内角和随着边数的增加而(   ),边数增加一条时它的内角和增加(   )°。

D.十二边形的内角和等于(   )°。

　　E.一个多边形的内角和等于 720°,那么这个多边形是(　　　)边形。

　　③拓展探究、情感升华。

　　内容:用一把剪刀,将一张正方形卡片的一个角截取,剩下的卡片是一个几边形? 它的内角和是多少?

　　小组合作探究,引导学生分析可能的每一种截取情况,根据不同截法得出不同结论。鼓励学生积极参与思考、大胆尝试、主动探讨、勇于创新,让学生深刻地感受到合作交流的重要性,体会成功的喜悦。

　　④畅所欲言、分享成果。

　　请学生谈自己学习过程中的收获,并整理自己参与数学活动的经验,回味成功的喜悦,形成良好的学习习惯,同时也是给学生正确评价自己和他人表现的机会;这也是给教师本身一个反思提高的机会。通过这个环节,学生对这节课所学的知识系统化,从感性认识上升为理性认识。

　　3.对此知识点学生出现错题的建议。

　　(1)本知识点学生容易出现的错题。

　　例 1:八边形的内角和是(1440°)。

　　分析:错误原因在于学生没有正确掌握多边形分割成三角形的个数与多边形边数之间的关系。

　　例 2:一个多边形的内角和等于 720°,那么这个多边形是(四)边形。

　　分析:错误原因在于学生没有正确掌握多边形分割成三角形个数与多边形边数之间的关系。

　　(2)在教学中可采取的对策。

　　①多次操作反复理解。在上新授课时,可以通过多次操作,学生反复进行多边形内角和计算方法的探索;不要只停留在死记硬背多边形内角和的计算方法,这样就能减少类似的错误发生,想方设法在学生原有的认知水平上留下深刻的印象,弥补学生的认知差异,因此上好新授课对于形成清晰的概念有着非常重要的作用。

②对比强化数学概念。学生认知水平的提高,很大一部分得益于深刻的反思。在对比中纠错,在错误中得到深刻的反思。对比练习的重要性不言而喻。如上例所述,老师在上课讲解时,能有较好的预见性,如果能想到运用比较的方法,对类似的题目进行整理、比较,就能加强学生的理解和记忆。

4.课堂中因材施教的建议。

①针对不同层次的学生,要适当地引导学生利用作辅助线的方法把多边形转化为三角形,鼓励学生寻找多种分割形式,深入领会转化的本质——将多边形转化为三角形问题来解决。教师应让学生表达自己解决问题的方法,并用电脑演示四边形分割成三角形的多种方法,让学生体验解决问题策略的多样性。

②采用分层布置作业,让不同水平的学生得到不同的发展,培养学生的思维灵活性及成就感,从而贯彻因材施教的原则。同时,此问题为我们今后进一步研究多边形打下基础。

基础:八边形内角和是(　　　)°,十边形内角和是(　　　)°。

提升:用另外作辅助线的方法证明多边形内角和定理。

承上启下,留下悬念:从多边形同一个顶点引出几条对角线,那么多边形共有几条对角线?请同学们回去想一想。

5.家校沟通的建议。

家长可以在家督促学生再分割几次多边形,加深对多边形的边数与分割成三角形个数之间关系的掌握。对于能力强的学生,可以用另外作辅助线的方法进行证明。

(三)统计与概率

知识点:统计总复习

1.对该知识点教材整体把握的建议。

(1)对该知识点的教材分析。

统计是通过对数据的收集、整理、分析与描述获得对事物的整体性规律的认识,从而帮助人们对大量纷繁复杂的信息做出恰当的选择与判断。统计的核心是数据分析,使学生树立数据分析的观念,最有效的方法是让他们投入数据分析的全过程中去。数据分析的过程包括收集数据、整理数据、描述数据和分析数据。《义务教育数学课程标准(2022 年版)》写道,"统计与概率"是义务教育阶段数学学习的重要领域之一,包括五个主题。通过对这部分知识的学习,学生经历数据收集、整理与表达的过程,掌握相关的方法,感悟数据中蕴含的事物特征,将数据作为判断和预测的依据,形成数据意识和数据观念;初步感悟随机现象或事件发生的可能性,体会随机性的定性描述和定量刻画;在对数据的探究过程中体会实事求是的做事原则,学会思考、交流与合作,发展核心素养。

(2)在教材整体把握上对该知识点的教学建议。

统计的复习分三个层次:第一层面,整理、回顾学过的统计相关知识;第二层面,回顾统计图的特点及适用情况;第三层面,教师在引导学生思考"数据的收集、整理和分析的步骤和方法是什么"后,让学生根据实际问题设计调查图表进行调查统计。

该节课主要是整理与复习统计知识和统计图表。数据分析观念作为重要的教学核心素养之一,旨在培养学生的数据分析意识与处理能力,并在分析数据的过程中体验随机性。随着信息技术的发展,数量庞大、种类众多且具备高速度与准确度的大数据在对日常生活产生深刻影响的同时,也为理解数据分析观念提供了新的视角。培养学生大数据意识,提高数据甄别能力,聚焦相关关系,发展推理能力等都是数据分析观念培养的重要内容。通过整理复习,系统梳理统计与概率知识,学生加强了自主学习,爱统计、会统计,在统计中建立数据分析观念。

2.课堂教学组织。

(1)运用思维导图整理知识。

师:看到课题了吗？这节课我们要整理和复习统计的知识。课前同学们把小学阶段学习的统计知识制成思维导图发到班级群,这里展示其中三名学生的思维导图。

师:左边这幅是小陈整理的,你们看到他把知识分成哪几类？能上来指一下吗?

师:再看,右边这幅是小余整理的,谁看出它和小陈的有什么相同点和不同点? 用思维导图整理知识有什么优点?

生:用思维导图把各个零散的知识点整理成网络图,就可以把知识看得清清楚楚。

师:我们班的小林同学也对统计知识进行整理,做成了微视频。认真看,你们有什么收获?

师:看了刚才的视频,你们又有什么收获?

生:按统计的过程来整理,把知识串起来,能让我们对统计的知识和过程有更清晰的认识。

(2)利用统计图解决问题。

①选择统计图。

师:同学们,通过课前的整理,课上的交流,我们完成了统计知识的整理。接下来继续复习,我们复习的脚步就从互联网开始。大家都知道网上购物吗?

师:林阿姨想清楚地看出每种尺码各卖多少套,你们会建议她用哪种统计图描述?

生:条形统计图。条形统计图可以直观地看出数量多少。

师:折线统计图也能看出数量的多少,为什么不选?

生:折线图可以看出数量的多少,但更侧重数量的变化和趋势。另外,折线统计图更适合描述同一个事物不同时间的变化情况。而各个尺码是不同的,而且是同一时间里销售的数量,用折线统计图就不合适了。

师(赞许):尺有所短,寸有所长。那么,要进 10000 套衣服,想知道每种尺码各进货多少套,你们会选什么统计图?

生:扇形统计图,扇形统计图可以清楚地看出部分与整体的关系,只要把进货的总数乘每种货物所占的百分比就可以了。

师(小结):即使是相同的数据,由于统计目的不同,我们选用的统计图也不同。

②解决实际问题。

师:我要制订暑假旅游计划,你们会提醒我关注什么?

生:外出旅游要随时关注天气情况,提前做好准备。

师:对,天气特别重要,所以我就上网(课件出示)查阅了某城市 2022 年月平均气温情况,绘制成了折线统计图。你们猜,这座城市是四季如春的昆明、四季分明的苏州,还是常年低温的哈尔滨?

生:是苏州。我是通过折线看出来的,折线起伏波动变化明显,这反映出四季分明。

师:一起看,猜对没有?(出示纵轴上的数据)

生:错了,是昆明。

师:你们怎么知道是昆明?

生:因为老师标出了纵轴上的数据,这座城市最高平均气温才二十多摄氏度,而我们苏州的夏天最高气温会达到三十几四十摄氏度,所以可以排除掉苏州。再看看最低平均气温有十二摄氏度,哈尔滨冬天下雪,最低气温在零下几十摄氏度,就排除掉了哈尔滨,而且这座城市一年四季平均气温在十二摄氏度到二十几摄氏度之间,这不正是四季如春吗?

师:大家真了不起,不仅能读懂图上的数据,还能结合生活实际去分析,从而找到正确的答案。那么,你们心目中昆明气温变化折线是这样的吗?(课件出示)这幅图还要做怎样的完善?

生:改变纵轴上的数据,把每个格子代表的数据变大。比如,用一个格子代表 10 摄氏度,这样就能表示出来。

师:一个"比如"就表示一种可能,看来,改变纵轴数据,就能改变统计图给人的感觉。那你们会利用这个特点,让统计图为我们服务吗?如果是你,你会怎么做?

师:再回头看一下原来这幅统计图,能不能表示哈尔滨呢?

生:可以,通过改变纵轴上的数据就能做到。最低气温就要用负数来表示,最高气温在三十摄氏度左右吧。

师(表示赞许):同学们,同一幅图只要改变纵轴数据,就可以给人不同的感觉,就能表达不同的意思。那今后在看统计图时,你们有什么温馨提示要告诉大家?

生:今后看统计图,不但要关注图形,更要关注纵轴数据。

师(小结):把图像和数据结合起来看时,数据就会说话了,统计的价值就出现了。

③理性分析数据。

师:我在上网时还看到一幅统计上淘宝网买辣椒数量最多的城市统计图。(出示统计图)最爱买辣椒的是哪座城市?

生 1:四川。

生 2:湖南。

师:说来说去你们都是凭感觉瞎猜,怎么办?

生:用数据说话。

师:你们想让我提供哪些方面的数据?

师:可惜我只带来了"各城市每百人爱吃辣椒的人数排名统计图"和"各省(直辖市)生产辣椒情况统计图"。先给你们这么多,如果不够用我们后面继续补充。

师:请同学们先独立思考,看看自己能不能思考出答案来,和组内同学说说,只要你们认为有道理都可以。

生 1:根据"各城市每百人爱吃辣椒的人数排名统计图",我猜是长沙,因为长沙爱吃辣椒的人数比例最高,所以买辣椒最多的城市一定是长沙。

生 2:我不同意,因为我看了"各省(直辖市)生产辣椒情况统计图",这些省份的人们爱吃辣,但是这些省份也生产了很多辣椒,比如湖南长沙,在市场、超市、小卖部几乎都能买到辣椒,根本不用上网购买。所以我认为不可能是生产辣椒排名靠前的城市。

师:大家把目光聚焦在几乎不生产辣椒的城市:北京、上海、天津。现在我再给你们这三座城市爱吃辣椒人数的比例,你们能确定是哪座城市吗?

生:不能,这三座城市爱吃辣椒人数比例差不多,无法比较出来,还要提供这三座城市的人口总数,人口总数越多,可能性就越大。

师:给你们人口总数(出示各城市人口总数统计图),现在你们能确定了吗?

生:可以,是上海。因为这三座城市几乎不生产辣椒,都得从外省买进,这就造成很多人图方便就上网去买。虽然这三座城市爱吃辣椒的人数比例差不多,但是上海的人口总数大大超过了其他城市,所以上网买辣椒的人数最多,所以最爱买辣椒的城市一定是上海。

师:通过刚才的分析,今后在分析数据时你们又有什么温馨提示要告诉大家?

师(小结):以前我们做出决策的时候往往借助单一的数据。但是真实的世界没这么简单,我们需要把这些不同角度的数据综合起来分析做出判断,才能使判断更准确。

④回顾总结。

师:同学们,今天我们对统计知识进行了整理和复习,你有什么收获?

3. 对该知识点学生出现错题的建议。

(1)对该知识点学生出现错题的分析。

统计中的错题主要是混淆概念导致的错误和审题不认真导致的错误。

例1:为了清楚地看出各年级人数应采用(　　)统计图,需要清楚地看出各年级人数占全校人数的比率应采用(　　)统计图,记录一天气温变化情况应采用(　　)统计图比较合适。

分析:学生出错的主要原因是对三种统计图的特点及用途不够清楚。

例2:下面是林场育苗基地树苗情况。(出示统计图)

①柳树有 3500 棵,这些树苗的总数是多少棵?

②松树和柏树分别有多少棵?

③杨树比槐树多百分之几?

分析:此题的综合性很强,学生出错的原因主要是对扇形统计图整个圆所表示的含义(即单位“1”)理解不清楚。

(2)在教学中可采取的对策。

①复习阶段,学生对各类统计图表已经有了较深的认识,但是在选择过程中往往思考过于简单,忽略关键信息,所以教学中要引导学生圈画出关键词,然后分析最需要体现的特征,从而选择最合适的统计图表。

②扇形统计图的运用中涉及分数问题的理解与计算,在完成相

关内容时需要观察统计图名称,明确样本整体是什么,也就找到了相应的单位"1"。

4.课堂中的因材施教。

"大脑语言最重要的特征是图像和联想。"在该知识点的复习课中,需要对小学阶段的统计知识内容进行梳理,将其构成一个系统的知识脉络,使学生能够对自己所学的零散知识点进行归类和总结。但是,小学生的总结和梳理能力十分有限,对学过的知识也常出现遗忘情况,这便需要教师引导学生对学习过的知识进行回顾。因此,在复习的过程中,教师应用学科思维导图的形式帮助学生在脑海中产生清晰的知识脉络:首先,课前学生领取到教师布置的复习任务后,通过分小组合作交流的形式来回顾小学阶段学习过的统计与概率内容,并对所学知识点进行整理分析,学生将绘制成的思维导图发布在班级微信群里,由作者讲述思维导图的设计思路、制作想法以及知识梳理见解,同伴评图,逐步修改与完善思维导图,这样使学生初步厘清知识结构与脉络,实现知识的交流与共享。其次,课上通过简单展示学生按知识分类整理的思维导图,认真观看按统计过程整理的思维导图微课视频,学生明白了统计类的知识还可以按统计的过程来整理,开阔了视野、拓展了思维,同时为后续的学习提供了行动指南。

5.家校沟通。

完成一份家庭开支小调查,并绘制相关图表进行分析,然后给爸爸妈妈提出家庭消费建议。

(四)综合与实践

综合实践活动:跑道上的数学

1.对该知识点教材整体把握的建议。

(1)对该知识点的教材分析。

《义务教育数学课程标准(2022年版)》指出:学生应当有足够的时间和空间经历观察、实验、猜测、计算、推理、验证等活动过程。学生经历有目的、有设计、有步骤、有合作的活动,通过应用和反思了解所学知识之间的联系,获得数学活动经验。

"跑道上的数学"是景山版小学数学第九册第125页上的内容,属于综合与实践活动,目的在于发展学生综合运用数学知识解决简单实际问题的能力,感受数学在日常生活中的作用。

此节课的教学目标设计如下:

①知识目标:能求出跑道一圈的长度,能求出跑道的占地面积,能求出相邻两个同学跑道长度差。

②能力目标:通过设置相邻两个选手的起跑线,掌握圆的周长和面积知识在生活中的实际运用。

此节课的教学重点为能求出相邻两个同学跑道长度差,难点为能解决关于设置相邻两个选手的起跑线的问题。

(2)在教材整体把握上对此知识点的教学建议。

此课内容是在学生掌握了圆的认识、圆的周长、圆的面积等知识的基础上进行学习的。内容涉及组合图形、数据计算、方法推导等知识和技能,对于有一定基础的五年级学生来说,发现问题是关键。学生已经具有了一定的分析、推理和计算能力,能够算出各个跑道周长,通过归纳总结的方式,来求出各个跑道之间相差的距离。

首先,学习这部分的内容,学生要对田径的环形跑道有基本的了解。环形跑道主要由直线部分和曲线部分组成。此节课需要学生综合运用圆的相关知识,来解决环形跑道的周长问题。

其次,这部分内容的学习可以提升学生的计算能力和推理能力。具体来说,就是通过观察,大家发现:所有跑道的直线部分长度都是相等的,不同部分则出现在两端的曲线跑道部分,两个半圆形的跑道组合在一起为一个整圆,半径不同,圆的周长就不同。

最后,通过观察和推理,学生能够明确问题、探究问题和解决问题。

2.课堂教学组织。

(1)用对比性的情境导入新课。

①播放2021年世界田径锦标赛男子100米决赛场面,苏炳添的比赛视频。

师:100米赛为什么那么吸引人?(因为公平,才吸引人。与学

生聊一聊比赛中公平的话题)

②播放2021年世界田径锦标赛男子400米决赛场面。

师:看了两个比赛,你们有什么发现,又有什么想法?(组织学生交流)

(100米跑运动员站在同一条起跑线上,而400米跑运动员为什么要站在不同的起跑线上?400米跑的起跑线位置是怎样安排的?外面跑道的运动员站在最前面,这样公平吗?)

师:今天,我们就带着这些问题走进运动场,用我们学过的知识来研究、解决这些问题,了解比赛的时候,各跑道的起跑线是如何确定的。

(2)猜想验证、探究问题。

了解跑道结构、简化问题:

①出示完整跑道图(共四道,跑道最内圈为200米,具体如图8-5所示。

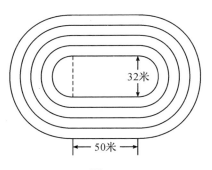

32米

50米

图8-5

(板书:跑道一圈长度=圆周长+2个直道长度)

②4个人沿跑道跑一圈,各跑道之间的差距会在跑道的哪一部分呢?(猜测)

③小结:沿跑道跑一圈与直道无关,与左右两个弯道有关。

练习1:小亮在最里圈的跑道,跑了多少米?

学生独立完成,并进行交流。

练习2:已知每条跑道宽1.2米,共4条跑道,跑道占地面积是多少?(得数保留整数)

学生用计算器计算,并进行交流。

小结:注意求圆、长方形的周长和面积的不同计算公式。分清楚求的是周长还是面积。

(3)寻求、探究解决方法。

①独立思考和探究:弯道之差是多少呢? 请自己观察图形,想想如何计算弯道之差,左右两个半圆形的弯道合起来是什么图形?

②小组合作、讨论:你们怎样找出相邻弯道长度的差? 相邻弯道的长度差其实就是谁的长度之差?

③交流小结:分别把每条跑道的长度算出来,也就是计算 2 个直道长度与 1 个圆周长的总和,再相减,就可以知道相邻两条跑道的差距。但因为跑道的长度与直道无关,只要计算出各圆的周长,再算出相邻两圆的周长相差多少米,就是相邻跑道的差距。

练习 3:4 名同学参加 200 米赛跑。相邻的两个同学起跑线相差多少米?

方法一:根据题目中的已知条件尝试列式求出各道的周长。

学生:第 1 道的周长 $= 50 \times 2 + 3.14 \times 32$。

学生:第 2 道的周长 $= 50 \times 2 + 3.14 \times (32 + 1.2 \times 2)$。

分析第 2 道跑道与第 1 道跑道中弯道部分直径的区别。

学生:第 3 道的周长 $= 50 \times 2 + 3.14 \times (32 + 1.2 \times 4)$。

学生:第 4 道的周长 $= 50 \times 2 + 3.14 \times (32 + 1.2 \times 6)$。

方法二:据题目中的已知条件尝试列式求出各圆的周长。

学生:第 1 道中圆的周长 $= 3.14 \times 32$。

学生:第 2 道中圆的周长 $= 3.14 \times (32 + 1.2 \times 2)$。

学生:第 3 道中圆的周长 $= 3.14 \times (32 + 1.2 \times 4)$。

学生:第 4 道中圆的周长 $= 3.14 \times (32 + 1.2 \times 6)$。

(4)结论总结。

想一想,两条跑道之间相差多少米?

小结:相邻起跑线相差都是 2.4×3.14 米,也就是道宽 $\times 2 \times 3.14$ 米。说明起跑线的确定与道宽最有关系。计算相邻起跑线相差的具体长度:$2.4 \times 3.14 = 7.536$(米)。

师:同学们通过努力,找到了起跑线的秘密,运动员们的比赛应该把起跑线依次提前 7.536 米才公平。

（5）课堂练习。

师：运动员们很感谢同学们的帮助，可是他们在比赛时调整了道宽，你们能帮他们再计算一下吗？

400 米的跑步比赛，道宽为 1.25 米，起跑线应该依次提前多少米？

生：$1.25×2×3.14=2.5×3.14=7.85$（米）。

师：在运动场上还有这样的 200 米的比赛（利用 400 米跑道），道宽为 1.25 米，起跑线又该依次提前多少米？

预设生 1：道宽与前面的 400 米一样，我可以用前面算的 7.85 米除以 2，是 3.925 米。

预设生 2：200 米的比赛就只跑了 400 米的一半，跑了一个弯道，只增加了一个道宽，就可以直接用道宽×3.14 米。

比较方法：同学们想得很巧妙，谁的方法更实用呢？

请学生小组合作，量一量学校操场最里圈的弯道半径，并计算最里圈跑道的总长约是多少米。大约用时 15 分钟，小组进行合作：测量、记录、并进行计算，最后小组汇报。

设计意图：学生在观察中发现相邻跑道的差距不在直道部分，而在弯道部分。这样就把所研究的问题简化为探究弯道之差，给学生留下了广阔的思考空间，也渗透了数学思想——抓住事物的本质特征。新课程标准中指出，教师要积极利用各种教学资源，创造性地使用教材，设计符合学生发展的教学过程，培养学生的创新意识。通过简化，学生发现：左右的半圆是一个圆，课件将左右的弯道合成一个圆。通过小组的合作、交流，从而找出问题的结果：弯道之差其实就是大小两个圆的周长之差。通过对 200 米跑道起跑线的确定，学生充分运用知识和所发现的规律解决其他类似的问题。最后在新课的基础之上设计一个小小的拓展，呈现一定的问题梯度，打开学生思维的空间，激发学生的智慧。

（6）拓展延伸。

全课小结：谈一谈，这节课你们有什么收获？

3.对该知识点学生出现错题的建议。

(1)对该知识点学生出现错题的分析。

该知识点学生容易出现的错误主要有对弯道部分圆的半径和周长分析不到位。

例1:已知每条跑道宽1.2米,共4条跑道,第2道的周长是多少?(得数保留整数)

错误分析:学生对于第2道中弯道部分圆的周长是多少没有分析到位,直接用32+1.2,所以应在原有直径的基础上加2个1.2。

例2:已知每条跑道宽1.2米,共4条跑道,整个跑道的占地面积是多少?(得数保留整数)

错误分析:第一,对于整个跑道的弯道部分圆的半径分析不到位;第二,对于面积公式和周长公式记忆混淆,不明确是选用半径还是直径来进行列式计算。

(2)在教学中可采取的对策。

学生是数学学习的主人,教师是数学学习的组织者、引导者与合作者,那么,如何体现新课程所提倡的学习方式、教学方式呢?

①小学数学问题解决法。

《义务教育数学课程标准(2022年版)》指出,"问题情境——建立模型——解决问题——应用拓展"是教学的一种基本模式,结合"猜测——验证"的教学思想,有效地组织学生独立思考和合作学习相结合,教师适度引导和学生自主探究相结合,让学生经历探究问题的过程、感受学习数学的乐趣。

②对比教学法。

一是创设对比性情境:100米起终点与400米起终点的对比,运用日常生活中学生熟悉的情境,为学生创设问题情境以及动手操作和合作交流的情境,激发学生的学习兴趣,更易于学生掌握数学与客观规律的联系。让学生在对比中发现问题、提出问题。二是在探究问题时采用列表的方法,让学生有序地进行对比,便于学生对问题进行抽象、升华,体现方法论。

③尝试法。

《义务教育数学课程标准(2022年版)》指出:过程让学生去经历,结论让学生去概括。该节课的结论是相邻两道之间的差就是两个圆周长的差,引导学生概括相邻两跑道之间的差距。虽然不一定严密,但学生进行了有益的尝试,有总结有反思就会有进步。

4.课堂中的因材施教。

调查发现学生比较喜欢体育活动,相当一部分学生对起跑时不能站在同一起跑线的现象也有一定的认识,但具体这样做是为什么,相邻两起跑线相差多远,学生很少从数学的角度去认真思考。

在教学过程中,采取多媒体辅助教学,通过多媒体的直观演示,让学生观察、探索,将思维与语言表达结合在一起,从而对跑道有一个形象的感知,利用多媒体将知识直观动态地展示出来,同时作用于学生的感官,调动学生的学习积极性,给学生充分的时间和机会,让他们主动参与获取知识的过程,培养自主学习的意识与创新意识。

(1)引导学生用多种感官参与知识的形成过程。

心理学实验证明:思维往往是从动作开始的,切断活动与思维的联系,思维就不能得到发展。要解决数学知识的抽象性与学生思维形象性之间的矛盾,关键是依靠动手操作。在推导确定起跑线位置的过程中,教师有目的地安排学生用眼观察,动脑思考,动口参加讨论,用耳去辨析学生的答案等活动。

(2)培养学生的兴趣,激发求知欲望。

"好奇"是少年儿童的心理特征之一,他们对新鲜的事物特别感兴趣。教师应在教学方法的构思上用不同的方法设置疑点,培养学生的思维能力,激发学生的思维积极性。注重给学生创设思维的空间,注意诱发学生积极体验,自己产生问题意识,自己探究,尝试,修正错误,总结规律,从而主动获取知识。

(3)充分发挥多媒体辅助教学的作用。

发挥多媒体直观形象的优点,声像结合,动静结合,从而节省教学时间,更好地展现知识发生、发展的过程,使学生饶有兴趣地投入学习,从而加深对知识的理解与掌握,优化课堂教学结构。

5.家校沟通。

课前可以请家长带领孩子进行以下内容的准备：

（1）看一看，跑一跑，体会跑内圈和外圈的区别；

（2）观赏田径比赛中不同赛程，了解总结跑步方式，起点终点的异同之处。

后　记

苏州相城实验小学校的数学教师在徐天中校长的带领下,自2013年起,以"高效教学"为研究点开展小学数学高效教学的校本实践研究。徐天中校长是教育部首届骨干校长高级研修班成员,全国29位校长带头人之一,中国教育学会全国实验学校教育科学研究专业委员会副理事长,中国教育学会小学教育专业委员会副会长,全国骨干校长工作研究会副理事长,苏州市专家咨询团成员,教育部小学校长培训中心(北京师范大学校长培训学院)兼职教授,苏州大学兼职教授、硕士生导师,苏州市实验小学校教育集团原总校长。

徐天中校长前期对学校数学骨干教师高效教学的个案研究进行了分析总结,创造性地提出从"教材把握""有效技能""错题对策""因材施教""家校共育"五个方面着手研究小学数学高效教学,并将这些高效的方法运用于学校数学教学实践中。在课题的引领下,教师及时更新自身理念,创新教学方法,构建开放、灵活、高效的数学课堂,一切围绕学生的需求,让学生真正获得发展,大大提高了苏州相城实验小学校数学教师的教学能力,学校的综合实力也迅速提升,成为区域内一所高质高效、声誉斐然的名校。

本丛书由徐天中校长担任编委会总主编,他对本丛书的指导思想、框架结构、内容审定、文字撰写等方面做出了具体指导和详细安排。徐清、陈忆雯、陈志林、张小琴、奚雪慧、范雅文、朱珏、徐红玲、陈星星等老师参与了本丛书的编写和修订,金雷、沈小芬、姚莉、张翀颢等老师参与了校对和排版,马丹丹、洪香、张留霞、赵鹏飞等老师参与了课题的实验研究,宗序连老师在课题研究前期作了较大的贡献。在本丛书的编写和修订过程中,我们得到了课题组全体教师的帮助,

每一篇案例都凝聚着他们对于课题研究的思考。

在此特别感谢彭刚、蔡守龙研究员对课题研究的悉心指导和帮助。感谢朱月龙教授对本书整个撰写过程及最后定稿的审阅给予的专业指导。我们在此表示衷心的感谢！

本丛书在编写的过程中得到了很多专家、学者、教师的支持和帮助，在此向各位表示诚挚的谢意！

在汇编的过程中，由于水平和时间的限制，内容还不够充实，不足之处敬请专家和读者不吝赐教！

本书编委会

2023 年 8 月

小学数学高效教学的实践开心丛书

小学数学

小学数学
典型错题解析

徐天中　总主编　　本书编委会　编

MATHS

Analysis of Typical Mistakes
n Primary School Maths

浙江工商大学 出版社
ZHEJIANG GONGSHANG UNIVERSITY PRESS

·杭州·

图书在版编目（CIP）数据

小学数学高效教学的实践研究丛书. 5，小学数学典型错题解析 / 徐天中总主编；本书编委会编. -- 杭州：浙江工商大学出版社，2024. 10. -- ISBN 978-7-5178-6119-5

Ⅰ. G623.503

中国国家版本馆 CIP 数据核字第 20246ST111 号

小学数学高效教学的实践研究丛书
小学数学典型错题解析
XIAOXUE SHUXUE DIANXING CUOTI JIEXI

徐天中 总主编　本书编委会 编

策划编辑	周敏燕
责任编辑	周敏燕
责任校对	都青青
封面设计	胡　晨
责任印制	祝希茜
出版发行	浙江工商大学出版社
	（杭州市教工路 198 号　邮政编码 310012）
	（E-mail:zjgsupress@163.com）
	（网址:http://www.zjgsupress.com）
	电话:0571 - 88904980,88831806(传真)
排　　版	杭州朝曦图文设计有限公司
印　　刷	杭州高腾印务有限公司
开　　本	880 mm×1230 mm　1/32
总 印 张	25.25
总 字 数	720 千
版印次	2024 年 10 月第 1 版　2024 年 10 月第 1 次印刷
书　　号	ISBN 978-7-5178-6119-5
总 定 价	168.00 元（共五册）

"小学数学高效教学的实践研究丛书"编委会

总　主　编：徐天中

副总主编：王　静　孟丽群

编　　　委：（按姓氏笔画排序）

　　　　　过　坚　朱月龙　陈志林　钱春玲

　　　　　徐　清　奚雪慧　戴　军

本卷编委会

顾　　　问：朱月龙

主　　　编：钱春玲

编　　　委：（按姓氏笔画排序）

　　　　　张小琴　陈忆雯　姚　莉

前　言

追求高效教学是教学的本质所在,也是当前课程改革的重要目标,更是教育事业实现内涵发展的必然要求。在全面推进素质教育和开展新一轮基础教育课程改革的今天,探索和总结小学数学高效教学的有效方法与策略,让教师拥有高效教学理念,掌握高效教学策略或技术,已成为小学数学教学亟待解决的重要课题。

"高效教学"这一理念的提出是基于教学是科学化的定论。既然教学是一门科学,那它就可以规范、可以进行效果的测量。高效教学一般是指教师遵循教学活动的客观规律,以尽可能少的时间、人力和物力投入,实现教学目标,取得尽可能多的教学效益,促进学生全面发展。教学的高效性包含以下三重意蕴:一是有效果,是指教学活动结果与预期教学目标的吻合程度高;二是有效率,是指以少量的投入换得较多的回报;三是有效益,是指教学活动的收益、教学活动价值的实现,具体是指教学目标与特定社会和个人的教育需求是否吻合及吻合的程度。数学课堂教学的高效性,是指在数学课堂教学中,教师通过多媒体或自制的教具等多种教学手段,采取有效的教学方法,让学生通过自主学习、小组合作学习、探究性学习等多种方式掌握数学知识,促进学生知识与技能,过程与方法,情感态度与价值观三维目标的协调发展,不断提高课堂效率和课堂效益。

正是在此背景下,苏州相城实验小学校的教师在校长徐天中的带领下,自 2013 年起,以"高效教学"为研究主题开展小学数学高效教学的校本实践研究。2015 年,该课题正式立项为江苏省教育科学"十二五"规划重点课题。课题开题时,相关论证专家一致认为这项研究极具现实研究意义,是一个具有前瞻性、科学性、操作性的好

课题。

　　课题组在研究前期,对学校数学骨干教师高效教学的个案研究进行了分析总结,创造性地提出从"教材把握""有效技能""错题对策""因材施教""家校共育"五方面着手研究小学数学高效教学。"教材把握"的实践研究,主要介绍教材整体把握对于高效教学的重要性,分析每个单元的起点能力、教学目标、重难点、数学思想方法等;课堂教学"有效技能"的实践研究,精选每册教学案例,从课堂导入、课堂提问、课堂组织、习题设计、课堂板书进行案例分析,以此来提高小学数学课堂教学效率;"错题对策"的实践研究,从常见的错因分析归类以及对策和典型错题解析两方面,分析小学数学错题的有效教学对策;"因材施教"的实践研究,对课堂和课后实施因材施教跟踪研究,开发、总结提优补差的实践方法与策略;"家校共育"的实践研究,对日常教育教学中与各类学生家长在沟通方式、沟通内容等方面进行实践研究,探究小学数学教师通过家校沟通,促进合作育人,有效提高数学教学质量的方法。

　　在课题研究的近十年中,我们运用高效教学的方法,通过对苏州相城实验小学校骨干教师的数学教学方法的科学性及高效性的访谈、跟踪研究,开发出小学数学高效教学指导方案及教学资源,形成相应的操作方法、操作步骤,全面实现了数学教师课堂教学的高效性,从而也提升了学生在学习概念、理解原理及发现数学问题、分析数学问题、掌握数学学习方法、解决数学问题等方面的能力。教师的数学教学和研究能力、水平得到不断优化提升。针对研究中出现的各种情况,结合教材实际与有效教学的关系,学校设计出高效教学的基本模式,从而服务于课堂教学,提升课堂教学的效益。

　　苏州相城实验小学校学生的数学素养得到了极大的提升,思维能力、解题能力和语言能力也得到了全面发展。在苏州市历年数学讲题大赛和小学生数学报答题竞赛中,苏州相城实验小学校的学生取得了优异的成绩,屡屡荣获最高奖项。同时苏州相城实验小学校毕业的学生进入初中后,在苏州市各项抽测调研中,整体成绩水平靠前,尤其在数学学科上有明显的优势。

　　这项课题成果具有极大的实操性和可推广性,我们在总结课题

研究的过程和取得的成果的基础上,编撰了《小学数学高效教学的实践研究丛书》。全书总结了科学有效的教学方法,从追踪研究学校数学骨干教师"高效教学"的案例出发,发掘、预设并生成高效学习的操作点,引领教师积极构建应用以"高效教学"为主导的教学体系。研究案例积累与教师成长、学生学习之间的内在关系,探索以专业教研人员和教研骨干为主干的新型教研组织结构形式。通过对兴趣、问题、方式、评价、体验、合作、情境、探究等一些课堂教学策略的研究,筛选高效数学教学的教学案例,并进行深度的分析与总结。

在"双减"政策背景下如何构建小学数学高效课堂,已经成为小学数学教学和教师不断思考的问题。我们相信本丛书一定会在促进数学教师专业发展的探索和实践中,找到适应新课改的小学数学课堂高效教学的有效途径和方法。希望这项课题研究能不断深入进行下去,它的探索和实践研究必将对小学数学课堂教学体系改革产生重大意义!

徐天中

2023 年 8 月

目　录

第一章 总 论

一、小学数学典型错题有效教学对策的研究背景

对学生错题的有效归因分析和错题资源的有效运用是小学数学高效教学的主要做法之一，有必要总结和研究我校老师的成功案例。

学生在练习、作业和考试中经常会出现错误，对此，老师没有采取有效的措施是造成小学数学教学效率低的原因之一。不当纠正措施主要表现在对错题缺乏科学的归因分析和对策，面对错题，学生需要反复订正，而老师则需要多次批改，这不仅加重了学生的学业压力，也增加了老师的教学负担。在收作业、改错题的反复中，我们惊讶地发现有些同学的作业回头率竟高达七八次。这是因为，老师好不容易把收上来的一叠作业改完了，学生们也都辛苦地订正了的错题，等到下发新的作业时，学生们又有了新的错题，同时他们订正过的错题也可能还是错的，如此反复，错题不止。订正和批改成了无意义的机械劳动。

我们还发现，面对同样一个知识点，同一个班的同学会犯相同的错误，上一届学生栽倒在哪里，下一届学生也同样会栽倒在那里。老师们对此类情况屡见不鲜，处理起来似乎得心应手。但同学们似乎是将"在哪里跌倒就在哪里躺下"方针贯彻到底。这些错题成了师生眼中的"痛苦题"。

每当出现这些情况，大家总会不假思索地把问题归结到学生上课不认真听讲、理解能力差、记忆力不好等原因。但其实每道典型错题背后都有着深层次的原因，可能是教师习题讲解的方法不到位，教

学中的某个必要条件没有讲清楚,也可能是学生的起点知识没有掌握等等。而学生总把错题的出现,归结为自己太粗心,却没有反思错题背后深层次原因,如知识理解不透、知识负迁移、思维定式等。但"细心"了就一定能避免错误吗?把错因笼统地归结为"粗心",不做具体分析,其结果只会"粗心"照犯,错误不断,掩盖了真正的原因。因此,对错误进行系统研究就显得非常重要,尤其要研究分析学生形成错题的思维状况。教师在对学生数学思维培养的研究中,对出现的错题进行归因分析,有利于了解学生是如何吸收、接纳、运用知识,进而搭建起自己的知识架构,进而能采取相应的对策帮助学生。其次,错误对于学生来说也是不可缺少的,是学生在学习过程中对所学知识不断尝试的结果,教师在课堂中巧妙引导学生在错误中反思,把学生的错题作为一种教学资源,机智、灵活地引导学生从不同角度去思考问题,改正错误,训练学生思维的灵活性和创造性,从而发展学生思辨思维和逻辑思维,这是高效教学的有效途径,也是本课题的研究背景。

二、小学数学典型错题有效教学对策的理论支撑

学界将"错题率"界定为:某习题的错误率(%)= 做错该习题的学生数/全班的学生数×100%。本课题将学生在解答各类数学作业时,错误率≥15%的习题定义为错题,错题不应该是偏题、怪题,而应该是新课标所要求的重点考查的、学生又易错易混淆的题目。

(一)小学数学教学错题有效对策的重要性

在数学教学中,我们经常会遇到错题,它们不满足数学题目的严谨性、合理性和叙述性等科学要求,表现为题意不确定、条件不完备等,导致学生在解答时容易出错。这些错题产生的原因主要是命题者在命题时,百密一疏(或思考不严谨、或思路单一)。如何变"错"为"宝",将它们开发成一种宝贵的教学资源,挖掘其潜在的教学价值,值得我们关注并研究。

1. 正确对待错误的发生。

心理学家桑代克认为:"尝试与错误是学习的基本形式。"在学习

过程中,犯错是在所难免的,教师要允许学生犯错,而关键之处在于,教师要引导学生在错误中吸取教训,使自己下次不再犯同样的错误。

王尚志在《小学数学化错教学案例》推荐序中提到:在数学学习、数学教育中出错是在所难免的,认识需要一个过程,认识不到位更是常态,不仅学生如此,教师也会如此。如何对待、研究、纠正错误是数学教育中值得关注的一个大问题,在小学教育中,尤显重要。

2. 以错误为契机。

一直致力于探索"化错教育"的华应龙老师也说:"他山之石,可以为错。"那"错"是打磨玉石的粗磨石,是玉汝于成的"宝",发现错误似寻宝,就在"斜阳草树,寻常苍陌"。

英国心理学家贝恩布里说过:"差错,人皆有之,而作为教师,对于学生的错误不加以利用是不能原谅的。"

错题能折射出学生在知识、方法、技能等方面的不足,亦能折射出教师在教学中存在的问题,它是一种可利用的教学资源。对待错误的态度,亦能透射出教师教育的理念、智慧。美国教育家杜威指出:"真正思考的人从自己的错误中吸取知识比从自己成就中吸取的知识更多,错误与探索相联姻,相交合,才能孕育出真理。"我们若能够以积极的心态去帮助学生找出错题,分析出错误原因,有针对性地解决错题所反映的问题,合理地开发错题资源,对学生改进学习方法和提高做题技能大有裨益,这无疑打开了高效教学的另一扇窗。

3. 实践反思出真知。

学生的生活和知识经验必须正视,因为经验无论是正确的、错误的,它往往都是根深蒂固的,想强制性地加以取代必然会影响学生主体性和创造性的发挥,应当允许学生在学习过程中逐步加深认识。这就要求数学教学充分考虑学生的身心特点,在学生已有的知识和经验的基础上,挖掘学生身边的教学资源,切实发挥教材的作用,将学生已有的生活经验事例,融入数学并发现数学的价值,从而产生学习的需要,主动高效地学习。"人无完人",学生反思是为了"学会学习",教师反思是为了"学会教学",我们在教学工作中,只有"实践—反思—再实践—再反思",使自己不断地成长,才能成为一名优秀的教师。

学生反复订正反复错,究其原因,在于"教师讲评—学生订正"的错题订正模式缺乏学生对自己错题的细致总结与反思,缺乏教师自身的反思,没有找到真正的原因,所以才会出现"低水平的反复"。还有一个重要的原因就是缺乏归类分析及系统的识错训练。很多时候我们嫌麻烦,老师想快速完成批改作业的任务,学生则草草地应付了事,谈何收集错误、分析错因? 也有的老师以"错一做十"来惩罚学生,让他们记住,这些都只是就错题论错题,忽视了归类整理,这样的错题练习,再加上老师不够重视错题的反思、归纳和整理,学生缺乏找错、记错、议错、辨错和改错的主动性和能力,最终导致学生一错再错远远多于不会做而错。

(二)小学数学典型错题有效教学对策的必要性

小学数学教学错题的有效对策的提出,对于高效教学是非常有必要的。错题是有效教学的重要资源,针对错题类型的不同,其运用方式也不同。如果是教学设计的弊端产生的错题,那要在备课时加以调整。如果是学生理解题意出错,可以采用辨析的方式出现,也可以是教师编写课后作业的资源。

1. 教学错例的必要性。

设计的补救性练习其实是补救性措施中的一部分,是针对错题进行补救教学后的练习。补救性练习一般有 3 类:一是针对错题的相关知识的概念、原理的理解与分析,属于专项练习;二是对比练习,与易错题相似却不同,或者表示方式不同,但其核心一致的练习;三是综合或变式练习,是为促进知识在新情境的运用,知识向技能转化的必要步骤。

很多老师都有一个共性,即重视课后错例,忽视课堂产生错误的原因。被我们所发现的错误基本是从学生的课后练习中暴露出来的。虽说亡羊补牢,为时未晚,但却往往使我们的教学走了更多弯路,花费了更多的时间和精力。有时更因为我们没有细细研读教材,缺乏对学生在该知识点上有可能会产生的各种思维误区的预见性,不能把问题消灭在课堂上而导致错误连连。教学错例的捕捉常常是因人而异、因时而异、因境而异，难以一概而论。但是，我们可以采取"大处着手，小处着眼"的总体思路，从课前和课中两方面着手去预设和捕捉教学错例。结合小学数学教学错题有效对策，针对这个问题可以有以下策略：教师可以通过认真钻研教材，根据学生发生错误的规律，凭借教学经验，预测学生学习某知识时可能发生哪些错误。在课堂教学中主动出示错题，让学生通过认错、辨错，进一步理解知识，既控制了可能发生的错误，防患于未然，把错误消灭在萌芽状态，又提高了学生分析和解决问题的能力。

2. 错题归因的**必要性**。

在分析学生练习出错的原因时，老师都会对错题归因浅尝辄止，忽视本质原因，归结为"学习习惯不好""粗心大意"。这似乎是个通用原因，每道错题都可以用。可是透过这些"习惯不好"和"粗心大意"的表面，我们进一步分析，错题到底是由哪些习惯造成的？是书写的习惯，还是审题的习惯？是学习兴趣淡薄等非智力因素引起的心理型错误，还是因为感知不到位、记忆不准确、思维能力弱、睡眠不好等原因引起的生理性错误？很多时候，分析错题形成的原因时，教师没有调查研究，深入思考，没有抓住错题出现的本质原因。

错题归因是指对学生出现错误的原因进行分析并总结归类。布鲁纳说：学生的错误都是有价值的，作为教师应该宽容学生出错，理性地看待学生的"错误"，对于学生出现错题的原因分析，必须要有一定的深度，如果浅尝辄止，只会导致"理解表面跑，感悟走过场"。只有充分发挥自己的教学理念和教学机制，分析透彻，抓住问题的本质，我们的应对策略才更有针对性。错题也能因此变"废"为"宝"，这是教师在教学过程中要追求的一种境界。

3. 纠错总结的**必要性**。

错误是学生学习过程中的必然曲折，它暴露了学生学习上的盲点，同时，因为学生的认知过程并不是一条平缓延伸、波澜不惊的直线，而是一个不断犯错、不断修正的过程，作为老师要想方设法，整理错题，总结经验。

　　面对学生作业中出现的五花八门的错题,老师需要对各类型的错题进行归类,提炼出常错题和易错题,归纳出典型错误,并从错误类型的特点出发,提炼出针对某类错误的解题策略。一本好的错题本如同一个探雷器,通过归类分析,学生们可以检查出自己知识体系中存在的漏洞,分析出自己学习中的盲点,用最短的时间去解决问题。在教学中可以开展错题本漂流活动,每个同学建立自己的"错误小档案"后,除了自己复习所用,还可以在小组中互相漂流,通过活动,大家学习其他同学的错题分析方法和错题出现的原因,吸取其他同学的经验教训,提高学生建立错题本的兴趣,翻阅同学各显神通的记录后,从表象到会心的交流,无疑能提高孩子们的学习兴趣。

　　纠错其实是一种再学习的过程,纠错强化活动可以让知识经过这样多次的"反刍"和"回炉",学生们通过正误对照,逐步加深对知识的理解,往往消化得更好,提炼得更精。一方面要让学生学会自主管理,另一方面老师也要收集整理同一知识点相关的错例,并对错题提出系列强化方式,如"诱错"训练、"识错"训练、"纠错"训练、"避错"训练等,通过"解一题,带一串,通一类",让学生牢牢掌握相关联的知识。

第二章 常见的错因分析归类

一、数与代数的错因分析归类和应对策略

(一)学生层面

1.概念理解不清晰的应对策略,要让学生切实掌握与计算有关的以下概念知识。

(1)数的认识:要引导学生理解个位、十位等数位上的数所表示的数值,知道相同的数字在不同的数位上表示的数值是不同的。

(2)运算定律和运算性质:要帮助学生总结加法、乘法的运算定律及减法、除法的一些运算性质,指导学生运用这些定律和性质,使计算变得简便、迅速。

(3)计算法则:整数、小数、分数的四则运算都有它们独自的计算法则,每种计算法则都是根据数的意义、性质和运算定律推导出来的。如多位数加法法则"数位对齐,个位加起,满十进一",学生肯定要知道。

(4)运算顺序:运算顺序是在四则混合运算过程中,对运算先后次序的一种规定,它是保证计算正确的前提,必须让每一个学生都掌握。

2.常用口算不熟练的应对策略:加强口算,学会估算。

(1)基本口算要熟练,如"20以内数的进位加法和退位减法"及乘法口诀表内的乘除法,要让学生达到脱口而出的水平。

(2)常用数据要熟记,如"$25 \times 4 = 100$""$24 \times 5 = 120$",要训练学

生知道数据特征和运算关系。

（3）应用定律和性质自觉简算，如一看到"48×25"，便想到用"(48÷4)×(25×4)＝12×100＝1200"来算。

（4）要经常进行口算练习，且应该贯穿于教学活动的全过程，要结合教学内容有针对性、有目的地进行。

（5）要让学生养成估算的习惯。无数事实说明：一个人在一天活动中估算和差积商的次数，远比进行精确计算的次数多得多，算前估一估，方向更明确；算后估一估，结果更准确。

3.试题感知不明晰的应对策略：加强对比，防止负迁移。

在学生形成新概念、掌握新知识后，我们要将相近、相似、易混、易错的内容组织在一起进行对比练习，以便让学生区别异同，全面感知试题的数据、符号、运算顺序等，进一步提高计算能力。如 5×9＝45,6×9＝54,4×9＝36,7×9＝63；再如"16×5"与"15×6"，"1÷2.5"与"2.5÷1"；又如"13－0.9＋0.1""2.4－0.4÷2"等。

4.解题意志不坚定的应对策略：分层练习，形式多样，激发兴趣。

计算题枯燥乏味，学生当然希望快点完成，尤其当题目的数字大、计算复杂时，肯定会缺乏耐心，产生厌烦情绪。因此，设计练习时要分层，由易到难，而且要变换练习形式，刺激学生感官，使学生始终保持积极的心态完成计算。通过长期训练，学生的解题意志便会坚定。当然，让学生树立责任感、自信心，力争算一题，对一题，不畏困难，也是很有必要的。

5.注意力不稳定的应对策略：变换形式，强化训练。

根据小学生的年龄及心理特点，教师应创设富有情趣的计算活动，保持学生的注意力。如低年级常采用的"对口令""接力赛"就是很好的形式。比如，教师出示数字"10"，一个学生说"7"，另一个学生说"3"；一个学生说"2"，另一个学生说"8"；或出示数字"100"，让学生连续"减8"等。中高年级可常进行一步两步的口算题训练，由教师口述前半题，学生口算出得数，记在脑海里；再看卡片上的后半题，算出最后得数。

6.定势思维常干扰的应对策略。

（1）强化审题意识，可训练学生自问自答如下问题："数字与符号抄对了吗?""是什么运算?""先算什么,再算什么? 有简算吗?"等。

（2）在设计练习时,要有意创造克服思维定式的情境。如无规律地编排四道口算题,培养学生具体问题具体分析的习惯。

（3）要加强对比练习,对比新旧知识,相似或相近的计算等,促使学生在计算中进一步认识四则运算的意义及相互关系,构建完整的认知框架。

（二）教师层面

1. 算理掌握不到位的应对策略:弄清算理,以理驭法。

如果只是通过反复"演练"来达到计算正确、熟练,学生终会因算理不清、知识迁移的范围极为有限而无法解决各类计算问题。教学时老师应该通过教具演示说明算理,通过学具操作展示算理,通过联系实际讲清算理,通过展示思路理清算理。

2. 探索思考,简便计算错题归因分析及应对策略。

数学中,研究数的运算,在给出运算的定义之后,最主要的基础工作就是研究该运算的性质,一般称为"运算定律"。在各种运算定律中,最基本的是加法交换律、加法结合律、乘法交换律、乘法结合律、乘法分配律五种。对于四年级学生来说,在之前四则混合运算的学习中,已经接触到了反映这五条运算定律的大量例子。在一年级的加法教学中有这样的题:$3+2=($　　$)+($　　$)$,答案有 $1+4$,$2+3$,$4+1$,因为它们的和都是5,在这里就隐含了加法交换律;在二年级的乘法口诀的教学中有这样的题:$4×8+8=?$、$7×8-8=?$ 学生知道是 4 个 8 加 1 个 8 得 5 个 8,5 个 8 相加就是 40;7 个 8 减去 1 个 8 得 6 个 8,6 个 8 相加就是 48 了,顺着自己的学习思维,学生很容易理解这样的简便算理,而且能够用自己的语言清晰地表达出这样的计算过程,给后面乘法分配律的教学做好了铺垫。在以后的运算定律学习中,只是数字变大了,它的本质并没有发生改变。

（1）教学中没有对比教学和练习的应对策略。

学生在学习乘法结合律和乘法分配律后,部分学生对于两种简便方法是混淆的,这时候教师上课不进行一定的对比练习和区分,这些学生就很难掌握好这些知识点,一直到小学毕业都会出错。教师在进行教案设计和练习设计时,要有意识地设计好对比习题,在课堂上解决典型错题。

(2)订正急于求成,忽略变式练习的应对策略。

就像前面说过的,很多教师在处理学生错题的时候,往往只是追求学生把这道题订正对,打个勾,就认为学生已经彻底掌握了知识点。其实教师更应该再设计一些变式练习,对学生进行强化训练,以此检测学生是否真正掌握了知识。

二、图形与几何的错因分析归类和应对策略

小学第一学段最容易混淆的概念是面积和周长;第二学段内容更为丰富。图形与几何的学习更为密集,对空间想象力的要求更高,学生学起来越来越困难。因而,培养学生良好的空间意识,对于进一步解决问题是极其重要的。而几何概念和图形特征的教学就是重中之重了,观察、抽象和体验是学生构建清晰表象、形成准确的空间概念必不可少的途径。

(一)学生层面

1.概念混淆——缺少对知识表征的感知活动的应对策略:重视感知,让几何图形的表象"明"起来。

在小学"图形与几何"的教学中,涉及了周长、面积和体积等概念。空间概念的形成具有一定的抽象性,对于以接触感性知识为主的小学生来说,往往容易混淆圆的周长和面积的概念,弄不清体积与表面积的区别。学生对图形知识表征的清晰度较差,习惯用经验来思考和描述概念,从而影响对知识的理解和应用。

在认识图形和探索图形特征的过程中,学生必然要从事多种活动,这也是小学"图形与几何"学习的一个重要特征。这些活动,既包括学生的观察活动,也包括学生的操作活动,如撕、剪、拼、折、画,还包括学生的想象活动。因此,教师在进行图形与几何的教学时,应引导学生进行多种感知活动,从而理解几何图形的特征,使几何图形的表象和几何概念明确起来。

2.套用公式——缺少思维品质的探索经历的应对策略:经历过程,让几何图形的公式"活"起来。

学生在解决有关阴影部分周长与面积的问题时,已形成了一定的思维定式。只会简单地套用公式,用圆面积公式、圆周长公式、半圆面积公式、半圆周长公式等来解答。

掌握基本图形的周长、面积和体积的计算公式,仍然是"图形与几何"教学内容的重点。在学生的日常练习中,经常会碰到已知梯形的"上下底之和"和"高"而不会求梯形的面积、已知 r^2 是多少而不会求圆的面积的情况。机械的公式练习,让学生逐渐形成了一看到题目就先去寻找公式中的各个要素的思维定式:求梯形的面积,就要分别知道上底、下底和高;求圆的面积,就要知道半径。学生没有经历几何图形的公式的探索过程,对计算公式知其然而不知其所以然。

3.解法烦琐——缺少对内在本质的深度把握的应对策略:巧妙设计,让几何图形的本质"凸"起来。

计算图形阴影部分的面积这一问题,有近 40% 的学生按照已经积累的活动经验和已有的思想方法来进行解答。通常难度系数并不高的图形问题,学生的错误率却很高,其原因就在于学生习惯于机械模仿,解题时缺乏识图能力、转化意识,缺少对几何图形内在本质的深度理解和正确把握。

有心理学工作者曾对小学三、四、五年级学生识别几何图形的情况做过调查,以直角三角形为例,能正确识别标准图形的人数占 76.7% ,而正确识别其变式图形的仅占 35% 。教学中经常会发现一些基本图形稍作变化,学生就不认识了。因此在"图形与几何"的教学中教师要有意识地将转化和优化的思想渗透到课堂中,让几何图形的本质凸显起来。

4.数学生活知识不足的应对策略:提高个人的知识面。

图形与几何是整个学习阶段的主要难点,如果学生没有完整的知识结构,他们面对题目就无法做出反应。因此,要完善学生的智力结构,扩大学生的知识面,确保学生在解决方案时有足够的知识,明确公式的运用,逻辑的转化,提高正确率。

(二)教师层面

1.在概念和特征的教学中丰富学生的体验,构建清晰准确的表象。

(1)观察和抽象。

教学中,要在学生已有的生活经验和认知能力的基础上为学生提供充足的实物图形,引导学生仔细观察,在观察的过程中发现物体的共性,进行抽象,形成正确的图式。

(2)体验。

心理学研究证实:多种感官的协同活动有利于记忆。几何形体的概念和特征的教学也是如此。课堂上,教师应该创设更多的综合体验活动,刺激学生的多种感官,让学生通过看一看、摸一摸、转一转、说一说、折一折等方式,从不同角度形成清晰的表象,构建空间观念。当然,在实物操作的过程中再辅以多媒体的三维、动态画面,体验就更丰富了。这些对于立体图形而言更有必要,例如长方体、正方体的特征,圆柱、圆锥的特征等。

(3)比较和变式。

在解决图形与几何问题的过程中,概念、特征相互混淆是常见的错误。例如长方形(圆)周长和面积的混淆、高和斜线的混淆、正方体体积和表面积的混淆。教学中要适时地引导学生进行比较,通过比较,辨别概念和图形之间的共同点,分析它们之间的不同点。变式是通过变更对象的非本质特征的表现形式,变更人们观察事物的角度或方法,以突出对象的本质特征,突出那些隐蔽的本质要素,让学生在变式中思考,从而掌握事物的本质和规律。最为典型的是三角形高的教学,学生往往误认为直角三角形和钝角三角形的高只有一条。教学中应展示不同三角形的三条高的画法,让学生清楚地认识到:高是角的顶点到对边的垂线段这一本质属性,既可以防止学生误认为直角三角形和钝角三角形的高只有一条,又让学生能够准确地判断和找到三种三角形的所有高。

2.在转化的数学思想中培养学生逻辑推理能力。

数学是一门逻辑性强的学科,学生在解决几何形体的问题中出现错误,很大程度的原因在于学生缺乏一定的逻辑推理能力,而这种逻辑推理能力的缺失在于新课教学的过程中学生对概念公式的来龙去脉不清晰。教师要重视数学思想的渗透,帮助学生形成一定的逻辑推理能力,尤其要让学生对图形面积、体积公式的由来了如指掌,而不是生搬硬套、机械记忆。

著名数学家和数学教育学家 G·波利亚曾说:"如果不'变化问题',我们几乎不能有什么进展。"这告诉我们,把求解的问题转化为在已有知识范围内可以解决的问题,把未知变成已知,是数学解题中基本的思想方法之一,即转化的数学思想方法也是常用的一种数学思想方法。在几何图形面积或体积的教学过程中,教师要善于渗透转化的思想,引导学生根据图形的共性或相似性将未知图形转化成已知面积(体积)图形,把当前的数学问题合理地转化成另一种熟知的数学问题。

例如圆柱侧面积的计算对于学生来说是一个难点,在解决问题时错误频频。其原因在于学生受空间能力的局限性影响,难以想象侧面展开成了长方形(正方形),以及长方形(正方形)的长就是圆柱的底面周长,而宽则是圆柱的高,在圆锥的体积计算中学生总是忘记乘三分之一,这都是学生对两个图形面积或体积的转化过程印象不深刻所致。

因此在教学过程中,教师要引导学生思考:两个图形面积或体积之间有何联系,其他相关部分又有何变化。让学生在拆、割、拼、剪、倒、旋转等过程中进行观察、思考,理清逻辑关系,并能够用准确的语言表述。

3. 在几何图形的联系与比较中构建完善的知识结构。

学生在解决"图形与几何"题目中出现错误的常见原因之一是记忆模糊,不能准确唤醒头脑中已有的经验。研究发现这与学生头脑中的知识结构密切相关。这些学生头脑中的知识都是零碎的,没有形成较为完善的知识体系,缺乏联想的机制,导致重现困难或重现错误。数学的系统性意味着知识之间的承前启后和纵横相连。

在图形与几何这个体系中,建立知识网络,将零碎的知识点按照一定的逻辑关系连成线、构成面、形成体,对于学生建立知识之间的前后联系,掌握现行知识的合理表征,迁移未来的知识都是极其重要的。

认知建构理论认为,学生能否有效地建构认知结构,在很大程度上取决于学生是否具备相对完整的数学知识结构。合理的知识结构可以简化知识,并产生新知识,有利于知识的迁移,是形成良好的数学认知结构的前提和保证。

因而,在教学过程中,要重视对知识的梳理和整理,让学生对已有知识的联系和差异进行分析,利用图、表等形式连成一个集合或网络图或树状图。发挥这些图在学生构建知识体系中的作用,便于联系、比较、理解、巩固、记忆、再现,帮助学生形成系统的知识,面对问题时能够迎刃而解。

4.在题组的练习中辨析和区分。

练习是课堂教学的重要环节,也是学生掌握知识、巩固知识必不可少的重要手段。系统论研究告诉我们:系统的功能不等于诸元素功能之和。因此,练习不在于多,而在于巧。在图形与几何知识的教学中,将几个具有内在联系或外在影响的题目设计成题组集中练习,不仅有利于学生在原有的认知基础上进行新知建构,而且有利于学生在比较中探究新知、巩固新知、辨析和区分新旧知识,对系列问题的解决更能促进思维的深刻性和灵活性。

三、统计与概率的错因分析归类和应对策略

(一)学生层面

1.错把分步当分类的应对策略。

例1:小吃店的老板将外表不能分辨的 6 个芝麻汤圆与 4 个花生汤圆煮在一起。现在要给排好队的两个人各加 1 个汤圆,那么第一个人恰好加的是芝麻汤圆,第二个人恰好加的是花生汤圆的概率是(   )。

教师在教学过程中要注意分析题意,教会学生先分析题意,区分题型,再解决问题。

2.“非等可能”当成“等可能”的应对策略。

例 2:连续掷 2 枚均匀的骰子,所得的点数之和为 6 的概率为
(　　)。错解:掷 2 枚骰子出现的点数之和为 2,3,4,5,6,7,8,9,
10,11,12,共 11 种基本事件,故所求的概率为(　　)。

(二)教师层面

教师本体性知识的缺失:课标的更新会有一部分数学知识的改
变,这就会让教师存在一些知识的缺失。

对策:1.引起教师自身的关注;2.教师要结合教材去学习和弥补
自己的不足。

四、综合与实践的错因分析归类和应对策略

(一)学生层面

1.视觉感知出错。

错例:小英有 21 本小人书,借给小方 8 本,还剩几本? 12-8=4
(本)。答:还剩 4 本。

分析:列式错了,错在看错了数字,即把“21”看成“12”。造成这
种错误的原因是学生注意力不集中,容易抄错数字。要改变这种状
况,加强视算训练是一个良好的对策。

2.表达顺序出错。

错例:树上有 6 只小鸟,又飞来了 5 只,树上一共有(　　)只鸟?
11+5=6(只)。答:一共有 6 只。

分析:算式错了。乍看似乎错得没有道理,但细细究其错因,是
因为先口算了,并将结果记在脑子里了,所以算式就写成了 11+5=
6(只)。

3.习惯出错。

错例:一根绳子长 18 米,另一根长 8 米,两根共多长? 18+8=
26(长)。答:两根绳子共 26 长。

分析:单位名称错了。一是受大量口算题的影响,学生刚开始"解决问题"时,还不习惯写单位名称,二是学生往往习惯把问题的最后一个字当作单位名称。

4.思维定式出错。

错例:有苹果 23 个,比梨多 8 个,梨有多少个? 23+8=31(个)。答:梨有 31 个。

分析:本题只注意了"比……多",而没有去想是谁与谁比,谁多谁少,已知谁要求谁,以致减法题采用了加法计算。

5.随意出错。

错例:袋里有 7 千克饼干,又往袋里装了 42 千克饼干,现在袋里的饼干是原来的几倍? 42÷7=6。答:现在袋里的饼干是原来的 6 倍。

分析:列式错了,错在将又往袋里装的 42 千克饼干当成袋里只有 42 千克饼干。上述错误是思维的随意性所致。

6.干扰出错。

错例:

(1)天上飞着 2 群白鸽,一群 8 只,一群 14 只,一共有多少只? 2+8+14=24(只)。答:一共有 24 只。

(2)有 3 只盘子,共装苹果 15 个,第一只装了 5 个,第二只装了 6 个,其余的装在第三只盘子了,问第三只盘子装了多少个苹果? 15÷3=5(个),5+5+6=16(个)。答:第三只盘子装苹果 16 个。

分析:上述两题的错误都是因为已知数的外在因素干扰。如错例(1)中的"2 群"和错例中(2)中的"3 只"是无关的数字,但是它们位于已知数的开头,并且与"8 只""3 只""15 只"联系在一起。

7.粗心出错。

错例:"小红有 22 张邮票,小丽的邮票张数是小红的 2 倍,小红和小丽一共有多少张邮票?"22×2=44(张)。答:小红和小丽一共有 44 张邮票。

分析:在两步计算应用题的初学阶段,上述错误经常发生,学生往往凭经验粗略地看一下条件后,连问的是什么也没有弄清楚就动手做,结果误将两步应用题当作一步计算了。

8.计算出错。

错例:"服装厂要加工 1750 件儿童服装,已经加工了 9 天,平均每天加工 200 件,超过计划多少件?"200×9－1750＝150(件)。答:超过计划 150 件。

分析:产生错误的原因往往是低年级学生在解决问题时,只注重列式而忽视计算。

(二)教师层面

1.课堂教学形式单一的应对策略:备教材、备学生,合理运用多媒体。

有的教师上课拿着以前的教案和课件,照本宣科,无法调动学生的积极性和主动性,导致课堂效率低。

随着社会和时代的进步,教师需要设计活泼生动的课堂来进行教学。教师可以在数学课堂上设计各种活动,充分调动学生的耳、手、眼、口等感官,提高学生的学习积极性和主动性,还可以让学生始终保持新鲜感,这样不仅巩固了知识,还能够在各种课堂教学中获得新的经验。这样,就可以大大提高课堂效率。

2.未合理利用错题资源的应对策略:正确对待错题,发挥错误问题的资源作用。

教师要建立正确的错误观念,把学生的错误问题作为宝贵的资源,用错误的问题来激发学生的思维,引导学生树立学习的自信心。此外,教师应将错误的问题整合归类形成错题集,以便学生经常阅读和翻阅,并指导他们从多个角度和各个方向检查数学问题的内在关系。

第三章　典型错题解析

为体现义务教育数学课程的整体性与发展性,根据学生数学学习的心理特征和认知规律,将六年的学习时间划分为三个学段,其中1－2年级为第一学段,3－4年级为第二学段,5－6年级为第三学段。

一、第一学段典型错题解析

第一学段的学生比较活泼好动,自控能力较弱,数学思维以形象思维为主,因此在数学学习中容易出现因为漏题、看错要求、不理解题目意思等原因而出错。

(一)数与代数

知识点:10 以内数的认识

易错题 1

数一数,写出数。

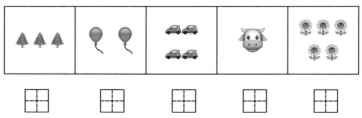

【易发生错误】

1. 数字写反。

2．学生数错。

【正解】

3、2、4、1、5

【评讲时的切入点、技巧、思维和算理】

1．强调数字歌中数字书写的特点。

2．数数时注意顺序（从左往右或从上往下），可以数一个画掉一个。

【变式练习】

数一数，写出数。

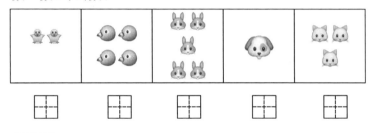

易错题 2

🐤 和 🐼 之间有_____只动物。

【易发生错误】

1．学生数错。

2．在数"🐤 和 🐼 之间有_____只动物"的时候会把头尾两只动物也数进去。

【正解】

4

【评讲时的切入点、技巧、思维和算理】

学生在答题时，主要会因为不是很清楚"之间"的意义而造成错误。所以教师可以要求学生拿到题的时候，先把头和尾的图形圈出来，然后数一数未圈出来的图形数量。数的时候按照顺序（从左往右或者从右往左)数,可以数一个、画一个。

【变式练习】

1.

图 1-1

排队交钱的共有(　　　)人,老爷爷前面有(　　　)人,后面有(　　　)人。从前面数,老奶奶排在第(　　　)个,从后面数排在第(　　　)个。

老爷爷和老奶奶之间有(　　　)人。

2.

(1)一共有(　　　)只小动物。

(2)从左边数,🐼排在第(　　　)个,🐮排在第(　　　)个。

(3)从右边数,第(　　　)只是🐯。

(4)🐵左边有(　　　)只小动物,右边有(　　　)只小动物。

(5)🐶和🐴之间有(　　　)只小动物。

易错题 3

涂左起 4 个　　☆☆☆☆☆☆☆

涂右起 4 个　　☆☆☆☆☆☆☆

涂左起第 4 个　　○○○○○○○○

涂右起第 4 个　　○○○○○○○○

【易发生错误】

1.学生混淆"几和第几"。

2.学生混淆左右。

3.学生易数错。

【正解】

涂左起 4 个　　★★★★☆☆☆☆

涂右起 4 个　　☆☆☆☆★★★★

涂左起第 4 个　　○○○●○○○○

涂右起第 4 个　　○○○○●○○○

【评讲时的切入点、技巧、思维和算理】

　　学生在答题时,会因为容易混淆左右、几和第几而造成错误。因此教师应要求学生拿到题的时候,在图片上标记"左"和"右"。在做题时,学生在读题的同时圈出关键字"第",提醒自己注意"几和第几"的区别。在数图形的时候,注意按顺序(从左往右或者从右往左)数,可以数一个画掉一个。

【变式练习】

1.我会数数、涂涂、填填。

☆☆☆☆☆☆☆☆☆☆☆☆

(1)一共有(　　)个☆。

(2)从左数,把第 8 个☆涂上颜色变成★。

(3)从右数,★在第(　　)个。

(4)★的左边有(　　)个☆,右边有(　　)个☆。

2.按要求涂色。

涂左起 3 个 ☽☽☽☽☽☽☽☽

涂右起 3 个 ☽☽☽☽☽☽☽☽

涂左起第 3 个 ♡♡♡♡♡♡♡♡

涂右起第 3 个 ♡♡♡♡♡♡♡♡

知识点:5 以内数的加减法

易错题 1

先涂颜色,再算一算没涂颜色的个数。

从左数第4个涂色　5－1＝□
把4个涂色　5－□＝□

图 1-2

【易发生错误】

1. 学生混淆左右。

2. 学生混淆几和第几。

3. 个别学生不会读题,不知道要求的是什么。

【正解】

从左数第4个涂色　5－1＝④
把4个涂色　5－④＝①

图 1-3

【评讲时的切入点、技巧、思维和算理】

随着一年级的小朋友认字增多,文字题会越来越多。所以在课堂上要引导学生先自己读题,清楚题目是什么意思后再开始答题。在答类似题型的时候,还是应该先在图片上标清楚左右,注意区分几和第几。

【变式练习】

1. 先涂颜色,再算一算没涂颜色的个数。

从右数第 2 个涂色 △△△△△　　□－□＝□

涂右边 2 个　　△△△△△　　□－□＝□

2. 先按要求涂色,再算算没涂色的还剩下几个。

涂左起第 3 个 ☆☆☆☆☆　　5－□＝□

涂 3 个　　□□□□　　4－□＝□

易错题 2

△△　　△△　　　　　　　　　☆☆　　☆☆☆

2＋2＝□　　　　　　　　　　　2＋3＝□

4－2＝□　　　　　　　　　　　5－3＝□

【易发生错误】

一图两式的题目类型,当题目不给出算式,要学生自己写减法的时候,学生会不知道用哪些数字,如左边的图,学生会写成 $2-2=0$。

【正解】

△△　△△   ☆☆　☆☆☆

$2+2=4$ $2+3=5$

$4-2=2$ $5-3=2$

【评讲时的切入点、技巧、思维和算理】

其实一图两式和接下来要学的一图四式,都是学生对于整体和部分的理解。一年级的学生对于整体和部分这些比较抽象的词语还不太容易理解。所以可以借助数的分与合,先让学生根据图片写出数的分与合,再根据分与合来写算式。

【变式练习】

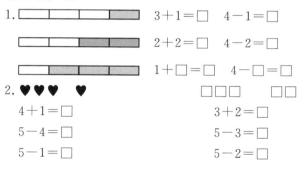

【易错题 3】

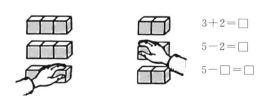

图 1-4

【易发生错误】

学生不理解图的意思,以为是手把积木遮住了。

【正解】

3＋2＝5,5－2＝3,5－3＝2

【评讲时的切入点、技巧、思维和算理】

低年级的练习中很多题目都是带图的,学生要做对题,首先一定要看懂图。在这道题中,手应该把积木移走,而不是遮住。因此在课堂上遇到看图写算式的题型,都应让学生先看图,用自己的话来说一说图是什么意思,尤其是能力比较弱的学生。

【变式练习】

写出两个减法算式。

☆☆☆　　☆☆
☆☆☆　　▭
▭　　☆☆

知识点:6～10 的加减法

易错题 1

看图列算式

☆☆☆☆☆☆

△△

☆比△多几个?

□－□＝□

【易发生错误】

6－4＝2,如果不给符号,有的学生还会给出加法算式 2＋4＝6。

【正解】

6－2＝4

【评讲时的切入点、技巧、思维和算理】

学生不理解相差数的意义,是两个数量之间的比较。一年级孩子的数学思维刚开始起步,所以在列算式的时候易出现错误。因此可以要求学生在做题时做一些标记。

在解释的时候也可以借助学生熟悉、理解的生活经验,如理解相同数量的☆和△,可以说成"手拉手";去掉相同量的时候,可以说成"起步走"。最后列算式,就可以这样理解:原来有 6 个☆,去掉了 2

个,所以还剩 6－2＝4。

【变式练习】

1. ○○○○
　　○

　　4 比 1 多多少?

　　□－□＝□

2. ▲▲▲　　▲▲▲▲▲▲▲

　　3 比 7 少多少?

　　□－□＝□

易错题 2

7－3○4

【易发生错误】

个别学生没有养成好的答题习惯,不计算结果就答题。

【正解】

$$\underset{4}{7-3}\ominus 4$$

图 1-5

【评讲时的切入点、技巧、思维和算理】

可以要求学生如上图在算式下面画横线,写出计算结果后,再进行比较。数与式的比大小是一类比较常见的题型,尤其是今后数字变大后,学生往往容易出错。因此一定要让学生现在养成好的答题习惯。

【变式练习】

7－1○7　　　5＋2○5

易错题 3

看图写出两个加法算式和两个减法算式。

♠♠♠♠♠　　♠♠♠

□＋□＝□　□＋□＝□

□－□＝□　□－□＝□

【易发生错误】

一图四式的题目类型,当题目不给出算式,要学生自己写减法的时候,学生会不知道用哪些数字,会写成 $5-3=2$。

【正解】

$5+3=8$ $3+5=8$

$8-3=5$ $8-5=3$

【评讲时的切入点、技巧、思维和算理】

一图四式是学生对于整体和部分的理解。一年级的学生对于整体和部分这些比较抽象的词语还是不太容易理解的,所以可以借助数的分与合,先让学生根据图片写出数的分与合,再根据分与合来写算式。

【变式练习】

1. △△   ▲
   △△   ▲▲

   $□+□=□$

   $□+□=□$

   $□-□=□$

   $□-□=□$

2. ○○○○ ●
   ○○○○ ●

   $□+□=□$

   $□+□=□$

   $□-□=□$

   $□-□=□$

易错题 4

$□○□=□$

【易发生错误】

$6+3=9,9-6=3,9-3=6$

【正解】

$9-6=3$

【评讲时的切入点、技巧、思维和算理】

含有大括号的解决问题,也是考查学生对于整体和部分的理解。

学生先要理解已知数字 9 和 6 代表的意思,知道问号代表的意思,也就是学生要会用三句话来说一说这道题:一共有 9 支铅笔,左边盒子里有 6 支,右边盒子里有几支? 学生学会了三句话,问题也就解决了。

【变式练习】

有 2 队小朋友,左边一队有 3 人,右边一队有 6 人,一共有多少人?

□○□＝□

易错题 5

想一想,下杆有几个珠子? 先画一画,再写出算式。

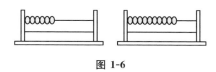

图 1-6

下杆比上杆多 4 个。　　　　　下杆比上杆少 4 个。

□○□＝□　　　　　　　　　　□○□＝□

【易发生错误】

左题:10－4＝6,10－6＝4

右题:6＋4＝10

【正解】

左题:6＋4＝10

右题:10－4＝6

【评讲时的切入点、技巧、思维和算理】

求大数、求小数问题极易与相差数问题混淆,因此在一年级上学期出现的求大数、求小数的问题往往会先要求画图,再列式。所以在画图的时候,可以要求学生保留两步画图的步骤,从图上出发,列出算式。

【变式练习】

1. 画○,比☆多 4 个。

☆☆☆☆☆☆

_____

○有多少个?

□○□＝□(个)

2.画△,比□少 3 个。

□□□□□□□

————————————

△有多少个?

□○□＝□(个)

易错题 6

△△△△△

♥♥♥♥♥♥♥

△和♥一共有多少个? □○□＝□(个)

△比♥少多少个? □○□＝□(个)

【易发生错误】

$10-6=4,10-4=6$

【正解】

$4+6=10,6-4=2$

【评讲时的切入点、技巧、思维和算理】

此题包含了两小题,第一题是求和,第二题是相差数问题。相差数问题本来就是易错题。所以要让学生养成一个好的读题习惯,在答题前找出问题和条件,明确题中两小题是独立的两个问题。在解答相差数问题的时候,还是应像之前所说,做好标记。

【变式练习】

松树有 4 棵,柳树有 6 棵。

松树和柳树一共有多少棵? □○□＝□(棵)

松树比柳树少多少棵? □○□＝□(棵)

知识点:加减混合运算

易错题 1

□□□□□□ □□□□

□○□○□＝□

【易发生错误】

$6+2-2=6$

【正解】

6＋4－2＝8

【评讲时的切入点、技巧、思维和算理】

加减混合计算的练习,学生极易因为看不懂图意写错算式。在课堂上,还是要多让学生拿到图以后先说一说图意,再列式计算。特别是能力弱的学生,更应多给他们练习的机会。

【变式练习】

□□□□□□□　　□□□
□○□○□＝□(个)

知识点:11～20各数的认识

易错题 1

橘子有 15 个,苹果比橘子少 5 个。苹果有多少个?

□○□＝□(个)

【易发生错误】

15＋5＝20

【正解】

15－5＝10

【评讲时的切入点、技巧、思维和算理】

求大数、小数的问题是之前所学的问题类型。在之前的练习中,会让学生先画再列式,学生借助画图基本上都能够正确列出算式。而本单元的练习是以文字题居多。因此在课堂教学中,可以先借助画图,让学生理解"求比一个数多几"是求大数,该用加法;"求比一个数少几"是求小数,该用减法。

【变式练习】

1.有 7 只小鸭,小鸡比小鸭多 10 只,小鸡有多少只?

□○□＝□(只)

2.香蕉有 16 个,菠萝比香蕉少 6 个,菠萝有多少个?

□○□＝□(个)

知识点:百以内数的认识

易错题1

数一数,写出数。

一共有( )个○。

【易发生错误】

1. 不能十个十个数。

2. 学生数错。

【正解】

一共有(47)个○。

【评讲时的切入点、技巧、思维和算理】

1. 让学生学会观察图片数量特点,思考数数方式。

2. 数数时注意顺序(从上往下),可以数几个十写在旁边。

【变式练习】

数一数,一共有多少个圆?

○○●○○●○○○●○○●○○○●○○●○○○●

易错题2

在下面各数的后面连续写出五个数。

87,( ),( ),( ),( ),( )。

95,( ),( ),( ),( ),( )。

【易发生错误】

1. 学生对于"数的后面"认为是倒着数。

2. 无法理解"连续"的意思,没有一个一个往后数。

【正解】

在下面各数的后面连续写出五个数。

87,(88),(89),(90),(91),(92)。

95,(96),(97),(98),(99),(100)。

【评讲时的切入点、技巧、思维和算理】

学生在答题时,主要会因为不是很清楚"后面""连续"的定义而造成错误。所以教师可要求学生对重点词语进行标注,并对其解读。"数的后面"从 1 开始数数,数过的是这个数的前面,反之没数过的就是后面;"连续"就像水流一样不断开,也就是一个一个数。

【变式练习】

在下面各数的后面连续写出五个数。

77					
89					

易错题 3

28、51、69、35、94、100、48、88

(1)小于 50 的数有:_____。

(2)大于 50 的数有:_____。

(3)最接近 50 的数是:_____。

【易发生错误】

1.学生会漏数字。

2.不看题干直接写"最接近"50 的数。

【正解】

(1)小于 50 的数有:28,35,48_____。

(2)大于 50 的数有:51,69,94,100,88_____。

(3)最接近 50 的数是:51_____。

【评讲时的切入点、技巧、思维和算理】

学生在答题时,会因为分不清要求和思维定式而造成错误。所以教师可以要求学生拿到题的时候,标记关键词"大于""小于""最接近"。在写数的时候,可按顺序分类,可以分一个画掉一个。"最接近"与"接近"比较,让学生感受。

【变式练习】

先填数,再回答问题。

70			73				77			80

最接近 74 的数字有( )和( )。

易错题 4

图 1-7

写作:( ),

个位上的 5 表示( )个( ),

十位上的 5 表示( )个( )。

【易发生错误】

1.学生混淆"写作"与"读作"。

2."个位""十位"的数表示的意义错误,大小写分不清。

【正解】

写作:(55),

5 个一,

5 个十。

【评讲时的切入点、技巧、思维和算理】

学生在答题时,会因为个位与十位数的意义分不清填写成"1 个 5"等错误。所以教师在教学时可以把珠子当做排队的小朋友,给个位"取名字"——"一",给十位"取名字"——"十",这样去数数就是几个"一"和"十",不会"排错队"。教师将抽象的意义转换成具有画面感的排队,一年级孩子更容易理解和接受。

【变式练习】

5 个十是( ),100 里面有( )个十。84 是由( )个十和( )个一组成的。4 个十和 7 个一组成( )。

易错题 5

按规律填空。

78、79、80、（　　　）、（　　　）。

64、66、68、（　　　）、（　　　）。

91、89、87、（　　　）、（　　　）。

75、80、85、（　　　）、（　　　）。

【易发生错误】

1.学生几个几个数，单数、双数特别是倒着数不熟悉。

2.十位变化的数会写错。

【正解】

按规律填空。

78、79、80、（ 81 ）、（ 82 ）。

64、66、68、（ 70 ）、（ 72 ）。

91、89、87、（ 85 ）、（ 83 ）。

75、80、85、（ 90 ）、（ 95 ）。

【评讲时的切入点、技巧、思维和算理】

找规律要分析"给出数"的特点，先分清从大到小还是从小到大，再尝试从简单的一个一个数完整，找到规律中数的位置，列举后让学生讨论规律。单数、双数都是两个两个数，五个五个数的数的个位是0或者5。

【变式练习】

70、（　　　）、（　　　）、（　　　）　　　（　　　）、36、（　　　）、38

易错题 6

1.写出5个十位上是3的两位数：_____。

2.写出5个十位数比个位数大1的两位数：_____。

【易发生错误】

1.学生对数位、几位数不熟悉。

2.没理解十位个位的大小关系。

【正解】

1.写出 5 个个位上是 3 的两位数：<u>13,23,33,43,53</u>。

2.写出 5 个十位数比个位数大 1 的两位数：<u>10,21,32,43,54</u>。

【评讲时的切入点、技巧、思维和算理】

分清要求,借助计数器来分"个位"和"十位",相对容易;在十位数和个位数比较时,通过实践发现"大 1"这是相差数,继而从十位为 1 开始尝试要么是"10"或者"12",分清后再增加。通过有序列举的思路理清未知的"十位"和"个位"。

【变式练习】

1.写出个位上的数是 6 的所有两位数。

2.写出十位上的数是 8 的所有两位数。

3.写出个位上和十位上数相同的所有的两位数。

易错题 7

李老师买了一箱矿泉水,有 24 瓶。每人一瓶,这些矿泉水多一些。请你估计一下可能有多少个小朋友? 在正确答案下面画"√"。

10 个	22 个	28 个

【易发生错误】

1.学生对题意理解有误,看到"多"就选 28。

2."多一些"与"多得多"混淆。

【正解】

10 个	22 个	28 个
	√	

【评讲时的切入点、技巧、思维和算理】

分清要求,比较哪两个量,哪个量多,哪个量少,结合生活中比较的实例进行理解,而不是只看"多""少"。矿泉水比人多,人比矿泉水少。这里水"多些"就是"多一些",不要具体到多几个,让孩子根据"22"和"28"去感受和 24 比较谁更接近,这样让孩子在心中留下一个自己的评价标准。

【变式练习】

一(1)班有 41 人，一(2)班的人数和一(1)班差不多。

估计一下，一(2)班可能有多少人？在空格里画√。

30 人	40 人	50 人

知识点：百以内数的加减法（一）

易错题 1

在□里填上适当的数。

58－30<□	46＋5<46＋□
76＋3>□	65－40>65－□
89－8<□	37＋50>37＋□

【易发生错误】

1.式子与式子比大小,数字容易写错。

2.符号看错。

【正解】

58－30<29	46＋5<46＋6
76＋3>78	65－40>65－41
89－8<82	37＋50>37＋49

【评讲时的切入点、技巧、思维和算理】

1.注意训练符号左边、右边的整体概念。

2.填出数字后算出式子的结果。

【变式练习】

72＋6>□	25＋3<24＋□
49－30<□	98－50>98－□

易错题 2

把下面的算式按得数的大小排列。

63－30   28＋40   7＋20   98－70   56－5

(   )<(   )<(   )<(   )<(   )

【易发生错误】

学生排列的是得数,不理解题意。

【正解】

(7+20)＜(98−70)＜(63−30)＜(56−5)＜(28+40)

【评讲时的切入点、技巧、思维和算理】

帮助学生理解题意,读题目,理解是把算式排列,排列的就是算式,按照得数的大小,意思是根据得数来确定这个算式放在什么位置,帮助学生理解。

【变式练习】

把算式按得数的大小排一排。

1＋2	4＋1	1＋3

易错题 3

填一填。

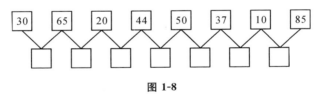

图 1-8

【易发生错误】

1.看不懂题目的意思。

2.忽略第一个数。

【正解】

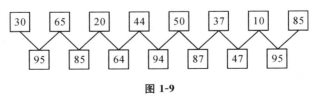

图 1-9

【评讲时的切入点、技巧、思维和算理】

根据分与合,从第一个数开始看,就是将前一个数和后一个数合起来的结果,培养学生读题的全局性。

【变式练习】

算一算,填一填。

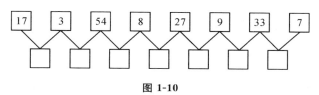

图 1-10

易错题 4

80 连续减 8,写出每次所得的差。

80,72,＿＿＿,＿＿＿,＿＿＿,＿＿＿,＿＿＿,＿＿＿。

【易发生错误】

1.计算错误率高。

2.忽略过程。

【正解】

80 连续减 8,写出每次所得的差。

80,72,＿64＿,＿56＿,＿48＿,＿40＿,＿32＿,＿24＿。

【评讲时的切入点、技巧、思维和算理】

退位减法本身的运算比较复杂,学生需要分步计算后算出结果,而且学生不能有直观的印象,还要在头脑里想出算式,所以要求学生写出过程。

【变式练习】

按要求接着算。

1. 27 连续加 7:

27、(　　)、(　　)、(　　)、(　　)、(　　)。

2. 75 连续减 8:

75、(　　)、(　　)、(　　)、(　　)、(　　)。

3. 80 连续减 9:

80、71、(　　)、(　　)、(　　)、(　　)。

知识点:人民币的认识

易错题 1

3 分+7 分=( )角

【易发生错误】

3 分+7 分=(10)角

【正解】

3 分+7 分=(1)角

【评讲时的切入点、技巧、思维和算理】

这是由于做题时想当然,没有注意后面的单位名称变为"角"了。平时做题一要审题细致,二要通过圈画关键字来避免错误。

【变式练习】

3 角+7 角=( )元

2 角+8 角=( )分

易错题 2

小军买一架 48 元的玩具飞机,付的都是 10 元面值的人民币,他至少要付几张 10 元面值的人民币?如果小军付的都是 20 元面值的人民币,他至少要付几张 20 元面值的人民币?小明的钱正好够买这架玩具飞机,小明最多有几张 10 元面值的人民币?

【易发生错误】

1.对"至少"认识不完整,会出现"付 4 张""付 2 张"的错误。

2.学生对于"正好够买"不能正确理解。

【正解】

1.用 10 元面值的人民币付,就是一个 10 一个 10 地数,48 接近50,至少付 5 张。

2.用 20 元面值的人民币付,就是一个 20 一个 20 地数,48 接近60,至少付 3 张。

3.正好就是不多不少,就是转化成 48 里面有几个 10,最多 4个 10。

【评讲时的切入点、技巧、思维和算理】

这是认识人民币付币问题中最容易混淆的两类题。都是买 48 元的飞机,由于条件不同,问题不同,思考的方法也就不同。

第 1 问,小军买这架玩具飞机付的都是 10 元,没有其他面值的人民币,那么付 1 张就是 10 元,付 2 张就是 20 元……如果付 4 张就是 40 元,但 40 元买不到 48 元的玩具飞机,所以还得再付 1 张,即共付 5 张 10 元面值的人民币才能买到。第 2 问,如果小军付的都是 20 元面值的人民币,没有其他面值的,也可以用同样的方法思考:付 1 张就是 20 元,2 张就是 40 元,还是买不到,那得付 3 张即 60 元才能买到 48 元的玩具飞机。第 3 问,这里关键要理解“正好够买”的意思,“正好够买”说明小明的钱不多也不少,就是 48 元。那在 48 元里,最多就只有 4 张 10 元面值的人民币。

【变式练习】

一辆玩具汽车 67 元,小军带着很多张 10 元面值的人民币去买玩具,他至少要付几张 10 元面值的人民币? 如果小军付的都是 20 元面值的人民币,他至少要付几张 20 元面值的人民币?

易错题 3

1 张 10 元面值的人民币,一张 1 元面值的人民币,3 个 5 角硬币,一共是( )元( )角。

【易发生错误】

学生会写 11 元 15 角。

【正解】

12 元 5 角

【评讲时的切入点、技巧、思维和算理】

这题应属于“计币”,就是计算一共有多少钱。小朋友一般会把几元的与几元的合起来,把几角的与几角的合起来,往往就会出现“(11)元(15)角”。但在实际生活中是没有这种说法的,满 10 角就要转化成 1 元,所以应该是“(12)元(5)角”。在计币时,可以把满 10 角或满 10 分的人民币圈起来,提醒自己可以转化成高级单位,这样就不容易出错了。

【变式练习】

一支牙膏4元,一支牙刷9角,一块肥皂3元5角,一条毛巾6元。

买一支牙膏和一支牙刷应付(　　)元(　　)角。

买一支牙刷和一块肥皂应付(　　)元(　　)角。

易错题4

填空。

1.一张100元面值的人民币可以换(　　)张50元面值的人民币、(　　)20元面值的人民币和(　　)张10元面值的人民币。

2.一张100元面值的人民币可以换(　　)张50元面值的人民币,也可以换(　　)20元面值的人民币,还可以换(　　)张10元面值的人民币。

【易发生错误】

"、"和"也可以"等关键信息看不清。

【正解】

1.一张100元面值的人民币可以换1张50元面值的人民币、2张20元和1张10元(或者一张100元可以换1张50元、1张20元和3张10元);

2.一张100元可以换2张50元,也可以换5张20元,还可以换10张10元。

【评讲时的切入点、技巧、思维和算理】

这题应属于"换币"。兑换人民币的准则是公平,因此,换币前后人民币的总面额不能发生变化。这两题看似相同,但"、"表示加,"也可以"表示换种方法,学生要在具体题目中理解。

【变式练习】

一张1元面值的人民币换(　　)枚5角硬币。

一张1元面值的人民币换(　　)枚1角硬币。

知识点:百以内数的加减法(二)

易错题 1

```
    5 0
+   5 0
─────────
```

图 1-11

【易发生错误】

```
      5 0
+ ₁ 5₁ 0
─────────
  1 0 0
```

图 1-12

【正解】

```
      5 0
+ ₁ 5 0
─────────
  1 0 0
```

图 1-13

【评讲时的切入点、技巧、思维和算理】

虽然这道题出现在连续进位的练习中,但这道题不是连续进位,所以要学生明确进位符号的作用是什么,不能盲目地写进位符号。

【变式练习】

```
    7 0
+   3 0
─────────
```

图 1-14

易错题 2

```
    1 0 0
−     9 1
─────────
```

图 1-15

【易发生错误】

```
    1 0 0
  －  9 1
  ─────────
      1 9
```

图 1-16

【正解】

```
    · ·
    1 0 0
  －  9 1
  ─────────
        9
```

图 1-17

【评讲时的切入点、技巧、思维和算理】

连续退位的计算,学生容易忘记十位的退位,在计算的时候,错误地认为十位还是"10－1"。所以在学生计算的时候要写好退位符号。

【变式练习】

```
    1 0 0
  －  9 7
  ─────────
```

图 1-18

易错题 3

```
    1 0 0
  －    7
  ─────────
```

图 1-19

【易发生错误】

```
    1 0 0
  －    7
  ─────────
        3
```

图 1-20

【正解】

$$
\begin{array}{r}
1\ 0\ 0 \\
-\quad\quad 7 \\
\hline
9\ 3
\end{array}
$$

图 1-21

【评讲时的切入点、技巧、思维和算理】

由于减数是一位数,在计算时,学生会遗漏十位。因此在计算时,还是要让学生养成良好的学习习惯,从个位开始,到十位,再到百位。

【变式练习】

$$100-9$$

易错题 4

一个书包 36 元,一个羽毛球 3 元,一副羽毛球拍 16 元,一个篮球 48 元。

妈妈给小明买了一个书包和一个篮球。付给售货员 100 元,应找回多少元(仅列式)?

【易发生错误】

$100-36+48=112$(元)

【正解】

$100-(36+48)=16$(元)

【评讲时的切入点、技巧、思维和算理】

一年级学生从一步计算刚过渡到两步计算,新学了小括号,很容易在列式时忘记加括号。所以在教学时让学生养成检查的习惯,在列两步计算的算式时,先看看算式的运算顺序是否正确,没有括号的算式应从前往后算。

【变式练习】

1.有 60 个冬瓜,王叔叔昨天卖出 27 个,今天卖出 25 个。还剩多少个冬瓜?

2.妈妈买了一盏台灯 56 元和一个闹钟 38 元,付给售货员 100 元,应找回多少钱?

易错题 5

一捆电线,全长 80 米,第一次用去 30 米,第二次比第一次多用去 12 米。第二次用去多少米? 这捆电线比原来短了多少米?

【易发生错误】

第 1 问:80－30－12＝38(米)

第 2 问:80－30－42＝8(米)

【正解】

第 1 问:30＋12＝42(米)

第 2 问:30＋42＝72(米)

【评讲时的切入点、技巧、思维和算理】

学生没有认真读题,第 1 问求的是第二次用去多少米,与全长没有关系;第 2 问求的是短了多少米,实际就是两次用去了多少米,也与全长没有关系。"全长 80 米"是一个多余条件,是学生容易出错的点。所以在读题时可以多指导学生去分析题意,看清楚要求的问题与哪些条件有关,正确选择条件。

【变式练习】

1.图书馆有故事书 80 本,第一天借走了 27 本,第二天借走了 18 本,图书馆少了几本故事书?

2.体育室有 48 个篮球,一班借走了 19 个,二班借走了 11 个,体育室少了多少个篮球?

知识点:表内乘法

易错题 1

连一连,一共有多少只小鸡?

图 1-22

【易发生错误】

1.3＋3＋3,5＋5＋5＋5＋5,3＋5 会错误连线。

2.3×5 和 5×3 会漏连一个。

【正解】

应该连 3＋3＋3＋3＋3,5＋5＋5,3×5,5×3。

【评讲时的切入点、技巧、思维和算理】

要理解图片的意义。

横看:表示 3 个 5 相加,加法算式 5＋5＋5,乘法算式 3×5 或5×3。

竖看:表示 5 个 3 相加,加法算式 3＋3＋3＋3＋3,乘法算式 3×5 或 5×3。

【变式练习】

连一连。

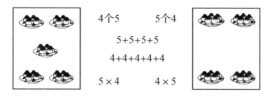

图 1-23

易错题 2

○＋○＝12

☆＋☆＋☆＝12

△＋△＋△＋△＝12

○＋☆＋△＝?

【易发生错误】

无法理解图意,概念不清,乱写。

【正解】

13

【评讲时的切入点、技巧、思维和算理】

相同加数可以转化为乘法算式。转化为几个几,再利用乘法口诀解决。

【变式练习】

怎样算得快?

$6+6+6+6+6=?$

$8+8+8+8+7=?$

易错题3

每块橡皮8角,李华买6块橡皮花多少钱?她付给售货员5元,应找回多少钱?

【易发生错误】

$5\times8=40$(角)

【正解】

第1问:$6\times8=48$角

第2问:5元$=50$角

$50-48=2$角

【评讲时的切入点、技巧、思维和算理】

第1问弄清几个几相加,用乘法如何表示,并计算准确。第2问先理清要求找回的钱需要已知哪些条件,然后再单位换算,并解答。

【变式练习】

1.小明买6本练习本,每本5角,付给售货员5元,应找回多少钱?

2.王阿姨买了8双袜子,每双袜子6角钱,王阿姨带了5元,够吗?

易错题4

每两棵树之间都相隔8米,小丽从第1棵树走到第8棵树,她一共走了多少米?

【易发生错误】

$8\times8=64$(米),没有弄清8棵树之间的间隔数是几。

【正解】

$7\times8=56$(米)

【评讲时的切入点、技巧、思维和算理】

画图法,弄清每两棵树之间有一个间隔,相隔8米,8棵树有7个间隔,总间隔长度为8×7＝56(米)。

【变式练习】

1.7个同学排成一排,每两个同学之间距离是2米,请问这支队伍的总长度是多少?

2.妈妈买了一些盆栽装扮花园,每两个盆栽之间距离为3米,从第一个摆到第七个盆栽距离一共是多少?

易错题5

找朋友,连一连。

2×5	4×1	3×2	7＋7＋7

7×3	2＋2	1＋1＋1＋1	5＋5

【易发生错误】

1.4×1和2＋2连线。

2.3×2和2＋2连线。

【正解】

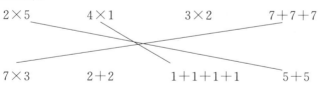

【评讲时的切入点、技巧、思维和算理】

看加法,理解加法的意义:7＋7＋7表示3个7相加,乘法是3×7或7×3;2＋2表示2个2相加,乘法是2×2;1＋1＋1＋1表示4个1相加,乘法是4×1或1×4;5＋5表示2个5相加,乘法是2×5或5×2。

【变式练习】

判断对错,对的画"√",错的画"×"。

4×8＝8＋4(　　)　　　　9＋9＝6×3(　　)

3＋3＝3×3(　　)　　　　7×4＝4＋4＋4＋4(　　)

$4×6=3+8($ $)$ $5×6=6+6+6+6+6($ $)$

易错题6

2个8相乘,列式计算:_____。

【易发生错误】

$2×8=16$

【正解】

$8×8=64$

【评讲时的切入点、技巧、思维和算理】

和"2个8相加"进行比较,区分两道题的不同。

【变式练习】

1. 2个6相加,列式计算:_____;

    2和6相加,列式计算:_____;

    2个6相乘,列式计算:_____。

2. 2个因数都是6,积是多少? 列式计算:_____。

知识点:表内除法

易错题1

每辆车限乘8人。

1.有60人乘车,至少要租多少辆车?

2.你打算怎样安排每辆车的人数?

【易发生错误】

1. 用去尾法解答,导致剩余人无法乘车。

2. 安排人数不合理,表述不清,导致60人没有都乘坐汽车。

【正解】

1. $60÷8=7($辆$)……4($人$)$ $7+1=8($辆$)$

2. 每辆坐8人,坐满7辆车,最后4人再坐一辆。

【评讲时的切入点、技巧、思维和算理】

本题第1问是标准的进一法题目,理解:剩余的人也要上车,所以必须用进一法再加一辆车。第2问是开放性题型,需要表述清楚如何让60人坐在8辆车上,方法可以多样,培养学生扩散性思维。

【变式练习】

1.一本书共 33 页,每天看 5 页,至少需要几天看完? 如果 6 天看完,你打算怎么安排?

2.六年级 25 人参加野营活动,每个帐篷最多住 6 人,一共需要多少个帐篷?

知识点:有余数的除法

易错题 1

□÷8＝4……□,余数最大是(　　　),这时被除数是(　　　)。

【易发生错误】

余数最大是几写了比 4 小的数,导致最后一空也错。

【正解】

7　　　　39

【评讲时的切入点、技巧、思维和算理】

本题要重点让学生牢记,余数小于除数,并且要熟悉概念,除号后面的 8 是除数,等号后面的 4 是商,不能混淆。被除数＝除数×商＋余数,这个公式要记牢。

【变式练习】

1.□÷△＝7……6,△最小是(　　　),这时□是(　　　)。

2.(　　　)÷(　　　)＝5……5,除数最小是(　　　),被除数此时是(　　　)。

知识点:时、分、秒的认识

易错题 1

图 1-24

_____ 时 _____ 分

【易发生错误】

5 时 55 分

【正解】

4 时 55 分

【评讲时的切入点、技巧、思维和算理】

首先应确定题目图中是快到 5 时但还未到 5 时,所以应该是 4 时多;再看分针指向 11,对应 55 分,所以应该为 4 时 55 分。理解最细的针是秒针。

【变式练习】

时针稍微偏向 9,分针指向 11,这时钟面上的时刻是( )时( )分。

易错题 2

先填空,再画出时针和分针。

电视连续剧 9:30 开始,每集 40 分钟,这集结束时是(:)。

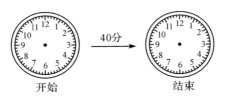

开始   结束

图 1-25

【易发生错误】

本题经过 40 分钟,需要跨整时,容易产生错误。

【正解】

结束时间为 10:10。

【评讲时的切入点、技巧、思维和算理】

首先确定 9 时 30 分,经过 40 分钟,30＋40＝70 分＝1 时 10 分,那么 9 时过 1 时就是 10 时,所以就是 10 时 10 分,也可以通过图上画一画来数格子。

【变式练习】

1.妈妈 5:50 下班回家,路上要用 25 分钟,妈妈(:)

到家。

25分

图 1-26

知识点:四则混合运算

易错题 1

先填空,再写成综合算式。

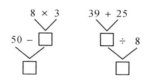

图 1-27

算式:＿＿＿＿＿＿＿＿   算式:＿＿＿＿＿＿＿＿

【易发生错误】

1. $39＋25÷8$,忘记加括号。

2. 先填了得数之后容易混淆,不知道怎么列综合算式了。

【正解】

$50－8×3$ $(39＋25)÷8$

【评讲时的切入点、技巧、思维和算理】

要先看第二个算式,然后把上面的算式代入方框,要先套上括号,然后思考这个括号是否需要。

【变式练习】

把 $76－68＝8,7×8＝56$ 两个算式写成一个综合算式:＿＿＿＿＿。

易错题 2

一箱橙汁有 6 瓶,共 30 元。如果零售每瓶 6 元。

整箱出售比零售每瓶便宜多少钱?

【易发生错误】

6×6－30＝6（元）

【正解】

6－30÷6＝1（元）

【评讲时的切入点、技巧、思维和算理】

理解"每瓶"的意义,所以要先求出整箱里一瓶的价格。

【变式练习】

中秋节超市卖月饼。同样的月饼,买一个6元,买一盒(4个月饼)20元。

(1)如果买盒装的月饼,每个月饼多少元?

(2)盒装月饼每个比单买便宜多少钱?

知识点:万以内数的认识

易错题1

由2个6和2个0组成的四位数中,

能读出零的数有(   ),

不读出零的数有(   )。

【易发生错误】

1. 四位数中出现了两个2。

2. 不能写出所有数字。

【正解】

能读出零的数有(6060、6006),

不读出零的数有(6600)。

【评讲时的切入点、技巧、思维和算理】

首先要认真读题,养成好好分析题意的习惯;其次把所有符合条件的四位数列出来,这样就不会遗漏。

【变式练习】

1.用2个8和2个0组成的最大四位数是(   )。

2.用2个6和2个3组成的四位数从大到小排列是(

)。

知识点:万以内数的加减法

易错题1

在○里填"+"或"一",在□里填数。

563-99
=563-100+□

726-96
=726-100○□

925-97
=925-□○□

413-296
=413-□○□

【易发生错误】

多加多减后面再加或者要减符号容易发生错误。

【正解】

563-99
=563-100+1

726-96
=726-100+4

925-97
=925-100+3

413-296
=413-300+4

【评讲时的切入点、技巧、思维和算理】

1.牢记口诀:多加要减,多减要加,少加要再加,少减要再减。

2.可以借助小括号,把后面的数表示成整百数加减一位数的情况,再去括号。

【变式练习】

用你喜欢的方法计算。

566-98   561-104   196+98   769+105

易错题2

简便计算:897-(197+278)。

【易发生错误】

括号前面是减号,拆开括号后,括号里的符号没有变号。

【正解】

$$897-(197+278)$$
$$=897-197-278$$
$$=700-278$$
$$=422$$

【评讲时的切入点、技巧、思维和算理】

观察题目是否属于常见题型:打包减变成连减。简便计算可以看括号内外是否可以形成整十或整百数。

【变式练习】

简便计算:

$1240-(240-199)$ $4315-234-766$

知识点:千克、千米的认识

易错题 1

估计行 1 千米路程大约需要的时间,并在正确答案下面画"√"。

步行(20 秒   20 分   1 时)   骑自行车(5 秒   5 分   5 时)
火车(30 秒   3 分   30 分)

【易发生错误】

1.步行选 1 时。

2.火车选 3 分。

【正解】

步行选 20 分,骑自行车选 5 分,火车选 30 秒。

【评讲时的切入点、技巧、思维和算理】

1.感受 1 千米的长度,能体会到不同交通工具之间的快慢区别。

2.对时、分、秒的长短要有比较清晰的认识。

3.以步行 1 千米大约需要 20 分钟为前提,那么可以推算出骑自行车大约需要 5 分钟;而坐火车肯定要比骑自行车快得多,所以坐火车行 1 千米只要 30 秒。

【变式练习】

1.小明每小时约走 3（　　　），小红骑自行车每小时约行 13（　　　），小刚开小汽车每小时约行 60（　　　）。

2.估一估：小明每小时约走（　　　）千米，小红骑自行车每小时约行（　　　）千米，小刚开小汽车每小时约行（　　　）千米。

知识点：多位数乘一位数

易错题 1

妈妈到药店买了 2 盒同样的药，每盒有 3 板药粒，每板有 24 粒。妈妈买的药共有多少粒？

【易发生错误】

第一步先算了 2×24，此算式没有实际意义。

【正解】

2×3×24＝144（粒）或 3×24×2＝144（粒）

【评讲时的切入点、技巧、思维和算理】

解决实际问题需要联系实际意义，算式是否能够表示实际意义。可以要求让学生说一说每个算式计算出来的结果表示什么意义。

【变式练习】

王奶奶买了一瓶药，一共有 120 片，医生要求每日吃 3 次，每次吃 2 片。这瓶药够王奶奶服用多少天？

易错题 2

竖式计算：2×3800。

【易发生错误】

$$
\begin{array}{r}
2 \\
\times\ 3\ 8\ 0\ 0 \\
\hline
\end{array}
$$

【正解】

$$
\begin{array}{r}
3\ 8\ 0\ 0 \\
\times\quad\ \ 2 \\
\hline
\end{array}
$$

【评讲时的切入点、技巧、思维和算理】

竖式计算多位数在上,少位数在下,数位对齐,依次相乘。

【变式练习】

竖式计算

3×360   1230×3

知识点:除数是一位数的除法

易错题 1

书 P92:90+90÷9。

【易发生错误】

先加再除,90+90=180,180÷9=20。

【正解】

90÷9=10   90+10=100

【评讲时的切入点、技巧、思维和算理】

理解四则运算法则,除法是比加法更高一级的运算法则,所以应该先算除法,再算加法。

【变式练习】

330-30÷6   180+820÷4

易错题 2

汽车每小时行驶多少千米?

图 1-28

【易发生错误】

不理解路牌的意思,会以为是行驶了 120 km。

【正解】

$11-9=2$(小时),$120÷2=60$(km)。

【评讲时的切入点、技巧、思维和算理】

让学生自己说一说路牌的含义,"距保定 120 km"应该是汽车所在的这个地方离保定还有 120 km。而不是汽车行驶了 120 km。再说一说"现在是 9 时,11 时就到保定了"这句话的含义,应该是从这里到保定要行驶 $11-9=2$(小时)。所以题目告诉我们:汽车 2 小时可以行驶 120 km。要求每小时行驶多少千米,可以用 $120÷2$ 来计算。

【变式练习】

1. 一辆小汽车 4 小时行了 412 千米。这辆汽车平均每小时行多少千米?

2. 小红从家经过街心公园到超市,步行需要 9 分钟。同样的路,妈妈骑自行车需要 3 分钟。小红和妈妈平均每分钟各走多少米?

小红家　240米　街心公园　300米　超市

易错题 3

得数中间有 0 的除法:$412÷4=$

【易发生错误】

十位不够除,应该在十位上写 0 占位,不是在末尾写 0。

$412÷4=130$

【正解】

$412÷4=103$

【评讲时的切入点、技巧、思维和算理】

先估再算。

【变式练习】

$608÷2$ $6428÷8$

易错题 4

末尾有 0 的除法:870÷3

【易发生错误】

$$870÷3＝290$$

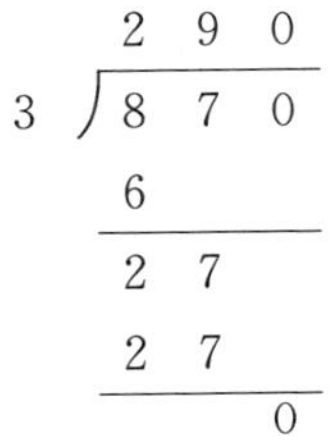

```
      2 9 0
  3 | 8 7 0
      6
      2 7
      2 7
          0
```

图 1-29

竖式末尾的 0 是 27－27 得到的差,应该对齐十位写。

【正解】

870÷3＝290,竖式末尾的 0 是 27－27 得到的差,应该对齐十位写。

【评讲时的切入点、技巧、思维和算理】

注意除法的三步骤:一除二乘三减,每一步的数字要对齐相应的数位。

【变式练习】

800÷5   930÷3

易错题 5

下面的题错在哪里? 把它改正过来。

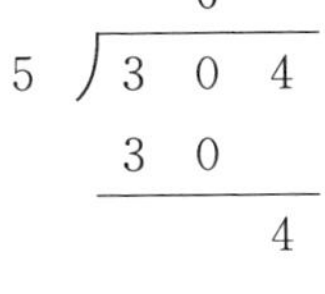

```
          6
  5 | 3 0 4
      3 0
          4
```

图 1-30

【易发生错误】

学生看不出错误。

【正解】

```
        6 0
    5 ) 3 0 4
        3 0
            4
```

图 1-31

【评讲时的切入点、技巧、思维和算理】

有余数的除法,个位不够除,商的个位也要写 0 占位。

【变式练习】

$362 \div 8$ 　　　　　　　　　　$7561 \div 7$

(二)图形与几何

知识点:认识图形

易错题 1

数一数,填一填

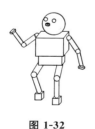

图 1-32

▭	(　　)个
▢	(　　)个
▯	(　　)个
○	(　　)个

【易发生错误】

漏数、数错。

【正解】

长方体 4 个,正方体 2 个,圆柱 8 个,球 9 个。

【评讲时的切入点、技巧、思维和算理】

这类练习是综合性的考核。学生首先得判断是哪种图形,然后再进一步数一数。所以除了可以要求学生"数一个,画一个"之外,也可以让学生在判断图形的时候做一些小标记,帮助自己能更好、更快、更准确地数一数。

【变式练习】

长方体有( )个;正方体有( )个;圆柱有( )个;球有( )个。

易错题 2

几个正方体搭成的?

( )个 ( )个 ( )个

【易发生错误】

第 2、3 个图:4 个、7 个。

【正解】

4 5 8

【评讲时的切入点、技巧、思维和算理】

一年级学生的空间观念刚刚起步,第 2、3 个图中都有被遮挡的部分,空间观念差的学生往往就想不到。对于这部分学生,可以准备一些教具,用演示的形式让学生发现有被遮挡掉的部分。

【变式练习】

想一想,有几个正方体。

( )个正方体   ( )个正方体

知识点:厘米和米的认识

易错题 1

下面的小棒长多少厘米?

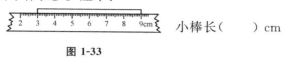　　小棒长(　　)cm

图 1-33

【易发生错误】

学生不清楚测量长度的读数方法,错将"9厘米"当成了小棒的长度。

【正解】

长 6 厘米

【评讲时的切入点、技巧、思维和算理】

应先跟学生明确"几厘米"是有几个 1 厘米,就是几厘米,而并非直尺上到几厘米就是几厘米。我们通常测量时,会以零刻度线为起点,到几厘米就是几厘米,这样做是方便读数。但是图上并不是从零刻度线开始的,那就应该是数一数有几个 1 厘米,才是几厘米。或者用算术的方法进行计算:9－3＝6(厘米)。

【变式练习】

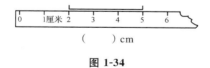

(　　)cm

图 1-34

易错题 2

画一条比下面线段长 2 厘米的线段。

【易发生错误】

1.学生没有认真读题,绘制的线段长 2 厘米。

2.学生不理解"长""短"的含义,绘制的线段长度比图上给出线段短 2 厘米。

【正解】

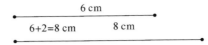

【评讲时的切入点、技巧、思维和算理】

要求学生在做题前认真读题,正确理解关键字、词的含义,像本题这样的习题,应先列式计算,再作图。

【变式练习】

画两条线段。

(1)第一条线段长 6 cm。　　　(2)第二条线段比第一条短 3 cm。

易错题 3

在括号里填上适当的长度单位。

跳绳长 2(　　)。　　　　　　楼房高 20(　　)。

铅笔长 15(　　)。　　　　　　游泳池长 50(　　)。

桌子高 80(　　)。　　　　　　灯管长 50(　　)。

【易发生错误】

学生对于"米"和"厘米"没有具体的感受,所以在选择单位的时候出现错误。

【正解】

跳绳长 2(米)。　　　　　　楼房高 20(米)。

铅笔长 15(厘米)。　　　　　游泳池长 50(米)。

桌子高 80(厘米)。　　　　　灯管长 50(厘米)。

【评讲时的切入点、技巧、思维和算理】

在日常教学中,强调"1 厘米"和"1 米"的具体长度,让学生多比划比划。学生出现错误,除了对"1 厘米""1 米"感受较少以外,还有就是缺少生活经验。因此也可以让学生在课堂上、课后收集一些常见物体的长度。

【变式练习】

在(　　)里填上"m"或"cm"。

牙膏盒长 21(　　)。　　　　松树高 10(　　)。

国旗杆高 12(　　)。　　　　水杯高 8(　　)。

知识点:长方形和正方形的认识

易错题 1

用三角尺在下图中找出直角,并画上直角符号。

【易发生错误】

1. 学生找不全所有的直角。

2. 找到一个直角就不再继续找。

【正解】

【评讲时的切入点、技巧、思维和算理】

注意将图形每一个角都量一下,不是直角就画小弧线,是直角就标出直角符号。

【变式练习】

用三角尺在下图中找出直角,并画上直角符号。

易错题 2

在下面每个图中画一条线段,使它们成为:

(1)一个正方形和一个长方形。 (2)一个正方形和一个三角形。

【易发生错误】

学生没有优先考虑正方形,正方形需要四条边相等,四个角都是直角。

【正解】

图 1-35

【评讲时的切入点、技巧、思维和算理】

先度量线段的长度,再考虑正方形的 4 条边都相等,再画。

【变式练习】

在长方形中画一个最大的正方形。

知识点:方向与位置

易错题 1

小蚂蚁要从 A 点爬到 E 点。

北

A			
		E	D
B		C	

(1)从 A 向南,爬 3 格到 B。

(2)从 B 向( ),爬( )格到 C。

(3)从 C 向( ),爬( )格到 D。

(4)从 D 向( ),爬( )格到 E。

【易发生错误】

应该数格子,学生容易数成点。

【正解】

从 B 向东,爬 4 格到 C。

从 C 向北,爬 2 格到 D。

从 D 向西,爬 2 格到 E。

【评讲时的切入点、技巧、思维和算理】

首先需要把上北下南左西右东的方向标出来,然后在图上用小弧线标出格子,先画一画,再数一数。

【变式练习】

1.在下图中,画出小明放学回家乘车的路线,并标出小明家的位置。(图中黑点表示学校所在位置,每个方格的边长表示1站地的长度)

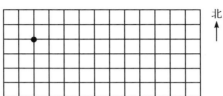

小明出校门后,乘汽车回家,汽车向东走6站,又向南走3站,再向西走2站就到小明的家了。

2.按要求画图:

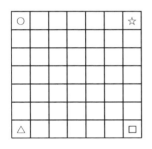

(1)○先向南移5格,再向东移6格,画出它现在的位置。

(2)△先向东移2格,再向北移1格,最后向东移2格,画出它现在的位置。

(3)观察这四个图形移动后所在的位置,○在□的(　　)面,在△的(　　)面。

知识点:毫米、分米的认识

易错题1

78 mm＝(　　)cm(　　)mm

【易发生错误】

78 mm＝(7)cm(78)mm

【正解】

78 mm＝(7)cm(8)mm

【评讲时的切入点、技巧、思维和算理】

等号右边是复式单位,不是连等于。10 mm＝1 cm,78 mm里有70 mm和8 mm,70 mm转化成7 cm,8 mm不变。

【变式练习】

6 cm5 mm＝(   )mm   45 mm＝(   )cm(   )mm

知识点：长方形和正方形的周长

易错题 1

左图中小正方形的边长是 8 cm，大正方形的周长是多少？

【易发生错误】

大正方形边长只加一个4。

【正解】

$4×(8+4+4)=64$cm

【评讲时的切入点、技巧、思维和算理】

明确大正方形的边长到底应该在小正方形边长的基础上加上几段 4 cm 才是完整的。

【变式练习】

左图中大正方形的边长是 16 cm，小正方形的周长是多少？

易错题 2

下面长方形和正方形的周长分别是多少？把它们拼成一个长方形，这个长方形的周长是多少？

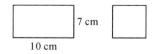
10 cm
7 cm

【易发生错误】

求拼成图形的周长时不画图，拼起来的重合部分长度很容易算到总周长里。

【正解】

(10＋7＋7)×2＝48(cm)。

【评讲时的切入点、技巧、思维和算理】

注意重合部分长度不在边上,不能算进拼接图形总周长。

【变式练习】

用两个长 8 厘米,宽 4 厘米的长方形分别拼成一个长方形和一个正方形,它们的周长分别是多少厘米?

易错题 3

李叔叔靠墙角用篱笆围了一块长方形地用来养鸡,这块地长 8 米,宽 6 米。篱笆长多少米?

【易发生错误】

容易把墙算入篱笆长度中

【正解】

6＋8＝14(米)。

【评讲时的切入点、技巧、思维和算理】

用画图法明确篱笆的部分与墙的部分,区分开来。

【变式练习】

奶奶靠院墙用篱笆围了一块长 15 米,宽 9 米的菜地,求篱笆的长。(先画出示意图,再列式计算)

(三)统计与概率

知识点:分一分

易错题 1

分一分,填一填。

1. 汉堡　　　2.冰激淋　　　3.糖果　　　4.勺子　　　5.香蕉

6. 毛巾　　　7.苹果　　　8.水桶　　　9.脸盆

食品:(　　　　　　　)　　　　用品:(　　　　　　　　　　)

【易发生错误】

漏写或者重复写。

【正解】

食品:(1、2、3、5、7)   用品:(4、6、8、9)

【评讲时的切入点、技巧、思维和算理】

学生会出现上述所说的错误,主要是没有养成一个好的答题习惯。所以在练习时,老师可以要求学生在答题时"写一个,画掉一个",这样就减少出现漏写、重复写的情况。

【变式练习】

分一分,填序号。

1. 外套   2. 卡车   3. 铅笔   4. 卷笔刀   5. 兔子玩偶

6. 铅笔盒   7. 计算器   8. 帽子   9. 尺子   10. 鞋子

11 短裤   12. 小鸡玩具

(四)综合与实践

知识点:比一比

易错题 1

最长的画"√",最短的画"○"。

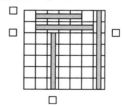

【易发生错误】

学生数错格子。

【正解】

最右边小棒最长,最上面的小棒最短。

【评讲时的切入点、技巧、思维和算理】

先教授学生数格子的方法。很多学生在数格子的时候,数的是点。这部分学生应再次明确数格子数的是两点间的段。还有一些学生容易数错,可以要求这部分学生画小弧线或者数字之类的记号,帮助数格子。

【变式练习】

最高的画"√",最矮的画"○"。

图 1-36

易错题 3

>、<、=。

5○7

【易发生错误】

学生混淆">"和"<"。

【正解】

<

【评讲时的切入点、技巧、思维和算理】

学生在答题时,会因为容易混淆">"和"<"而造成错误。所以可以让学生多记忆">、<"的儿歌:开口对大数,尖尖朝小数,大口在前大于号,尖尖在前小于号,两边相同用等号。要求这部分易混淆的学生在答题之前,先背一背儿歌再写。

【变式练习】

1.画一画,比一比。

2○2   4○6   5○3

2.＞、＜、＝

7○8　　　5○5　　　4○5　　　5○4

知识点:找规律

易错题1

按规律填空:

1 —→ 2 —→ 4 —→ 8 —→(　　　)。
　　 ×2　×2　×□　×□

【易发生错误】

学生不熟悉乘法规律,习惯从加减法中找规律。

【正解】

16

【评讲时的切入点、技巧、思维和算理】

引导学生找一找乘法上的规律。

【变式练习】

1. 1、3、_____、_____、81。

2. 8、16、24、_____、_____。

易错题2

一个正方形花坛,每边摆5盆花(四个角各有1盆),一共摆多少盆花? 每边摆6盆花呢?

【易发生错误】

不考虑重复的情况,第1问习惯用4×5来计算,第2问习惯用4×6来计算。

【正解】

第1问:4×5－4＝16(盆)

第2问:4×6－4＝20(盆)

【评讲时的切入点、技巧、思维和算理】

引导学生发现4×5里面发生了重复计算的情况,即每个角上的花盆都计算了2次,所以还要减去4个角的花盆。第2问亦然。进而探索算式上的规律,引导孩子计算每边摆9盆的情况。

【变式练习】

1. 一个正方形花坛,四个角各有 1 盆花。

(1)每边摆 3 盆,一共摆(　　)盆。算式:＿＿＿＿＿＿＿＿＿＿＿＿

(2)每边摆 4 盆,一共摆(　　)盆。算式:＿＿＿＿＿＿＿＿＿＿＿＿

(3)每边摆 9 盆,一共摆(　　)盆。算式:＿＿＿＿＿＿＿＿＿＿＿＿

2. 小军和小红一起用小棒搭三角形。

小军:我这样搭:△ △ △

小红:我这样搭:△▽△

(1)小军搭 5 个三角形要多少根小棒?

＿＿＿＿＿＿＿＿＿　(　　)

(2)小红搭 5 个三角形要多少根小棒?

＿＿＿＿＿＿＿＿＿　(　　)

二、第二学段典型错题解析

第二学段是形象思维到抽象思维的过渡期,需要学生更多地进行自主思考,然后内化成自己的认知再去运用。因此,学生的主要错误原因是只会运用规则来解决问题,缺乏分析能力。

(一)数与代数

知识点:乘法(一)

易错题 1

一头蓝鲸 8 秒能游 88 米,求蓝鲸的游泳速度。

【易发生错误】

单位写成"米",没有用速度单位"米/秒",或答句写成"游泳速度是每小时 11 米/秒"。

【正解】

$88 \div 8 = 11$(米/秒)。

【评讲时的切入点、技巧、思维和算理】

速度表示单位时间内通过的路程,在理解速度意义的基础上进行单位的记忆。

每秒游 11 米＝速度是 11 米/秒。

【变式练习】

1.羚羊 4 小时奔跑 360 千米。求羚羊的奔跑速度。

2.小明从家到学校 5 分钟走了 285 米。小明平均每分钟走多少米?

易错题 2

竖式计算 $18 \times 60 =$

【易发生错误】

1.18 和 0 也进行相乘。

2.第二层运算没有从十位开始写。

```
        1 8
  ×     6 0
  ─────────
        0 0
      1 0 8
  ─────────
      1 0 8
```

【正解】

```
        1 8
  ×     6 0
  ─────────
    1 0 8 0
```

【评讲时的切入点、技巧、思维和算理】

1.末尾有 0 的乘法,列竖式时除 0 以外的数末尾对齐。本题先算 18×6,最后在末尾添上 0。

2.如果是两位数乘两位数的运算,第二层乘十位上的数,表示有几个十,要从十位写起。

【变式练习】

40×86 90×23

易错题 3

一个削笔器 32 元,王老师买了 28 个,奖励给学生,大约要付

（　　）元。

【易发生错误】

$32×28＝896$（元），直接计算，没有进行估算，不理解"大约"的意思。

【正解】

32 估成 30，28 估成 30，$30×30＝900$（元）。

【评讲时的切入点、技巧、思维和算理】

1．"大约"是指需要进行乘法的估算。

2．估算方法不是直接计算后再将结果进行估算，而是在没有计算前，将两个因数或者一个因数进行估算，口算出结果。

3．估算的意义是为了确认最后结果的范围。

【变式练习】

1．小丽周末写了一篇作文，一共写了 22 行，平均每行有 28 个字，小丽的这篇作文大约有（　　）个字。

2．下面各算式中，（　　）的得数大约是 4200。

A．$72×58$　　　　B．$71×52$　　　　C．$68×51$

易错题 4

甲乙两地之间的铁路长 1600 千米，一列火车从甲地开往乙地，平均每小时行驶 180 千米，8 小时后离乙地还有多少千米？

【易发生错误】

$1600÷8＝200$（千米）或 $180×8＝1440$（千米）

【正解】

$180×8＝1440$（千米）　　　　$1600－1440＝160$（千米）

【评讲时的切入点、技巧、思维和算理】

1．画线段图帮助学生理清条件。

2．理解"离乙地还有多少千米"的意思是已经从甲地出发走了一段时间，距离终点乙地还剩下多少千米。

3．先计算已经行了多少千米，距离乙地的距离是还没有行驶的，需要用总路程－已经行驶的路程＝离乙地的距离。

【变式练习】

1. 甲乙两地相距 800 千米, 一辆汽车以每小时 80 千米的速度从甲地开往乙地, 5 小时后离乙地还有多少千米?

2. 一列火车从甲地开往乙地, 平均每小时行驶 65 千米。行驶 3 小时后, 距乙地还有 134 千米, 从甲地到乙地的铁路线长多少千米?

易错题 5

这个旅游团一共有 54 人, 其中有 38 名儿童, 1 名导游。

(1) 购儿童票需要多少钱?

(2) 购成人票需要多少钱?

(3) 购票一共花了多少钱?

儿童票15元/张
成人票30元/张

【易发生错误】

(1) 54×30＝1620(元)　　　　(2) 1×30＝30(元)

【正解】

(1) 38×15＝570(元)　(2) 54－38＝16(人)　16×30＝480(元)

【评讲时的切入点、技巧、思维和算理】

先思考 54 人是指什么的人数, 成人人数＋38＝54(人), 1 名导游在这里是多余条件。

【变式练习】

1. 明明和 10 个小伙伴去郊游, 需要付多少钱?

人数	10 人以下	10 人或 10 人以上
价格	23 元/人	18 元/人

2. 三年级 92 名同学和 3 位老师去公园游玩, 李老师准备了 1500 元买门票, 够吗?

个人 20 元/张
团体 15 元/张
(限 10 人以上)

易错题 6

邮递员王叔叔骑自行车送信和报纸, 每分钟行 100 米, 1 小时行多少米? 合多少千米?

【易发生错误】

①1 小时＝60 分

60×100＝6000（米）

6000＋100＝6100（千米）

②1 小时＝60 分

60×100＝6000（千米）

【正解】

1 小时＝60 分

60×100＝6000 米＝6 千米

【评讲时的切入点、技巧、思维和算理】

1.理解"合"，合是指换算单位，6000 米等于多少千米？并不是指两者相加。

2.注意单位名称，每分钟 100 米指的是速度，1 小时 60 分指的是时间，求的是路程。单位名称应该是米，而不是千米。

【变式练习】

1.一头牛体重为 300 千克，一头大象的体重是一头牛的 20 倍。大象的体重是多少千克？合多少吨？

2.一个长方形长 40 分米，宽 25 分米，面积是多少平方分米？合多少平方米？

易错题 7

李明买 3 瓶饮料花 9 元，27 元可以买同样的饮料多少瓶？（先列表再解答）

【易发生错误】

9÷3＝3（元）　　　27×3＝81（瓶）

【正解】

9÷3＝3（元）　　　27÷3＝9（瓶）

【评讲时的切入点、技巧、思维和算理】

通过列表整理信息：

3 瓶	9 元
? 瓶	27 元

选择归一法或倍比法。

归一法:先求出饮料的单价:9÷3＝3(元);再根据数量＝总价÷单价:27÷3＝9(瓶)。

倍比法:通过总价的比较,27 是 9 的 3 倍:27÷9＝3;数量也会是 3 的 3 倍:3×3＝9(瓶)。

【变式练习】

1. 一辆汽车 6 小时行 480 千米,照这样的速度,

(1)9 小时可以行多少千米?

(2)行 600 千米需要几小时?

2. 买 8 个足球用了 800 元,

(1)如果买 15 个同样的足球,需要多少钱?

(2)500 元可以买几个同样的足球?

知识点:加法运算律

易错题 1

下面的等式用了加法的什么运算律

22＋(78＋45)＝(22＋78)＋45

【易发生错误】

加法交换律和加法结合律。

【正解】

只用到了加法结合律。

【评讲时的切入点、技巧、思维和算理】

加法交换律改变数的位置,加法结合律改变运算顺序。本题三个数的位置没有发生变化,没有用到加法交换律。只有运算顺序改变,所以是加法结合律。

【变式练习】

1. (68＋37)＋63＝68＋(37＋63) 运用了加法( )

2.47＋(38＋53)＝(47＋53)＋38　运用了加法(　　)和加法
(　　)

易错题 2

简便计算

218＋74＋26＋172

【易发生错误】

(1)218＋74＋26＋172

＝(218＋172)＋(74＋26)

＝400＋100

＝500

(2)218＋74＋26＋172

＝(218＋172)＋74＋26

＝390＋100

＝490

【正解】

　　218＋74＋26＋172

＝(218＋172)＋(74＋26)

＝390＋100

＝490

【评讲时的切入点、技巧、思维和算理】

1.凑整时要注意不一定结果就是整百数。

2.在运用加法结合律时,改变运算顺序需要加上括号。如果没有括号,不能先算后面。

【变式练习】

简便计算

461＋25＋175＋229　　　　　　　　467－125－175＋213

易错题 3

360－12－12－12－12－12

【易发生错误】

$$360-12-12-12-12-12$$
$$=360-12+12+12+12+12$$
$$=360-12\times5$$
$$=360-60$$
$$=300$$

【正解】

$$360-12-12-12-12-12$$
$$=360-(12+12+12+12+12)$$
$$=360-12\times5$$
$$=360-60$$
$$=300$$

【评讲时的切入点、技巧、思维和算理】

连续减去几个相同的数,相当于减去这几个数的和,这几个数的和要用括号括起来。

【变式练习】

$$1000-99-1-97-3-96-4 \qquad 5000-12-88-13-87-14-86$$

易错题 4

$$281-156+44$$

【易发生错误】

$$281-156+44$$
$$=281-(156+44)$$
$$=281-200$$
$$=81$$

【正解】

$$281-156+44$$
$$=125+44$$
$$=169$$

【评讲时的切入点、技巧、思维和算理】

前面是减号,不能直接在后面添上括号,要按照运算顺序从左往右依次运算,这道题不是连减变成打包减,不能简便计算。

【变式练习】

263－132＋68　　　　　　　　678＋234－134

知识点:吨的认识

易错题 1

1080 千克＝(　　　)吨(　　　)千克

【易发生错误】

1080 千克＝(　1　)吨(　1800　)千克

1080 千克＝(　1　)吨(　8　)千克

1080 千克＝(　1000　)吨(　80　)千克

【正解】

1080 千克＝(　1　)吨(　80　)千克

【评讲时的切入点、技巧、思维和算理】

1 吨＝1000 千克,把 1080 千克变成 1000 千克＋80 千克,1000千克＝1 吨,1080 千克＝(1)吨(80)千克。

【变式练习】

1200 千克＝(　　　)吨(　　　)千克

18 分米＝(　　　)米(　　　)分米

易错题 2

1800 千克○1 吨 80 千克

【易发生错误】

1800 千克＝1 吨 80 千克

【正解】

1800 千克＞1 吨 80 千克

【评讲时的切入点、技巧、思维和算理】

1 吨＝1000 千克,1000 千克＋80 千克＝1080 千克,1800 千克＞

1 吨 80 千克。

【变式练习】

3500 千克○35 吨   1200 千克○1020 吨

知识点:年、月、日

易错题 1

下列年份中:1900 年、1978 年、2000 年、2040 年、2100 年,闰年
有(   ),平年有(   )。

【易发生错误】

1.不能正确地判断平年和闰年。

2.认为 1900÷4 可以整除,所以 1900 年是闰年。

【正解】

闰年:2000 年、2040 年

平年:1900 年、1978 年、2100 年

【评讲时的切入点、技巧、思维和算理】

梳理判断平年、闰年的两种情况:非整百年份数普通年份除以 4,
有余数的是平年,没有余数的是闰年;整百年份数除以 400,有余数
的是平年,没有余数的是闰年。

1900 年是整百年份数,除以 400,可以用前两位 19 除以 4,有余
数,所以是平年。

【变式练习】

1.判断平年闰年:2010 年   1900 年   1964 年

2.判断:1900 年的 2 月有 29 天(   )。

易错题 2

从 7 月 4 日到 7 月底,经过了(   )天。

【易发生错误】

1.想成 7 月有 30 天。

2.直接用 31-4=27(天)。

【正解】

1.31-4+1=28(天)

2．用列举法

【评讲时的切入点、技巧、思维和算理】

1．计算经过天数,先要确定开始日和结束日。

2．头尾都算:经过天数＝结束日－开始日＋1。

3．理解＋1的原因,是因为第一天也要算进去,可以结合列举法进行讲解。

【变式练习】

1．学校7月1日开始放暑假,9月1日开学,这个暑假有多少天?

2．中国共产党第十九次全国代表大会2017年10月18日在北京召开,10月24日闭幕,历时(　　)天。

易错题 3

张大爷晚上10时睡觉,早上6时起床,张大爷一共睡了(　　)小时。

【易发生错误】

1．10－6＝4(时)

2．10＋6＝16(时)

【正解】

第一天:22时－24时　经过2时

第二天:0时－6时　经过6时

2时＋6时＝8时

【评讲时的切入点、技巧、思维和算理】

1．晚上10时睡觉,早上6时起床,是算隔天的经过时间。

2．先将晚上10时转化成22时,统一成24时计时法。

3．注意第一天只是从22时到这一天结束24时,经过2个小时。而24时是第二天的开始,也就是0时。

【变式练习】

1．小红每天晚上9时30分睡觉,第二天6时起床,睡眠时间是(　　)小时(　　)分。

2．妈妈晚上10时上班,工作8小时下班,妈妈第二天(　　)时下班。

81

易错题 4

工人师傅上午 7 点半上班,下午 4 点半下班,中午休息 1 小时。工作时间内共做 56 个零件,平均每小时做多少个零件?

【易发生错误】

1. 7 时 30 分－4 时 30 分＝3 小时　56÷(3＋1)

2. 16 时 30 分－7 时 30 分＝9 小时　56÷9

【正解】

16 时 30 分－7 时 30 分＝9 小时

9 小时－1 小时＝8 小时

56÷8＝7(个)

【评讲时的切入点、技巧、思维和算理】

1. 下午 4 点半＝16:30。

2. 经过时间是 9 小时,包括休息的 1 小时,所以实际工作时间是 9 时－1 时＝8 小时。

3. 平均每小时做多少个零件,用一共做的零件÷一共用的时间。

【变式练习】

1. 小军周日看了一场足球赛,上下半场都是 45 分钟,中间休息 15 分钟,下午 3:38 结束,这场足球赛是(　　)时(　　)分开始的。

2. 一场足球比赛,上下半场各 45 分,中间休息 15 分。这场足球比赛从 13:00 开始,上半场结束时是＿＿时＿＿分,全场结束时是＿＿时＿＿分。

知识点:多位数的认识

易错题 1

用 4 个 0 和 3 个 6 组成一个七位数,只读一个 0 的数是(　　　　),读两个 0 的数是(　　　　)。

【易发生错误】

只读一个 0:6 606 000

读两个 0:6 006 060

【正解】

只读一个0:6 066 000

读两个0:6 060 060

【评讲时的切入点、技巧、思维和算理】

分级考虑,如果只读一个0,可以把不读出的0放在个位或万位开头尾,如果读两个0,可以把读出的两个0分别放在个级中间或开头和万级的中间。

【变式练习】

1.用4个0和3个6组成一个七位数,只读一个0的最大数是( ),读两个0的最小数是( )。

2.用3、7、9和4个0组成一个七位数。

(1)一个0都不读的数是( );

(2)只读一个0的数是( );

(3)读两个0的数是( )。

易错题 2

把下列各数四舍五入到最高位

5 900 003≈   3 400 790≈

【易发生错误】

5 900 003≈590万   3 400 790≈340万

【正解】

5 900 003≈6 000 000   3 400 790≈3 000 000

【评讲时的切入点、技巧、思维和算理】

四舍五入到最高位,要看最高位的后面一位,大于等于5要向前一位进1,小于5要舍去,所以最后结果除了最高位不是0以外,其余数位上都是0。

【变式练习】

1.把下列各数四舍五入到最高位。

1 204 003≈   5 482≈   174 028≈

2.把下列各数四舍五入到千万位。

20 567 920 000≈   4 018 000 000≈

知识点:乘法(二)

易错题 1

列竖式计算:235×120

【易发生错误】

```
        2  3  5
    ×   1  2  0
    ─────────────
    4  7  0  0
    2  3  5
    ─────────────
    7  0  5  0
```

【正解】

```
          2  3  5
    ×     1  2  0
    ─────────────
          4  7  0
    2  3  5
    ─────────────
    2  8  2  0  0
```

【评讲时的切入点、技巧、思维和算理】

120 末尾的 0 先不参与运算,过程中不写,在最后积的末尾添 0。

【变式练习】

820×300   309×27

易错题 2

一块绿地,宽 6 m,面积是 84 m²。现在长不变,宽增加到 18 m。扩大后的绿地面积是多少?

【易发生错误】

18+6=24 m   84÷6=14 m   14×24=336 m²

【正解】

84÷6=14 m   14×18=252 m²

【评讲时的切入点、技巧、思维和算理】

宽增加到 18 m,而不是增加了 18 m。

【变式练习】

1.如图,希望小学的操场长 50 米,宽 30 米,随着近几年的发展,操场要扩建,将原来的操场面积增加 600 平方米,请你帮助学校设计一个操场扩建方案。(先计算,再在图中表示出来)

2.一个长方形长 10 厘米,宽 6 厘米,如果把这个长方形的长缩短 2 厘米,宽不变,得到的长方形的面积比原来长方形的面积少( )平方厘米。

知识点:乘法运算律

易错题 1

简便计算:$125 \times (80-8)$

【易发生错误】

1.　$125 \times (80-8)$
　　$= 125 \times 80 - 8$

2.　$125 \times (80-8)$
　　$= 125 \times 80 + 8 \times 125$

【正解】

　　$125 \times (80-8)$
$= 125 \times 80 - 8 \times 125$
$= 10000 - 1000$
$= 9000$

【评讲时的切入点、技巧、思维和算理】

1.复习乘法分配律的公式:$(a-b) \times c = a \times c - b \times c$,注意括号外面的 c 需要分别和括号里面的数相乘。

2.从算理上去理解,是$(80-8)$个 125,分成 80 个 125 减 8 个 125。

3.注意括号里面的符号是减号。

【变式练习】

简便计算:$(40+4) \times 25$　　　　　　$48 \times (5+50)$

易错题 2

48＋99×48

【易发生错误】

1. 48＋99×48
   ＝48＋(100－1)×48
   ＝48＋100－48

2. 48＋99×48
   ＝48×1＋48×(99＋1)

3. 48＋99×48
   ＝48×(100－1)

【正解】

48＋99×48
＝48×1＋99×48
＝48×(1＋99)
＝48×100
＝4800

【评讲时的切入点、技巧、思维和算理】

1.从算理上去理解,是 1 个 48 加 99 个 48 等于 100 个 48。

2.48 就是 1 个 48,先补全成 48×1。

3.与 48×99＝48×(100－1)这种类型进行辨析。

【变式练习】

简便计算:56×101－56   27×199＋27

知识点:除法

易错题 1

列竖式计算:1212÷12

【易发生错误】

```
           1 1 0
    12 ) 1 2 1 2
         1 2
             1 2
             1 2
                0
```

图 2-1

【正解】

```
           1 0 1
    12 ) 1 2 1 2
         1 2
             1 2
             1 2
                0
```

图 2-2

【评讲时的切入点、技巧、思维和算理】

十位上不够除时要在商上写 0,然后把余数和个位上的数组合,继续在个位上解商。

【变式练习】

$1314 \div 13 =$ 　　　　　　　　　$3654 \div 35 =$

易错题 2

简便计算 $4600 \div 300 =$

【易发生错误】

$4600 \div 300$

$= 46 \div 3$

$= 15 \cdots\cdots 1$

【正解】

$$4600 \div 300 = 15 \cdots\cdots 100$$

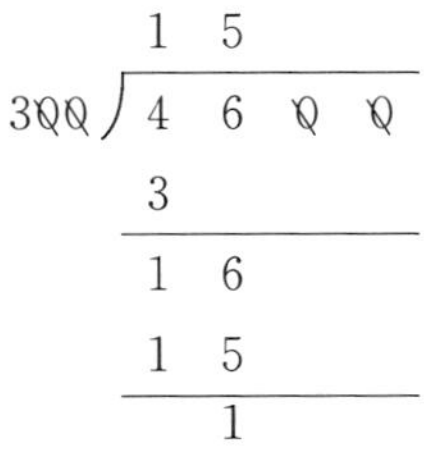

图 2-3

【评讲时的切入点、技巧、思维和算理】

被除数和除数同时除以 100，只是商不变，余数会发生变化，所以 $4600 \div 300$ 不等于 $46 \div 3$，因为他们的余数不一样。所以这道题目的简便计算是将除数和被除数同时去掉两个 0 之后列竖式计算，根据 $46 \div 3$ 的余数判断 $4600 \div 300$ 的余数。

【变式练习】

简便计算：$6500 \div 700 =$ $890 \div 30 =$

知识点：升和毫升

易错题 1

连线题

一瓶果汁净含量	180 mL
一个一次性纸杯大约可盛水	10 mL
一支口服液容量	200 L
浴缸大约可盛水	550 mL

【易发生错误】

学生会将"一支口服液"和"浴缸可盛水"连错。

【正解】

一瓶果汁净含量（500 mL）

一个一次性纸杯大约可盛水（180 mL）

一支口服液容量（10 mL）

浴缸可盛水大约(200 L)

【评讲时的切入点、技巧、思维和算理】

结合生活实际,普及常识,可以出示图片展示。

【变式练习】

下面各个容器的容量用什么作单位比较合适?(填"升"或"毫升")

奶瓶　　　　大桶食用油　　　浴缸　　　　水杯

(　　　)　　(　　　)　　(　　　)　(　　　)

易错题 2

甲容器可盛水 3000 毫升,是乙容器盛水量的一半,乙容器可盛水(　　　)。

【易发生错误】

甲容器可盛水 3000 毫升,是乙容器盛水量的一半,乙容器可盛水(1500 毫升)。

【正解】

甲容器可盛水 3000 毫升,是乙容器盛水量的一半,乙容器可盛水(6000 毫升)。

【评讲时的切入点、技巧、思维和算理】

注意审题,谁是谁的一半,谁多谁少。甲是乙的一半,乙就是甲的 2 倍,所以乙是 3000×2。

【变式练习】

1.用一个容量为 400 毫升的杯子向一个容量为 3 升的水桶里倒水,至少需要倒(　　　)次,水桶里才能倒满。

2.小芳感冒咳嗽,买了一瓶 100 mL 的止咳糖浆,下面是每次用量的说明,小芳今年 8 岁,她喝完这瓶药至少要几次?

用量提示	
2~3岁	2~3 mL
4~6岁	4~5 mL
7~9岁	6~7 mL
10~12岁	8~12 mL

知识点:四则混合运算

易错题1

$$23 \times 62$$

$$\Box \div 46$$

$$149 + \Box$$

$$\Box$$

列式:＿＿＿＿＿＿＿

【易发生错误】

1.把算出来的数字写进算式中。

2.括号的运用错误,导致运算顺序错误。

【正解】

$149+23\times62\div46$

【评讲时的切入点、技巧、思维和算理】

1.可以先写算式再写算式中的结果。

2.写完算式后一定要再看一下运算顺序。

【变式练习】

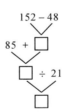

$$152 - 48$$

$$85 + \Box$$

$$\Box \div 21$$

$$\Box$$

列式:＿＿＿＿＿＿＿

易错题2

给一个房间的地面贴地砖。如果用长 3 分米、宽 2 分米的长方形地砖,160 块正好贴满。如果改用边长是 4 分米的正方形地砖,需要多少块?

【易发生错误】

把房间总面积直接除以边长 4 分米。

【正解】

$3 \times 2 \times 160 \div (4 \times 4)$

【评讲时的切入点、技巧、思维和算理】

这题是属于归总问题,找出什么是不变的,总面积不变。所以利用第一种地砖先求出总面积。第二种地砖的面积是 16 平方分米。再用总面积÷地砖面积。

【变式练习】

1.给房间铺地砖,如果用边长为 3 分米的正方形地砖,250 块刚好铺满。如果用边长为 5 分米的地砖,需要多少块?

2.给房间铺地砖,如果用边长为 3 分米的正方形地砖,250 块刚好铺满。如果用长 5 分米,宽为 3 分米的地砖,需要多少块?

知识点:用字母表示数

易错题 1

化简 $a+a$ 和 $a \times a$

【易发生错误】

$a+a=a^2$

$a \times a=2a$

【正解】

$a+a=2a$

$a \times a=a^2$

【评讲时的切入点、技巧、思维和算理】

1.从意义上去理解两个 a 相加用乘法表示是 $2 \times a$。

2.只有两个 a 相乘才可以写成 a^2。

【变式练习】

$a+a+a$ $\qquad\qquad$ $7a \times a$

易错题 2

x 加 y 的和的 5 倍是(　　　)。

【易发生错误】

$x + y \times 5$

【正解】

$(x + y) \times 5$

【评讲时的切入点、技巧、思维和算理】

找到关键字"的和",说明要先算加法,即 $x + y$ 要加括号,最后算乘法。

【变式练习】

1. x 减去 y 的 5 倍的差是( )。

2. x 的 2 倍加上 y 的 5 倍的和是( )。

知识点:分数的初步认识

易错题 1

先在括号内填入适当的分数,再比较两个分数的大小。

( )○( )

【易发生错误】

学生容易数成点有多少个。

【正解】

应该数段数。

【评讲时的切入点、技巧、思维和算理】

先数一数一共有多少段,即分母;再数一数括号里有多少段,即分子。

【变式练习】

看图列式计算。

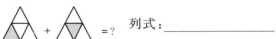 列式:_____

知识点：三角形

易错题 1

比大小：

$$\frac{5}{7}, \frac{5}{8}, \frac{6}{7}$$

【易发生错误】

会比较两个同分子或两个同分母分数的大小，但是三个放在一起就比较混乱。

【正解】

$$\frac{6}{7} > \frac{5}{7} > \frac{5}{8}$$

【评讲时的切入点、技巧、思维和算理】

先比较 $\frac{5}{7}$ 和 $\frac{6}{7}$ 的大小，分母相同，分子越大，分数越大，再比较 $\frac{5}{7}$ 和 $\frac{5}{8}$，分子相同，分母越小，分数越大，综上，即 $\frac{6}{7} > \frac{5}{7} > \frac{5}{8}$。

【变式练习】

比大小：$\frac{1}{8}, \frac{3}{4}, \frac{3}{8}$

$$\frac{2}{7}, \frac{2}{9}, 1$$

知识点：小数的认识

易错题 1

用小数表示图中的阴影部分。

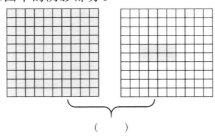

（　　）

【易发生错误】

1.8

【正解】

1.08

【评讲时的切入点、技巧、思维和算理】

学生只注意到了 8 份,没有关注到计数单位是 0.01,对于计数单位感受不深。讲解时注意强调百分之八是 0.08,合起来是 1.08。

【变式练习】

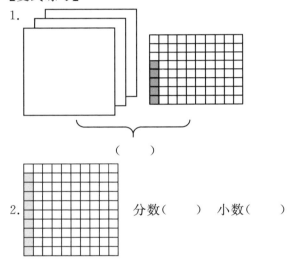

1.

(   )

2.   分数(   )   小数(   )

易错题 2

(   )个 0.1 是 2;4.25 里面有(   )个 0.01。

【易发生错误】

2;25

【正解】

20;425

【评讲时的切入点、技巧、思维和算理】

1.看清计数单位,2 个 1 是 2。还需要搞清楚 10 个 0.1 是 1,那么多少个 0.1 是 2 呢?由此切入,2 是 2 个 1,所以是 20 个 0.1。

2.4.25 需要作为一个整体来看,这个整体里有多少个 0.01;要和 4.25 里面有(　　　)个 1 和(　　　)个 0.01 区分。

【变式练习】

1.1 里面有(　　　)个 0.1,有(　　　)个 0.01,有(　　　)个 0.001。

2.3.5 里面有(　　　)个十分之一。

易错题 3

把 4 改写成以 0.1 为单位的数是(　　　　　　)。

【易发生错误】

0.4

【正解】

把 4 改写成以 0.1 为单位的数,其实就是把 4 改写成一位小数,根据小数的基本性质,4＝4.0。

【评讲时的切入点、技巧、思维和算理】

学生发生错误,关键是对题意不理解,不知道改写成以 0.1 为单位的小数,其实就是改写成一位小数,所以教师在讲解时,应先让学生理解 0.1 是一位小数的计数单位,就是把它改写成一位小数,根据小数的基本性质,在小数末尾添 0。

【变式练习】

1.把 6 改写成以 0.1 为单位的数是(　　　　　　)。

2.把 12 改写成以 0.01 为单位的数是(　　　　　　)。

3.把 7.8 改写成以 0.001 为单位的数是(　　　　　　)。

易错题 4

3 元 8 分＝(　　　　　)元

【易发生错误】

3.8

【正解】

3.08

【评讲时的切入点、技巧、思维和算理】

学生在做题时,很容易把 3 元 8 分误以为 3 元 8 角来做。教师在讲解时,首先让学生圈出单位,看清是角还是分,其次想清楚进率。

【变式练习】

2 元 6 角＝（　　）元　　　　2 元 6 分＝（　　）元

8 元 5 分＝（　　）元　　　　8 元 5 角＝（　　）元

易错题 5

下面各小数在哪两个相邻的整数之间？

1.（　　）＜9.1＜（　　）　　　2.（　　）＞39.5＞（　　）

【易发生错误】

1. 写成（8）＜9.1＜（10）。

2. 未看清大于号、小于号，填反：（39）＞39.5＞（40）。

【正解】

1.（9）＜9.1＜（10）

2.（40）＞39.5＞（39）

【评讲时的切入点、技巧、思维和算理】

第 1 小题学生发生错误，首先要让学生想清楚 9.1 在哪两个整数之间，9.1 是介于 9 和 10 之间的一个小数。所以答案为（9）＜9.1＜（10）。第 2 小题，属于没有认真审题，要先圈出大于号还是小于号，是先填大数还是先填小的数。

【变式练习】

（　　）＜0.7＜（　　）　　　（　　）＜36.4＜（　　）

（　　）＞24.6＞（　　）　　　（　　）＞50.005＞（　　）

易错题 6

三峡工程是当今世界最大的水利枢纽工程，主体建筑用钢筋 465 700 吨，改写成用"万"作单位的数是（　　）吨，省略"万"后面的尾数约是（　　）吨。

【易发生错误】

46.57　　　47

【正解】

46.57 万　　　47 万

【评讲时的切入点、技巧、思维和算理】

学生的改写在数字上没有问题,问题在于漏掉单位"万""亿"。

【变式练习】

1.2009 年国庆节期间,北京市交通客运量为 160 000 000 人次,改写成用"亿"作单位的数是(   )亿人次,省略"亿"后面的尾数约是(   )人次。

2.2009 年国庆节期间,16 条高速公路交通流量为 6592000 辆,改写成用"万"作单位的数是(   )辆,这个数保留一位小数约是(   )辆。

易错题 7

125 cm² =(   )dm²

【易发生错误】

12.5

【正解】

1.25

【评讲时的切入点、技巧、思维和算理】

学生遗忘面积单位之间的进率,明确平方厘米、平方分米之间的进率是 100。

【变式练习】

0.72 m² =(   )dm²   50 dm² =(   )m²

易错题 8

9.9673 保留整数是(   ),保留一位小数是(   ),保留两位小数是(   ),保留三位小数是(   )。

【易发生错误】

10 10.0 10.00 10.000

【正解】

10 10.0 9.97 9.967

【评讲时的切入点、技巧、思维和算理】

学生会以为同一个数字,那么保留几位小数都一样,只要做好第一个就行。所以讲解时要明确保留成不同的几位小数,要舍去的数位不同,那么四舍五入的情况也不同,要具体问题具体分析。

【变式练习】

1.8.9547 保留整数是(   ),保留一位小数是(   ),保留两位小数是(   ),保留三位小数是(   )。

2.9.0926 保留整数是(   ),保留一位小数是(   ),保留两位小数是(   ),保留三位小数是(   )。

知识点:小数加减法

易错题 1

口算 $3+8.7=$

【易发生错误】

9

【正解】

11.7

【评讲时的切入点、技巧、思维和算理】

学生在做口算时易心急,没有分析数位就开始进行末位加减计算,讲解时提醒小数加减时的特殊性,不是末尾加减,而是数位对齐加减,有可能出现末尾的数字不需要加减的情况,比如此题十分位的 7 是不需要加的。

【变式练习】

$0.4+2.96$ $8.5-5$

易错题 2

口算 $1.6+2.5-1.6+2.5$

【易发生错误】

0

【正解】

5

【评讲时的切入点、技巧、思维和算理】

学生看到前后相同就把后面的 1.6＋2.5 先算了,但是题干中并没有小括号,并不是要把 1.6＋2.5 减去,而是只减 1.6,整个题意都改变了,就只能按顺序算。

【变式练习】

0.71＋0.7－0.71＋0.7　　　　　　　　2.5×4÷2.5×4

知识点:小数乘法

易错题 1

口算 20×0.7

【易发生错误】

1.4

【正解】

14

【评讲时的切入点、技巧、思维和算理】

学生在做题时过多地关注了因数中有一位小数,那么积就是一位小数。但是对于 20 这个整十数却没有关注到。讲解时注意提醒口算时整十数对于计算结果的影响。

【变式练习】

50×0.2　　　　　　　　　　　　　3.02×90

易错题 2

简算(0.5＋1.25)×0.8

【易发生错误】

0.5＋1.25×0.8

【正解】

0.5×0.8＋1.25×0.8

【评讲时的切入点、技巧、思维和算理】

这道题学生主要的错误点是乘法分配律没有掌握好,只一心想

1.25×0.8,对于 0.5 有了疏忽。所以讲解时强调注意乘法分配律的正确规则就好了。

【变式练习】

(1.25＋0.25)×0.4   (0.4＋1.8)×2.5

易错题 3

给一个长 2.5 米、宽 1.2 米的长方形桌子盖上一个大小正好的花布,如果每平方米的花布需要 1.5 元,那么这块花布需要多少钱?

【易发生错误】

2.5×1.2÷1.5

【正解】

2.5×1.2×1.5

【评讲时的切入点、技巧、思维和算理】

学生在利用整数解决问题时,此类题型的题目几乎不会做错,但是碰到了小数,学生就乱了。小数对于他们来说还是过于抽象了,导致都无法思考了。讲解时跟学生明确小数也只是一个数字而已,不要过于在意它小数的身份,实在不行就把这个小数当成整数来思考如何列式子。

【变式练习】

1.一个比赛的地面需要铺环保红土 82.5 吨,每吨红土 0.11 元,买这些红土需要多少钱?

2.信鸽每分钟飞行 1.2 千米,雨燕的飞行速度大约是信鸽的 2.4 倍,雨燕 15 分钟能飞行多少千米?

知识点:公顷、平方千米的认识

易错题 1

北京海洋馆的占地面积是 3.5 万平方米,合(   )公顷。

【易发生错误】

0.0035

【正解】

3.5

【评讲时的切入点、技巧、思维和算理】

学生在做的时候只关注到数字,没有看到还有一个"万"字。讲解时,提醒学生注意审题。

【变式练习】

3.08 万平方米=(　　)公顷　0.05 万公顷=(　　)平方千米

知识点:小数除法

易错题 1

0.4÷5=

【易发生错误】

0.8

【正解】

0.08

【评讲时的切入点、技巧、思维和算理】

学生在做题时,所得答案的数字基本没问题,主要是小数点的位置不对。讲解时说明 0.4 里有几个 5,商在百分位上,再或者可以教学生倒过来用乘法检查。

【变式练习】

0.3÷6　　　　　　　　　　　0.02÷5

易错题 2

0.56÷0.1

【易发生错误】

0.056

【正解】

5.6

【评讲时的切入点、技巧、思维和算理】

学生在做题时,商的各个数位上的数字不会出错,主要是小数点的地方不对。很多学生做题贪快,一看 0.1 觉得是缩小就写了,没有注意到应该将 0.56 和 0.1 同时扩大 10 倍为 5.6÷1,但是学生易记混这么多规则,所以还可以教学生思考 0.56 里有几个 0.1,再或者可以教学生倒过来用乘法检查。

【变式练习】

7.06÷0.1　　　　　　　　　　0.92÷0.01

易错题 3

已知 24÷25＝0.96,那么 24÷0.25＝(　　　)。

【易发生错误】

0.0096

【正解】

96

【评讲时的切入点、技巧、思维和算理】

学生在做被除数和除数同时变化的题时,正确率较高,但是一旦出现只有其中一个变化,特别是只有除数变化时,容易混乱。讲解时,讲解清楚除数变化对于商的影响。或者可以教学生倒过来用乘法去验证答案是否正确。

【变式练习】

1.已知 4.62÷0.14＝33,那么 4.62÷14＝(　　　)。

2.已知 19.2÷24＝0.8,那么 19.2÷8＝(　　　)。

易错题 4

一艘轮船从甲地到乙地共用 2.5 小时,平均每小时行驶 35 km,从乙地到甲地原路返回只用了 2 小时,求这艘轮船往返的平均速度。(得数保留一位小数)

【易发生错误】

35×2.5÷(2.5＋2)

【正解】

(35×2.5×2)÷(2.5＋2)

【评讲时的切入点、技巧、思维和算理】

学生在解决问题时,其实知道总路程是往＋返的路程,但是在实际做的时候,好不容易算出 35×2.5,就容易忘记×2。教师讲解的时候,注意提醒总路程别忘记×2。

【变式练习】

1.在一次登山比赛中,从山脚到山顶的山路长 720 米,小刚上山时每分钟走 40 米,按原路下山每分钟走 60 米。小刚上、下山平均每分钟走多少米?

2.从山脚到山顶有 12 千米,一个人以 4 千米/时的速度上到山顶,又立即按原路返回,已知他上山、下山的平均速度是 4.8 千米/时。求此人下山的速度。

知识点:因数和倍数

易错题 1

判断题:4 是因数,28 是倍数

【易发生错误】

"√"

【正解】

"×",4 是 28 的因数,28 是 4 的倍数。

【评讲时的切入点、技巧、思维和算理】

学生不理解数学概念的叙述应是完整的,"4 是因数",是谁的因数呢?"28 是倍数",28 是谁的倍数呢? 因数和倍数是一对相互依存的概念,因此,必须联系在一起进行区别。

【变式练习】

1.3 和 6 都是 18 的因数。18 是 3 的倍数,18 也是 6 的倍数。(   )

2.15÷3＝5,15 是倍数,3 是因数。(   )

易错题 2

不计算,在括号里填"奇数"或"偶数"。

133＋135＋137＋139＋141＋143 的和是（　　　），51×67×91×48×199 的积是（　　　）。

【易发生错误】

51×67×91×48×199 的积是（奇数）。

【正解】

133＋135＋137＋139＋141＋143 的和是（偶数），

51×67×91×48×199 的积是（偶数）。

【评讲时的切入点、技巧、思维和算理】

此题数比较大，显然不是用计算的方法来做题，而是通过数的奇偶性来解答。奇数＋奇数＝偶数，偶数＋偶数＝偶数，奇数＋偶数＝奇数，偶数＋奇数＝奇数，题目中 133＋135＋137＋139＋141＋143 奇数的个数是偶数个，那么可以两两配对，（133＋135）＋（137＋139）＋（141＋143）就变成了偶数＋偶数＋偶数的和还是偶数，133＋135＋137＋139＋141＋143 的和应该是偶数。奇数×偶数＝偶数，51×67×91×48×199 中 48 是偶数，只要有偶数出现，那么积就是偶数。

【变式练习】

不计算，在括号里填"奇数"或"偶数"。

18＋19＋21＋22＋23 的和是（　　　），

143×199×87 的积是（　　　）。

易错题 3

用 0、3、5、4 四个数字组成的所有四位数都是（　　　）的倍数。

A. 2　　　　　　　　　B. 3　　　　　　　　　C. 5

【易发生错误】

A

【正解】

B

【评讲时的切入点、技巧、思维和算理】

判断一个数是几的倍数，看倍数的特征，2 的倍数特征为个位上是 0、2、4、6、8，这道题中个位上可能会出现 3 或 5，那么选项 A 排除，5 的倍数特征为个位上是 0 或 5，排除 C；3 的倍数特征为各个数位上数字的和是 3 的倍数,因此选 B。解决这道题的关键是学生要熟知 2、5、3 倍数的特征。

【变式练习】

1.用 2、8、5 这三个数组成的三位数都是(　　　)的倍数。

2.一个四位数,它既是 2 的倍数,又含有因数 3 和 5,最小是(　　　)。

3.一个数除以 2、3、5,都有余数 1,这个数最小是(　　　)。

4.1352 至少加上(　　　)才能是 3 的倍数,至少加上(　　　)才是 5 的倍数。

易错题 4

判断:在自然数中,除了质数就是合数。

【易发生错误】

"√"

【正解】

"×"

【评讲时的切入点、技巧、思维和算理】

自然数(0 除外),按照因数的个数可以分成三类:1、质数、合数。1 既不是质数,也不是合数。而如果按照是否是 2 的倍数,自然数中分成两类:奇数和偶数。学生容易把这两种情况搞混淆,发生错误。

【变式练习】

1.自然数中,除了奇数就是偶数。(　　　)

2.最小的偶数是(　　　)。

易错题 5

把 40 分解质因数。

【易发生错误】

$40 = 2 \times 5 \times 4$

【正解】

$40 = 2 \times 2 \times 2 \times 5$

【评讲时的切入点、技巧、思维和算理】

学生对"分解质因数"的意义不理解,另外对判断一个数是否为质数掌握不好,把一个合数用质因数相乘的形式表示出来,叫作分解质因数。比如 $42＝2×3×7$,可以看出 42 是三个质因数相乘得到的,即 2、3 和 7 是 42 的因数,且都是质数。题中"$40＝2×5×4$",4 是合数,不是质数。为防止这类错误,学生要明确用除法求解时用的每一个因数必须是质数,除得的商也必须是质数。

【变式练习】

把下面各数分解质因数:27、32、91。

知识点:方程

易错题 1

$100－x＝75$

【易发生错误】

$100－x＝75$

解:$x＝100＋75$

$x＝175$

【正解】

$100－x＝75$

解:$x＝100－75$

$x＝25$

【评讲时的切入点、技巧、思维和算理】

学生在做此类题目时,主要是没有关注或没有准确掌握三数的关系,所以应将加减乘除的三数关系重新讲解,并帮助学生明确易错处,加强理解和记忆。

【变式练习】

$56－x＝28$ $\qquad$ $10.7－0.3x＝10.07$

易错题 2

$0.2＋0.8x＝1.4$

【易发生错误】

$0.2+0.8x=1.4$

解：$(0.2+0.8)x=1.4$

$\qquad\qquad x=1.4$

【正解】

$0.2+0.8x=1.4$

解：$0.8x=1.4-0.2$

$\quad\ 0.8x=1.2$

$\qquad\ x=1.5$

【评讲时的切入点、技巧、思维和算理】

学生在做题时，忽略了 0.2 后面是没有 x 的，在做整数类的方程计算时，学生还能反应过来，但是一到小数类的，数字看起来长一点，学生就会忽略。讲解时只要引导学生明确关注下小数后面有没有 x 即可。

【变式练习】

$7.5-5x=1.3\times2$ $\qquad\qquad\qquad\qquad 4-0.4x=2.8$

易错题 3

四年级同学共植树 45 棵，四年级同学植树数量是三年级同学的 2 倍少 5 棵，三年级同学共植树多少棵？

【易发生错误】

解：设三年级同学共植树 x 棵。

$2x+5=45$

$\quad\ 2x=40$

$\qquad\ x=20$

答：三年级同学共植树 20 棵。

【正解】

解：设三年级同学共植树 x 棵。

$2x-5=45$

$\quad\ 2x=50$

$x=25$

答：三年级同学共植树 25 棵。

【评讲时的切入点、技巧、思维和算理】

1.注意格式，设句中应该有单位，解方程中无单位。

2.列式错误主要是因为学生习惯性用逆向思维来做，少 5 棵反过来就是多 5 棵，没有真正地感受到方程的便捷性。讲解时提供方程方法和算术方法，并比较两种方法的相同与不同之处，感受到方程是顺着题意来的，三年级的 2 倍少 5 就是 $2x-5$，不需要逆向思维。

【变式练习】

1.2007 年底北京市的机动车已达到 300 万辆，比 1978 年的 38 倍还多 7.4 万辆。1978 年北京市机动车共有多少万辆？

2.2007 年北京建成 200 个电气化村，比 2006 年的 5 倍少 10 个，2006 年北京有多少个电气化村？

易错题 4

$x+0=5$

【易发生错误】

$x+0=5$

解：$x=5+0$

$x=5$

【正解】

$x+0=5$

解：$x=5-0$

$x=5$

【评讲时的切入点、技巧、思维和算理】

学生在做这类题型时，其实脑子里已经有了答案，至于是 $5+0$ 还是 $5-0$，答案都一样，所以学生想到一个式子就落笔了。讲解时还是从三数关系入手，将加减乘除的三数关系重新讲解并帮助学生明确易错处，加强理解和记忆。

【变式练习】

$x-0=7$ 　　　　　　　　　　　$4.2x=0$

知识点:公因数和公倍数

易错题 1

求 4 和 6 的最小公倍数

【易发生错误】

$[4,6]=6$

【正解】

$[4,6]=12$

【评讲时的切入点、技巧、思维和算理】

出现此类错误的主要原因是没有判断准确,4 和 6 是可以同时被 2 除尽的,学生把这种情况当成是有倍数关系的两个数,所以取了较大数作为最小公倍数。因此,讲解时帮助学生理解什么是有倍数关系。4 和 6 是同时除以 2,并不是有倍数关系,而是要用短除法来求得。

【变式练习】

1.求 4 和 12 的最小公倍数和最大公因数。

2.求 6 和 9 的最小公倍数和最大公因数。

易错题 2

a、b 是两个非 0 的自然数,a 和 b 是互质数,那么 a 和 b 的最大公因数是(　　　),最小公倍数是(　　　)。

【易发生错误】

a,b

【正解】

$1,ab$

【评讲时的切入点、技巧、思维和算理】

学生将两种特殊情况下的最大公因数和最小公倍数混淆了,所以讲解时只要帮助学生理解并明确两种特殊情况的结果是什么,最后进行背诵记忆。

【变式练习】

1.如果 a、b 是相邻的两个自然数(都不是 0),a 和 b 的最大公因数是(   ),最小公倍数是(   )。

2.已知 $m \div n = 7$,m、n 都是不为 0 的自然数,那么 m 和 n 的最大公因数是(   ),最小公倍数是(   )。

易错题 3

一面墙长 35 分米,宽 20 分米,用一种正方形瓷砖正好铺满,那么这个瓷砖的边长最长是多少分米?需要多少块这样的瓷砖?

【易发生错误】

$(35,20) = 5$

答:那么这个瓷砖的边长最长是 5 厘米。

$35 \div 5 + 20 \div 5 = 11$(块)

答:需要 11 块这样的瓷砖。

【正解】

$(35,20) = 5$

答:那么这个瓷砖的边长最长是 5 厘米。

$(35 \div 5) \times (20 \div 5) = 28$(块)

答:需要 28 块这样的瓷砖。

【评讲时的切入点、技巧、思维和算理】

这样做的学生基本上是分不清楚 $(35,20) = 5$ 的这个 5 是什么,所以讲解时要从头开始讲,帮助学生明确其中贴瓷砖就是找 35 和 20 的因数,这个最大公因数 5 就是瓷砖的边长,那么求砖的块数,要明确一行有几个,有几行,从而得出总块数。

【变式练习】

1.有两根铁丝分别长 12 厘米和 18 厘米,把它们截成同样长的小段,而且没有剩余,每段最长是多少厘米?共截成多少段?

2.一张长 36 厘米、宽 24 厘米的长方形纸,如果要裁成面积相等的小正方形而且没有剩余,裁成的小正方形的边长最长是多少厘米?

能裁成多少个？

知识点：分数的再认识

易错题 1

说出分数表示的含义。

早操时间大约是 $\frac{1}{4}$ 小时。

【易发生错误】

把（早操时间）看作单位"1"，平均分成了（4）份，早操时间是这样的（1）份。

【正解】

把（1 小时）看作单位"1"，平均分成了（4）份，早操时间是这样的（1）份。

【评讲时的切入点、技巧、思维和算理】

1. 要先让学生理解单位"1"的含义：可以是一个物体、一个图形、一个计量单位，还可以是多个物体组成的整体。

2. 这里是把一个计量单位看作了单位"1"，可以把这句话改成"早操时间占 1 小时"，这样学生理解就比较容易了，后面的问题也会迎刃而解。

【变式练习】

说一说下面各分数的意义。

1. 黄豆的蛋白质含量约占 $\frac{7}{20}$。

2. 双休日占一个星期的 $\frac{2}{7}$。

易错题 2

把 3 kg 水果平均分给 4 个学生，每个学生分到这些水果的（　　），每个学生分到（　　）kg。

【易发生错误】

"分数的意义"和"分数与除法的关系"这两个概念混淆。

【正解】

把 3 kg 水果平均分给 4 个学生,每个学生分到这些水果的

$\left(\frac{1}{4}\right)$,每个学生分到$\left(\frac{3}{4}\right)$kg。

【评讲时的切入点、技巧、思维和算理】

第一个问题可以通过数形结合的思想来理解题意,把 3 kg 的水果看作一个整体,是单位"1",平均分成 4 份,每个学生只有其中的一份,所以是 $\frac{1}{4}$;第二个问题是分数与除法的关系,有单位,求数量,

把 3 kg 平均分成 4 份,所以每个学生得到了 $\frac{3}{4}$ kg。

【变式练习】

1. 李明 7 天看完一本故事书,平均每天看这本书的(   ),3 天看了这本书的(   )。

2. 一个修路队 5 天修了一条长 2 km 的路,平均每天修(   )km,平均每天修这条路的(   )。

易错题 3

把涂色部分用分数表示(   )。

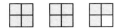

【易发生错误】

涂色部分$\frac{11}{12}$

【正解】

$\frac{11}{4}$ 或 $2\frac{3}{4}$

【评讲时的切入点、技巧、思维和算理】

1. 这种题目比较典型,常见错误:学生把三个正方形看作了单位"1",平均分成了 12 份,阴影部分表示其中的 11 份,会用$\frac{11}{12}$表示。

2.这种题型应该引导学生知道单位"1"是一个正方形,平均分成了 4 份,需要其中的 11 份。要告诉学生:因为一个正方形中 11 份画不完,所以再画两个正方形来体现出 11 份。也可以用带分数表示,故而答案为 $\frac{11}{4}$ 或 $2\frac{3}{4}$。

【变式练习】

用假分数和带分数表示下面图中的涂色部分。

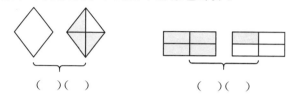

（　　）（　　）　　　　　　　　（　　）（　　）

易错题 4

把 $\frac{3}{4}$ 的分母加上 4,要使这个分数的大小不变,分子应加上（　　　）。

【易发生错误】

4

【正解】

3

【评讲时的切入点、技巧、思维和算理】

分数的基本性质:分数的分子和分母同时乘或除以一个相同的数(0 除外),分数的大小不变。学生会记忆这个性质,但是真的运用到题目中的时候还是会出现困难。这题分数性质运用起来需要多想一步,但是学生想到的分数大小不变的情况,就是分子和分母同时乘除甚至加减同一个数,所以这里需要强调分数的基本性质的概念。因此在做题目的时候不能私自改变数学性质。正确的应该是分母加上 4 之后是 8,扩大了 2 倍。同理,分子也要扩大 2 倍变成 6,就是要加上 $6-3=3$。

【变式练习】

$\frac{4}{5}$ 的分子增加 8,要使分数的大小不变,分母应增加（　　　）。

$\dfrac{2}{5}$分子加上10,要使分数的大小不变,分母应( )。

易错题5

王大爷养的公鸡的只数是母鸡的$\dfrac{2}{11}$,公鸡的只数占鸡总数的( )。

【易发生错误】

常见错误有:$\dfrac{9}{11}$;$\dfrac{13}{11}$

【正解】

$\dfrac{2}{13}$

【评讲时的切入点、技巧、思维和算理】

首先看清题目,问的是公鸡的只数占总数的几分之几,其次公鸡和母鸡的只数我们不知道,但是我们可以假设公鸡2份,母鸡11份,满足了题目条件,然后公鸡只数占总数的$\dfrac{2}{13}$,同样可以依此推出母鸡只数占总数的$\dfrac{11}{13}$。

【变式练习】

一根绳子,分成两段。其中一段的长度是另一段的4倍,那么短的那段占这根绳子的( )。

易错题6

一根绳子,第一次截去$\dfrac{2}{5}$米,第二次截去$\dfrac{2}{5}$,( )截去的多。

A.第一次　　　　B.第二次　　　　C.一样多　　　　D无法确定

【易发生错误】

C

【正解】

D

【评讲时的切入点、技巧、思维和算理】

1. 如果绳子长于 1 米，第二次截去的多。

2. 如果绳子短于 1 米，第一次截去的多。

3. 如果绳子等于 1 米，一样多。

【变式练习】

1. 两根同样长的绳子，第一根截去 $\frac{2}{5}$ 米，第二根截去 $\frac{2}{5}$，（　　）截去的多。

2. 一根绳子，第一次截去 $\frac{2}{7}$ 米，第二次截去 $\frac{2}{5}$，还有剩余，（　　）截去的多。

易错题 7

在 100 克的水中加入 10 克盐，那么盐占盐水的（　　），水占盐水的（　　），再加 5 克盐，这时盐占盐水的（　　），水占盐水的（　　）。

【易发生错误】

1. 答案不化简。

2. 盐水误认为是 100 克。

【正解】

$\frac{1}{11}, \frac{10}{11}, \frac{3}{23}, \frac{20}{23}$

【评讲时的切入点、技巧、思维和算理】

10 克的盐溶入了 100 克的水中，所以盐水的质量是 110 克，由此可推出盐占盐水的 $\frac{10}{110}$，化简后是 $\frac{1}{11}$；水占盐水的 $\frac{100}{110}$，化简后是 $\frac{10}{11}$；再加 5 克盐，这时盐是 15 克，盐水是 $15+100=115$（克），盐占盐水的 $\frac{15}{115}$，化简后是 $\frac{3}{23}$，水占盐水的 $\frac{100}{115}$，化简后是 $\frac{20}{23}$。

【变式练习】

180 克糖水中含糖 30 克，糖的质量是水的（　　）；摇匀喝去 $\frac{2}{3}$ 后，剩下的糖水中，糖的质量占糖水的（　　）。

知识点:分数加减法

易错题1

$2-1\frac{1}{4}$

【易发生错误】

$2-1\frac{1}{4}=1\frac{3}{4}$

【正解】

$2-1\frac{1}{4}=1\frac{4}{4}-1\frac{1}{4}=\frac{3}{4}$

【评讲时的切入点、技巧、思维和算理】

在计算有关带分数的加减法时,学生不习惯把整数转化成带分数进行计算,更多地转化为假分数进行计算。当与一个带分数相加减时,教师要有意识地引导学生在计算时,先观察算式,再进行计算。

【变式练习】

$5-4\frac{2}{9}$ $\qquad\qquad$ $9\frac{9}{10}-6$

易错题2

两根同样长的木料,第一根用去$\frac{1}{2}$米,第二根用去$\frac{1}{2}$,哪根用去的长?

A. 第一根　　B. 第二根　　C. 一样长　　D. 无法确定

【易发生错误】

C

【正解】

D

【评讲时的切入点、技巧、思维和算理】

学生因为只关注了$\frac{1}{2}$,所以认为一样长,教师在讲解时,要让学生先分清楚$\frac{1}{2}$米和$\frac{1}{2}$的区别,一个是具体的长度,一个是比例,由于不知道这根木料的总长度,所以也就无法求出第二根用去了多少米,所以无法比较。

【变式练习】

1.两根同样长的木料,第一根用去$\frac{1}{4}$米,第二根用去$\frac{1}{4}$,哪根用去的长?

A.第一根　　B.第二根　　C.一样长　　D.无法确定

2.一根木料,用去$\frac{1}{4}$,还剩下$\frac{1}{4}$米,用去和剩下的相比,谁长?

A.用去的长　　B.剩下的长　　C.一样长　　D.无法确定

易错题 3

李伯伯承包了 4 公顷荒山,其中的$\frac{5}{7}$种松树,其余的种核桃树,种核桃树的面积占几分之几?

【易发生错误】

$4-\frac{5}{7}=3\frac{2}{7}$

【正解】

$1-\frac{5}{7}=\frac{2}{7}$

【评讲时的切入点、技巧、思维和算理】

本题要让学生分清楚量和分率,因为松树占整片荒山的$\frac{5}{7}$,是一个分率,所以我们要把整片荒山看作单位"1",用$1-\frac{5}{7}=\frac{2}{7}$,得到剩下的面积占整片荒山的几分之几,而 4 公顷是一个具体的量,是不可以减分率的。

【变式练习】

1.有一块菜地 10 平方米,种西红柿用了$\frac{1}{2}$,种黄瓜用了$\frac{1}{3}$,剩下的种南瓜,南瓜的面积占菜地的几分之几?

2.妈妈买了 2 千克的毛线,织毛衣用去$\frac{3}{4}$千克,织围巾用去$\frac{1}{4}$千克,现在还剩多少千克?

(二)图形与几何

知识点:平移、旋转和对称

易错题 1

画出下列图形的对称轴,没有的打"×"。

【易发生错误】

(1) 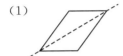   (2)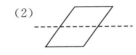

【正解】

平行四边形没有对称轴

【评讲时的切入点、技巧、思维和算理】

1.轴对称图形的概念为对折后折痕两边能完全重合的图形。沿着所画线对折,发现两边不能完全重合。

2.利用一张平行四边形的图纸,给学生演示对折后的结果。

3.画出正确对称的另一半。

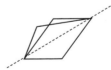

【变式练习】

1.判断:长方形、正方形和平行四边形都是轴对称图形。(   )

2.画出下列图形的对称轴,没有的打"×"。

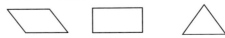

易错题 2

下页图中的"十字架"是怎样平移到它的左上方的?

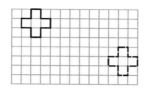

【易发生错误】

1. 方向出错，不仔细审题。先向下，再向右或先向右，再向下。

2. 平移距离出错，没有找到图形上的对应点。

【评讲时的切入点、技巧、思维和算理】

1. 仔细审题，平移方向是从右下到左上，所以方向应该是先向上、再向左或先向左，再向上。

2. 强调平移前后，平移之前是虚线，平移后是实线。

3. 平移时，先找准对应点，然后再数格子。

【变式练习】

1. 左图是右图先向（　　　）平移（　　　）格，再向（　　　）平移（　　　）格得到的。

2. 下图中的三角形是一个三角形先向下平移 3 格，再向右平移 9 格得到的，请画出原来的三角形。

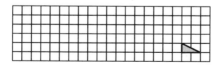

易错题 3

在下列运动过程中，不是平移的是（　　　）。

A. 升降国旗　　　　　　B. 荡秋千　　　　　　C. 滑滑梯

【易发生错误】

1. 选 A，不认真审题，看成"是平移的是"。

2. 选 C，将滑滑梯和跷跷板混淆，认为都属于旋转。

【评讲时的切入点、技巧、思维和算理】

1.将每一项运动过程,都模拟演示,让学生感受运动方式的不同。

2.说一说滑滑梯和跷跷板的不同。跷跷板虽然没有旋转一周,但和钟摆摆动一样,也属于旋转。

【变式练习】

1.秋千　拨算珠　教室的门　五星红旗迎风飘扬　钟摆

以上物体的运动是旋转的有( )个。

A.5个　　　　B.4个　　　　C.3个　　　　D.2个

2.在下列运动中,属于旋转的是( )。

A.电梯升降　　　　B.跷跷板　　　　C.拨算珠

知识点:长方形和正方形的面积

易错题 1

李老师家有一个储藏间,长 2 米 4 分米,宽 1 米 5 分米,要在地面上铺方砖。方砖的边长是 3 分米,一共需要多少块这样的方砖?

【易发生错误】

24×15÷3

【正解】

24×15÷(3×3)

【评讲时的切入点、技巧、思维和算理】

3分米是指方砖的边长,要用"地面的面积÷方砖的面积"。

【变式练习】

1.为一个房间铺地砖,有如下两种地砖供选择:

方案一:

方案二:

6 dm

3 dm

(1)如选用方案一的地砖,需要 100 块,请你求出这个房间面积。

(2)如改成方案二的地砖铺设,则需要多少块?

2.有一张长 12 厘米,宽 5 厘米的长方形纸,用它剪长 3 厘米,宽

2 厘米的小长方形。怎样剪才能使剪出的小长方形最多？最多能剪出几个？画图说明。

易错题 2

一个长方形花圃的长是 16 米，宽是 10 米，用这个花圃种郁金香。王大伯要给花圃中的郁金香施肥，平均每 2 平方米浇 1 千克营养水，一共要浇多少千克营养水？

【易发生错误】

16×10×2

【正解】

16×10÷2

【评讲时的切入点、技巧、思维和算理】

每 2 平方米浇 1 千克营养水，就是要看这个面积里有多少个 2，所以是除以 2。

【变式练习】

1. 一块长方形白菜地，长 12 米，宽 9 米。如果每平方米收白菜 5 千克，一共可以收白菜多少千克？

2. 一块长方形的稻田，长 40 米，长是宽的 2 倍，这块稻田的面积和周长各是多少？若这块稻田每平方米产稻 2 千克，可收稻多少千克？

知识点：观察物体

易错题 1

填图号。

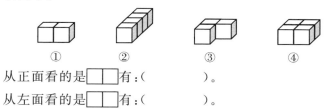

①　　　　②　　　　③　　　　④

从正面看的是 ▢▢ 有：（　　　　）。

从左面看的是 ▢▢ 有：（　　　　）。

【易发生错误】

从正面看的有(①、④)。

从左面看的有(④)。

【正解】

从正面看到的有(①、③、④)。

从左面看到的有(③、④)。

【评讲时的切入点、技巧、思维和算理】

拿教具演示。

【变式练习】

1.填图号。

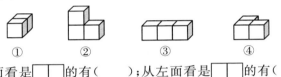

①　　　　②　　　　③　　　　④

从正面看是 ▢▢ 的有(　　　);从左面看是 ▢▢ 的有(　　　)。

2.下图是由(　　　)个正方体搭成的。

知识点:线和角

易错题 1

如图,已知∠1=20°,∠3=80°,求∠2。

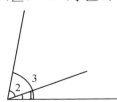

【易发生错误】

学生用量角器测量。

【正解】

$80° - 20° = 60°$。

【评讲时的切入点、技巧、思维和算理】

1. 不能量，要计算。

2. 要找到∠1、∠2、∠3 分别是指哪个角。

【变式练习】

1. 下图是一个长方形纸折起一个角后的图形，已知∠1＝40°，求∠2。

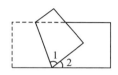

图 2-4

2. 如下图，∠1＝140°，求∠2、∠3、∠4 的度数。

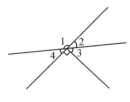

图 2-5

易错题 2

写出下面一副三角尺拼在一起拼成的角的度数。

【易发生错误】

学生对于三角尺的度数不熟悉。

【正解】

60°＋90°＝150°。

【评讲时的切入点、技巧、思维和算理】

要熟记三角尺每个角的度数。

【变式练习】

写出下面一副三角尺拼在一起拼成的角度数。

（   ）

知识点：方向与位置

易错题 1

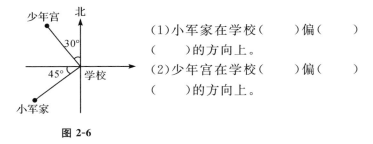

(1)小军家在学校（   ）偏（   ）

（   ）的方向上。

(2)少年宫在学校（   ）偏（   ）

（   ）的方向上。

图 2-6

【易发生错误】

1.方向写反,北偏西写成西偏北。

2.角度写错,30°写成 60°。

【正解】

1.小军家在学校西偏南 45°方向上。

2.少年宫在学校北偏西 30°方向上。

【评讲时的切入点、技巧、思维和算理】

北偏西是从北开始,偏向西,所以角的边是从正北方向开始的。

【变式练习】

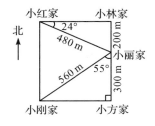

图 2-7

(1)小林家在小方家（　　　）面,距离（　　　）m。

(2)小丽家在小红家（　　　）偏（　　　）（　　　）的方向上,距离（　　　）m。

(3)小刚家在小丽家（　　　）偏（　　　）（　　　）的方向上,距离（　　　）m。

(4)小丽家在小刚家（　　　）偏（　　　）（　　　）的方向上,距离（　　　）m。

知识点:观察物体

易错题 1

在方格纸中画出从正面、左面和上面看到的图形。

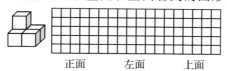

正面　　　　　左面　　　　　上面

【易发生错误】

左面会画成

【正解】

左面应画成

【评讲时的切入点、技巧、思维和算理】

　　学生在画左面或者右面时,首先需要一定的抽象能力,其次是学生觉得,左右无所谓,没有注意到这个的特殊性。所以讲解时要讲清楚不对的地方,让学生明确不是随意画都行。极个别空间能力弱的学生,老师要提供小正方体给他拼搭,指导观察方法。

【变式练习】

1.连一连。

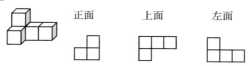

正面　　　　上面　　　　左面

2.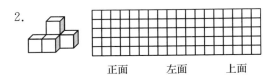

正面　　　　左面　　　　上面

知识点:多边形的面积

易错题 1

向阳屯小学要修一条通往国道的马路。这条马路应当修在什么位置才能使马路最短？请你在图中画出这条马路。

【易发生错误】

【正解】

【评讲时的切入点、技巧、思维和算理】

学生理解的垂直是往下画,没有意识到要和某条边垂直。讲解时要注意强调和马路垂直,并一个个看尺子是否摆对。

【变式练习】

1.如图,梨花村边上有一条公路。请你在图上画出表示梨花村到公路最近距离的线段。

梨花村

2.在下面各图形中,画出过 *A* 点垂直 *BC* 的直线,并量出 *A* 点到 *BC* 的距离。（单位:cm）

易错题 2

填空。

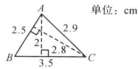

单位:cm

$\triangle ABC$ 中,高是 2 cm 时,底是（　　）cm;底是 2.5 cm 时,高是（　　）cm,面积是（　　）cm² 。

【易发生错误】

底是 2.5 cm,高是 2.9 cm

【正解】

底是 3.5 cm,高是 2.8 cm

【评讲时的切入点、技巧、思维和算理】

学生还是对于底和高的感悟不深,特别是斜的这种,所以讲解时注意带着学生感受对应的每一组底和高。

【变式练习】

1.$\triangle DEF$ 中,高是 1.92 cm 时,底（　　）cm;底是 3.2 cm 时,高（　　）cm;面积是（　　）cm² 。

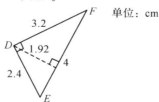

单位:cm

2.△ABC中,以AB边为底时,高是(　　);以AC边为底时,高是(　　);以AD边为高时,底是(　　)。

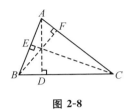

图2-8

易错题4

红领巾的形状是等腰三角形,标准大小是长边(底边)100 cm,高33 cm。一条红领巾的面积是多少平方分米?

【易发生错误】

$100 \times 33 = 3300$ cm^2 $= 33$ dm^2

【正解】

$100 \times 33 \div 2 = 1650$ cm^2 $= 16.5$ dm^2

【评讲时的切入点、技巧、思维和算理】

学生忘记计算三角形面积要除以2,公式记忆不清。讲解时注意让学生理解为什么要除以2,其次加强公式的记忆,要求学生在每次计算图形面积时,都写一下公式。

【变式练习】

1.已知一个直角三角形的三边分别是3、4、5,求三角形的面积。

2.已知三角形的底边长24 cm,高比底长4 cm,求三角形的面积。

易错题5

已知三角形的面积是24 cm^2,底边长是8 cm,求它的高。

【易发生错误】

$24 \div 8 = 3$(cm)

【正解】

$24 \times 2 \div 8 = 6$(cm)

【评讲时的切入点、技巧、思维和算理】

和面积公式一样,学生不记得要除以2,倒过来求高时也没有意识到乘2。讲解时先要让学生记忆清楚三角形面积公式,然后再倒推。

【变式练习】

1. 已知三角形的面积是 336 cm²,底边长是 24 cm,求它的高。

2. 图中△ABC 和△ACD 的面积都是 180 cm²,求平行四边形 ABCD 的周长。

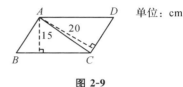

单位:cm

图 2-9

知识点:长方体和正方体的表面积

易错题 1

有一个长 26 厘米、宽 18 厘米、高 5 厘米的礼品盒,用红缎带扎起来(如图),打结处用了 40 厘米。这根缎带长多少厘米?

图 2-10

【易发生错误】

$(26+18+5)×4+40=236$(厘米)

【正解】

$26×2+18×2+5×4+40=148$(厘米)

【评讲时的切入点、技巧、思维和算理】

通过实物演示说明红缎带中包含 2 条长、2 条宽、4 条高和一个接头,然后通过图片,用位置表述为:长在上面和下面,宽在上面和下面,高在四周。

【变式练习】

下图是一个长方体礼品盒,小静将它用彩带扎了一下(如图),扎头处用了 9 cm,那么至少要用多少厘米这样的彩带?

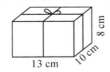

图 2-11

易错题 2

一种空调的室外机长 75 cm，宽 26 cm，高 54 cm。要用防水布给它做一个罩，至少需要防水布多少 m²？（精确到 0.1 m²）

【易发生错误】

1.观察不仔细，不知道缺哪个面，只会使用表面积公式。

2.知道缺下底面，但是概念不清，前后左右上下面各自是长、宽、高哪两条相乘，不清晰。

3.计算错。

【正解】

75×26＋75×54×2＋26×54×2(方法不唯一)

【评讲时的切入点、技巧、思维和算理】

讲解时说明缺底面，让学生讨论后出示多种方法：有直接求 5 个面的，有求 6 个完整面再减去一个面的。比较计算难度，发现直接求比间接求计算简单。做题时，指导学生在图片上标出长、宽、高数据，帮助列式时直观地找到对应关系。

【变式练习】

1.在茶叶筒的四周贴着商标（如图）。这张商标纸的面积至少是多少？（单位:cm）

2.一套《十万个为什么》共 4 本，把它们放在一个书套中（如图）。做这样一个书套至少需要多大的硬纸板？
（单位:cm）

3. 下面是一个无盖长方体纸盒的展开图,已知宽是 12 cm,高是 2 cm。求这个长方体纸盒的表面积。

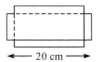

4. 一间教室可以看作近似的长方体,长 8 米,宽 6 米,高 3.5 米。要粉刷教室的天花板和四壁,黑板和门窗共有 14 平方米。如果每平方米用涂料 0.6 千克,粉刷这间教室需要多少千克涂料?

5. 一节长方体形状的铁皮通风管长 2 米,横截面是边长为 10 厘米的正方形,做这节通风管至少需要多少平方厘米铁皮?

6. 有一个底面是正方形的长方体,高是 20 厘米,侧面展开正好是一个正方形。求这个长方体的表面积。

易错题 3

把一个长方体的高缩短 3 厘米后,它就变成了一个正方体,表面积比原来减少了 60 平方厘米,原来长方体的表面积是多少平方厘米?

【易发生错误】

1. 没有思路,完全不会解,有的想象不出这个过程,有的觉得减少的面积还包括上面。有的不会利用正方体的条件,不明确原先的长方体是有两个面是正方形的特殊长方体。

2. 60÷3=20(厘米)

20＋3=23(厘米)

(20＋20＋23)×4=63×4=252(平方厘米)

【正解】

1.减少的面的宽(剩下正方体的棱长):

60÷4÷3=5(厘米)

原长方体的高:

5+3=8(厘米)

原长方体的表面积:

　　5×5×2+5×8×4

=25×2+40×4

=50+160

=210(平方厘米)

答:原来长方体的表面积是 210 平方厘米。

2.60÷4÷3=5(厘米)

5×5×6=150(平方厘米)

150+60=210(平方厘米)

答:原来长方体的表面积是 210 平方厘米。

【评讲时的切入点、技巧、思维和算理】

教师画图辅助,帮助讲解:根据高减少 3 厘米,就变成了一个正方体可知,这个正方体比原长方体表面积减少的 4 个面是相同的,根据已知表面积减少 60 平方厘米,求出减少面的宽为 60÷4÷3=5 厘米,也就是剩下的正方体的棱长,然后求出原长方体的高为 5+3=8 厘米,再计算原长方体的表面积即可。

【变式练习】

1.一个长方体的长减少 3 厘米后就变成了一个棱长为 9 厘米的正方体,原来长方体的表面积是多少平方厘米?

2.一个正方体,如果高减少 3 厘米,就变成了一个长方体。这时表面积比原来减少了 96 平方厘米,原来正方体的表面积是多少?

3.一个长方体,如果高增加 2 厘米,就成为一个正方体。这时表面积比原来增加 72 平方厘米,原来长方体的表面积是多少?

4.有一块长方体木料,长 70 cm,宽 20 cm 高 10 cm,把长截掉 30 cm 后,表面积减少了多少?

5.把一个长 10 厘米,宽和高都是 8 厘米的长方体木块锯成一个最大的正方体,长方体的表面积减少了多少平方厘米?

知识点:长方体和正方体的体积

易错题 1

如图所示,4 个棱长 30 cm 的正方体箱子摆在墙角,体积是多少?

【易发生错误】

$30 \times 30 \times 30 \times 3$

【正解】

$30 \times 30 \times 30 \times 4$

【评讲时的切入点、技巧、思维和算理】

学生因空间感不足,导致数错个数。需要让学生自己动手摆一摆,多操作活动,培养空间感。同时教授方法,竖着数,看立体图形的最高层,这里墙角处最高 2 层,此处有 2 块,两旁各有一块,一共有 4 块。

【变式练习】

下面各图都是由棱长 1 厘米的正方体搭成的,把它们的体积填在括号内。你是怎样数的?

(　　　　)　　　　(　　　　)　　　　(　　　　)

2.下面图形是用 1 立方厘米的正方体搭成的,请你求出它的表面积和体积。

易错题 2

有一个长 60 cm、宽 30 cm、高 40 cm 的水箱,放进两个大小差不多的西瓜后,水面上升了 7 cm。平均每个西瓜的体积大约是多少?

【易发生错误】

1.不清楚上升水的体积就是两个西瓜的体积。

2.不会计算上升水的体积,滥用水箱高度 40 cm。

【正解】

$60×30×7÷2$

【评讲时的切入点、技巧、思维和算理】

1.讲解例题:用排水法比较土豆和番茄的体积时,一定要操作给学生看,课后学生在家自行完成小实验,加深等体积变形的印象,明确物体的体积＝上升水的体积。

2.上升水的体积根据容器的形状计算。本题容器是长方体,上升水也是长方体,长和宽是容器的长和宽,而水的高度是物体放入水中后,水面上升的高度。

3.本题有两个大小差不多的西瓜,求平均每个西瓜的体积,要除以 2。

【变式练习】

1.一个长方体容器,底面长 2 dm、宽 1.5 dm,放入一个土豆后水面升高了 0.2 dm,这个土豆的体积是多少?(土豆完全浸没水中)

2.把 64 升水倒入一个长 8 分米、宽 2.5 分米、高 4 分米的长方体水箱内,这时水面距离箱口多少分米?

3.把一个长 6 分米、宽 5 分米的长方体,浸没在一个长 2 米、宽 1.2 米、高 0.8 米的水箱中,水面升 5 厘米,长方体的高是多少?

4.一个长方体玻璃水缸从里面量长 4 分米,宽 2 分米,高 3 分米,水深 2.5 分米,如果将一块珊瑚石放入水缸后水溢出 1 升(珊瑚石完全浸没在水中),这块珊瑚石的体积是多少立方分米?

5.一种鱼缸,从里面量得的尺寸是长 40 厘米,宽 25 厘米,高 30 厘米。往这个鱼缸里倒水,如果每桶水都是 8 升,这个鱼缸能装下 3 桶水吗? 如果能装下,这时水深是多少?

6.一个盛满油的长方体油桶,底面积是 24 平方分米,高 6 分米。把满桶油全部倒入棱长 6 分米的正方体油桶里,高是多少分米?

7.把一块棱长 8 厘米的正方体铁块,锻造成一个长方体铁块,该长方体铁块长 32 厘米,宽 4 厘米。这个长方体的高是多少分米?

8.把一块棱长 0.5 米的正方体的钢坯锻造成一块横截面面积是 0.04 平方米的长方体钢条。锻造成的钢条有多长?

9.一个长方体鱼缸,从里面量长 9 分米,宽 4 分米,现在鱼缸里盛有 6.5 分米高的水,当把一块礁石浸没在水中后,水深为 8 分米,这块礁石的体积是多少立方分米?

易错题 3

有一块长方体木料的长是 28 cm,宽是 20 cm,高是 10 cm。如果要截成棱长为 5 cm 的正方体木块,最多能截多少块?

【易发生错误】

$(28×20×10)÷(5×5×5)$

【正解】

$28÷5≈5$

$20÷5=4$

$10÷5=2$

$5×4×2=40$(块)

【评讲时的切入点、技巧、思维和算理】

学生之所以犯错,是没有考虑到边角料问题。所以通过画图法让学生理解里面出现边角料,这些边角料不能制作正方体,只能废弃。所以大体积÷小体积是错误的。应该算出长、宽、高里面分别切出的份数。

【变式练习】

1.有一长方体木块,长 30 cm,宽 20 cm,高 10 cm,若把此木块锯成棱长是 3 cm 的小正方体,并排成一行,能排多长?

2.一块长方体木料长 70 厘米,宽 40 厘米,高 10 厘米,把它截成棱长是 5 厘米的正方体小木块,最多可以截多少块?(用两种方法解答)

3.把一个长 124 厘米、宽 10 厘米、高 10 厘米的长方体锯成最大的正方体,最多可以锯成多少个?

4.把棱长 12 厘米的正方体切割成棱长是 3 厘米的小正方体,最多可以切割成多少块?你能用几种方法解答?

易错题4

一种无盖的长方体形铁皮水桶,底面是边长4分米的正方形,高0.5米。做一只这样的水桶至少要多少铁皮? 这只水桶能装多少升水?

【易发生错误】

分不清什么时候求面积,什么时候求体积。

【正解】

1.0.5 m＝5 dm,铁皮:4×5×4＋4×4

2.4×4×5

【评讲时的切入点、技巧、思维和算理】

首先可以从问题中的字眼区分,比如涂颜色、涂漆、做空盒子、铁皮等,就是面积问题,容量、占的空间就是体积。其次还可以从单位上区分,因为棱长总和是长度单位(常见的长度单位:千米、米、分米、厘米、毫米)。底面积和占地面积都是面积单位(常见的面积单位:平方千米、公顷、平方米、平方分米、平方厘米)。体积是体积单位(常见的体积单位:立方米、立方分米、立方厘米)。

【变式练习】

1.一根长96厘米的铁丝围成一个正方体,这个正方体的棱长是多少厘米? 表面积是多少平方厘米? 体积是多少立方厘米?

2.一个长方体无盖玻璃鱼缸,它的底长4 dm,宽25 cm,高20 cm,做这样一个鱼缸至少要玻璃多少平方厘米? 这个鱼缸占了多大的空间?

3.一列火车有10节,每节车厢从里面量长13 m,宽2.5 m,高2 m,如用这列火车运煤,装煤的高度是1.5 m,平均每立方米的煤重1.2 t,这列火车可运煤多少吨?

4.要挖一个长方体的喷水池,长18米,宽5米,深0.8米。

(1)一共要挖多少平方米的土?

(2)如果在喷水池的四周和底面贴上瓷砖,贴瓷砖的面积有多大?

(三)统计与概率

知识点:统计

易错题1

下面是为民食品店一周内卖出牛奶数量的统计图。

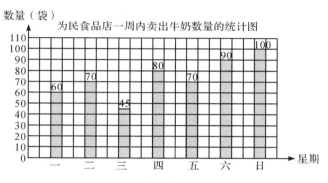

图 2-12

(1)根据统计图,填写统计表。

为民食品店一周卖出牛奶数量的统计表

星期	一	二	三	四	五	六	日
数量(袋)							

(2)这周平均每天卖出牛奶(　　)袋。

【易发生错误】

1.填表时信息看错。

2.求平均数出错,公式运用错或者计算出错。

【正解】

(1)60　70　45　80　70　90　100

(2)(60＋70＋45＋80＋70＋90＋100)÷7

【评讲时的切入点、技巧、思维和算理】

1.填表时要先分析统计图中的信息,对号入座。

2.平均数＝总数÷总份数。

【变式练习】

1.某城市 2004—2008 年人均消费粮食情况如下表所示。(单位:kg)

2004 年	2005 年	2006 年	2007 年	2008 年
127	125	121	112	90

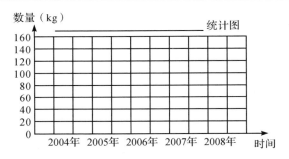

图 2-13

请你完成条形统计图,并计算这座城市 5 年中,平均每年消费粮食多少千克。

2.下面是王小刚家上半年每月的电话费统计表。

月份	一	二	三	四	五	六
电话费(元)	90	120	84	85	90	89

(1)王小刚家上半年平均每月的电话费是多少元?

(2)王小刚家第一季度和第二季度平均每月的电话费各是多少元?

知识点:统计与可能性

易错题 1

李小佳 6—10 岁身高统计表如下。请根据统计表的数据画出折线统计图。

年龄(岁)	6	7	8	9	10
身高(cm)	115	121	129	138	148

李小佳6—10岁身高统计图

身高（cm）

```
150
145
140
135
130
125
120
115
110
 0
    6   7   8   9   10  11  12   年龄（岁）
```

根据上面的统计图回答问题。

李小佳6—10岁时平均每年身高增长（　　）cm。

【易发生错误】

（115＋121＋129＋138＋148）÷5＝130.2 cm

【正解】

（148－115）÷4＝8.25 cm

【评讲时的切入点、技巧、思维和算理】

学生碰到平均数的题目本能地想到把所有数据加起来除以数量，没有关注到求的是平均增长的量，所以讲解时要分析清楚总数与平均数，平均增长量就要对应增长的总数。

【变式练习】

1.北京市从5月1—7日最低温度平均每日增长了多少摄氏度？

北京市5月1—7日最低气温统计图

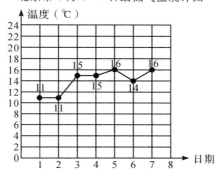

易错题 2

判断:一颗质地均匀的骰子已连续抛掷了 2000 次,其中抛掷出 5 点的次数最少,则第 2001 次抛掷出 5 点的可能性大。

【易发生错误】

"√"

【正解】

"×"

【评讲时的切入点、技巧、思维和算理】

这样的理解应该是学生中普遍存在的。对于事情发生的可能性,应该要认识到实际情况下事件的发生不一定与理论相符合,可能性是大样本容量下的理论值。

【变式练习】

1. 判断:抛掷一枚硬币,正面朝上和反面朝上的概率相等。

2. 判断:天气预报说明日极有可能下雨,那么明天一定下雨。

(四)综合与实践

知识点:找规律

易错题 1

把一根圆木锯成 5 段,共需要 20 分钟,如果平均锯成 10 段,需要多长时间?

【易发生错误】

20÷5＝4(分)   4×10＝40(分)

认为锯成 5 段,所以每段的时间就是用 20÷5。

【正解】

5－1＝4(次)

20÷4＝5(分)

10－1＝9(次)

9×5＝45(分)

【评讲时的切入点、技巧、思维和算理】

1.利用画图,理解本题属于植树问题中的两端都不种,所以点数＝段数－1。

2.锯木头时由于锯了20分钟,所以需要先通过锯5段,求出锯了几次,随后求出锯一次用时几分钟。最后锯10段也需要还原成锯了几次。

【变式练习】

1.一根木料一共锯了3次,被锯成(　　)段;若要锯15次,则被锯成(　　)段;如要锯成8段,需要锯(　　)次,若每锯一次都要4分钟,共用时(　　)分钟。

2.小林从一楼走到三楼用了30秒,照这样的速度,从三楼走到六楼要(　　)秒。

知识点:找规律

易错题 1

数一数,下面图中各有几个角?你发现了什么规律?

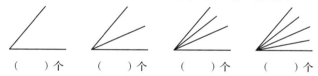

(　　)个　　(　　)个　　(　　)个　　(　　)个

【易发生错误】

1.角太多了数不清一共多少个角。

2.不按一定的顺序去找规律。

【正解】

1　　3　　6　　10

【评讲时的切入点、技巧、思维和算理】

1.无论有多少个角,都需要按照一定顺序去数,这里可以按照一个一个单独的有几个,两个组合的有几个,三个组合的有几个……最后相加。

2.教师需要让学生找一找除了一个单独角外,组合成的角有几个,可以描出角的边。

【变式练习】

1.下面图中各有几个三角形？你是怎样数的？与同伴交流下。

（　　）个　　　　（　　）个　　　　　（　　）个

2.下面图中各有几个正方形？

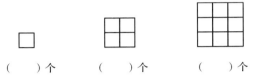

（　　）个　　　　（　　）个　　　　（　　）个

知识点:确定位置

易错题 1

下面是动物园各场馆位置的平面图。

图 2-14

（1）大门的位置是（　，　）,孔雀园的位置是（　，　）

（2）熊猫馆的位置是（　，　）,动物表演厅的位置是（　，　）

【易发生错误】

学生在用数对表示位置时,经常会把列和行顺序搞反,如孔雀园的位置会写成(3,4)。

【正解】

(0,0)(4,3)(1,3)(6,2)。

【评讲时的切入点、技巧、思维和算理】

本题要让学生清楚用数对表示位置,数对里的数字分别代表第几列第几行,先是列,再是行。

【变式练习】

下面是康乐小区各场所位置的平面图。

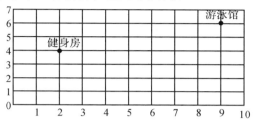

(1)健身房在第(　　　)列,第(　　　)行,用数对表示是(　　　)

(2)游泳馆在第(　　　)列,第(　　　)行,用数对表示是(　　　)。

(3)在图上标出超市、电影院、医院所在的位置。

超市的位置是(6,2),电影院的位置是(2,7),医院的位置是(9,5)。

知识点:探索规律

易错题 1

省医院给每位医务工作人员设计了一个编号,从中可看出该员工属于哪个科室、入职时间以及报到序号。一个员工编号是"外2010121509",那么这位员工属于(　　　)科,入职时间是(　　　),报到序号是(　　　)。王东是 2008 年 5 月 11 日入职的一名内科医生,报到序号是 48,王东的编号应为(　　　　　　　)。

【易发生错误】

不太理解"外"的含义。

【正解】

外科,入职时间 20101215,报到序号 09,王东的编号是内2008051148。

【评讲时的切入点、技巧、思维和算理】

外指的是外科,入职时间有年月日,后两位是报到序号。所以王东的编号是内 2008051148

【变式练习】

1.利民医院给每位住院病人设计一个病历号,从中可看出该病人住哪个科室、住院时间以及床号,一个病人的病历号是"内2007121509"。那么,这位病人住( )科,入院时间是( ),他住( )号病床。有一个病人住在利民医院外科 12 号床,是 2008 年 5月 11 号入院的,这个病人的病历号是( )。

2.某学校为每一个学生编了学籍号,设定末尾用"1"表示男生,"2"表示女生,如 202003231 表示 2020 年入学的 3 班 23 号同学是男生,那么 2021 年秋季入学的 2 班 16 号同学是女生,她的学籍号是_____。

三、第三学段典型错题解析

小学第三学段教学相较于小学第一、第二学段而言,对于学生思维方面有着一定的要求。学生错误的主要原因是没有数学思想方法为依托,单纯地为了解题而解题,很多时候无从下手,因此,在这一阶段对学生进行数学教学,教师一定要注重数学学习方法的培养,这样才能让学生掌握正确的数学学习方法。

(一)数与代数

知识点:百分数

易错题 1

分数转化为百分数

$\dfrac{1}{11}$

【易发生错误】

$\dfrac{1}{11} \approx 0.099 = 9.9\%$,千分位商用 0 占位容易写成 9。

【正解】

$\dfrac{1}{11} \approx 0.091 = 9.1\%$

【评讲时的切入点、技巧、思维和算理】

强调被除数不够除时,用 0 占位。

【变式练习】

$323 \div 3$ $52.5 \div 5$

易错题 2

分数转化为百分数

$\dfrac{1}{6}$

【易发生错误】

$\dfrac{1}{6} \approx 0.166 = 16.6\%$,忘记保留三位小数时四舍五入。

【正解】

$\dfrac{1}{6} \approx 0.167 = 16.7\%$

【评讲时的切入点、技巧、思维和算理】

强调列竖式计算时算到小数点后第四位,仔细辨别第四位数字是能舍还是入。

【变式练习】

$\dfrac{2}{3} \approx ($ $)$;$\dfrac{5}{11} \approx ($ $)$。

易错题 3

五(2)班到校 42 人,请病假 2 人,请事假 1 人,请问出勤率是多少?

【易发生错误】

到校人数,误以为全班人数。

【正解】

$42 \div (42 + 2 + 1) \approx 93.3\%$

【评讲时的切入点、技巧、思维和算理】

评讲时圈单位"1",分析清楚到校人数和总数的区别。

易错题 4

五(2)班合格率是多少?

成绩	优	良	及格	不及格
人数	21	16	5	2

【易发生错误】

合格人数,误以为是及格人数。

【正解】

21＋16＋5＝42(人)

42÷44≈93.3％

【评讲时的切入点、技巧、思维和算理】

分析清楚合格人数和及格人数的区别。

【变式练习】

三(1)班投篮成绩如下,投篮合格率是多少?

成绩	优	良	及格	不及格
人数	18	12	8	2

易错题 5

南山中学去年在山上种了 100 棵树,死了 9 棵,又补种了 9 棵,补种的树全部活了。求南山中学去年种树的成活率。

【易发生错误】

成活的数量、树的总数理不清楚。

【正解】

100÷(100＋9)≈91.7％

【评讲时的切入点、技巧、思维和算理】

读题时要画关键词,搞清楚活的树的数量、树的总数量到底是多少。

【变式练习】

四(3)班同学植树,活了 100 棵,死了 2 棵,四(3)班同学植树的成活率是多少?

146

知识点：分数乘法

易错题 1

3 个 $\frac{1}{2}$ 的积是多少？

【易发生错误】

$3 \times \frac{1}{2} = \frac{3}{2}$，审题不认真，思维定式，以为是 3 个 $\frac{1}{2}$ 的和。

【正解】

$\frac{1}{2} \times \frac{1}{2} \times \frac{1}{2} = \frac{1}{8}$

【评讲时的切入点、技巧、思维和算理】

分清"之和"与"之积"意义上的区别，并让学生自己举例说明。

【变式练习】

3 个 $\frac{1}{2}$ 的和是多少？

3 的 $\frac{1}{2}$ 是多少？

3 个 $\frac{2}{3}$ 的积是多少？

易错题 2

妹妹身高 1.5 米，姐姐比妹妹高 $\frac{1}{10}$ 米，姐姐身高多少米？

【易发生错误】

$1.5 + 1.5 \times \frac{1}{10}$

【正解】

$1.5 + \frac{1}{10}$

【评讲时的切入点、技巧、思维和算理】

评讲时，与比妹妹高 $\frac{1}{10}$ 对比，让学生知道有单位与无单位的区别,在审题时注意圈画关键词。

【变式练习】

（　　）比 20 米多 $\frac{1}{2}$ 米,（　　）比 20 米少 $\frac{1}{2}$。

易错题 3

一件羽绒服每件原价 200 元,由于热销,商场加价 20％；现在因为换季,又降价 20％。现在羽绒服的售价是多少元？现价比原价高了,还是低了？相差多少元？

【易发生错误】

1.认为加价 20％与降价 20％一样。

2.知道不一样,但不知道对应的单位"1"是什么。

【正解】

$200×(1+20％)×(1-20％)$

【评讲时的切入点、技巧、思维和算理】

1.分步计算,搞清楚每一步的单位"1"。

2.变式练习,再举一例,让学生自己讲一讲。

【变式练习】

一件商品由于热销涨价 10％,又因为换季,降价 10％,现价和原价相比高了还是低了？现价比原价高（或低）了百分之几？

易错题 4

一根 6 米长的绳子,第一次用去它的 $\frac{1}{2}$,第二次用去 $\frac{1}{2}$ 米,还剩多少米？

【易发生错误】

$6-\frac{1}{2}-\frac{1}{2}$,有单位和无单位混淆

【正解】

$6-6×\frac{1}{2}-\frac{1}{2}$

【评讲时的切入点、技巧、思维和算理】

1.读题圈关键词,区分分数后面有无单位在意义上的不同。

2.可以分步理解,第一次用去多少米,第二次用去多少。

【变式练习】

读一本 60 页的故事书,先读 20 页,再读余下的 $\frac{1}{2}$,还剩多少页?

知识点:分数除法

易错题 1

有甲、乙两筐梨,甲筐有梨 30 千克,_____,乙筐有梨多少千克?

乙筐是甲筐的 $\frac{1}{5}$ $30 \div \frac{1}{5}$

乙筐比甲筐少 $\frac{1}{5}$ $30 \times \frac{1}{5}$

甲筐比乙筐多 $\frac{1}{5}$ $30 + \frac{1}{5}$

甲筐比乙筐少 $\frac{1}{5}$ 千克 $30 \times (1 - \frac{1}{5})$

甲筐是乙筐的 $(1 - \frac{1}{5})$ $30 \div (1 - \frac{1}{5})$

【易发生错误】

1.单位"1"是否已知,不知道。

2.数量的多与少,关系搞错。

3.对有单位和无单位之间的区别,分数的意义没有理解透彻。

【正解】

有甲、乙两筐梨,甲筐有梨 30 千克,_____,乙筐有梨多少千克?

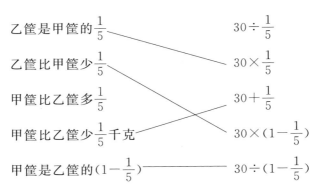

【评讲时的切入点、技巧、思维和算理】

1.圈出单位"1",确定单位"1"是否已知。

2.圈出关键词,多还是少,做到细致审题,深入理解。

3.注意分数后面有单位和无单位之间的区别。

【变式练习】

1.一箱苹果 10 千克,梨比苹果多 $\frac{2}{3}$ 千克,梨有多少千克?一箱苹果10千克,梨比苹果多 $\frac{2}{3}$,梨有多少千克?

2.修一条 3 千米长的公路,第一次修了这条公路的 $\frac{1}{6}$,第二次修了 $\frac{5}{6}$ 千米,两次共修几千米?

知识点:探索规律

易错题 1

民芳小区太极拳表演队一共有 62 人。为联络方便,表演队设计了这样一种联络方式。一旦有表演活动时,教练通知 2 名队员,这 2 名队员再分别通知另外 2 名队员,依此类推(如图)。假定通知 2 名队员需要 3 分钟,15 分钟能通知到所有队员吗?

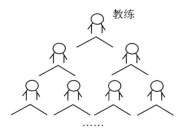

教练

······

【易发生错误】

1. 没有审题,在列举过程中,列举到 62 才停止,没考虑到总人数是 62。

2. 没有考虑植树问题,通知到第六层,其实只需要通知 5 次。

3. 列举错误,没有发现数列的关系是连续乘 2。

【正解】

1、2、4、8、16、32

$1+2+4+8+16+32=63$

$63>62$

$6-1=5$(次)

$5×3=15$(分)

$15=15$

【评讲时的切入点、技巧、思维和算理】

1. 每一个人在通知到下一轮时,可以通知 2 人,所以下一轮的人数是上一轮的两倍,以此列举。

2. 注意审题,学生讨论发现列举时总数超过 62 就可以了。

3. 通知的次数=层数-1。

【变式练习】

1.   ···

(1)按照图形变化规律填表:

正方形个数	1	2	3	4	5	···
直角三角形个数	0	4	8			···

(2)如果画 8 个正方形能得到_____个直角三角形,画 n 个正方

形能得到_____个直角三角形。

2.

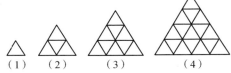

（1）　（2）　（3）　　　（4）

上图表示"宝塔"，它们的层数不同，但都是由一样大的小三角形摆成的，仔细观察后，请回答：

（1）五层的"宝塔"最下层包含多少个小三角形？六层呢？七层呢？n 层呢？

（2）整个五层"宝塔"一共包含多少个小三角形？六层呢？七层呢？n 层呢？

易错题 2

王军用小棒摆出下面的图形，从上往下数：第 1 层有 1 个 △，第 2 层有 3 个 △…

（1）照这样摆下去，第 8 层有（　　）个 △，第 10 层有（　　）个 △。

（2）如果摆 12 层，一共有（　　）个 △。

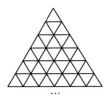

…

【易发生错误】

摆 12 层一共有 23 个 △

【正解】

摆 12 层一共有 144 个 △

【评讲时的切入点、技巧、思维和算理】

1.认真审题，圈出关键词，一定要理解到底是求每一层的数量还是总的数量。

2.认真观察图形的层数和数量的关系，梳理规律。有些孩子就是因为找每一层的规律就有困难,变换了题型就更困难。

【变式练习】

仔细观察,下图中自然数的排列有哪些规律?

照这样写完八层,这八层共有多少个数?

```
1
2 3 4
5 6 7 8 9
10 11 12 13 14 15 16
17 18 19 20 21 22 23 24 25
26 27 28 29 30 31 32 33 34 35 36
...
```

知识点:负数的认识

易错题 1

在下面直线上用 A、B、C、D 各点表示 $+4$、-1.5、$2\frac{1}{3}$、-5。

```
    ┼────┼────┼────┼────┼────┼────┼────┼────┼────┼────┼────►
   -5   -4   -3   -2   -1    0    1    2    3    4    5    6
```

【易发生错误】

1. 不知道数轴的方向。

2. 正负号漏写。

3. 没有平均分。

【正解】

在数轴标上正确的数字

【评讲时的切入点、技巧、思维和算理】

1. 强调正负数的数法,注意顺序。

2. 在教学分数时一定要强调平均分,如果是小数,先转化成分数。

【变式练习】

1. 先在下面直线上描出表示各数的点,再比较各组数的大小。

```
    ┼────┼────┼────┼────┼────┼────┼────┼────┼────┼────┼────►
   -5   -4   -3   -2   -1    0    1    2    3    4    5    6
```

$+\dfrac{3}{4}\bigcirc-\dfrac{3}{4}$ 　　　$-2\bigcirc2.5$ 　　　$-1\bigcirc-4$

2.填一填,读一读。

(1)数轴上与−3相邻的数是(　　)和(　　)。

(2)在−3和2中,−2更接近(　　)。

(3)在0和−4中,−5更接近(　　)。

易错题2

地面以上1层记作+1层,地面以下1层记作−1层,从+2层下降了9层,所到的这一层应该记作(　　)层。

【易发生错误】

一共下降9层,9−2=7层,因为是地下,所以是−7层。

【正解】

−8

【评讲时的切入点、技巧、思维】

因为地面上从+2层下降到+1层,只下降了一层,从+1层下降一层,就到了−1层,中间没有0层。学生可以用列举的方法求出答案。+2→+1→−1→−2→−3→−4→−5→−6→−7→−8

【变式练习】

地面以上1层记作+1层,地面以下1层记作−1层,从−5层上升了8层,所到的这一层应该记作(　　)层。

易错题3

看图填一填。

胜利小学五(1)班和五(2)班开展乒乓球对抗赛,比赛规则为"五局三胜"制。

比赛情况记录表

	五(1)班	五(2)班
第一局	+1	−1
第二局	−1	+1
第三局	+1	−1

记分规则:胜一局,记＋1分;

负一局,记－1分。

1.现在五(1)班胜了(　　　)场,负了(　　　)场。

2.现在五(2)班胜了(　　　)场,负了(　　　)场。

3.如果五(1)班要赢五(2)班,还要胜(　　　)场。

【易发生错误】

1.第3题不会分析。

2.没有从最坏的情况考虑。

【正解】

2,1

1,2

1

【评讲时的切入点、技巧、思维和算理】

要会计算正负数,理解目前情况,五(1)是1分,五(2)是－1,而比赛有两种情况,1班输,2班就会赢,有些题是两种情况相对独立的。要仔细分析,且从最坏的情况考虑。

【变式练习】

记分规则:胜一场,记＋2分;输一场,记－2分。

	五(1)班	五(2)班
第一场	＋2	－2
第二场	＋2	－2
第三场	－2	＋2

(1)现在五(1)班胜了(　　　)场,输(　　　)场,如果要赢五(2)班,那么还要胜(　　　)场。

(2)五(2)班要想取得胜利,还要胜(　　　)场。(五场三胜制)

易错题 4

小明家住在大厦的12层,他要到地下2层的停车场去玩,要下多少层楼?

【易发生错误】

10

【正解】

14

【评讲时的切入点、技巧、思维和算理】

首先要理解正负数的意义,确认0界点是什么,正数离0相差多少,负数离0相差多少,然后加起来。

【变式练习】

地面温度是15℃,高空温度是−2℃,相差多少℃?

知识点:比例

易错题1

下面是王辰家的平面图。

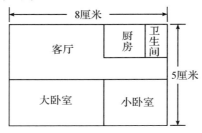

比例尺1∶100

王辰家这套房的总面积是多少平方米?

【易发生错误】

5×8×100＝4000(平方厘米)＝0.4(平方米)

【正解】

(5×100)×(8×100)＝400000(平方厘米)＝40(平方米)

【评讲时的切入点、技巧、思维和算理】

由于图形的放大和缩小在本课时之后教学,所以在讲这一题时要让学生有对比,知道如果先求面积再扩大是错误的,可以带着学生进一步理解,面积应该扩大10000倍,让学生对之后的学习有所感触。

【变式练习】

1. 在一幅比例尺是  的校园平面图上,学校的操场如下图。(取整厘米数)

(1)量一量,算一算,求出操场的图上面积和实际面积。

(2)写出图上面积与实际面积的比,并与比例尺进行比较,你发现了什么?

2. 一个等腰三角形花圃的底和高的长度比是 3：2。底是 24 米,高是多少米? 面积是多少平方米?

易错题 2

已知 $3x＝4y$,那么 $x：y＝($ 　　　 $)：($ 　　　 $)$。

【易发生错误】

$3：4$

【正解】

$4：3$

【评讲时的切入点、技巧、思维和算理】

1. 先注意等式左右两边是乘法式子。

2. 根据比例的基本性质,外项乘积等于内项乘积,两个因数必定同为内项或外项。

3. 观察 x 和 y 的位置,以此确定 3 和 4 的位置。

4. 利用比例的基本性质进行检验。

【变式练习】

1. 已知 $a＝5b$,那么 $b：a＝($ 　　　 $)：($ 　　　 $)$。

2. 甲数的 $\dfrac{1}{2}$ 等于乙数的 $\dfrac{7}{10}$,乙数：甲数＝($ 　　　 $)：($ 　　　 $)$。

知识点：正比例和反比例

易错题 1

判断：买练习本，总价和数量成正比例。（　　　）

【易发生错误】

"√"

【正解】

"×"

【评讲时的切入点、技巧、思维和算理】

1. 先分析数量关系，由总价和数量想到数量关系式。

2. 结合生活经验分析单价是否一定。

3. 表述时语言要严谨，即同一种练习本。

【变式练习】

1. 买《科学画报》，总价和数量成正比例。（　　　）

2. 周长一定时，圆周率和半径成反比例。（　　　）

易错题 2

加工服装，每天做 400 套，15 天完成。如果每天做 500 套，几天完成？

【易发生错误】

1. 分析数量关系错误。

2. 不会用反比例关系解决。

【正解】

反比例

解：设 x 天完成。

$500x = 400 \times 15$

【评讲时的切入点、技巧、思维和算理】

1. 先分析数量关系，由工作效率和工作时间想到数量关系式。

2. 结合生活经验分析确定到底是正比例关系还是反比例关系。

3. 表述时语言要严谨。

【变式练习】

1.加工服装,每天做 400 套,15 天完成。如果 10 天完成,每天做几套?

2.加工服装,2 天完成 1000 套。照这样计算,15 天完成任务,共要加工多少套?

易错题 3

某厂有一堆煤,原计划每天烧 4.8 t,可以烧 25 天。实际每天烧 4 t,这些煤实际比原计划多烧多少天?

【易发生错误】

1.设的未知数和表达的意义不一致。

2.审题不清,没有注意到"多多少"和"实际多少"的区别。

3.反比例关系是乘积一定,但有学生以为比例就是与比有关。

【正解】

每天烧煤量×烧煤的天数＝烧煤的总量(一定)

解法一:设实际烧 x 天。

$4x=4.8\times25$

$x=\dfrac{4.8\times25}{4}$

$x=30$(天)

$30-25=5$(天)

解法二:设实际比原计划多烧 x 天。

$4\times(25+x)=4.8\times25$

$25+x=\dfrac{4.8\times25}{4}$

$25+x=$ _____

$x=$ _____

答:_____

【评讲时的切入点、技巧、思维和算理】

1.认真审题,分析清楚条件和问题是什么。

2.间接设未知数与直接设未知数在语言上要严谨,这样有助于理解题意。

【变式练习】

1.用一批纸装订练习本,每本 32 页,可以装订 1500 本。如果每本 24 页,可以多装订多少本?

2.一项工程,原来计划 30 人 18 天完成。如果每人的工作效率相同,现在要求 15 天完成,需要增加多少人?

(二)图形与几何

知识点:圆的周长

易错题 1

一个时钟的时针长 15 厘米,转了 60 分钟,时针的针尖走了多少厘米?

【易发生错误】

1.时针的长是半径,在计算周长时容易忽略乘 2。

2.60 分钟时针只转了一大格,即周长的 $\frac{1}{12}$,容易被当成半径转了一圈。

【正解】

$2 \times 3.14 \times 15 \times \frac{1}{12}$

【评讲时的切入点、技巧、思维和算理】

1.圈关键词确定时针是半径,确定 60 分钟只是 1 小时,只转了一大格。

2.画一个钟面去观察。

【变式练习】

1.一个时钟的分针长 15 厘米,转了 60 分钟,分针的针尖走了多少厘米?

2.一个时钟的时针长 15 厘米,一昼夜时针的针尖走了多少厘米?

易错题 2

半径 5 厘米的半圆的周长是多少?

【易发生错误】

1.$2×3.14×5÷2$,不加直径。

2.$2×3.14×5+2×5$,圆周长的一半没有除以 2。

【正解】

$2×3.14×5÷2+2×5$

【评讲时的切入点、技巧、思维和算理】

评讲时画图描一描,确定弧线是圆周长的一半,再加上直径。

【变式题】

1. 在长 5 厘米,宽 2.5 厘米的长方形中画一个最大的半圆,求这个半圆的周长。

2. 在长 5 厘米,宽 2 厘米的长方形中画一个最大的半圆,求这个半圆的周长。

(先画图,再计算半圆周长)

易错题 3

一个养鸡场靠墙围了一个半圆形鸡舍,用掉篱笆 15.7 米,求鸡舍的面积。

【易发生错误】

1.求半径时总把 15.7 米当成周长。

2.求出圆面积,忘记除以 2。

【正解】

1.半径=$15.7×2÷2÷3.14$

2.面积=$3.14×半径^2÷2$

【评讲时的切入点、技巧、思维和算理】

提醒靠墙没有直径,15.7 米只是圆周长的一半。

【变式题】

1.一个半圆形鸡舍,用掉篱笆 25.7 米,求鸡舍的面积。

2.一个养鸡场靠墙围了一个半圆形鸡舍,用掉篱笆 31.4 米,求鸡舍的面积。

易错题 4

右图是学校操场的平面图。

(1)绕操场跑一圈是多少米?

(2)操场占地面积是多少平方米?

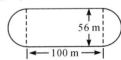

【易发生错误】

求操场一圈时,直的跑道中总是要加上宽。

【正解】

$3.14 \times 50 + 100 \times 2$

【评讲时的切入点、技巧、思维和算理】

用手描一描操场的一圈是指哪些线? 或者用错题让学生辨别错误在哪里。

【变式题】

右图是学校操场平面图,绕操场跑两圈是多少米?

知识点:圆的面积

易错题 1

在直径是 6 米的圆形花坛的外面有一条宽一米的环形小路,这条小路的面积是多少?

【易发生错误】

$6+1=7$,把 7 当半径去求圆的面积。

【正解】

1.$6+1+1=8$(米),$8 \div 2 = 4$(米),$6 \div 2 = 3$(米),$3.14 \times (4^2 - 3^2) = 21.98$(平方米)

2.$6 \div 2 = 3$(米),$3+1=4$(米),$3.14 \times (4^2 - 3^2) = 21.98$(平方米)

【评讲时的切入点、技巧、思维和算理】

1.画图理解,当已知直径时,要想求得外圆的直径需要两头加上宽 1 米。

2.求圆的面积、圆环的面积需要用到半径,开始就求出小圆的半径,这样小圆半径加 1 米即可。

【变式练习】

一个直径是 8 米的圆形喷水池,在它的外面有一条宽 2 米的环形花坛,这个花坛的面积是多少平方米? 若在花坛外围围上一圈栅栏,栅栏长多少米?

易错题 2

左图中三角形的面积是 5 平方厘米,求阴影部分的面积。

【易发生错误】

1.找不到半径,觉得根据三角形的面积不能求得半径。

2.直接认为 5 平方厘米是半径的平方。

3.忘记除以 2。

4.半圆面积减三角形面积时,把 10 平方厘米当作三角形的面积。

【正解】

$5 \times 2 = 10$(平方厘米)

$3.14 \times 10 \div 2 - 5 = 10.7$(平方厘米)

【评讲时的切入点、技巧、思维和算理】

1.在条件上标注好 5 平方厘米是三角形面积。

2.画图理解哪些线段是三角形的底和高,确认半径,根据三角形面积的计算过程得出 $r^2 = 5 \times 2 = 10$(平方厘米)。

【变式题】

1.右图正方形的面积是 20 平方厘米,阴影部分的面积是多少?

2.圆环面积为 28.26 平方厘米,求阴影部分的面积。

易错题 3

图中圆与长方形面积相等,长方形长 6.28 米。阴影部分周长是多少米?

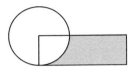

【易发生错误】

通过长方形的长求半径。

【正解】

求半径:6.28×2÷3.14÷2 或 6.28÷3.14=2(米)

6.28×2+3.14×2×2÷4=15.7(米)

【评讲时的切入点、技巧、思维和算理】

复习圆拼成近似的长方形的过程,理解长方形的长是圆周长的一半。

【变式题】

把一个圆分成若干等份后,可以拼成一个近似长方形的图形,已知拼成的图形周长是 41.4 厘米,原来圆的面积是多少平方厘米?

易错题 4

一面钟的分针长 5 厘米,15 分钟扫过了多少平方厘米?

【易发生错误】

15 分钟分针转了几个圆,与秒针混淆。

【正解】

60÷15=4

3.14×15×15÷4=176.625(平方厘米)

【评讲时的切入点、技巧、思维和算理】

时针一小时一大格,12 小时一圈;分针一小时(60 分钟)一圈;秒针 60 秒(一分钟)一圈。

【变式题】

一面钟的秒针长 5 厘米,15 分钟扫过了多少平方厘米?

知识点:图形的旋转

易错题 1

判断:左图顺时针旋转 180°变成右图。

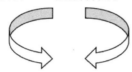

【易发生错误】

"√"

【正解】

"×"

【评讲时的切入点、技巧、思维和算理】

1.掌握旋转的步骤,抓住关键位置箭头,想象这个图形贴着纸旋转。

2.区别旋转和翻折概念的不同。

【变式练习】

判断:上图逆时针旋转了 180°。(　　　　)

易错题 3

1.骑自行车时,人的运动是 _____,车轮的运动是 _____。

A. 平移　　　　　　B. 旋转　　　　　　C. 既平移又旋转

【易发生错误】

骑自行车到底是旋转还是平移,要从局部还是整体具体考虑。

【正解】

人的运动是平移,车轮的运动是旋转。

【评讲时的切入点、技巧、思维和算理】

1.讲新课时,要梳理清楚平移和旋转在概念上的区别。

平移:在平面内,将一个图形上的所有点都按照某个方向作相同距离的移动,这样的运动叫作图形的平移运动,简称平移。平移不改变物体的形状和大小。平移可以不是水平的。

旋转:在平面内,把一个图形绕某一点旋转一个角度的图形变换叫作旋转,这个点叫作旋转中心,旋转的角叫作旋转角,如果图形上的点 P 经过旋转变为点 P',那么这两个点叫作这个旋转的对应点。

2.从局部和整体分析自行车的运动变化。

3.举例区别生活中的平移旋转。

【变式题】

飞机的运动是平移还是旋转?

易错题 4

画出顺时针旋转 $180°$ 的图形。

【易发生错误】

【正解】

【评讲时的切入点、技巧、思维和算理】

1.抓住关键点,不做动作旋转的步骤,用笔点着旋转中心,利用尺子,对连接着旋转中心的线段进行旋转,再定位其他线段。

2.想象这个图形贴着纸旋转。

3.旋转时,应该检查图形每个部位是不是顺时针旋转180°。

【变式题】

下列哪个图形是原图形顺时针旋转180°得到的( )。

A.　　　　　　　　B.　　　　　　　　C.

知识点:圆柱和圆锥

易错题 1

一个圆柱形水果罐头的底面直径是 6 cm,高 12 cm。做一个这样的罐头盒,至少要用多大面积的铁皮?(精确到 0.1 dm²。)

【易发生错误】

1.底面积与侧面积公式使用混淆。

2.忘记单位统一。

3.取近似数时不知道用哪种方法取近似数。

【正解】

1.圆柱的侧面积加上两个底面的面积,就是这个圆柱的表面积。

2.实际使用的铁皮要比计算的结果多,所以这类题取近似值时一般用"进一法"。

罐头盒的底面半径:$6 \div 2 = 3$(cm)

取近似底面积:$3.14 \times 3 \times 3 = 28.26$(cm²)

侧面积:$3.14 \times 6 \times 12 = 226.08$(cm²)

表面积:$28.26 \times 2 + 226.08 = 282.6$(cm²)$\approx 2.9$(dm²)

【评讲时的切入点、技巧、思维和算理】

1.强调侧面积与底面周长有关,与底面积无关。

2.强调罐头盒或者油桶类实际生活用品是有上下两个底面的。

3.强调所用的铁皮是用进一法取近似数,并且让学生说明原因。

4.图形计算题注意单位是否一致。

【变式练习】

1.做一个无盖的圆柱形铁皮水桶,桶高 27 cm,底面直径 20 cm,至少需要多少铁皮?(精确到 1 dm² 。)

2.一种圆柱形铁皮烟筒直径 10 cm,长 1 m。做 100 节这种烟筒,至少需用铁皮多少平方米?(精确到 1 m²)(只有侧面积,且要注意单位统一)

易错题 2

如下图,一个长方形长 8 dm,宽 6 dm。将它绕 AB 旋转一周,形成圆柱,该圆柱的体积是多少立方分米?

【易发生错误】

1.旋转后高是多少,半径多少?

2.AB 为轴理解成 BC 为轴。

3.容易与围成圆柱的题型混淆。

【正解】

r:6 dm

h:8 dm

v:3.14×6²×8＝904.32(dm³)

【评讲时的切入点、技巧、思维和算理】

1.强调旋转时哪边为轴哪边就是高,另一边是半径,但围成圆柱时,相同点是沿着哪边围哪边就是高,另一边是底面周长。

2.无论旋转还是围成,底面半径大的体积就大。

3.与直角三角形的旋转进行比较。

【变式练习】

直角三角形 ABC 中,直角边 $AB=8$ 厘米,直角边 $BC=6$ 厘米。

(1)以 AB 边为轴旋转,形成圆锥的高是( )厘米,底面半径是( )厘米。

(2)以 BC 边为轴旋转,形成圆锥的高是( )厘米,底面直径是( )厘米。

易错题 3

圆锥的体积比和它等底等高的圆柱体积小( )。

A. $\frac{1}{3}$ B. $\frac{2}{3}$ C. 2 倍   D. 3 倍

【易发生错误】

1.学生容易遗漏等底等高这个条件。

2.无法辨别单位"1"是圆柱体积还是圆锥体积。

3.与大 2 倍的区别。

【正解】

比圆柱小 $\frac{2}{3}$

【评讲时的切入点、技巧、思维和算理】

1.强调等底等高,再辨别单位"1"是什么。

2.等体积等底或者等体积等高时的另一个量的关系。

【变式练习】

1.判断:圆柱的体积是圆锥体积的 3 倍。( )

2.一个圆柱与一个圆锥的体积相等,高也相等,圆柱的底面积是 9 平方厘米,圆锥的底面积是( )平方厘米。

A. 3   B. 9   C. 27   D. 30

3.一个圆锥和一个圆柱的底面积和体积分别相等,圆锥的高是 48 mm,圆柱的高是( )。

A. 16 mm   B. 32 mm   C. 48 mm   D. 144 mm

易错题 4

一个修路队把一堆底面半径是 3 米,高是 1.5 米的圆锥形砂石铺在 10 米宽的公路上,若铺 2 厘米厚,能铺多少米长?

【易发生错误】

1.单位忘记统一。

2.圆锥体积忘记乘 $\frac{1}{3}$。

3.对于圆锥体积就是长方体体积不太理解。

【正解】

2 厘米＝0.02 米

$\frac{1}{3} \times 3.14 \times 3 \times 3 \times 1.5 \div (10 \times 0.02) = 70.65$(米)

【评讲时的切入点、技巧、思维和算理】

1.强调计算圆锥体积时要乘 $\frac{1}{3}$。

2.理解变化过程形状改变但体积不变。

3.强调先统一单位。

【变式练习】

一辆货车的车厢是一个长方体,它的长是 4 米,宽是 2.5 米,高是 2 米,装满一车厢沙子,卸下后的沙堆是一个高 2 米的圆锥。沙堆的底面积是(   )。

(三)统计与概率

知识点:统计

易错题 1

为了清楚地看出各年级人数应采用(   )统计图,需要清楚地看出学校各年级的人数占全校总人数的百分比情况应采用(   )统计图;记录一天气温变化情况采用(   )统计图比较合适。

【易发生错误】

扇形、折线、条形。学生没有理解三种统计图的特点和用途,不会根据实际情况灵活选择合适的统计图,因此导致出错。

【正解】

条形、扇形、折线

【评讲时的切入点、技巧、思维和算理】

条形统计图的特点是用直条长短表示各个数量的多少;折线统计图的特点是能清楚地表示数量增减变化的情况;扇形统计图的特点是表示各部分与总数的百分比,以及部分与部分之间的关系。

【变式练习】

1.要统计牛奶中各种营养成分所占的百分比情况,你会选用( )。

A.条形统计图　　　　　B.折线统计图

C.扇形统计图　　　　　D.复式统计图

2.某市六月份的天气情况是晴天占20%,雨天占40%,阴天占40%。表示这组数据最合适的是( )。

A.条形统计图　　　　　B.折线统计图

C.扇形统计图　　　　　D.以上三种都可以

易错题 2

下面是六(1)班、六(2)班男生女生人数统计图,根据统计图判断对错。

(1)六(1)班男生比六(2)班男生多。( )

(2)六(2)班男生比女生少。( )

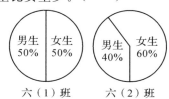

六（1）班　　　六（2）班

【易发生错误】

√,√

【正解】

×,√

【评讲时的切入点、技巧、思维和算理】

两个班的总人数不相同,也就是单位 1 不同,不能直接判断大小。

【变式练习】

1.某粮站储备玉米 300 吨,这个粮站储备大米多少吨?

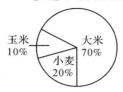

(四)综合与实践

易错题 1

有三堆围棋子,每堆 90 枚,第一堆的黑子与第二堆的白子一样多,第三堆有 $\frac{2}{3}$ 是白子。这三堆围棋子一共有黑子多少枚?

【易发生错误】

部分同学不能正确理解"第一堆的黑子与第二堆的白子一样多",不能根据这句话准确地找出两堆中黑子总数与白子总数的数量都是 90 枚。

【正解】

根据"第一堆的黑子与第二堆的白子一样多",可以假设把第一堆中的黑子与第二堆中的白子交换,那么正好白子是一堆,黑子也是一堆,各有 90 枚。第三堆中的黑子数是 $90 \times (1 - \frac{2}{3}) = 30$(枚),再用 $90 + 30 = 120$(枚),就是黑子的总枚数。

【变式练习】

学校图书室里的故事书占图书总数的 60%,最近市政府又给学校送来了 400 本故事书,这时图书室里的故事书占现有图书总数的 $\frac{2}{3}$。图书室原来共有多少本书?

易错题 2

小明和小洁家相距 810 米,他们两人同时从家出发,相向而行,

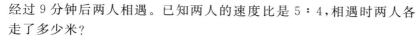

经过 9 分钟后两人相遇。已知两人的速度比是 5∶4，相遇时两人各走了多少米？

【易发生错误】

部分同学会把速度当成路程，写出以下过程：

$810 \div 9 = 90$（米）

$90 \div (5+4) = 10$（米）

$10 \times 5 = 50$（米）

$10 \times 4 = 40$（米）

【正解】

这一题求两人各走了多少米，指的是两人走的路程。一种方法可以先求出两人行走的速度，然后再求路程。解题过程为：

$810 \div 9 = 90$（米/分）

$90 \div (5+4) = 10$（米/分）

$10 \times 5 \times 9 = 450$（米）

$10 \times 4 \times 9 = 360$（米）

另一种方法是：两人的速度比是 5∶4，因为行走时间相同，所以路程比也应该是 5∶4，根据总路程是 810 米可以求出一份对应的路程，再分别求出两人行走的路程。解题过程如下：

$810 \div (5+4) = 90$（米）

$90 \times 5 = 450$（米）

$90 \times 4 = 360$（米）

【变式练习】

一块长方形的小麦地，周长 500 米，长和宽的比是 3∶2，这块地的面积有多大？

易错题 3

在比例尺为 1∶100 的图纸上，量得长方形的长和宽分别是 9 厘米和 6 厘米，这个长方形的实际面积是多少？

【易发生错误】

$9 \times 6 = 54$（平方厘米），$54 \div \dfrac{1}{100} = 5400$（平方厘米）。解题时没有

真正理解比例尺的意义,比例尺表示的是图上距离和实际距离的比,上面的解法中错误地把图上面积和实际面积的比当成了比例尺,先求出了图上面积,然后把图上面积除以比例尺的商错当成了长方形的实际面积。

【正解】

长方形的实际面积是:$(9 \div \frac{1}{100}) \times (6 \div \frac{1}{100}) = 540\ 000$(平方厘米)。解答这一类型题目时,必须弄清比例尺的真正意义,先通过比例尺和图上长度求出实际的长度,再依据面积的计算公式计算出实际的面积。

【变式练习】

有一块长方形地,在比例尺是 $\frac{1}{2000}$ 的图纸上量得长 4 厘米,宽 1.2 厘米,这块长方形地的实际面积是多少?

后　记

　　苏州相城实验小学校的数学教师在徐天中校长的带领下，自2013年起，以"高效教学"为研究点开展小学数学高效教学的校本实践研究。徐天中校长是教育部首届骨干校长高级研修班成员，全国29位校长带头人之一，中国教育学会全国实验学校教育科学研究专业委员会副理事长，中国教育学会小学教育专业委员会副会长，全国骨干校长工作研究会副理事长，苏州市专家咨询团成员，教育部小学校长培训中心（北京师范大学校长培训学院）兼职教授，苏州大学兼职教授、硕士生导师，苏州市实验小学校教育集团原总校长。

　　徐天中校长前期对学校数学骨干教师高效教学的个案研究进行了分析总结，创造性地提出从"教材把握""有效技能""错题对策""因材施教""家校共育"五个方面着手研究小学数学高效教学，并将这些高效的方法运用于学校数学教学实践中。在课题的引领下，教师及时更新自身理念，创新教学方法，构建开放、灵活、高效的数学课堂，一切围绕学生的需求，让学生真正获得发展，大大提高了苏州相城实验小学校数学教师的教学能力，学校的综合实力也迅速提升，成为区域内一所高质高效、声誉斐然的名校。

　　本丛书由徐天中校长担任编委会总主编，他对本丛书的指导思想、框架结构、内容审定、文字撰写等方面做出了具体指导和详细安排。徐清、陈忆雯、陈志林、张小琴、奚雪慧、范雅文、朱珏、徐红玲、陈星星等老师参与了本丛书的编写和修订，金雷、沈小芬、姚莉、张翀颢等老师参与了校对和排版，马丹丹、洪香、张留霞、赵鹏飞等老师参与了课题的实验研究，宗序连老师在课题研究前期作了较大的贡献。在本丛书的编写和修订过程中，我们得到了课题组全体教师的帮助，每一篇案例都凝聚着他们对于课题研究的思考。

在此特别感谢彭刚、蔡守龙研究员对课题研究的悉心指导和帮助。感谢朱月龙教授对本书整个撰写过程及最后定稿的审阅给予的专业指导。我们在此表示衷心的感谢!

本丛书在编写的过程中得到了很多专家、学者、教师的支持和帮助,在此向各位表示诚挚的谢意!

在汇编的过程中,由于水平和时间的限制,内容还不够充实,不足之处敬请专家和读者不吝赐教!

本书编委会

2023 年 8 月